U0570274

2019教育部人文社会科学研究一般项目
"方苞年谱长编及数据库建设"
（项目编号：19YJA751032）资助成果。

年谱丛刊

方苞年谱

上

任雪山 撰

中华书局

图书在版编目(CIP)数据

方苞年谱/任雪山撰. —北京:中华书局,2024. 6. —(年谱丛刊). —ISBN 978-7-101-16665-1

Ⅰ. K825. 6

中国国家版本馆 CIP 数据核字第 202424LL03 号

书　　名	方苞年谱(全二册)	
撰　　者	任雪山	
丛 书 名	年谱丛刊	
责任编辑	郭睿康	
封面设计	周　玉	
责任印制	管　斌	
出版发行	中华书局	
	(北京市丰台区太平桥西里 38 号　100073)	
	http://www.zhbc.com.cn	
	E-mail:zhbc@zhbc.com.cn	
印　　刷	三河市鑫金马印装有限公司	
版　　次	2024 年 6 月第 1 版	
	2024 年 6 月第 1 次印刷	
规　　格	开本/850×1168 毫米　1/32	
	印张 21½　插页 4　字数 515 千字	
国际书号	ISBN 978-7-101-16665-1	
定　　价	138.00 元	

目　录

上　册

下　册

凡　例

一、本谱呈现方苞一生言行事功，兼及其生长之历史文化环境。

二、本谱按照时间顺序依次编排，无法确定者系于相近时间，并予以说明。

三、本谱采用年号、干支纪年，以农历纪月、日，重要年份括注公历纪年。

四、本谱每一条目由年谱正文、引证文献、按语三部分组成。年谱正文以叙述谱主言行为主，兼及对其有重要影响之人物与事件。引证文献即年谱正文之文献来源。按语是对年谱正文、引证文献之补充、说明以及考辨。

五、凡引文献，必详其出处。引证文献以节录为主。若特别重要，且为稀见文献，则尽量征引全文。

六、本谱文献来源，以诗文集与史志为主，兼及家谱、书札、档案、日记等史料。同时，吸收最新编纂清人年谱成果。

七、各类文献史料记载完全相同者，仅列最原始文献；记载有异而可互相补充者，逐条分列；记载互有抵牾者，则于按语中考其是非，辨其真伪。文献引证部分仅列其正确者。

八、古代文献，方志仅列时间，诗文集具体到卷，编年体书籍只标书名。现代文献，只标著者、书名。

九、谱主交游人物，皆编写生平小传，附于相关事行之后。

康熙七年戊申（1668）　一岁

四月十五日，生于江宁府六合县留稼村外家。

雷铉《方望溪先生苞行状》："康熙戊申四月望日，先生生。"《桐城桂林方氏家谱》（以下简称《方氏家谱》）："方苞生康熙戊申四月十五日。"钱大昕《疑年录》卷四："方灵皋（苞），八十二岁，康熙七年戊申生，乾隆十四年己巳卒。"

《方苞集》卷十二《同知绍兴府事吴公墓表》："公讳勉，……官罢，流滞江南，侨寓棠邑留稼村。""苞兄弟三人、冯氏姊、鲍氏妹皆生于外家。"卷十七《大父马溪府君墓志铭》："吾父出赘，留滞棠邑凡十年。"

按，民国三十六年《棠志拾遗》："留稼村，在邑西门外刘家营，距城约七里，为康熙时方望溪先生诞生之处。"留稼村，或为刘家村，即刘家营。

乾隆四十七年《江南通志》："棠邑今隶江宁府之六合县。""棠邑故城在六合县北春秋时楚之棠邑。"光绪十年《六合县志》卷一《地理志》："今江宁府七属之中，棠邑之名最古。"据乾隆四十七年《江南通志》与嘉庆十六年《新修江宁府志》，顺治二年，改应天府为江宁府。江宁府以明南京城为城垣，府城内设有两江总督。江宁府下辖上元、江宁、句容、溧水、江浦、六合、高淳等七县。

时家无仆婢，独以先生属姊。

《方苞集》卷十七《鲍氏姊哀辞》："时吾父寓棠村，家无仆婢，独以苞属姊。绝乳，食必嘀。姊抱持，且行且食之，食竟乃止，遂以为常。"

五月,京师地震。六月,江南大地震。

章开沅《清通鉴》;陈维崧《地震行》;邵长蘅《地震行》。

七月初五日,朝廷定乡、会试复以八股文取士,遂成定制。

《圣祖仁皇帝实录》(以下简称《圣祖实录》);章开沅《清通鉴》。

是年,方以智主青原山。钱澄之游九华。孙奇逢讲学夏峰。黄宗羲讲学宁波,万斯同兄弟蔚然而起。李颙讲学同州。张怡于栖霞山葺白云庵。

任道斌《方以智年谱》。林红《钱澄之年谱》。汤斌《孙夏峰先生奇逢年谱》。黄炳垕《黄宗羲年谱》。吴怀清《二曲先生年谱》。张怡《白云道者自述》。

是年,家人、师友及并世名家年齿:大父方帜五十四岁,父亲方仲舒三十一岁,母亲二十七岁,兄长方舟四岁。王澍、王懋竑一岁。王承烈、宫鸿历三岁。朱轼、顾嗣立、储大文四岁。韩孝基、查嗣庭五岁。陈鹏年六岁。曹志宏、孙用正七岁。乔崇烈、何焯八岁。杨名时、吴启昆九岁。李塨十岁。刘北固、刘古塘、曹寅十一岁。白斑、孙勷十二岁。汤右曾、刘岩十三岁。顾图河、徐元梦十四岁。朱书、张自超、纳兰性德十五岁。戴名世、左待、高裔十六岁。张伯行十八岁。查慎行、杨宾十九岁。孔尚任、王源、张云章二十一岁。姜橚二十二岁。王式丹、洪昇二十四岁。李光地、石涛二十七岁。蒲松龄二十九岁。万斯同、吴苑三十一岁。韩菼三十二岁。阎若璩三十三岁。颜元三十四岁。王士禛、宋荦三十五岁。梅文鼎三十六岁。徐乾学三十八岁。陆陇其三十九岁。吕留良、朱彝尊四十岁。姜宸英四十一岁。汤斌、李颙四十二岁。朱耷四十三岁。魏禧、汪琬四十五岁。王夫之五十岁。侯方域五十一岁。邓汉仪五十二岁。

顾炎武五十六岁。方文、钱澄之五十七岁。杜濬、方以智、黄周星、李渔五十八岁。黄宗羲五十九岁。张怡六十岁。孙奇逢八十五岁。

按,距左光斗卒后四十二年,归有光卒后九十七年,朱熹卒后四百六十八年,程颢卒后五百八十三年,欧阳修卒后五百九十六年,韩愈卒后八百四十四年。

康熙八年己酉(1669) 二岁

是秋,同宗尊长方文卒于芜湖,归葬江宁,年五十八岁。

李圣华《方文年谱》。

按,方苞大父方帜与方文时有往来,诗酒唱和。父母(方仲舒与吴孺人)之婚姻,亦方文为媒,方苞《先母行略》记其事云:"(外祖)罢官,流转江淮间。于吾宗老盋山所,见先君子诗,因女焉。"《同知绍兴府事吴公墓表》亦曰:"(外祖)往来金陵,与吾宗故老盋山及黄冈二杜公游;见先君子诗,许以吾母继室。"方文亦有诗为记:"今夜张筵对雨窗,来朝挂席下秋江。不知新妇于归后,可许人言有阿双。"(《枞川夜集送从孙董次就婚六合》)又《喜从孙董次见访草堂》曰:"尔去灵岩结好因,村居虽僻远嚣尘。身闲努力为诗伯,年少甘心学逸民。交有萦河真莫逆,才如明圃更无伦。过江每念盋山老,把酒看花日几巡。"

又按,《方氏家谱》,方文为桐城桂林方氏中一房十三世:"文,讳大铉第二子,字尔止,号盋山,县学生。生万历壬子,月日未详,卒未详。葬江宁西单桥小山脚下陈泗水家山,乙山辛向。配左氏,金都御史谥忠毅公女,生卒未详,葬碾玉峡。继配汪氏,御史谥文烈公女,生崇祯戊辰六月二十六日,卒未详,葬合夫墓。侧室金氏,生天启丙寅二月二十九日,卒顺治丙申三月初七日,葬江宁单桥萧家园。一子御寇(左太君出),四女:长未详所适;次适太学生左森,生员国昌子;次适嘉兴王概,之辅子(左太君出);次适吴圣历,生员时逢子(金出)。"又,方苞《左忠毅公逸事》称"余宗老盍山,左公甥也",实为左光斗婿也,《盍山集》卷二《啖椒堂诗》:"我忝少保婿,风节颇自矢。"

是年,康熙帝擒鳌拜。朝廷永行停止圈地。

章开沅《清通鉴》。

是年,王士禛《渔洋集》刊之吴门。吴伟业《梅村集》刊竣。

王士禛《渔洋山人自撰年谱》。计东《改亭集》卷十《上太仓吴祭酒书一》。

是年,宝应乔崇修生。常熟蒋廷锡生。景州魏廷珍生。南昌熊本生。

乔亿《燕石碎编》。李桓《国朝耆献类征初编》卷十六。徐世昌《大清畿辅先哲传》卷四。《康熙四十五年登科录》。

康熙九年庚戌(1670)　三岁

四月二十四日,弟方林生于六合。

《方氏家谱》,《方苞集》卷十二《同知绍兴府事吴公墓表》。

十一月初六日,夫人蔡氏生于江宁。

《方氏家谱》。

按,《方望溪遗集》之《龙溪蔡氏宗谱序》:"宋南渡时,蔡氏自河南考城迁龙溪镇。至明末,讳二周者始举于乡,官兵部郎中，子姓相承科甲不绝者凡四世，故金陵称为故家。"又，《方苞集》卷十七《亡妻蔡氏哀辞》："妻蔡氏，名琬，字德孚，江宁隆都镇人。"

是年，兄方舟六岁能为诗。

《方苞集·集外文》（以下简称《集外文》）卷四《刻百川先生遗文书后》。

按，今所见方舟诗歌，仅朱绪曾《国朝金陵诗征》卷十收录二首，其一《奉断事公神主告正学方公祠》："风月连宵好，晨兴雾气黄。覆潭云郁浃，布路雨凄凉。合族宜崇祀，承先在显扬。旧京诸子姓，莫漫会烝尝。"其二《密山》："桃溪一道如线坠，溪口只觅桃花去。谁道桃溪山最深，密山更在山深处。山深迢递长萧索，时有仙人来跨鹤。布袜芒鞋春复秋，一湾流水空花落。"

是年，同宗方孝标作《滇游纪行》。昆山顾炎武刻《日知录》。

钟扬《方孝标年表》。张穆《顾炎武年谱》。

是年，桐城胡宗绪生。诸暨杨三炯生。

胡文炳《桐城川门胡氏宗谱》。《集外文》卷七《杨千木墓志铭》。

康熙十年辛亥（1671） 四岁

是年，尝鸡鸣起，值大雾，父以"鸡声隔雾"命对，先生即应曰："龙气成云。"

雷鋐《方望溪先生苞行状》；沈廷芳《方望溪先生传》。

是年，外祖母林宜人卒，尽室皆往。先生惊痛，裸跣趋葬所，惊众人。

《方苞集》卷十二《同知绍兴府事吴公墓表》："外祖母林宜

人,苞犹及焉,笃老浣濯缝纫不自休,旬日必燂汤沐苞兄弟。苞疾。摩腹及足,与吾母递代。宜人卒,苞四岁矣,葬以昧旦,墓距村一里而近,尽室皆往;苞忽惊寤,裸跣而趋葬所,大惊吾父吾母及会葬人,犹昨日事也。"

按,方苞言外祖母文字不多,于外祖父有墓表,叙述外家史事,其《同知绍兴府事吴公墓表》曰:"公讳勉,字素裘,先世闽之莆田人,明季避倭乱,移家京师,入国朝,以拔贡生知同州,又知光州,迁绍兴郡丞,官罢,流滞江南,侨寓棠邑留稼村,往来金陵,与吾宗故老盦山及黄冈二杜公游;见先君子诗,许以吾母继室,及先君入赘,公客死逾年矣。"

十月初七日,同宗尊长方以智卒于万安惶恐滩,年六十一岁。

任道斌《方以智年谱》。

按,方以智与方苞同出自桐城桂林方氏,崇祯七年,桐城民变,方苞曾大父方象乾与方拱乾,及方以智兄弟移居金陵,时有往来。方苞曾为方以智《截断红尘图》题跋;编纂《钦定四书文》时,选录方以智《何谓知言一节》,论曰:"括尽周末、秦汉以后法家异学之害,不失一意,不赘一词,亦有关世教之文。"《田间先生墓表》一文,言及方以智与明末诸贤之风神流韵:"当是时,几社、复社始兴,比郡中主坛坫与相望者,宜城则沈眉生,池阳则吴次尾,吾邑则先生与吾宗盦山及密之、职之,而先生与陈卧子、夏彝仲交最善,遂为云龙社以联吴淞,冀接武于东林。"谭献《桐城方氏七代遗书叙》云:"我朝通儒辈出,以名物训诂求微言大义于遗经,寻厥滥觞,实始于密之先生之《通雅》。然则桐城方氏七世之家学,不独灵皋侍郎文辞授受之先河,抑亦阎、顾之流一代经师之先河也已。"

又按,《方氏家谱》,方以智为桐城桂林方氏中一房十四世："以智，讳孔炤长子，字密之，号曼公，又号愚者，亦号药地。由县学生中崇祯己卯乡试第二十三名举人，崇祯庚辰中会试八十二名进士，殿试二甲五十四名，工部观政，授翰林院检讨。桂王特诏授东阁大学士，未就。生万历辛亥十月二十六日，卒康熙辛亥十月初七日，葬浮山母莹外青龙，酉山卯向。配潘氏，副使映娄女，生万历癸丑十月初一日，卒崇祯甲戌十一月二十四日，葬并夫墓。三子：中德，中通，中履；二女：长适大兴武清侯李宗纪吏部皋子，次适编修马教思。"

又按，方以智重实学，《通雅》《物理小识》为其代表作，三子方中通、方中履、方中德受其影响，于数学、天文和西学皆有所成。王夫之评方以智实学："密翁与其公子为质测之学，诚学思兼致之实功。盖格物者，即物以穷理，惟质测为得之。"（《搔首问》）梁启超《中国近三百年学术史》云："桐城方氏，在全清代三百年间，代有传人，最初贻谋之功，自然要推密之。但后来桐城学风并不循着密之的路走，而循着灵皋（方苞）的路走，我说这也是很可惜的事。"若以科技实学而论，梁氏之言庶几可也。

是年，福清林古度卒。太仓吴伟业卒。

陈庆元《林古度年表》。顾湄《吴梅村先生行状》，见《吴梅村全集》。

按，方苞大父方帜与林古度多有唱和，于其卒后有《吊林那子》诗三首，见潘江《龙眠风雅续集》卷二十五。

是年，康熙帝始行经筵、日讲。

《圣祖实录》。

康熙十一年壬子（1672）　五岁

是年，课章句，稍长治经书、古文，皆父口授指画焉。

《方苞集》卷十七《台拱冈墓碣》。

是年，兄方舟诵左氏、太史公书，遇兵事，辄集录，置夹衣中，避人呼弟，语以所由胜败。暇则之大泽中，召群儿布勒为阵。

《方苞集》卷十七《兄百川墓志铭》："兄讳舟，字百川。性倜傥，好读书而不乐为章句文字之业。八九岁诵左氏、太史公书，遇兵事，辄集录，置夹衣中。避人呼苞，语以所由胜败。时吾父寓居棠邑留稼村。兄暇，则之大泽中，召群儿，布勒左右为阵。"

按，本年江南各地发生蝗灾，六合朱絃作《蝗食麦谣》（见《明清江苏文人年表》），陈鹏年《方百川先生墓碣》亦有言及："暇则之大泽，召群儿布勒左右为阵。时三藩逆乱，比邑旱蝗，忧之或废寝食。"（见《道荣堂文集》卷六）《方氏家谱》卷五十二《方舟列传》亦有记载。

是年，同宗方孝标《钝斋诗选》编成。

方孝标《钝斋诗选序》。

按，《钝斋诗选》卷十九，收录方孝标与方苞祖父方帜和诗《和五兄汉树过先雪楼见赠原韵》："百花潭上读书楼，犹记楼名故国秋。忽枉巾车蒿径扫，如携樽酒竹林游。自惭宋玉三巴宅，懒学严陵五月裘。惟守一经传太傅，不忘丘壑任沉浮。"汉树，方帜字也。

又按，多年后桐城戴名世《南山集》引用《钝斋诗选》，引发《南山集》案，方苞及其家族牵连其中。

是年，金溪周亮工卒。大兴黄叔琳生。金坛王步青生。

钱陆灿《周栎园墓志铭》。顾镇《黄昆圃先生叔琳年谱》。陈祖范《陈司业文集》卷四《金坛王罕皆墓志铭》。

康熙十二年癸丑(1673) 六岁

是年,随父兄自六合归金陵。

《方苞集》卷十七《大父马溪府君墓志铭》:"苞先世家桐城,明季,曾大父副使公以避寇乱,之秣陵,遂定居焉。吾父出赘,留滞棠邑凡十年。苞生六年,大父司训于芜湖,吾父始归秣陵旧居。"

按,《集外文》卷八《教忠祠规》:"太仆公子孙在金陵者两支:副使公行三,宫詹公行五。"据《方氏家谱》,"副使公"即方象乾,"宫詹公"即方拱乾,皆为桐城桂林方氏十二世太仆公方大美之子。方象乾为方苞曾祖父:"方象乾,原名若节,讳大美公第三子,字圣则,号广野,又号闻庵。恩贡生,授湖广黄州通判,累升广东高州同知,广州知府,广西平乐府江道按察司副使,封中宪大夫,以曾孙苞任礼部侍郎赠通奉大夫。生万历甲申六月二十七日,卒顺治庚寅十月初十日,葬太平府繁昌县西门外五里亭,子山午向。配赵氏,光禄鸿臣女,封恭人,赠太夫人,生万历甲申五月初十日,卒崇祯甲戌闰八月十四日,葬江宁马溪桥小柏村二房庄,壬山丙向。侧室金陵苏氏,生万历戊戌十月二十六日,崇祯甲戌八月三十日遇流寇死烈,旌表,崇祀本邑并本宗节孝祠,葬江宁邓府茔。侧室江都李氏,生万历丙午七月二十日,卒天启丙寅九月十八日,葬查林胡庄查山冲。二子:帜(赵太夫人出)、戠(苏出)。二女:长适生员路云鸿(赵太夫人出)。次适生员江梁,峨眉知县之湘子(李出)。"

又按，方苞所言"秣陵旧居"，即金陵之土街。方苞《将园记》："由正街之西有废墟焉，先君子常指以示余曰：'此吾家故园也。'汝曾大父自桐迁金陵，实始居此。其后定居土街。"《己亥四月示道希兄弟》："副使公始至金陵，居由正街，后迁土街。"又，嘉庆十六年《新修江宁府志》卷十二："西华门大街，在督院前，东入驻防城，西过行宫为土街。"据今人濮小南考证，土街今为南京中山东路大行宫至洪武路口一段。

是年，父方仲舒有《棠村集》。

《集外文》卷四《跋先君子遗诗》。

魏一鳌辑《北学编》成。汤斌辑《洛学编》成。

《孙夏峰先生奇逢年谱》。

是年，吴三桂反，三藩之乱起。朱三太子案发。

《圣祖实录》。

是年，昆山归庄卒。合肥龚鼎孳卒。芜湖萧云从卒。长洲沈德潜生。泰安赵国麟生。淳安方楘如生。

赵经达《归玄恭先生年谱》。董迁《龚芝麓年谱》。沙鸥《萧云从年谱》。沈德潜《沈归愚自订年谱》。祝贺《清大学士泰安赵国麟年谱长编附考》。方楘如《集虚斋学古文》卷一《奉辞檄试鸿博揭子》。

康熙十三年甲寅（1674）　七岁

是年，迁金陵旧居，父方仲舒有《爱庐集》。

《集外文》卷四《跋先君子遗诗》。

是年，兄方舟十岁，好左氏、太史公书。家藏旧版《史记》，俟父以事出，先生辄胠箧观之。凡有所得，皆兄发其端绪。

《集外文》卷四《刻百川先生遗文书后》："先兄六岁能为诗，十岁好左氏、太史公书，未冠通五经训义。旦昼治事，暇则与朋游徜徉郊原墟莽间。夜诵书，或危坐达旦不寐，叩所以，不答也。"

《书史记十表后》文后，从弟方辛元评点："先祖有旧版《史记》，世父藏之箧中，兄七龄，百川大兄九龄，俟世父以事出，辄胠箧而潜观之。凡兄所得是书者，皆百川兄发其端绪，三复诸篇，为之慨然。"见《望溪集》乾隆十一年初刊本（以下简称初刊本）。

按，方辛元称方苞兄弟年龄相差两岁，疑有误，虽然方苞《记梦》一文亦持此说。鉴于方苞本人时间表述上，常有不准，仍需考证。按，方苞《兄百川墓志铭》云："兄殁于康熙辛巳年十月二十一日，年三十有七。"康熙辛巳，即四十年，据此推断方舟生于康熙四年，而方苞生于康熙七年，二人相差为三岁。又，戴名世《方舟传》、陈鹏年《方百川先生墓碣》皆记载方舟卒年三十七岁。《方氏家谱》与方惇元《方苞年谱》，皆采用方舟长方苞三岁之说。据此，本谱推断方苞兄弟相差为三岁。

又按，《方氏家谱》，方辛元为方苞四叔方珠鳞第三子："方辛元，讳珠鳞第三子，字庑草，号雪泉，又号石潭。上元县学岁贡生，乾隆丙辰荐举博学鸿词。生康熙丙寅十二月初二日，卒乾隆甲戌二月初四日。配江氏太学生莘女，生康熙己巳三月初三日，卒乾隆甲辰十月二十九日，寿九十六。侧室镇江高氏，生康熙乙酉正月初二日，卒乾隆己丑四月初五日。俱合葬戴冲保梁庄印墩山，辛山乙向。三子：道南、道生、道扬（俱高出）。六女：长适江云阶，次适全州州判殷琦贡生柱子，次适贡生何晋元（江太君出），次适左梦良，次适太学生朱蓝田，次适太学生李邦基（高出）。"

自六七岁时,即与兄方舟同卧起,兄课以章句。

《集外文》卷五《与慕庐先生书》:"先兄于苞,自六七岁时,即同卧起,课以章句,内有保母之恩,外兼师傅之义。"

按,方仲舒有诗《醉中见儿辈观史》,记录二子少时读书:"杯衔短日意冥冥,茅火炉边浑未醒。傍晚一灯明纸阁,大儿读史小儿听。"见《桐旧集》卷二。

是年,吴三桂二月攻下长沙、岳州等地。三月耿精忠在福建反,攻掠江西、浙江等地。郑经六月攻取泉州、漳州,次月攻取潮州。

《圣祖实录》。

是年,睢州汤之旭生。武进徐永宣生。

方苞考订《汤文正公年谱》。钱名世《茶坪诗钞序》。

康熙十四年乙卯(1675) 八岁

八月,大父方帜出任芜湖县训导。

乾隆二十三年《太平府志》卷十九《职官五》芜湖县训导:"方帜,桐城人,十四年任,详《名宦》。"

按,方帜《八月部授芜阴博士冬仲始闻报束装》:"知我宦情少,应教邸状迟。弹冠来有兴,束带去何为?烽远传之急,装轻助者谁?鸠兹地不远,或且免调饥。""江程二百里,两日到官廨。乡信枞阳水,家邮白下艖。琴书担共鹤,粳秫种兼花。米老传碑在,闲时试墨鸦。"《乙卯献岁六日俶装之芜阴》:"呼僮齐蓐食,水路并为装。解缆风方利,登车路匪长。庭梅难舍绿,驿柳易催黄。愧彼幽栖老,屠苏醉草堂。"(潘江《龙眠风雅续集》卷二十五)

是年，清初三大儒之容城孙奇逢卒，年九十二岁。

汤斌《孙夏峰先生奇逢年谱》。

按，清初三大儒黄宗羲、孙奇逢、李颙，方苞学行与孙奇逢为近，并有接续之意。方苞不仅为孙奇逢作传、为其年谱作序并订正，并把自己与弟子之关系拟称为孙奇逢与汤斌之关系。《方苞集》收录《与孙以宁书》《孙积生传》《修复双峰书院记》等相关文章多篇。方苞评孙奇逢："其行事或近于侠烈，而治身与心则粹乎一准于先儒。"（《孙征君年谱序》）"自余有闻见百数十年间，北方真儒死而不朽者三人：曰定兴鹿太常，容城孙征君，睢州汤文正。"（《重建阳明祠堂记》）"天下无知与不知，皆称曰夏峰先生。"（《孙征君传》）

是年，海内三遗民之宣城沈寿民卒，年六十九岁。

黄宗羲《南雷文案》卷八《征君沈耕岩先生墓志铭》。

按，方苞对沈寿民评价颇高，将其与钱澄之、方以智、方文诸人并称。《方苞集》卷十二《田间先生墓表》："先生生明季世。……当是时，几社、复社始兴，比郡中主坛坫与相望者，宣城则沈眉生，池阳则吴次尾，吾邑则先生与吾宗盫山及密之、职之。"卷八《白云先生传》："当是时，三楚、吴、越耆旧多立名义，以文术相高。惟吴中徐昭发、宣城沈眉生躬耕穷乡，虽贤士大夫不得一见其面。"

是年，黄宗羲《明文案》成。归有光《震川先生集》成。《御选古文渊鉴》成。

黄炳垕《黄宗羲年谱》。徐乾学《震川先生集序》。《四库全书总目》。

是年，同宗方世举生。临川李绂生。

《方氏家谱》。李绂《穆堂初稿·诗集》卷二十《东园草卷·乾隆元年》。

康熙十五年丙辰（1676）　九岁

是年，父方仲舒与杜濬、杜岕、王裕诸人常往来。先生与兄方舟随侍左右。

　　《方苞集》卷十八《记梦》："忆自六合迁金陵，同好者，前辈则杜濬于皇、杜岕苍略，执友则王裕成公及陈先生。招呼游谈，虽风雨之夕无间。时余九龄，先兄年十一，常奉盘匜侍酒。"戴名世为方仲舒作传时称："宗老盉山及杜于皇、钱饮光，皆造门降行辈与之交。"（徐璈《桐旧集》卷二）

　　《方苞集》卷十《杜苍略先生墓志铭》："初余大父与先生善，先君子嗣从游，苞与兄百川亦获侍焉。先生中岁道仆，遂跛，而好游，非雨雪常独行，徘徊墟莽间。先君子暨苞兄弟暇则追随，寻花莳，玩景光，藉草而坐，相视而嘻，冲然若有以自得，而忘身世之有系牵也。"卷十三《杜茶村先生墓碣》："先生居北山，去先君子居五里而近，以诗相得，且晚过从，非甚雨疾风无间。先君子构特室，从横不及寻丈，置床衽几砚。先生至，则啸咏其中，苞与兄百川奉壶觞，常提携开以问学。先生偶致鸡豚鱼菽，必召先君子率苞兄弟往会食，其接如家人。"

　　方仲舒与王裕交久，《方苞集·集外文补遗》（以下简称《集外文补遗》）卷一《闻见录三则》："王裕，号大江，江宁人。少不羁，忌者嘱教官以劣行报。试之前夕始闻之，酣寝达旦。入试，冠其曹，遂获免。柏乡魏相国闻而异之，招至京师。初甚相欢，姗侮搢绅。久之，相国亦苦其兀傲。南还，土苴载籍，日夜沉饮。将老，著《孟庄轶事》以视先君子，曰：'此王氏之书也，故不袭孟、庄一语，而二子若相见，舍此无可言者。'先君子尝戒苞兄弟曰：'毋视王先生为放达人！吾与交久，为诸生时过其门，时为母涤亵器，见客无作容也。'"

　　按，乾隆元年《江南通志》卷一百七十二《人物志·流寓》："杜濬，字于皇，黄冈人。明诸生，侨居白下，以诗名。自景陵钟氏、谭氏矫王、李规摹汉魏之习流而入于浅薄，独濬不染楚风，著《变雅堂集》。"乾隆五十四年《黄冈县志》卷十一《隐逸》："杜岕，字苍略，同兄濬居江南，以吟咏自适，虽饘粥不继，廓然不介胸臆，著有《些山集》，卒年与其兄同。"嘉庆十六年《新修江宁府志》卷三十六《敦行》："王裕，字成公，号大江，金陵人，博学善属文，豪迈不羁，事母以孝闻，尝为母涤亵器，客过之，终事而后揖客，无作容。著有《孟庄轶事》。"

是年，族弟方式济生。其童稚时，视先生如严师。

　　《方氏家谱》。《方苞集》卷十一《高善登妻方氏墓志铭》："工部居近吾家，式济童稚，视余如严师，至其家，必从问经书古文。"

　　按，方式济与方苞，同属于桐城桂林方氏十六世，且于崇祯七年一起由桐城迁居金陵，彼此多有往来。《集外文》卷七《弟屋源墓志铭》云："弟式济字屋源，与余共高祖，以叔父都水公出嗣，无属服。而余世母，则所嗣金事公吴宜人之兄女也，故弟总角余即数见之。厥后叔母与吾母志相得，两门子姓睦洽如同官。"

是年，黄宗羲《明儒学案》成。戴名世作《左忠毅公传》。

　　黄炳垕《黄宗羲年谱》。戴廷杰《戴名世年谱》。

是年，海宁查继佐卒。武进杨椿生。

　　沈起《查东山先生年谱》。张惟骧《疑年录汇编》卷十。

康熙十六年丁巳（1677） 十岁

是年，始作时文。

杜濬评《读孟子》曰："方郎十岁，初为时文。"见初刊本。

是年，从兄方舟遍诵经书、古文。

雷鋐《方望溪先生苞行状》："十岁，师兄百川先生，遍诵经书、古文。家贫，冬无复襦履，穿行雪中，两指恒见迹，益厉学，相勉为孝弟。"

按，韩菼《有怀堂文稿》卷五《方百川文序》："既灵皋来见，言实师事其兄百川，而学为文有年矣。"

又按，《集外文》卷五《与韩慕庐学士书》："苞自童稚，未尝从党塾之师，父兄命诵经书，承学治古文。"

十月二十日，朝廷始设南书房，选博学善书之士入直。

《康熙起居注》。

按，方苞在康熙朝、乾隆朝两入南书房，直庐内廷，参预机务。

是年，济阳张尔岐卒。溧阳任兰枝生。

钱载《箨石斋文集》卷二十四《处士张蒿庵墓表》。任兆麟《有竹居集》卷十《礼部尚书任公神道碑铭》。

康熙十七年戊午（1678） 十一岁

是年，兄方舟往芜湖，侍大父于学署。将行，伏先生背而流涕。

《方苞集》卷十七《兄百川墓志铭》："年十四，侍王父于芜湖。""兄赴芜湖之岁，将行，伏余背而流涕。"

按，方舟与祖父情感颇深，其出生时，祖父赋诗《得长孙喜赋二十韵》曰："寻菊得醉归，棠村书报喜。开缄眼模糊，欢声出于纸。云以十八日，诞生第一子。汤饼集近邻，我书适至彼。回音报堂上，鸡子实筐底。红白各十枚，灯下灿无比。乃习故乡风，生男例如此。读过把书叹，忽然念考妣。恭人夙艰嗣，长斋咏葛藟。予生居嫡长，同胞惟一姊。及予举子年，双亲五十纪。举子汝后期，得孙我同轨。有孙意已足，有子事方始。锡名曰棠华，记自棠村起。且歌棠棣华，花萼垂青史。及今学义方，将来奉菽水。欲尽慈之道，先求孝之理。积庆保修龄，愿孙孝于尔。不敢祝聪明，况敢冀朱紫？明旦告先人，吾今有孙矣。"（《龙眠风雅续集》卷二十五）

又按，《方苞集》卷十七《大父马溪府君墓志铭》："大父官芜湖，兄舟实从，凡七年。"

弟方林复依先生，而家益困，旬月中屡不再食，常读书冷风中。

《方苞集》卷十七《弟椒涂墓志铭》："自迁金陵，弟与兄并女兄弟数人皆疮痏，数岁不瘳，而贫无衣。有坏木委西阶下。每冬月，候曦光过檐下，辄大喜，相呼列坐木上，渐移就暄，至东墙下。日西夕，牵连入室，意常惨然。兄赴芜湖之后，家益困，旬月中屡不再食。或得果饵，弟托言不嗜，必使余啖之。时家无僮仆，特室在竹圃西偏，远于内。余与弟读书其中，每薄暮，风声肃然，则顾影自恐。按时，弟必来视余；或弟坐此，余治他事，间忘之矣。"

七月下旬，泰州邓汉仪编《诗观》二集成，录父方仲舒诗七首。

邓汉仪《诗观》二集自序落款为"康熙戊午孟秋下浣"。

《诗观》二集卷四，收录方苞之父方仲舒诗七首：《有鸟》《李园西府海棠歌》《秋晓》《舟夜》《夜起》《感旧》《即景》，论曰："董次名家俊才,而至性醇谨,于交游之前辈极谦退,修子弟之职,茶村每称道之。固不独其诗秀拔,而思致更超也。"又,方仲舒曾阻止邓汉仪收录其诗作,《集外文》卷四《跋先君子遗诗》:"广陵人邓孝威尝于杜于皇所见先君子诗,以入《诗观》二集。先君子再致书,必毁所刻而后止。"

按,由《诗观》二集刊行可知,方仲舒此前已完成这七首诗创作,且在诗坛有一定影响。

又按,沈德潜《国朝诗别裁集》卷十二:"邓汉仪,字孝威,江南泰州人。康熙己未召试博学鸿辞,以年老授官正字回籍。孝威与国初诸前哲游,洽闻广见,所选《诗观》共四集,虽未脱酬应,然亦足备后人采择,尝度大庾岭,有句云:'人马盘空细,烟岚返照浓。'新城王公赏之。"《四库全书总目》著录《诗观》十四卷、《别集》二卷。

是年,潘江辑《龙眠风雅》六十四卷成。纳兰性德撰《纳兰词》五卷成。

潘江《龙眠风雅序》。顾贞观《纳兰词序》。

按,《龙眠风雅》为桐城地方明清诗歌总集,卷首附方孝标《与潘木厓书》。戴名世、钱澄之、孙枝蔚、宋荦、余怀、杜濬、邓汉仪、方中履、方中德、方云旅等参定或参阅。

是年,康熙帝诏举博学鸿儒科,共七十七人被举荐。力辞者亦不乏其人。

《圣祖实录》,李集《鹤征前录》,秦瀛《己未词科录》。

是年,钦天监南怀仁进《康熙永年历》。同时,在京进行蒸汽车实验。

《圣祖实录》;席泽宗《南怀仁对中国科学的贡献》,见魏若望编《传教士·科学家·工程师·外交家南怀仁(1623—

1688）：鲁汶国际学术研讨会论文集》。

是年，皇四子胤禛生。青浦曹一士生。宝应刘师恕生。

《清史稿》。全祖望《鲒埼亭集》卷二十五《工科给事中前翰林院编修济寰曹公行状》。阮元《淮海英灵集》乙集卷一《刘师恕》。

康熙十八年己未（1679） 十二岁

是年，兄方舟欲为邑诸生，课蒙童，贴补家用。实素不为时文。

《方苞集》卷十七《兄百川墓志铭》："年十四，侍王父于芜湖。逾岁归，曰：'吾乡所学，无所施用。家贫，二大人冬无絮衣。当求为邑诸生，课蒙童，以赡朝夕耳。'"

按，是时，兄方舟尽通六经、诸史及百家之书。《戴名世集》卷七《方舟传》："方舟，字百川，江南桐城人，迁江宁府，入上元县学为诸生。受业于其父逸巢先生，年十四五，尽通六经诸史及百家之书。"

又按，方苞兄弟素不喜时文，《方苞集》卷四《储礼执文稿序》曰："昔余从先兄百川学为时文，训之曰：'儒者之学，其施于世者，求以济用，而文非所尚也。时文尤术之浅者。……'先兄素不为时文，以课余，时时为之。"

是年，桐城戴名世致书先生。

戴名世《南山集偶钞》康熙四十年刊本，目录中尚存《与方灵皋书》，而其文阙如。

按，此文缺失，或以《南山集》案而抽毁也。然其目存在，可证二人之往来。《戴名世集》卷三《方灵皋稿序》亦有言及："始余居乡年少，冥心独往，好为妙远不测之文，一时无知者，而乡人颇用是为姗笑。居久之，方君灵皋与其兄百川起金陵，与余遥相应和，盖灵皋兄弟亦余乡人而家于金陵者也。"

是年，以《璇玑玉衡赋》《省耕诗》为题，试博学鸿儒一百四三人，取五十人。

《圣祖实录》。

是年，洪昇《长生殿》初稿成。毛宗岗修订《三国演义》成。

张慧剑《明清江苏文人年表》。

是年，同宗方亨咸卒、方贞观生。无锡顾栋高生。新安吕耀曾生。安溪李钟侨生。

《方氏家谱》。邹方锷《大雅堂续稿》卷六《国子监祭酒顾公行状》。沈德潜《归愚文钞》卷十八《户部右侍郎吕公墓志铭》。《方苞集》卷十《李抑亭墓志铭》。

康熙十九年庚申（1680）　十三岁

是年，兄方舟入邑庠，以制举之文名天下。

《方苞集》卷十七《兄百川墓志铭》："年十四，侍王父于芜湖。逾岁归……逾岁，入邑庠，遂以制举之文名天下。慕庐韩公见之，叹曰：'二百年无此也。'……以诸生之文而横被六合，自兄始。一时名辈皆愿从兄游，而兄遇之落落然。"

按，郑板桥《仪真县江村茶社寄舍弟》："先朝董思白，我朝韩慕庐，皆以鲜秀之笔，作为制艺，取重当时。思翁犹是庆、历规模，慕庐则一扫从前，横斜疏放，愈不整齐，愈觉妍妙。二公并以大宗伯归老于家，享江山儿女之乐。方百川、灵皋两先生，出慕庐门下，学其文而精思刻酷过之；然一片怨词，满纸凄调。百川早世，灵皋晚达，其崎岖屯难亦至矣，皆其文之所必致也。"

是年，撰《书孟子荀卿传后》。

《书孟子荀卿传后》文后，黄周星评点："深识卓论，文体峻削，如龙门之桐高百尺而无枝。"见初刊本。

按，吴嘉纪《陋轩诗》卷十《嗟老翁》，题下记："吊黄周星也。字九烟。汪扶晨云：'九烟于庚申五月五日，投钱塘江死。'"黄周星卒于本年五月五日，万言《管村文集》卷二有《黄周星传》，杜濬有《跋黄九烟户部绝命诗》。据此，黄周星评点应在此之前，方苞之文最迟在本年已成。

又按，黄周星为明遗民宿老，卓尔堪《明遗民诗》卷一选其诗五首，曰："今所存皆鼎革以后所作，颇近于《骚》。素怀灵均之志，终投秦淮以死。选《唐诗快》，著《夏为堂诗集》。"朱彝尊《静志居诗话》卷二一："九烟晚变名曰黄人，字曰略似，又号圃庵，又曰汰沃主人，又曰笑苍道人。布衣素冠，寒暑不易，人有一言不合，辄嫚骂。尝赋诗云：'高山流水诗千轴，明月清风酒一船。借问阿谁堪作伴，美人才子与神仙。'年七十，忽感怆于怀，仰天叹曰：'嘻！而今不可以死乎？'自撰《墓志》，作《解脱吟》十二章，与妻孥诀，取酒纵饮，尽一斗，大醉，自沉于水，时五月五日也。"

正月，戴名世读书山中，偶作时文一篇，后遍视群友，惟先生极为赏叹，且批点曰："清真之极，刻露之极。"

《戴名世自定时文全集》之《巧笑情兮三句》文末附评。

十一月，朝廷设立武英殿修书处。

《清宫述闻》。

按，方苞入朝后，长期在武英殿修书处修书，并担任总裁。

是年，《明史》开修，万斯同以布衣修史，馆徐乾学之碧山堂。

陈训慈、方祖猷《万斯同年谱》；王逸明《昆山徐乾学年谱稿》。

是年，宁都魏禧卒。交河王兰生生。顺天鄂尔泰生。海宁陈世倌生。天津王又朴生。

李婵娟《清初古文三家年谱》。徐用锡《坦斋王公墓志铭》。鄂容安《鄂尔泰年谱》。史贻直《陈公世倌墓志铭》。王又朴《介山自定年谱》。

康熙二十年辛酉(1681)　十四岁

是年，家累渐迫，欲收召生徒，赖其资用。

《集外文》卷五《与韩慕庐学士书》："及年十四五，家累渐迫，衣食不足以相通，欲收召生徒，赖其资用，以给朝夕，然后学为时文。非其所习，强而为之，其意义体制，与科举之士守为法程者，形貌至不相似。"

是年，郑成功子郑经卒于台湾。郑成功孙郑克塽在台湾嗣明延平郡王之位。

陈衍《台湾通纪》卷二。徐鼒《小腆纪年附考》卷二十。

是年，大兴王兆符生。宣城梅瑴成生。婺源江永生。

蒋衡《拙存堂文集》卷六《王隆川行状》。李俨《梅文鼎年谱》。戴震《东原文集》卷十二《江慎修先生事略状》。

康熙二十一年壬戌(1682)　十五岁

是年，成童，从兄求友闾巷间，结识刘捷、张自超。

《方苞集》卷十《刘古塘墓志铭》："昔余成童，从先兄求友间巷间，得古塘。其后之近邑，归故乡，客京师，学同而志相近者，复得数人，而惟古塘为本交。古塘少以雄豪自处，短衣厉饰，惟恐见者知为儒生，而先兄独义之；余少好气，数以气盖余，心不能平，久之乃见谓直谅。"《集外文》卷四《张彝叹稿序》："年十四五，从兄百川与里中及近县朋友往还，问其人可与久要者，则称古塘、彝叹二君子。"

刘捷，字月三，号古塘，辉祖弟也。为人直谅，然诺不苟。初流寓金陵，入江宁县学，康熙五十年举乡试第一。年羹尧巡抚四川，请与偕，议加赋，力争而止，遂以他故行。张鹏翮督学江南，招入使院。有故人夜诣，出千金请事，严厉拒之。卒年六十九。参见光绪七年《重修安徽通志》卷二百二十二、同治十三年《上江两县志》卷二十四、《清史列传》卷六十七。

张自超，字彝叹，江苏高淳人。少孤，课耕奉母，博通经史。为诸生，已负盛名。康熙四十二年成进士，年已五十。韩菼欲其就馆职，以母老辞。又以己非用世材，不谒选，归乡授经讲学，文行日著。浙抚徐元梦聘主万松书院，董邦达、汪由敦皆出其门。康熙五十六年，以经学荐，召入都，行次山东茌平，无疾而卒，年六十余。参见《清史列传》卷六十七、乾隆元年《江南通志》卷一百六十三、光绪七年《高淳县志》卷十六等。

按，刘捷本人曾言及与方苞兄弟康熙十一、十二年间已经相识，其《方百川遗文序》："方壬子、癸丑间，海内溺于时文之学，而鹜鹜自强不肯仿效者，独吾乡人为多。吾兄北固与戴子褐夫辈，发愤于故里，而余与百川兄弟，淹滞金陵，穷愁无聊，刻意相勖以古人之文，一时时文之士，讪侮百出，而百川受谤尤甚。"（《方百川遗文卷首》）彼时，方苞年仅五六岁，而六岁方从六合移家金陵，故十五六岁二人结识比较合理，今不从刘捷之说。

　　又按,《国朝金陵诗征》卷十一收录刘捷致方舟诗六首,书写彼此交谊与成长旧事。《将之京师留示方大百川》其一:"尔我家龙眠,生小长干里。居止隔荷池,相违不盈咫。小试闲低昂,姓字疲两耳。年少竞才华,咄咄畏牙齿。如此十五年,终然投乳水。人生交有时,君子慎其始。"其二:"我生重意气,投足畏俗尘。嗟彼世道交,对面而越秦。私心常叹息,孤怀谁与亲。美人暗心许,慎重得其真。相期在古处,结志无俦伦。男儿各努力,章句徒苦辛。"其三:"经史亦何言,所贵探其奥。剽窃工文辞,聒耳如蝉噪。抗心希古人,不为时所好。徒使得狂名,以身供嫉媚。所得信非真,非笑等大道。相对怀区区,习苦宁求报。"其四:"数年共昕夕,相亲如等闲。风波迫所向,梦寐阻乡关。赖有浮名役,驱使游子还。日暮适相召,把酒时追攀。我时意气尽,谢子归故山。携手一长叹,落日频离颜。"其五:"故山亦云乐,鬼神多暗猜。风尘牵壮志,客子去复来。浮名与我雠,一旦为祸媒。杀之快人心,谁当复辨才。幸有故人居,感激肝脾摧。高斋共风雨,忧病心颜开。"其六:"寂寂夫何为,矗矗更相勖。嗟我望四十,短发惊霜促。君家好兄弟,盛年如朝旭。努力爱春华,家声重相续。抗喉歌阳春,愿复工诗曲。高堂有老亲,勉勖副所欲。"按,诗中"嗟我望四十",应为刘捷近四十岁(康熙三十六年)时所作,以内容多为早年生活,姑系于此。

刘、张二子外,交近者另有龚缨孝水、季咸若弘纾。

　　《方苞集》卷十二《吴宥函墓表》:"自成童随先兄与朋齿游乐,其风尚坦夷,多修饬之君子。刘、张二子外,交近焉者,曰龚缨孝水,季咸若弘纾。"

　　龚缨,字无濯,号孝水,江西新建人,徙江南上元。性傲岸,于书无所不读,为文法八家。时方舟兄弟讲学,往往取质于缨,大江南北无不知龚孝水者。雍正间，流寓大名，时举贤良方正，荐举不就。方苞欲举缨博学鸿词，寓书不答。学使吴应棻将以经学荐，躬造其庐，不纳。生平惟嗜书，寒暑昼夜无少懈，年七十余卒。参见光绪十年《畿辅通志》卷二百四十四《列传》。

季咸若，字宏纾，上元人，康熙己卯岁贡。宏纾父名熙，字瑞臣，明季诸生，教授里巷，卒年七十五，方苞为作墓表。参见《金陵诗征》卷九。

是时，家尤穷空，父课读甚严。

《方苞集》卷十四《泉井乡祭田记》："自余毁齿及成童，先君子尤穷空。冬无绵，日不再食者，旬月中必再三遘。时鲍氏姊已出室，而先兄侍王父于芜湖，两妹尚幼，同之者实两姊及弟椒涂，而先君子课余及弟诵读甚严。冯氏姊独勤力定省，供子职，烹爨、缝纫、洒扫，执仆婢之役，门以内皆赖焉。"

按，朱书《方母吴太君寿序》："今二子者，出则受书逸巢，入则聆训太君，未尝有他师。"（《杜溪文稿》卷二）

是年，始为科举之学，即治《周易》。

《方苞集》卷六《答程起生书》："余成童为科举之学，即治《周易》，自汉唐至元明，言理、言象数之书，未有不经于目者。"

是年，汤斌、王鸿绪、徐乾学等为《明史》总裁。钦天监通政使南怀仁授工部右侍郎衔，以制造炮位精坚议叙也。

《圣祖实录》。

是年，昆山顾炎武卒。宜兴陈维崧卒。漳浦蔡世远生。

张穆《顾炎武年谱》。周绚隆《陈维崧年谱》。《方苞集》卷十《吏部侍郎蔡公墓志铭》。

康熙二十二年癸亥（1683） 十六岁

是年，撰《高阳孙文正逸事》《石斋黄公逸事》。

本年七月，张潮《虞初新志》成书（见自序），录方苞《孙文正黄石斋两逸事》入卷六。

按，由方苞文章入选可知：其一，在此之前，方苞已完成二文创作。其二，方文此时已颇有影响，集中作者如魏禧、侯方域、周亮工、吴伟业、余怀、杜濬、王士禛、宋荦、黄周星、毛奇龄、方亨咸、尤侗、彭士望、陈鼎等皆为当时名家。

是年，大父方帜任兴化县教谕。

咸丰二年《重修兴化县志》卷六《秩官二·教谕》："康熙二十二年，方帜，字马溪，桐城岁贡，侍郎苞祖也。"

是年，大兴王源往来江淮间，与之相识。

《方望溪遗集》之《送宋潜虚南归序》："或庵，燕人，亥子间往来江淮，已与余相识。"或庵，即王源。亥子，即癸亥、甲子，亦即方苞与王源结识时间。

按，马明达《王源年谱》，王源虽生于北地，但五岁起到江南宝应，与父相聚，长期往来于江淮各地。康熙二十一年，王源与父兄寓高邮，游三山（金山、焦山、北固山）。康熙二十二年，在扬州、宝应。又，宝应王式丹诗中称王源之父为"九叔"，称源为弟，邓之诚《清诗纪事初编》曰："尝怪源父子兄弟，明亡后，举室迁江淮间。及读此集（《楼村诗集》）称源父为九叔，乃知其支脉相连，昭穆未远，源南迁所恃在此也。"

王源，字昆绳，顺天大兴人。少游历江淮，从梁以樟游，习前代典要。后从宁都魏禧学古文。年四十余，游京师，公卿皆降爵齿与之交。与万斯同订《明史稿·兵志》。或病其不为时文，因就试，中康熙三十二年举人，不再应礼部试。徐乾学开书院于洞庭山，源与焉。尝遇蠡县李塨，遂介塨往博野，入颜元之门，习礼终日，自负经世之略益坚。康熙四十九年，客死山阳，年六十三岁。著有《易传》十卷、《平书》十卷、《兵论》二卷、《文集》二十卷、《或庵评春秋三传》三卷。参见乾隆四十八年《高邮州志》以及《清史列传》《清史稿》等。

八月，施琅收复台湾，郑克塽等降，明朔始亡。

徐鼒《小腆纪年》卷二十；王先谦《东华录》。

是年，鄞县万斯大卒。宣城施闰章卒。桐乡吕留良卒。兴县孙嘉淦生。

黄宗羲《南雷文定》卷八《万充宗墓志铭》。施念曾《施愚山先生年谱》。卞僧慧《吕留良年谱长编》。张清林等《孙嘉淦年谱》。

康熙二十三年甲子(1684)　十七岁

是年，曹寅之父曹玺卒于江宁织造府，父方仲舒有题诗。

方晓伟《曹寅年谱》。

按，方苞之父方仲舒与曹寅，两家宅邸相距颇近，往来亦多。曹玺卒后，曹寅感叹其生前恩泽，请禹之鼎等人绘制《楝亭图》，遍邀名流雅士题跋，如钱澄之、屈大均、方中发、韩菼、姜宸英、徐乾学、王鸿绪、宋荦、王士稹、杜濬、叶燮、余怀、顾图河、纳兰性德等。

方仲舒（逸巢）题诗二首："昔闻舅氏马秋竹，盛称知己曹司空。十年晤对儒生似，一树摩挲宾客同。遥想层阴作新语，至今密叶含清风。难望手泽佳公子,索取诗篇传阿翁。""公子如公官白门,起家侍卫皇恩繁。輦道经过慨召伯,衮职似读嘉平原。思亲交好访幽逸,爱弟策励忘寒暄。孝友文章楝亭里,宁俟建立声名喧。"(曹寅《楝亭诗钞》卷三)

曹寅,字子清,号荔轩,又号楝亭,包衣旗人,先世居沈阳,工部尚书玺子。累官通政使、江宁织造兼巡视两淮盐政。工诗词,善书,著有《楝亭诗文词钞》。参见《清史稿》、同治十三年《上江两县志》。

是年,父方仲舒至栖霞山访遗民张怡,请录所纂各书副本,不许。

张慧剑《明清江苏文人年表》。

按,其文献来源于《明诗纪事》辛二六。校《明诗纪事·辛签》卷二十六,收录张怡诗歌十首,录方苞《白云先生传》,未见具体时间,姑系于此。

又按,《方苞集》卷八《白云先生传》:"先君子与余处士公佩岁时问起居,入其室,架上书数十百卷,皆所著《经说》及论述史事。请贰之,弗许,曰:'吾以尽吾年耳。已市二瓮,下棺则并藏焉。'"文中"余处士公佩"即余遴,嘉庆十六年《新修江宁府志》卷四十一《隐逸》曰:"余遴,字公沛,上元人,明南祭酒孟麟后也。性诚朴不外慕,寓乌龙潭济生庵,坐卧一楼,六十年不入市。读书自娱,尤精乐律,平居,鼓一琴,长尺许,不肯为人弹,有窃听者以为音节迥异。年八十余,其侄雍斯年近七十,奉侍几杖,克尽子职,人咸称之。"同治十三年《上江两县志》录余遴入"耆旧"类,所述与《新修江宁府志》同。

九月二十八日,康熙帝首次南巡。十一月初一日至江宁。初二日拜谒明太祖陵,作《过金陵论》。初四离江宁返回。

《圣祖实录》《清史编年》。

按，方晓伟《曹寅年谱》，纳兰性德随康熙南巡，并为《楝亭图》题诗。

是年，太原傅山卒。吴江吴兆骞卒。汤斌任江宁巡抚。

丁宝铨《傅青主先生年谱》；徐釚《南州草堂集》卷二九《孝廉汉槎吴君墓志铭》。方苞考订《汤文正公年谱》。

康熙二十四年乙丑（1685） 十八岁

十月十九日，侧室江阴杨氏生。后生二子：道章、道兴；一女。

《方氏家谱》。

是年，王源游京城，入《明史》馆修《兵志》，与汤右曾、万斯同、查慎行诸人订交。

马明达《王源年谱》；陈训慈，方祖猷《万斯同年谱》。

按，王源性豪侠，喜交游，其入京所交之友，后多与方苞游。《集外文》卷四《宁晋公诗序》曰："辛未、壬申间，余在京师，与吾友昆绳日夕相过论文；而昆绳所与交善者，多与余游。"虽然方苞所言为辛未、壬申间，但由于方苞在言说康熙二十五、二十六年与康熙三十年、三十一年在京城发生之事时，经常存在时间上混淆的状况，而事件本身无误，故系于本年。

是年，纳兰性德卒。混同顾琮生。

徐乾学《通议大夫一等侍卫进士纳兰君墓志铭》。《国朝耆献类征初编》卷一百七十《顾琮》。

康熙二十五年丙寅（1686） 十九岁

是春，杜濬拜访方仲舒，以身后事相托。

《方苞集》卷十三《杜茶村先生墓碣》："丙寅春,先生年七十有七,携幞被叩门,语先君子曰:'吾老矣! 将一视前民,归而窀室蒋山之阳,死即葬焉。'是日渡江,数月竟死维扬。"

初夏,随父应试于皖,途经芜湖,得与大父暂相依。

《方苞集》卷十七《大父马溪府君墓志铭》："苞生六年,大父司训于芜湖,吾父始归秣陵旧居。计此生,惟大父承公事至秣陵,苞应试皖桐,道芜湖,得暂相依,其时可稽日可数也。"

是时,戴名世、朱书等咸来应试,遂与朱书、刘辉祖订交。

《方苞集》卷十二《朱字绿墓表》："康熙丙寅,归试于皖,先君子携持以行,侪辈间籍籍言宿松朱生;因从先君子访字绿于逆旅,辞气果不类世俗人;将返金陵,遂定交;字绿父事先君子,而余兄事字绿。"又《集外文》卷四《朱字绿文稿序》："余自与朋友往还,未有先于字绿者。其始相见也,在丙寅之春,朋试于皖江。时余为童子,字绿为成人,而以时文之学相得,为兄弟交。"

《方苞集》卷八《四君子传》："余弱冠,从先兄百川求友,得邑子同寓金陵者曰刘古塘,于高淳得张彝叹;归试于皖,得古塘之兄北固,于宿松得朱字绿。"按,弱冠通常指二十岁,而方苞归试于皖在本年,故系于本年。而刘古塘、张彝叹方苞早相识,此时结识朱书、刘北固诸人。

朱书,字字绿,宿松人。生平喜游历,为学以复性为主,格致诚正为归。康熙癸未进士,选庶吉士,授编修,纂修《佩文韵府》,积劳成疾,卒于京邸。方苞为撰墓表。著有《杜溪诗文集》《恬斋诗文集》《松鳞堂偶钞》《古南岳考》《寒潭琐录》等。参见康熙六十年《安庆府志》、光绪七年《重修安徽通志》等。

刘辉祖,字北固。父余璜,怀宁状元若宰第四子,赘于桐

城,遂隶桐籍。嗜学,工文,海内名俊皆推重之。举庚午乡试第
一,著《藕浦诗古文集》四十卷。弟捷亦与齐名。参见乾隆元
年《江南通志》、同治十三年《上江两县志》、光绪七年《重修安
徽通志》等。

　　按,是时,方苞与戴名世是否见面,待考。基于常人情理,
之前已彼此知晓,并有所往来,此时应当见面。今无存世文献
佐证,以待后人。

先生不第。同郡选贡者,有宿松朱书、怀宁程邦宰、师恭兄弟,
桐城吴骐、戴名世,潜山徐千之,太湖马世樾,望江汪澜。

　　据《江南通志》拔贡名录,共一百三十三名,俱按等第。刘
齐,无锡县学,二名;刘岩,江浦县学,六名;何焯,崇明县学,七
名;王汝骧,金坛县学,十八名;王式丹,宝应县学,二十六名;徐
念祖,青阳县学,四十八名;李嶒瑞,泗州学,七十九名。见乾隆
元年《江南通志》卷一百三十六《选举志·荐辟》。

是时,刘岩贡太学,文名震京师,与先生、戴名世相友善。

　　吴榗《刘大山先生传》曰:"康熙丙寅贡太学,诸生率一时
之秀,而天下知名士后先云集,出其所业,无能与大山抗者,由
是名震京师,文章遂擅天下。当是时,桐城宋潜虚、方百川、望
溪兄弟,以文学傲睨一世,与大山友,未尝不加敬,学士韩公慕
庐、相国李公厚庵皆敬爱之。"(吴榗《刘大山先生年谱》)

　　刘岩,字大山,先世山东人,元季避乱迁浦口。康熙二十五
年,拔贡入太学,肄业,以争伏阙上书列名事,直声震中外。康
熙三十二年,举顺天乡试第二,四十二年成进士,授翰林院编
修,四十八年分校礼部试,得士最盛,蔡世远、黄越、汪倬等尤
著。五十年以《南山集》案牵连,诏赦其罪,逾数岁卒,年六十
一。生平治经,于《毛诗》《春秋》家言致功最深,在翰林时参与

修纂《朱子全书》《康熙字典》。参见《清史列传》、光绪十七年《江浦埤乘》等。

应试返回途中,过枞阳,宿家仆草舍,钱澄之造访,称先生为"吾辈人"。

《方苞集》卷十二《田间先生墓表》:"苞未冠,先君子携持应试于皖,反过枞阳,宿家仆草舍中。晨光始通,先生扶杖叩门而入,先君子惊问。曰:'闻君二子皆吾辈人,欲一观所祈向,恐交臂而失之耳!'先君子呼余出拜,先生答拜,先君子跪而相支柱,为不宁者久之。因从先生过陈山人观颐,信宿其石岩。自是先生游吴、越,必维舟江干,招余兄弟晤语,连夕乃去。"

钱澄之,初名秉镫,字饮光,桐城人。少为名诸生,屡试不售,闭门著书。复社、几社始兴,与陈子龙、夏允彝辈联云龙社,以接武东林。明亡后,曾先后出仕南明唐王、桂王政权。后归里,课耕,康熙三十二年卒,年八十二岁。著有《田间诗学》十二卷、《田间易学》十二卷、《屈宋合诂》二卷、《田间诗集》二十八卷、《田间文集》三十卷。参见乾隆十八年《长洲县志》、《清史列传》卷六十八《儒林传》、《清史稿》列传二百八十七《遗逸》等。

是年,谕令修纂《一统志》,以勒德洪、明珠、陈廷敬等为总裁,徐元文、徐乾学、张英等为副总裁,许汝霖、吴苑、姜宸英、万言等二十人为纂修官。

《圣祖实录》,王逸明《昆山徐乾学年谱稿》。

是年,理学家魏裔介卒。辽东李锴生。福建庄亨阳生。

徐乾学《憺园全集》卷二十七《柏乡魏公墓志铭》。李树德《李氏谱系》。《方苞集》卷十《庄复斋墓志铭》

康熙二十六年丁卯（1687） 二十岁

正月，入京，游太学，李光地赞其文"韩欧复出，北宋后无此作也"。

沈廷芳《方望溪先生传》："弱冠游太学，安溪李文贞公见其文，叹曰：'韩欧复出，北宋后无此作也。'"雷鋐《方望溪先生苞行状》："弱冠游京师，安溪李文贞公见其文曰：'当与韩欧争等列，北宋后无此人也。'"

李光地，字晋卿，福建安溪人。康熙九年成进士，选庶吉士，授编修，累官文渊阁大学士。康熙帝纂修《朱子全书》及《周易折中》《性理精义》诸书，皆命光地校理。五十二年，与千叟宴，赐赍有加。顷之，以病乞休，温旨慰留。后复以母丧未葬，许给假二年。五十六年，还朝，累疏乞罢。五十七年卒于官，年七十有七，谥文贞。参见《清史列传》卷十、《清史稿》列传四十九。

按，方苞初次入京师时间，有两种记载：其一为康熙三十年，方苞《徐诒孙哀辞》曰："康熙辛未，余始至京师，即与诒孙善。"《书高素侯先生手札后二则》曰："辛未，从游京师。"其二为康熙二十六年，方苞《梅征君墓表》曰："康熙辛未，余再至京师。""再至京师"，说明在三十年之前，已经到过京师。而《乔紫渊诗序》曰："年二十，余客游京师。"《汪武曹墓表》曰："康熙丁卯、戊辰间，吴中以文学知名者，君与常熟陶元淳子师、同邑何焯屺瞻皆与余游。当是时，昆山徐司寇、常熟翁司成方收召后进。其所善，名称立起，举甲乙科第如持券然。"由此来看，方苞最迟在康熙二十六年已至京师。另一个证据是，方苞与徐乾学的交往,其《张朴村墓志铭》尝言:"余初至京师,所见司寇(徐乾学)之客十八九。"而徐乾学在二十八年底、二十九年初,已解职离京,返回苏州,据此,方苞在康熙二十六年初次进京比较合理。

又按,本年正月,友人戴名世、朱书、王源、刘献廷等入京。戴名世寓张英邸舍,课其子廷璐等。朱书初入都门,肄业太学。王源、刘献廷先后馆于徐乾学官邸,参修《明史》。参见戴廷杰《戴名世年谱》;江伟《朱书年谱长编》;马明达《王源年谱》。**是时,先生介戴名世交于刘齐,戴名世介先生交于徐念祖。诸友以古人相砥砺,持论断断,一时被太学诸生称为"狂士"。**

《戴名世集》卷三《徐诒孙遗稿序》:"当丙寅、丁卯之间,余与诒孙先后贡于太学。太学诸生与余最著者莫如言洁,诒孙则仅识面而已。而诒孙最善方灵皋,灵皋与余同县,最亲爱者也,诒孙介灵皋以交于余,而灵皋介余以交于言洁。此数人者,持论断断,务以古人相砥砺,一时太学诸生皆号此数人为'狂士'。已而诒孙、言洁相继归,而余与灵皋以卖文留滞京师。"

刘齐,字言洁,无锡人,明光禄卿元珍曾孙,康熙乙丑拔贡,古文、时艺皆负盛名。入太学教习三年,足不涉显贵门,既归,汲古益勤。从弟学洙,字逊五,康熙庚辰进士,制义有名。参见乾隆元年《江南通志》卷一百六十六《人物志》。

徐念祖,字诒孙,青阳人,幼颖悟,善读书,工举子业,通诗古文词,丰格孤洁,性行真挚,由拔贡生考授知县,未任卒。参见乾隆四十四年《池州府志》卷四十七《文苑》。

按,方苞《集外文》卷四《刘巽五文稿序》:"后随宛平公至京师,介乡人宋潜虚以交于言洁。其为人刚大严毅,使人一见而敛其邪心与骄气。退谓潜虚:'是其气象,俨然东林人也。'

言洁爱余如兄弟，在京师逾年，旬日中未有不再三见者。间问其世系，则与巽五同出自光禄本孺公，盖东林贤者之子孙也。"此处所言，究竟是康熙三十年还是二十六年，是表述有误还是别有隐情，待考。又，方苞言及戴名世，事件上基本无误，时间上多有矛盾。

是时，长洲何焯、汪份与常熟陶元淳皆与先生游。

《方苞集》卷十二《汪武曹墓表》："君姓汪氏，讳份，字武曹，长洲人也。康熙丁卯、戊辰间，吴中以文学知名者，君与常熟陶元淳子师、同邑何焯屺瞻皆与余游。当是时，昆山徐司寇、常熟翁司成方收召后进。其所善，名称立起，举甲乙科第如持券然。三君皆吴人，素游其门，而自矜持，不求亲昵。"

汪份，字武曹，江苏长洲人。康熙四十三年进士，改庶吉士。散馆授编修。五十三年，充广西乡试副考官。六十年，督学云南，未之官，卒，年六十七岁。尝订《四书大全》及《唐宋八家古文》，行于世。晚岁辨《春秋》，又著有《河防考》《遄喜斋集》等。弟士鋐。参见《清史列传》卷七十一《文苑传》。

何焯，字屺瞻，江苏长洲人，世称义门先生。康熙四十一年冬，召直南书房。明年，赐举人，试礼部，复赐进士，改庶吉士，仍直南书房。及散馆，教习三年。久之，复以李光地荐，授编修。康熙六十一年卒，年六十二岁。精于考证，著有《义门读书记》五十八卷。参见《清史列传》卷七十一《文苑传》。

陶元淳，字子师，江苏常熟人。康熙十八年，举博学鸿词，以疾不与试。二十七年，成进士。三十三年，授广东昌化知县，自奉俭约，喜接诸生，讲论至夜分不倦。以病乞休未果，竟以劳卒于官。所著《南崖集》《明史传》《广东志》，凡数十卷。参见《清史列传》卷七十四《循吏传》。

时人言古文者,多称钱谦益。而先生尤厌之,称其文秽恶藏于骨髓。

《汪武曹墓表》:"余初至京师,见时辈言古文,多称虞山钱受之,尝私语君:'其文秽恶藏于骨髓,一如其人;有或效之,终不可涤濯。'子师闻而规余,屺瞻争之强,辩之数,惟君亦弗心惬也。既老,乃曰:'吾今而知子非过言。'"

钱谦益,字受之,号牧斋,常熟人。明万历庚戌一甲三名进士,历官礼部侍郎。南明福王时,为礼部尚书。入清朝,以礼部侍郎署秘书院学士。著有《初学集》《有学集》。参见徐世昌《晚晴簃诗汇》卷十九。

何焯好面诘人过,朋游多苦之,先生独喜闻其言,用以检身。

《读管子》文后,方苞自记曰:"余初至京师,见言古文者多称钱牧斋。偶言其体伪杂,屺瞻曰:'牧斋后更无可者矣。'并世诸公俱所深诋,兹评盖微词也。屺瞻好面诘人过,朋游多苦之,而余独喜闻其言,可用检身。"见初刊本。

是时,偶为律诗二章,泾阳刘灏嘻之,遂绝意不为诗。

《集外文》卷四《乔紫渊诗序》:"年二十,客游京师,偶为律诗二章。数日,泾阳刘陂千忽相视而嘻曰:'吾有所见子诗。信子之云乎:"艺未成而襮之,后自悔焉,而莫可追也。"子行清文茂,内外完好,何故以诗自瑕?吾为子毁之矣!'余自是绝意不为诗,或以诗属序,则为述此,而以不知谢焉。"

刘灏,字若千(陂千),陕西泾阳人,康熙二十三年举人,二十七年进士,改庶吉士,旋授编修。三十二年典试湖广,三十九年改巡盐御史,按视山左,寻掌河南道御史。后纂修《广群芳谱》《康熙字典》,书成,卒于京。参见乾隆四十三年《泾阳县志》卷七、道光二十年《济南府志》卷三十七。

按，袁枚《随园诗话》卷四："相传康熙间，京师三前辈主持风雅，士多趋其门。王阮亭多誉，汪钝翁多毁，刘公戬持平。方望溪先生以诗投汪，汪斥之。次以诗投王，王亦不誉。乃投刘，刘笑曰：'人各有性之所近，子以后专作文，不作诗可也。'方以故终身不作诗。近代深经学而能诗者，其郑玑尺、惠红豆、陈见复三先生乎！"徐璈《桐旧集》卷三载方苞来孙方恩露曰："公诗，渔洋、尧峰诸公曾谓不以此增盛名也。夫论流连光景新颖之作，于群公或未逮，而堂堂之盛，正正之旗，力追汉魏，上薄风骚，非具大识力，不能办也。"

又按，李调元《雨村诗话》卷十四："桐城方灵皋，工于古文，诗非所长也，然当时名重山斗，故求诗序者，必得弁言以为荣。"

六月，黄冈杜濬卒于扬州，年七十七岁。

《方苞集》卷十三《杜茶村先生墓碣》。

按，方苞父祖与杜濬常相往来，诗酒唱和。如大父方帜《人日怀于皇孟新诸子》诗曰："人日梅花下，吹香似旧时。山深春亦到，客冷主能知。对月金樽倒，当歌翠袖垂。所思惟老友，胜景各天涯。"《秦淮新水次于皇韵》诗曰："积雨添新碧，波痕两岸宽。柳丝连影湿，花片逐春残。未及招灯舫，先堪试钓竿。望中烟黛远，高兴一凭阑。"《柳幢宴集次于皇韵》诗曰："小庭初放菊，十日快秋晴。独与黄花对，宁知白发生。杜陵传好句，郑子有难兄。胜地邀觞咏，风流占石城。"（《龙眠风雅续集》卷二十五）父亲方仲舒《江舟食蟹有怀茶村先生》诗曰："年年秋老共持螯，大梦堂前饮兴豪。今我几番夸砍雪，知公何处快挥毫。南郊延赏肩舆远，北郭行吟步屧高。此日追陪风日好，丹枫黄菊拥香醪。"（《桐旧集》卷二）《郑岩听留饮西园怀杜茶村先生》诗曰:"昨夜宿山寺,今宵坐竹林。身移对江影,人共隔年心。病酒仍耽醉,删诗更苦吟。不知杜陵叟,何处看浮沉。"(《国朝金陵诗征》卷六)

方苞兄弟与杜濬相处如家人,《杜茶村先生墓碣》曰:"先生居北山,去先君子居五里而近。以诗相得,旦晚过从,非甚雨疾风无间。先君子构特室,纵横不及寻丈,置床衽几砚。先生至,则啸咏其中,苞与兄百川奉壶觞。常提携开以问学。先生偶致鸡豚鱼菽,必召先君子率苞兄弟往会食,其接如家人。"乾隆十四年《黄州府志》卷十四《隐逸》:"濬避乱金陵,桐城方苞与兄舟从受业焉。"

七月二十三日,大父方帜卒,年七十三岁。父及叔父御枢归桐城。后改葬江宁。

《方氏家谱》:"帜,讳象乾长子,字汉树,又字翰书,号马溪。安庆府学廪贡生,授太平府芜湖训导,升扬州府兴化县教谕,以孙苞任礼部侍郎赠资政大夫。生万历乙卯正月初十日,卒康熙丁卯七月二十三日,葬江宁太南乡四囿石潭菖蒲山,戌山辰向兼辛乙三分。配吴氏,太学生绍懿女赠太夫人,生万历丙辰正月二十九日,卒崇祯癸未五月初九日,葬江宁南门外周村秀冈山,亥山巳向。继配越氏,其杰女,生万历丙辰五月十五日,卒顺治辛卯八月初三日,赠夫人。葬江宁南门外普德寺前山。侧室江宁王氏,生崇祯癸酉十月十三日,卒康熙辛巳正月十七日。葬桐城戴冲保梁庄花岩尖下林香漥山,艮山甲向。四子:绥远、仲舒(吴太夫人出)、靖远、珠鳞(王出)。六女:长适怀宁路车;次适李岐京,巡抚犹龙子(吴太夫人出);次适江宁孝廉沈雄,参将时子;次适江宁生员周于仁(越太夫人出);次适陶于同,知县延中子;次适周允庄,教谕正纪子(王出)。"

　　按，方苞与大父缘浅，相聚日短，惟大父承公事至秣陵。其间，方苞应试皖桐，道芜湖，得暂相依。雍正帝即位，"苞蒙恩给假，归葬父母。复奉大父枢，自桐城来秣陵"。至于大父为官，方苞曰："大父处境顺，无由为卓绝之行，而官甚微，士皆务科举之学，教之所及亦浅，故不敢漫述，惟自痛咎愆之积而已。"（《大父马溪府君墓志铭》）

　　又按，道光七年《续修桐城县志》卷十三《人物志·宦迹》："方帜，字汉树，号马溪，象乾子。年十二，补县学生，以诗古文词显名于时，群推为江上十子之首。顺治丁酉科，以明经贡廷试第一，授芜湖训导，课士以实学，孜孜不倦，四方来学者辄馆餐之，贫者给以薪米。捐俸设义学，修文庙，殚数载心力始成。会当事采楠，议易明伦堂、尊经阁故材以应，帜力争于上官，得免。旋摄繁昌，擢兴化教谕，乐育后进，以年老引退。至奉其业师袁岌山、齐沆水生养死殡，买地厚葬，岁时致祭，尤为世所称道。卒后，门人李国宋、夏懋远等私谥为和靖先生，所著诗文集数十卷行世。以孙苞贵，诰赠资政大夫、礼部右侍郎。"

　　又按，潘江《龙眠风雅续集》卷二十五收录方帜诗九十五首，诗前小传曰："帜，字汉树，号马溪，副宪闻庵公之长子，年十二即补博士弟子，文誉蜚起，与里中江鳞一中龙、许博豸玥诸名流结环中社，迭主齐盟。随闻庵公过江，侨寓秣陵者垂五十年，牛首、雨花之间题咏无虚日。顺治丁酉，以年资贡于礼部，廷对第一，铨部欲官以亲民之职，辞不就，归与老友林那子古度、杜于皇濬、白孟新梦鼎诸耆宿诗酒唱酬，有终焉之志。康熙甲寅，廷议复明经，得授广文，因司训芜湖。"徐璈《桐旧集》收录方帜诗三首。

八月，伍涵芬浙江乡试第一，与先生订交。

民国十一年《杭州府志》卷一百四十五《文苑二》："伍涵芬，字芝轩，於潜人。幼聪颖，喜读，数行俱下，一过不忘，十龄就傅云湖山，登高望远，胸次益扩，属文时露奇气。康熙二十六年乡试第一，尤深经术，与桐城方苞订交，治古文有声，以中书舍人终。"

按，伍芝轩曾评点方苞时文《楚狂接舆全章》："才能逮意，不独解题深切。"《叔孙武叔毁仲尼》："较前作更质实，有高邑先生体勘不到处。"《天之生此一节》："通篇是单行，却通篇是排比，此等文境，实前人所未到。"见方苞时文集《抗希堂稿》（以下简称《抗希堂稿》）。

又按，方苞曾代某人为伍涵芬文稿作序，称赞伍涵芬本年为乙科举首，文见《集外文》卷四。韩菼《有怀堂文稿》卷五亦收录《伍芝轩文序》。

十月十一日，睢州汤斌卒，年六十一岁。

方苞考订《汤文正公年谱》。

按，方苞与汤斌及其师孙奇逢一脉多有往来，不仅为汤斌、孙奇逢考订《年谱》，且奏请汤斌从祀文庙，实有接续夏峰、睢州之意。不仅如此，还教诲弟子，以"以睢州志事相勖"，其《重建阳明祠堂记》曰："自余有闻见百数十年间，北方真儒死而不朽者三人：曰定兴鹿太常，容城孙征君，睢州汤文正，其学皆以阳明王氏为宗。""故余于平生共学之友，穷在下者，则要以默识躬行；达而有特操者，则勖以睢州之志事。"《安徽布政使李公墓志铭》亦曰："公曰：'先生每以睢州勖我，睢州既为监司，始受业于夏峰，某独不可继武乎？'余告以：'自明万历末，征君既为海内儒宗，而睢州乃乡之后进也。今公为邦伯，而余以薄劣为部人，敢以征君自处哉？'"《致陈大受札》亦曰："将来继武睢州,惟贤是望耳!"

是时,里中争传熊赐履陈时事劾辅臣疏。

《集外文》卷七《武强县令官君墓表》:"余方成童,见里塾中争传孝感熊公《陈时事劾辅臣疏》。睢州汤公之殁也,尧峰汪氏志其墓,于奸金构陷,直言无隐。其后二家文集,于《疏》中指要,芟薙无遗,《志》则目存而空其籍。"按,文中"成童"应指二十岁,即本年,汤斌卒。尧峰汪氏,即汪琬。其《尧峰文钞》卷十四《工部尚书充经筵讲官汤公墓志铭》。

按,查阅熊氏传世文集及《康熙朝汉文朱批奏折》,并无相关奏疏。

又按,文中"孝感熊公"即熊赐履,湖北孝感人。顺治十五年进士,由庶吉士授检讨。官至武英殿大学士、礼部尚书、东阁大学士、《平定朔漠方略》《明史》总裁官等。康熙四十五年,辞归江宁。四十六年,康熙帝南巡,江宁召见。四十八年卒,年七十有五,谥文端。参见《清史列传》卷七。

十一月廿六日,友人桐城吴柳宽卒,年五十一岁。

癸丑年《麻溪吴氏族谱》卷七十六:"吴御,十三世,字柳宽,号诒园。次履府君子。贡生,候选训导。著有《苇轩古文》《时文》《易文》《诒园诗集》。生崇祯丁丑八月廿三日,卒康熙丁卯十一月廿六日,葬白云岩钱庄后纯德公右。配滦漕钱氏,家善女,生崇祯丁丑三月十六日,卒康熙辛丑十月卅日,葬合夫兆。"

按,康熙六十年《安庆府志》卷十九《文学》,吴御,字柳宽,号健乘,少补博士弟子员。工制艺,尤精于古文。品纯学粹,但以廪序贡入成均,时论惋惜焉。著有《深柳堂苇轩诗文集》。而光绪七年《重修安徽通志》卷二百二十二《人物志》、道光七年《桐城续修县志》卷十六《人物志》，误为"吴衔"。

又按，方苞《吴宥函墓表》回忆生平好友曰："往来江介信余尤笃者，故乡则吴御柳宽、杨周监二。"吴柳宽曾评价方苞古文《书霍光传后》："子孟、巨君二传乃班氏用心之作，而其得失之当辨者有如此，读《汉书》者，当谨识此意而神明之。"《左忠毅公逸事》："恍闻二公謦咳，此等文字亦铁石所铸造。"见初刊本。

又按，由吴柳宽评点可知，《左忠毅公逸事》作于康熙二十六年或之前，属于典型的方苞早期作品，与《高阳孙文正逸事》《石斋黄公逸事》一样。但由于文章开头称"先君子尝言"，通常推断作于方仲舒卒后（康熙四十六），故《文目编年》系于康熙四十六年至五十六年，抑或方苞生前修改此文。今两存之。

是冬，弟方林病发，而先生与兄避难吴中，弟偕行咯血，隐而不言，血气大耗。

《方苞集》卷十七《弟椒涂墓志铭》。

是年，嫂张氏来归。仆人王兴随至。

《方苞集》卷十六《仆王兴哀辞》《嫂张氏墓志铭》。

是年，循览《五经注疏大全》，以诸色笔别之，用功少者亦三四周。

程崟《仪礼析疑序》。

是年，在江阴学使署衙，与王源为兄弟交。

在初刊本，《送刘函三序》文后王源评点曰："此吾友二十岁时同客江阴使院作者，吾由是与为兄弟之称。发箧覆视，曾、王能事已备得之矣。甲戌冬夜识于天津寓斋。"甲戌应为康熙三十三年，王源四十七岁时，"吾友二十岁"即康熙二十六年，方苞二十岁，而前一年方苞随父应试皖江，时李振裕以翰林院侍讲提督江南学政，寻试各府州，驻江阴学使署衙。

　　按，《方望溪遗集》之《送宋潜虚南归序》："或庵，燕人，亥子间往来江淮，已与余相识。"其中"亥子"，当指康熙二十二、二十三年期间。据此，方苞与王源在康熙二十二、二十三年相识，二十六年于学使衙以兄弟称，进京后往来密切。

是时，作《送刘函三序》。

　　《送刘函三序》文后王源评点，见初刊本。

是年，康熙帝严行禁止淫词小说。

　　《圣祖实录》。

是年，钦天监南怀仁卒。理学家魏象枢卒。歙县程崟生。

　　方豪《中国天主教史人物传》。陈廷敬《午亭文编》卷四十四《刑部尚书致仕谥敏果魏公墓志铭》。程梦星等《新安岑山渡程氏支谱》。

康熙二十七年戊辰（1688） 二十一岁

是年，撰《周公论》，获师友称许。

　　《周公论》文后，钱澄之评曰："使周公心事如揭日月，又发《春秋》二千年未发之覆。方郎年二十有一，所学遂到此。余与其祖若父善，始视之如生徒，继自今当引为挚友矣！"

　　韩菼评曰："执圣之权，发为至论，百世不磨。每见方子谈经道古处皆名理，常叹无能文者随而笔之，观此文益为慨然。"徐元梦评曰："答者、善问者本不凡，望溪每叹自古塘死无以为质，盖衷言也。"吕克昌评曰："'著论本《过秦》'，在左思为夸，若斯文庶几无愧。"何无墨评曰："陆士衡所言作论之法，前贤多偏得其朗畅，此兼有焉！读者必于其精微处切究之，始见根底。"见初刊本。

十二月二十四日,兄子方道希生。

《方氏家谱》。

是年,法国六位"国王数学家"耶稣会士,其中洪若、白晋、刘应、张诚、李明等五人,抵达北京。

德·博西耶尔夫人《耶稣会士张诚》,韩琦《康熙皇帝·耶稣会士·科学传播》。

是年,爱新觉罗·德沛生。祁门马曰璐生。吴江沈彤生。

张文博《德沛生平著述研究》。杭世骏《道古堂文集》卷四十三《马君墓志铭》。沈光照《吴江沈氏家谱》;惠栋《松崖文钞》卷二《沈君果堂墓志铭》。

康熙二十八年己巳(1689)　二十二岁

四月,岁试,以《孟献子曰一节》获第一,补桐城诸生,受知于督学高裔。

《集外文》卷四《书高素侯先生手札后二则》:"己巳夏四月,余以岁试见知于先生。"《集外文》卷四《记时文稿行不由径三句后》:"余己巳岁试,受知宛平高素侯先生。"

高裔,字素侯,康熙十五年进士,由编修督学江南,所拔多知名士。少时父以吏事谪辽左,发愤成进士,伏阙上书求代,已而逢恩赦归,眷属复完,二亲皆笃老,裔退食恒侍亲侧,嬉戏如婴儿,其事父承意观色,有古礼经所未尝云者,累官至大理卿,卒年五十有四,入祀乡贤。参见光绪十年《畿辅通志》卷二百二十七。又据《圣祖实录》,高裔于去年十二月以翰林院侍讲提督江南学政。

　　按,姚范《援鹑堂笔记》卷四十三"大理卿高公墓表"条:
"高素侯康熙己巳视学江南,望溪以岁试冠诸生,其四书文首
《畜马乘四句》,次《食志至然则子非食志也》。"

是时,结识张廷玉于皖城。

　　张廷玉《澄怀园文存》卷十《跋王箬林为方望溪书韩子五
箴》曰:"余以康熙己巳见望溪于皖城,距今四十有二年矣。"

　　按,梁章钜《枢垣记略》卷十五:"张廷玉,字研斋,安徽桐
城人。康熙庚辰进士,官至大学士,封伯爵,谥文和。"

七月,恩师高裔招先生入学使公署,督促其作时文。

　　《集外文》卷四《书高素侯先生手札后二则》:"秋七月,招
入使院,辛未,从游京师。先生轸其饥寒,开以德义,一出入,未
尝不诘所有事也;所与往还,未尝不叩其为孰谁也。盖自癸酉
以前,未尝旬月去乎先生之侧,而凡所为文,先生皆指画口
授焉。"

是时,与齐方起诸人同侍高裔于澄江使院。

　　《集外文》卷四《佘西麓文稿序》:"昔吾师宛平高公视学江
南,士之尤当公心者,于吾乡则苞与齐生方起,于歙郡则汪生鸿
瑞、佘生华瑞。尝语余曰:'子之文,深醇而朴健;齐生之文,从
容而典则;汪生之文,幽渺而参差;佘生之文,微至而切实。苟
勤而不已,皆于斯道能有闻焉者也。'……盖余与齐生皆于己
巳侍先生于江州。"

　　齐方起,字天霞,号炼存,桐城名宦齐之鸾后裔。康熙二十
八年受知于学使高裔,四十五年成进士,考授内阁中书,五十二
年任孝感知县。卒年不详。参见《戴名世年谱》及相关史志。

　　汪鸿瑞,又名鸿玓,字献其,祁门查湾人。工诗赋古文,少
精制艺,有《制艺存集》二卷。康熙丙子举于乡。其文出入

《庄》《骚》《史》《汉》及八家,于五经注疏考订明晰,尤肆力于《三礼》。著有《金谷行稿》《献其存集》。参见道光七年《徽州府志》卷十一、民国三十三年《祁门县志》。

余华瑞,字朏生,号西麓,岩镇人,工诗古文辞,雍正十三年诏举博学鸿词,辞不赴,后选授桐城训导,著有《绿萝山人集》《岩镇志草》等。生平端肃自范,行矩言规,为文亦整严有则。参见乾隆三十六年《歙县志》卷十二《文苑》。

是时,在学使院,见杨名时文,大惊赏,知其为笃学之士。

《方苞集》卷十《礼部尚书赠太子太傅杨公墓志铭》;彭绍升《二林居集》卷十七《故资政大夫礼部尚书杨文定公事状》。

是秋,夜渡澄江,梦弟方林齿牙疾。

《方苞集》卷十七《七思·弟椒涂》。

按,澄江即江阴,宋施迈《江阴志》俞巨源序:“大江自京口(今江苏镇江市)来,委折而南,浩漾澎湃,势益壮越,数百里聚为澄江之区。”

是冬,自澄江学使公署归,过无锡,访先儒东林讲学遗址。

《集外文》卷四《刘巽五文稿序》。

是时,因张秋绍结识无锡刘巽五,东林贤者子孙也。

《集外文》卷四《刘巽五文稿序》:“己巳冬,余自督学宛平高先生澄江公署归,过无锡,访先儒东林讲学遗址,因就其杖者张君秋绍而求其邑人之可交者。秋绍曰:‘吾邑刘氏有二贤士:一曰言洁,今贡入成均;一曰巽五,为诸生。’因与秋绍就巽五于其居,其为人冲和平易,容婉而气清,退谓秋绍:‘是有东林人遗意也。’……言洁爱余如兄弟,在京师逾年,旬日中未有不再三见者。间问其世系,则与巽五同出自光禄本孺公,盖东林贤者之子孙也。”

刘巽五即秦学洙，本姓刘，字逊五，刘齐从弟，刘元珍之后，吴江籍，无锡人。康熙三十八年己卯举人，三十九年进士，制义有名。参见乾隆元年《江南通志》卷一百六十六、《苏州府志》卷六十三、道光九年王鲲《松陵见闻录》卷一、《明史》列传第一百十九。

按，刘巽五即刘素川。《江苏诗征》卷七十九："刘学洙，字逊五，号素川，无锡人，康熙庚辰进士，官陕西城固知县。（《梁溪诗话》：素川制义精博，为一代名家，方灵皋先生深推服之。）"刘素川曾评点方苞时文《子在齐闻韶》："文境清绝，超然尘俗之外，正如海水汩没，山林窅冥，叹先生将移我情也。"《民之于仁二句》："先儒论体认与揣摩之别，谓体认者亲见之又细认之，揣摩者未见而想象之，若此等文则力行有得，言言中道，又不止虚见而已也。"

是年，游真江，遇蜀人刘孟易，言及明季史事。

《集外文》卷七《明故兵部郎中刘公墓志铭》。

按，方苞文中"刘公"，戴钧衡评曰："崇祯辛未进士刘养贞，四川夔州府大邑县人，殆即此人欤？"校以钱士馨《甲申传信录》、乾隆十四年《大邑县志》、乾隆四十七年《四川通志》，与方文所述吻合，确为刘养贞。

又按，以刘养贞后人侨居京师宣武门外，故刘孟易或改为宛平人，岁贡，康熙二十七年任青阳知县。参见乾隆元年《江南通志》、光绪十七年《青阳县志》。

是年，泰州邓汉仪卒，年七十三岁。

沈龙翔《邓征君传》："征君姓邓氏，名汉仪，字孝威，号旧山，苏州人，徙家泰州。……康熙己巳卒于家，年七十有三。"（夏荃辑《海陵文征》卷十九。）

按,邓汉仪编选《天下名家诗观》,桐城方氏之方中通、方中德、方中履、方仲舒、方亨咸、方拱乾皆有诗歌收入其中。

又按,邓汉仪著有《官梅集》,其序者方苞,非桐城方苞,乃泰州方苞也。按民国《续纂泰州志》卷二十五《人物·文苑》:"方苞,字白英,号清溰、渔父,诸生,长于骚赋,屡困场屋,抑郁赍志殁。著有《清溰集稿》,散佚。"《江苏诗征》卷六十七称其有《梦罗浮》《业隐园》《兼葭》《清溰》诸集。

是年,康熙帝第二次南巡。二月二十五日,抵达江宁。以曹寅织造府为行宫。往派明太祖陵祭奠。三月初一日,离开江宁。

《圣祖实录》。

是年,以索额图、佟国纲为首之清廷使团,与俄国在尼布楚签订了《中俄尼布楚条约》。随行耶稣会士徐日升、张诚有协调之功。

德·博西耶尔夫人《耶稣会士张诚》。中国第一历史档案馆《清代中俄关系档案史料汇编》第一编。

康熙二十九年庚午(1690)　二十三岁

是年,父方仲舒有《渐律草》。

《集外文》卷四《跋先君子遗诗》。

二月二十六,以外肾蹙缩入腹内,为医者所吓,避居野寺。

《方苞集》卷十七《七思》:"弟卒前六日,余外肾忽蹙缩入腹内。为医者所吓,避居野寺。"

是时,季咸若有弟早夭,与先生相怜也。招至其家,馆于门侧小室。

《方苞集》卷十二《季瑞臣墓表》。

是时前后，家贫，日食始能再。

《台拱冈墓碣》："其后自棠邑迁金陵，窭艰。己巳、庚午间，日食始能再，而弟林死。"

三月初四日，弟方林卒，年二十一岁。弟弥留及梦中，呼先生不已。

《方苞集》卷十七《弟椒涂墓志铭》："弟疾起于丁卯之冬。时余与兄避难吴中，弟偕行，咯血，隐而不言，血气遂大耗。其卒也，以齿牙之疾，盖体羸不能服药也。先卒之数日，余心气悸动，父命避居野寺。弟弥留及梦中呼余不已。呜呼！昔之人常致死以勤礼，余未有大疾而废焉，悔与痛有终极耶！弟初名棠君，后更名林，字椒涂，卒于康熙庚午三月初四日，年二十有一。"

按，《方氏家谱》："椒涂公讳林，南董公第三子。百川、望溪两公弟也。幼颖异，随望溪公读书，最友爱，事兄如师。家贫困，旬月中屡不再食，或得果饵，托言不嗜，必使兄啖之。性警敏，鸡鸣入市购米薪，日中治家事，佐母供酒浆；日入诵书，夜参半不寐。父常夜饮，或漏尽乃归，恒令家人就寝，而己独候门。体素羸，因此成疾，善制艺，为当时推重。其名未彰者，两兄所掩也。著有诗文若干篇，附刻《百川遗文》后。"

又按，《百川遗文》后附《方椒涂遗文》十篇，署名"白下吴林著"，白下即金陵，吴姓为其母姓。鲍季昭、张彝叹、武商平、方百川、方灵皋等文末评点。其中方苞评其《前日于齐全章》曰："临川文用问出奇，此则堂堂正正，而清思隽致亦足与之相抗。"《梓匠轮与一节》曰："有极平易处，有极奇险处，俱得古人神致。"《匡章曰陈全章》曰："其简削断续处，已中古法。"《齐人有一全章》曰："无一字袭赵高邑，而气格风神无之而非高邑者,启、祯人不能为也。"

八月,乡试。房考廖腾煃见先生文大异之,畅泰兆亦称善,二人力荐,虽卒无成,而一时传为美谈。

《方苞集》卷十二《工科给事中畅公墓表》:"故工科给事中素庵畅公与故户部侍郎将乐廖公莲山同为县令江南,所治邻接,志相得。康熙庚午,为乡试同考官,文皆互阅。廖公于公房见苞文,大异之,公亦称善,交论力荐,虽卒无成,而一时以为美谈。廖公官江南及京师久,苞时得从游,而公终身仅再三接。"

廖腾煃,字占五,号莲山,将乐人。康熙己酉举人,初令休宁,庚午充乡试同考官。擢浙江道监察御史,历左右通政、光禄正卿。乙酉典试江南。擢奉天府尹,迁都察院右副都御史,奉命鞫狱福州,迁户部侍郎。又往山东祭告、赉兵。以老乞归,卒年七十有六。参见乾隆四十七年《福建通志》卷四十六《人物》。

畅泰兆,字子交,新乡人,策子,康熙己未进士,初任祁门令。邑中陋规,悉行禁革。再任稷山,稷邑旧多杂,甫至即请革除,勒石永禁。前令有冤抑者,悉为平反。官至工科给事中,以病乞归,卒于家。康熙五十三年,祀乡贤。参见乾隆刻光绪二十八年重修《河南通志》卷五十八《人物》。

时乡试题为《子曰先进全章》,又名《先进于礼乐》,先生文获师友赞叹。

据《抗希堂稿》,畅泰兆评此文曰:"幽深旷逸,矫然轶群,正今日能自开风气者,乃以数字之累羁踬骏,足为之惋叹。"廖莲山评曰:"于古文大家中,拔毛洗髓,脱尽藩篱,独存神骨,正昔人所云前未有此,后可为法者也。吾及素庵先生闱中拔得是卷,余一见击节快赏,屡日后以字句被斥撤,闱后知为方子灵皋之作。灵皋来谒，首贺余得宜兴储同人，因具言同人学老文钜，负江左宿望。但同人遇而灵皋蹶，殊可叹也！岂臂九折而成医，天固欲使灵皋为同人耶？"兄方舟评曰："开讲入题处，实不及江陵、震川；后副仓浑，便觉远过昔人。"吴士玉评曰："倚其豪横，雄诡殊常，议论笔力，诚足驰骋数千载，虽使江陵、震川睹此奇时，犹当畏后生也，灵皋岂非超群轶伦之士？"

按，梁章矩《制义丛话》："此先生庚午科遗卷也，深情绵邈，风韵绝高。""张惕庵曰：方望溪先生以庚午科抡元，《先进于礼乐章》文，至今熟在人口，以二三场触时忌，遂置之。房师为将乐廖莲山腾煃，以能赏此文知名于后世，内擢至户部侍郎，以举人出身，屡为会试总裁，亦异数也。"

是时，南榜安庆刘辉祖、宜兴储欣、嘉定张大受、上元朱元英、江阴杨名时、长洲顾三典、庐江孙维祺诸友中举。刘辉祖为解元。戴名世、何焯、汪份落第于北闱。

乾隆元年《江南通志》卷一百三十二《选举志》。

是秋，韩菼读先生遗卷，叹近世无有。亟寓书徐乾学，于京邸刻录之。

韩菼《有怀堂文稿》卷五《方百川文序》："康熙庚午秋，余读方子灵皋遗卷而叹其文，谓近世无有，亟寓书健庵师京邸，刻之《录真集》中。"

韩菼，江南长洲人。康熙十二年，会试、殿试皆第一，授修撰。历官日讲起居注官、顺天乡试考官、右赞善、侍读、侍讲学士、内阁学士等。二十六年，复以病乞假回籍。三十四年七月，召至京，充《一统志》总裁。越二月，擢礼部右侍郎，兼翰林院掌院学士。三十八年，调吏部右侍郎。三十九年，充经筵讲官。擢礼部尚书，教习庶吉士，仍着兼掌院学士如故。四十三年四月,再疏乞解任。八月,卒于官,年六十有八。参见《清史列传》卷九。

十月,娶夫人蔡氏。兄方舟有良言。

《方苞集》卷十七《己亥四月示道希兄弟》:"余过时不娶,妻之父母趣之。时弟椒涂卒始七阅月,余入室而异寝者旬余。族姻大骇,物议纷然.遂废礼而成婚,至今恨之。"按,本年三月弟方林卒,"始七阅月",即十月。

《方苞集》卷九《记李默斋实行》:"余将受室,先兄命之曰:'人之大伦五,以吾所闻见,惟妇死其夫及守贞终世者为多,子之能孝者差少焉,臣之能忠者差少焉,友之能信者差少焉,而实尽乎弟道者,则未见其人。其所以然,特由私其妻子及货财耳。'"

是年,戴名世《孑遗录》稿成。潘江《龙眠风雅续集》告成。徐乾学归里,奉诏修《大清一统志》,阎若璩、胡渭、顾祖禹、姜宸英、张云章等分纂。

戴廷杰《戴名世年谱》。潘江《龙眠风雅续集·例言》。王逸明《昆山徐乾学年谱稿》。

是年,常州汪琬卒,年六十七岁。安溪李清植生。

陈廷敬《午亭文编》卷四十四《故翰林编修汪钝翁墓志铭》。庄亨阳《秋水堂遗集》卷五《礼部侍郎李公穆亭墓志铭》。

康熙三十年辛未(1691) 二十四岁

是年,赴京前,别弟于攒室。

《集外文》卷九《将之燕别弟于攒室》:"诘旦将戒徒,独步登山冈。泪枯不能落,四顾魂飞扬。往时重暂别,而今轻远行。

岂忘岵屺诗,言此裂中肠。死者不可留,何况客异乡。家贫无
储蓄,老母甘糟糠。翁性嗜醇醪,客至羞壶觞。所恨尔长逝,出
门增恫惶。尔能奉晨昏,细大无遗亡。长兄虽笃谨,不若尔精
详。日夕下山去,身世两茫茫。"攒室,暂放灵柩之所也。

　　按,廖素卿《方苞诗文研究》,称此诗作于方苞二十四岁
时,将随师高裔至京师。据诗歌内容,今从其说。

是年,随恩师高裔进京,馆于高公所,师偏爱有加,赋诗以记之。

　　《集外文》卷四《书高素侯先生手札后二则》:"辛未,从游
京师。""余始至京师,下帷先生之庐,夜读书,有童奴君欨为鬼
声,余恶而挞之。越日,先生遍召府中童奴,指曰:'某某有过,
生为吾挞之。某某,使吾弟鞭之,是尤顽梗,生恐不足以创
也。'自是府中童奴皆慑,莫敢忤余。又逾年,始闻余所挞乃太
公侍者。太公患余之妄,让先生甚切。先生恐童奴恃此以无礼
于余,又恐余时亲挞之,以损太公之欢也。"

　　《方望溪遗集》之《市裘歌呈高素侯先生》:"西山黄云郁垒
垒,埍埄冬声动地起。江东布衣初入燕,虚馆空囊气销委。故
裘秃落不蔽骭,短袖纳风中肌理。吾师赐裘裘乃重,意内已若
无三冬。涉月层冰叠飞雪,依然项背冷如铁。吾师分赐金,入
市问贾客。一裘颇丰温,又不失宽窄。更衣缓步过朋游,归来
四体皆和柔。无褐无衣纷布路,男呻女唧谁为谋? 故裘吾翁十
年着,与我远游壮行囊。近闻斫雪棹寒江,多恐无裘意萧索。
附书江东言我暖,吾翁无裘意亦满。"

奉恩师高裔命,闭特室,不与外通。新安吴苑急欲见,以疾辞。

　　《集外文》卷四《记时文稿行不由径三句后》:"先生命闭特
室,勿与外通。大司成新安吴公谓先生曰:'吾急欲识此生!
吾择生徒之尤者,与子弟会文,生能过我乎?'余以疾辞。"

又数日,召饮酒,再三辞,吴公因访先生于寓斋。

《集外文》卷四《记时文稿行不由径三句后》:"又数日召饮酒,再三辞。公因自访余于寓斋,余因先生以谢曰:'某名挂太学,而部牒未过,以宾客见,义不敢也;以生徒见,又非所安,请稍俟之。'"据此,方苞当时亦挂名太学。

吴苑,字楞香,歙人。康熙二十年进士,选庶吉士,授检讨,历中允、侍讲,迁祭酒。奏请诸教习官学者,岁满补县令,勿补州倅。又严试补教习之法。又令八旗子弟在官学者一体考校乡会试。省亲告归。著有《北黟集》。参见乾隆元年《江南通志》卷一百四十七《人物志》。

是时,拜见李光地,辨析经义,常自日昃至夜中。并见杨名时于李光地所。

《方苞集》卷十《礼部尚书赠太子太傅杨公墓志铭》:"辛未再至京师,乃见公于文贞公所。余与文贞辨析经义,常自日昃至夜中。公端坐如植,言不及,终已无言。用此益信公之为学能内自检摄,而未暇叩其所藏。"

是时,学政许汝霖致书高裔,称先生为江东第一能文之士。

《集外文补遗》卷一《记时文稿兴于诗三句》后,方苞自记:"海宁许公视学江左,时余在京师。公遗宛平高先生书,称为江东第一能文之士。"

许汝霖,浙江海宁人。康熙二十一年进士,由庶吉士授编修。二十九年,迁赞善,寻提督江南学政。历官工部侍郎、礼部右侍郎、会试副考官、礼部左侍郎等。康熙三十八年,发往河工效力,出任子牙河分司,三年期满,仍以侍郎用。康熙四十六年,补户部右侍郎。四十八年,迁礼部尚书。四十九年十二月,以老乞休。康熙五十九年八月,卒于家。参见《清史列传》卷十二。

按,自京师返江南后,方苞拜谒许汝霖于澄江学使院。据《记时文稿兴于诗三句》文后,方苞自记:"还江南,谒公于澄江,未尝执诸生之礼,称谓用后进所施于先达者。越日,公招饮,使院同谒者闻之大骇。余乃自悔失礼,而公爱余益厚,居门下者乃莫能先焉。"

又按,《圣祖实录》,去年十二月,许汝霖以右春坊右赞善提督江南学政。

是时,王源馆于宁世簪,其所交善者,多与先生游。世簪之弟宁晋公爱先生甚厚,间以其北游诗诣先生。

《集外文》卷四《宁晋公诗序》:"辛未、壬申间,余在京师,与吾友昆绳日夕相过论文;而昆绳所与交善者,多与余游。""而其弟晋公爱余甚厚,间以其《北游》诗诣余曰:'吾所为诗,未尝以示京师之人。吾欲子与昆绳序而藏焉。'昆绳既有言矣,余应之而未暇以为。"

宁世簪,字笔公,号观斋,康熙乙丑进士,官翰林,癸酉典试黔中,后督学中州,以病归,卒。参见光绪七年《重修安徽通志》、民国七年《阜阳县志》。又,据王源《居业堂文集》卷十七《封君宁献贤墓志》,宁世簪有兄弟七人,分别是世簪、世珮、世标、世缵、世溥、世裔、世奇,究竟孰为宁晋公,待考。

八月,与舅氏吴平一相遇于京师。

《集外文》卷八《送吴平一舅氏之钜鹿序》。

九月二十一日,作《书潘允慎家传后》。此文成,一时老宿如梅文鼎、万斯同、姜宸英皆心折,介王源与先生定交。

《书潘允慎家传后》文后,程鉴评曰:"兆符云,先生时年二十有三,此文出,一时老宿如梅定九、万季野、姜西溟皆心折。

因昆绳先生与先生定交。"（见初刊本）按，方苞称此文康熙辛未年二十四岁作，而王兆符认为二十三岁时作，今从方苞之说。《文目编年》亦系于本年。

按，文后方苞自记曰："此宛平高素侯先生作也。命苞讨论。谓以弊奸人，鄙夫误国之罪当矣。而无以服当日忠义知勇奋死而无救者之心，因别为一篇，以进先生，曰：'子他日自入文集可也。'先生没，诗文无一存者，检箧笥惟手札一通，以刻，以牟四书文稿。兹又于潘氏家乘中得此文，覆视之，生气奋动，入人心脾，亦有辅于世教，故并存之。"见初刊本。

诸家盛赞方苞此文，徐元梦论曰："沉着似班史，而疏宕过之，可作明怀宗愍帝总序。"王源评曰："望溪之文，不主一体，如此篇，不类班、马、欧阳，而班、马、欧阳之意皆具其中。"戴名世评曰："起伏关键，波澜意度，变化无方，绝无依傍，北宋以后实未见此等风格。"庄亨阳论曰："括尽晚明数十年中可悲、可涕、可骇、可惧之怪变，警发人心，过于贾山《至言》。"

又按，恩师高裔所作同题文章曰："潘生应宾以其祖允慎家传乞言于余。"可知，先是潘应宾请高裔撰文，方苞以恩师文再撰文。

潘应宾，字銮客，号雪石，箕之元孙也，康熙十八年进士，入翰林，授检讨。二十二年初，试翰詹诸臣于保和殿，应宾在高第。明年，充会试同考官，与修《一统志》《明史》。三十三年，召见丰泽园，旋入直南书房。四十四年，以侍讲学士乞假归，卒于里。参见乾隆《济宁直隶州志》卷二十五。

是秋，居京，万斯同降齿德与交，劝勿溺于古文，先生自言，辍古文之学而求经义自此始。

《方苞集》卷十二《万季野墓表》："而季野独降齿德而与余

交,每曰:'子于古文信有得矣。然愿子勿溺也!唐宋号为文家者八人,其于道粗有明者,韩愈氏而止耳;其余则资学者以爱玩而已,于世非果有益也。'余辍古文之学而求经义,自此始。"

　　按,王士禛《香祖笔记》卷一:"鄞处士万斯同,字季野,与其兄斯大,字充宗,同游黄太冲之门。充宗研精经学,而季野贯穿史事,于明代三百年典故如指诸掌,史馆总裁诸公聘入京师,一切皆取衷焉。……其所撰《宋季忠义录》十二卷,……皆向来纪载所未备也。所著又有《南宋六陵遗事》一卷,《庚申君遗事》一卷,《补历代史表》六十卷,《历代宰辅汇考》八卷,《庙制图考》四卷,《河渠考》十二卷,《昆仑河源考》二卷,《儒林宗派》八卷,《群书疑辩》十二卷,《书学汇编》二十四卷,可谓通儒。壬午四月殁于京邸,甚可惜也。"

时万斯同修《明史》,每质先生以所疑。并告以《明史列传》南人多而北人少之故。先生见万斯同所著《汤斌传》,备载明珠倾害汤斌事。

　　《方苞集》卷十八《明史无任丘李少师传》曰:"康熙辛未,余始至京师。华亭王司农承修《明史》。四明万季野馆焉,每质余以所疑。初定列传目录,余侘焉。曰:'史者,宇宙公器也。子于吴会间,三江五湖之所环,凡行身循谨、名实无甚异人者多列传,而他省远方,灼灼在人耳目者反阙焉,毋乃资后世以口实乎?'季野瞿然曰:'吾非敢然也。吴会之人,尚文藻,重声气,士大夫之终,鲜不具状志家传。自开史馆,牵引传致,旬月无虚,重人多为之言。他省远方,百不一二致,惟见列朝《实录》,人不过一二事,事不过一二语。郡、州、县志,皆略举大凡,首尾不具。虽知其名,其行谊事迹,不可凿空而构,欲特立一传,无由摭拾成章。故凡事之相连相类者,以附诸大传之后;

无可附,则惟据《实录》所载,散见于诸志。此所谓不可如何者也。'"

按,《集外文》卷六《汤潜庵先生逸事》:"余游吴门,与蔡忠襄之子方炳善,告余以势家深心疾公之由。客京师,见四明万斯同《传》,慈溪姜宸英《逸事记》,备载构公者之阴谋巧言,而《状》《志》《年谱》皆阙焉。或事相抵,或大体合而节目有异同,乃征于桐城张文端、安溪李文贞、长洲韩宗伯、钱塘徐冢宰,皆曰:'三君之言,信而有征。'"

是时,结识梅文鼎,彼此数相过从。

《方苞集》卷十二《梅征君墓表》:"而君所抱历算之说,好者甚希,惟安溪李文贞及其徒三数人从问焉。君常闭户殚思,与吾友昆绳、北固游,时偕来就余,而余亦数相过,乃知君博览群书,于天文、地理莫不究切,得其所以云之意。所为记、序、书、论,亦有异于人人。"

梅文鼎,字定九,宣城人,贡生,博雅善属文,尤耽精历算,兼通中西之学,所著《历算八十八种》,皆发前人所未发。李光地以文鼎所著《历学疑问》三卷进呈,康熙帝奖许,召见德州舟次者三,因年老放归田里,御书"绩学参微"四字赐之。文鼎生平留心经济,不为无用之学,而孜孜好善,老而弥笃,卒年八十九。参见乾隆元年《江南通志》卷一百六十四《人物志·儒林》。

是年,居京,姜宸英不介而过访,相交若侪辈。

《集外文》卷六《记姜西溟遗言》:"壬申,至京师,西溟不介而过余,总其文属讨论,曰:'惟子知此。吾自度尚有不止于是者,以溺于科举之学,东西奔迫,不能尽其才,今悔而无及也。'时西溟长余以倍而又过焉,而交余若侪辈。"

姜宸英，字西溟，浙江慈溪人。绩学工文辞，闳博雅健。屡踬于有司，而名达禁中。康熙帝目宸英、朱彝尊及严绳孙为海内三布衣。侍读学士叶方霭荐应鸿博，后期而罢。又荐修《明史》，分撰《刑法志》。尚书徐乾学领《一统志》事，设局于洞庭东山，疏请宸英偕行。久之得举顺天乡试。康熙三十六年成进士，授翰林院编修，年已七十矣。三十八年，充顺天乡试副考官，比揭榜，御史鹿佑以物论纷纭，劾奏，正考官李蟠遣戍，宸英连坐系狱，事未白，病卒，年七十有二。著有《湛园集》八卷，《韦间集诗》十卷，又《札记》二卷，皆证经史之语。参见《清史列传》卷七十一、《清史稿》列传二百七十一。

按，壬申为康熙三十一年，二人相识。而王兆符记录，康熙三十年二人论学。据此，王兆符与方苞所记，必有一误。又，《姜西溟先生年谱》系于本年。王兆符云"岁辛未，先君子与吾师及西溟姜先生同客京师"，而姜宸英《诗笺别疑·自序》云"辛未夏，自京师南还"，则姜宸英于康熙三十一年（辛未）不可能还在京师。结合方苞记载，可知王兆符记载有误，方苞、王源、姜宸英论学应在康熙三十年。

是年，与王源、姜宸英论学，提出了"学行继程、朱之后，文章介韩、欧之间"的著名论断。

王兆符《望溪先生文偶抄序》："岁辛未，先君子与吾师及西溟姜先生同客京师，论行身祈响。西溟先生曰：'吾辈生元、明以后，孰是如千里平壤，拔起如万仞高峰者乎？'先君子曰：'经纬如诸葛武侯、李伯纪、王伯安，功业如郭汾阳、李西平、于忠肃，文章如蒙庄、司马子长，庶几似之。'吾师曰：'此天之所为，非人所能自任也。学行继程、朱之后，文章介韩、欧之间，孰是能仰而企者？'西溟曰：'斯言也其信！吾固知庄、马之可慕，而心困力屈,终邈乎其不可即也.'先君子见朋好生徒,时时称道之."

是年,与汪份、何焯、王源、梅文鼎、梁份、姜宸英诸友论清议。

《方苞集》卷五《书杨维斗先生传后》:"辛未、壬申间,余在京师。……时吴门汪武曹、何屺瞻亦好持清议,为之气噎;而吾友北平王昆绳恶邹南皋主议杀熊廷弼,亦谓'迂儒岂知天下大计',宣城梅定九、西江梁质人、慈溪姜西溟,各有论辨,以质于余。余正告之曰:'凡所谓清议者,皆忠于君、利于民之言也;而忠于君、利于民,未有不害于小人之私计者。故小人不约而同仇,即用其言以挤之,以为是乃心非巷议夸主以为名者也。由是忠良危死于非罪,而无道可以自明。故君子之有清议,不独在位之小人嫉之,即未进之小人亦嫉之;盖自度异日所为,必不能当夫人之意也。不惟当时之小人恶之,即后世之小人亦恶之,以为吾君一旦而有鉴于前言,则吾侪之术不可以复骋也。'"

是年,在京师,仆某遘疫,医者陈驭虚治之,遂愈。

《方苞集》卷十《陈驭虚墓志铭》。

是年,溧阳狄亿请序《溧阳会业初编》。

《集外文》卷四《溧阳会业初编序》曰:"今年春,余客澄江。宜兴储君礼执示以在陆草堂课文,用意多不苟。其尤者,气质雅近古文;而今溧阳狄太史向涛,复聚其子弟乡人课文,远问于余。发而读之,其材虽各有所就,而并沐浴于古,以发其英华,波澜意度,大略与在陆草堂之文相近也。"

狄亿,字立人,号向涛,康熙三十年进士。时高丽使者慕其名,愿一望见,亿以人臣无私交拒之。散馆改调,遂引疾归,坐卧一小楼四十年,于当事不报一刺,高才懋学,中道谢归,不究其用。著有《洮湖渔子集》十卷。参见光绪二十二年《溧阳县志》卷十三《人物志·文苑》。

　　按，方文未定作于何时，而好友戴名世有《狄向涛稿序》，王树民《戴文系年》系于康熙三十年。韩菼《狄立人续刻稿序》也是在康熙三十年。虽然方文并非为狄亿时文作序，但约略同一时间交集。并且《在陆草堂》成于康熙二十九年，时间也较为接近，姑系于此。

是年，徐乾学刻成《通志堂经解》。

　　王爱亭《〈通志堂经解〉刊刻过程考》。杨国彭《〈通志堂经解〉刊刻问题新探》。

　　按，《通志堂经解》对方苞一生影响至大。方苞花费三十余年时间，陆续完成删节《通志堂经解》，达九十余万言。他希望能够"存一稿本于宇宙间"，并积极与友朋及弟子翁荃、雷鈜、德沛、石永宁、吕宗华、钟励暇、陈大受、梁裕厚等商量刊刻事宜，且坦言："余生之事，惟兹为急，是以敢切布之。"

是年，上元程廷祚生。博野尹会一生。松江张照生。

　　程晋芳《勉行堂文集》卷六《绵庄先生墓志铭》。吕炽《尹健余先生年谱》。梁骥《张照年谱》。

康熙三十一年壬申（1692）　二十五岁

是夏，在京师，送舅氏吴平一赴钜鹿。

　　《集外文》卷八《送吴平一舅氏之钜鹿序》："辛未八月，苞与舅氏相遇于京师。逾年夏，舅将之钜鹿。"

　　按，方苞与舅氏同客京师，《吴处士妻傅氏墓表》："惟辛未、壬申间，同客京师，聚独久，寒苦相依。"

十月初一日，戴名世以大父之卒南归，先生赠序。

戴廷杰《戴名世年谱》。

按,《方望溪遗集》之《送宋潜虚南归序》:"余从事朋游间,颇得数人,其倜傥自负,而不肯苟同于流俗者,则或庵王生、潜虚宋生。或庵燕人,亥子间往来江淮,已与余相识,而潜虚与余生同乡,志同趋,以余客游四方,相慕用而不得见者且十年余。"

十一月,在京城寓中,书陆机《文赋》。

安徽博物院方宗诚旧藏《方苞楷书册》。

按,方苞所书内容为西晋陆机名篇《文赋》中一节,文末题款四行,款署:"壬申冬十一月书陆士衡《文赋》一节于长安寓中,似开周年道兄,桐山方苞。"(题款中"长安"指北京)

又按,《方苞楷书册》除方苞所书《文赋》内容外,另有方宗诚、黄彭年、姚浚昌、方铸、方昌翰、方寿衡、于荫霖诸人多篇跋文。

是冬,刘齐还无锡,千言万语以为别。

《集外文》卷四《书时文稿岁寒章四义后》:"壬申冬,言洁还锡山,引余至其寓,教以植志行身之事,相语至夜半,已寐复起,坐达旦。既归后,余客涿鹿,又遗书过千言,示余以所处。"

是年,授徒京师,朱书自山东至,相与切磋古文。

《集外文》卷四《朱字绿文稿序》:"其后壬申,余授徒京师,而字绿亦至自山东。余时学为古文,文成必以示字绿。而字绿亦出其《赠医某》一篇示余。余曰:'子才可逮于作者,盍遂成之?'字绿曰:'吾多事未暇也。'"

按,本年,朱书补官学教习。朱书《朱杜溪稿》卷一《回也闻一以知十二句》附自记曰:"予以壬申补官学教习。"

是年,为恩师高裔撰四十寿序,师独揭先生文于壁间,观者

皆骇。

《方苞集》卷七《高素侯先生四十寿序》曰："康熙壬申,公自翰林改官京卿,会强仕之期,故举苏洵告富公者以为寿。"

《高素侯先生四十寿序》文后,方苞附记："先生览揆之辰,荐绅学士争为诗颂,先生独揭苞文于壁间,观者皆骇。与先生交厚者,多相戏曰:'碌碌无成,至为门生所姗笑,尚高张以自播扬乎?'苞请箧藏,先生曰:'吾正欲借子之文,以警发其聋聩耳。'"见抗希堂本《望溪集》。

按,《书高素侯先生手札后二则》,多年后方苞反思当年寿序之失:"苞生长山泽,获事先生,时甫去父母膝下,绝不知交际中所谓世情者;徒见书传所载古人语言行事,以谓直可推行。于时先生四十。为文以寿,谓:'古之君子,爱其人也,则忧其无成。孝弟者,人之庸行;而先生所表见于世,尚未有赫然如古人者,苞大惧先生之无成也。'先生命张于庭。逾月,语余曰:'生所与交,慎毋以文赠!'余请其故,先生曰:'今之赠言者,以为禽犊也;而生所陈皆古义,恐重为尤。'余未答。先生曰:'吾有所试也,世不可与庄语。且生所以寿我者意良厚;而吾客见之,皆谓吾有不肖之行,而为生所讥切也。'余曰:'何弗撤也?'先生曰:'吾正欲使诸公一闻天下之正议耳。'"

是年,撰《读孟子》,获师友称赏。

初刊本之《读孟子》文后,杜苍略评曰:"前儒所未发,却妇人小子共知,方郎十岁,初为时文,先兄即劝以何不舍此而发愤著书,不意十五年后,所造至此,惜先兄不及见也,勖哉!勿堕乃力!"

按,康熙十六年,方苞十岁,十五年后应为康熙三十一年二十五岁,而非三十年的二十四岁,故系于三十一年。苏惇元

《文目编年》系于康熙三十年,不确。

又按,诸友称赞方苞此文,李光地曰:"得此推阐,昌黎称'孟子功不在禹下',始有着落,是谓载道之文。"韩菼曰:"伊川程子谓'孟子才高,学之无可依据',言求道者希圣希贤,各有资材等级耳。此文更切,指妇孺可知、衰乱可行之实,然后孟子觉民忧世之心、拯溺救焚之道,昭揭于万古,而下士中主皆可持循,可作七篇大传,与白文同读。"

是年,撰《康烈女传》。

《康烈女传》收入方苞《集外文》卷八,文中称康熙三十一年康氏死后与张京合葬,故系此文于本年。

按,光绪十年《畿辅通志》卷二百五十二《列女八》,录方苞撰《康烈女传》,且曰:"谨案,烈女及其夫名,各书纪载互异,《一统志》以为张贞女,京师人,许字通州康京;康熙《志》及方苞文集,均作张京,而州《志》既载其父名并女字,考证较确,谨从州《志》著之。又雍正《志》以《康烈女传》为郭琇作,亦误。"

又按,乾隆元年《江南通志》卷一百一十三《职官·名宦》:"郭琇,字华野,即墨人,康熙庚戌进士,知吴江县,材力强干,屡断疑狱,民惊为神。……总督于成龙尝赠之以诗,巡抚汤斌称其清而能,以卓异特荐。"

是年,遇钱澄之于楚江,钱氏言韩菼有书,极赞先生之文。

《集外文》卷五《与韩慕庐学士书》。

按,钱澄之《田间尺牍》卷二《与韩慕庐》:"方灵皋承奖许,感激感激,为转至盛心。"

是年,应盐商张霖之邀,好友王源及其父举家前往天津。

马明达《王源年谱》。

按《王源年谱》,王源诸多友人姜宸英、吴雯、赵执信、朱彝尊、梅文鼎、朱书、杨宾、方苞等皆在此前后至天津。

壬申、癸酉间，与张丙厚相识于京师。

《集外文》卷六《结感录》："张公丙厚，字尔载，号腹庵，甲戌进士，磁州人。壬申、癸酉间，余至京师，与相识；或问曰：'某甚轻君。'越数岁，相见于江南，始得自解说，而为交亦未深也。"

张丙厚，字尔载，号腹庵，张榕端子。康熙三十三年进士，授交城知县，升刑部郎中。方苞以《南山集》案牵连入狱，丙厚陈古义，勖宰臣富宁安，护方苞周全，旋致政归里。年羹尧总督川陕，闻丙厚盛名，固请往，时巡抚总戎旅见羹尧皆膝行，惟丙厚独长揖，屹然众人中。丙厚为人慷慨好施，倜傥有奇气。卒年五十九。参见光绪二十年《重修广平府志》卷五十三《列传》等。

是年，平湖陆陇其卒，年六十三岁。

陈廷敬《午亭文编》卷四十四《监察御史陆君墓志铭》；吴光西《陆清献公年谱》。

按，陆陇其为清初最早从祀孔庙之清人，方苞常将陆陇其与汤斌并称，如《集外文》卷五《与鄂相国论荐贤书》曰："如汤、陆二先生，湛心圣学，深明古贤以道事君之义，诚难多觏。"又，《致尹会一书》曰："古之君子，必至诚恻怛，洞朗平虚，然后可为烝黎所依，国家所恃。高安、漳浦所编《名臣录》，当吾世而近之者，不过潜庵、稼书两先生。盖行而成之而要其终，古人所难。环极魏公不能与汤、陆并称，职此之故耳。"（见《健余先生别集》卷三《里第尺牍》）

是年，衡阳王夫之卒。江阴包彬生。

王之春《王夫之年谱》。顾季慈《江上诗钞》卷九十。

康熙三十二年癸酉（1693）　二十六岁

二月，国子监祭酒吴苑访问先生。

《集外文》卷四《记时文稿行不由径三句后》："公以癸酉二月，礼先于余。"

按，汤右曾《吴公墓志铭》："壬申，升翰林院侍讲，未浃旬擢授国子监祭酒。"（《国朝耆献类征初编》卷一百二十）《钦定国子监志》卷四十五《官师志五·官师表》，吴苑于康熙三十一年任国子监祭酒。

七月十九日，杜芥卒，年七十七岁，为撰墓志铭。

《方苞集》卷十《杜苍略先生墓志铭》："初余大父与先生善，先君子嗣从游，苞与兄百川亦获侍焉。先生中岁道仆，遂跛，而好游，非雨雪常独行，徘徊墟莽间。先君子暨苞兄弟暇则追随，寻花蒪，玩景光，藉草而坐，相视而嘻，冲然若有以自得，而忘身世之有系牵也。辛未、壬申间，苞兄弟客游燕、齐，先生悄然不怡，每语先君子曰：'吾思二子，亦为君惜之。'先生生于明万历丁巳四月初九日，卒于康熙癸酉七月十九日，年七十有七。后茶村先生凡七年，而得年同。所著《些山集》藏于家。其子掞，以某年月日卜葬某乡某原，来征辞。"

按，杜芥之子姓名，杜芥称为"杜琰"，其诗曰《琰儿书来述荔轩屡梦予感赋奉怀即以代柬》。同治十三年《上江两县志》卷十六《古今人》称为"杜炎"："杜炎，字亮生，上元诸生。方望溪云：金陵风尚坦夷多修饰之君子，首称杜亮生。"朱绪曾《国朝金陵诗征》卷四亦云："杜炎，字亮生，一字渔村，上元庠生，绍凯之子，有《南沂草》。（原注：余得亮生《南沂草》一卷，乃癸酉、甲戌二年游闽作也。)"而方苞称为"杜猰"。今从杜岕。

八月,顺天乡试落第。刘岩、王源、顾图河、姜宸英、查慎行诸师友中举。

《康熙三十二年癸酉科顺天乡试录》。

按,《顺天乡试录》,本年乡试题目:《文之以礼乐》《可以赞天地之化育则可以与天地参矣》《设为庠序学校以教之庠者养也校者教也序者射也》。考试官为:正考官翰林院侍读徐倬,癸丑进士;副考官翰林院编修彭殿元,戊辰进士。

又按,《顺天乡试录》,中式举人一百三十五名,李仙湄第一名,刘岩第二名,王源第四名,顾图河十七名,姜宸英十九名,查慎行二十名,索额图三十五名,张丙厚五十一名。

王源中举,士友相庆,先生却引韩愈之言规劝:"众人之进,未始不为退。"愿时自觉也。

《集外文》卷五《与王昆绳书》。

按,方苞认为举业仅为谋生计,《方苞集》卷八《四君子传》:"(王源)年四十余,以家贫父老,始游京师,佣笔墨。贵人富家多病其不习时文,笑曰:'是尚需学而能乎?'因就有司求试,举京兆第四人,曰:'吾寄焉,以为不知己者诟厉也。'"《清史列传》卷六十八《王源列传》:"中康熙三十二年举人,或劝其更应礼部试,谢曰:'吾寄焉,为谋生计,使无诟厉已耳。'"

秋闱毕,回访祭酒吴苑,仍执不见之义,而吴公愈爱先生。

《集外文》卷四《记时文稿行不由径三句后》:"公以癸酉二月,礼先于余。秋闱毕,余始报谒,仍执不见之义,而公爱余益厚。公卿间或问太学人材,必曰:'有方生者,将至矣! 耿介拔俗之士也。吾未得见而知之最深。'用此,见居门下者,皆若有憾焉。""及余名过牒,而公已去太学,寻归道山,竟未得一见。

每与公子东岩兄弟言之，未尝不气结良久也。"

是时，宁晋公见先生于王氏斋，再为诗集请序。先生于旅社撰成，及归家遍寻不得。

《集外文》卷四《宁晋公诗序》："癸酉之秋，与晋公朋试京兆，竟事，相见王氏宅，顾余曰：'子许序吾诗，今逾年矣。吾非以竞于世士，将归而示吾乡之人与子弟焉。吾自吾之乡闻子，吾乡之人多慕子之为人，而吾今与子为兄弟交。子无言，恶知吾与子之交如是哉？旬日后各当归散，会见不识何时，吾安能待子！'余闻之恨然，急归旅舍为序。序方成，未以示晋公，而以事南还。及家，胠橐发书，检数年客游所为文，未尝有所脱落，而独序晋公者不与焉。"

是秋，徐念祖还青阳，与先生惜别。

《集外文》卷四《书时文稿岁寒章四义后》："癸酉秋，诒孙还青阳。余与共乘单轮席车出郭门，已交手背行近半里，诒孙复下车呼余，立道旁哭失声，曰：'吾与子会见不知何时，或数年，或十数年，不终隔绝足矣！'"

按，《书时文稿岁寒章四义后》，在京师时，徐念祖（诒孙）不三数日必宿先生寓，酒罢往往无故悲啸，梦中或大哭。先生惊起而诒孙尚未寤。

又按，《方苞集》卷十六《徐诒孙哀辞》："癸酉冬，自京师归其家。余始寓书，告以君子之遭变也，在审其身之所处。"

先生落第南下，盱眙李嶧瑞赋诗相送。

李嶧瑞《后圃编年稿》卷十一《送方灵皋落第南归》："才笔推君自昔年，蓟门今始共周旋。囊空只觉羊肠险，赋就难逢狗监怜。药碗天涯多病客（灵皋时初病起），莼丝江上晚秋船。盍簪未久先分袂，空使文通意黯然。"

李嶟瑞，字苍存，盱眙人，著有《后圃编年诗》十六卷、续稿十四卷、词稿二卷，王士禛称其"纵横有奇气"。参见光绪七年《重修安徽通志》卷二百二十九《人物志·文苑》。《四库全书总目》卷一百八十二著录《后圃编年稿》十六卷，论曰："王士禛尝称其'纵横有奇气'，今观其诗，士禛之说不谬，而过求磊落，转近粗豪，则陶冶之功未至也。"

九月初一日，桐城钱澄之卒，年八十二岁。

钱撝禄《田间府君年谱》："卒于康熙三十二年癸酉九月初一日。"《清史列传》卷六十八《钱澄之列传》："康熙三十二年，卒，年八十二。"

按，钱澄之为前辈尊长，方苞称钱澄之许其为"吾辈人"，有接续之意，马其昶《桐城耆旧传》云："望溪少时承其绪论，后遂蔚为儒宗。"在《田间先生墓表》，方苞曰："先君子闲居，每好言诸前辈志节之盛以示苞兄弟，然所及见，惟先生及黄冈二杜公耳。杜公流寓金陵，朝夕至吾家；自为儿童捧盘盂以侍漱涤，即教以屏俗学，专治经书古文，与先生所勖不约而同。尔时虽心慕焉，而未之能笃信也。及先兄翻然有志于斯，而诸公皆殁，每恨独学无所取衷。"《大父马溪府君墓志铭》："（苞）及冠后，从钱饮光、杜于皇、苍略诸先辈游。"钱澄之对方苞也不乏称许，他评方苞古文《读齐风》："钩深摘隐，使物无遁情，自与逸巢二子游，大觉后生可畏。"《书淮阴侯列传后》："人人读《淮阴侯传》何以不拟议及此？二千年后，左、马乃得知己。余尝谓，二方竟爽，乃吾乡白云、浮渡之灵。昆山徐司寇、长洲韩学士云：此吾代有数大秀才，公何得自私？而百川遽尔淹忽。每见灵皋之文，辄为心痛。"《周公论》："使周公心事如揭日月，又发《春秋》二千年未发之覆。方郎年二十有一，所学遂到此。余

与其祖若父善,始视之如生徒,继自今当引为执友矣!"(初刊本)

十月下旬,至家。时梦见好友王源、戴名世辈,抵掌今故,憨嬉笑呼。觉而怛然增离索之恨。

《集外文》卷五《与王昆绳书》。

留八日,便饥驱宣、歙间,观天地之生气,叹人世之蹉跎。

《集外文》卷五《与王昆绳书》:"苞以十月下旬至家,留八日,便饥驱宣、歙间,入泾河路,见左右高峰刺天,水清冷见底,崖岩参差万迭,风云往还,古木、奇藤、修篁郁盘有生气,聚落居人,貌甚闲暇。因念古者庄周、陶潜之徒,逍遥纵脱,岩居而川观,无一事系其心,天地日月山川之精,浸灌胸臆,以郁其奇,故其文章皆肖以出。使苞于此间,得一亩之宫,数顷之田,耕且养,穷经而著书,胸中豁然,不为外物侵乱,其所成就未必遂后于古人。乃终岁仆仆,向人索衣食;或山行水宿,颠顿怵迫;或胥易技系,束缚于尘事,不能一日宽闲其身心。君子固穷,不畏其身辛苦憔悴;诚恐神智滑昏,学殖荒落,抱无穷之志而卒事不成也。苞之生二十六年矣。"

《集外文》卷五《与谢云墅书》:"仆以十月下旬到家,八日复饥驱宣、歙间。"

是时,见佘华瑞于祁门之西郭,而未暇叩其所藏文稿。

《集外文》卷四《佘西麓文稿序》:"癸酉冬,余自京师归,游宣、歙,见佘生于祁门之西郭,而未暇叩其所藏也。"

至休宁,淹留逾旬,方元醴兄弟朝夕课文,其父必守视先生,口讲指画,然未暇及其余。

《又书儒林传后》文后,侄元醴评曰:"癸酉冬,叔父至休宁,淹留逾旬,醴兄弟朝夕课文,先君必守视叔父,口讲指画,然未暇及其余。迄年，醴客都下，始得见叔父古文，即如此二篇，不惟阐作者难显之情，可使为科举之学者内□而食不下也。"见初刊本。

按，《方氏家谱》："方元醴，原名元登，讳曾祜第四子，字高说，号寄巢。由县学生中雍正乙酉顺天乡试第九十四名举人，景山官学教习，例授文林郎。生康熙庚申四月二十五日，卒乾隆甲申四月十八日，寿八十五。葬都家河石壁山祖墓侧。配姚氏，州同士至女，例封孺人，生康熙癸亥五月二十三日，卒乾隆己巳二月十三日。葬锅匠同向庄，俗名科甲同。三子：辅读、辅华、辅瑰。"又按，方曾祜为于宣子，于宣为方畿子、方体乾孙。

是时，致书好友王源，表达各自勖勉之意。

《集外文》卷五《与王昆绳书》："吾兄得举，士友闻鲜不相庆，而苞窃有惧焉。退之云：'众人之进，未始不为退。'愿时自觉也！苞迩者欲穷治诸经，破旧说之藩篱，而求其所以云之意；虽冒风雪，入逆旅，不敢一刻自废。日月迅迈，唯各勖励，以慰索居。"

十二月，接谢陈常手书及赠诗，复信称拟开春游吴中并浙东、西，相约一见。

《集外文》卷五《与谢云墅书》："南归时未得晤语，接手书并赠诗，气意恳悃，恻恻感人。……仆以十月下旬到家，八日复饥驱宣、歙间，风雪寒苦，腊月来归。开春将游吴中，并棹浙东、西，未审与足下继见何时？"

谢陈常，字久治，山西临晋人。康熙二十三年举人，二十四年进士，选翰林院庶吉士，授编修。康熙三十二年五月充广东乡试正考官。后告归，以病卒于家。陈常善文章，工书法。参见雍正十二年《山西通志》、嘉庆四年法式善《清秘述闻》。吴雯《莲洋集》卷四有《寄谢云墅翰林二首(陈常)》。

又按,谢陈常为方苞兄弟友人,多文字往来,曾评方苞时文《行不由径三句》:"起境逼窄,便已水尽山穷,以下转身,乃得宽势,即一草一禽,莫非灵气异采矣。时贤只解得宽以养局法,迤逦而来,一路皆平岗漫陀,何处复觅瑶草琪花耶? 大士生平秘法只是前半,落笔逼窄处人不能及,不知者但赏其转身后,而訾其前半以为率易,真贪看鸳鸯忘却金针者,可叹也。"《子曰岁寒一节》其三:"有何深理,只是眼前口头语,从来未经人道,遂为此题,另辟生径。"《有求全之毁》其一:"纯是正希家数,后幅尤得其刻峭处。"方苞《钦定四书文》选录谢陈常《文犹质也一节》,评曰:"一语不溢,题蕴已尽短幅中,气局疏古,更为善学先辈。"

是年,在京师,兄方舟邮寄十余篇时文相示,后为内丘王慎修持去。

《集外文》卷四《刻百川先生遗文书后》。

按,康熙《内丘县志》卷二:"王慎修,字永斋。"道光十二年《内丘县志》:"王慎修,字永斋。省《志》李姓。"

是年,丁易以江宁府江防同知署府篆,兄方舟、黄越、刘捷辈皆称门下士。

康熙三十六年《永城县志》卷五《选举》:"丁易,字双九,号学田,治诗,任内阁中书舍人,升江南江宁府江防同知,癸酉同考。"嘉庆十六年《新修江宁府志》卷二十五《名宦》:"丁易,字学田,□□人,康熙间任江防同知,公余之暇,好奖引士类,不遗余力,凡绩学敦行之士无不邀公,真鉴诗文,必亲自甲乙之,如徐佩、方舟、黄越、王天寅、张炜、刘捷、艾之騋辈,皆以易为指南,称门下士焉。荐擢广东副使,丁艰,道出白门,寓长干寺,访延旧士,犹惓惓以道谊相勖云。"

癸酉、丙子间,先生试京兆,结识吴瞻泰、刘永祯、乔崇修诸友。

《方苞集》卷七《送吴东岩序》:"忆癸酉、丙子间,余试京兆,则闻世胄以学行重朋齿者三人:曰歙县吴东岩,山阳刘紫函,宝应乔介于,而三人者皆与余一见如旧识。"

按,吴瞻泰即吴东岩,为吴苑长子。乾隆三十六年《歙县志》卷十二《文苑》:"吴瞻泰,字东岩,祭酒苑之长子。事亲孝,交友笃,性抗直,不能容人过,而人有善辄称扬之不容口,至人有急难往往引为己事,至穷老不少变。为诗文冲夷简淡,兴会所至,觉少壮豪气犹跃跃欲动,而不假修饰,妙合自然。有古文十卷、古今体诗十卷、《杜诗提要》八卷。大吏举孝廉方正,辞不拜。"

刘永祯即刘紫函,或刘紫涵。光绪十年《淮安府志》卷二十九《人物》:"永祯,字紫涵,拔贡生,刻意为诗,笃行穷经,不为俗学,师事鄞人万斯同,尝手钞斯同所著《明史稿》三百卷,藏于家,方望溪苞云:'吾见居兄弟之丧、颜色称其情者,惟王昆绳与刘紫涵二人而已。'"

乔介于,为"乔介夫"之误,即"乔崇修"。道光二十年《宝应县志》卷十七《列传》:"乔崇修,字介夫,岁贡生,侍读莱子,与懋竑以道学相切劘,交最善,工分书,官铜陵县教谕。"《江苏诗征》卷三十八:"乔崇修,字介夫,号念堂,晚号固翁,莱第三子,官铜陵县教谕,著《乐玩斋集》《陶园集》。"

是年,黄宗羲《明文海》编成。李颙《二曲集》刊竣。余怀《板桥杂记》成书。

黄炳垕《黄宗羲年谱》。吴怀清《二曲先生年谱》。李金堂《板桥杂记·前言》。

是年,如皋冒襄卒。兴化郑板桥生。

《清史稿》列传二百八十八《遗逸二》。卞孝萱编《郑板桥全集》附录《郑板桥研究资料》。

康熙三十三年甲戌(1694) 二十七岁

是年,戴名世侨居金陵青溪之涯,与先生相距四五里,时相过从。

《戴名世集》卷三《方百川稿序》:"金陵之城北有二方子,曰百川,曰灵皋,兄弟皆有道而能文者。……顷余家青溪之涯,距二方子四五里而近,时时相过从,得尽读两人之文,往往循环络诵,不忍释去。"

按,乾隆四十七年《江南通志》卷十一《舆地志·山川》:"《建康志》云:青溪,水发源于钟山,接于秦淮,逶迤九曲,有七桥跨其上。《建业实录》云:吴赤乌四年,凿东渠,通北堑,以泄玄武湖水,逶迤十五里,名曰青溪。"胡祥翰《金陵胜迹志》卷上《山水一》:"青溪在江宁东,源出钟山,九曲七桥,马之纯已言一曲仅存矣。自大中桥以西,淮清合流后,则只当言秦淮,不当言青溪也。"

每三数日,先生与兄方舟、戴名世、刘古塘等把酒言欢,纵论古今得失。

方舟《戴褐夫文稿序》:"昔余与刘子月三,暨灵皋弟,读书草堂,褐夫家青溪,距余居三四里而近。每三数日辄过余,出其所为文,相与把玩络诵,余三人亦各以所为文质褐夫,因命酒剧饮酣醉,而后纵论往古得失。"(《国朝桐城文录》卷四。)刘子月三,即刘古塘。

按,戴名世《乙亥北行日记》:"在金陵时,日与灵皋相过从。"

又按,《戴名世集》卷七《方舟传》:"其所与友善,如高淳张自超,江宁龚缨,同县戴名世、刘捷数人。而金陵风物甚美,花草妍丽,城之西北尤多园林之胜。尝曰:'吾读书之暇,与此数人者,挈榼而往,尽醉而归,以此终吾世足矣。'"

五月,自戴名世处得徐念祖手书,言池阳贾人持来。

《集外文》卷五《与徐贻孙书》:"苞白:去年五月中,自褐甫处得吾兄手书,云池阳贾人持来。比欲作书相报,违隔久远,所怀蕴积,措笔不知所从。越日而贾人遽归,日延月滞,以至于今。……苞之生二十八年而吾子加长焉,使侵寻玩喝,年倍于今,而所得于中者,与今无异;虽欲不与世俗愚无知人混混以没世,岂可得哉!"

按,信中言"苞之生二十八年",其"去年五月中"即本年五月。

又按,方苞在世时之文集、学术著作以及戴名世文集,皆写作"徐诒孙",故《集外文》卷五《与徐贻孙书》,应为《与徐诒孙书》。

冬夜,好友王源于天津寓斋,为先生《送刘函三序》题识。

《送刘函三序》文后,王源评曰:"此吾友二十岁时同客江阴使院作者,吾由是与为兄弟之称。发箧覆视,曾、王能事已备得之矣。甲戌冬夜,识于天津寓斋。"见初刊本。

是年,宁世簪(观斋)至金陵,先生闻宁晋公贫病,感叹人生无常,序其诗集。

《集外文》卷四《宁晋公诗序》:"癸酉之秋,与晋公朋试京兆,竟事,相见王氏宅。……又逾年而观斋自颍来金陵,遂相

省。问晋公息耗,则闻其归而贫且病益愈。……晋公夙好余
文,故书此遗之,以开其心。至其诗,则徒能记忆其工,而论之
未得以详也。"

是年,昆山徐乾学卒,年六十四岁。

韩菼《有怀堂文稿》卷十八《资政大夫经筵讲官刑部尚书
徐公行状》;王逸明《昆山徐乾学年谱稿》。

按,方苞初入京师,与徐乾学士人群体多有往来,《张朴村
墓志铭》曰:"曩者昆山徐司寇好文术,以得士为名,自海内耆
旧以及乡里朴学、雍庠才俊有不能致,则心耻之,而士亦以此附
焉。余初至京师,所见司寇之客十八九。"而徐乾学主持编纂
的《通志堂经解》,对方苞一生影响尤大,方苞花费三十余年时
间,陆续完成删节《通志堂经解》,达九十余万言。

**是年后,始授经四方,恩师高裔通书督作时文,盖知先生素
厌之。**

《集外文》卷四《书高素侯先生手札后二则》:"甲戌后授经
四方,阅月逾时,先生通书,必索所为时文,盖知余素厌此而
督之。"

**是年,宋荦选亡友侯方域、魏禧、汪琬三家遗文为《国朝三家文
钞》并为之序。**

宋荦《漫堂年谱》。

康熙三十四年乙亥(1695)　二十八岁

二月,宫鸿历赋诗,怀先生、戴名世、刘岩、刘辉祖、姚士在诸友。

宫鸿历《柬戴田有刘大山北古方灵皋臧岂续姚君山》:"才
将朝雨压轻埃,又酿深泥彳亍回。隔面真同三舍远,论心还忆

一尊开。高城戍鼓无端急，荒碛明驼不断来。再到京华多感
慨，十围营柳是谁栽？"

　　按，诗见宫鸿历《恕堂诗》稿本卷二《西堂集》卷中，《甲乙
游草》亦载之卷二。原稿戴田有、方灵皋有挖改、涂抹痕迹，或
与《南山集》案有关。

　　宫鸿历，字友鹿，一字櫄麓，学者称恕堂先生。康熙乙酉顺
天乡试举人，丙戌年进士，由庶常授编修。壬辰会试，充同考
官。公抱经济才，格于翰林建言之例，郁不得展。著《瀛海策
略》。卒年六十有三。参见雍正六年《泰州志》。

三月，将北游，致书戴名世，兼问刘齐。四月中旬，至京师，曩者
南中故交，分散殆尽。

　　《集外文》卷五《与刘言洁书》："仆北发时，曾寓书褐甫以
问，未得息耗，心常悬悬！仆以四月中旬至京师，曩者南中故
交，分散殆尽。"

　　按，戴名世《乙亥北行日记》七月朔日云："在金陵时，日与
灵皋相过从，今别四月矣。"

是时，馆恩师高裔所，歙郡汪鸿瑞适至，持所业正于恩师。恩师
忻然而喜，为汪生道齐方起、佘华瑞。

　　《集外文》卷四《佘西麓文稿序》。

留京期间，闻陈驭虚柩果殡，遗命必得先生文以葬，应之而未
暇为。

　　《方苞集》卷十《陈驭虚墓志铭》。

某日，拜谒黄叔琳，一见莫逆，遂订交。叔琳荐以涿鹿滕氏馆。

　　顾镇《黄昆圃先生叔琳年谱》。

　　黄叔琳，字昆圃，顺天大兴县人。康熙三十年一甲三名进
士，授编修，官至刑部侍郎、浙江巡抚、山东布政使等。以事夺

官。乾隆十六年,给侍郎衔。二十一年卒,年八十有三。其于经济学术,各有指归,著有《砚北易钞》《诗经通说》《夏小正传注》《史通训故补》《文心雕龙辑注》《砚北杂录》等。参见《清史稿》列传七十七、李元度《国朝先正事略》卷十。

五月中,去京师,授经涿鹿。馆于滕氏,主人告以方贞妇事。

《集外文》卷五《与刘言洁书》:"五月中去京师,授经涿鹿,所居左山右城,冈峦盘纡,草树蓊翳,四望无居人;鸟鸣风生,飒然如坐万山之中,平生所乐,不意于羁旅得之。暇时登城,遥望太行、西山,气色千变;下视老农引泉灌畦,天全而气纯,意欣然慕之。"

《方苞集》卷八《二贞妇传》:"康熙乙亥,余客涿州,馆于滕氏,见僮某,独自异于群奴,怪之。主人曰:'其母方氏,歙人也,美姿容。自入吾家,即涕泣请于主妇曰:"某良家子,不幸夫无藉,凡役之贱且劳者,不敢避也。但使与男子杂居同役,则不能一日以生。"会孺子疾,使在视,兼旬睫不交;所养孺子凡六人,忠勤如始至。自其夫自鬻,即誓不与同寝处,而夫死,疏食终其身。家人重其义,故于其子亦体貌焉。'"

自春徂冬,课章句毕,辄登城楼,至暝不能归,生徒及仆隶皆怪诧,时心最悲,几死者屡焉。

《方苞集》卷七《赠魏方甸序》:"惟乙亥客涿鹿,自春徂冬,漠然无所向。课章句毕,辄登城西南隅,坐谯楼,望太行西山,至暝而不能归,虽风雨之夕亦然。自生徒及仆隶、居人皆怪诧,不知余尔时心最悲,思念平时所与游处者,意怆恍不能自克也。逾岁东归,将遂农力以事父兄,而家穷空,又时为近地之游。"

《方苞集》卷四《教忠祠祭田条目序》:"吾兄弟三人,少忍饥寒,勤学问,皆咯血。弟早夭。吾与兄时抱疾而远游。每戒行，吾母隐愍，背人掩涕，必涉月连时，良辰令节对女妇，每当食而哽噎。兄归自燕、齐，疾遂不振。乙亥，余在涿鹿，几死者屡焉。"

暇时，撰《礼之用和全章》二篇，为师友赞许。

按，《抗希堂稿》，弟子檀馨曰："二篇皆先生乙亥客涿鹿作，正欧公所云：异其少时隽逸之气，根蒂前古，就于法度者。能于是尽心，可以渐见古人情状。"

韩菼评曰："义理则取镕六籍，气格则方驾韩、欧、唐、归、金、陈诸公，壁垒尽变矣。"兄方舟评曰："取精既多，择言复慎，其不当于理者亦寡矣。"刘言洁评曰："行文至有明诸公，局法之奇变，气体之高古皆备矣，必于义理求胜乃能出一头地。如篇中实义，皆归、金二公所未发也。"戴名世评曰："心无隔碍，手无蒙杂，理得气顺，浩然若江河之运。""此自是先儒一通论礼，古文不当作制义读。"

七月初一日，戴名世访先生于涿州，不遇。

戴名世《乙亥北行日记》："七月初一日，宿良乡。是日过涿州，访方灵皋于舍馆，适灵皋往京师。在金陵时，日与灵皋相过从，今别四月矣，拟为信宿之谈，而竟不果。及余在京师，而灵皋又已反涿，途中水阻，各纡道行，故相左。"

秋冬间，致书戴名世，请序兄方舟时文，戴名世遂序并欲刊行。

《戴名世集》卷三《方百川稿序》。

不久，兄方舟时文稿《自知集》，为刘捷所刊。

刘捷（古塘）序曰："方壬子、癸丑间，海内溺于时文之学，而鸷鸷自强不肯仿效者，独吾乡人为多。吾兄北固与戴子褐夫辈，发愤于故里，而余与百川兄弟，淹滞金陵，穷愁无聊，刻意相勖以古人之文，一时时文之士，讪侮百出，而百川受谤尤甚。百川瞿然曰:'吾所造尚未应为世人嫉恶若此,吾敢以自喜乎哉?行当勉之耳。'为之数年,邑人尽骇,与亲昵者,皆走相告为哀怜之词曰:'方子笃谨忠信,何不幸迷误,自趋坑阱?'余与灵皋为百川道之,百川曰:'凡吾为文,非求悦于今之人也。吾有得于天地万物之理,古圣人贤人之心,吾自知之而已。凡吾为文,非欲其有传于后也,日月悠长,时物变化,有会期作,吾自乐之而已。'因总所为,缄束而箧藏之。金陵之俗,五尺童子诵经书,应郡县有司试,辄得为人师,而父子兄弟相戒不可延为经师者,独余与百川兄弟。灵皋与余,时欲警发聋聩,漫为恢诡憰怪,参差连犿之辞,世人震其形貌,以为异人,虽摈于乡里州部,而远方之士,尚有闻而向之者。独百川文以淡朴深老为宗,不欲世人窥寻其色臭,其与诸生朋试,亦为督学数公所知,而辄自收匿其文,故举世无相识者。近褐夫始好之,每叹古今文章之难,而称今之能者,独己与百川。学士韩公所遍赞极论,亦惟此两人,而世人终莫之信也。百川以家多食口,贫无以养,将客游京师,授徒以资朝夕。故余集其文之试于督学、课于博士官、而散在友朋弟侄间者,刊布之。失亡过半,得四十八篇,其淡朴深老,缄束而箧藏者,则固不肯出也。古塘刘捷书。"按,此序具《方百川遗文》《国朝桐城文录》二集中。

方苞《集外文》卷四《刻百川先生遗文书后》:"同学二三君子曾刊先兄课试文曰《自知集》者行于世,先兄弗快也。乙亥、丙子授经姑孰。"

是年,在京师,与左待一见如故。

《方苞集》卷十《左未生墓志铭》:"乙亥、丙子间,潜虚、北固客京师,未生继至,与余一见如故交;与之语,触物比类,日新而无穷,与之居,久而不厌,然竟不能窥其际也。"

按，民国二十三年《安徽通志稿》："左待，字未生，桐城人也，为忠毅公光斗季孙。少好老庄，其学以遗物自遂为宗。其文章，要眇闳放，不知其所从来。性畏俗，非戚属虽问疾吊丧不出，出则登城循雉堞行不欲见衢肆中人也。惟戴名世、刘辉祖慕而与之友。名世、辉祖客京师，待从之，得交方苞。"又按，宣统三年《左氏宗谱》，左待谱名"左云凤"，又字集虚，附监生，候选州判，顺治十年生。有一子：文韩。

是年，与徐念祖书，感叹人生之多艰。

《集外文》卷五《与徐贻孙书》："人生少壮而老，事境参差百出，转相纠缠，其得从容无为，委身于问学者，常无几时；失而不为，则终不可复。且聪明智虑，当其时浚而导之，使有所载以出，则终以不亡；时过而昏，不能复为我用。苞之生二十八年而吾子加长焉，使侵寻玩愒，年倍于今，而所得于中者，与今无异；虽欲不与世俗愚无知人混混以没世，岂可得哉！"

是年，兄方舟授经姑孰、登、莱间。

《集外文》卷四《刻百川先生遗文书后》："乙亥、丙子授经姑孰、登、莱间，学子课期必请文为式，遂积至百余篇；而与朋游往还酬赠亦间为诗歌古文，常录为四册，贮锦箧中。苞请观，未之出也。曾出以示溧水武商平、高淳张彝叹，旋复收匿，盖恐苞与二三同学复刊布之。"

按，文中"姑孰"，为当涂。《读史方舆纪要》卷二七："（当涂）姑苏城，今（太平府）府治。城南临姑熟溪，因名姑熟城。"

是年，遗民宿老张怡卒，年八十八岁。

崔逸飞《张氏家族简谱》。

按，《方苞集》卷八《白云先生传》："先君子与余处士公佩岁时问起居，入其室，架上书数十百卷，皆所著《经说》及论述史事。请贰之，弗许，曰：'吾以尽吾年耳。已市二瓮，下棺则并藏焉。'……顾视从孙某，趣易棺，定附身衾衣，乃卒。时先君子适归皖桐，反则已渴葬矣。"

又按，乾隆元年《江南通志》、乾隆十六年《上元县志》列张怡入《隐逸传》。卓尔堪《明遗民诗》论曰："张怡，一名遗，字瑶星，号薇庵，人称白云先生，上元人。锦衣卫百户，隐居摄山白云庵，纸屏书忠孝二大字，麻衣葛巾，终其身，五十余年不入城市，著有《玉光剑气集》数百卷。"《四库全书总目》著录其《三礼合纂》二十八卷。

是年，余姚黄宗羲卒，年八十六岁。

全祖望《鲒埼亭集》卷一一《梨州先生神道碑文》；黄炳垕《黄宗羲年谱》。

按，《方苞集》多次论及黄宗羲，如卷六《再与刘拙修书》："夫学之废久矣，而自明之衰，则尤甚焉。某不足言也，浙以东，则黄君梨洲坏之；燕、赵间，则颜君习斋坏之。盖缘治俗学者，懵然不见古人之樊，稍能诵经书承学治古文，则皆有翘然自喜之心，而二君以高名耆旧为之倡，立程、朱为鹄的，同心于破之，浮夸之士皆醉心焉。"卷十二《万季野墓表》："季野姓万氏，讳斯同，浙江四明人也。其本师曰念台刘公。公既殁，有弟子曰黄宗羲梨洲，浙人闻公之风而兴起者，多师事之，而季野与兄充宗最知名。"卷十三《礼部尚书陈公神道碑》："刘公没，黄宗羲梨洲传师说以教浙东西，而公复从梨洲游。"

是年，李光地《朱子四书语类》成。顾炎武《日知录》刊行。王士禛《渔洋文略》十四卷成。方正玉序刊戴名世《子遗录》。

李清植《文贞公年谱》。潘耒《日知录序》。张云章《渔洋文略序》。戴廷杰《戴名世年谱》。

是年,噶尔丹进犯喀尔喀蒙古,费扬古率兵与噶尔丹接战。

《圣祖实录》。

是年,张伯行子张师载生。昌平陈浩生。

张师载《张清恪公年谱》。陈浩《生香书屋文集》卷一《书严自公夫子寄诗后》。

康熙三十五年丙子(1696) 二十九岁

是春,在京师,馆于汪氏。王源馆于王氏,使其子兆符来学。

《方苞集》卷十《王生墓志铭》:"兆符从余游,在丙子之春。余在京师,馆于汪氏。昆绳馆于王氏,使兆符来学,次汪氏马隊旁,危坐默诵,阒若无人。方盛暑,日三至三返,不纳汪氏勺饮。其后昆绳弃家漫游,兆符自天津迁金坛,复从余于白下。昆绳尝语余曰:'兆符视子犹父也。吾执友惟子及刚主。'"

是时,与海宁查升寓同巷,数过从。

《方苞集》卷十二《詹事府少詹事兼翰林院侍讲学士查公墓表》:"始余在京师,海宁诸查皆余索交。丙子,馆于汪氏,与声山寓同巷,数过从。时声山始为翰林,甚贫窭而盘飧洁以旨;叩之,皆其内子所手治也。余再至京师,则声山入南书房,为时所崇;居内城,或寓海淀,扈从塞上,屡言欲就余,而终未得一见。"

查升,字声山,查慎行族子。康熙二十七年进士,改翰林院庶吉士,散馆授编修,入直南书房。历官少詹事,康熙四十六年卒于官,年五十八岁。诗笔清丽,尤工书,著有《淡远堂集》。参见《清史列传》卷七十一。

四月三十日,赴顾嗣立小秀野堂逢十雅集,率以诗酒为乐。

顾嗣立《闾邱先生自订年谱》:"四月三十日,始作逢十之集,则有侯官张超然、商丘宋山言至、大兴方共枢辰、蒋静山仁锡、海宁查德尹、钱塘冯文子念祖、嘉善柯南陔煜、桐城刘北固辉祖、戴田有名世、方灵皋苞、江浦刘大山岩、泰州宫友鹿鸿历、武进钱亮功名世、徐学人永宁、嘉定张汉瞻云章、常熟蒋扬孙廷锡、同里吴山仑、徐大临、江文升士鉉、宋嘉升聚业,往还邸舍,文酒留恋无虚日焉,有《小秀野诗集》三卷。"

按,顾嗣立《寒厅诗话》卷四十九:"丙子春,寓宣武门外三忠祠,小屋数间,萧疏可爱,因颜之曰:'小秀野。'……乃举逢十之集,率以赋诗饮酒为乐,倩禹鸿胪尚基之鼎绘《小秀野图》,余自题四绝句,和者百余人。余诗有云:'绕墙新插翠芭蕉,根护蔷薇粉欲消。试听雨声催叶响,秋来无限可怜宵。'是科无一人受知者,德尹曰:'此首殆诗谶也。'"

八月,乡试发榜,与张云章、顾嗣立、徐学人诸友,聚查升所赋别。

查嗣瑮《查浦诗钞》卷六《榜发后张汉瞻顾侠君陈叔毅方灵皋徐学人将先后南归集声山侄斋赋别》:"雪满关河别意长,云程归路两羊肠。秦椎已悔车空击,鲁缟空余弩尚强。杀马拟辞亭尉役,骑驴终避选人坊。口衔万象知何益,二鸟输他百鸟翔。"

查嗣瑮,字德尹,号查浦,海宁人。康熙庚辰进士,改庶吉士,授编修,历官侍讲。著有《查浦诗钞》。参见《晚晴簃诗汇》卷五十五。

按,《江南通志》卷一百三十二《选举志》,本年吴县汪士鉉、江都汤启声等中北榜。宣城张仕骧、仪征魏嘉琬、上元蔡望、长洲何煜等中南榜。

又按,方苞与魏嘉琬此时或结识,《钦定四书文》著录魏氏《巧言令色一节》《朋友之馈一节》《孟子谓蚳蛙曰一章》等篇。

山阳刘永禄中顺天副榜,与先生一见如故。

《集外文》卷七《长宁县令刘君墓志铭》:"及丙子,始识君于京师,一见如旧。盖余以夙知紫函故亲君,而君兄弟亦得余于言洁也。……君晚学古文,常出数篇示余,简而有意。故欲得余文甚切,乃竟不克及君之生而为之,故志其墓以慰君于幽,且以纾紫函之哀。君讳永禄,丙子顺天副榜。"

刘永禄,字天驭,刘愈子,刘紫函弟,顺天副榜,以教习选知长宁县事,勤于抚循,无巨细,必尽其心。邑有犷贼,率吏卒攻之,覆其巢,置保甲,结乡团,设施有方,以瘴疠死。参见光绪十年《淮安府志》。

九月上旬,应顾嗣立、徐永宣之招,与戴名世、冯念祖、宋至、刘辉祖、刘岩、钱名世、蒋廷锡等燕集大定庵,赋得秋柳。

顾嗣立《闾丘诗集》(十卷本)卷三《秋日同武进徐四学人招钱唐冯大文子海宁曹二希文商丘宋二山言大兴薄大聿修方大共枢桐城戴大田有刘大北固方二灵皋江浦刘大大山武进钱四亮功常严大宝成蒋三扬孙昆山徐大大临长洲汪三文升集大定庵赋得秋柳四绝》。

按,徐永宣《云溪草堂诗》卷二《秋日寓斋小集宋山言冯文子曹希文戴田有严宝成刘大山北古汪文升薄聿修钱亮功方拱枢灵皋顾侠君蒋扬孙暨家大临赋得秋柳四绝句》。宋至《纬萧草堂诗》卷三《重九后二日次升弟邀同西曹诸公城南小酌》。

九月,亲吊张朴村次子直方之丧。

《朴村文集》卷二十《告亡儿方直文》;《方苞集》卷十《张朴村墓志铭》。

是秋,与姜宸英同客天津,将别之夕,姜氏遗言志其墓。

《集外文》卷六《记姜西溟遗言》:"其后丙子,同客天津,将别之前夕,抚余背而叹曰:'吾老矣!会见不可以期。吾自少常恐为《文苑传》中人,而蹉跎至今。子他日志吾墓,可录者独三事耳。'"

按,冯梦颙《姜西溟先生年谱》记载在九月。

又按,《姜西溟先生年谱》,王定祥对方苞《记姜西溟遗言》所言姜宸英三事(与纳兰性德绝交、与徐乾学为憾、与翁叔元结怨),持不同看法:"望溪此文,事既失实而又多微辞。先生撰《纳兰墓志》及《祭容若文》《祭徐司寇诗》与《感事》诸作,今存集中,彼此交际始终可见。先生性固耿介,安三之事当时自必形于辞色,而既已请罪执礼如谢山《墓表》云云,则亦何必竟与绝乎?东楼之说,偶尔作谑,使健庵果憾先生,其后岂复能惓惓若此?"王氏之言,只见其表,未明其里,难以成立。

又按,方苞此行,或访遂闲堂主人张霖,据杨钟羲云:"(张霖)天才不羁,性复慷慨,家饶于财,推解不倦,延接名流。一时主其家者,如姜西溟、吴莲洋、朱竹垞、赵秋谷、查初白、汪退谷、梅定九、洪昉思、王石谷、方百川、灵皋、朱字绿、张石松、陆石麟、徐芝仙、王清淮、马清痴,……飞笺刻烛,文宴无虚日,时人拟之月泉吟社玉山草堂。"(杨钟羲《雪桥诗话》余集卷二)

张霖,字汝作,号鲁庵,抚宁人。康熙二十年,以例贡官兵部郎中。累官安徽按察使、福建布政使、云南布政使,署巡抚等。缘事革职。生平慷慨,家故饶于财,广延名宿,如姜宸英、赵执信、朱彝尊、梅文鼎、方舟、方苞、吴雯辈皆主其家。著有《遂闲堂稿》,卒后散佚。参见徐世昌《大清畿辅先哲传》卷二十。

是秋,将南归,万斯同邀先生信宿寓所,以身后事相嘱,并传之义法。

按,《方苞集》卷十二《万季野墓表》:"丙子秋,余将南归,要余信宿其寓斋,曰:'吾老矣,子东西促促,吾身后之事豫以属子,是吾之私也。抑犹有大者:史之难为久矣,非事信而言文,其传不显。……盖实录者,直载其事与言而无可增饰者也。因其世以考其事,核其言而平心以察之,则其人之本末可八九得矣。然言之发或有所由,事之端或有所起,而其流或有所激,则非他书不能具也。凡实录之难详者,吾以他书证之;他书之诬且滥者,吾以所得于实录者裁之,虽不敢具谓可信,而是非之枉于人者盖鲜矣。昔人于《宋史》已病其繁芜,而吾所述将倍焉;非不知简之为贵也,吾恐后之人务博而不知所裁,故先为之极、使知吾所取者有可损,而不取者必非其事与言之真而不可益也。子诚欲以古文为事,则愿一意于斯,就吾所述,约以义法,而经纬其文,他日书成,记其后曰:"此四明万氏所草创也。"则吾死不恨矣。'"

按,方苞记载万斯同史法的文字,为今见万斯同史法的最早传世文献,后来钱大昕一字不落地抄入其所作《万先生斯同传》。而后世诸多研究者,往往不加考辨,直接引用钱大昕抄录之言。

将归,友人张云章以诗相赠。

张云章《朴村诗集》卷七《送方灵皋下第归口号送之》:"七十峰前掩旧庐,名高应与世情疏。君归失意等闲事,只恐乡人懒读书。"

张云章,字汉瞻,江南嘉定人,博通六经,能诗古文。晚入太学,张伯行抚吴,延纂《礼经》,成《丧服》四卷。康熙丙申,九卿荐举文学士,云章与焉,未引见南归。有志辑《南宋文鉴》,未脱稿,年七十八卒。有《朴村诗文集》三十卷行世。参见乾隆元年《江南通志》卷一百六十六《人物志·文苑》。

九月下旬,附徐永宣舟中南归,舟中二人同读《楚辞》。

徐永宣《云溪草堂诗》卷二《丙子秋杪运舟东归旅愁乡思杂沓于怀触日即书词无伦次以坡翁人似秋鸿来有信事如春梦了无痕为韵凡十四首》之十一曰:"愁来浑无端,如被薄寒中。岂若昌黎穷,可以作文送? 庶几读离骚,乘云破愁梦。方子有同怀,饮酒宁辞痛(舟中与灵皋读《楚辞》)?"

徐永宣,字学人,号茶坪,江南武进人。康熙三十九年进士,授户部主事,澹于仕进。家居数十年,肆力于诗古文辞,与王士禛、朱彝尊相颉颃,熊赐履以其诗文进呈,召来京供职,未赴,卒。著有《茶坪诗稿》。参见光绪十二年《武进阳湖县志》卷二十三、沈德潜《国朝诗别裁集》卷十九。

船过宝应,看望老友乔崇修,与王懋竑结识。

按,《白田草堂续稿》卷二《与方灵皋书》:"懋竑去岁于念堂表叔处获交足下,见其言谈词气,异于常人,私心窃向往之,然未有以知足下之详也。比者晨夕过从,日接教诲,乃知其辉光明白,淳粹渊懿,真有以卓然拔出于尘俗之外,而非近世一切号为名士者所可企望其项背。"《白田王公年谱稿》系此篇于康熙三十六年,"去岁"即三十五年。念堂表叔,即乔崇修。

又按,王箴听、王箴传《先考王公府君行状》:"桐城望溪方公,年逾冠来馆吾邑,府君与讲古文之学。方公熟于唐宋八家,府君更上追《左》《国》《史》《汉》,究其源流本末,方公惊□,相与订交。"据此,《行状》将二人订交系于康熙三十五年之前,即王懋功授经乔崇修家之前,姑不从其说。

　　王懋竑,字予中,江南宝应人。少从叔父式丹学,刻厉笃志,身体力行。康熙五十七年成进士,后授安庆府教授。雍正元年,授翰林院编修,在三阿哥书房行走。二年,以母忧去官,谕以治丧毕即来京,不必俟三年。素善病,居丧毁瘠,明年入都,谢恩毕,以老病辞归。乾隆六年卒,年七十有四。著有《朱子年谱》《白田杂著》《白田草堂存稿》等。参见《清史列传》卷六十七《儒林传》。

乔崇烈疾病在身,以诗呈先生。

　　乔崇烈《枣花庄录稿》之九《喜文子至会余病忌风不获遽出相见奉简代面兼呈方灵皋》:"……天下文理有方子,冯君欲去应能止。我疾已间行且痊,旦暮一笑可忘天。"按,文中"文子"即钱塘冯念祖。

　　按,乔崇烈诗未定作于何时,据前后文推断,姑系于本年。

　　乔崇烈,字无功,号学斋,宝应人,莱子。康熙四十五年进士,改庶吉士。工书画,善诗文,为人倜傥不羁,名流过从无虚日,遂不复出。著有《学斋集》。参见沈德潜《国朝诗别裁集》卷二十二、道光二十年《重修宝应县志》卷十九。

与王式丹会于邗上,王氏赋诗赠别。

　　王强《王式丹年谱长编》。

　　按,王式丹《楼村诗集》卷六(丙子)《赠别方灵皋》:"碧瓦浮夜光,月浪散如雪。与君倾一杯,宵中不能别。君从长安来,落莫行蹩躠。谁者障青天,纵横雾雾结。斗牛隐不见,干将气幽咽。君才渥洼种,九花飞电掣。不值湮与阳,短辕乃屡蹶。嗟余老驽钝,跧伏类跋鳖。相逢恍以悲,咄咄更何说。满眼纷轰腾,面目群觟觻。爱君美在中,温栗抱光洁。虽遭路鬼嗤,颜色无愤烈。骈骖会有时,胡为怅穷辙。涌身立苍茫,坚冰饥马

啮。梦境了分明,他年见奇桀。今当返石头,江风扑凛冽。寒
雁号汀洲,冻云冠巇崿。客路方修修,苍山莽凹凸。执手订后
期,鸿泥渺愁绝。(原注:涌身二句记灵皋梦中事)"

王式丹,字方若,宝应人。康熙四十二年状元,授翰林院修
撰,旋以告归。宋荦编《江左十五子诗选》,以式丹为首。查慎
行兄事之,田雯、王士祯皆推许焉。年六十入翰林,分修《皇舆
表》《佩文韵府》《一统志》,凡大撰作,同馆皆推之。居官十年,
好奖藉后进。归里后,士多从游。五十七年卒,年七十四岁。
著有《楼村集》二十五卷。参见《清史列传》卷七十一《文苑
传》。

南归途中,水宿淮关,梦叔舅吴平一卒。

《方苞集》卷十三《吴处士妻傅氏墓表》:"丙子冬,自京师
南归,水宿淮关,梦舅立河壖,瞪目无声。心诧之,至真江,急舍
船陆行,至舅家,则葬已数月矣。问故,果死于此。余噭然而
哭,孺人微泣于房。"

按,《方苞集》卷十二《同知绍兴府事吴公墓表》记载,方苞
有两位舅舅:"伯舅圣穆以奔丧卒于光,叔舅敬仪客死于淮。"

秋冬之季,闻朱书定居于杜溪,而往就焉。

《方苞集》卷十二《朱字绿墓表》曰:"始字绿归自京师,筑
室其邑之西山,名曰杜溪,将著书以终老焉。"《集外文》卷四
《朱字绿文稿序》曰:"又其后丙子,闻字绿定居于杜溪而往就
焉。字绿方筑室而未成,见余至,忻然曰:'吾幸有数椽之庇,
百亩之殖,可以老于是矣。子年方壮,倘不为时所弃,则资我于
山中,以卒吾业,而亦以成子之名,岂不快哉!'出其数年客游
之文,则所蓄愈厚,而其光辉然而不可遏矣。"

据此,方苞本年冬季南归,旋有事枞阳,顺道访朱书于杜

溪,时朱书方筑室未成,则朱书归杜溪筑室当在此前,故系于秋冬之季。

南归后,介王源与万斯同通书。

《方苞集》卷六《与万季野先生书》:"南归后踪迹,具与昆绳书。幸索观,时赐音耗,以当讲问,吾之望也。"

是冬,闻刘齐之讣,与戴名世为位而哭。刘齐以不得见二人为恨。

戴名世《徐诒孙遗稿序》曰:"岁丙子冬,闻言洁之讣,余与灵皋为位而哭。"

方苞《集外文》卷四《书时文稿岁寒章四义后》曰:"言洁先三年丙子以疾卒。余与潜虚俱在燕南。其邑子邵君羲书客金陵,偶心动,归往省之。既瞑复苏,惓惓以不得见余与潜虚为恨。羲书为余言,未尝不流涕。言洁蓄道德而有文章。余意其为天所生以扶树道教之人,而不得竟其业以死,此理数之不可究测者。""恨余与潜虚困穷无聊,未有以扶进而存恤之。欲刻其遗文,亦未得就。"

是年,客淮南,为京师医生陈典撰墓志铭,以归其孤。

《方苞集》卷十《陈驭虚墓志铭》:"乙亥,余复至京师,君柩果殡,遗命必得余文以葬。余应之而未暇以为。又逾年客淮南,始为文以归其孤。""君讳典,字驭虚,京师人。……余得交于君,因大理高公。公亲疾,召君不时至;独余召之,夕闻未尝至以朝也。"

按,光绪十年《畿辅通志》卷二百卷十六《杂传十》、徐珂《清稗类钞》载其事,受方苞《陈驭虚墓志铭》影响。

是年,试京兆罢归,将不复应有司之举,悉散所作时文,独恩师高裔所点定,不敢弃掷。

《集外文》卷四《书高素侯先生手札后二则》。

是年,康熙帝亲征噶尔丹。

《圣祖实录》。

是年,同宗方孝标卒。番禺屈大均卒。莆田余怀卒。临桂陈宏谋生。

《方氏家谱》。邬庆时《屈大均年谱》。李金堂校注《板桥杂记·前言》。陈钟珂《先文恭公年谱》。

康熙三十六年丁丑(1697)　三十岁

是春,与戴名世一道归葬好友刘齐。

《戴名世集》卷三《徐诒孙遗稿序》:"岁丙子冬,闻言洁之讣,余与灵皋为位而哭。明年春,余醵金归葬言洁,而灵皋亦南还。"

按,刘齐为东林之后,方苞奉东林为贤者,与之如兄弟。《刘巽五文稿序》曰:"其为人刚大严毅,使人一见而敛其邪心与骄气。退谓潜虚:'是其气象,俨然东林人也。'言洁爱余如兄弟,在京师逾年,旬日中未有不再三见者。间问其世系,则与巽五同出自光禄本孺公,盖东林贤者之子孙也。……言洁行身为学,介然不苟同于流俗。余与潜虚每拟之高、顾诸公,而不幸中道以殁。"在《四君子传》,方苞称王源、刘齐、张自超、刘捷为四君子,并论曰:"齐性沉毅,与人居,终日温温,而退皆严惮之,偃卧一室,天下士常想望其风采。既卒数年,江东十郡之士上言督学使者,士有无爵与年而学行可为表仪者二人,宜祀于乡,其一齐,其一余亡兄百川也。"《赠魏方甸序》曰:"余穷于世久矣,而所得独丰于友朋。寓金陵,则有同里刘古塘、高淳张彝叹；至京师，则有青阳徐诒孙，无锡刘言洁，北平王或庵及邑子左未生、刘北固。"方苞为刘齐题墓表曰："狷者刘言洁先生之墓。"（见光绪七年《无锡金匮县志》卷二十《冢墓》）

又按，方苞与刘齐多文字往来，《钦定四书文》著录刘齐《陈代曰不见诸侯一章》，论曰："自首至尾，轩豁醒露，笔无停机，语有伦次，意度雅近前辈。"刘齐曾评点方苞古文《书考定文王世子后》："辨古书之正伪，白黑分明，又变朱子《或问》体制，而为欧、王畅达廉利之文，可以信今传后矣。"评点方苞时文《礼之用和全章》："行文至有明诸公，局法之奇变，气体之高古皆备矣，必于义理求胜，乃能出一头地。如篇中实义，皆归、金二公所未发也。"《不有祝一节》："直从孔子胸中流出，直从孔子口中脱出，此等文以视归、唐，真有过之无不及也。"《子曰作者七人矣》其二："此等文，必具古人心胸乃能为之，非乞灵于《左》《史》《庄》《骚》诸书，而能得其形似者也。"

是春，万斯同六十寿辰，王源、梁份、戴名世、钱名世、徐用锡诸人为其寿。先生不与。

陈训慈、方祖猷《万斯同年谱》；马明达《王源年谱》；戴廷杰《戴名世年谱》。

是春，在宝应，馆刘国黻家，刘师宽始成童，诵《左传》、韩文。

《方望溪遗集》之《闻见录》："忆康熙丁丑、戊寅，余馆给事家，宽始成童，每日入至星见，与诸兄步阶除，背诵《左传》、韩文，以无凝滞相矜，语言真朴，如子弟之对父兄，余甚爱之。"

按，文中"给事"即刘国黻，字禹美，宝应人，康熙二十一年进士，改庶吉士，迁户科给事中，广西乡试正考官，晋都给事，迁通政司参议，改鸿胪卿。国黻虽早达，不懈于学，有诗文集若干卷。子师恕，三十九年进士，官内阁学士，福建观风使。参见嘉庆十五年《重修扬州府志》、《圣祖实录》。

是夏,授经白田,乔崇烈请序其诗,三数而未已。时先生方治《春秋》。

《集外文》卷四《乔紫渊诗序》:"丁丑夏,授经白田,乔君紫渊请序其诗,三数而未已也。余虽心知其工,而犹持前说以谢焉。君书识古法,余爱而索之,因录《漫兴》一章示余。其次联云:'文章几辈夸行远,性命初知有苟全。'余诵之瞿然,若登高山,履危石,临百仞之渊,而足垂在外也。盖是时,余方治《春秋》,辨正注家之纰谬,而自为义例。生徒朋游有来叩者,为陈其义,往往侃然自任,以为必传于后无疑,而君因以诗讽也。呜呼!其用意为不苟矣。"

按,乔紫渊即乔崇烈,方苞此文见于乔崇烈《学斋诗集》卷首。

是时,喜与王懋竑、刘东语,遂彼此订交。

《白田王公年谱稿》系《与方灵皋书》于本年,是文称:"懋竑去岁于念堂表叔处获交足下,见其言谈词气,异于常人,私心窃向往之,然未有以知足下之详也。比者晨夕过从,日接教诲,乃知其辉光明白,淳粹渊懿,真有以卓然拔出于尘俗之外,而非近世一切号为名士者所可企望其项背。"据此可知,王懋竑与方苞初见于丙子,订交于本年,适逢方苞馆宝应,懋竑自无锡归里省亲。

按,《与方灵皋书》,王懋竑称赞方苞:"今乃幸得足下,足下超卓之材,广大之识,其文既杰出一时,而其中之所蕴尤不可测度。"

方苞《书孝妇魏氏诗后》文后,王懋竑评曰:"先生授经白田,喜与余及刘长源语,每至父子兄弟夫妇之道,意诚辞直,使

人悲，使人惧。如此等文，百世而下，见之当如亲炙。"（初刊本）

按，道光二十年《重修宝应县志》卷十八《笃行》："刘东，字长源，弱冠补县学生。器宇凝峻，翔趋不苟，事寡母贫不缺养，抚诸孤侄有恩。方望溪为诸生时，教授宝邑，与为莫逆交。其所著古文辞，俱有根柢，时称得韩昌黎、归太仆遗矩。雍正元年，举贤良方正，以知县即用，分发直隶，未任卒。"又，刘东为王式丹外甥，王式丹《楼村诗集》卷八有《送外甥刘东就馆京师》。

五月，乔崇修招先生至其家，王源适至，与诸乔饮酒。

《集外文补遗》卷一《乔又泓哀词》："余倦游，欲休足于近地，而乔君介夫招予，以丁丑五月至其家。昆绳适至，诸乔饮之酒，余与焉。"

七月，在宝应，大雨，宝应子婴堤溃。

《方苞集》卷十四《筑子婴堤》。道光二十年《重修宝应县志》。

八月，在宝应，与王式丹、王源、乔崇修、刘中柱等泛舟纵棹园，醉歌。

按，王式丹《楼村诗集》卷七有长诗《偕昆绳弟方灵皋刘雨峰张无竞乔念堂月下泛纵棹园醉歌》（丁丑）记其事，诗云："怪底屏颜结幽峭，万绿绿溪展清影。此中便作小游仙，一鹤呼侪下篷峤。秋河不动天高高，暝合四围山窈窕。烟茎雾叶悄无声，独对凉蟾堕斜照。人生万变如翻篷，转眼阴晴岂意料？黑云巉巉从东来，挟雨狂飙恣轻飘。俄顷风定天宇清，洗出冰轮倍光耀。橹枝鸦轧一舟开，衰柳凄迷百丛绕。旧是狂夫今更狂，潋滟深杯豪饮醮。酒酣抚景忆当年，篷底珠喉出娇饶。歌

堂舞阁久凄凉，莫更吹箫翻苦调。草没霜皋几十春，荒台晞发
留孤眺。江山如画老周郎，同时意气诸年少。回头合散风中
烟，犹把残樽歌嗷咷。雄才迭荡竟如何，梦境崚嶒付谈笑。沧
溟摩豁幻华葩，枉棘饥关苦觳觫。如今郁郁睨秋空，唾壶缺尽
刀鸣鞘。泓下龙螭耳竟聋，凤凰铩羽昏鸦叫。诸公岂作阮生
穷，我来恰对孙登啸。何当烂醉跨鲸鱼，月落天空波澳澳。"

　　按，纵棹园为乔莱(石林)生前在宝应所置一处别墅，与霜
皋相邻。康熙间文人学士经宝应者，多有诗文记园林之胜，如
宋荦《西陂类稿》卷十五《过乔石林侍读纵棹园感赋》，查慎行
《二月六日舟泊白田乔无功介夫兄弟招同王方若饮纵棹园梅
花下用东坡雨中看牡丹韵各赋三首》，潘耒《遂初堂集》卷十九
《纵棹园记》，汤右曾《怀清堂集》卷八《纵棹园四首》，杭世骏
《道古堂诗集》卷十一《乔孝廉汲明经亿上舍元臣招饮纵棹
园》。

　　又按，霜皋在纵棹园西，王源兄弟与其父王世德曾隐居于
此。参见王式丹《楼村诗集》卷七《泛纵棹园醉歌》《送昆绳弟
南游》原注。

　　刘中柱，字砥澜，号禹峰(雨峰)，宝应人。由廪贡生授临
淮县教谕，迁国子监学正，历擢兵部主事、户部郎中，出守正定
府，后以老乞休。少以诗名，与朱彝尊、查慎行辈相唱和。著有
《兼隐斋诗》二十卷、《又来馆诗》三十卷、《宝应名胜纪略》二
卷、《梓里诗选》十二卷、《史外丛谈》八十卷等。参见嘉庆十五
年《重修扬州府志》卷五十一、道光二十年《重修宝应县志》卷
十七。

是时，与王源、王式丹、乔崇修、刘家珍等饮酒画川舟中。

　　刘家珍作《王昆绳自蓟门同方灵皋王楼村乔介夫饮画川

舟中限峭字韵》："寒鸦盘空争落日，秋树未脱青育窕。兰桡一拨出横塘，芙蓉水冷蛩声吊。须臾月窟升于东，交柯繁叶纷炫耀。倒映万壑波眼清，横照四山石骨峭。此时此景我欲狂，况逢诗酒人同调。青帝白舫本轩豁，萍洲枫岸任缭绕。百盏如飞手不停，披襟卸帻发大叫。忆昔霜皋称寓公，姓名直欲同屠钓。泪痕横洒射湖流，吟声响夺苏门啸。秋草荒烟不见人，一轮仿佛当年照。由来聚散不可知，酒徒半被紫衣召。秋舫巢园夜寂寥，画川老翁上云峤。嗟哉人生忧患集，一月几供开口笑。樽前话旧生慨慷，相看各各非年少。何处利剑愁可割，何方辟谷饥可疗。且将生计付杯中，无功乡里参众妙。夜深盘桓不肯归，船头泼剌鱼尾掉。"（《鹿沙集》卷三）

刘家珍，字席待，号鹿沙，中柱子。少擅才藻，丰标清粹，以廪贡游太学。以诗名于时，与查夏重、殷彦来相唱和。父执乔石林、陶季深辈，皆折年辈联为诗友。年甫三十殁，王懋竑为文哭之。著有《蠮堂稿》《藕花书屋集》。参见道光二十年、民国二十一年《宝应县志》。

是秋，以《冉求曰非一章》为题，课刘师向兄弟，阅文毕，拈此为式，俄顷立就，辞无点窜，并为讲解。

按，《冉求曰非一章》文后，刘师向评曰："丁丑秋日，先生以是题课向兄弟，阅文毕，拈此为式，俄顷立就，辞无点窜，因言四书文本容易作，逐句逐字皆有理趣，公等平时看书，只是随文逐义，未与此心胶粘，是以临文枯燥，没浆汁出来。"见《抗希堂稿》。

按，方苞所教授"刘师向兄弟"，即：刘师向、刘师恕、刘师宽、刘师宠。据阮元《淮海英灵集》乙集卷一："刘师向，字封事，号蒲塘，宝应人，国黻长子。康熙辛卯经魁。知四川江津知,廉能有治行。内升员外郎,未赴卒。著有《蒲塘诗文集》。"
"刘师恕,字秘书,号艾堂,宝应人,国黻次子。少受业于方望溪,为文有法度,康熙庚辰进士,以庶吉士改检讨,主考广西,提督河南学政,补右中允左谕德右庶子,掌坊事。翰林院侍讲,国子监祭酒,擢贵州布政使,升通政使,兼吏部左侍郎,兼属顺天府尹,授都察院左副都御史,顺天主考,授工部右侍郎,转礼部右侍郎,协理直隶总督事,进吏部右侍郎,改内阁学士,兼礼部侍郎,兼福建观风整俗使,告病回籍调理。因事被议,恩予翰林院侍讲学士。以乾隆丙子年五月十五日卒,年七十九岁。""刘师宠,字越清,号榆庄,宝应人,师恕胞弟,贡生,任直隶州同,终清河县主簿。著《玉山草堂诗稿》一卷。"

又按,师友盛赞方苞此文,韩菼曰:"从首句着眼,刃迎缕解,而文境浚涤沉潜,莫由穷其奥美。"刘古塘曰:"摘发学者肺腑隐痼之病,可作方子《劝学》篇。"乔崇修曰:"气如织流,穿岩击石,回洑喷薄,曲折生奇。"李岱云曰:"于'子之道'上,又冒以'非不悦'三字,分明是自画样子,亦分明有'力不足'句在口头,故只从首句着眼,而全题精神迸露。"张彝叹曰:"其间架气格,未尝效古人所为,而与之并。"戴名世曰:"冥心孤诣,刻意搜寻,入作者手,题无一闲字。"兄方舟曰:"巍岩绝湍,峭奇环曲,使人耳目旋眩,心神愈朗。"见《抗希堂稿》。

九月,戴名世刊时文稿于金陵,韩菼、汪份、刘岩、方舟等序。

戴廷杰《戴名世年谱》。

按,方舟《戴褐夫文稿序》:"昔欧阳子《答吴充秀才》,以谓世之学者,曰'吾文士也,职乎文而已',所以愈勤而愈不至。今世所谓时文,又文之骈枝也,然欲其工而至于道,必其根柢本非以为时文,而其意趣初不屑为时文者也。戴子褐夫,幼不得志于时文，伏奥潜深，自虞夏周秦以下之书，靡不究其训义，其志将求古今数千年之废兴成毁，排缵成书，以垂世行远，此其学岂局于肤近而徒沾沾为制举之文云尔哉？褐夫家本空，授徒以给衣食，不得已而为时文，而其文特灵慧要渺，奇辞奥旨，令人无从窥寻其端倪。向者贾人购而刊之以行世，海内之士，无智愚贤不肖，言时文者，必宗戴氏，于是褐夫隐其所学，而以时文显。褐夫为文，或经岁不得一篇，或数日得数十百篇。忆余与刘子月三暨灵皋弟，读书草堂，褐夫家青溪，距余三四里而近，每三数日辄过余，出其所为文，相与把玩络诵，余三人亦各以所为文质褐夫，因命酒剧饮酣醉，而后纵论往古得失，肆为洸漾连犿之词以相娱乐。凡斯时褐夫所为文，即贾人向所刊以行世者也。后余辈各饥驱四方，褐夫复游京师，越数岁，则又得文数百篇，而褐夫属余为之序。夫使褐夫奋其所学以道艺光于时，其收名必有过人者，即不然，但不以饥寒累心，得一亩之宫，冥心搜讨，著书以垂于后，岂有愧于古之立言者邪？两者俱不可得，徒使海内向风之士，一再倾倒，其时文固不足以竟所学之根柢，而其意趣亦岂有所乐乎此邪？虽然，合天下之士之心思耳目，槁项黄馘而为时文，其于俗下之作，既饱闻而厌道之矣，而先后购求不置者，独在褐夫之文，此亦见人心之有同好，而可无以塞其意乎哉？此褐夫所以复诺贾人之请，而余亦乐为之序，以赞其成也。"（此文仅见于方宗诚、戴钧衡《国朝桐城文录》）

是秋，朱书授经金陵，常过先生家，与先生父子酣嬉畅谈。

　《方苞集》卷十二《朱字绿墓表》："丁丑、戊寅，归休于家，而字绿适授经金陵。……故平生执友相聚之久且密，未有若字绿者。""字绿强记，文章雄健，尤熟于有明遗事，抵掌论述，不遗名地。其客金陵，先君子每不自适，辄曰：'为我召朱生。'字绿体有臭,夏月尤甚。然每与先君子酣嬉终日,解衣盘薄;余兄弟左右其间,不觉其难近也。"

是年,例选贡士,韩菼向学使张榕端推荐方舟,而方舟已得第一。

韩菼《有怀堂文稿》卷五《方百川文序》:"岁丁丑,例选贡士入太学,余言于学使者朴园学士:'昔家文公荐士于陆祠部凡十人,仆所荐者百川一人耳,十人不多,而仆之一人不少也。'书未达,而百川试已第一。然不及贡,既大合诸县士,而覆校之复第一。学士乃张乐置酒延入,谓曰:'吾觌面而失子,吾过矣。然以子之才,何所不谐? 吾当资子以之太学,行矣勉之。'"

按《圣祖实录》,本年十月十八日,韩菼以礼部右侍郎兼管翰林院掌院学士事。去年十二月,张榕端以内阁学士提督江南学政。

是年之前,著《读尚书偶笔》《读易偶笔》《朱子诗义补正》等。

程崟《仪礼析疑序》。

是年,耶稣会士白晋以所撰《康熙皇帝传》并书信一封,致莱布尼茨。稍后,莱布尼茨出版《中国近事——为了照亮我们这个时代的历史》。

柯兰霓《耶稣会士白晋的生平与著作》。

是年,新昌熊晖吉生。宁化雷鋐生。

《集外文》卷七《大理卿熊君墓志铭》。宁化茜坑《冯翊郡雷氏家谱》(民国三年芳饮堂藏版)。

康熙三十七年戊寅(1698) 三十一岁

是春,在宝应,与乔崇修相偕过访乔尹度。

《集外文补遗》卷一《乔又泓哀词》："昆绳适至，诸乔饮之酒，余与焉。坐有皤然白须眉者，余以为云卫，叩之则又泓也。介夫曰：'是吾家善人也。云卫老，惟此子行不背于所闻。'逾年春，予将归，介夫曰：'子客此逾年矣，而未尝一过又泓，又泓望焉。以吾为能得此于子，愿子之往也！'因偕往，饮酒欢。余偶叙述杨、左诸公逸事，又泓独注视矍然。余忽心动，叩之曰：'君年未五十，须发如此，血气衰退也，抑中有不自得者邪？'君曰：'吾容虽不逮，中未衰也。'又曰：'吾见公晚，不日乡试归，尚欲就公闻所闻以自广。'"

按，又泓，即幼宏也，民国二十一年《宝应县志》卷十六《文苑》："乔尹度，字幼宏，工诗，著《陆舫诗集》。"按，《江苏诗征》卷三十八录其诗歌六首曰："乔尹度，字幼宏，号廓庵，宝应人，候选州同知。"

越日，乔崇修来告乔尹度之丧，为作哀词。

《乔又泓哀词》。

三月，子婴堤成，应邀撰《筑子婴堤记》。

《方苞集》卷十四《筑子婴堤记》："又明年为今戊寅，堤下之民以禾没，筑费无所，更不敢复言修堤事。张侯召之曰：'方秋时水潦降，含洞开，工费而筑不坚。今筑以春，劳费不及半，而计其功当倍蓰。'乃官市堤下田数顷，益拓其故址。为籍属堤下占田者，征役千二百，身行筑者。经始于二月朔后六日，历三旬，堤成。邑人熹，如既有年。……时余客淮南，邑人请书其事，遂记之。"

按，文中所言"张侯"，应为张增。按，《江南通志》："张哲，翼城人，康熙三十年任。张增，宛平人，康熙三十六年任。"嘉庆十五年《重修扬州府志》卷四十五《宦迹三》："张增，字子晋，顺天宛平人,举人,任宝应县,丙子丁丑,淮南大水,界首子婴堤溃,增冒风雨,中夜至为书告长吏,请闭涵洞,使民得修堤,雨连月不止,堤数筑数。明年春,增召邑人告之曰,秋时水潦降洞开而筑不坚,及春为之费半功倍,乃官市堤下田数顷,益拓其故址,三旬而成,时有修河补官之令,皆怙势掘民田不给价,增请于上,饬禁之,不听者一绳以法,居官七载,吏民讴思之。"

又按,文中所言"界首",并非今安徽省"界首市",而是今高邮"界首镇",与宝应相接,子婴河在其境内。

春夏之际,在宝应,与朱经论韩愈文。

朱经《燕堂诗钞》卷七《赠桐城方灵皋》:"龙眠何矗矗,突兀拔孤耸。大江何渺渺,盘涡腾汹涌。应钟豹变文,岂产牛革巩。吾友有方君,卓荦儒者勇。爱我书阁闲,过我听秋蛩。扫径以开扉,避席而叶拱。乍睹标格奇,已自增懘辣。及聆玉屑飞,风生尤骇悚。注疏穷四库,源流辨九种。实能奥义探,非徒虚器拥。横若充虹霓,细若抽蚕蛹。……"《招灵皋松华鹤闻饮容斋》:"老梅花谢子如豆,枯杨叶大槐生芽。芭蕉得雨抽新绿,土坡石罅藏幽花。……急召高阳共酪酊,况逢佳客咸英华。我辈疏懒渐成性,脱略杂坐相笑呀。刻画文字到精妙,不同浪饮争画蛇。……谈经证史方至乐,何须丝竹喧咬哇。"《灵皋见过容斋索诗用坡公清虚堂韵柬之》:"盲风日日吹晴沙,闭关兀坐如退衙。……昌黎文字细讨论,纷纷碎落香奇葩。……何如岩穴堪自守,赋诗酹酒栖烟霞。"

朱经,字叙九,号恭亭,江南宝应人。少以名诸生屡困南闱,赴顺天试,又以兄约宰晋州调外帘同考,循例回避,遂弃举子业。为人敦学行笃孝友,临河构书斋数楹,与宾朋觞咏其中,著有《燕堂诗钞》。参见沈德潜《国朝诗别裁集》卷二十六、道光二十年《重修宝应县志》卷十九《文苑》。

六月，离别宝应，王式丹以诗相赠。兼怀戴名世与刘岩。

王强《王式丹年谱长编》。

按，王式丹《楼村诗集》卷八《赠方灵皋南归七首》："会面复何时，今当与君别。河堨风萧萧，牵裾中惋结。别离何足悲，所悲难可说。浮云态千变，白日气幽咽。去去天一方，青林叫鸱鸺。""珪璋希代珍，可以登明堂。时人慕雕绘，宁知内含光。六经龙鸾文，虫鱼不敢当。我生惭浅衷，奉教窥微茫。胡为忽舍旃，畴与撤面墙。""群群尾毕逋，哑哑凌空起。岂有鸥枭才，气势青冥里。寸茎冠曾巅，长松偃涧底。白龙服鱼服，见侮于蚍蚁。寄言悠悠者，风云谈笑耳。""忆昔天河翻，太微沉一角。崖山骑箕尾，籀字诒家学。名贤及踵武，高啸睨乔岳。匣中一虎脊，庭前双凤喝。岩桂有芳华，茅井无浑浊。""伯兄丰文采，烟霄方奋翼。君归傍庭闱，辉映于南北。眷言念所亲，一一谋栖息。造物瘁仁贤，举足多逼侧。昔人亦有言，所忧非我力。""我有两畏友，刘戴神所契。气象与文章，皆不可一世。得子而为三，云月交光霁。别来各纂述，执手证妙谛。淮南遥相思，带水望津逮。""接宇逾匝岁，聚首曾几时。我行历吴越，谈宴多暌违。归来不一月，折花怨将离。薄雾孤城阴，皓月长江湄。努力指前路，耿耿心所期。"

按，方苞离开宝应时间，马明达《王源年谱》称三月，今从《王式丹年谱长编》。

六七月间，王懋竑馆乔崇烈家，与先生通书。

王箴听、王箴传《先考王公府君行状》："丙子岁，出馆于梁溪胡公复庵家。胡公，武陵人，寓居梁溪，家多古书，凡八柜。府君尽发其藏，读之两年，益得扩所未闻。而以违离太孺人，往来频频,隔阔时日,辞归。授徒里中,馆念堂乔公家十余年。"
又本年《王懋竑日记》:"六月二十九日,早别方伯公,晚登舟。
七月六日,至家。十日,灵皋以常镇道弟书来荐,云堂先生、四
叔父及鹤兄与余力言不可投,启东亦以为然,遂止。"

八月初十日,族子方观承生。

《方氏家谱》:"观承,讳式济公第二子,字遐谷,号问亭,又
号宜田。以布衣荐授内阁中书,定边大将军,平郡王掌书记,乾
隆丙辰荐举博学宏词,历兵部职方司主事,吏部文选司员外郎,
郎中,军机处行走,直隶清河道按察使布政使,浙江巡抚兼兵部
侍郎,都察院右副都御史,直隶总督兼兵部尚书,都察院右都御
史加太子少保,晋太子太保,……生康熙戊寅八月初十日,卒乾
隆戊子八月十三日。"

九月十三日,友人陶元淳卒,年五十三岁。

储大文《存研楼文集》卷十五《子师陶公墓表》。冯景《昌
化令陶子师传》,杨沂孙辑《海虞三陶先生集合刻》。

按,方苞与陶元淳相识不长,往来不少。陶元淳曾劝方苞
放弃时文(《与熊艺成书》),而称赞其古文,其评点方苞古文
《读史记八书》:"吾谓后人作史,能继武蔚宗足矣,而作者于孟
坚犹未满意,观所论八书十表,义法非班、范所能及。又谓《史
记》私家之书,故但求精于文律,而于史法则疏,尤为平允。"方
苞编纂《钦定四书文》选录陶元淳文章多篇,如《为人君止于
信》,评曰:"避实凿空,深微之义,以浅淡语出之,风格远迈流
俗。"《五百年必有王者兴一节》,评曰:"胸中无经籍,纵有好
笔,亦不过善作聪明灵巧语耳。一涉议论,非无稽之谈,即气象
萧然,盖由理不足以见极,词不足以指实故也。此等文堪为药
石。二句神脉重在'名世'一边,乃孟子为己身写照也。文于

此尚未审轻重，不可不知。"

九月十八日，兄方舟次子方道永生。

《方氏家谱》："道永，讳舟次子，字师欧，号务滋，一号将园，又号龙塘，以叔父苞荫生，仕顺天府粮马通判，授承德郎。生康熙戊寅九月十八日，卒乾隆丙午十月初二日，寿八十九。配江宁岳氏，太学生经长女，封安人，生康熙庚辰正月二十三日，卒乾隆乙未九月初七日，合葬江宁县南乡陶吴镇藕塘韩村乙山辛向。侧室山阳丁氏，生雍正庚戌三月初十日，卒嘉庆十二年丁卯十二月初六日，葬江宁县南乡富棠村，与子维新同墓。二子椿辉（岳安人出）、维新（丁出），以椿辉出嗣兄道希。三女，长适江宁张若雯；次适河南新安吕燕征，常德知府肃高子（岳安人出）；次适上元周锡龄（丁出）。"

十一月，督学张榕端招至江阴使院，结识魏方甸，及张公之子张丙厚。

《方苞集》卷七《赠魏方甸序》："戊寅冬，督学瀅阳张公招至使院，宾从杂然，酬嬉聒谑，而余孤子无与，不异客涿鹿时。有魏生者，居常嘿嘿，而意独向余。问其世，则明天启中，给事吏科，忤逆奄而死厂狱者，其曾王父也。"《方苞集》卷十六《徐诒孙哀辞》："戊寅冬十有一月，余客澄江。"

《集外文》卷七《刑部郎中张君墓志铭》："君父学士朴园公视学江南，余与魏忠节曾孙方甸同客使院。其后方甸夭死，父老子幼。余通书于君。浃月，而其父来告：'公子属吾邻郡通判，岁给三十金。去官乃止。'吾友昆绳殁，子兆符贫无依；时君罢官家居，余命抵君。君曰：'吾田可分，宅可割也。'立与百金，俾迎母妻。远近亲故孤嫠闻之，多尽室而往，君皆馆焉。冗食者百余人，家人苦供亿。君曰：'吾平生妄费，惟此少近正耳。'"

张榕端,字子大,号朴园,河南磁州人,康熙丙辰进士,官至内阁学士,兼礼部侍郎,以内阁学士视学江南。著有《兰樵河上稿》《归田稿》。参见乾隆八年《江都县志》卷十四《名宦》、徐世昌《晚晴簃诗汇》卷三十七。

是月,梦见徐念祖,赫然起自池中,面泥淖,瞪目无言。

《方苞集》卷十六《徐诒孙哀辞》:"戊寅冬十有一月,余客澄江,舍侧有方池,夜梦诒孙赫然起自池中,面泥淖,瞪目无言,觉而心恶之。"

是时,吴襄自青阳访戴名世于秦淮,言徐念祖发狂投水而死。

《戴名世集》卷三《徐诒孙遗稿序》:"岁丙子冬,闻言洁之讣,余与灵皋为位而哭。明年春,余醵金归葬言洁,而灵皋亦南还。又明年冬,诒孙之友曰吴七云,至自青阳,访余于秦淮之上,为言诒孙发狂投水死。呜呼!士之能自竖立而不与世波靡者,抑已少矣。苟有其人,必穷不能。"

吴襄,字七云,青阳人。癸巳进士,改庶吉士,散馆授编修。历官侍讲、顺天学政、侍讲学士、礼部右侍郎、礼部尚书兼管左都御史事。卒赐祭葬,谥文简。参见光绪七年《安徽通志》卷一百九十二《人物志》。

按,戴名世《吴七云制义序》曰:"七云自言:'少从事于时文,未免沿腐烂之余习,长而与诒孙同读书于九华,日相钻研商榷,乃慨然毁其旧作,而崇尚先辈大家之文。今其所为,大抵得力于诒孙者为多,然犹惧未能脱然于世俗,而愿与吾子决之。'"

是年,与阎若璩书,论古书辨伪。

方苞《与阎百诗书》:"仆尝自恨寡陋,见古书字讹,无所证据,而不敢擅易,愿得博极群书者以正之。故欲化足下之成心而求助焉,非敢以辩翘明,惟足下鉴之。”

阎若璩,字百诗,太原人。幼多病,年十五,补山阳县学生员。年二十,读《尚书》至古文二十五篇,即疑其讹。沉潜三十余年,作《古文尚书疏证》八卷。康熙十八年,应博学鸿词,报罢。及乾学奉敕修《一统志》,若璩与其事。著有《四书释地》《潜丘札记》《困学纪闻笺集证》等。康熙四十三年,卒,年六十九。参见《清史稿》列传二百六十八。

按,苏惇元《文目编年》,此篇作于是年。

又按,朝鲜金迈淳《台山集》援引方苞与李光地之说,作为对于《古文尚书》“力主不可疑之论”之代表。朝鲜许薰《舫山先生文集》卷十一《与芳叔》亦曰:“近世李光地、方苞之论,以为古文有增减润色,不尽出四代之完文,理或有之,而纯为伪书则不可云云。此可救阎、毛偏失之病,而不悖朱子之意耳。”赵秉德《肃斋集》卷十六《答朴寅和》亦持此说。

是年,父方仲舒与曹寅相互赠诗唱和。

曹寅《楝亭诗钞》卷三《闻杜渔村述方逸巢近况即和滕斋诗奉柬》:“客喻维摩病,新移庑下斋。自题方丈小,不隘百千偕。是痛非真臂,因嬉馨老怀。城南诸酒伴,无复醉冠钗。”《逸巢读是痛非真臂句作诗见答复和一首》:“托体为君臂,疴瘵触处真。尚夸能草檄,讵叹不如人。岁月柳生肘,江湖鱼脱纶。相忘自相得,勿药试舒伸。”

按,《楝亭集笺注》,胡绍棠题解:“此诗作于康熙三十七年末或三十八年初。”故系于康熙三十七年末。

又按,诗题中“杜渔村”即杜岕之子杜亮生。方苞云:“金陵风尚坦夷多修饰之君子,首称杜亮生。”见同治十三年《上江两县志》卷十六《古今人》。

是年,江南选贡有上元县学黄越、江宁县学刘捷、高淳县学张自超、繁昌县学魏嘉谋、桐城县学齐方起、青阳县学吴襄、金坛县学王澍、来安县学徐时盛等。

《江南通志》卷一百三十六《选举志》。

是年,江阴陈鼎《留溪外传》成。戴名世、尤云鹗、梅文鼎、蔡垕、梁份、杨宾、吕葆中、卓尔堪等百余人校阅。

张潮《留溪外传序》。

是年,同宗方中通卒。蠡县李习仁生。桐城刘大櫆生。

《方氏家谱》。李塨《恕谷后集》卷八《长子习仁行状》。

吴定《海峰先生墓志铭》:"其卒也,以乾隆四十四年十月初八日,年八十有二。"姚鼐《刘海峰先生传》言其"卒年八十三",未言其生年与卒年。《刘大櫆集》卷九《祭张闲中文》:"昔在康熙之辛丑,初托子以交契,愧学业未成,年甫臻于廿四。"此处康熙辛丑年,即康熙六十年(1721),时年二十四岁。由此推断,刘大櫆当生于康熙三十七年(1698),与其卒于乾隆四十四年(1779)八十二岁亦吻合。

康熙三十八年己卯(1699)　三十二岁

是春,学使张榕端按试诸郡,先生与魏方甸留署,庭空无人,时徘徊草露间。

《方苞集》卷七《赠魏方甸序》。

在署衙时,张榕端与先生论诗,并示以所著诗集。

方苞《兰樵归田稿序》:"余以己卯获见磁州公于澄江使院,时幕下多公门生故旧有名位者,余以学郡后进厕其间,而公意独向余。治事少暇即就余,三复古人诗歌,而商论其所以云之意。因以所著《雪樵诗集》示余，且曰：'吾于此，心知之而力未克以至也，倘竣事得归田里，从容吟咏以终余年，吾愿足矣！'余时谓公此语为诚，然而习于公者，尚未能深信也。"（张榕端《贺兰雪樵诗集》卷首）

七月，归金陵，戴名世告徐念祖之丧。是时，吴襄自青阳至，言徐念祖临终事。

《集外文》卷四《书时文稿岁寒章四义后》："去年冬，余在澄江，……逾岁七月归金陵，而潜虚来告余曰：'诒孙死矣！有吴生者，至自青阳，言其心疾至昨岁转剧，泣笑类颠者。一夕张灯，书数十纸不休，妻子问故，曰："告吴君：此书致我友宋子、方子。"既又索书展视，一一自焚之。开户出，若将便溺，久不返。妻子怪而迹之，则已死村外小溪中，头面泥渍。'"按上文，此"吴生"即青阳吴襄。

先生闻之，出郭西向号哭，不复觉前此亡子之痛。并作《徐诒孙哀辞》，吴襄亦赋诗以哭，兼呈先生。

《书时文稿岁寒章四义后》："时余一子始殇，意忽忽不乐。及闻诒孙凶问，出郭西向号而哭之，不复觉子死之痛矣。"按，方苞《亡妻蔡氏哀辞》，蔡氏生男二人，皆早殇，此为其一。《方氏家谱》无相关线索。

据苏惇元《文目编年》，《徐诒孙哀辞》作于此年。

吴襄《锡老堂诗钞》七言律卷之《哭徐诒孙示方灵皋》："南北蹉跎隔岁余，一樽遥酹故人墟。同归已负生前约，不朽谁传死后书？毅魄有灵依二子，骚人无传附三闾。何由得待方子至，赤血同倾染素裾。"

九月，乡试发榜，先生为南榜第一名，解元。弟子刘师恕中北榜。

乾隆十六年《上元县志》卷十九《文学》:"方苞,字灵皋,号望溪,……己卯南元,丙戌成进士,未廷试。"

按,《江南通志》卷一百三十三《选举志》,本年南榜共九十三人中举:桐城方苞、长洲韩孝嗣、长洲汪份、武进钱名世、武进徐永宣、苏州秦学洙、颍州宁世藻、歙县吴瞻淇、宜兴蒋锡震等。北榜常熟蒋廷锡、长洲顾嗣立、长洲韩孝基、宝应刘师恕、武进赵熊诏、溧阳史贻直等。

又按,是年好友戴名世以去秋母丧持服,未与乡试。

是科以《子曰吾未一节》《唯天下至临也》《公孙丑曰》为题,考官称赞先生堪与归有光、顾宪成相媲美。

按,《圣祖实录》,本年闰七月初六日,诏翰林院侍读张廷枢、户科给事中姜橚为江南乡试正副考官。

按,《抗希堂稿》,张廷枢评方苞《子曰吾未一节》曰:"以高古之笔,发幽渺之思,熙甫、子骏对此亦当变色失步。"姜橚评曰:"理宗濂、洛,气则曾、苏,南元得此真堪与泾阳先生抗行。"《唯天下至临也》一篇,张廷枢评道:"义吐光芒,辞成廉锷,文家钜观。"姜橚评道:"束英伟雄奇之气,俯就绳尺,卓然自成一家。"《公孙丑曰》一篇,张廷枢评道:"超然独立万物之表。"姜橚评道:"不烦绳削,自然合度。"

是时,执弟子礼拜见姜橚,姜公以朋友之礼相接。

《方苞集》卷十二《吏部侍郎姜公墓表》:"余始见公于督学宛平高公(裔)使院,高以国士遇余,公实启之。及公主试而余适为选首,例执弟子之礼以见,公三辞曰:'此世俗之浅意也。子不见顾泾阳、孙柏潭已事乎?'余对曰:'吾不敢为世俗之所惊也。且始见时,公年长以倍矣!'然公每接余,周旋谈笑,必杂以朋友之礼与辞。"

　　按，雍正十二年《山西通志》卷一百二十八《人物》："姜橚，字仲端，号昆麓，保德州人，祖名武，前后军都督金事，崇祯十五年殉节于朱仙镇之柳树坡。父宗吕，顺治己亥进士。橚中戊午乡试，乙丑成进士，知麻城县，入为行人司行人，选户科给事中，命副己卯江南主考，甫竣事内升鸿胪寺少卿，仍带户科提督两浙学政，擢都察院金都御史，副都御史，寻擢工部右侍郎，转吏部左侍郎，以病卒于官，驰驿归葬。"

始向学使张榕端执弟子礼，谒于澄江使院。

　　张榕端《贺兰雪樵诗集》之《兰樵归田稿》。

　　方苞《兰樵归田稿序》："余以己卯获见磁州公于澄江使院，……是岁秋，余举于乡，始执弟子之礼，谒公于淮阴，时与公共事于河上者，多戚戚嗟嗟，而公莫然有宽容。逾年，役毕召还朝，公遂告归。"（张榕端《贺兰雪樵诗集》卷首）

是时，刻印时文稿，姜橚、张廷枢、李振裕作序。

　　方苞《抗希堂稿》。

　　按，《姜序》："己卯之岁，余与韩城张公知江南乡举，而桐山方生为选首。榜揭之日，其乡人同声快之曰：'自顾泾阳先生举于万历丙子，而其盛再见于斯。'又逾时，生之文出，远近相传，说以谓泾阳先生之文固多可传，而其乡墨，则年少才俊者皆可拟焉，而方君沉浸体郁，深于古人之意，非泾阳所能及也。先是庚午，生尝举为选首，垂得而失之，在事者惜焉。……今生之文一出，而人皆信从，又以数百年而有之人相属，则生具审于所处哉。"

　　《张序》："己卯之岁，余与太原姜公实司省试，首举桐城方子灵皋。灵皋故海内知名士也，种学绩文，历有年所，于六经、庄、屈、班、马、韩、欧之文章靡所不览。时文则自守溪、鹤滩以下，皆能溯源穷流，而一一道其所以然。……灵皋之文，穿穴经

史,综贯百氏杂家,去其疵而取其醇,不袭程、朱、游、杨之说而
吻合其意,高下纵横,沛然而不可御。"

李振裕《白石山房集》卷十五《方灵皋制义序》:"庚午之役
几得矣,而复失之,人皆为方子惜,刻其遗卷,播之海内。方子
曾不以介意,学益勤,文益进。又十年,乃岿然为举首。文出而
天下皆以为然。"

又按,乾隆四十九年《韩城县志》卷六:"张廷枢,字景峰,
参议顾行之子,性敏爽,嘉奖士类,由壬戌进士升授翰林、日讲
官。乙卯,典试江南,其所拔识率多名宿,得人称最盛。嗣任督
学,亦如之。历升刑部尚书,持法平允。有盗仓庾者十数人,已
拟死,枢以例得不死力争之,遂得免。后以事归里。"

**是时,欲请恩师序其文以行于世,至京师而恩师已寝疾,数进
见,未忍言。**

《集外文》卷四《书高素侯先生手札后二则》。

十月三十日,晤王懋竑于宝应乔崇修处。

《王懋竑日记》载本年"十月三十日,方灵皋至,往晤于念
堂处竟日。"

十一月初一日,船过宝应,念及诸友,终夜气结,晨起志之。

《集外文》卷四《书时文稿岁寒章四义后》:"四义向者自写
两通,一言洁阅,一潜虚、诒孙阅,以朱墨别之。言洁阅者,留北
平方允昭所,数年索归,昆山张暗成持去。潜虚、诒孙阅者,内
丘王永斋持去,而允昭、暗成、永斋先后皆奄忽矣!念之终夜气
结,晨起志之。时己卯十一月朔日,船过宝应书。"

十二月十六日,戴名世为先生时文稿作序。

戴名世《方灵皋稿序》:"始灵皋少时,才思横逸,其奇杰卓
荦之气,发扬蹈厉,纵横驰骋,莫可涯涘。已而自谓弗善也,于

是收敛其才气,浚发其心思,一以阐明义理为主,而旁及于人情
物态,雕刻炉锤,穷极幽渺,一时作者未之或及也。盖灵皋自与
余往复讨论,面相质正者且十年。每一篇成,辄举以示余,余为
之点定评论,其稍有不惬于余心,灵皋即自毁其稿。而灵皋尤
爱慕余文,时时循环讽诵,尝举余之所谓妙远不测者,仿佛想象
其意境。……灵皋名故在四方,四方见灵皋之得售而知风气之
将转也,于是莫不购求其文,而灵皋属余为序而行之于世。呜
呼!……己卯年十二月立春后一日,同里戴名世田有书于青溪
之深柳堂。"见《抗希堂稿》,此亦收入《戴名世集》卷三。

厥后,时文多就正于刘捷,此前就正于戴名世。

　　刘师向《方灵皋全稿序》。

是冬,信宿河间令孙维祺署中,值迎春,部民效伎于庭。

　　《方苞集》卷十七《壬子七月示道希》:"己卯之冬,余信宿
河间令孙屺山署中。值迎春,部民效伎于庭。植双竿,系索而
横之。有女子年可十四五,缘竿而升,徐步索上,舞且歌,不侧
不坠。俄设重案,卧而仰其足。众异五钧之瓮,以足承转而运
之如丸。良久,然后众擎而下。"

　　孙维祺,字以介,号起山,庐江人。少聪颖,为文风发泉涌。
康熙辛未成进士,令河间,改涞水。解组归,优游林下,惟以著
书自娱,著有《五经说文》等。参见乾隆元年《江南通志》卷一
百六十七、光绪十一年《庐江县志》卷八。

是冬,王源撰《曹太学传》。先生撰《书曹太学传后》。

　　许承尧《歙事闲谈》卷十四《王昆绳作曹太学传》条载:"《曹
太学传》北平王昆绳撰,汪退谷士鋐书,方望溪苞书后。今藏邓
秋枚家。王传,康熙己卯冬撰。"据此,方文或作于此时。

　　按,曹太学即曹以植,字建甫,安徽歙县人。其孙曹志宏,与

王源颇有交情,因请王源并方苞为文以记之。参见《歈事闲谈》。

是年,戴名世为宋衡时文作序。先生阙如。

戴廷杰《戴名世年谱》。

按《方苞集》卷八《庐江宋氏二贞妇传》,宋衡长子宋嗣炎,娶方苞长女。

是年,刘孟易改葬其父于金陵,请墓志铭,遂为之撰。

《集外文》卷七《明故兵部郎中刘公墓志铭》。

是年,曹寅病愈,父方仲舒馈以鲜鸡,曹寅赋诗为谢。

《楝亭诗钞》卷四《药后除食忌谢方南董馈鲜鸡二品时将有京江之行》:"药饵经冬厌笋蔬,每看良食忆鲭余。耐寒时欲存凫臄,躁扰畴堪议蟹胥。百嗜不如双跗美,频年自愧一坩虚。临阶检点饕恒足,仍欠鸱夷挂属车。"

按,《楝亭集笺注》,标注此诗于康熙三十八年秋末冬初。礼尚往来,曹寅闻方仲舒病欲戒酒,赠二酒杯,并作《二杯铭》:"南董先生弗良于左臂,药石有瘳,自议止酒。既而曰:'孰与我杯,我数而饮之。'偶有二杯,挻埴坚致,大者类豆,小者若卮。二合有溢,不堪上户,呕呼童子,盥涤以献。……予乃为之辞,以毕前说,且佐二杯以质诸南董。"文中"南董先生"即方仲舒。参见《楝亭文钞》。

是年,武英殿大学士李天馥卒,年六十五岁。

韩菼《武英殿大学士兼吏部尚书李文定公天馥墓志铭》。

李天馥,字湘北,河南永城人。先世在明初以军功得世袭庐州卫指挥佥事,家合肥。有族子占永城卫籍,天馥以其籍举乡试。顺治十五年,成进士,选庶吉士,授检讨。二十七年,迁工部尚书。历刑、兵、吏诸部。三十一年,拜武英殿大学士。三十二年,以母忧回籍。三十八年卒,谥文定。子孚青,进士,官编修。父丧归，不复出。参见《清史稿》列传五十四。

　　按，方苞与李天馥父子常有往来，《方苞集》卷八《庐江宋氏二贞妇传》曰："文定先世居永城，寄籍江南。余始至京师，即礼先焉。丹壑亦昵就余，家有庆事，必固请共欢燕。其子女，余皆于姆褓中见之，时贞女尚未生。其后文定薨，丹壑中道脆促，家人还河南，子姓衰微。""余长女许嫁宋学士嵩南长子嗣炎，……学士子二人，次嗣熙，侧室汪氏出也，先嗣炎夭亡。所聘李氏，翰林院编修丹壑之季女、大学士文定公女孙也。"

是年，正月二十一日，康熙帝第三次南巡，四月初十至江宁，以曹寅江宁织造府为行宫，祭奠明太祖陵。命巡抚宋牢、织造曹寅修明太祖陵，为其题匾额：治隆唐宋。二十一日，离开江宁，五月十七日返京。

　　《圣祖实录》《清史编年》。

是年，顾嗣立《昌黎诗集注》成。孔尚任《桃花扇》传奇成。

　　顾嗣立《昌黎诗集注序》。孔尚任《桃花扇本末》。

康熙三十九年庚辰（1700）　三十三岁

正月，以计偕复至京师，转交戴名世致王源信。

　　戴廷杰《戴名世年谱》；马明达《王源年谱》。

是时，闻歙郡同学汪鸿瑞客死。

　　《集外文》卷四《佘西麓文稿序》："又三年至今庚辰正月，余复至京师而汪生以客死，浃旬而先生殁焉。"

　　按，汪鸿瑞为方苞同学，受知于宛平高裔。方苞《吴宥函墓表》回忆生平好友曰："往来江介信余尤笃者，故乡则吴御柳宽、杨周监二，怀宁则潘介幼石，歙县则吴瞻泰东岩，祁门则汪鸿瑞献其,盱眙则李沛霖岱云。"

二月十二日,恩师高裔卒,年四十八岁。众议以墓志相属,遂为之铭。

《方苞集》卷十三《大理卿高公墓碣》:"吾师宛平高公之殁也,以康熙庚辰仲春。余在京师,众议以志铭属余。视丧毕,东归,为铭归公二弟。……公讳裔,字素侯,卒于康熙庚辰二月十有二日,年五十有四。"

按,《集外文》卷七《高素侯先生墓志铭》:"公讳裔,字素侯,生于顺治十年六月二十五日子时,卒于康熙三十九年二月十三日酉时。"若以此文说法为准,则高裔卒年四十八岁。与《大理卿高公墓碣》相矛盾。若以年五十四岁为准,则生于顺治四年(1647)。究竟孰是孰非?参以《高素侯先生四十寿序》,此文明确写于康熙三十一年(1692),若当年四十岁,本年为四十八岁,高裔生于顺治十年(1653)。据此,高裔卒年四十八岁。

又按,《圣祖实录》,本年一月二十九日,高裔由大理寺卿丁父忧,离任守制。

是时,与同学齐方起相见于丧次,相视饮泣而不能语。

《集外文》卷四《佘西麓文稿序》。

是春,芜阴夏虎文过江宁,别时兄方舟赠时文稿一册。

《集外文》卷四《刻百川先生遗文书后》。

按,芜阴即芜湖。

三月二十三日,殿试榜发,先生落第,弟子刘师恕及查嗣琛、魏方泰、韩孝基诸友中进士。

《圣祖实录》《清朝进士题名录》。

按,《清朝进士题名录》,是科一甲一名汪绎,二甲十三名查嗣瑮,三十七名魏嘉谋,三十八名沈近思。三甲一名史贻直,七名徐永宣,六十八名魏方泰,八十九名韩孝基,一百〇八名刘师恕,二百一十八名年羹尧,二百三十九名蔡望。

是时,掌院韩菼数为先生称道魏方泰。诸翰林以韩公故,多索交于先生。

《方苞集》卷十《礼部侍郎魏公墓志铭》:"公姓魏氏,讳方泰,字日乾,江西广昌人也。康熙甲子,举于乡,为选首;庚辰成进士,选庶常。韩公慕庐掌院事,数为余道公学行;时诸翰林以韩公故,多索交于余。间与公相见稠人中,未尝以言语颜色相亲,因是心重公。"

榜发后,诸公齐宿天坛。韩菼后至,自始及终,诵先生文不置。

《子曰知者一章》文后,刘北固记曰:"雄深劲肆,迥拔流俗,千人皆见之文,然闱后或目为一字不通,一时哄然不能辨也。慕庐先生见之,以为真古会元风格,然后众言渐息。"方苞记曰:"韩城先生语余榜揭后,与诸公齐宿天坛。长洲韩公后至,自始见,及竟事,诵余文不置,口太息吁嗟,若忌公子祖昭之遇也,闻者莫不骇然。嗟乎!公之心胸光明纯粹,虽求之古贤中,岂多遘哉?"在《礼部尚书韩公墓表》中,方苞写道:"每闻余下第,必面责主司。"

按,《集外文》卷五《与乔紫渊书》:"仆庚辰试礼部文,有'同功异所',乃《荀子·正名》篇语。而一时哗嚣,谓以虚字断句,如见怪物,不崇朝而遍于都下。足下所目见也。"

是时,在韩菼处结识宋至。

《方苞集》卷十二《宋山言墓表》:"余赴礼部试,始见君于韩公所。韩公宾燕,数与君与焉。君接朋齿,皆肃以和,而于余及武曹尤若所严惮者。"

宋至,字山言,商丘人,吏部尚书荦子。少聪颖能文,登顺天己卯乡荐,癸未成进士,改庶吉士,散馆授编修。辛卯典试贵州,所拔皆名宿。明年,复视学两浙,以公明称。岁试未周,丁外艰,归,卒于家。参见光绪二十八年《河南通志》卷五十八《人物》。

按,《圣祖实录》,康熙三十八年十二月,韩菼由礼部右侍郎为吏部右侍郎。

同时结识德州李柍。

《方望溪遗集》之《李苕斋墓志铭》:"余识君在庚辰之春,一再见,即知君能重名义。时顺天乡试,物议嚣腾,圣祖仁皇帝震怒,下主司于狱。"

李柍,字圣木,李源四子,德州人。康熙三十八年举人,工诗文,倜傥有气节,著《苕斋集》。参见乾隆五十三年《德州志》卷九《人物》。

将归,齐方起以文属序,先生怆恍不能就其词。

《集外文》卷四《佘西麓文稿序》。

南归前,韩菼有诗相赠。

韩菼《有怀堂诗稿》卷五《方灵皋解元落第二首》曰:"南国才名早擅场,情知抱玉剧堪伤。春衫底泥萋萋色,只欠新来时世妆。""著书端合在穷愁,岁岁饥驱也倦游。南面百城门两版,期君小试作三头。"

先生与查慎行、朱悔人、刘大山、魏禹平、钱(名世)亮功、冯(念祖)文子、吴山仑、汪武曹诸子,饮于徐乾学尚书碧山堂。

查慎行《敬业堂诗集》卷二十七《同朱悔人刘大山魏禹平钱亮功冯文子方灵皋吴山仑汪武曹诸子饮徐尚书碧山堂花下分韵得曹字》:"谢公别墅近城濠,载酒曾陪饮兴豪。不料故人还客此，犹能折柬致吾曹。商量未定将归燕，摇落何堪旧种桃。并堕平生知己泪，廿年尘土一青袍。"

乔崇烈有诗相送，并及冯念祖。

乔崇烈《学斋诗集》卷三《送灵皋先归》："如何君亦归，黯然语昏灯。落寞岂所叹，欢颜念难承。前路正茫茫，执言道如绳。朝日虽暂出，浮云亦已腾。嗟我更后归，踟蹰念良朋。何时共秉耒，落日循秋塍。"文后有《南还留别文子》，此诗虽未定作于何时，但据内容及前后文，姑系于此时。

四月，出都，归金陵。

《方苞集》卷十七《兄百川墓志铭》曰："及庚辰四月，余归自京师。"又《集外文》卷七《高素侯先生墓志铭》曰："康熙三十九年春正月，苞以乡贡就试礼部，而吾师宛平高公遘疾危笃，逾月遂不起。毕含敛，浃旬而苞放斥，以事南归。"

南归时，携王源致戴名世信。见二友有隙，勤为劝解。

《居业堂文集》卷七《与戴田有书》。《戴名世年谱》。

王源《与戴田有书》，主要表达复和之意，以消除之前误会。文后，方苞跋曰："田有与或庵交最深，忌者莫能间也，而人之忌或庵者，又且比比，及田有偶为流言所惑，于是萋语四播，几令两人不得全其交，田有已辩其诬，与或庵相好如初，而言者犹不息，殊可叹也。昌黎谓士生今日，而欲道德名誉之彰难矣。此书披沥胸臆，可为交友之鉴，而谤者闻之，亦应退然且返，所谓不恶而严也。"

四月十三日，至宝应，与王懋竑见于乔崇修家。

《王懋竑日记》："正月十七日，开馆。四月十三日，方灵皋至自京师，与四叔父、大哥、五弟同往念堂处谈论，半日而别。"

还金陵，以同门佘华瑞之请，为其文稿作序，并呈齐方起。

《集外文》卷四《佘西麓文稿序》。

四月，戴名世邀先生、朱书、张符骧、朱文镳、江让临登斋饮会。

张符骧《自长吟》卷二《白下同灵皋字绿履安让临集田有寓斋乘月而返用剑南韵》诗曰："覆载亦何宽，不得昂吾首。祖裼与时宜，和风追季柳。苦乏斗卮钱，闲极怜此手。赖有安道贤，常提兄弟酒。招携及所亲，面面皆良友。所言千载上，遂忘卜夜久。相惜千里材，横被贯索朽。翻羡兔儿肥，披云诟月叟。"

按，此诗在戊寅春后，而方苞以庚辰初夏始归旧京，戴名世以五月十八日往游浙江，则诸友会集，当在四五月之间，时"和风追季柳"。

朱绪曾《国朝金陵诗征》："朱文镳，字履安，江宁人。履安与方望溪友善。望溪被逮，入江宁狱，履安左右其间，制府饬与方往来者籍之，履安不为止。或云履安亦被逮。履安妻王氏，因惊悸卒。方望溪集中有《履安墓表》《王氏墓志》，称履安慎威仪，有法度，行身力学，能自刻苦，父母衰老，尤自力于子道，王氏亦贤淑云。"并收录其诗一首《放歌》。

是时，友人张符骧诗文集再刻，内有方苞、戴名世、朱书、宣左人、孙勷、何焯、黄昆圃、白楚唯诸友评点。

朱书《依归草序》。

按，《依归草》卷八《卢恒斋先生墓志铭》，方苞评曰："六一之回翔，佐以昌黎之奇崛，正使嗜淡者咀其至味，阅险者猎其皮毛，弇州但推熙甫志文，实则铭词何尝不古。"

又按，嘉庆十五年《重修扬州府志》卷五十一《人物·文苑六》："张符骧，字良御，泰州人，父世爵，值岁祲赈粥，修学宫，除三十六家保正。符骧中康熙六十年进士，官庶吉士，少承家学,著有《自长吟诗集》《依归草》《文集》。与陈大始等论性理,反复辨难,多前儒所未发。"

五月,乔崇修至江宁,访先生于乌龙潭,次日同游秦淮河,看灯船。

吉林省博物院藏《清代名人书法扇面集》。

按,《方苞楷书论学二则扇面》,乔崇修题记曰:"生平交游无不作古人者,唯灵皋尚在。夏五月望后至江宁,访伊于乌龙潭,次日邀余至秦淮桥,看灯船,意兴甚佳。渠长余一岁,然神明似少悠矣。与前数幅同日书。"

五月,好友朱书与友人龚缨、朱文镳同游乌龙潭。

朱书《同龚孝水履安弟闲步乌龙潭上》诗曰:"幽潭古城西,乱山斜不整。纯浸靴纹中,水香荷气永。乌龙去何处?白鸥没波影。浦麦穗离离,岸林窗冏冏。天地自枯槁,丘壑得箕颍。我友道心深,我弟俗累屏。何当把碧来,生事寄笭箐。"见《杜溪诗稿》卷一。依诗集次序,当作于庚辰。诗中有"水香荷气永""浦麦穗离离"二句,故系于仲夏。

按,方苞住清凉山乌龙潭畔,好友并至,以情理推之,方苞应同往。

七月,兄方舟自皖江归,旧疾渐已。

《方苞集》卷十七《兄百川墓志铭》:"及庚辰四月,余归自京师。七月,兄归自皖江而疾遂笃。"《集外文》卷五《与慕庐先生书》:"私心自喜:以为兄疾不至大困,而借兄之疾以羁系此身,旬岁中可以并依庭闱,从容食息,以安神形……不意逾月而臻,逾岁而极,而兄弟之分,遂止于斯也。"

兄之疾也,鸡初鸣,先生起治药物。妻欲代,不可,必相佐。辗转达曙,数月如一日也。

《方苞集》卷十七《亡妻蔡氏哀辞》。

八月,客广陵,乔崇修以扇嘱书,先生述薛瑄论学二则。

吉林省博物院藏《清代名人书法扇面集》。

按,《方苞楷书论学二则扇面》,纸本,以楷书书写明代薛瑄论学二则,其跋文云:"为学最要务实,知一理则行一理,知一事则行一事,自然事与理相安,无虚应不切之患。""读书以防检此心,犹服药以消磨此病,病虽未除,常使药力胜则病自衰;心虽未定,常得书味深则心自熟,久则衰者尽而熟者化矣。"款署:"庚辰秋八月,介夫同学兄以扇属书,偶述薛河东论学二则,时客广陵,望溪弟方苞。"钤"方苞"朱文印、"灵皋"白文印各一,引首钤"恭承古人意"白文印一枚。

又按,跋文录自薛瑄《读书录》卷三。薛瑄,山西河津人,字德温。永乐进士,官至礼部侍郎。著有《薛文清集》《读书录》等,学宗程朱,从祀孔庙。

十月十日,在金陵,父方仲舒与友人结皓社,并作《皓社吟》。

朱绪曾《国朝金陵诗征》卷六著录方仲舒诗《皓社吟》:"四十年前友,晴冬集小堂。闲将羁旅迹,一助笑谈场。轩冕归空幻,尊罍属老苍。聚离休慨叹,天地总他乡。"诗其小序曰:"赵苍真、陈寄园、汪摄山,皆四十余年交也。余与寄园忽忽老牖下,而苍真、摄山则足遍禹迹。今先后归里门,寄园置酒为欢,宾主四人名曰皓社,各赋诗以纪之,时庚辰十月十日。"

按,《方苞集》卷十八《记梦》曾提及方仲舒几位老友:"陈先生名书,汪丈名泳思,杨君名修,与王先生皆金陵人。杜公兄弟为黄冈人。"

是年,应乡试座师姜橚之请,为其父撰《琅屿姜公传》。

乾隆五十年《保德州志》卷十《艺文上》。

按,"琅屿姜公"即姜宗吕,字琅屿,山西保德人,顺治十六年进士，康熙八年授潍县知县，未赴任卒于家。其父姜名武，字我扬，天启二年科举武举人，授大同威远守备，累迁通州副总兵。崇祯十五年，随杨文岳援开封，与李自成军激战，不屈而死，赠特进荣禄大夫、右都督，民间又称戊戌太岁。姜名武有四子：宗吕、祚吕、师吕、述吕，姜宗吕有三子：枏、橚、榛。姜橚，康熙二十四年进士，康熙三十八年为江南乡试副考官，官至吏部左侍郎。参见《保德州志》。

又按，此文未定作于何时，从人物交往来看，康熙三十八年姜橚为江南乡试副考官，方苞中解元，康熙四十三年姜橚去世，故此文应作于康熙三十八年（1699）与四十三年（1704）之间。又，姜橚亦请万斯同（1638—1702）、王源（1648—1710）为其祖姜名武作传，万斯同、王源皆方苞好友，他们或在相近时间接受姜橚之请，姑系此文于康熙三十九年（1700）前后。

是年，念此前常在外，先生誓不更违二亲远游。

《方苞集》卷十七《台拱冈墓碣》："苞与兄舟客燕、齐，历岁移时，不得一归省，归则计日以行。至庚辰，誓不更违二亲远游，而逾年兄又死。"

是年，戴名世为方仲舒诗集作序，称赞其诗及二子之文。

戴廷杰《戴名世年谱》。

按，《戴名世集》卷二《方逸巢先生诗序》曰："逸巢方先生有二才子，曰舟，曰苞，皆工为文章，一落笔辄名天下，而先生工为有韵之言，跌宕淋漓，雄浑悲壮，有古诗人之风。人皆谓方氏父子或工于文，或工于诗，各据其胜而不能相通，此其说非也。"

又按，方仲舒诗今存达四十首，分别见于邓汉仪《诗观》二集卷四、朱绪曾《国朝金陵诗征》卷六、《桐旧集》卷二。

是年，友人慈溪姜宸英卒于狱中，年七十三岁。

冯梦颛《姜西溟先生年谱》。

按,《圣祖实录》,本年十一月初三日,江南道御史鹿佑疏参顺天乡试正副考官修撰李蟠、编修姜宸英等乡试有玷,谕令严加议处。姜宸英挂吏议而死于狱中,方苞《姜西溟遗言》记其事:"己卯,主顺天乡试,以目昏不能视,为同官所欺,挂吏议,遂发愤死刑部狱中。"(刘岩《大山诗集》为此赋诗)全祖望《鲒崎亭集》卷十六《翰林院编修姜先生宸英墓表》曰:"乃甫二年,而以己卯试事,同官不饬簠簋,牵连下吏,满朝臣僚皆知先生之无罪。顾以其事泾渭各具,当自白,而不意先生遽病死。"《清史列传》卷七十一《文苑传二》记载尤详:"三十八年充顺天乡试副考官,比揭榜,御史鹿佑以物纷纷,劾奏,命勘问,并覆试举子于内廷。上谕:'诸生俱各成卷,尚属可矜,落第怨谤,势所必有,焉能杜绝?只黜数人,余仍令会试。'正考官李蟠遣戍,宸英坐蟠系狱未白,病卒,年七十二。"

是年,友人新安吴苑卒于家,年六十三岁。

潘耒《中大夫国子监祭酒吴君神道碑》、金德嘉《祭酒吴公家传》。参见乾隆三十七年吴光国编《吴氏家传》。

按,方苞初入京,吴苑颇为器重。吴苑二子吴瞻泰(东岩)、吴瞻淇与方苞常相往来,吴苑之孙吴中衡亦从方苞游,两家可谓世交。

是年,永宁于成龙病故。钱塘陈兆仑生。

《圣祖实录》。陈玉绳《陈句山年谱》。

康熙四十年辛巳(1701)　三十四岁

正月下旬,大名成文昭冒雪过访,留饮话旧。

成文昭《谟觞诗集》（康熙刻增修本）之《东吴万里集》之
《冒雪访灵皋留饮话旧》："过江访名流，长衢砲春雪。荦确双
屐鸣，洒裘见飘撇。芜城记识君，怀抱为君竭。淮阴复判袂，离
怀剧纷折。日月忽不居，三年忧惙惙。鱼素一再通，慰寄亦更
迭。岁寒一寸心，相期无作辍。我泛楚江来，相思肠百结。今
日叩君门，拜君谢久别。隔牗竹风惊，排檐冰溜咽。围炉话一
灯，佳吐霏如屑。桐城戴褐夫，笔如剑砥锷。洒洒千万言，才大
罔羁缚。怀宁刘古塘，五字妙绰约。陶镕汉魏间，峻洁不尔弱。
君尝评两君，爱其态磅礴。无意附时贤，有眼到古作。充其笔
所至，直欲无空阔。鲰生抱痂癖，枯吟穷鏧凿。摘辞乏精英，冥
搜滞糟粕。自顾意不强，足供人嗢噱。君独谓不然，试学二子
学。胡不读离骚，三百再咀嚼。排纂入贴妥，纤艳归淡泊。我
初不子欺，子无宿我诺。人生几合并，难可预期拟。龚君主我
久，怀友念乡里。花晨及月夕，有叹不容已。予时勉慰之，君归
日可俟。君归定念我，与今念友似。我安得好怀，二友梦寐里。
言之大笑乐，星霜速以驶。我忽来江南，对君念龚子。龚君念
二友，此日增愁垒。我将归对龚，语此还思尔。君宁置二友，相
思复谋始。山水自高长，梦魂还尺咫。人生几合并，天风蓬
蓬耳。"

成文昭，字周卜，号过村，又号钝农，大名人，成克巩曾孙，
嗜好殊俗，性喜读书、渔猎。新城王士禛、德州田雯、商丘宋荦，
皆国士遇之。后以主事注籍铨曹，未及官而卒，年三十七岁。
有《谟觞诗集》行世。参见咸丰三年、民国二十三年《大名府
志》。

据，成文昭《谟觞诗集》之《东吴万里集》之时序，元日在溪
口，七日游石钟山，十四日将至皖城，寻经桐城，过合肥而抵白

下,时为正月下旬。由诗观之,方苞与成文昭,初识于芜城(广陵),再晤于淮阴,三见于白下。康熙三十七年,张榕端招方苞至学使院中,而成文昭为张榕端姻亲,二人当于此相见。结合诗中"日月忽不居,三年忪惙惙"之句,二人三见应于本年。

正月十五日,母吴孺人行年六十,朱书代某为寿序。

朱书《杜溪文稿》卷二《方母吴太君寿序(代)》。

按,此文见于《朱书全集》之《杜溪文稿》卷二。朱书所代者,不知何人,然据朱书文,其为闽人。

又按,陈鹏年《道荣堂文集》卷六《方逸巢先生继室吴孺人墓碣》云:"孺人生于崇祯十五年正月十五日,卒于大清康熙五十四年十二月初九日。"崇祯十五年后六十载,即康熙四十年也,故系于此。

又按,朱书此文,不仅祝寿,还交代了方苞父母结合之史实:"太君莆田吴素求先生之子,……素求占籍顺天,为御史曹公秋岳选拔士,以贡授光州牧,迁绍兴丞,清执忤上官,罢去,侨居六合。方氏故江上大族,世以科名、功业、文学闻天下。逸巢才美而识旷,独以变乱之后,□然于当世之荣,不肯求试有司,落落少有合者。素求游金陵,见其文于族祖盦山先生所,悦甚,以为近于古之作者,介盦山招之于家,以太君妻之。"

四月,为弟方林卜地于泉井。

《方苞集》卷十七《兄百川墓志铭》:"辛巳四月,余为弟卜地于泉井,梦土人云:'伯夷今葬是。'"

是秋,朱书自京师至白门,先生见其文稿,叹而骇之,复劝其重应有司之举。

《集外文》卷四《朱字绿文稿序》:"又其后辛巳,字绿来白门,其所著书,已数十万言。余始见之甚喜,继复大骇,久而惭且惧也。字绿曰：'子毋然！物之至者不两能。吾时文之学，亦不逮子。'余曰：'是所谓家有琬琰，而羡人之瓦缶以为富者也。且子独不屑为此，子为之，亦当胜余。'时字绿弃时文而不应有司之举者已数年。或劝其入京师，就决于余。余曰：'子之学成矣，而力有余，虽复为此无害。吾门祚衰薄，而家事多累。子昔曰我当出而子处，今子当出而我处。'因举字绿前所以语余者，以属字绿；而字绿北行，果逾年而成进士。"

十月，兄方舟疾困。先生偶以事出，归来见炉灰满盈，乃锦筐中文也。

《集外文》卷四《刻百川先生遗文书后》。

方舟病中，张彝叹、刘古塘二友至，辄怡然终日。

《集外文》卷四《张彝叹稿序》："独辛巳岁，先兄与余家居，而古塘归自楚中，彝叹亦以事数至金陵。时先兄已负疲疴，独二子至，辄据几谈笑，怡然终日。"

十月二十一日，兄方舟卒，年三十七岁。

《方苞集》卷十七《兄百川墓志铭》；《集外文》卷五《与慕庐先生书》。

按，《方氏家谱》："舟，讳仲舒长子，字百川，号锦帆。上元县学廪贡生，赠承德郎。生康熙乙巳九月十八日，卒康熙辛巳十月二十一日。葬江宁县建业三图沙场村龙塘，辰山戌向兼巽乾三分，与弟苞、林合墓。配江宁张氏赠安人，生康熙戊申十一月二十九日，卒雍正丁未十二月十二日。葬江宁县太南乡四图石潭菖蒲山，戌山辰向兼辛乙三分，与夫弟苞之元配蔡夫人合墓。二子：道希、道永。一女适宝应乔肃。"

又按，乔肃，字敬哉，号休原，江南宝应人，乔崇修第二子。雍正四年三十二岁卒，岁贡生，凤台县训导，有《春风第一山堂诗集》。参见乔亿《燕石碎编》、沈德潜《国朝诗别裁集》卷二十八、《江苏诗征》卷三十八。

兄卒之前,知其妻孕,与弟曰:"异日汝子与吾子,相视如同生。"并遗命:吾兄弟三人,必同一丘,不得以妻附。

《方苞集》卷十七《己亥四月示道希兄弟》。

卒之夕,强言笑,阴戒弟奉二亲就寝,曰:"命尽矣!恐记吾音容,异日常炯然于寝寐也。"妻子环而哭之,喻使退,曰:"君子以斋终,吾独宜死弟手。"

陈鹏年《道荣堂文集》卷六《方百川先生墓碣》。

兄之卒,先生执丧,过期不复寝,父教以礼。

方道希《丧礼或问跋》:"三叔父之丧,叔父以故缺于礼,常自恨。先君子殁,过期不复寝,大父曰:'亲亲有杀,与父在为母无别矣。'叔父自是殚心于所以制礼之义,有得则以教希兄弟。"

为兄方舟向韩菼请铭,韩菼称方舟,于三百年作者之外自成一家。

《集外文》卷五《与慕庐先生书》。

按,韩菼《有怀堂文稿》并无方百川墓志铭,仅有《方百川文序》。乾隆元年《江南通志》卷一百六十七《人物志·文苑》:"韩菼见而叹曰:'此于三百年作者之外,自成一家者也。'序而行之。国朝以诸生之文而横被六合者,独舟与金坛王汝骧耳。"

好友陈鹏年、李塨表方舟之墓,伍涵芬作挽诗六首。

陈鹏年《道荣堂文集》卷六《方百川先生墓碣》:"自用时文举甲乙科,以诸生之文而为海内所诵法、人知其名、家有其书者,惟桐城方百川先生。"

乾隆元年《江南通志》卷一百六十七《人物志》:"北平李塨表其墓曰:'孝友江乡之望,文章海内之师。'"

伍涵芬《说诗乐趣》卷二十附《偶咏草续集》之《挽上元亡友方百川绝句六首》曰:"人间谁不识机云,比翼齐飞两压群。正羡一庭三乐足,雁行忽断可怜君。""大江南北谁同调,首数君家弟与兄。拍案□天天莫解,当年何事有君生?""每读君文辗转疑,雕镂八面总灵奇。果然呕出心头血,也为庸夫不尽知。""文可惊天气焰多,有文无命奈如何。于今不是论文日,怪尔生平贱祝鮀。""著书每不落言诠,半是禅来半是仙。文到太高鬼亦妒,莫疑才子少天年。""腹饱文章死亦荣,云霞五色焕坟茔。精神原自留天地,泉井山空皓月明。"诗后,刘捷评之曰:"淋漓悲痛如此,乃见生死交情。"

十二月,戴名世在兰溪,闻方舟之丧,为之大恸。

戴廷杰《戴名世年谱》。

先生遍索先兄遗文,于生徒朋游间。方舟遗文,约于是时刻印。

《集外文》卷四《刻百川先生遗文书后》:"自先兄之殁,四方同学愈思见其遗文,遍索于生徒朋游,仅得二十篇,因与前集并刊布焉。盖时文虽先兄所不好,而其发之必有为,所谓充于中而不可以已者,亦于是可见矣。""癸酉,余客京师,先兄邮寄十余篇相示,内丘王君永斋持去。侄道希云:'庚辰春,芜阴夏君虎文相过,别时手一册与之。'今二君皆殁,其子弟若能求索得之以暴于世,不独先兄之心神赖以不泯,亦可以见其父之能知言而取友也。"

方舟时文,存世六十八篇,康熙三十四年之前刊行《自知集》。方舟卒后,方苞将其《络纬赋》《拟南楼燕集序》《广师说》三篇及《方椒涂遗文》附录其后,以《百川先生遗文》重新刊行。今存方舟时文稿,有多种版本,一为韩菼评选《重订方百川全稿》。二为方观承辑评《方百川经义》。三为方苞三兄弟时文合集刊本,称《桐城方氏时文全稿三种》,包含方舟、方苞、方林三兄弟时文,存世版本较多。此外,尚有方苞、方舟、方楘如三人合集,即《三方合稿》,星江胡韫川选评,三友山房版,藏广西壮族自治区图书馆。

韩菼、戴名世、方楘如诸师友为方舟遗文序,皆以二方并称。

韩菼《有怀堂文稿》卷五《方百川文序》:"既灵皋来见,言实师事其兄百川,而学为文有年矣。因出百川文示余,镕经液史,纵横贯串,而造微入细,无一句字不归于谨。而灵皋意度波澜之所以然,皆所自出,不诬也。……余谓百川之文故佳,然有所以佳者,在诸君子书簏中耳。大抵胸中破有万卷,何必百川,可自寻讨也。灵皋之文,何尝道阿兄一句? 善学百川者,如其弟焉可矣。"

《戴名世集》卷三《方百川稿序》:"灵皋之文,雄浑奇杰,使千人皆废。而百川之文,含毫渺然,其旨隽永深秀。两人皆原本于《左》、《史》、欧、曾,而其所造之境诣则各不相同也。灵皋客游四方,其文多流传人间;百川闭户穷居,深自晦匿,世鲜有见其文者,要其文淡简,亦非凡近之所能识,以故百川声称寂寞,甚于灵皋。……余自从事于文章,举世不以为工,独二方子环堵一室,相与咨嗟吟诵,人皆笑之。今又以序方子之文也,适增其笑而已矣。他日归,当尽取百川之文,次第排纂为阐发其波澜意度所以然者,且刊以出之于世,而今为聊且书其梗概如此。"

方楘如《集虚斋学古文》卷七《百川先生遗文序》:"独百川与弟灵皋两先生文一出,而无有远近,人无知与不知,望影藉响,敛衽赞述,其有评为跨两代孤出者,吾私独喜。……百川著有《广师说》及《络纬赋》,皆直造古人,计其他致可传述者,必尚多有,然世不传。"

方粲如,字文辀,一字朴山,淳安人。康熙乙酉中举,丙戌成进士,选授顺天丰润知县。历官三年,旋以烧锅失察去官。家居力学,教授自给,主讲敷文、蕺山、紫阳各书院。乾隆丙辰,荐举博学鸿词,以部驳不与试。丁巳召修《三礼》,辞不就。著有《集虚斋学古文》十二卷。参见光绪十年《淳安县志》卷十。

是年,学使张榕端以归田诗嘱序,遂为之作。

方苞《兰樵归田稿序》,未收入今存方苞诗文集,而见于张榕端《贺兰雪樵诗集》之《兰樵归田稿》卷首。

按,方苞乡试中举时,张榕端恰为江南学政,故方苞亦其门下士。《方苞集》收录张榕端家族相关文章多篇。《兰樵归田稿序》开篇称"余以己卯获见磁州公于澄江使院",文中又言"是岁秋,余举于乡……逾年……又逾年",由此推断,此文作于本年。

按,《四库全书总目》卷一百八十三著录《兰樵归田稿》一卷,论曰:"皆康熙甲申以后,致仕归里之作,其诗直抒胸臆,多入香山一派。盖老境优游,颓然自放,不复以文字为意矣。"

辛巳、壬午间,过武商平,其子武洙常偕群儿喧聒左右。少长,抱书从父常至先生家。

《方苞集》卷十六《武季子哀辞》。

按,武文衡,字商平,明赠太仆卿曗之裔也。岁贡生,内行修洁,孝养亲无违志。文衡性耿介,非义不取,课徒甚众,岁入不过三十金,坐是困甚,有子将取而夭,其妇誓死归夫家。与方舟交,发愤于经史,近六十益刻苦,昼夜不休,后丁父忧。参见光绪十五年《溧水县志》卷十二《人物》。

是年之前,置圩田二百亩于高淳县,山田百五十余亩于江宁县。

《方望溪遗集》之《与德济斋书》:"先君子每抚心泣血,命苞兄弟他年必置祭田。先兄早世,苞置圩田二百亩于高淳县,山田百五十余亩于江宁县,皆在康熙辛巳以前。"

是年,宋儒邵雍与周、程、张、朱五子同功,五子俱有世袭博士,谕令查邵雍嫡派子孙,授为世袭博士,以承祀典。

《圣祖实录》。

是年,父方仲舒有《卦初草》。朱彝尊《经义考》三百卷成。全椒吴敬梓生。

《集外文》卷四《跋先君子遗诗》。毛奇龄《经义考序》。程晋芳《勉行堂文集》卷六《文木先生传》。

康熙四十一年壬午(1702)　三十五岁

正月二十日,长子方道章生。

《方氏家谱》:"道章,讳苞长子,字用阁,号定思。由太学生中雍正壬子顺天乡试第四十一名举人,拣选知县。生康熙壬午正月二十日。"

按,《方苞集》卷十七《己亥四月示道希兄弟》:"道章之生也,后先兄之卒凡五月,先兄犹及知其孕也。"此处所记有偏差,方舟乃去年十月卒。

三月十六日,迁弟枢与兄并葬泉井村之西原。

《方苞集》卷十七《兄百川墓志铭》《弟椒涂墓志铭》《嫂张氏墓志铭》。

　　按,《弟椒涂墓志铭》《嫂张氏墓志铭》皆云,葬弟于泉井之西原。而《兄百川墓志铭》则云"北原",今从"西原"之说。

四月初八日,鄞县万斯同卒于京邸,年六十五岁。

　　《碑传集》卷一百三十一黄百家《万季野先生斯同墓志铭》;《石园文集》卷首刘坊《万季野先生行状》;杨无咎《万季野先生墓志铭》;全祖望《万贞先生传》;《方苞集》卷十二《万季野墓表》。

　　按,方苞与万斯同关系,在师友之间。万斯同对方苞影响,主要有两点:一为方苞辍古文之学而求经义,自万斯同始。二为万斯同传义法于方苞。《万季野墓表》:"余辍古文之学而求经义自此始。""子诚欲以古文为事,则愿一意于斯,就吾所述,约以义法而经纬其文,他日书成,记其后曰:'此四明万氏所草创也。'则吾死不恨矣。"万斯同对方苞古文颇为推崇,如评《书删定荀子后》:"此等文,实可肩随退之。"《书考定仪礼丧服后》:"宣昭物则警发人心,散儒著经解一部,未若此一篇有功于道教。"《书周官大司马四时田法后》:"不惟灼见制作精意,用此知圣人之文简而该显而奥,非左、马所能窥寻。"(见初刊本)方苞对万斯同亦颇为尊重,云:"万先生真古人。予所见前辈谆谆教人为有用之学者,惟万先生耳。"(全祖望《万贞先生传》)

六月,与伍涵芬、戴名世、徐时盛、汪正钧雅集一枝阁。

　　伍涵芬《说诗乐趣》卷二十附《偶咏草续集》之《壬午暑月肄业长干时偕戴田有方灵皋徐子璲行甫伯成汪鸣韶纳凉一枝阁为咏绝句二首志一时聚会之乐》:"一枝深处绿阴迷,日坐清风啸咏齐。惹得黄鹂相熟识,每来故作巧声啼。""招提最小踞层栏,藏在旃檀暑亦寒。清趣偏宜令岁好,德星恰恰聚长干。"

按，戴名世跋伍涵芬诗曰："余寓秦淮，素心之友，惟芝轩、子璇、行甫、灵皋，然皆饥驱，糊口远方，不能常常合并。先是余在浙中，念此数人，不知踪迹何在。今年春三月，自浙归，避尘事，读书长干。而芝轩先携其弟子汪君鸣韶，读书于此。子璇寓舍亦相去咫尺，大喜过望。行甫远客徐州，五月亦携其弟子徐君伯成来此。更出意外，灵皋时时相过从，共论文啜茗于老树之下。人生聚散，未可预期，诚何尝之有耶？"

徐时盛，字文虎，一字泰初，来安人。康熙三十七年，拔贡。尤工于诗词，居金陵。著有《篆步集》，为汪琬序；又作《冠芳斋时艺》，黄越作序。一女，归方苞。长子孝常，乾隆己未进士，入庶常馆，累官主事。参见《金陵通传》卷二十三、《国朝金陵诗征》卷八、道光十年《来安县志》卷十一。

是夏，母肝疾骤剧，烦瞆不可过，先生命妻诵小说以遣之。

《方苞集》卷十七《亡妻蔡氏哀辞》："壬午夏，吾母肝疾骤剧，正昼烦瞆不可过，命妻诵稗官小说以遣之。时妻方娠，往往气促不能任其词。余戒以少休，妻曰：'苟可移大人之意，吾敢惜力耶！'"

七月，至西湖，遇美姝动念，自讼不已。

李塨《恕谷后集》卷三《甲午如京记事》："灵皋问过，曰：'苞居先兄丧，逾九月，至西湖，蓦遇美姝动念；先君逝，歠粥几殆，母命食牛肉数片。期后，欲心时发。及被逮，则此心顿息矣。何予之亲父兄不如遭患难也？禽兽哉？'予曰：'自讼甚善。'"

按，方苞兄百川去年十月卒，到今年七月，正好九月。文中"西湖"所指何地，待考。

八月，张自超乡试中举，先生与刘古塘总其文百篇，刊布并

撰序。

《集外文》卷四《张彝叹稿序》："今年秋，彝叹举于乡，总其所为文数百篇，使余与古塘决择而刊布之。古塘欲独存其近岁淡朴深老者六七十篇，而余虑肤于学者不能知也，欲兼存其少作以诱进蒙者，而古塘持之。惜乎吾兄亡而无所取正也。余心气败伤，家事纷扰，竟未得备睹其文，而为之决择，聊为序其大意如此。其取舍评论，则多出于古塘云。"

按，《江南通志》卷一百三十三《选举志》，本年乡试，南榜王式丹中第六名，张自超中第三十三名。北榜宿松朱书、长洲何焯、无锡嵇曾筠、歙县曹志宏等中举。王懋竑报罢。曹志宏即方苞好友曹晋袁，见《歙县志》卷四《选举志》；程襄龙《澄潭山房存稿》卷一《代郡守为中翰曹君传》。

是秋，撰《子贡问曰于人》及《溥博渊泉二节》，念及王汝骧之教。

《子贡问曰于人》文后，方苞自记："金坛王云劢曾语予：'君文不患不高，不患不深，而患不细，吾所以胜君独此耳。'壬午秋偶作此并《溥博渊泉二节》文，握管时颇体认云劢所以教我者，不识云劢见之，以为合否也。"见《抗希堂稿》。

按，王云劢即王汝骧，字耘渠，金坛人。少孤而贫，弱冠通诸经，年十七补弟子员，二十五选贡，诗古文皆清微刻露，制义尤苦心孤诣，为时人所推。壬午出任川蜀新津知县，五年多善政，旋以事忤上官罢归。老而益困，遂掌院教于楚、于豫、于秦。所著有《炳烛集》《墙东草堂文集》。参见乾隆元年《江南通志》卷一百六十六《人物志·文苑》、光绪十一年《金坛县志》卷九《文学》。

《四库全书总目》卷一百八十五著录《王巳山文集》曰："金

坛王氏以'八比'称于世者凡六人,所谓'王氏六子'是也。六子之中,汝骧及步青名尤著。汝骧文神思澹远,取径单微;步青则法律严谨,不失尺寸,在近时号为正宗,于古文则余力及之,非所专门也。"沈德潜《国朝诗别裁集》卷二十五,论曰:"云衢丈制义宗工,中岁为诗,不落宋、元气习,古体尤上,处人不知为诗人,以文名掩也。"翁方纲《跋王若林自书耘渠续稿序》,称王汝骧时文有稍越乎望溪者:"若耘渠之时艺,虽不能越出古人,而视方先生之为《曾祠碑记》,岂不尚稍愈乎?"

又按,王汝骧族侄王步青,王步青族侄王澍,皆方苞之友。对于王汝骧仕进,方苞感叹曰:"科目中无云衢而世竞贵科目何也?云衢之以铨调进也。"(储大文《存研楼二集》卷八《王汉阶时文序》)方苞编纂《钦定四书文》选录王汝骧四书文多篇,如《师冕见一节》,论曰:"次第起伏照应,似欧阳氏学《史记》之文,记事体之正轨也。"《诗曰妻子好合二节》,论曰:"相题甚切,气息甚微,隆、万人难其浑古,启、祯人逊其周密。"《圣人百世之师也》,评曰:"一语函盖通章,实际全在下文,写来偏自俯仰淋漓。正希之傲岸与大士之敏异,盖兼得之。中股两叠句'乎'字,兼露'况'字,在文势不得不尔,意义实未尝侵下也。"**是秋,题跋先叔祖方以智《截断红尘图》,并引江子长语,称方以智为"四真子":真孝子、真忠臣、真才子、真佛祖。**

方苞题跋,未收入今存方苞诗文集,其文曰:"先叔祖文忠公,讳以智,字密之,号曼公,前明崇祯庚辰进士。弱冠负盛名,与云间陈子龙投分最久,复社诸公皆以声气名节相推尚。释褐时,贞述公抚楚,忤时相,被逮下狱,具疏请代。上称其孝,冤明白。甲申南奔,仇憝柄国,遂流离岭表,出世外。尝被絷,环以白刃,终不屈。晚乃遁迹匡庐、青原间,从游士称无可大师,更号药地。迭逢患难，谈笑自如。卒于万安，归葬浮渡。所著有《通雅》《炮庄》《物理小识》《鼎薪》《浮山》诗文集数十种行世。谥文忠。江子长先生尝称为'四真子'云，盖谓真孝子、真忠臣、真才子、真佛祖也。此幅乃为摄山中峰张白云先生作也，笔墨高古绝伦，藏之名山，得垂不朽，亦幸矣哉。康熙壬午秋日，族孙苞谨识。"

按，方以智《截断红尘图》，为浅绛纸本立轴，59×33.5cm，方以智款识曰："截断红尘十万寻，冲开碧落松千尺。特地为中峰拈出，拈个什么？可惜！可惜！无可道人。"此画收入《至乐楼所藏明遗民书画》。饶宗颐在画册《前言》曾考证："方苞跋语所谓'白云即张怡，字瑶星，张大风即其仲也。怡与程端伯书尝言及《白云砦图》事迹。望溪集卷八有《白云先生传》。怡有《卜操作数》题王子京（遂）画，见《全清词钞》。'"余英时《方以智晚节考》亦提及方苞此文，并以方苞与方以智家族亲近关系，来辅证"方以智病死说"之不可信。任道斌《方以智年谱》也提及此篇，认为方苞"年青时颇具反清思想"。

又按，安徽博物院亦藏有一幅方以智《疏树古亭图》，与《截断红尘图》颇为相似，但图中未见方苞跋语。两幅图真伪，虽然后世有研究者考证，但皆缺少令人信服之证据，有待进一步研究。

是冬，戴名世归隐桐城南山，弟子刻其古文为《南山集》，先生与朱书等作序，尤云鹗跋之。先生序冠其端。

戴廷杰《戴名世年谱》。

方苞《南山集偶钞序》："壬午之冬，吾友褐夫卜宅于桐之南山而归隐焉，从游之士刻其所为古文适成，因名曰《南山集》。其文多未归时所作，而以兹所居名焉，著其志也。余自有知识,所见闻当世之士,学成而并于古人者,无有也。其才之可拔以进于古者,仅得数人,而莫先于褐夫。始相见京师,语余曰:"吾非役役于是而求以有得于时也。吾胸中有书数百卷,其出也自忖将有异于人人,非屏居深山,足衣食,使身一无所累而一其志于斯,未能诱而出之也。"其后各奔走四方,历岁逾时,相见必以是为忧,余亦代为忧。而自辛未迄今十余年,而莫遂其所求。吾闻古之著书者必以穷愁,然其所谓穷愁者,或嘉遁不出,仕宦而中跌,名尊身泰,一无所累其心,故得从容著书以自适也。自科举之法行,年二十而不得与于诸生之列,则里正得而役之,乡里之吏鞭笞行焉。又非贵游素封之家,则所以养父母畜妻子者,常取足于佣书授经,窘若囚拘,终身而不息,尚何暇学古人之学而冀其成耶?故士穷愁则必不能著书。其事若与古异,而以理推之,则固无足怪也。褐夫少以时文发名于远近,凡所作,贾人随购而刊之,故天下皆称褐夫之时文,而不知此非褐夫之文也。其载笔墨以游四方,喜述旧闻,记山水之胜,而以传志序说请者,亦时时应焉,故世复称其古文,是集所载是也,而亦非褐夫之文也。褐夫之文,盖至今藏其胸中而未得一出焉。夫立言者,不朽之末也,而其道尤难。书传所记,立功名,守节义,与夫成忠孝而死者,代数十百人,而卓然自名一家之言,自周秦以来,可指数也。岂非其事独希,故造物者或靳其才,或艰其遇,而使皆不得以有成耶?褐夫之年长矣,其胸中之书,继自今而不出,则时不赡矣。必待身之一无所累而为之,则果有其时耶?故余序是集,而为褐夫忧者倍切焉。因发其所以,使览者知褐夫之志,而褐夫亦时自警以亟成其所志也。同学方苞书。"(《南山集》卷首)

按,《戴名世年谱》,据戴廷杰考证,《南山集偶钞》另有删本,曰《崧山集》,题为方苞、朱书所校阅。卷首有方苞、朱书二序。目录首题"崧山集",次"桐城戴名世田友著",次"同邑方苞灵皋校",次"宿松朱书字绿阅"。

又按,尤云鹗,字凌霄,直隶宛平人,与兄尤云鹏寄居金陵,从学戴名世。尤云鹏娶江宁蔡氏,为方苞僚婿。见熊宝泰《谒方灵皋先生祠堂记》。

是年,为好友张自超之母七十寿序。

《方苞集》卷七《张母吴孺人七十寿序》:"张君自超,余所兄事也。太夫人七十,命予以文。"《方苞集》卷十六《祭张母吴夫人文》:"呜呼! 夫人之年七十有一,又得良子以养生送死,抑又何悲?……今年春,自超成进士。"据此,张母七十是去世前一年,即本年。

是年,宝应乔崇烈来金陵,请序其诗。

《集外文》卷四《乔紫渊诗序》:"又数年至今壬午,君来金陵,谓余曰:'子终不序吾诗,岂吾诗不足以序乎?'余于诗虽未之能也,而其得失则颇能别焉。家君有言:'孔子论《诗》曰:"可以兴,可以观,可以群,可以怨。"汉、魏以来,作者非一,情无贞淫,事无大小,体无奇正,辞无难易,其传于后者,必于是微有合者也。'君一为诗,而使余数岁之中,苟发言而怵然,苟废学而惶然,余于是得兴观焉。其为赐大矣! 君既开余以道,余安得而靳其言也。"

按,乔紫渊即乔崇烈,乔崇修兄长,方苞会试同年,方苞所撰《乔紫渊诗序》收入乔崇烈《学斋诗集》卷首。

是年,在江宁,有祭田一百五十亩,皆秀才时陆续购得。

《集外文》卷十《与陈占咸》:"康熙壬午小宗祠祭田百五十亩在江宁,苞为秀才时陆续购得,拙集中所记《泉井祭田》,其一也。"

是年,桐城潘江卒。宝应乔亿生。祁阳陈大受生。仁和沈廷芳生。桐城姚范生。金匮秦蕙田生。

潘承勋《木山潘氏宗谱》。乔亿《三晋游草自序》。陈绳祖《陈文肃公可斋府君年谱》。汪中《述学》别录《沈廷芳年七十一状》。《麻溪姚氏宗谱》。钱大昕《文恭公墓志铭》。

康熙四十二年癸未(1703)　三十六岁

正月,入京会试,拜谒韩菼。韩公引至特室,自述生平,为之怆然心动。

《集外文》卷七《礼部尚书韩公墓表》:"癸未正月,公肺病甚剧,饮酒不辍。余劝公少止。公曰:'子知我者,吾少不能自晦,崎岖仕宦,碌碌无所建竖,负圣主之知。今老矣,常恐未得死所,以至再辱,寿考非吾福也。'是日,引余坐特室,自述生平甚详。余怆然心动。后数日,公扈从南巡。公入余出,踪迹相左,遂不得继见。"

按,《集外文》卷六《记长洲韩宗伯逸事》;《方望溪遗集》之《题韩宗伯家书》,亦有相近表述。

是时,晤好友朱书,盛赞其文。

《集外文》卷四《朱字绿文稿序》:"而字绿北行,果逾年而成进士。复与相见京师,谓之曰:'子果用吾之言乎?'字绿曰:'子之言皆信。吾时文之学亦可敌于子矣。'余索视之,自愧不如;三复而审究焉,则不如远甚。"

按,朱书本年中进士,故确定二人京师相见时间。

与李塨聚于王源京师寓所,李氏以《大学辨业》请教,并论

格物。

李塨《恕谷后集》卷四《与方灵皋书》:"忆癸未春,聚于王昆绳长安寓所,门下执拙著《大学辨业》相提诲,塨因谬陈格物之义。圣学之大旨,门下称是,深相结而别。"

此处"长安"即北京。据《李恕谷先生塨年谱》,本年正月,李塨抵京,会晤梁份、朱书、王源诸友。王源约李塨与方苞相见,论学。

按,《四库全书总目》卷九十八著录《大学辨业》,论曰:"是编发明古《大学》之法,以辨俗学之非,大旨与其《大学传注》同。……其说较他家为巧,故当时学者多称之。"

正月十六日,康熙帝第四次南巡。二月二十六日抵达江宁,以曹寅织造府衙门为行宫。遣大学士马齐祭明太祖陵,二十八日离江宁返京。

《圣祖实录》。

是时,见张英于金陵旅寓。

《方苞集》卷十六《祭张文端公文》:"岁在协洽,苍龙南御。公来长干,获侍旅寓。谓'国得贤,如室有木。子果能驾,吾推子毂'。余谓'公已! 小人有母。衰疾相依,独身无辅'。公鉴其诚,悄然不怡。谓'子固尔,我心则违'。感公拳拳,中如有物。余岂能贤,公知恐辱。"

按,"长干"即金陵,"协洽"即未年,"岁在协洽"应指本年。

张英,字敦复,江南桐城人。康熙六年进士,选庶吉士,授编修。官至工部尚书、翰林院掌院学士、文华殿大学士等。四十年,以衰病求罢,诏许致仕。四十四年,康熙帝南巡,迎驾淮安。四十六年,迎驾清江浦,随至江宁。四十七年卒,谥文端。

参见《清史稿》列传五十四。

二月,友人伍涵芬卒于会试闱中。

　　戴廷杰《戴名世年谱》。

会试榜揭,许汝霖见韩城张廷枢,盛赞闱中九号卷,乃先生文也。时先生南归,未得继见。

　　《集外文补遗》卷一《记时文稿兴于诗三句后》:"癸未,榜揭,公见韩城张先生言:'闱中得旷九号卷,渊懿高素,有陶、邓之风,必海内老学。'细叩,则余文也。二场属对工者,尚能举其词。余时南归薄遽,未得继见。"

　　按,《癸未科会试墨卷》,是科考官为:熊赐履、陈廷敬、吴涵、许汝霖。考题为《大学之道一节》《子曰禹吾无间然矣》《原泉混混一节》。方苞为春秋房,同房荐卷方苞:文心雅澹,有暗香疏影之妙,二三场尤工丽条畅,知为嗜古之儒。

先生会试之文,获诸友称赏。

　　按,《抗希堂稿》,《子曰禹吾无间然矣》一文,刘大山评曰:"此题别寻议论,则失于支;笼罩下文,则苦于犯。惟此毫发无憾,所谓句心者。"乔崇修评曰:"探题之奥,笔笔正锋,前辈中绝密细文字,百十年来殆成绝响。"

　　《大学之道一节》一文,刘古塘评曰:"此文开讲原先王所以立教之意,提比明孔子所以之处纲领之故,中三比括尽先儒之言而浑然不露圭角,结比原教之盛而推于学之衰,以明作经之意,字句皆经秤量而出,意蕴之精,足以补传注所不及,辞气之醇,直可肩于汉唐作者,真不朽之业也。"

　　《原泉混混一节》一文,刘北固评曰:"其味悠然而长,其光油然而幽,文止此节,尚未到此境界,何况余人?"乔鹤群评道:"下文故'声闻过情'二语,止结出反面,正面实际实尽具此节。

他手率以空滑应付,作者写来,独质悫有味,本领之不可诬如此。"

三月二十三日,会试不中,先生南归。在宝应,与王懋竑晤于乔崇修处。

《王懋竑日记》:"三月初三日,会试报至,四叔父第一名。二十三日,方灵皋至,往晤于念堂所,送至氾水。"

四月初七日,殿试发榜,王式丹、查慎行、陈世倌、吴瞻淇、汪份、朱书、刘岩、张自超诸友中进士。

《圣祖实录》。

按《清朝进士题名录》,是科一甲:王式丹、赵晋、钱名世;二甲一名汪灝,二名查慎行,三名何焯,四名蒋廷锡,六名陈邦彦,九名陈世倌,十名吴瞻淇,十四名汪份,二十二名万经,三十名朱书,三十六名宋至,四十四名刘岩,四十九名张自超。

四月,与诸友序朱书时文。

《集外文》卷四《朱字绿文稿序》云:"而字绿北行,果逾年而成进士。复与相见京师。"又云:"字绿自订其时文百三十篇,属序于余。"

朱晓、朱曙《跋朱杜溪稿》云:"壬午闱前,家大人刻稿五十篇。癸未,捷南宫,选馆职,坊中请刻全稿甚力。大人因命愚兄弟捡旧箧散失所余,增益之,得文一百有奇。"(见《朱杜溪稿》卷首)张坦《刻朱杜溪稿厄言》云:"初刻止闱前近艺五十篇,今增为一百三十五篇。"(见《朱杜溪稿》卷首)

按,李振裕、方苞、王政敏、刘岩为朱书时文作序,张坦作厄言。评点朱书时文者有:李振裕、方苞、吴苑、石颂功、王式金、曹锡光、石质、程师恭、龚缨、朱元英、黄越、刘岩、朱文镰、王政敏、汪份、何焯、储在文、孙念祖、刘廷献、李嵂瑞、薄有德、张埙诸师友。见张坦《刻朱杜溪稿厄言》。

五月,见座师姜橚于广陵。一夕酒半,座师自述中岁窭艰,血气早衰,而忧后嗣之弱。先生怆然心动,自是不获再见矣。

《方苞集》卷十二《吏部侍郎姜公墓表》。

八月二十五日,同宗方正瑞卒于家。先生与戴名世欲刻其文而不得。

戴廷杰《戴名世年谱》。

按《方氏家谱》:"正瑞,讳中德第二子,字玟士,号寓安。岁贡生候选训导。生顺治辛卯十二月初八日,卒康熙癸未八月二十五日。配怀宁刘氏贡生余璜女,生顺治甲午八月十一日,卒康熙甲戌十月初二日。合葬枞阳吉利漥,乙山辛向。二子:轼、根棣。二女。"

是秋,王源有书来,促先生读李塨之书,广大颜李之学。

王源《居业堂文集》卷八《与方灵皋书》。

按,《王源年谱》,本年六月,经李塨引荐,王源正式拜颜元为师。时颜元六十九岁。《居业堂文集》卷十二《颜习斋先生年谱序》曰:"源于癸未,介李子刚主,执贽于先生。"李塨《恕谷后集》卷六《王子传》记其始末。

十二月初四日,受宁世藻所请为其父铭。

《集外文》卷七《全椒县教谕宁君墓志铭》:"广文宁君既殁之七年,其子世藻自颖以书来征铭于余。……越九年,为今癸未腊月朔四日。"

宁擢,字益贤,颖州人。笃于孝友,族党咸称焉。以岁贡训导英山,迁全椒教谕。著有《金台集》。宁世藻,康熙五十二年进士,太平府教授。参见乾隆十七年《颖州府志》卷八、民国七年《阜阳县志》卷十一。

是年，张自超母卒，年七十一岁，为作祭文。

《方苞集》卷十六《祭张母吴夫人文》："呜呼！夫人之年七十有一，又得良子以养生送死，抑又何悲？……今年春，自超成进士。"故张母本年去世。

是年，刘德培既没之次年，其子至上元省从父侯某，并介侯氏为父乞铭。

《方苞集》卷十一《刘笃甫墓志铭》："君姓刘氏，讳德培，字笃甫，河南商丘人也。刘氏世有闻人，君之父讳伯愚，以学行显。君既没之明年，其子韦来省其从父上元邑侯某，而介侯以乞铭于余。"

按，光绪二十八年《河南通志》卷六十三《忠烈》："刘伯愚，字千之，商丘人，孝廉，格子，幼颖异，读书过目不忘，明末文体诡谲支离，伯愚守其家学，力追先正，一时雪苑有'吴侯徐刘'之目，盖谓吴伯裔、侯方域、徐作霖及伯愚也，流贼陷城，投井死。"

是年，晤孙用正，言及其曾祖孙奇逢年谱编纂事宜。

孙用正《缄斋集》卷三："晤方灵皋，极言父子兄弟向慕先征君至意，因言征君公年谱，内载诗文太多，门人姓名太杂，子孙之生皆书，非年谱体裁，宜将有关家学者存之，余尽削去。门人无所表著者，亦当削去，力任订正。"

孙用正，原名孙用祯，避雍正帝讳改名，字以宁，号缄斋，孙奇逢曾孙，中翰孙淦子，河南辉县人。康熙三十五年举人，五十五年任禹州学正，雍正十年补许州学正，四年后升许州府学教授。乾隆十五年卒，年八十九岁。著有《缄斋集》十六卷，《增删辉志稿》八卷。参见乾隆十二年《禹州志》卷五、乾隆五十三年《卫辉府志》卷二十七、《缄斋集》。

是年,陈鹏年擢江宁知府,为方百川撰墓碣。

唐祖价《陈恪勤公年谱》,陈鹏年《道荣堂文集》卷六《方百川先生墓碣》。

陈鹏年,字沧洲,湖广湘潭人,康熙三十年进士。初知浙江西安县,后授山阳县,升海州牧,历守江宁、苏州二府,署藩篆,皆有异绩。继以诬劾罢职,留京充纂修官。康熙六十年起,署河道总督,会河南武陟堤决,力疾驰往,积劳成疾,雍正元年没于公所,年六十有一,谥勤恪。祀河南、江宁名宦。参见乾隆八年《江都县志》卷十四《名宦》、《清史稿》。

是年,宋荦刻《江左十五子诗选》成。韩菼编《有怀堂诗文稿》成。

宋荦《江左十五子诗选序》。韩菼《有怀堂诗文稿序》。

是年,嘉兴叶燮卒。安溪李清江生。

沈德潜《归愚文钞》卷十《叶先生传》。《集外文补遗》卷一《李皋侯墓志铭》。

康熙四十三年甲申(1704)　三十七岁

正月,与储在文、储雄文会于江阴学使院,缅怀方舟之丧,储氏称先生、方舟、戴名世、刘辉祖、刘捷为"龙眠五子"。

储雄文《江上同礼执晤方子灵皋因感百川作》诗曰:"才难古所叹,摧折权谁司? 龙眠五君子(田有、北固、月三及方氏兄弟),盛事钟灵奇。才名三十年,讵论成与隳? 淡涩爱百川,季也情殆移。忽闻百川逝,临风增怅而。今日始晤君,举体何清赢? 发言若春茗,甘苦心自知。哲兄竟已矣,诸子空盱睢。赠君加餐饭,岁暮以为期。"

按，诗作见于储雄文诗集《浮青水榭诗》卷四，本卷起于癸未秋，止于甲申春。其一曰《江上同礼执晤方子灵皋因感百川作》，前诗题为《元日南楼独坐和大兄除夕感怀示诸弟兼忆六雅留衡湘韵》，后诗题为《上韩城张公七言五十韵》，可推断诗作于正月，时督学张廷枢在江阴署衙中。

储在文，字礼执，储方庆子，宜兴人。少敏悟。康熙四十四年，南巡献诗，列籍六馆。四十七年顺天乡试中举，四十八年联隽，授翰林院编修。籍六馆时，修《历代诗余》，入词垣，分纂《周易折衷》，协修《万寿盛典》。乙未入直南书房。丁酉乞假归，假满遂引疾不入都，屡征不起。著有《待园集》。储雄文，字氾云，号水榭，储方庆子，康熙五十年，中京兆试。六十年，与大文、郁文同登进士。雍正三年，卒于京邸。著有《浮青水榭集》四卷。参见光绪八年《重刊宜兴县旧志》卷八、《宜兴丰义储氏分支谱》。

是时前后，储在文时文稿新刻，先生与刘岩等作序。

储在文时文稿《经畲堂全稿》，初刊于康熙四十三年，续刻于康熙六十年，光绪四年后重刻。初刊时，请方苞、刘岩诸友为序。方序又见于《方苞集》卷四，刘序见于《匪莪堂文集》卷三。

按，方苞《余东木时文序》称"余自序宜兴储礼执之文，为其本师所点窜，以序为戒者已数十年"。经核校光绪本《经畲堂自订全稿》所录方文，无删改。其他版本是否存在，待考。

又按，方苞《钦定四书文》著录储在文时文多篇，如《子语鲁大师乐曰一节》，论曰："篇中'天地''人心'等语，既探其源，逐段标出'声''气'二义，尤见读书融贯。"《文献不足故也二句》，论曰："风神秀逸中具有生气奋郁，不仅得古人之形貌。"《尽信书一节》，论曰："于所以不可尽信之故，推阐曲尽，又与下文《武成》一节隐相关照,似此议论醇正,方可以史解经。"

二月二十四日,大雪,父方仲舒、胡其毅连日出门看花,曹寅赋诗以戏。

《楝亭诗钞》卷四《二月廿四日大雪戏柬静夫逸巢二老闻连日出门看花》:"风卷江云堕鹤毛,竹炉新火熨重袍。半青半白覆檐柳,乍笑乍啼当户桃。造物如春愁烂漫,酒杯山客谩操劳。北山拄杖西城屐,何处登临吟最高。"

按,《楝亭集笺注》,注此诗于康熙四十三年二月。

胡其毅,字致果,号静夫,上元人,胡正言子。性甘淡薄,未尝俯仰于人。晚年诗益工,以九峰、白沙自期,有《静拙斋诗选》《微吟集》等。参见乾隆十六年《上元县志》卷十九、陈作霖《金陵通传》卷二十二。

夏初,梅庚至金陵,晤知府陈鹏年,与先生、陈鹏年、王安节等雅集。

陈鹏年《秣陵集》卷一《梅耦长方灵皋王安节宓草兄弟小集署斋和耦长韵》《方灵皋用耦长韵有作次韵奉答》,后者曰:"檐花过雨晚窗深,玛瑙浆寒向夕阴。愧我江湖仍寄傲,对君珠玉已倾心。五云早系蛟龙影,三殿新悬鸾凤音。莫惜抟飞方假息,太平开济待追寻。"

梅庚,字耦长,号雪坪,宣城人。少孤,稍长苦志力学。施闰章见其诗,引为忘年交。康熙二十年举人,为朱彝尊所得士。性狷介,客游京师,不妄投一刺。士禛主礼闱,庚复被黜,士禛赠诗引为恨。后知泰顺县,有惠政。善八分书,亦工诗画。著有《漫与集》等。参见《清史稿》《江南通志》《国朝画征录》。

按,陈鹏年诗以时间编年,由前诗《甲申元旦次韵》后诗

《甲申中秋看月》可以推断，此诗作于本年，结合前后诗歌内容，系于夏初。

又按，彼时江南提督张云翼与江宁织造曹寅邀请洪昇至江宁，上演《长生殿》，集南北名流为一时之盛。梅庚亦与会，为诗以赠。金埴《巾箱说》记其事，《楝亭诗钞》《长生殿》皆有题诗。方苞父子是否与会，待考。

七月，由上元土街移居由正街之祖居将园。

《方苞集》卷十四《将园记》："由正街之西有废墟焉，先君子尝指以示余曰：'此吾家故园也。汝曾大父自桐迁金陵，实始居此。其后定居土街，宅出质，园无主。长廊曲槛，轩亭花石，遂尽于居民之毁窃，而荒秽至此。'先君子好为山泽之游。既老不能数出，居常郁郁，乃谋复是宅。宅已六易主，久之议始成，以甲申七月入居。"

按，同治十三年《上江两县志》卷五《城厢考》："土街口。诚意仁府在此，见《南都察院志》。后为方望溪后裔居之。又街东有韩府，见《吕志》。"又，将园在由正街之西，方苞曾大父迁金陵始居地，据濮小南考证，今为南京户部街西段北侧抄纸巷北端。又，好友朱书称方家居所为刘伯温旧宅，其《方母吴太君寿序》云："已而居棠村十四年，后还金陵，居故诚意伯旧宅。"（《杜溪文稿》卷二）

八月，韩菼卒于都下，年六十八岁，为撰墓表。

朱彝尊《曝书亭集》卷七十一《礼部尚书兼掌翰林院学士长洲韩公墓碑》；张大受《匠门书屋文集》卷二十八《墓表礼部尚书韩公慕庐墓表》；方苞《集外文》卷七《礼部尚书韩公墓表》。

按，韩菼为清初名宿，堪称方苞兄弟贵人，对二人呵护提携，亦师亦友。《方苞集》卷十六《祭顾书宣先生文》："余所师友，盖可屈指：大理质行（宛平高公裔），秩宗经术（长洲韩公菼），侃侃少宰（太原姜公橚）。"《集外文》卷六《记长洲韩宗伯逸事》："公天性与物无町畦，而睢州汤司空数语人曰：'表里洞然，不可夺以非义，惟韩公耳。'"《方苞集》卷十二《宋山言墓表》："而韩公寻卒，尚书亦告归。天下士之过吴中至京师者，皆漠然无所向。"（韩公即韩菼）《方望溪遗集》之《题韩宗伯家书》："慕庐韩公外迹似两晋名辈，而立朝大节，避权势，砥砺廉隅，则东汉诸贤之风规也。汤文正每言中朝正人，必首公。"此外，方苞与韩菼二子韩祖语、祖昭及其孙韩彦曾亦往来密切，可谓世交。

按，方苞编纂《钦定四书文》著录韩菼文章最多，如《所谓平天下一节》，评曰："起结及中间要缩处，纯用古文之法。而于题之义意、注所推阐无不吻合，故能独步一时。"《诗云乐只君子一节》，评曰："洗尽好恶一切套语，独标清新，耐人咀味。"《子华使于齐一章》，评曰："淡而有味，洁而益腴，清思高韵，翛然笔墨之外，可谓自开蹊径。"《子谓颜渊曰一节》，评曰："或谓上二句尽有理实可发挥，病此文太略，非也。一实发便非此题，神理清深温润，正与语意相称。"

方苞文章，韩菼评点最多，如评方苞古文《读尚书又记》："以一心贯彻数千年古书，六通四辟，使程、朱并世得斯人往复议论，则诸经之覆所发必增倍矣。"《书韩退之学生代斋郎议后》："庐陵无此深厚，南丰无此雄直，岂非昌黎后一人。"《原人下》："余尝谓散体文至灵皋，四书文至其兄百川，亦确然可信，其常留者如此二篇，则圣经贤传之苗裔。"（见《初刊本》）评方苞时文《礼之用和全章》："义理则取溶六籍，气格则方驾韩、欧、唐、归、金、陈诸公，壁垒尽变矣。"《子使漆雕一节》："独见此题真际，虽熙甫、正希为之减色，思白文止而下，不足言矣。"《作者七人矣》："抑扬哀怨，使读者心评怦然，真有得于《离骚》、太史之幽洁者也。"（见《抗希堂稿》）

九月，以《人少则慕父母》命题，郡试童子与侄道希。

按，《方灵皋全稿》，方苞自记："先兄百川每谓予文刻画而未近自然，自先兄之殁，不事此者数年矣。甲申九月，郡试童子，命此题，侄道希与试，偶作此示之，颇无向时艰难劳苦之态，追念先兄切劘之意，为之泫然。"

又记："韩城张先生于广陵再次见此文，谓中比'有与并驰'二语太侵下位，命改定。归来，家事薄遽，未暇措意，志之以见先生之深于文律也。"

是秋，戴名世刊行时文，先生为审定并评点，称戴名世为李白、苏轼类人物。

戴名世《戴田有自定时文全集序》。

按，《戴田有自定时文全集》，由汪份、刘大山、孙勷、方苞同定。所收录诸篇，多折中于方苞、刘齐、汪份。评点者百余人。列友好十三人：潘江、王立极、刘果、李振裕、韩菼、方舟、方苞、刘辉祖、汪份、刘齐、刘岩、孙勷、朱书。

据《戴田有自定时文全集》，方苞评点十一则，如评《吾与回言一节》曰："神来情来，真与正希并驱，难分伯仲，但两家之异者，正希似佛，田有似仙。"评《君子之道诬也》曰："风韵极其古淡，此田有少时慕震川之作，视世之学震川者何如？"评《舜其大知一节》曰："褐夫之文，或如明珠美玉，丽而可悦；或如秋风夜露，凄忽而感恻；或如神仙烟云，高远而不可挹。李太白、苏子瞻一流人物，庸俗安能知之？"

十月,乡试座师姜橚卒,年五十八岁。先生以母衰疾,未能赴吊。

《方苞集》卷十二《吏部侍郎姜公墓表》:"公卒于康熙甲申十月,年五十有八。""余闻公丧,以老母衰疾,未克赴吊。无何而身及于难,忽忽至今。念此生终不获哭公于墓道,乃述所亲得于公者以为表而归其孤。"

按,姜橚在高裔使院便认识方苞,并颇为欣赏,《吏部侍郎姜公墓表》云:"余始见公于督学宛平高公使院,高以国士遇余,公实启之。及公主试而余适为选首,例执弟子之礼以见,……然公每接余,周旋谈笑,必杂以朋友之礼与辞。"在为方苞时文作序时,比之以顾宪成:"而方君沉浸酿郁,深于古人之意,非泾阳所能及也。"方苞不仅为姜橚作墓表,还为其父作《琅峿姜公传》,编纂《钦定四书文》时著录姜橚《古之学者为己一节》,论曰:"道尽古今学者心事,层层勘入,精切似胡思泉,而气更疏宕。"

是年,许汝霖出理北河,每见朋游,必称道先生。

《集外文补遗》卷一《记时文稿兴于诗三句后》:"癸未,榜揭。……逾岁而公出理北河,每见朋游,必属曰:'为我语方君:家贫亲老,乃为举世不好之文,以与群士竞得失,将以为名邪?何所见之小也?'"

按,《圣祖实录》,康熙四十六年二月,谕令吏部子牙河分司原任礼部侍郎许汝霖,守堤三年限满,仍以侍郎用。而康熙四十三年,正是出理北河时间。

是年,吴宥函编纂文稿,以序相属。

《方苞集》卷四《吴宥函文稿序》:"自余客金陵,朋齿中以文学著称于庠序者,多不利于科举,而吴君宥函为最。岁甲申,总其课试古今文为二集,而属余序之。"

是年,章大来设教金陵,与先生、朱元英相切劘。

章钟序章大来《后甲集》:"由甲午而溯之前此十年为甲申,则先生方设教于清溪、白门之间,与方灵皋、朱师晦诸君子相切劘。"

按,乾隆五十七年《绍兴府志》卷五十四《人物志》:"章大来,字泰占,会稽岁贡生。诗孤峭沉郁,文品亦高,有《玉屏山房集》。"又,章氏为毛奇龄弟子,《四库全书总目》收录其所编毛奇龄《四书剩言》《中庸说》。

是年,兄子道希年十七,入县学,课试必高等。

《方苞集》卷十七《兄子道希墓志铭》。

是年,博野颜元卒,年七十岁。太原阎若璩卒,年六十九岁。

李塨、王源《颜习斋先生年谱》。张穆《阎潜丘先生年谱》。

按,颜元为颜李学派代表,方苞好友王源、李塨之师。方苞盛赞其人与学。方苞《书高密单生追述考妣遗事后》:"当吾之世,志行越众者三人:睢州汤潜庵之母,为流贼所膊;关西李中孚之父,糜烂于战场;博野颜习斋,父流亡,母改适,匍匐万里,始得父墓,见异母之妹,招魂而归。盖功利嗜欲熏铄流毒于人心者深且固矣,非猛药恶石不足以攻除,故三君子以此各成其艰苦杰特之行。"方苞《刁赠君墓表》:"余少闻燕南耆旧:一为博野颜习斋,一为君之父蒙吉,平生皆尚质行,稽经道古。"方苞《李刚主墓志铭》曰:"习斋之学,其本在忍嗜欲,苦筋力,以勤家而养亲,而以其余习六艺,讲世务,以备天下国家之用。以是为孔子之学,而自别于程、朱,其徒皆笃信之。"

按,《方苞集》卷六有《与阎百诗书》。

是年,钱塘洪昇卒。长洲尤侗卒。

章培恒《洪昇年谱》。徐坤《尤侗年谱》。

康熙四十四年乙酉（1705）　三十八岁

是春，在金陵，与陈鹏年诸友题跋刘授易《丹霞画册》。

陈鹏年《秣陵集》卷三《题刘半村先生丹霞画册》。

按，陈鹏年诗未定作于何时，但据《丹霞画册》题咏中"梦觉关"与"朝阳岩"帧周龙光署"乙酉夏五"，田实发署"康熙乙酉余月"，可推断时间为本年。再结合陈鹏年后诗题曰《和半村先生春分前一日》，姑系于是春。

又按，方苞《丹霞画册》题诗共六首，不见于今存方苞文集，其《题黄沙溪》曰："山间日月长，溪声绕茅屋。中有抱膝人，高歌媚幽独。"《题朝阳岩禹山蝙蝠岩》曰："飞鸟入层云，禹山俯乌背。大啸青天开，山与云俱碎。"《题海关铁索御风亭》曰："力疾登海关，伛偻齐踵口。上有石匣书，一编名久久。"《题一线天》曰："浮云蔽太空，此间天一线。莫谓同管窥，已见千山面。"《题虹桥选翠》曰："蜿蜒一游龙，幽人履其尾。松风起怒涛，秋云乱山鬼。"《题海螺晚秀舍利塔》曰："削成青芙蓉，涌地三千丈。今朝遇刘晨，自署此山长。"

又按，据笔者梳理统计，《丹霞画册》题诗者达十八人，分别为：方苞、黄越、蔡壑、王著、王概、田实发、唐建中、张大受、程大戴、李钦文、徐陶璋、周龙光、鲁之裕、陈履谦、王为壤、程之铭、杜世捷、程京萼等。又，田实发《玉禾山人诗集》卷三《秦淮集》收录《题丹霞山画册二十四首》。鲁之裕《式馨堂诗前集》卷四《（乙酉）湘潭刘损斋先生属题洪崖图》。

又按，画册主人，即"刘半村先生"为刘授易，字五原，号损斋，湘潭人，附贡生。谈吐惊座，耽情山水，游江浙、两粤名胜，题咏甚多，得江山之助。曾参修康熙三十八年《丹霞山志》。参见乾隆十二年《长沙府志》卷三十、《沅湘耆旧集》卷五十七、六十四。

是春，江西彭廷训至金陵，为文稿请序，先生遂序之，并劝其辍时文之学。

方苞《彭尹作时文序》："乙酉春，西江彭尹作来金陵，携其所为时文过余，曰：'朱君字绿向欲序而行之，而吾元叔必欲子为抉择也。'余曰：'昔余与元叔、字绿同客京师，字绿治古文，而余兼留意于时文，元叔以为工，故必欲余之抉择也。余近以家累，废学于时文，尤悔其用心与力之误而绝意不为，而字绿反时游意于此。'……然则，继自今，尹作宜尽辍时文之学，而从其所当务哉！"

按，此文未收入今存方苞诗文集，而见于民国十三年彭元瑞等修《南昌彭氏族谱》卷九。

彭廷训，字尹作，号补堂，少知名于时，与诸兄弟号"江西四彭"。康熙丙戌进士，改庶吉士，授编修，历迁右春坊右赞善。壬辰分校礼闱，所取如王澍、顾立、林佶皆知名士。奉命校雠《性理》《近思录》，以书法受知于内廷。后典试山东，视学山西。荐充《明史》纂修，于成祖靖难事直笔书之，人服其识。致仕未几，卒。著有《补堂集》《半静斋集》《萝屋吟》《耦耕吟》等。子元瑞，官尚书。参见乾隆五十九年《南昌县志》卷二十三《文苑》。

四月二十四日，康熙帝于江宁亲试先生、蔡坒、熊学烈、熊本、黄越诸人。

《圣驾五幸江南恭录》："二十四日，皇上遣侍卫捧御制题目,同中堂(陈廷敬、张英)、掌院学士揆叙、翰林院学士查升,齐至贡院,监试应考贡监生童共五百余名。……至晚考毕,赴行宫回旨,其生童仍封在贡院,候阅卷定夺。皇上因天色微雨,未出行宫,传旨,命督院即传在省布政司以下道府厅县学官,凡有善能善诗文者,进行宫做诗。其不善作诗官员,各写字进呈预览。只有江宁知府陈(鹏年)、江防同知胡、南北二捕通判……进宫做诗。又召在省乡绅王泽弘、熊一潇、王才任、车鼎、从澍、潘从律、黄六鸿等位,并进士举贡蔡垲、熊学烈、熊本、方苞、徐上、黄越等进宫朝见,考诗,皇帝亲试。"

按,《圣祖实录》《清通鉴》,本年二月九日康熙帝开始第五次南巡,四月二十二日至江宁,驻跸织造衙门。二十七日离开江宁,闰四月二十八日返回京城。

八月,乡试发榜。友人金坛王澍、昆山徐陶璋、吴县吴士玉等中南榜。上元黄越、桐城齐方起、无锡秦道然等中北榜。李嵊瑞名在副榜。

《江南通志》卷一百三十三《选举志》。

按,秦道然为方苞兄弟早年友人,于方苞、方舟兄弟时文稿皆有评点,如评方苞时文《行木由径三句》其一:"炼神宅虚,使气不耗,猝然相遇,无所用意,而得之以天合,天技之所以疑神也。"《天道二句》:"高山深林,龙变虎跃,使人精神震悚。"见《抗希堂稿》。

秦道然,字雒生,松龄子。康熙四十八年进士,改庶吉士,寻官礼科给事中,挂藩邸事,在圜扉十四年。乾隆初得释,优游十余年,卒年九十。著《困知私记》《明儒学录》。参见光绪七年《无锡金匮县志》卷二十二《儒林》。

是时,表弟鲍元方之文为主司所赏,先生携入京师,获诸友赞

叹。**后以此题课子弟，并自拟作，方觉其文亲切有味。**

《集外文补遗》卷一《记时文稿有为者譬若掘井一节后》："此乙酉江南乡试题，表弟鲍季昭文，抑于同考而为主司所赏，刊入乡墨，余未之奇也；携入京师，潜虚、大山、北固皆叹赏；安溪李公以为天下奇才，当勉以著述。余归寓覆视之，仍无奇。还江南，偶以三题课兄子道希，因自拟作；审察题义，取鲍作再三视：其首篇，词义俱拔出先辈之外。次篇理备法老，更无从出其范围。惟三作精神未旺。因握笔为之，含意联词，便觉其文亦亲切有味。"

鲍元方，字季昭，上元人，雍正丁未贡生，与方苞为内弟兄，遂学励行，屏绝纷华，以翰墨自娱，工写生，花卉禽鱼极佳。参见同治十三年《上江两县志》卷十六、《国朝金陵诗征》卷十七。

按，鲍元方与方苞多文字往来，曾评方苞时文《务民之意知矣》："炼神驾气，措意遣言，自成一家之法，目中邈焉寡俦。"《定公问一全章》："不事钩棘，简老坚实，直夺嘉、隆诸公之席。"《守先王之学者》："守是守，待是待，无一字影响，又处处映合章旨，此灵皋己卯以后文，其格之坚，法之细，前集中所未有也。"（见《抗希堂稿》）

十一月，李光地升文渊阁大学士，先生直言劝勉之。

《圣祖实录》本年十一月："己巳，吏部题补授大学士吴琠员缺。上曰：'吏部尚书兼管直隶巡抚事李光地，居官甚好，才品俱优，授尚书年久，著升为文渊阁大学士。'"

《集外文》卷十《与陈占咸》："忆昔安溪李公以直抚入相，余叩之曰：'自入国朝，以科目跻兹位者，凡几？'公屈指得五十余人。余曰：'甫六十年，而已得五十余人；则其不足重也明矣！望公更求其可重者！'时景州魏君璧在侧，退而曰：'斯人吾未前见。无怪乎见者皆不乐闻其言也。'"

按,陈康祺《郎潜纪闻初笔》卷九记此事,论曰:"以文贞名儒名相,媲迹皋夔,侍郎犹勉之如此。后之人傥经纶理学不逮文贞万万者,复以谀言日至,谠论无闻,或纯任权术,或曲谨小廉,依恃宽大,自命贤相,恐鼎折覆𫗧之讥,不待终日矣,可不危欤?"葛虚存《清代名人轶事》亦记其事,列入"气节类"。

是年,始复先人居,而治其西偏旧圃为将园。

《方苞集》卷十七《己亥四月示道希兄弟》:"副使公始至金陵,居由正街,后迁土街。旧宅转六姓,逾五十年康熙乙酉,余始复先人居,而治其西偏旧圃为将园,先君时燕息焉。"据《方氏家谱》,"副使公"即方苞曾祖方象乾。

是年,湘潭张埴游金陵,以所著诗文集向先生与戴名世请序。

《戴名世集》卷三《张贡五文集序》,《戴文系年》系于本年。

按,陈鹏年《秣陵集》卷二有《除夕用张贡五韵》《乙酉元旦口号三首,用刘损斋先生暨张贡五韵原韵》,也证明张贡五康熙四十四年在金陵。陈鹏年与方苞、戴名世皆好友,张贡五或通过他结识二人,并请序。其所著《帆湘阁文集》卷首录方苞、张照、谢济世序。

张埴,字贡五,号香泉,湘潭人,拔贡生。年十五食饩,年七十选广文,辞不赴,以子九钧、九镒贵。著有《游草偶存》《帆湘阁文集》等。参见乾隆十二年《长沙府志》卷三十一、《沅湘耆旧集》卷七十八。

是年,曹寅奉旨刊刻《全唐诗》。王兆符刻吴瞻泰辑《陶诗汇注》。

方晓伟《曹寅年谱》。翁连溪《中国古籍善本总目》。

是年，关中李颙卒。八大山人朱耷卒。鄞县全祖望生。

　　吴怀清《二曲先生年谱》。黄苗子《八大山人年表》。蒋天枢《全谢山年谱》。

康熙四十五年丙戌（1706）　三十九岁

二月十六日，陈鹏年于钟山北梅花村买丘葬杜濬；方仲舒执绋，视窆穸；先生为撰墓志铭。

　　《方苞集》卷十三《杜茶村先生墓碣》："又数年，长沙陈公沧洲来守金陵，谓先生其乡人之能立名义者。哀其志，为买小丘蒋山北梅花村，召先生从孙扬文及故人会葬。先君子执绋，视窆穸。时苞客燕南归，而命之曰：'先生吾所尊事，汝兄弟亲炙，可无志乎？'苞重其事，将俟学之有成而措意焉。""先生生于明万历辛亥年正月十六日，卒于康熙丁卯年六月某日，葬以康熙丙戌年二月十六日。"

　　按，王士禛《感旧集》卷六记载，杜濬葬于太平门之麓。《黄州府志·隐逸传》之《杜濬传》："越十九年，湘潭陈鹏年守江宁，始为营葬于蒋山北梅花村。"《清史稿》列传卷二百八十八、《变雅堂遗集》附录《徐上镛谒杜茶村先生祠诗》皆称其葬于蒋山北梅花村（蒋山又名钟山）。又据《读史方舆纪要》卷二十，知"自钟山之麓围绕而西抵覆舟山，建北出门，曰太平"。疑此二说实为同一处。（廖宏春《杜濬年谱》）

是春，李塨入京，与王源访先生与戴名世。

　　马明达《王源年谱》。冯辰《李恕谷先生塨年谱》。

是时，王源葬父母兄嫂于京师羊坊店，先生与焉。

　　吕履恒《冶古堂文集》卷五《王汲公先生墓表》："中斋公北

归,卒于天津。源卜葬京师羊坊店之新阡,乃扶萧恭人并先生夫妇柩还里,丙戌三月戊寅合葬。"

《方苞集》卷十六《祭王昆绳文》:"丙戌之春,揖我长辞:'二亲丘首,惟吾所之。穷山绝壑,形驻影随。虽子知我,迹亦难窥。'"

是春,展恩师高裔墓,碑石已磨,而文未刻,以事遄归。

《方苞集》卷十三《大理卿高公墓碣》:"吾师宛平高公之殁也,以康熙庚辰仲春。余在京师,众议以志铭属余。视丧毕,东归,为铭归公二弟。丙戌再至,拜公墓,石已磨未勒也,而余以事遄归。"

是春,会葬黄叔琳父丧,遇李塨于八里庄,再论格物不合。翌日,李塨过访,复垂商治河、水利、弥盗诸事。

李塨《恕谷后集》卷四《与方灵皋书》。

是春,遇同年友李柽,闻其言生徒中秀出者申诩。

《方苞集》卷六《答申谦居书》:"李渭占至京师,见足下所为圣木行状,无世俗芜浊之气,因谓如此人当益劝学,俾治古文。适得来示,乃复记忆丙戌之春,圣木为言生徒中有秀出者,即足下也。"

按,李渭占为李柽次子。申诩为李柽弟子,景州人,字谦居,癸巳举人,乾隆七年任新乐县教谕。参见乾隆二十二年《新乐县志》卷十二、《方望溪遗集》之《李苕斋墓志铭》。

三月,应会试,得第四名。

《康熙四十五年丙戌科登科录》。

按,《圣祖实录》,本年二月六日,以吏部左侍郎李录予、工部右侍郎彭会淇为正副考官。据《登科录》,本年会试总裁:吏部左侍郎李录予、工部右侍郎彭会淇。方苞所在春秋房同考官为:江南江都人顾图河、浙江萧山人陈至言。又,《方苞集》卷十六《祭张文端公文》:"余籍春官,由顾与陈。"

顾图河,字书宣,江都人。康熙三十三年进士,授翰林院编修。入史馆数月,即乞假归。里居十年,复还京,预修《大清一统志》诸书。四十五年,命提督湖北学政。未几卒,著有《雄雉斋集》。参见《清史列传》卷七十一。《四库全书总目》著录《雄雉斋选集》,论曰:"其诗古体多学眉山,近体多学剑南,咏物诸作亦颇新颖。而在同时诸人之中,尚未能笼罩一切也。"

陈至言,字山堂,萧山人,康熙丁丑进士,选庶吉士,授编修,与纂《四朝诗选》,癸未、丙戌两为会试同考官,称得人。己丑督学河南。性孝事母,曲意敬谨,乡党无间言。幼工诗古文,与同郡张迩可齐名,毛奇龄数称之。著有《菀青集》。参见乾隆元年《浙江通志》卷一百八十《人物·文苑》。

又按,方苞会试成绩,亦有第一名与第六名之说。陶元藻《全浙诗话》卷四十四曰:"(陈至言)尝分校礼闱,桐城方苞、茶陵彭维新皆出其门下。方素同文社以会元自负,太史习见其文,闱中得卷一本,熟视之曰:'此文雄深雅健,必灵皋也。'荐为元,拆弥封,果灵皋。自谓老眼无花,甚喜。主司置第六,榜发,方以不得会元,怏怏不乐,怨太史,太史曰:'吾非不知文者,奈主司何?'嗣是两人转疏阔。方旋以友事牵连获罪,戍辽东;而太史亦赴豫,卒于官。"此说真伪,待考。陶元藻与陈至言皆为浙江人,或为传闻。而文中所言,又有明显失实之处:如方苞《南山集》案后,入南书房,而本文却称戍辽东。

又按,福格《听雨丛谈》卷九:"四十五年丙戌会试。总裁:吏侍李录予、兵侍彭会淇。中式三百人。历科会试主司,皆用大学士而下三四人,本科止用侍郎二人,遂腾物议。会元尚居易旋被夺削,主司亦镌级。"

会试之文,获师友高评。

方苞《子曰不知全章》一题被评曰:"气朴理实,端凝之概,见乎其文,斗力斗智之意,消归何有。"而《唯天下至诚参矣》被评曰:"穷根蒂而融精液,字字皆有归着,其大不可及,细尤不易言,于先民名墨包孕中增廓发越,而浑厚之气仍同其蕴。"《设为庠序于下》一题被评曰:"本《礼经》以说《王制》,古法古意,既精且详,其文之古色古气,亦斑然盎然于楮墨间。"见《抗希堂稿》。

是时,以母疾遽归,未殿试。

《集外文》卷八《自讼》:"始之不俟廷对也,以母疾。再以父丧,既而及于难矣。"

按,方苞未殿试,仍有补试机会,依据清代科举律例,倘有因丁忧和别项事故而不能参加殿试者,可以提前告假,准许于后一二科补殿试,但方苞并未补试。其中原因,方苞解释为:先以母疾,再以父丧,既而及于难矣。

从现存文献看,并不支持"母疾"说,方苞遽归途中,多有逗留。至于放弃殿试之深层原因,或与其遗民家世有关。方苞参加科举,本为生计谋。当真正要做清廷臣属,却不得不面对江南遗民。而放弃殿试,为方苞赢得盛名,全祖望《前侍郎桐城方公神道碑铭》曰:"公成进士七年,以奉母未释褐,已有盛名。"

房师顾图河遣使来追,留之不得。

《方苞集》卷十六《祭顾书宣先生文》:"老亲趣余,归装在途。公使来追,斩絷道隔。余不反顾,惧公见督。公以书来,词温意渥。"

按苏惇元《方苞年谱》："李文贞公驰使留之不得（见雷状、沈传、家谱）"查方苞弟子雷鋐《方望溪先生苞行状》、沈廷芳《方望溪先生传》，皆未言及此事。《方氏家谱》，亦未见。查《李光地年谱》，本年三月充殿试阅卷官，但未言及此事。而顾图河遣使来追，为方苞本人所言。苏惇元之说，或有误，抑或顾图河追方苞为李光地授意。

三月十九日，自京师至宝应，晤王懋竑于乔崇修所，留宿念堂斋中。二十日，登舟返回。

《王懋竑日记》："正月二十一日，开馆。三月十九日，灵皋至自京师，晤于念堂所，留宿念堂斋中。二十日，送灵皋登舟。"

三月二十三日，殿试发榜，施云锦等二百八十九人中进士。

《圣祖实录》。

按，《康熙四十五年登科录》《清朝进士题名录》，是科第一甲赐进士及第共三名：王云锦、吕葆中、贾国维。第二甲赐进士出身共五十名：一名俞兆晟，二名吴士玉，三名彭廷训，四名乔崇烈，五名蔡学洙，十五名嵇曾筠，十六名熊本，十八名宫鸿历，二十四名查嗣庭，三十九名郑任钥，四十五名汤之旭，五十名齐方起。第三甲赐同进士出身共二百三十七名：十五名余祖训，二十名刘青藜，二十三名彭维新，三十七名魏定国，四十七名张懋能，四十九名方粲如，五十三名窦容恂，五十五名王思训，六十四名张调元，一百十六名吕耀曾，一百三十三名诸晋，一百七十一名陈厚耀，二百零八名蒋进、二百一十九名白璿，二百二十九名臧琼，等等。（方苞、赵国麟、张谦宜等二十一人，未殿试。）

三月二十九日，会试有舞弊，主考官李录予等离任，同考官李绅

文等革职,会元尚居易罢黜。

《圣祖实录》。

四月,经邗沟,生徒请业,为之淹留。时有盐商求设帐教子,赆百余金。

《方苞集》卷十七《七思·妻蔡氏》:"哀吾生兮长卒卒,逐公车兮复再出。丙戌首夏兮经邗沟,生徒请业兮为淹留。愿假园林兮奉老亲,四序皆宜兮景物新。归告高堂兮欣有托,入室申言兮理行橐。"

李塨《恕谷后集》卷九《书方灵皋一节》:"丙戌成进士,归过扬州,盐商吴求设帐教其子!赆百余金。"

是时,省座师张廷枢于广陵,留月余。弟子刘师向与二三同门,请刊时文。

刘师向《刻方先生全稿附记》。

按,本年为方苞再刻印时文稿,其名曰《方灵皋全稿》,又名《抗希堂稿》《抗希堂自订全稿》等,录文 150 篇左右。时文稿卷首题曰:"方灵皋全稿目次。乡会总裁同考,诸先生鉴定。同学张彝叹、刘月三论次,受业程鉴夔震、王兆符龙篆、檀馨维德、刘师向封事、张曰伦序四、吴华国廷藻同编。"亦有版本题曰:"重订方望溪全稿目次,长洲韩慕庐先生评选,同学张彝叹、刘月三、翁止园论次。"又,康熙本载张廷枢、姜橚、戴名世、季咸若、龚缨五人原序,亦有版本删去戴名世序,另有版本收录李振裕和陈至言序。

按,《抗希堂稿》之评点者众,如李光地、韩菼、刘大山、汪武曹、左未生、张彝叹、朱书、徐诒孙、刘言洁、张曰伦、何焯、谢陈常、胡袭参、吴瞻泰、王澍、乔崇修、张大受、徐亮直、武商平、伍涵芬、季弘纾、韩祖语、朱师晦、朱东御、储礼执、钱名世、朱履安、魏方甸、刘紫涵、唐建中、程若韩、白宝、吴思立、方拱枢、秦道然等。所载评语，以戴名世为多，达九十余条。

程鉴，字夔州，号二峰，一字南陂。先世歙人，商于扬。少从方苞游，康熙四十七年举人，五十二年进士，充武英殿纂修官，授兵部主事，升本部员外郎，迁刑部福建司郎中。寻告归，署理家族盐务，后筑别业真州。嗜音律。著《二峰文稿》，刻《望溪全集》等。参见嘉庆十六年修《江都县续志》、《二峰诗稿》。

时文稿卷首，载诸弟子所作《记》。

弟子刘师向《刻方先生全稿附记》曰："先生南归，省韩城张公于广陵，留月余，向与二三同学请出未刻文，为后学楷法。先生曰：'吾文皆散在生徒朋游间，旧稿乃计偕时南中诸友仓卒搜辑，苟成一编，辞义芜疏，余甚耻之，何故使览者复费日乎？'向与二三同学不能移也。越数日，於潜伍君薇占，至自金陵，持先生一二至戚手书，并未刻稿六十余篇，曰：'惟刻此，可少济吾侪窘隘。'先生因择旧稿十之五，新稿十之六，命向与二三同学编次。……于是排纂前稿，益以未刻文四十余篇，备录海内名辈论定之语，而向与诸同学，偶有知见，益附于篇末。先生授经十余年，四方负笈请业者甚众。是编成于广陵，同编次者，独张曰伦序四、程鉴夔震、吴华国廷藻。余诸弟或在京师，或留白田，未得同役，皆不敢妄附。北平檀馨维德、王兆符龙篆，以先生留京师久，前后稿皆所手录，议论多开阐，不敢没其勤，故并列名。戴田有前辈、吾宗月三，为先生同里执友。先生己卯以前文多取正于戴，庚辰后多取正于刘。故是编仍以二君主之，示向与二三同学不敢专也。刘师向记。"

弟子张曰伦《记》曰："曰伦少从程先生若韩游，因得及先生之门。先生游燕、齐、吴、越间，道广陵，必与程先生抵掌促膝兼旬，或三数日，然后别去。曰伦见先生所谈皆人情物态、礼俗事为，而未尝及于文章。舟与所载，旅次所陈，多诸经义疏或子史文集，旁及山经、农书，而未尝有时文。乃先生之文偶一流布，学者争先而诵述之。曰伦尝叩所由，先生曰：'天地万物之理无尽，而四子之书其郛郭也，故必能发明天地万物之理，而后可以代圣人贤人之言。六经之精微，子史之奥博，文人才士所述之幽奇，以及盈天地间见闻事物之变，皆是理所宜求索。而一之于时文，则其涂隘矣。'……张曰伦记。"

弟子程鉴亦有《记》曰："鉴从学于先生，敬问所以为文之道。先生曰：'生之时与境宽然，而天资之材可用也。生将苟以求得于时乎？抑为其确然可据者乎？'鉴曰：'苟以求得于时，则无为至于先生之门也。侧闻先生于五经义疏皆已删定，而周秦以来贤人才士之所述，莫不辨黑白而定所从，不识可相授乎？'先生曰：'是古人所假道也，而其本不存焉。韩愈氏曰：行之乎仁义之途。庄周曰：高言不止于众人之心。故学者必先以义理洒濯其心，而后于古圣贤人之旨意研之而可入，探之而可出。今以寒乞奴隶而为富贵人之言，则闻者讶其词气之不类，况以负贩而代圣人贤人之言乎？质之不立而强缀以古人之文，是谓拔鹔鹏之翼而傅诸鹓鸠，其为累也大矣。'是先生所以为文之根源，读是集者于此焉求之可也。程鉴记。"

卷首亦载老友序文。

老友季咸若之序，记载方苞之学与时文发展历程："予自丁卯与方子灵皋交，距今十有六年。其学凡三变，而独不喜为时文。始好《庄》《骚》、乐府古辞，贵己贱物，傲然自遂于尘俗之外，而多为诗、骚有韵之文。自辛未北游齐、鲁、燕、赵，至癸酉归,好左氏、太史公书,证向今故,穷事物之变而求其济于实用者,多为志、传、书、论、辨、议,矫然自树一家之言。自乙亥至今,时客渔阳,时客淮南,时归金陵,尽弃所为诗、骚、志、传、书、论、辨、议之文,而沉潜于五经之训义,反复抽绎先儒之言,以别其离合于古圣贤人之意者,于诸经皆有所开阐。而治《春秋》,创通大义,正唐、宋、元、明注家之误,凡数万言。《五经》《左》《史》《庄》《骚》之书,皆灵皋为童子时,尊人南董先生所口授指画,而其好之有先后如此,盖其性情学识随时变化,而观物阅世有浅深故也。灵皋虽不喜为时文,而教授生徒,或有所感发于事物,亦间寓意于斯。而其文亦三变:庚午以前多清深俶诡,伟丽可喜;辛未以后渐就坚实;而自乙亥至今,则洁净精微,其理多补先儒所未及,而文境亦王、唐以来作者所未尝有。肤末于学者视之,急不得解,而觉其无可悦。……故灵皋虽甚不满其文,而余与古堂力赞刊布之。所存庚午以前十之二,癸酉以前十之三,乙亥至今十之五。《学》《庸》暨《语》《孟》理题皆近所为,学者尤宜用心焉。同学季咸若书。"

　　老友龚缨之序云:"灵皋与其兄百川质同学同,所著古文辞赋各数十万言,制义亦齐驱竞爽。灵皋为南国举首,例得刻其行卷。而先是百川亦刻其《自知集》行于世。世之知百川、灵皋久矣,将欲求乎道而肖乎古人之性情,以无谬乎六经之旨,则两集具在,其亦有以假涂问津而知所肆力也夫。同学龚缨书。"

五月,房师顾图河卒,年五十二岁。丧过金陵,先生吊于舟次,始见其子顾同根。随赴吊至其家。

　　张惟骧《疑年录汇编》卷十。《方苞集》卷十《顾友训墓志铭》:"始吾师以督学卒于楚,丧过金陵,余吊于舟次,始识君。"

《集外文》卷七《顾饮和墓志铭》:"余会试出公门。公丧自楚归,始见君江宁舟次,随赴吊至君家。"

六月初八日,整理文稿时,发现恩师高裔手札,撰文以记之。

《集外文》卷四《书高素侯先生手札后二则》:"而今丙戌六月朔后七日,复于散帙中得之。时生徒朋游以余登会试榜,汇刻前后所为时文,因以冠于简端,并记先生所以切劘之意,以见余时文之学之所自。而先生笔墨素不肯假手于人,故评订之语皆不敢妄托焉。"

按,文中所言,方苞将恩师高裔文章置于自己时文稿之首,从今存版本来看,并未发现高裔序文。

六月,归家之夕,母安寝成寐。

《方苞集》卷十三《刘中翰孺人周氏墓表》:"余因念丙戌计偕,自余出,吾母内热,语不休,虽隆寒,中夜启窗牖;或挟老婢立中庭,北向而望,凡百有三日,至余抵家之夕,而后寝成寐。"

按,方苞《亡妻蔡氏哀辞》云:"余会试,注籍春官。归逾月而妻卒。""以康熙丙戌秋七月朔后二日卒。"故系方苞归家于六月。

归家后,总督、藩、臬诸公留之义学,先生乃遣使返盐商之贽。

李塨《恕谷后集》卷九《书方灵皋一节》:"丙戌成进士,归过扬州,盐商吴求设帐教其子! 贽百余金。及抵里,总督、藩臬公留之义学。乃使返其贽。"

按,时两江总督阿山,满洲镶蓝旗人,康熙三十八年五月任,四十五年十一月升刑部尚书。江苏布政使宜思恭,正白旗人,康熙四十三年任。江苏按察使张伯行,仪封人,进士,康熙四十五年任。安徽布政使李法祖,铁岭卫人,荫生,康熙四十四年任。安徽按察使姚谐,黄陂人,贡生,康熙四十四年任。参见

《钦定八旗通志》卷三百三十九,乾隆元年《江南通志》卷一百六《职官志》。

七月初三日,妻子蔡氏卒,年三十七岁,为撰哀辞。

《方苞集》卷十七《亡妻蔡氏哀辞》:"妻蔡氏名琬,字德孚,江宁隆都镇人,以康熙丙戌秋七月朔后二日卒。在余室,凡十有六年。自己卯以前,余客京师、河北、淮南,归休于家,久者乃三数月耳。自庚辰至今,赴公车者三。侍先兄疾逾年,持丧逾年,而吾父自春徂秋,必出居特室,余尝从焉。又间为近地之游。其入居私寝,久者乃旬月耳。余家贫多事,吾父时拂郁,旦昼嗟吁。吾母疲疴间作。吾与妻必异衾裯,竟夕无言。妻常从容语余曰:'自吾归于君,吾两人生辰及伏腊令节、春秋佳日,君常在外。其相聚,必以事故不得入室。或蒿目相对,无欢然握手一笑而为乐者。岂吾与君之结欢至浅耶?'"

按,《方氏家谱》:"蔡氏在江宁为儒家。妻生男二人,皆早殇。女二人,其卒也,产未弥月,盖自怼以致疾也。年三十有七。"

又按,方苞于妻,有过焉。其《亡妻蔡氏哀辞》曰:"余性钝直而妻亦戆,生之日未尝以为贤也。既其殁,触事感物,然后知其艰。余少读《中庸》,见圣人反求者四,而妻不与焉,谓其义无贵于过昵也。乃余竟以执义之过而致悔焉。"《集外文》卷八《自讼》曰:"自始婚,日夕嚆嚆,终世羁旅,而家居多就外寝,是无夫妇也。……相提而论,于亡妻小有过焉。……于妻子,日自省而常渎于恩也。"

蔡氏卒后,缙绅竞相联姻。大学士熊赐履谋以女妻之,同年熊本谋以妹妻之。

李塨《恕谷后集》卷九《书方灵皋一节》:"曾克任为予言,

方灵皋内子蔡氏殁,荐绅慕其名,竞联姻。大学士熊赐履谋妻之女,谢之。时有郑总兵巨富,倩伍解元涵芬缓颊,愿以万金为妆奁,使可赡九族三党之馈问者,灵皋辞不获。……熊尚书一潇,其子本,灵皋同年进士,秘谓曰:'鄙人有妹,家君愿使侍箕帚。'灵皋曰:'感甚。然寒舍家法,亡荆偕娣姒日夙兴,精五饭酒浆,奉卮匜二亲左右,君家媛能乎?'本咋舌无以应。"

熊本,字艺成,号涤斋,尚书熊一潇子,江西南昌人,寄籍江宁。康熙四十五年进士,授庶吉士,官至翰林院编修。乾隆三十一年,曾赴鹿鸣宴。参见《康熙四十五年登科录》《南昌县志》。

七月,姊卒。卒之数日,往视。

《方苞集》卷十四《泉井乡祭田记》:"余年二十有三,始能备饔飧而弟卒。又九年己卯举于乡,归自京师,逾年而兄卒。又七年丙戌中礼部试,归逾月而姊卒。姊先卒之数日,余往视。荣及两女甥皆在旁,姊顾之惨然。余曰:'吾生而存,若辈无饥且寒。'"

冬十月,张伯行赴任江苏按察使。始至,未受印篆、谒制府,即回车过访,先生固辞不获命。

《方苞集》卷七《送张又渠守扬州序》:"仪封张清恪公廉察江苏,始至,未受印篆、谒制府,即回车过余。余固辞不获命。公入曰:'吾闻子有年,迫欲相见一论学耳。'余谢曰:'某未知学,但闻守官之大戒二:其一义利也,公于此既爵然而不滓矣。进乎此则利害,非知命而不惑者,不能毋摇。'公喜曰:'吾固知子之论学必笃也。'"《张清恪公年谱》:"冬十月,公赴任减谒上礼。"

按,《圣祖实录》,本年五月初八日,张伯行为江苏按察使。

张伯行,字孝先,河南仪封人。康熙二十四年进士,考授内阁中书。三十九年，张鹏翮荐理河务。四十二年，授山东济宁道。四十五年，迁江苏按察使。四十八年，调江苏巡抚。五十四年，入直南书房，署仓场侍郎。五十九年，授户部侍郎。雍正元年，擢礼部尚书。二年，赴阙里祭崇圣祠。三年卒，年七十五，谥清恪。参见《清史列传》卷十二、《清史稿》列传五十二。

是年，方舟既殁之五年，戴名世为其立传，比方氏兄弟为眉山苏氏兄弟。

戴廷杰《戴名世年谱》。

按，《戴名世集》卷七《方舟传》："（方舟）与其弟苞皆好学，日闭户谢绝人事，相与穷天人性命之故，古今治乱之源，义利邪正之辨，用以立身行己，而以其绪余著之于文，互相质正，有一字之未安，不敢以示世，意度波澜各有其造极，人以比之眉山苏氏兄弟云。舟天性醇笃，孝于其亲，既长不异孺慕。逸巢先生尝曰：'吾体未痛，二子已觉之。吾心未动，二子已知之。'"

又按，《传》文中称："舟少有呕血之疾，壬午游京师，疾复作，寻归，逾二年卒，年三十七。"其所言"壬午"或为"己卯"之误。

是年，李光地承修《朱子全书》。戴名世《四书朱子大全》成书。

李清馥《榕村谱录合考》。戴廷杰《戴名世年谱》。

是年，宜兴储欣卒。滋阳牛运震生。

储大文《存研楼二集》卷二十四《在陆先生传》。孙星衍《岱南阁集》卷二《牛君墓表》。

康熙四十六年丁亥（1707） 四十岁

是春，朱书遇疾，半年之中，四次致书先生。

《方苞集》卷十二《朱字绿墓表》："既遘疾，半岁中四以书抵余，未尝不自恨也。"朱书卒于丁亥岁六月，方苞称朱书遘疾后，半岁四以致书，则朱书遘疾当在是年春。

六月初五，在金陵，杨宾来访，不值。初六日，回访。初七日，宴请杨宾，朱履庵、叶子山作陪，并同观旧拓《十七帖》《庙堂碑》《兰亭序》，后杨氏携之返寓所。初八至初十日，杨宾为先生三帖撰跋语，又批阅先生近作三篇。

杨宾《杨子日记》。

杨宾，字可师，号耕夫，别号大瓢，浙江山阴人。少颖悟，善书，工诗古文。不乐仕进，康熙戊午举博学鸿词，不就。年十三，父坐友人累，偕妻流宁古塔。康熙己巳，圣祖南巡，宾偕弟请代父戍，不许，遂至宁古塔省亲，途中几殒。及父殁于戍所，复诣阙泣请归骨，久之始获允，迎父母葬于苏州，遂家焉。卒年七十一。著有《晞发堂诗文》十六卷、《金石源流》六十卷、《藩镇考》四卷、《柳边纪略》四卷。参见乾隆十三年《苏州府志》卷六十七、乾隆五十七年《绍兴府志》卷五十九、嘉庆八年《山阴县志》卷十五。

按，杨宾为方苞所作题跋收入《铁函斋书跋》，即：卷三《方灵皋家藏兰亭》《方灵皋家藏十七帖》《家藏十七帖》，卷四《方灵皋旧拓庙堂碑》。

十一日，杨宾书简至，并归还文稿、法帖。十二日，与张安谷，过访杨宾，并赠其秋石二饼，遇伍敬玉、蔡铉升、陈鼎。十八日，夜访杨宾。

杨宾《杨子日记》。

按，杨宾本年六月初一，从扬州出发，初二日至金陵，二十日离开。

又按，日记中"朱履庵"即朱履安。"叶子山"或为叶燮侄儿叶藩（桐初）。"蔡铉升"即蔡墅，上元人。"张安谷"即张宗祯，吴县人，贡生，康熙三十年任桐城县训导。陈鼎，江阴人，著有《东林列传》《留溪外传》等。

十九日，好友朱书卒于京师，年五十四岁。

杨西畈《朱氏家谱》。

按，四年后，方苞作《朱字绿墓表》，称朱书卒年五十一，今从《朱氏家谱》。

九月二十日，第三女生。

江苏金坛《义门王氏族谱》卷十二《事行四》王金范小传："茂四公讳金范，字文叙，号横山，观察公第四子。……生于康熙丁亥七月初八日，卒于乾隆丁亥八月二十二日。配方孺人，贤而孝，内治严肃。生于康熙丁亥九月二十日，卒于乾隆戊午八月十二日。"

按，《方氏家谱》之方苞小传："三女：长适庐江举人宋嗣炎学士衡子，次适上元生员鲍孔学望江训导元方子（蔡夫人出），次适蒲台县丞金坛王金范，直隶天津道广益子（杨孺人出）。"

十月初一，为戴名世之父戴硕作传，即《霜崖公传》。

按，此文未收入方苞诗文集，而见于民国十一年敬胜堂《戴氏宗谱》。由文末署曰"时康熙丁亥岁阳月之吉"，可知作于康熙四十六年十月初一。

另外，文末方苞叙述与戴名世之亲戚关系："田有与苞为骨肉交，其门内之事，知之甚悉。苞生也晚，未获觐公之颜色，而凡里人述公之生平，至公皆为泣下，则公之厚德，亦可以意想矣。至太孺人，则苞之从姑母，苞素事之如母，其遗范犹在目也，故略为书其梗概如此。"其中"田有"即戴名世。霜崖公为戴名世之父戴硕。戴名世之母方太孺人,为方苞从姑母。

又按,《方氏家谱》,方太孺人为方旭长女:"旭,讳若瑗子,字汉臣号涛山,县学生,生万历乙卯正月初三日,卒康熙乙丑九月初三日。葬长龙冈,附父墓旁亥山巳向。……二子与典。二女,长适生员戴硕,安乐知县宁子;次适怀宁汪晨,生员丹伯子。"

十月初四,父方仲舒卒于家,年七十岁。

《方苞集》卷十七《台拱冈墓碣》。

按,《方氏家谱》:"仲舒,讳帜第二子,字南董,号逸巢。以子苞任内阁学士兼礼部侍郎赠通奉大夫。生崇祯戊寅十一月十六日,卒康熙丁亥十月初四日。葬江宁县陶吴镇云台山石嘴村,卯山酉向。配江宁姚氏赠太夫人,生崇祯己卯九月初八日,卒顺治庚子九月十八日。附葬马溪桥小柏村二房庄祖姑墓侧,甲山庚向。继配莆田吴氏绍兴府同知勉女赠太夫人,生崇祯壬午正月十五日,卒康熙乙未十二月初九日。葬合夫墓。三子:舟、苞、林(俱吴太夫人出)。五女:长适江宁鲍坤运判士聪子,次适上元曾沂都司某子(姚太夫人出),次适江宁冯庚,次适望江训导上元鲍元方,次适江宁谢天宠(吴太夫人出)。"

又按,光绪七年《重修安徽通志》列方仲舒入《文苑传》。同治十三年《上江两县志》卷二十四列方仲舒入《耆旧传》。道光七年《桐城续修县志》卷十六《人物志·文苑》:"方仲舒,字南董,号逸巢,帜子,上元县岁贡生。少好读书,耽诗酒,胸无畦畛,所著诗有《棠村集》《爱庐》《渐律草》《甲新草》《卦初草》,凡万余篇。父执杜于皇、族祖盅山,皆折行辈与相唱和,顾不竞时名。子舟、苞、林,请刊集以行,不许,年七十卒,以子苞贵,赠如其官。"

又按，戴名世为方仲舒作《方逸巢先生传》，未收入今存《戴名世集》《戴名世遗文集》。由戴廷杰先生发现于萧穆《南山集读本》，又得之于《潜虚补遗》中。《方苞集》卷十七《台拱冈墓碣》："吾父生平，宋潜虚既论次为家传。"

是时，归杨树湾高庄，处理先祖东谷公遗田。

《方苞集》卷十七《己亥四月示道希兄弟》："杨树湾高庄东谷公遗田，太仆公所受分也，五传至余兄弟，以远家金陵，艰输运，弃其十之六，惟主庄尚存。余丁亥归故乡，见其基势爽垲，绕宅乔木尚七十余株。老仆曰：'此东谷、太仆所尝栖止也。'因复其半。今并以为祭田，未复者当次第复之。"

约是时，拜谒张英于里第。

《方苞集》卷十六《祭张文端公文》："余籍春官，由顾与陈。陈成进士，实出公门。余既南还，谒公里第。北面升堂，始正大义。公在林泉，夔夔翼翼。至忠体国，心怀宸极。私为世喜，公志未衰。朞期逾岁，遂乘东维。"

按，文中"余既南还"，应指康熙四十五年，方苞放弃殿试南归。而"乘东维"为诸侯大臣死亡之讳称，"朞期逾岁，遂乘东维"指一年后死亡，而张英卒于康熙四十七年，故本次见面应为康熙四十六年。

居父丧，以母老疾酌礼经，筑室宅之西偏，以奉事焉，而不入中门。

刘古塘《丧礼或问序》。

按，刘古塘《丧礼或问序》，方苞言行在族姻中有示范作用，但也不乏例外："期年，族姻称说，邦人或慕而效之，而望溪告余曰：'不孝子以内热今肉食矣。食而不知其味，犹可说也。而今甘焉。是不孝子陷溺其心，而天先付以禽兽之口腹也。子若我何及?'近大祥,复告余,兼致书彝叹、刚主,曰:'不孝子非人也,在礼非时,见乎母不入门,恐数与内人接耳。今吾母居外,内人出见有时,而自期有七月之后,男女之思忽发于幽独。虽悔痛内惭,重自惩艾。而时若欲萌,故不敢自溺,使家人友党具知其不可复置。'"

又按,李元度《国朝先正事略》卷十四《方望溪侍郎事略》:"丁亥丁父忧,公以母老疾,酌礼经,筑室宅西偏,奉母,三年不入中门。"

又按,方苞《将园记》:"越三岁而先君子殁,始克于池之东北隅构四室,奉老母居其北,而余读书其南。"

十二月,友人胡禹冀卒,年八十二岁,为撰墓志铭。

《方苞集》卷十《教授胡君墓志铭》。

按,文中言及,方苞曾前往姑孰,亡兄方舟亦曾授经姑孰,结识胡禹冀。按乾隆二十三年《太平府志》卷十九《职官》:"儒学教授。胡禹冀,江宁人,举人。康熙二十五年任,四十四年结束。"与《教授胡君墓志铭》所言"至康熙乙酉始自姑孰告归"一致。

又按,法式善《槐厅载笔》(嘉庆)卷四:"胡禹冀,字载川,江苏江宁人,太平府儒学教授,以顺治乙酉举于乡,至康熙乙酉始姑熟告归,重见乡后进之歌鹿鸣者,人争羡之,以谓前辈登后甲子复一周者,独嘉靖中石城许公,而君即许公弥孙也。君之生也,未尝有疾病忧患,终日熙熙,逾八十饮食步履如平时。"

是年,为同年齐方起刊刻时文稿,戴名世为序。

《戴名世集》卷三《齐天霞稿序》:"岁乙酉,天霞举于京师。明年,成进士。又逾一年,其同年生方君灵皋为刊其稿于金陵,而取苏署所作若干篇附之。"

是年,戴名世将刻吴瞻泰(东岩)时文稿,先生未序,以迄年戒

序为由。

　　《集外文》卷五《与吴东岩书》："前月中闻足下南归，一书附递卒驰候，接手教，具悉别后动止，甚慰。又闻褐甫诸君欲刻足下所为时文，此仆私怀所素蓄也。仆许序足下之文数岁而未报者，非敢慢也；凡吾为文，必待情与境之自生而后能措意焉；重其请，则发之愈难，是以久而抵滞；而今则虽欲为之而势不可也。……自癸未为朱君字绿、张君彝叹创为之，遂不能复却；数月中所作至十余篇，虽不敢过违其心，而困于义意之无措者屡矣。其许而未及为者尚倍之，而谢不为者不可胜数也。因此为戒，以正告于朋齿：非特著一书，义意有可开阐者，不敢承命为序。"（此文系于本年，从《文目编年》）

是年，戴名世为章大来时文稿作序，先生未序，以迩年戒序为由。

　　《戴名世集》卷三《章泰占文稿序》。

　　《集外文》卷五《与章泰占书》："至仆不序人诗文，其义具《答吴东岩书》，并以奉览。所惠教，如命点定，不敢逆相委之意也。"

　　按，戴名世《章泰占文稿序》，曾劝其就正于方苞："章君之所宗仰为其乡人西河毛氏，而章君要自有萧然独得者。至于规其所不足，以托于古者赠人以言之义，则余之荒落已久，无可效于章君者。章君其过吾友灵皋氏而问焉，灵皋氏亦不肯以文谀人者，章君素与善，必有以得其言矣。"

是年，刘岩以时文稿请序，先生以戒序为由，未撰。

　　《集外文》卷五《与刘大山书》："辱手教，命序新编时文。仆不为诗文之序已数年矣，况自先君即世，肝疾愈剧，胁脊偏痛，经络瘀伤，惴惴焉惟不能保其躯命是惧，尚安能含意连辞而就其说邪?"

按,此文未定作于何时,但由文中"况自先君即世,肝疾愈剧"推断距其父去世不久,姑系于本年。

是年,同年吕葆中卒于北京烂漫胡同。

卞僧慧《吕留良年谱长编》。

按,王先谦《东华录》雍正七年五月乙丑:"谕内阁九卿等:前此一念和尚谋叛之案,党羽连及吕葆中,其时逆迹早已彰著,蒙圣祖仁皇帝如天之仁,免其究问。而吕葆中遂忧惧以死。"(雍正帝讳言朱三太子,遂称一念和尚案。)

是年,康熙帝第六次南巡。

《圣祖实录》。

是年,海宁查升卒。钱塘汪师韩生。漳浦蔡新生。

沈廷芳《查公行状》。汪师韩《上湖纪岁诗编》卷一。蔡新《缉斋文集》卷一《乾隆丙申十二月初五日七十生辰蒙恩特加赏赉恭谢札子》。

康熙四十七年戊子(1708)　四十一岁

七月,与刘捷候其兄刘辉祖于桐,过期不至,而得凶问。以故未得迎其丧,亦未哭于殡次,因撰文以寄哀思。

《方苞集》卷十六《刘北固哀辞》。

按,刘辉祖与方苞为至交好友,《刘北固哀辞》曰:"昔吾先人与刘氏世好,以行辈,北固尊于余,而与余为兄弟交。北固生于桐,余生六合,继而迁江宁,未相面也,而所学之趣同。稍长,朋试于有司,名必相次也。及游四方,与士大夫往还。善于北固者,多余昵好,而嫉余者,间波及于北固。"

又按，刘氏兄弟与方氏兄弟，多文字往来。方苞《钦定四书文》收录刘辉祖《春秋修其祖庙》一文，论曰："照定生存之义，情景一一都活，更无一毫搬衍钉饾之迹，于此见其笔妙。"刘辉祖曾评方苞古文《读齐风》："非胸罗万象读书时苦心思索，安能幽隐毕照、细大无疑若此。"评《又书封禅书后》："望溪朴直坦易，惟读古书则古人思议所不到者，能探索椎鉴而出，殆管子所谓鬼神通之者。"评《书韩退之学生代斋郎议后》："使昌黎见之，亦当屈于其理，而深好其文。"（初刊本）刘辉祖评方苞时文《子所雅言一节》："其于题也，内无遗义，外无溢言，而冲和淳静，穆如清风，先辈中到此境者亦罕。"《兴于诗立一章》："取镕经意，亦自出精言，是谓儒者之文，数十百年无此也。"《子谓伯鱼一章》："气格在匡衡、刘向之间，子固尚当逊其醇厚。"（《抗希堂稿》）

又按，顾嗣立、张大受、杨宾诸友，亦有哭刘辉祖诗文。顾嗣立《春树草堂集》卷四《挽刘孝廉北固》，张大受《匠门书屋文集》卷四《刘北固殁于广东赋以哭之》，杨宾《晞发堂诗集》之《哭刘辉祖》。

八月乡试，弟子程釜、友人王懋竑中南榜。储在文、方式济、唐绍祖等中北榜。

《江南通志》卷一百三十三《选举志》。

秋杪，岁歉，奉母及嫂率子侄避荒江北，居刘岩家数月。

刘岩《匪莪堂文集》卷五附录《方望溪闻见录》。

九月十七日，张英卒于家，年七十二岁，为作祭文。

张廷玉《先考行述》。

按，张英为方苞入朝前、桐城人在朝廷之重臣、官至文华殿大学士。张英对乡邦士人多有关照，与方家亦有姻亲关系，但方苞拒绝张英关照:"众附恐后,余避不前。北试京兆,牒过礼部。公比群士,谓宜独步。凡在列者,凑公称师。余独自外,接以常仪。谓公余弃,公心以倾。"(《祭张文端公文》)

按,《方苞集》卷十六有《祭张文端公文》;《集外文》补遗卷一《张文端公墓表》(代李光地作)。据此,方苞与张英彼时之关系,尚属不错,朝廷大臣也知道他们同乡(同籍)之谊,但也仅仅如此,不宜过度夸大。方苞在朝廷前期往来者,主要为李光地、韩菼、徐元梦、顾琮、朱轼诸人。后世有研究者称,张英是桐城派或对桐城派形成有很大影响,于历史事实不符。方苞、刘大櫆时代,并无后世所谓"桐城派"。桐城派并非某人建立,而是逐渐建构形成,姚鼐为桐城派真正奠基人。方苞与刘大櫆的"桐城派三祖"身份,为后世追封。姚鼐早期及其之前的人与事,都不宜直接从桐城派立论。

十月二十二日,在桐城,夜坐左文韩斋中,叩问左光斗逸事。

《方苞集》卷八《左仁传》:"戊子冬十月,望后七日,余在桐城,夜坐左秀起斋中,叩其先忠毅公逸事,因叹自古忠臣义士遭变底节,载在史册不可胜数,而发扬震动于后人之耳目者,代不数人。盖其名之显晦,一视所遇之事大小以为差别,而有不可强者焉。"

左秀起,即左文韩。光绪《重修安徽通志·补遗》:"左文韩,字秀起,桐城人,明忠毅少保之曾孙也,少为诸生,喜吟咏,旧居县城东,一旦弃去,远至百里外,所谓荷庄者居焉。日率孙曾僮仆艺圃、灌园、植花竹,以乐其志,数年不一至城市。其所为诗,直举其志,臆所欲道,而深造乎古人,多可传者。"

又按,方苞重新修改早期作品《左忠毅公逸事》,或于此时。

是时,见弥甥光正华文而异之,遂从游龙眠山中。以其日诵万言,召至金陵。以女甥妻之,入赘于冯氏。

《集外文》卷四《书诸友公祭先母文后》:"此光生正华作也。正华于余为弥甥。戊子,余归故里,见其时文异之,遂从游龙眠山中。一日晨起,读《庄子·齐物论》,未朝食已成诵。试以他书,日诵万言。因与至金陵,以女甥妻之,入赘于冯氏。"

按,光正华即光御宠,为方苞外甥女婿。

是年前后,与知县白璿有往来。

《集外文》卷五《与白玟玉书》:"念贤兄忘长吏之势,与仆为布衣交,劝善规过,孜孜若不及。戊子、己丑间,仆数归故里。吏事之暇辄相呼,言笑连晨夕,今遂成异世事。"

按,道光七年《桐城续修县志》卷六《职官志》,康熙四十年至五十二年,白璿任桐城知县。又按,道光八年《清涧县志》,白斑长兄白璿。

是年,李塨书至,赞誉先生志行修笃,文被海内,并请传播颜李之学。

李塨《恕谷后集》卷四《与方灵皋书》曰:"惟见门下笃内行而又高望远志,讲求经世济民之猷,沉酣宋明儒说,文笔衣被海内,而于经史多心得,且不假此娵婴侯门为名誉,此岂近今所能得者?私心倾祷,谓树赤帜以张圣道,必是人也。"并请方苞传播颜李之学:"李塨今五十矣。……以门下之德望,若得同心倡明正学,则登高而呼,所听者远。南中后进殊尤,必有闻风而兴起者,较之穷崖空谷之鸣号,虽厉莫闻,何啻天壤?"

按,由李塨年五十,可知《与方灵皋书》作于本年。

是年,婢王音九岁,入侍太夫人。

《方苞集》卷十六《仆王兴哀辞》称,婢王音与其父皆康熙五十五年卒,而死时十七岁,则九岁即康熙四十七年。

是年,胡宗绪为母六十请寿序,先生婉辞。

《方苞集》卷七《胡母潘夫人七十寿序》:"吾友胡君锡参于其母潘夫人六十时,请余文述其志节与教诸孤者以寿。余曰:'非古也,有暇则传以详之。'丁酉春,锡参北试京兆,曰:'以吾母教余兄弟之勤,终不能不惓惓于此。故承命以来。'其秋果得举。冬十有二月,请余曰:'献岁正月,吾母七十矣。将使仲弟西章归为寿,子姑以一言先之可乎?'"

是年,杨宾编成《铁函斋书跋》。朱彝尊《曝书亭集》成书。《清文鉴》编成。

杨宾《铁函斋书跋序》。潘耒《曝书亭集序》。康熙帝《清文鉴序》。

是年,以废皇太子诏告天下。朱三太子被斩立决。谕传教士分赴各省用西学量法测绘地图。

《圣祖实录》。王先谦《东华录》。

《民国丛书》第一编《明清间耶稣会士译著提要》:《皇舆全览图》,耶稣会士白晋等绘,康熙四十七年,上谕传教西士,分赴中国各省,用西学量法,绘画地图。五十六年地图绘毕,此图与《康熙永年历》,为康熙时代增饰文化之双璧。

是年,同年刘青藜卒。吴江潘耒卒。明珠卒。陈鹏年补授苏州知府。

《方苞集》卷十三《刘烈妇唐氏墓表》。沈彤《果堂集》卷十一《翰林院检讨潘先生行状》。王鸿绪《横云山人集》卷十四《礼部尚书武英殿大学士明公墓志铭》。唐祖价《陈恪勤公年谱》。

康熙四十八年己丑(1709)　四十二岁

三月二十三日,殿试发榜,戴名世、方式济、赵国麟、蔡世远诸亲友中进士。顾嗣立、徐念祖报罢。

《圣祖实录》。

按,《清朝进士题名录》,是科一甲:赵熊诏、戴名世、缪沅。二甲:一名朱元英,三名储在文,十二名黄叔璥,十四名李绂,十九名徐用锡,二十七名黄叔琬,二十九名蔡世远,三十一名唐绍祖,三十四名蒋锡震,三十五名方式济,四十八名吕谦恒。三甲:一名韩孝嗣,二十名张照,八十名赵国麟,一百三十八名黄越,一百四十九名王承烈,一百八十四名张大受,一百九十二名李汝霖等。友人顾嗣立不中。据《听雨丛谈》,是科会试主司:李光地、张廷枢。

七月十七日,座师李振裕卒于宝应,年六十八岁。

许汝霖《德星堂文集》卷四《吉水李宗伯墓志铭》:"公姓李氏,讳振裕,江西吉水县人……四十八年七月十七日遭疾卒于宝应之侨寓,享年六十有八。"李绂《穆堂初稿》卷四十九为祭文二篇:《祭礼部尚书吉水公文》《代祭礼部尚书吉水公文》;李嶟瑞《后圃编年续稿》卷十一《哭吉水公八首》。

按,李振裕从康熙二十四年到二十六年提督江南学政,其《白石山房集》卷十五有《方灵皋制义序》。《四库全书总目》卷一百八十三著录《白石山房稿》。

是年,至浮山,与宗六上人游。每天气澄清,步山下,岩影倒入方池,及月初出,坐华严寺门庑,望最高峰之出木末者,心融神释,莫可名状。

《方苞集》卷十四《再至浮山记》。

按,吴道新纂辑、陈焯修订《浮山志》卷三《法谱·正宗主持》:"宗六禅师,名法社,号许峰,宛陵人,住持四十有七年。邑人张相国记云:'览视庭宇,焕然有异于昔,逼者广,圮者修,寮舍加多,而竹木茂焉。究其所以,则皆山足创其规模,而宗六承其遗绪。'岁甲申,宗六与其监院师归麓,复募金重修正殿。有《栢华居诗》《浮山语录》传焉。"

己丑、庚寅间,频至淮上,宣佐授徒邗江,数与之语。

《方苞集》卷十六《宣左人哀辞》。

按,光绪十七年《重修安徽通志》卷二百四十七《人物志义行》:"宣佐,字左人,怀宁人,与方侍郎苞相识为泛交,方以《南山集》牵连被逮,佐为奔走急难,方系刑部,佐数千里入视,及方出狱,而佐已卒,方甚伤之,为作《哀辞》。"道光五年《怀宁县志》列宣左人入卷二十一《笃行》。

是年,以复立皇太子允礽诏告天下。

《圣祖实录》。

是年,秀水朱彝尊卒。昆山蔡方炳卒。孝感熊赐履卒。奉新帅家相生。

朱桂孙、朱稻孙《竹垞府君行述》。张慧剑《明清江苏文人年表》。章开沅《清通鉴》。江庆柏《清代人物生卒年表》。

康熙四十九年庚寅(1710 年) 四十三岁

元月,与诸友陪孙用正游金陵,并为其父孙洤《四书醒义》校订、易名。

孙用正《缄斋集》卷八《南游》:"至金陵。从前为先君《四子醒书》谋刊,曾付黄际飞订正,即访之。而际飞已赴都门,其家人将书送还,有手字,言已转托朱履安照应。余随访履安,履安慨然许之。途遇方灵皋,欢甚。翌日,即往视灵皋,正与友拟出游,遂偕往。途次,方谒其父执陈书字尚默者,年已古稀,而安贫乐道,不妄交一人。片刻接谈,辄恨相见之晚。陈欲同过萨真探梅花,中途畏寒而返。遂穿山径过成姓祠,竹树之胜,地境之幽,迥异寻常,而主人乃系刀笔吏,殊属憾事。至放生池,俗名黑龙潭,为黄石斋、谭友夏诸名公游息唱和之地。登东山城外西山,重叠选翠,诚为一郡名胜。与灵皋握手纵谈,俯仰今昔,别有会心,因相与订千秋之业,归途而日已冥矣。……方灵皋约为竟日之谈。因携《醒书》相质,灵皋一再读,叹羡不置,慨许校订。但嫌‘醒书’二字不免太尖,竟易‘醒义’为稳安。朱履安亦以为然。灵灵老秉笔竟易今名。灵皋亦出所著《春秋解》相示,方负不羁之才,与人落落,乃虚怀纳交,愧感交集。……方灵皋携吴齐云过访,以其著作来质且订交。灵皋又言高顺(淳)县有张彝叹讳自超者,独行君子也,足迹罕到城市。值年饥乃诣县尹,议赈,家止田百亩,遽卖其半,得银一百五十两为首倡,官绅因加鼓励,共捐千金,全活饥民无算。张所余田,不足供饘粥,躬耕自给宴如也。又言桐城有左策颛讳廉、吴生甫讳直,俱学问人也。又闻本城有孙用克讳学颜,醇谨之士,且留心学问,因与过访。将《四书醒义》交光裕堂发刻。此书急不能刻完,拟间游苏杭,渐及天台、雁荡,可以观海,遂南发。上元日,江阴早发。……方灵皋问余,游历浙、闽、两粤、海南、江右万余里,其山川、风土、人物、学问必有所得。余曰:‘山川各人领略,风土各有所长,人物寥寥,学问事绝口不讲。’”

是春,金陵故居将园之南堂成,西翼尚未毕工。

《方苞集》卷十四《将园记》。

五月,鲍氏妹卧疾甚惫,往视之,戒其长女球以女妇之道。

《方苞集》卷十三《鲍氏女球圹铭》:"康熙庚寅夏五月,余妹适鲍氏者,卧疾甚惫;而余有故乡之行,往视之,其长女球侍。戒以在视食饮寝兴之节,球泪应声落。"

七月二十三日,在皖,家仆至,称鲍氏长女球死矣。年十六,未字。

《鲍氏女球圹铭》。

是秋,好友王源卒于山阳,年六十三岁,为撰祭文。李塨、蒋衡、杨宾诸友哭以诗文。

马明达《王源年谱》。《方苞集》卷十六《祭王昆绳文》、李塨《恕谷后集》卷六《王子传》、蒋衡《哭王或庵先生》、杨宾《哭王源》。

按,王源与刘齐、张自超、刘捷被方苞称为"四君子",并作《四君子传》。晚年又建"敦崇堂",以亡友刘捷、张自超、王源、李塨为"敦崇堂四友"。(《与黄生培山书》)《方苞集》卷十《王生墓志铭》:"余与昆绳交最先,既而得刚主。三人者所学不同而志相得,其游如家人。"《宁晋公诗序》:"辛未、壬申间,余在京师,与吾友昆绳日夕相过论文;而昆绳所与交善者,多与余游。"王源让子王兆符从方苞游,为方苞高第弟子。《祭王昆绳文》,方苞评价王源:"子生于天,余谓非偶。嗟同众万,视犹刍狗。子之心胸,函山振海。子之议论,风惊雷骇。岂惟在今,志亦无古。英光浩气,今归何所? 世士虚㤭,外张中馁。古所云狂,子差可拟。"王源对方苞古文多有评点,如评《读仪礼》:"宋以后无此清深峻洁文心,唐以前无此淳实精微理路。"《书潘允慎家传后》:"望溪之文,不主一体,如此篇,不类班、马、欧阳,而班、马、欧阳之意皆具其中。"

十二月，李绂以庶吉士觐省归里，道长干，停船过访。

《方苞集》卷四《李穆堂文集序》："余与穆堂始相见，即相与议所处。康熙庚寅杪冬，穆堂以庶吉士觐省归里，道长干，停船过余。余时以老母衰病，不敢远行，而守土吏及族姻皆谓：'误殿试期至再三，惧物议。'穆堂独正议以排之。余因谓穆堂：'子必大为世用，不及今肆力于学，则无其时矣。'"

李绂，字巨来，江西临川人。康熙四十八年进士，改庶吉士，授编修。官至兵部侍郎、广西巡抚、直隶总督等。后夺官，纂修《八旗通志》。乾隆帝即位，授户部侍郎。乾隆元年，开博学鸿辞科，降授詹事。二年，以母忧归。六年，补光禄寺卿，迁内阁学士。八年，以病致仕。十五年卒。参见《清史稿》列传八十。

是年，张云章、冯念祖钱塘话旧，言及先生与戴名世、朱彝尊、汪份、乔崇修诸友曾雅集于此。

张云章《朴村诗集》卷九《夜宿招贤寺题似文子》："为爱招贤名不虚，群公踪迹遍香厨。只缘君是湖山主，故遣招提着我徒。（文子云，昔年朱竹垞先生及汪武曹、戴、方灵皋、乔介夫诸君，俱聚于此。）"

按，诗中所言招贤寺，在杭州，白居易有《紫阳花诗》以记之。又，《曝书亭集》卷六十七，朱彝尊记载，两次与冯念祖同游杭州，其一《灵隐寺题名》，康熙辛巳三月，同游七人。其二《包山寺题名》，康熙甲申三月，偕游六人，无方苞、乔崇修之名。姑系于此，待考。

是年，乡试座师张廷枢以忤逆太子党魁罢职。

《圣祖实录》："吏部题刑部察审偷盗富新仓米之檀张三

等,例应拟斩监候,乃尚书张廷枢另议充发,甚属不合。应将张廷枢罚俸一年,得旨:'张廷枢诸事偏执,素性好胜,有忝大臣之任,着革职。'"

《集外文》卷六《记所闻司寇韩城张公事》:"大司寇韩城张公自视学江南,擢少宰,列于九卿,即以明决敢言任事著声。其始为司寇而罢也,以提督九门陶和气势方炽,司寇齐世武阿附,摭其仇人死刑狱。公持不可,因此谮公。"

是年,王士禛刻《林茂之诗选》并序。王兆符刻其父王源《左传评》。

陈庆元《林古度年表》。蒋衡《拙存堂文集》卷六《王隆川行状》。

是年,张伯行赴任江苏巡抚。同宗方世儁生。高密单作哲生。

张师载《张清恪公年谱》。《方苞集》卷八《金陵近支二节妇传》。《清代官员履历档案全编》。

康熙五十年辛卯(1711)　四十四岁

正月,至怀宁宣佐家,左山右湖,皋壤如沐,流连信宿,相期匝岁定居于此。

《方苞集》卷十六《宣左人哀辞》。

是春,以事返桐,弥甥光正华为何士行请序。

《集外文》卷四《何景桓遗文序》:"岁辛卯,以事返桐,光甥正华持一编示余,曰:'此何生景桓文也。吾女弟归于生,生不幸早夭,垂死属某曰:"方子与吾生同乡,而未得一见其人。子能使序吾文,死不恨矣。"'发而视之,其持之有故,其言之成理,盖其心力尝竭于是而有得焉,无怪其至死而不能释然也。

序其文，所以恨余之不遇生也。"

按，道光七年《桐城续修县志》卷十六《人物志·文苑》："何士行，字景桓，绪孙。弱冠，补县学生，旋卒。所为制艺不下千首，同时方苞择其尤者付梓。"

四月十三日，在宝应，与王懋竑会晤于乔崇修处。

《王懋竑日记》："（四月）十三日，灵皋至，晤于念堂所，二鼓送至北门外。"

五月十一日，旧友王士禛卒。十八日，旧友张玉书卒。

宋荦《刑部尚书王公士禛暨配张宜人墓志铭》；孙星衍《刑部尚书王公传》。张逸少《张玉书行述》；王喆生《素岩文稿》卷十《祭馆师张素存先生文》。

按，《望溪集》初刊本《编次条例》中，提及方苞几位恩师（高裔、张廷枢、姜橚、廖腾煃）及旧友（王士禛、张玉书、许汝霖）。

王士禛，字贻上，山东新城人，顺治十二年进士，官至刑部尚书。康熙四十三年，以瞻徇夺官。四十九年，复职。五十年卒，年七十八岁。士禛工诗，以神韵为宗，自号渔洋山人。参见《清史列传》卷九、《清史稿》列传五十三。

张玉书，字素存，江南丹徒人。顺治十八年进士，选庶吉士。官至文华殿大学士。康熙五十年，扈跸热河，甫至疾作，遂卒，年七十岁，谥文贞。玉书谨慎廉洁，远避权势，门无杂宾。参见《清史列传》卷十、《清史稿》列传五十四。

又按，《钦定四书文》，方苞选录张玉书四书文多篇，如《射不主皮一节》，论曰："前半持论有典有则，后幅从圣人慨慕古道唱叹而出，词虽阔远，义实不泛，文之光泽美润，更非外腴中枯者所能仿佛。"《点尔何如一节》，论曰："曾氏言外之意，孔子喟叹之情,最难体认,惟此篇一一清出,各有着落。义理既得,而风致悠扬,耐人寻览。"《子适卫一章》,论曰:"写出圣人深情,通身俱有生色。"

五月十九日,弟子刘师恕以检讨为广西乡试正考官。

《圣祖实录》。

八月初一,好友朱书卒后四年,志其墓表。

《方苞集》卷十二《朱字绿墓表》。

按,朱书与方苞兄弟为至交。《方苞集》卷八《四君子传并序》:"余弱冠,从先兄百川求友,得邑子同寓金陵者曰刘古塘,于高淳得张彝叹;归试于皖,得古塘之兄北固,于宿松得朱字绿。"卷十二《朱字绿墓表》:"字绿父事先君子,而余兄事字绿。……故平生执友相聚之久且密,未有若字绿者。"《集外文》卷四《朱字绿文稿序》:"余自与朋友往还,未有先于字绿者。其始相见也,在丙寅之春,朋试于皖江。时余为童子,字绿为成人,而以时文之学相得,为兄弟交。"

方苞《钦定四书文》选录朱书时文二篇:《刚毅木讷近仁》,论曰:"四实字有洗刷,后二股尤得圣人勉人之意。"《夫子自道也》,论曰:"但就题面推衍,何从见子贡知足以知圣人实际。似此方将圣人平日功力、言下精蕴一一传出。笔致锐入爽达,非浸淫于江西五家者不能。"朱书评方苞古文《原人上》:"光芒万丈,退之以推李、杜,必此等觉世之文,乃足以当之。"评方苞时文《如切如磋四句》:"细淡深微,缓缓咀之,其味乃出。"《滔滔者天至末》:"至味自高,含毫邈然,其韵致在行墨之外。"

八月,李光地乞休,不许。

李清植《文贞公年谱》。

八月,好友刘捷江南乡试第一。北榜储雄文、蒋汾功中举。

《方苞集》卷八《四君子传并序》："捷故名家子，其祖若宰，明崇祯辛未及第第一人，同产兄辉祖，康熙庚午乡试举第一，及辛卯，捷复举第一。众议皆谓：'宋、明科目有三试皆一者，今独无有，惟捷可当之。'"乾隆元年《江南通志》卷一百三十三《选举志》。

蒋汾功，字东委，阳湖人，雍正元年进士，授湖北某县令，后补松江府学教授。居四年，罢归。著有《孟子四种》《读孟居文集》。文集前有方苞、戴名世、张大受诸人总评，书中有方苞、左未生、王汝骧、钱名世、杨椿诸友评点。

九月，歙县许起昆持母行状，因吴东岩乞铭。既许诺，逾月而被逮。

《方苞集》卷十一《许昌祯妻吴氏墓志铭》。

许起昆，字玉载，唐模人，雍正五年膺荐往河东试用，历署蒲台、滨州、新泰、利泽，十年授利津知县。卒于署，年五十有五。参见乾隆三十六年《歙县志》卷十一《宦绩》。

是秋，青浦曹一士初见先生。

曹一士《四焉斋文集》卷六《与方灵皋》："忆自辛卯秋，高斋大会，得参末座。嗣后遥企龙门，日深饥渴。"

曹一士，字谔廷，号济寰。雍正四年举人，授如皋县教谕。八年成进士。十三年擢御史。乾隆元年，迁工科给事中，寻卒于官，年五十有九。著《四焉斋集》。参见乾隆五十三年《青浦县志》卷三十、《清史稿》列传九十三。

十月十二日，左都御史赵申乔参戴名世狂妄不谨之罪，《南山集》案发。

《赵申乔题参戴名世疏》，全文云：

题为特参狂妄不谨之词臣，以肃官方、以昭法纪事。

钦惟我皇上崇儒右文,敦尚正学。训饬士子,天语周详;培养人才,隆恩曲至。普天下沾濡德化者,无不恪循坊检,懔畏章程矣。乃有翰林院编修戴名世,妄窃文名,恃才放荡。前为诸生时,私刻文集,肆口游谈,倒置是非,语多狂悖,逞一时之私见,为不经之乱道,徒使市井书坊翻刻贸鬻,射利营生。识者嗤为妄人,士林责其乖谬,圣明无微不察,谅俱在洞鉴之中。今名世身膺异数,叨列巍科,犹不追悔前非,焚削书板,似此狂诞之徒,岂容滥厕清华?臣与名世素无嫌怨,但法纪所关,何敢徇隐不言?为此特疏纠参,仰祈敕部严加议处,以为狂妄不谨之戒,而人心咸知悚惕矣。伏候皇上睿鉴施行。得旨:"这所参事情,该部严察审明具奏。"(《清代文字狱档》)

按,或曰《南山集》案皇太子实发之。成书于乾隆十七年之萧奭《永宪录》卷一曰:"《南山集·与余生书》,妄为正统之论,以明亡僭号三藩,比诸汉昭烈在蜀,宋二王航海,至康熙癸卯而后,统归于我朝。《孑遗录》书福王奔芜湖,则曰'圣安帝遁'。如此类甚多,且言于明史有深痛。旧东宫摘其语进之,申乔遂起此狱。"

十二日,方登峄闻之,即过访戴名世;并命侄方世樵致书其母巫氏,烧毁《钝斋文集》书版。不久,方登峄、方世樵下狱。翰林汪灏、刘岩被逮。尤云鹗、方正玉自首。

《刑部尚书哈山为审明戴名世〈南山集〉案并将涉案犯人拟罪事题本》)。

二十六日,先生被拘,由县令苏埙亲执,当日夕下江宁县狱,待之甚宽。

熊宝泰《藕颐类稿》卷十五《谒方灵皋先生祠堂记》:"部遣

笔帖式王禄至苏,巡抚张清恪公(伯行),令臬司焦映寿、苏州知府孟光宗、江宁知府刘涵,密逮先生及尤氏兄弟,见《清恪年谱》。其日则为十月二十六日,见高淳张彝叹(自超)送先生诗。"

方苞《结感录》:"康熙辛卯冬十月,余以《南山集》牵连被逮。江宁苏侯奉檄至余家,时吾母老疾多悸。侯携余入见,具言天子有诏,入内廷校勘,驰传不得顷刻留。是日,下县狱。侯朝夕入视,或夜归。必就榻上相慰劳。时制府噶礼锐意穷竟根株,委某官搜余家书籍。侯闻,以暮先至部署,不使老母得闻。"《方苞集》卷四《教忠祠祭田条目序》:"忆康熙辛卯,余以《南山集序》牵连赴诏狱。部檄至,日方中,知江宁县事苏君偕余入白老母,称:'相国安溪李公特荐,有旨召入南书房,即日登程。'吾母嗷然而哭。是夕,下江宁县狱,二三同学急求护心柔骨之药以行。安知尚有生还之日,支体无伤,子孙亲戚尽在左右哉?"

按,《张清恪公年谱》,康熙五十年未见上述内容,五十一年有相关内容,但所述略有不同。又,张伯行《正谊堂文集》卷二《历陈被诬始末》记载为详:"十月三十日酉刻,部差笔帖式王六赍到刑部等部咨文,严拿方苞、尤云鹗解京。时值前任按察使焦映汉在苏,臣即飞传该司,并委苏州府知府孟光宗飞骑前往江宁,会同该府知府刘涵,密行严拿。眼同王六在坐差遣,并经咨会督臣噶礼,署安抚臣噶礼各在案。续于十一月初五日,据该司、府呈报,拿获方苞,并获云鹗之兄尤云鹏。臣随缮给咨文,于初六日,专差苏州府库官王鸿,赍交江宁府知府刘涵,将已获方苞、尤云鹗一并转交笔帖式王六解部,并经咨明刑部,此系有案可考。"

由此来看,拿获方苞之人并非张伯行。据后文噶礼奏疏,他担心事泄方苞逃走,暗中密遣江宁府知府刘瀚执之看守。而其具体时间,并未说明。熊宝泰称乃二十六日,源自张自超送方苞诗,惜张诗今不见,姑以是时为准。

苏埙,字宫声,晋江人。康熙癸酉举人,康熙庚辰进士,授江宁令。平恕为政,尤推礼士类,民多爱之。苞侄方观承为直隶总督,屡询埙之子孙,厚加周恤。参见乾隆三十年《晋江县志》卷十一、同治九年《泉州府志》卷五十。

是时,先父方仲舒诗悉被焚毁,少有留存。

《集外文》卷四《跋先君子遗诗》:"先君子既殁四年,而苞以《南山集》牵连被逮,下江宁县狱。制府命有司夜半搜书籍,江宁苏侯夕至,谕婢仆'凡写本皆杂烧',而诸集遂无遗。惟姊夫曾退谷口熟五言律五百六十三首,断句二百四十五联;又于里人箧藏壁揭者得各体九十八首。"

按,悉焚方仲舒诗之原因,严迪昌《清诗史》称"为免招致罪名",洵为的论。以方仲舒与明遗民交往来看,其诗或涉"反清"思想,为朝廷所不容。故邓汉仪欲录其诗入《诗观》时,方仲舒"再致书必毁所刻而后止"。即使方苞在其晚年"请录诸集贰之",方仲舒亦不许。

先生赴诏狱,姊适送女越境,无由语诀。

《方苞集》卷十七《鲍氏姊哀辞》。

是时,诸友密切注意《南山集》案进展。

据杨宾《杨子日记》,本月二十七日,杨宾、张云章、汪份、张大受诸友燕集织造李煦斋中。二十八日,杨宾闻戴名世罹文字祸于吴门。

张云章、张大受闻之于扬州,相对而哭,《朴村文集》卷六

《与方灵皋》："辛卯冬，客邗上，吾友牵连被逮，骇机猝发，闻者无不舌缩胆落。适令弟园在萧寺中，仆与匠门得一再觅晤，惟相对沾襟，私祝天公而已。"

左未生闻之于淮阴，《方苞集》卷七《送左未生南归序》："辛卯之秋，未生自燕南附漕船东下，至淮阴始知《南山集》祸作，而余已北发。居常自恧曰：'亡者则已矣！其存者遂相望而永隔乎？'"《左未生墓志铭》亦有记载："余之在难也，……归至家，时自恧曰：'吾不一视方子，天下士其谓我何？'"

十月三十日，巡抚张伯行得刑部文，即令按察使焦映汉、苏州府知府孟光宗前往江宁，会同知府刘涵，密行严拿方苞、尤云鹗。

张伯行《正谊堂文集》卷二《历陈被诬始末》。

十一月初三日，四叔珠鳞卒。

《方氏家谱》："珠鳞，讳帜第四子，字无斁，号枫麓，上元县学生。生顺治丁酉十月二十三日，卒康熙辛卯十一月初三日。配上元白氏贡生梦鼎女，生顺治戊戌正月十四日，卒康熙壬辰六月二十五日。合葬桐城戴冲保梁庄冷冲山麓，辛山乙向。三子：薯、苑、辛元。二女：长适怀宁太学生宣配，次适贡生诰封承德郎殷柱。"

初五日，张伯行接按察使呈报，先生、尤云鹏已缉捕。初六日，命将二人交部差，押解至京。

张伯行《正谊堂文集》卷二《沥陈被诬始末》。

十一月上旬，在县狱，时制府噶礼、廉使焦映汉俱夙憎先生。逢白斑客安徽布政使马公逸姿所，赖其力以免困辱。

《方苞集》卷十《白玫玉墓志铭》。

按，《集外文》卷六《结感录》："安徽布政使马公逸姿，……制府实恶余，其后与仪封张公相构，挂余名弹章；而亲鞫时，未尝加声色,则公力也。无何,廉使归,亦欲得事端以自为功,将以金木讯余;公力阻之,不可。乃正色曰:'朝命捕人,非鞫狱也。某儒者,上所知名。今以非刑苦之,设犯风露死,孰任其责?'乃止。"

文中所言"江苏廉使"即臬司焦映汉,仪封张公即张伯行。

白斑,字文玉,为人跌宕负奇气,以诸生授高陵教谕,不就。客游公卿间,江苏巡抚于準厚币招致之,斑为之谏言,数日后假他事以行。方苞以《南山集》狱祸,交游裹足,斑独拯之,甚赖其力。斑工书,得魏晋遗意,为诗亦雅饬。参见道光八年《清涧县志》卷七。

焦映汉,字雯涛,号鹤庵。初仕四川巴县知县,后擢同知正定府,入为兵部员外郎,转比部郎中,充律例馆纂修官。继出知广西平乐府,寻调任庆,分巡广东雷琼道,迁江苏按察使,多平反,触权要,为所构陷,落职。久之昭雪,复起官补授广西按察使,未任卒。参见雍正十二年《武功县后志》卷三。

马逸姿,字隽伯,号紫岩。由荫入监。知直隶霸州,政成得上考,擢刑部员外,转兵部郎中,循授浙江驿传道。后补湖广岳常道,署驻澧州,调苏松粮道转漕,迁江苏按察使。大岚山叛案持议平反,释无辜,迁安徽布政使,继视子牙河。年六十一,卒于官。参见雍正十二年《武功县后志》卷三。

好友刘捷、朱文镳(履安)不顾制府严命,日至狱所探望。

《方苞集》卷十一《王孺人墓志铭》:"昔辛卯之冬,余以《南山集》牵连被逮,下江宁县狱。同学二三君子,朝夕会履安所。履安或以事出,诸君子频去来,孺人必先为具,以时候问,无使渴饥。方是时,大府命吏迹与余往来者甚严。一日县令以他事入履安门巷,或告曰:'履安亦相随入狱矣。'孺人惊悸成疾，久而不瘳。今其死，犹缘故疾动也。呜呼！余以昏愚不能自敬戒以即于罪戾，而累于朋友一至此乎！非孺人既死，而履安自言之，余不知也。"

《方苞集》卷十二《朱履安墓表》："辛卯冬，余被逮，系江宁县狱，履安日与古塘诸君子左右其间。时制府饬狱吏，与余往来者，具籍之，而诸君子不为止。事平，履安尝语余曰：'尔时吾出入县门，或值县令及南北捕呼声过吾门巷，未尝不股栗也。'"

好友宣佐适在金陵，急先生之难。乔崇修亦至金陵探视。

《方苞集》卷十六《宣左人哀辞》："而是冬十月，以《南山集》牵连被逮。时左人适在金陵，急余难，与二三骨肉兄弟之友相后先。在诸君子不为异，而余固未敢以望于左人也。"

《方苞集》卷七《送吴东岩序》："丙子后，介于招余授经于宝应，因往来淮扬间，而东岩适授经于广陵，故余中岁与三人者相见日为多。自余遭难，介于省余于金陵，及出刑部狱，复再至京师，而东岩亦至。回思少壮游从燕市时，不独二君子以怜余，而余亦以怜二君子。"介于，介夫也。

先生将押赴京城，刘捷、张自超赋诗以送。先父好友陈书拄杖送至县门外。

《江苏诗征》卷七十九著录刘捷《送方二灵皋北上兼呈家兄静山》二律，其一曰："长叹行路难，我悲更无极。茫茫大块中，欲去不可得。抗心希古人，祸至竟莫测。失志行乞怜，无乃无颜色。此意君知之，为谢旧相识。澡身向沧浪，奈何少羽翼。浮名昔已误，切莫更相忆。把手送君行，不惜剖胸臆。子性类余顽，怨憎到处逼。文字安足论？其中有荆棘。枯鱼复何心？作书长叹息。"其二曰："同心两三人，聚散长不保。落落长安

中,能得几相好？我有同怀兄,长年客潦倒。相见叙古欢,当得
倾怀抱。我寄一封书,心思不可到。壮志而褊心,立身徒草草。
狼狈不敢归,神气为枯槁。白云来故山,其下吾家老。日夕倚
门闾,忧心惄如捣。幸可脱身来,归期何不早？"

熊宝泰《藕颐类稿》卷十五《谒方灵皋先生祠堂记》:"见高
淳张彝叹自超送先生诗。注其诗曰:'古有文章祸,今伤离别
神。'神韵亦绝佳也。"

《方苞集》卷十八《记梦》:"而余祸发于不虞,以辛卯冬十
月赴诏狱。将行,陈先生竭蹶呕血县门外。今寒暑复四易,先
生近八十,计此生不得再相见矣。"

解京之日,马逸姿令解先生系,并请部差善待之。县令苏垲为
具舆马。

《集外文》卷六《结感录》:"遣解之日,公与诸司及部使者
坐堂上,吏执籍呼逮人过堂下,加械毕。公起立离位,诸司次第
起,使者亦起。公肃余升堂,手解余系,谓使者曰:'方先生,儒
者,无逃罪理。君为我善视之,毋使困于隶卒。'既就道,使者
每食,必先馈余,同逮者余啖。就逆旅,必问安否。既至京,揖
余曰:'吾在江南,唯马公遇我独厚,问何以然？则子之急也。
子今至矣！为我报公,子无伤也。'余告以未事时,与公实未谋
面,闻者莫不嗟叹焉。"

《集外文》卷六《结感录》:"余北行值隆冬,为具舆马,所出
皆库金。余固辞,侯曰:'自吾为吏于此,迫公事以亏库金者屡
矣,独为君累乎？'"

解京途中,宋梦蛟受宣佐、刘捷之请,易姓名一路护送。

《集外文》卷六《结感录》:"宋梦蛟字德辉,无为州人。余
被逮,戚友谋偕行者。怀宁宣左人曰:'吾友宋君适在此,可属

也。是达于事而无欺,勤力,尝送其友妻子自成都下峡,凡逾月,不脱冠衣。'因与刘古塘诣君言故。时狱方起,多枝蔓。余在县狱,制府命入视者,辄记姓名。众怔惧。君闻言,即许诺。既行,易姓名尾余后;每就逆旅,则间厕左右;在途事无违者。……君貌甚昂,发须皓然,尝客司空熊公所,又与学士宋公有连,皆抗礼,遇事即面争。及偕余周旋隶卒间,甚自屈,与主逮部使者家隶朱某为兄弟。将至京,使朱先致赂于梏扑隶。及至,即日会鞫,余承罪免刑,无所用之。"

按,嘉庆八年《无为州志》卷十七《选举志·封荫》:"宋梦蛟,以子佑赠文林郎,再赠奉政大夫刑部四川司主事。"光绪七年《重修安徽通志》卷二百九十五《人物志·宦绩》:"宋佑,字履祺,无为举人,知内江县,擢刑部主事,善折狱,升铜仁知府,历调台州、汉中、长沙诸府,慈惠宽仁,治绩有声。"

十一月中旬,刑部令捕《南山集》涉案余湛、刘齐、刘献庭诸人解京。

戴廷杰《戴名世年谱》。

按,方苞《安溪李相国逸事》云:"戴名世以《南山集》下狱,上震怒。吏议身磔族夷,集中挂名者皆死。"查《南山集偶钞》中挂名者,计不下数十百人,吏议恐无如是之酷。后刑部疏云,韩菼、赵士麟、刘灏、汪份等三十七人,未涉悖言,竟乃得免。

十二月十三日,两江总督噶礼上奏拿获《南山集》序作者及刻板。

《康熙朝满文朱批奏折全译》第一八三一件《两江总督噶礼奏报拿获南山集序作者及刻板等事折》,全文云:

江南、江西总督奴才噶礼谨具折奏,为奏闻事。

窃查戴名世案,撰拟南山集序之进士方宝原系巡抚张伯行至交,张伯行仍邀至衙门编书。项由刑部言:行文令江宁、安徽二巡抚查拿方宝等及其所刻《南山集》版。等语。时奴才正署理安徽巡抚印务,见有方宝之名,惟恐事泄逃走,随即暗中密遣江宁府知府刘瀚执之看守,部文亦到张伯行处,而张伯行欲苟且了事,止行文一次,并无派一官一衙役缉拿,况且方宝隐藏《南山集》刻版,刷印卖者甚多,张伯行亦不问,故奴才令刘瀚严究,方宝才缴刻版。将方宝交付刘瀚,报张伯行后送部。至于所刻《南山集》版,奴才交付由部所遣之人带回。理合奏明。

现奴才会审扬州科场作弊一案时,见张伯行艴然作色,视其每日动作,欲与奴才相斗。奴才张口问犯人一句,张伯行即向奴才寻衅,不言我声高,即云奴才这般问讯者非是。随张鹏翮前来之章京塞讷依等皆稔知之。张鹏翮与张伯行称师徒,向极亲热,故不说之。梁世勋尚未到。奴才思之,张伯行所以与奴才结仇,窃其缘由,苏松漕粮既迟,奉皇上严旨:"著明白回奏迟误缘由。钦此。"伊以巧言回奏。因奴才所奏与伊不同,故竟怀恨在心。总之,张伯行阴险嫉妒,实无对手,奴才亦不能奏尽。

奴才一到任,即设牌长,欲严拿贼盗,施行于上江、江西获益。但张伯行、陈鹏年扬言奴才查富者,即匿不施行,故贼多肆意妄行。又往苏州关厢击贼后,奴才素知镇江府同知石世华能捉贼,遂令密访捉拿,兹已拿获其首贼。对此陈鹏年故意不深究所盗之物,且亦不释放,以致贼病死于牢,张伯行反参劾石世华诬陷善人。又奴才以崇明县知县王廷灿离海近,必知海上事务,故曾携之出海。其后王廷灿解贼赴京城时,蒙皇上召之入内问毕,赏赐食物。对此张伯行恨王廷灿随奴才出海，竟借故揭短，扬言不参劾王廷灿决不罢休。张伯行又对刘瀚言：尔系汉人，而为何偏向满洲总督。等语。仅据此言，可知张伯行之心意。

奴才蒙皇上养育成人，仰承特擢总督之高厚之恩。奴才若与张伯行争闹，则有失为臣者之道，诚恐有负皇上之恩。奴才惟谨具折奏闻。叩请圣主睿鉴。谨奏。

朱批：知道了。

按：奏折中"方宝"即"方苞"也。

又按，本年十月初九日，江南主考左必蕃上疏，江南科场案发。而噶礼与张伯行在江南科场案与《南山集》案督抚互参，使得案情更为复杂。

十二月上旬，先生解至刑部，吏部尚书富宁安与刑部尚书哈山闭门同审，刑部郎中张丙厚叩门而入，仗义执言。

《集外文》卷七《刑部郎中张君墓志铭》。

按，《集外文》卷六《结感录》："时上震怒，特命冢宰富公宁安与司寇杂治。富廉直，威棱慑众，每决大议，同官嗫不得发声。余始至，闭门会鞫，命毋纳诸司。公手牒称急事，叩门而入。问何急，曰：'急方某事耳！'遂抗言曰：'某良士，以名自累，非其罪也。公能为标白，海内瞻仰；即不能，慎毋以刑讯。'因于案旁取饮，手执之，俯而饮余。长官暨同列莫不变色易容，众目皆集于公。公言笑洒如。供状毕，狱隶前加锁，迫扼喉间。公厉声叱之，再三易，仍用狭者。时事方殷，长官曰：'俾退就阶墀，徐易之。'公曰：'下阶终不得易矣。'既易锁，亲送至狱门，谕禁卒曰：'某有罪，彼自当之。汝辈如以苛法相操者，吾必使汝身承其痛。'是狱，朝士多牵连，虽亲故，畏避不敢通问。公为刑官之属，乃不自嫌而讼言余冤，相护于公庭广众中。"

十二月十八日,刑部尚书哈山上奏戴名世《南山集》案相关事宜。

中国第一历史档案馆张玉《戴名世〈南山集〉案史料》之《刑部尚书哈山为审明戴名世〈南山集〉案并将涉案犯人拟罪事题本》,全文云:

> 刑部尚书哈山等谨题,为题参事。

> 臣等会同吏部、都察院、大理寺看得都察院左都御史赵申乔参戴名世一案。经夹讯戴名世,据供:《南山集》《孑遗录》俱系我等年轻时混写悖乱之语,并未与别人商议,亦无按我授意整编之人。《孑遗录》系方正玉刻的,《南山集》系尤云鹗刻的,王源批的。尤云鹗是我门生,不通文义,我作了序,放他名字。汪灝、方苞、方正玉、朱书、王源之序是他们自己作的,刘岩不曾作序。我寄余生等人书,伊等未曾回文。我与余生书内有方学士名,即方孝标。他作的《滇黔纪闻》内载永历年号,我见此书即混写悖乱之语,罪该万死。等语。

> 夹讯方孝标之子方登峄,据供:我出生后,父亲方孝标将我继与族叔方章钺为子。我生父方孝标系顺治六年进士,曾任翰林。十四年我叔方章钺中举后,与考试官方犹认了族亲,被监察御史金景杰参劾革职,我父一并流放宁古塔。康熙元年,为赎罪修建城楼,而后归籍。十一月二月赴黔后未归,任吴三桂的伪翰林承值官。十七年于宝庆军前归附。我自幼继与族叔为嗣,共同生活,并未看过生父所写《滇黔纪闻》。今年十月十二日我听说追究戴名世,便前往戴名世处。戴名世说,我书中提及方学士之书。我问侄儿方世樵家中可有何书? 方世樵说家中有《钝斋

文集》版,我怕被牵连,叫方世樵寄信其母烧毁。

据方世樵供:我叔父方登峄叫我给母亲写信,烧毁《钝斋文集》版。《滇黔纪闻》即《钝斋文集》内的一篇。我叔父方云旅交给地方官员,现已送部。等语。

据汪灏供:戴名世让我为《孑遗录》作序,我那时愚昧糊涂,未仔细阅读,信手胡纂数句,亦未核实,我罪该万死。等语。

据方苞供:我为戴名世的《南山集》作序收版,罪该万死。等语。

据方正玉供:戴名世的《孑遗录》是我出银子刻的,序文是我的名字,罪该万死,有何辩处。我听说在山东查获,便在地方官处自首,解送刑部。等语。

夹讯尤云鹗,据供:我先生戴名世的书是我用二十四两银子刻的,序文不是我写的,是先生戴名世作的,放我的名字。我出银子刻书,即是死罪,我在京城听说查拿,即自首。等语。

查戴名世书内欲将本朝年号削除,写入永历年号等大逆之语,依律大逆凌迟处死;大父、子孙、兄弟及同居之人不分异姓及伯叔父、兄弟之子不限籍之同异,十六岁以上不论笃疾、废疾皆斩;其十五岁以下男及母女、妻妾、姊妹,若子之妻妾,给付功臣之家为奴,财产入官。据此,戴名世依律凌迟处死,家产入官。安徽巡抚解来戴名世之弟戴平世依律斩决。其大父、父、子孙、兄弟及同居之人不分异姓及伯叔父、兄弟之子不限籍之同异,十六岁以上不论笃疾、废疾,俱查拿送部,依律立斩。戴名世之母女、妻妾、姊妹之子妻妾、十五岁以下子孙、伯叔父、兄弟之子亦俱依律给付功臣为奴。

据方孝标所写《滇黔纪闻》,内有:永历初在广东,延至广西,终于云贵。与隋之清泰于洛、唐之昭宣于巴颜、宋之帝昌于崖州,同不可称之为伪朝。又金陵之弘光、闽越之隆武败亡后,两广复立已故桂王之子永明王于肇庆,改号永历。等语。方孝标身受国恩,已为翰林,因犯罪发遣宁古塔,蒙宽宥释归。顺吴逆为伪官,迨其投诚,又蒙洪恩免罪,不改悖逆之心,尊崇弘光、隆武、永历年号,书记刊刻遗留,大逆已极。方孝标依大逆律凌迟,今已身死,咨行该巡抚,锉碎其尸,财产入官。方孝标之子方登峄、安徽巡抚解来方孝标之子方云旅、孙方世樵照律皆斩立决。方孝标子孙、兄弟及同居之人不分异姓及伯叔父、兄弟之子不限籍之同异,十六岁以上不论笃疾、废疾,俱查出送部,依律斩决。方孝标之女、妻妾、姊妹、若子之妻妾,十五岁以下子孙、伯叔父、兄弟之子,查出给付功臣之家为奴。又查,方孝标族人居住桐城、江宁两县,累世荷恩,并不悛改,悖逆之心不止方孝标一人,族人方苞、方正玉为戴名世逆书作序,及至案发,查抄《滇黔纪闻》,方孝标之子方登峄、孙方世樵又寄书毁版。方孝标族人干连大逆之罪,依律发遣宁古塔。著交江宁、安徽巡抚,桐城、江宁两县所有方孝标族人不论已未服尽,逐一严查,有职衔者革退,除已嫁出之女外,一并发遣黑龙江、宁古塔将军处,酌情拨与乌喇、宁古塔、伯都讷等处安插。

汪灏为戴名世逆书作序,混言乱语;方苞、方正玉序内虽无悖乱之语,但赞扬戴名世逆书,且方苞又收存《南山集》《孑遗录》书版,方正玉刊刻《孑遗录》逆书;尤云鹗挂名之序文虽系戴名世亲作，然尤云鹗出银刊刻传行，俱干法纪。应将伊等照诽谤朝廷律，汪灝、方苞应绞立决，方正玉、尤云鹗闻捕自行投首，依律减二等徒三年，惟因伊等与戴名世同伙行事，将伊等妻子一并发往宁古塔。

据翰林刘岩供：戴名世在江南做贡生时，我即看过他十余篇文章，后来我在京城，他寄信与我，要刊刻文章，让我作序。我因其文章内悖乱之语甚多，故未给作序。我甚愚昧，未与其断绝交往，亦未出首其混写之悖乱书，有何辩处。等语。刘岩虽未给戴名世悖逆之书作序，从做贡生时即看过戴名世之逆文，升任翰林后，仍未断绝与戴名世交往，不将逆书出首。故将刘岩以知大逆之情不报，依律革职，仝妻流三千里，至配处杖百折四十板。

戴名世文内涉及原任尚书韩菼、原任侍郎赵士麟、原任监察御史刘浩、道员王英莫、庶吉士王宾等三十七人经查俱系讨论诗文，并无悖乱言语，无庸议。

与名余生之余堪、名徐一石之徐登峰、名刘岩杰之刘启、名济中之刘宪廷、僧人钟善、柱钟等六人书内，均有大逆之言，业已咨行各该巡抚查拿，至拿到之日再结。

顺天府府尹图义、王源病故，署理安徽巡抚事务总督噶礼出具朱书病故之钤印保结，故无庸议。

戴名世所作《南山集》《孑遗录》、安徽巡抚送来之《南山集》《孑遗集》文毁版及方孝标所作《钝斋文集》两册、《广璧堂文集》一册、《滇黔纪闻》一册，俱交翰林院查看奏闻后销毁。再，行文直隶等各省，严查方孝标、戴名世所作《钝斋文集》《滇黔纪闻》《南山集》《孑遗录》刻板并销毁外，方孝标、戴名世所作其余书及书版亦严查送部。查

《滇黔纪闻》内有冯载来所作《滇考》、胡福安所作《学题录》《西南闻见录》、马俊辉所作《正兴百聊》、邓穆所作《叶石录》等篇目。咨行直隶等各省,将该五篇文严查送部,并交翰林院审阅奏闻。江宁巡抚送审尤云鹗之兄尤云平,既与本案无涉,无庸议。等语。谨题请旨。

是冬,在刑部狱,结识诸暨杨三炯。

《结感录》:"杨三炯字千木,诸暨人。辛卯冬,余在刑部狱,同系者与君善,君入视,必与余相见,自通姓名,逾月未尝一接语言,其后一语即大相得。"

按,乾隆五十七年《绍兴府志》卷五十《人物志十乡贤七》:"杨三炯,字千木,一字南乔,诸暨人。康熙乙酉举人,试南河吏,为江都丞,迁判高堰,遂署知山阳县。兼内外河判丞,寻升郡丞,督漕运,凡六任不离河。擢山东充宁河道。……海昌陈公抚山东,微行至济州,见狱囚皆满,以委三炯,不终日而毕。"

是年,仓皇危难中,长女泣涕而归于庐江宋衡长子嗣炎。

《方苞集》卷八《庐江宋氏二贞妇传》:"余长女许嫁宋学士嵩南长子嗣炎,甫纳征,余以《南山集序》牵连被逮,宗祸方兴,仓皇危难中,泣涕而归于宋氏。"

按,乾隆元年《江南通志》、嘉庆八年《庐江县志》、嘉庆八年《庐州府志》、光绪七年《重修安徽通志》等,宋嵩南长子名为"宋嗣炎",而非方苞文集所言之"宋嗣炎"。又,民国三十一年《潜川宋氏宗谱》,宋衡长子为"宋嗣炎"。今从方志及家谱,方苞文集或刊刻时出现讹误。

宋衡,字伊平,号嵩南,康熙戊午举乡试第一,乙丑成进士,选庶吉士,授编修,官至侍读学士。曾纂修三朝国史,康熙三十五年主试云南,号称得士;四十四年督学四川,多拔孤寒。年六十解组，归主钟山书院。卒年七十六，著有《啸梅斋诗文》。参见嘉庆八年《庐江县志》卷十《人物·文学》。

是年，金陵老宅他属，将园出质。

《方苞集》卷十七《己亥四月示道希兄弟》："副使公始至金陵，居由正街，后迁土街。旧宅转六姓，逾五十年，康熙乙酉，余始复先人居，而治其西偏旧圃为将园，先君时燕息焉。辛卯遭难，宅仍他属，园亦出质。"

方苞与《将园记》："辛卯十有一月，余以《南山集》牵连被逮。又二年出狱，蒙圣恩召入内廷编纂。老母北上依余，每夏日，辄语内御者曰：'池中荷新出，柳条密蒙，桐阴如盖矣！'余出狱之次年，宅仍他属。"

是年，邑中恶民陈子奇、陈觐文，于桐城道官山方氏祖坟界内，盗葬二棺，合族吞声饮恨而不敢言。盖恶民挟持部议，苟系墓下子孙，则当在入旗之列。

《方望溪遗集》之《与赵仁圃书》。

按，《方氏家谱》卷四十九《陇墓》，道官山即道观山，为桐城桂林方氏四祖有道公方圆的墓地。

是年，康熙帝论天文历法，并亲试礼部算法人员，取顾琮等四十二人。

《清史稿》志二十《时宪一》。

是年，"海贼"郑尽心被擒。太子党羽齐世武等被圈禁于宗人府。翰林院编修杨绪、侍讲钱名世、修撰王式丹、编修贾国维、贾兆凤诸人以"行止不端"革职。

《圣祖实录》。

是年，张伯行《续伊洛渊源续录》《广近思录》成。房师畅泰兆卒。弘历生。

张师载《张清恪公年谱》。《方苞集》卷十二《工科给事中畅公墓表》。《高宗实录》。

康熙五十一年壬辰（1712） 四十五岁

正月二十二日，康熙帝批复刑部关于《南山集》案之题本，令九卿具奏。

《圣祖实录》："刑部等衙门题察审戴名世所著《南山集》《孑遗录》，内有大逆等语，应即行凌迟。已故方孝标所著《滇黔纪闻》内亦有大逆等语，应锉其尸骸。戴名世、方孝标之大父、子孙、兄弟及伯叔父兄弟之子年十六岁以上者，俱查出解部，即行立斩。其母、女、妻妾、姊妹、子之妻妾、十五岁以下子孙、伯叔父兄弟之子，亦俱查出，给功臣家为奴。方孝标，归顺吴逆，身受伪官，迨其投诚，又蒙恩免罪，仍不改悖逆之心，书大逆之言。今该抚将方孝标同族人，不论服之已尽未尽，逐一严查，有职衔者尽皆革退。除已嫁女外，子女一并即解到部，发与乌喇、宁古塔、白都纳等处安插。汪灏、方苞为戴名世悖逆书作序，俱应立斩。方正玉、尤云鹗闻拿自首，应将伊等妻子一并发宁古塔安插。编修刘岩，虽不曾作序，然不将书出首，亦应革职，金妻流三千里。上曰：'此事着问九卿具奏。案内方姓人，俱系恶乱之辈。方光琛投顺吴三桂，曾为伪相。方孝标亦曾为吴三桂大吏，伊等族人，不可留本处也。'"

二月初四日，督抚互参案之张伯行与噶礼，俱解任，钦差张鹏翮审理此案。

《圣祖实录》。

按，督抚互参案涉及多项内容，其中之一即《南山集》案。

三月八日，护佑先生之刑部郎中张丙厚，以声名不好落职。

《康熙起居注册》："上曰：'今所开列内李成铬、袁宸黼、张丙厚、王克昌等，九卿诸臣既称声名不好，俱着革职。'又谓大学士温达等曰：'九卿乃国家大臣，凡事当据实启奏，前所保举行取人，及今所参李成铬等四人，俱属允当，凡事俱当如此。'"

三月，刑部狱中疫情大作，死而由窦出者日三四人。

方苞《狱中杂记》："康熙五十一年三月，余在刑部狱，见死而由窦出者日四三人。有洪洞令杜君者，作而言曰：'此疫作也。今天时顺正，死者尚希，往岁多至日十数人。'余叩所以，杜君曰：'是疾易传染，遘者虽戚属不敢同卧起。而狱中为老监者四，监五室：禁卒居中央，牖其前以通明，屋极有窗以达气；旁四室则无之，而系囚常二百余。每薄暮下管键，矢溺皆闭其中，与饮食之气相薄。又隆冬贫者席地而卧，春气动，鲜不疫矣。狱中成法，质明启钥。方夜中，生人与死者并踵顶而卧，无可旋避，此所以染者众也。'"

按，《狱中杂记》文后，方苞自记曰："其后韩城张公复入为大司寇，静海励公继之，诸弊皆除。"

是春，弟子程釜入狱看望先生。

《方苞集》卷十一《程赠君墓志铭》："东岩乃详述君之生平而使釜从学于金陵。及余以《南山集》牵连赴诏狱，亲故荡恐不敢通问，惟釜以计偕入狱视余，即此可征义方之教，而御史之风规所渐摩者远矣。"

每一二日，王澍亦入狱探视先生。至则解衣盘薄，咨经诹史，旁若无人。

《方苞集》卷七《送王箬林南归序》："余与箬林交益笃，在辛卯、壬辰间。前此箬林家金坛，余居江宁，率历岁始得一会合。至是，余以《南山集》牵连系刑部狱，而篛林赴公车，间一二日必入视余。每朝餐罢，负手步阶除，则篛林推户而入矣。至则解衣盘薄，咨经诹史，旁若无人。同系者或厌苦，讽余曰：'君纵忘此地为圜土，身负死刑，奈旁观者姗笑何？'然篛林至，则不能遽归，余亦不能畏訾謷而闭所欲言也。"

王澍，字篛林，或若霖，金坛人。康熙五十一年进士，改庶吉士，授编修。五十七年，教习庶吉士。六十年，考选户科给事中。以善书法，特命充五经篆文馆总裁官。六十一年，升户科掌印给事中。雍正元年，召对内廷，是冬，奉旨六科胥隶都察院，后改吏部员外郎。四年，以乞假葬亲。乾隆元年，命起官，以疾不赴。四年，卒，年七十二。参见《清史列传》卷七十一《文苑传二》。

是春，使仆某祭扫恩师高裔墓。

《方苞集》卷十三《大理卿高公墓碣》："又六年冬十二月，以乡人戴名世文集牵连被逮。发岁，使仆某祭扫，还，讯之，墓垣尽颓，而磨石尚仆于道。"

四月初五日，殿试发榜，徐葆光、顾嗣立、王澍诸友中进士。

按，《清朝进士题名录》，是科一甲探花徐葆光。二甲三名李钟侨，十名何国宗，十七名林佶，二十八名顾嗣立，三十二名王澍，四十一名程梦星。三甲十六名舒大成，五十二名陈德荣，六十名张谦宜，八十八名谢济世，九十七名李汝懋。据《听雨丛谈》，是刻会试主司：司农赵申乔、少宗伯徐元梦、少司寇胡会恩。

四月初九日，黄越、张大受、储在文、李绂、秦道然诸友散馆授职。

《圣祖实录》。

四月十日，谕《南山集》案汪灏从宽免死，方氏之人或入旗或正

法，始为允当。十二日，汪灏释放，其妻子入旗。

《康熙起居注册》。

四月十六日，余湛卒于狱中，为撰哀辞。先卒之数日，犹购宋儒书危坐寻览。

《集外文》卷九《余石民哀辞》。

按，余湛，字石民，戴名世弟子，《戴名世集》卷一有《与余生书》。

五月，张云章游览金陵，两过先生寓所，问太夫人起居，为先生委曲。

张云章《朴村文集》卷六《与方灵皋》："辛卯冬，客邗上，……次年夏五，曾雨造高斋，晤令侄，问太夫人起居，退而叹息，以吾友之至性至行家庭孝友，吾于朋侪中实未见有伦比，真今世之曾、闵也。……在国在野，苟有其人，异日决不肯负皇上，即此一节，为吾友委曲。"

是夏，友人宣佐忽入狱探视先生。

《方苞集》卷十六《宣左人哀辞》："壬辰夏，余系刑部，左人忽入视。问何以来？则他无所为。将归，谓余曰：'吾附人舟车不自由。以天之道，子无恙，寻当归。吾终待子龙山之阳矣。'"

七月十五日，戴名世、刘岩、方云旅、方登峄、方式济诸友狱中赋诗以解忧。

戴廷杰《戴名世年谱》。刘岩《匪莪堂文集》卷五。查为仁《莲坡诗话》。

七月二十三日，曹寅卒，年五十五岁。

方晓伟《曹寅年谱》。

按，曹寅与方苞两家相距颇近，方苞之父方仲舒与曹寅往来最密切。《楝亭诗钞》卷三《闻杜渔村述方逸巢近况即和滕斋诗奉柬》《逸巢读是痛非真臂句作诗见答复和一首》、卷四《药后除食忌谢方南董馈鲜鸡二品时将有京江之行》《二月廿四日大雪戏柬静夫逸巢二老闻连日出门看花》。另外,曹寅尚有长文《二杯铭》送方仲舒先生。方仲舒亦有赠诗。

八月,在狱中,以死生未卜,为恩师高裔作墓碣。

《方苞集》卷十三《大理卿高公墓碣》:"余所犯尚未决,虽天子明圣,而吏议余罪至重,死生未敢自卜,恐公之仁孝,余独闻知者,遂就湮灭,而心气瘀伤,不能营度为文,前铭又不复记忆,乃质言其大略,俾公故人曾君启起磨石而碣焉,时康熙壬辰八月也。"

九月初七日,刘岩释放出狱,与查慎行、顾嗣立、张大受、钱名世、宫鸿历、李蟠瑞诸友聚会陶然亭。

李蟠瑞《后圃编年续稿》卷十四。

十月十二日,督抚互参案审结,二人俱落职,张伯行留任。

《圣祖实录》。

按,李清植《文贞公年谱》,李光地折救巡抚张伯行。

十月十九日,李光地御前推荐先生与戴名世之才。

《集外文》卷六《安溪李相国逸事》:"他日上言:'自汪霦死,无能古文者'公曰:'惟戴名世案内方苞能'叩其次,即以名世对。"

《文贞公年谱》:"上忽叹曰:'汪霦死,无复能为古文者矣。'公曰:'必如班、马、韩、柳,急诚未得其人。若如霦者,才固不乏,即若某案中之方苞,其古文辞当胜之。'时方苞以事系诏狱,由是,上怜其才,明春释之,命入直蒙养斋修纂群书。"

是时,翰林院编修万经亦急先生之难。

全祖望《鲒埼亭集》卷十六《提督贵州学政翰林院编修九沙万公神道碑铭》："前侍郎桐城方公，时以株连之祸被禁，莫敢保出之者，公奋然送状西曹，遂释之，此其友朋急难之义也。"

万经，万斯大子。黄宗羲移证人书院于鄞，经闻其教。及长，传父兄之学。又学于应㧑谦、阎若璩。康熙四十二年进士，改庶吉士，散馆授编修。五十年，典试山西。五十三年，督学贵州。晚增补万斯大《礼记集解》数万言，重修斯同《列代纪年》，续纂万言《尚书说》《明史举要》。乾隆初，举博学鸿词科，不就。年八十二，家遭大火，遗书悉焚，自以为罪人。逾年，卒。著有《分隶偶存》。参见《清史列传》卷六十八《儒林传》。

十一月二十一日，在狱中思愆斋，作书寄兄子道希，以祭田归冯氏姊。

《方苞集》卷十四《泉井乡祭田记》："姊先卒之数日，余往视。荣及两女甥皆在旁，姊顾之惨然，余曰：'吾生而存，若辈无饥且寒。'又五年辛卯冬十有一月，余以《南山集》牵连被逮，将至京，守隶防夫伺甚严。或曰：'入则不可以生矣。'余惧与姊言之终弃也，乃于逆旅夜爇灯作书寄兄子道希，便以兹田归冯氏。……时康熙壬辰十一月望后六日，在狱思愆斋。"

按，初刊本，刘大山于文末评曰："余读此文辄欲哭，吴门陈季方见之曰：'天生此人必有以位，置之笔之为后验。'"

是年，在刑部狱，不顾他人讪笑，先生读书不辍，著《礼记析疑》《丧礼或问》。

雷鋐《方望溪先生苞行状》："辛卯，以《南山集》事牵连，逮赴诏狱。狱辞上，同系者皆惶惧，先生阅《仪礼注疏》终不辍。"顾琮《周官辨序》："是时，同狱者厌之，投其书于地曰：'命在须臾，奈旁人讪笑？'先生曰：'朝闻道，夕死可矣。'"

方道希《丧礼或问跋》:"是编乃在狱论次,以为教于家者。"方苞《礼记析疑序》:"壬辰、癸巳间,余在狱,箧中惟此本(《陈氏集说》),因悉心焉。……既出狱,校以卫正叔《集解》,去其同于旧说者,而他书则未暇遍检。"

按,《礼记析疑》为方苞就元代陈澔《陈氏礼记集说》所作之辨析。卷首有方苞自序,文中有圈点,同里刘古塘、高淳张彝叹、上元翁荃同订,后收入《抗希堂十六种》。《四库全书总目》称其"皆具有所见,足备礼家一解"。

按,《丧礼或问》包含《仪礼或问二十七章》《戴记或问五十五章》。卷首录刘古塘序,卷尾附兄子道希跋,顾琮参订,正文有圈点,后收入《抗希堂十六种》。《续修四库全书总目提要》称其:"重在保存古礼,虽难尽行,自系守经之论。"

又按,《戴名世年谱》,在狱中,好友戴名世修订《四书朱子大全》。

是年,皇太子复废。皇太子党魁案审结。

《圣祖实录》。

是年,谕将朱熹从祀孔庙之地位升至大成殿十哲之次。泽州陈廷敬卒。

章开沅《清通鉴》。《圣祖实录》。

是年,李光地《周易通论》《朱子全书》成。张伯行《小学集解》成。

李清植《文贞公年谱》。张师载《张清恪公年谱》。

按,方苞《与顾震沧书》:"向安溪李文贞公《周易通论》初成,属余序之,愚自忖于《易》概乎未有所明,觉虚为赞美之言,无质干可附以立也。"

康熙五十二年癸巳（1713）　四十六岁

正月，同年熊本自天津至京师，探望先生于狱中。

《方苞集》卷十一《工部尚书熊公继室李淑人墓志铭》："余遭难，在狱逾年。本自天津再至京师，候于狱门外，曰：'子毋忧！天子仁圣，子之罪及远投而止耳！吾母已罄衣裘，使持而来，为子道斋矣。'"

二月初七日，南山集案审决，戴名世着即处斩，方登峄一家充发黑龙江卜魁。其他或流放或入旗。

《刑部尚书哈山为审明戴名世〈南山集〉案并将涉案犯人拟罪事题本》："五十二年二月初七日奉旨：戴名世从宽免凌迟，着即处斩。方登峄、方云旅、方世樵俱从宽免死，并伊妻子充发黑龙江。这案干连应斩绞及为奴安插流徙人犯俱从宽免罪，着入旗。汪灏已有旨了。余依议。"

按，方登峄《垢砚吟》之《侄庄携何陋居室苏庵集诗读之有感》："五十年前罹祸日，征车行后我生时。岂知今日投荒眼，又读先人出塞诗。久远孙谋文字累，苍茫天意始终疑。携来笑尔非无意，似此生还亦有期。"方观承《述本堂诗集》之《东间剩稿》云："余去金陵至京师，在康熙癸巳岁。是冬，偕伯兄东出关，浮沉辽沈间。"

又按，《集外文》卷六《结感录》："是狱成于辛卯之冬，而决以癸巳三月，狱辞五上始下。"

二月初十日，戴名世就刑，年六十一岁。友人杨三炯为收敛。弟子沈培福金棺以葬。从弟戴辅世与弟子程垲奉戴名世樣葬于南山。

戴廷杰《戴名世年谱》。

按,《集外文》卷七《杨千木墓志铭》:"有司以大逆当名世极刑,圣祖仁皇帝宽法,改大辟,而众犹荡恐,刻日行刑,亲戚奴仆皆避匿,君曰:'孰谓上必使人觇视者?其然,固无伤。'独赁栈车,与名世同载,捧其首而棺敛焉。用是名动京师,诸公贵人争求识面,谢弗通。"

又按,《清史稿》列戴名世入《文苑传》,论《南山集》案曰:"九卿覆奏,名世、云鹗俱论死,亲族当连坐,圣祖矜全之。又以大学士李光地言,宥苞及其全宗。申乔有清节,惟兴此狱获世讥云。名世为文善叙事,又著有《孑遗录》《纪明末桐城兵变事》,皆毁禁,后乃始传云。"

又按,郭则沄《十朝诗乘》卷七:"国初文字之狱,始自戴名世《南山集》,赵恭毅实纠发之。集中虽间有违碍字句,较之晚村腹诽者固殊,清议由是薄恭毅。厥后恭毅子官知府,坐赇诛,或谓有因果焉。"

二月,出刑部狱,隶汉军旗籍。子道章随父隶旗籍。友人刘岩亦隶汉军旗籍。

方苞《两朝圣恩恭纪》。《方苞集》卷十七《己亥四月示道希兄弟》:"道章生年十一,以余罪,系旗籍,与道希、道永不能生相养。"吴楫《刘大山年谱》。

按,道章康熙四十一年生,本年应为十二岁。

三月十八日,康熙帝六十大寿。二十五日至二十八日,朝廷举行第一次千叟宴。

《圣祖实录》。

四月初七日,康熙帝面试先生,旋即召入南书房。

《康熙朝满文朱批奏折全译》(四月初五日):"谕和素、李国屏，王昊之罪，已拟斩免诛，归隶于旗。原进士方苞，极善文章，众所周知。着和素尔召之来面试，如若可行，则初七日尔等来时即带来，令其写文章试试。王昊亦知之。"

《方苞集》卷十八《两朝圣恩恭纪》："三月二十三日，圣祖仁皇帝朱书：'戴名世案内方苞，学问天下莫不闻。'下武英殿总管和素。翌日，偕臣苞至畅春园。召入南书房，命撰《湖南洞苗归化碑文》，称旨。越日，命著《黄钟为万事根本论》。越日，命作《时和年丰庆祝赋》。上告诸翰林：'此赋，即翰林中老辈兼旬就之，不能过也。'嗣是，每以御制诗文、御书宣示南书房诸臣。将命者入复，辄叩曰：'苞见否？'间与大臣侍从论本朝文学及内阁九卿所荐士，必曰：'视苞何如？'"

按，比较方苞所记与满文档案时间略有出入，或方苞记忆有误。

又按，方苞虽未参加康熙四十五年殿试，康熙帝却给予单独面试。故清廷官修图书，在方苞有正式官职之前，皆称"原进士"。

又按，方苞免死，入直南书房，实以李光地荐举。《清史稿》卷七十七《方苞传》："《南山集》狱成，戴名世坐斩。方孝标已前死，戍其子登峰等。苞及诸与是狱有干连者，皆免罪入旗。圣祖夙知苞文学，大学士李光地亦荐苞，乃召苞直南书房。"《清史稿》列传四九《李光地传》："桐城贡士方苞坐戴名世狱论死。上偶言及侍郎汪霖卒后，谁能作古文者。李光地曰：'惟戴名世案内方苞能。'苞得释，召入直南书房。其扶植善类如此。"

出狱未兼旬，康熙帝赐以第宅，资粮、饮食、衣服，一取于内府。

张廷玉《澄怀园文存》卷七《宋元经解删要序》："其冬，以牵连赴诏狱,在狱始治《三礼》,而苦其书之难致。及出狱未兼旬,荷圣祖仁皇帝搜扬,置诸禁近,俾校文史,赐以第宅,资粮、饮食、衣服一取给于内府。"

是时,常居海淀,每以事入城,则馆王澍家,并与王遵厱、陶必达等相往来。

《方苞集》卷七《送王篛林南归序》:"余出狱,编旗籍,寓居海淀。篛林官翰林。每以事入城,则馆其家。海淀距城往返近六十里,而使问朝夕通,事无细大必以关,忧喜相闻,每阅月逾时,检篛林手书必寸余。"《方苞集》卷八《四君子传并序》:"癸巳春,余出刑部狱,信宿金坛王若霖寓斋,若霖曰:'吾与诸公每私议,南士之相引为曹而发名于世者,其朋有三焉。行修而学殖者,莫如子之徒;其遇之穷,而无一得其所者,亦莫如子之徒也。'"

沈起元《翰林院检讨王秋涯先生家传》:"及先生等朝之岁,西田公适由尚书拜新务,参阁务,深以得先生在左右为喜,先生居相邸,不事造请,慎结纳,唯与嘉定张征士云章、桐城方阁学苞、宝应乔征士崇修、同郡杨编修绳武、金坛王吏部澍交最契,时往还。"(王遵厱《秋涯诗稿》附录)

民国二十六年《绍兴县志资料》第一辑《人物列传》:"陶必达,字品臣,别字慕始,会稽人。康熙戊子举人,壬辰进士,馆选名不预,士林惜之。时桐城方望溪见其文悦之,谓人曰:'此陶文简再来身也。'恨相遇晚,订交京师。旋补内阁中书,充内廷教席,三年期满,以御试第一,授永宁令。"

按,嘉庆七年《直隶太仓州志》卷三十六《人物·文学》:"王遵厱,字箴六。父扶,为时敏第六子。少孤,力学,补州诸生,与族叔时翔、族兄恪、顾陈垿数人晨夕相劘切。康熙五十一年,成进士,改庶吉士。时叔掞为大学士,遵宬寓相邸,慎接纳,惟与嘉定张云章、桐城方苞、宝应乔崇修、金坛王澍、同郡杨绳武交契。明年,授检讨,引疾归里。又一载,掞奉命总裁《春秋》,因荐遵宬分修,至京,益罕所酬接。当是时,遵宬从兄原祁官户部侍郎,奕清官詹事,从弟奕鸿官户部郎中,从子蕃官编修,从祖时宪官检讨,一门冠盖,辉耀日下。"

出狱后,即与友人白斑通信。同年蒋锡震、张谦宜赋诗以贺。

《方苞集》卷十《白玫玉墓志铭》:"康熙癸巳春,余出刑部狱,即通书吾友清涧白君玫玉。玫玉以书报曰:'必来视子。'"

蒋锡震《青溪诗偶存》卷八《闻方灵皋新荷恩命入直南书房喜而有作》:"俄闻丹诏紫宸传,许侍银麟玉案边。解网一朝蒙帝力,戴盆今始望尧天。云霾急峡惊霆入,风净裖氛爱日悬。荡荡天高原听下,平平王道本无偏。一枝栖息怀飞鸟,三载经营叹木鸢。莫怨青袍真自误,但为黄口也生怜。文章老去收庾信,绝艺搜来惜郑虔。命倚云机看织锦,试分斑管与题笺。桓荣车服夸稽古,王俭簪裾正遨然。盛世崇文卑月露,圣人有道长荪荃。已知朱草还如昨,谁道缁衣不及前?病里惊传浑欲起,夜分趣火竟成颠。他年诗史吾何敢?此日翻经汝最贤。簪笔上趋承秘府,含香入直视花砖。笑麾吊屈囚山作,请赋卷阿既醉篇。"

张谦宜《絸斋诗选》卷二《谂方灵皋近状》:"蒙恩输左校,侥幸此身存。战栗寻经史,艰难长子孙。名山遥入梦,病母独当门。苦被文章累,应徐总莫论。"

蒋锡震,字岂潜,宜兴人。康熙三十八年举人,四十八年进士。五十七年铨选,得庆云令。莅任三年,告归。著有《易说》《中州志》《见闻杂记》《青溪诗偶存》。参见光绪八年《重刊宜兴县志》卷八。

张谦宜,字稚松,号山农,胶州人。康熙四十五年进士,不仕,闭户著书,终身不辍。著有《尚书说略》《四书广注》《质言疏义》《絸斋诗选》等,年八十三卒。参见道光二十五年《胶州志》、民国四年《山东通志》。

四月,同年王时中至京师诣先生,为季弟大来请铭。

《方苞集》卷十《王大来墓志铭》。

按,王时中,字苍平,上元人,康熙己卯举人,性孝友嗜学,仗义疏财,时贡院狭隘,捐资充号舍于平江府,复捐资为圣庙时祀费,里人称之。参见乾隆十六年《上元县志》卷十九、《国朝金陵诗征》。

六月初二日,康熙帝谕诚亲王允祉,在热河行宫馆修辑律吕算法之书,先生为分校。

《圣祖实录》:"谕和硕诚亲王允祉,律吕算法诸书应行修辑。今将朕所制律吕算法之书发下。尔率领庶吉士何国宗等,即于行宫内立馆修辑。"

《清史稿》志二十《时宪一》:"五十二年五月,修律吕、算法诸书,以诚亲王允祉、皇十五子允禑、皇十六子允禄充承旨纂修,何国宗、梅毂成充汇编,陈厚耀、魏廷珍、王兰生、方苞等充分校。所纂之书,每日进呈,上亲加改正焉。"

按,《圣祖实录》,本年五月初十日,康熙帝前往热河避暑,九月二十日回京。白晋等耶稣会士扈跸热河(柯兰霓《耶稣会士白晋的生平与著作》),方苞亦扈跸热河(《蒋母七十寿序》)。

七月,在热河,蒋锡震自京师以书来,为母七十请寿文。

《方苞集》卷七《蒋母七十寿序》。

八月，自南书房移至蒙养斋，校对御制乐、律、历、算诸书。

《方苞集》卷十八《两朝圣恩恭纪》。

按，《方苞集》卷六《书烈妇东鄂氏事略后》："康熙癸巳，余自南书房移蒙养斋，修乐、律、历、算书凡十年。"

九月二十日，谕和硕诚亲王允祉等，于蒙养斋立馆，修辑律吕算法诸书。

《圣祖实录》："谕和硕诚亲王允祉等，修辑律吕算法诸书，着于蒙养斋立馆，并考定坛庙宫殿乐器。举人照海等四十五人系学习算法之人，尔等再加考试，其学习优者，令其于修书处行走。"

按，《会典事例》卷八二九"国子监算学"条称："雍正三年奏准，康熙五十二年设算学馆于畅春园之蒙养斋，简大臣官员精于数学者司其事，特命皇子亲王董之，选八旗世家子弟学习算法。"

又按，《清史稿》列传二百八十九："圣祖天纵神明，多能艺事，贯通中、西历算之学，一时鸿硕，蔚成专家，国史跻之儒林之列。测绘地图，铸造枪炮，始仿西法。凡有一技之能者，往往召直蒙养斋。"

又按，耶稣会士白晋《康熙皇帝》一书所言，康熙帝欲在中国建立科学院，蒙养斋算学馆之开设，无疑为这一想法之实践。蒙养斋所开展科学活动，与法国科学院不仅有相似性，且有往来。

是时，康熙帝授蒙养斋诸臣习西洋算法，并谕和硕庄亲王等率儒臣于蒙养斋开局测太阳高度。

《四库全书总目》卷一百七著录《测圆海镜》十二卷，论曰："迨我国家，醴化翔洽，梯航鳞萃，欧逻巴人始以借根方法进呈,圣祖仁皇帝授蒙养斋诸臣习之。梅瑴成乃悟,即古立天元一法,于《赤水遗珍》中详解之,且载西名'阿尔热巴拉'(案:原本作阿尔热巴达,谨据西洋借根法改正),即华言东来法。知即冶之遗书,流入西域,又转而还入中原也。今用以勘验西法,一一吻合,瑴成所说,信而有征。特录存之,以为算法之秘钥。且以见中法西法互相发明,无容设畛域之见焉。"

《钦定历象考成后编》卷一《黄赤距纬》:"康熙五十二年,皇祖圣祖仁皇帝命和硕庄亲王等,率同儒臣于畅春园蒙养斋,开局测太阳高度,得黄赤大距为二十三度二十九分三十秒。"

是时,在蒙养斋,与顾琮、徐元梦、王兰生诸人一见如故。

顾琮《春秋通论序》。方苞《记徐司空逸事》。全祖望《坦斋王公神道碑》。

顾琮,字用方,满洲镶黄旗人。以监生入算学馆。官至江苏巡抚、协办吏部尚书事、河道总督、漕运总督等。乾隆十二年,夺官,寻调河东河道总督。十九年,坐江南总河任内浮费工银,夺官,旋卒。参见《清史稿》列传九十七。

徐元梦,字善长,满洲正白旗人。康熙十二年进士,改庶吉士。官至浙江巡抚、左都御史、工部尚书、户部尚书等。乾隆元年,乞休,加尚书衔食俸。四年,加太子少保。六年卒,年八十七。参见《清史稿》列传七十六。

王兰生,字振声,直隶交河人。康熙五十二年赐举人,六十年赐进士,庶吉士散馆授编修。官至安徽学政、江南乡试考官等。乾隆帝即位,复授内阁学士,迁刑部侍郎兼署礼部侍郎。乾隆二年,病卒。参见《清史稿》列传七十七。

在蒙养斋,与梅瑴成、潘蕴洪、陆诗诸人共事。

《清史列传》卷十七:"康熙五十一年,上闻瑴成能承家学,召入内廷。于是毅成以生员供奉蒙养斋,汇编御制天文、乐律、算法诸书。"又,《方苞集》卷十二《梅征君墓表》:"又数年壬辰,诏开蒙养斋,修乐、律、历、算书,下江南制府,征其孙毅成入侍。"

《方苞集》卷十《潘函三墓志铭》:"君讳蕴洪,字函三,湖州人。康熙五十二年,与余俱供事蒙养斋。性孤特自遂,意所欲为,虽重得困,不悔也。所欲言,听者色倦,语而不舍。用此众指笑为愚惑。"

《方苞集》卷十《陆以言墓志铭》:"君讳诗,字以言,江宁人。家世农田,秀者学艺。君始以习宋字入蒙养斋书局,敬敏有声,有旨得从群士校录叙用。君既拔起,稍自振饬,与群士抗礼,众深心嫉之。及议叙,皆得美仕,君独以后期数月不与,发愤成疾,逾年竟死。君在书局凡八九年。"

徐元梦时就先生考问经义。

《集外文》卷六《记徐司空逸事》:"公与人敬以和,贵贱老少如一。长翰林数年,物望所归,鲜不荐达。老而笃学,共事蒙养斋,暇即就余考问经义。时江浦刘无垢、泰州陈次园常在侧,交口而责先生曰:'有是哉!子之野也。徐公中朝耆德,且为诸王师。子抗颜如师,而诲之如弟子,可乎?'先生应之曰:'吾以忠心答公之实心耳!子视公遂出孔道辅下乎?'诸王侍卫中,有年逾三十始读《大学》,而请先生讲以所闻者,至《秦誓》,作而言曰:'所云一个臣,吾视徐公良然。'"

顾琮《春秋通论序》:"时蝶园徐公,日就先生讲问《春秋》疑义,每举一事,先生必凡数全经,比类以析其义。虽未治是经者,闻之亦如其说必如是而后安。"顾琮《周官辨序》:"是秋,移蒙养斋。徐公蝶园时叩《周官析疑》,先生详为辨析。遇馆中后生,则为讲《丧服》,闻而持行者数人。余与河间王振声谓笔之于书然后可久,乃出其在狱所作《丧礼或问》。"

顾陈垿称先生为蒙养斋经术湛深第一人。

顾陈垿《抱桐轩文集》卷一《与灵皋》:"往在禁廷,橐笔同事,五易寒暑,冬春海淀,夏秋热河,蒙养云岩,辰入酉出,几于朝夕相见。迩时,旅进旅退者何止数十辈,然垿眼中意中惟先生一人,经术湛深,艺林领袖,所当师事。他若景州(魏廷珍)、交河(王兰生),窃敢比肩,未甘北面也。其行谊肫笃、律身高洁,眼中意中惟用方一人。"《答顾用方尚书》:"多年橐笔蒙养斋,五易寒暑,满汉同事不下数十辈,仆所目注心仪者,行谊肫笃惟公一人,经术湛深惟灵皋一人,后持此以视天下,亦无以易也。"

顾陈垿,字玉停,江苏镇洋人。康熙五十四年举人,荐入湛凝斋,修《律数渊源》诸书,后授行人司行人。尝给札蒙养斋,赐第京师。时圣祖亲策算学,得七十二人,陈垿为冠。雍正元年,出使山东、浙江,还督通州仓。三年,以目疾归。乾隆元年举鸿博,六年设乐部,复以洞晓音律召,皆辞不赴。十二年卒,年七十。参见《清史列传》卷六十八《儒林传》、《清史稿》列传二百七十一《文苑》。

是时,诚亲王聘先生为王子师。先生南面坐,置王子座于亭西,东面,乃就讲。王子色不豫,先生抗颜无少屈。

雷鋐《方望溪先生苞行状》:"冬,圣祖仁皇帝修乐律历算书,命诚亲王监临,先生由南书房移蒙养斋。诚亲王严察,承事者多获谴苛,先生柴立其中,遇事数争执,不得当不止。王心折,命为王子师。先生南面坐,置王子座于亭西,东面,乃就讲。王子色不豫,先生抗颜无少屈。"沈廷芳《方望溪先生传》:"会修乐律历算书，移蒙养斋。监修为诚亲王，王性严，承事者多获呵责，先生侃侃不阿，遇事持正，王敬之，延为王子师。乃置王子座东向，己南面坐，始就讲。"

按，全祖望《前侍郎桐城方公神道碑铭》："以白衣直禁廷，共豫校雠，令与诸皇子游，自和硕诚亲王下，皆呼之曰'先生'。"

允祉，康熙帝第三子。康熙三十八年，封诚亲王。五十一年，率何国宗等辑律吕、算法诸书。五十九年，子弘晟封为世子。六十年，弘晟偕皇四子、皇十二子祭盛京三陵。雍正帝即位，命允祉守护景陵。雍正二年，弘晟得罪，削世子。八年二月，复进封亲王。五月，夺爵，禁景山永安亭。十年闰五月，薨，视郡王例殡葬。乾隆二年，追谥。参见《清史稿》列传七。

与伦达礼亦共事蒙养斋。尝属先生择师，教其子隆德兄弟。

《方苞集》卷六《书烈妇东鄂氏事略后》："乾隆九年，余卧病北山，故人子吴殷南至自吴门，致太守雅公兄子隆德之妻东鄂氏事略，乞余文。隆德之父伦君与余共事蒙养斋，尝属余择师以教隆德兄弟。"

按，《御制历象考成》纂修诸臣名录，与方苞蒙养斋共事者为伦大理，即觉罗·伦达礼，正红旗人，监生，雍正四年任刑部郎中。雍正十三年，任广东按察使、福建按察使。乾隆二年，署福建布政使。乾隆五年，任西安按察使等。

皇子近侍完颜保，数就先生问学。

《方苞集》卷十三《完颜保及妻官尔佳氏墓表》："君姓完颜氏，讳保，字岳申。余供事蒙养斋，君为皇子赘御，数就余问学。君貌甚文，苦羸，气不能任其声。自恨时过而学，虽疾，矻矻不自休。余始开以学，久之，惟戒束书不观，以息心神，而不能从。

疾遂不振。君既殁且逾年，余启箧，见其病中所拟《秋风辞》，音旨凄怆。其诸衰气之先见者与？君疾亟，妻官尔佳氏誓死。"

按，方苞与完颜保家族多有往来。完颜保父赫世亨，赫世亨二弟和素为武英殿总管，三弟鄂素及其子留保与方苞亦有往来，《中宪大夫鄂公夫人撒克达氏墓表》即为留保之母鄂素之妻所作墓表。震钧《天咫偶闻》卷八《郊坰》称，黑市之西，完颜和素先生墓存焉，墓碑乃方苞文，励宗万书。

十月，弟子程崟中进士，然少有余暇，与恩师往还不便。

程崟《望溪集序》："及康熙癸巳，先生尽室北迁。崟适成进士，谓自是可肆力于经书、古文。而先生给事海淀，崟拘掇部曹，往还甚艰；又公私促促，少有余暇，惟流观汉、魏、四唐人诗，与懒性相宜。而先生素不为诗，所业未敢以请。"

按，《圣祖实录》，本年十月十二日，王敬铭等一百四十三人进士及第。又按《清朝进士题名录》，是科一甲：王敬铭、任兰枝、魏廷珍。二甲：五名万承苍，七名吴襄，三十五名唐建中，四十五名徐士林，四十六名程崟。三甲：十四名孙嘉淦，二十三名曹志宏，四十六名甘汝来。

十一月初十日，左都御史揆叙重修弦歌台，并立碑。先生代为记。

揆叙《重修弦歌台记》："康熙五十二年十一月初十日，其邑人备述兴废之由，及山原林麓环拱之胜，因董役者以请记于余。"

按，方苞代作《弦歌台记》。揆叙之文，在方文基础上略有修饰，主体内容相同。揆叙《重修弦歌台记》，见于乾隆十二年崔应阶修纂《陈州府志》卷七《圣迹》，所署时间为康熙五十三年,官职为都御史。撰文之前,另有康熙二十一年州牧萧国弼、康熙五十三年州牧顾珽所作《重修弦歌台记》,后者记述揆叙出资修建弦歌台缘起与过程。方苞之文,应作于此时。

揆叙,字凯功,纳喇氏,满洲正黄旗人,明珠子。康熙三十五年,自二等侍卫授翰林院侍读。官至翰林院掌院学士,兼礼部侍郎,工部侍郎。揆叙素与皇八子允禩相结,当皇太子既废,揆叙与诸大臣私通消息,保举允禩。五十一年,迁左都御史,仍掌翰林院事。五十六年,卒,谥文端。雍正二年,夺官,削谥。墓碑改镌"不忠不孝阴险柔佞揆叙之墓"。参见《清史稿》列传七十四。

是冬,与顾用方论丧祭之礼及古宗法,赫赫闻之有意。

《方苞集》卷十四《赫氏祭田记》:"康熙癸巳冬,余自南书房移蒙养斋。时与顾用方论丧祭之礼及古宗法,赫君赫若有意于余言。"

是冬,蔡世远以服阕至京师,彼此相见。

《方苞集》卷十《礼部侍郎蔡公墓志铭》:"始余与公相见于相国安溪李文贞公所。文贞引公之袂以属余曰:'是吾闽所谓蔡世远闻之者也。'遂定交。及癸巳春,余出刑部狱,而公以是冬服阕至京师。"

按,此文所言,方苞与蔡世远定交,应在康熙五十二年癸巳之前。康熙五十、五十一年,方苞在狱中,蔡世远守家居丧。又,康熙四十八年蔡世远中进士,故二人定交时间在康熙四十八年至四十九年之间,比较合理。

蔡世远,字闻之,福建漳浦人。康熙四十八年进士,改庶吉士。从大学士李光地,分修《性理精义》。雍正元年,授编修,入直上书房,侍诸皇子读,十一月迁侍讲。二年充日讲起居注官,四年擢侍讲学士,五年迁内阁学士,六年授礼部右侍郎,八年以事降级,十年复职,十二年正月卒,谥文勤。著有《二希堂集》等。参见《清史列传》卷十四、《清史稿》列传七十七。

是年,刘捷送先生妻子北上入旗,错过礼部会试。

《方苞集》卷八《四君子传》:"癸巳秋特行会试,将赴公车;会其友方苞以《戴名世文集》牵连编旗伍,檄有司解送妻子北上;捷曰:'吾义不可不偕行。'至京师,试期已过。其后病且衰,竟未得一与礼部之试。"

按,二人见面时,论及狱中欲念与礼之冲突及调适。刘古塘《丧礼或问序》曰:"余送其妻子入旗,相视唏嘘。望溪蹙然有惭惧之色曰:'曩者,刚主宽我谓,此身血肉也,男女者血肉之所由生,故气之一或以动志。子能时察而自惩艾,可末减矣。比吾在狱,亦期有八月室家之思,虽欲其动而不能,是我哀亲之心百不敌畏死之心也。爱我者必大暴吾恶,不然岂惟人祸天刑必无遁焉。'"

夫人北上,至邳,资用绝,新安友人程若韩曲为营画,俾得达淮泗。

《方苞集》卷十《陈依宣墓志铭》。

是年,女弟及妹夫谢天宠御太夫人北上,婢王音随行。

《方苞集》卷十一《谢母王孺人墓志铭》,卷十六《婢音哀辞》。

太夫人北上,为关吏所扼,置天津逾岁,后龚声振贷金事方成。

《方苞集》卷十一《龚君墓志铭》:"余遭患,吾母北上,载榇以从,为关吏所扼,置天津逾岁,而吾母疾大剧,榇不可致,计其费当三十千。南昌彭尹作曰:'于路使粤西,其子在是;吾为子语之,其半可任也。'越日,君具以来,事遂集,既而闻之,乃贷于金陵贾人也。"

龚铎,字于路,顺天大兴人。康熙三十三年甲戌进士,翰林院庶吉士,广西学政,詹士府詹士。龚声振,大兴人,康熙五十三年甲午科举人。参见法式善《清秘述闻》、光绪十年《畿辅通志》卷四十二。

是时前后,弥甥光正华复来相依。

《集外文》卷四《书诸友公祭先母文后》:"余北徙,复来相依。"

是年,太夫人衰疾,友人吴锐推荐王宗华。时宗华为祖母请铭,遂为之撰。

《方苞集》卷十六《王瑶峰哀辞》:"康熙癸巳,余出刑部狱,供事内廷,吾母衰疾,而京师无良医。当涂吴颖长曰:'吾友王君通医,匿而不试,吾今与子过之。'既相见,再拜致辞,许诺。"

《方苞集》卷十六《王彦孝妻金氏墓碣》:"后二十年,其孙宗华儒而治,方客京师,请铭于余,始碣其墓之阡。"

吴锐,字颖长,号钝人,当涂人。素有名誉,康熙辛卯中经魁,任江都教谕,士习为之丕变。乾隆丙辰以鸿博荐,名动儒林,卒于官。参见乾隆八年《江都县志》卷十四、乾隆二十三年《太平府志》卷二十六。

是年,附书报宣佐,已出狱隶汉军,回信称左人卒矣,为撰哀辞。

《方苞集》卷十六《宣左人哀辞》:"余与左人相识几三十年,而不相知。相知逾年而余及于难。又逾年而左人死,虽欲与之异地相望,而久困穷,亦不可得。此恨有终极邪?""及余邀宽法出狱,隶汉军,欲附书报左人,而乡人来言:'左人死矣!'时康熙五十二年也。"

是年,歙县许起昆持其母行状,因吴瞻泰请铭,为撰墓志。

《方苞集》卷十一《许昌祯妻吴氏墓志铭》:"康熙辛卯九月,歙县许起昆持其母行状,因吾友吴君东岩来乞铭。东岩于其母为族子,而状即东岩所作也。余既许诺,逾月而被逮。又二年出狱,东岩适在京师,复以为言。"

是年,友人阮梦鳌卒,为文以志哀。

《方苞集》卷十六《阮以南哀辞》:"及先君子殁,而余及于难。又逾年而君死。追念平生游好倾心向余,而余无纤毫之报者,莫如君。乃哭而为文以志余哀。君讳梦鳌,江宁人,卒于康熙某年,年五十有一。余闻其丧,次年之某月日也。"

按,同治十三年《上江两县志》卷十六《古今人》:"阮梦鳌,字以南,江宁人,市药授徒,与桐城方苞友善。"

是年,在京师,始识同年王思训,时宿其寓斋。

《方望溪遗集》之《翰林院检讨王君墓志铭》:"余游四方,雅闻君名。及举于乡,籍于礼部,皆与君同年,而未得见。康熙五十二年始识君。时君寓城西隅,草树荒凉,自莳花灌竹木,意旷如也。返自江西,时宿其寓斋,为先生道乡国山川之胜及耆民故事,间出诗歌,自诵自解说,每至夜分,余倦欲就寝,尚不自休。"

王思训,字畴五,号永斋,昆明人。康熙四十五年进士,官至翰林院侍读。为诸生时,文名已藉甚,后以检讨提学江西,典试广东,士论钦服。著有《滇乘》二十五卷、《见山楼》等。参见乾隆元年《云南通志》、《大清一统志》。

是年,曹一士与储大文入内城谒见,未得言面。既而回访,又错过。

曹一士《四焉斋文集》卷六《与方灵皋》。

是年,撰《结感录》,记难中诸友之德。

《集外文》卷七《刑部郎中张君墓志铭》："及余以《南山集》牵连被逮,至之日,冢宰富宁安与司寇杂治,命闭门毋纳诸司。君手牒称急事,叩门而入,问何急,曰:'急方某事耳。'因陈古义以勖富公,闻者莫不变色易容。语具余癸巳《结感录》中。"

《集外文》卷六《结感录》："结感录者,志辛卯在理时,诸公为余德者也。余羸老蹇拙,虽报德不敢自誓也,惟感结于心而已。其故交如同里刘捷古塘、姊夫冯庚绥万、清涧白斑玫玉、溧水武文衡商平、高淳张自超彝叹、金陵朱文镳履安、翁荃止园不在列。盖感者以为其道未可以得之也,若诸君子,则与吾为友时,早见其然矣。今感而录焉,是轻诸君子之义,而使古者为友之道不明也。考之于经,凡诸父诸舅,道同而志相得者,皆名为友;既为友,则有相死之义,有复仇之礼,况急难相先后哉!"

是年,《周官辨》成。

顾琮《周官辨序》。

按,是书分《辨伪》《辨惑》二门,凡十章。卷首有雍正三年龚缨序、乾隆七年顾琮序和作者自序。正文有圈点。文末附时贤评论,评论者为李光地、蔡世远、李雨苍、杨宾实、李塨、汪武曹、朱轼、吴佑咸、陈鹏年、涂燮庵、黄世成、雷鋐、吴以诚诸人。《四库全书总目》云:"就《周礼》中可疑者摘出数条,断以己见。"此书后收入《抗希堂十六种》。

又按,顾琮序曰:"龚君孝水曾刻《周官辨》于河北,刘君月三刻《丧礼或问》于浙东,以授其生徒。二君子没,流传者益希。余惜其可以助流政教……故重校而录之,其序跋评语则犹仍其旧。"

是年,李光地承修《周易折中》。张伯行建紫阳书院。

李清植《文贞公年谱》。张师载《张清恪公年谱》。

是年,张廷枢转工部尚书为刑部尚书。汤右曾为吏部右侍郎,兼管翰林院学士事。徐元梦擢内阁学士兼礼部侍郎。陈鹏年为武英殿修书总裁。

《圣祖实录》。唐祖价《陈恪勤公年谱》。

是年,商丘宋荦卒。萧山毛奇龄卒。上元朱元英卒。

汤右曾《光禄大夫夫子少师吏部尚书宋公荦墓志铭》。胡春丽《毛奇龄年谱》。朱绪曾跋朱元英《虹城子集》。

康熙五十三年甲午(1714)　四十七岁

三月,先兄方舟孙方惟仁生。

《方苞集》卷十七《兄孙仁圹铭》;《方氏家谱》。

六月二十九日,扈跸热河。梦偕先兄随先君过访诸友,寤而为记。

《方苞集》卷十八《记梦》:"康熙甲午立秋日,余在热河,梦偕先兄随先君过尚默陈先生故居。同集者,摄山汪丈、清传杨君。将饮酒,他客朋至,忽觉已归土街草堂。先君指画,将营西偏,为燕息之斋。俄而寤。……今兹以秋之始,感于梦寐,而得依父兄之侧,从先人之居,岂其几之先见者与?抑积思所结,而未必其有应也。因书以征于后焉。陈先生名书,汪丈名泳思,杨君名修,与王先生皆金陵人。杜公兄弟为黄冈人。康熙五十三年六月二十九日记。"

按,《圣祖实录》,本年四月二十日,康熙帝热河避暑,九月二十八日回京。

八月二十二日,弟子刘师恕提督河南学政。

《圣祖实录》。

八月二十七日,座师张榕端子张丙谦卒,年五十七岁,为撰墓志。

《集外文》卷七《诰封内阁中书张君墓志铭》。

八月,女婿宋嗣炎中乡试南榜。友人储大文等中北榜。

乾隆元年《江南通志》。

按,《方苞集》卷八《庐江宋氏二贞妇传》:"余长女许嫁宋学士嵩南长子嗣炎。……越二年癸巳,余蒙圣祖仁皇帝鉴宥,召入南书房。其明年,嗣炎举于乡。"

九月十六日,同年彭廷训之父卒,年九十二岁,为撰墓志。

《集外文》卷七《彭讱庵墓志铭》。

九月二十六日,王懋竑至京师,晤先生及诸友,为王式丹冤情求助。

《王懋竑日记》:"是日(九月二十二日),启行往京师。二十六日,至京师。三十日,作《再上张中丞书》。十月二日,同灵皋至海淀。三日,同灵皋归。"

《王懋竑家书》:"扬脚夫至青署,得四叔祖字,深为惊骇。二十二日,脚夫返,即以是日驰往京师。比至,则知其事已大解。又得汝伯父字,乃始豁然。已力致若霖、沧洲、匠门诸公,意亦甚相为。当事适有使至都,当各切嘱之矣。冢宰为藩台而出,恐当并了此案也。在都二十余日,与灵皋、仲孺、淑瞻数会谈,甚畅。诸公多劝以少贬节者,非余志也。"

按,《清儒王懋竑年谱新编》《王式丹年谱长编》,王氏此次进京,主要为王式丹冤情求助诸友,王式丹因赵晋自缢案长期滞留吴门。

十月七日,李塨如京,八日、十一日两次谒访,十日先生回访否

认为《南山集》作序。

李塨《恕谷后集》卷三《甲午如京记事》:"甲午十月乃过存,七日抵京师,知灵皋供应畅春园,纂修乐律,以母病告假在都。八日候之,假满已返。十一日复诣,奉太夫人藕粉,将登堂拜,而灵皋适前一日来,闻予声趋出,怆然互拜,曰:……'田有文不谨,余责之,后背余梓《南山集》,予序亦渠作,不知也。'"

按,方李此次见面,并未载入彼此年谱。期间,二人论礼;言左光斗、史可法事;言方苞孝友事,皆颇为重要。同时,李塨此文,乃方苞明确否认《南山集序》为其本人所作的唯一记载。梁启超《中国近三百年学术史》称方苞:"曾替戴南山做了一篇文集之序,南山着了文字狱,他硬赖说那篇序是南山冒他名的。"文人代笔,古已有之,《南山集》也不例外。方苞序是否为代笔,待考。

十一月十七日,诚亲王允祉等以《御制律吕正义》进呈,并奉旨:律吕、历法、算法三书著共为一部,名曰《律历渊源》。

《圣祖实录》。

按,方苞时在蒙养斋修乐律历算诸书,《方望溪遗集》有《拟进律吕正义表》。

又按,《圣祖实录》,本年十一月十三日,诚亲王允祉等奏,今修历书,除畅春园及观象台逐日测验外,亦于广东、云南、四川、陕西、河南、江南、浙江七省,测量北极高度及日景。

是冬,山阳刘永禄主先生家守选,得广东长宁令,索文为赠。

《集外文》卷七《长宁县令刘君墓志铭》。

是年,方粲如知丰润县,有书简至,言罗公子酷嗜先生时文。

方粲如《集虚斋学古文》卷二《灵皋文稿书事》:"甲午,余之官丰润。"乾隆二十年《丰润县志》卷三《职官》:"方粲如,浙江淳安县人，丙戌进士，康熙五十三年六月任。"

方粲如《集虚斋学古文》卷二《灵皋文稿后书事》云，方苞不爱时文，而时人爱方苞多以时文。康熙年间丰润县有罗公子，罗钦顺五世孙，爱之尤甚，日诵方文不绝，愿异日得见。《南山集》案后，听闻方苞被遣戍，途经丰润，遂每日道旁古寺等候。后又闻方苞不遣戍，且喜且叹，自恨无缘。

按，储大文《存砚楼二集》卷五《送方文辀知丰润县序》，李绂《穆堂初稿》卷九《送方文辀令丰润》，汤右曾《怀清堂集》卷十六《送方文辀之官丰润》。

又按，文中罗公子名仰锜，字慎调，江西吉安府人，为丰润知县罗景泖之子。贡生。曾任职贵州、广西。雍正十年至乾隆十一年，两任云南楚雄鄂嘉州判，凡十三载，著政有绩，深得民心。乾隆十一年修成《鄂嘉志书》草本。参见《双柏县志》《鄂嘉志》《丰润县志》《中华罗氏通谱》。

是年，乡试座师张榕端卒，年七十六岁。

《大清畿辅先哲传》卷十九《张榕端》："四十二年告归，又越十二年，岁次甲午，卒，年七十六。"康熙甲午，即康熙五十三年。

按，《集外文》卷七《内阁学士张公夫人成氏墓表》："岁癸未，朴园先生予告归。……时夫人与朴园先生年俱七十。……夫人卒于康熙丙申九月二日，后朴园先生凡三岁，享年七十有九。"按癸未即康熙四十二年，康熙丙申即康熙五十五年，应为八十三岁。由"后朴园先生凡三岁"推断，张榕端应卒于康熙五十二年，时间推算有误，故不从《方苞集》。

是年，友人徐元梦以内阁学士为浙江巡抚。杨名时以翰林院侍读为陕西乡试正考官。原江南总督噶礼因其母控告忤逆被判自尽。

《圣祖实录》。

是年,康熙帝禁小说淫辞。

《圣祖实录》。

康熙五十四年乙未(1715) 四十八岁

正月,王懋竑赴京会试,报罢,拜访先生、胡期颐诸友。

《王懋竑日记》:"正月九日,启行。十六日,至京师。三月十日,榜发。十九日,车行南归。二十三日,至青县署。"《白田续稿》卷七《书目录后》谓"乙未春,遇灵皋于京师。偶出上张中丞三书示之,灵皋颇以为可,乃深相劝勉"。《白田存稿》卷二二《寄赠胡永叔迭赠玉临前韵》小注云:"乙未春晤于京师。"

二月,吴瞻泰(东岩)南归,过访为别,相持嗷然而哭,不能自抑。

《方苞集》卷七《送吴东岩序》:"康熙乙未仲春,吾友东岩南归,过余为别。将行,曰:'子不能归,吾不能复来,兹为永诀矣。'因相持,嗷然而哭,不能自抑也。……介于之归也,余惝然若无所依。而今东岩复长往,将何以处余乎?东岩归,将道淮以至于扬。其以余之状语紫函,而为叩介于,尚能北来以慰余之索居否也?"

是夏,法海复侍皇子,始见先生,遂订交。

《方苞集》卷十二《兵部尚书法公墓表》:"乙未夏,公复侍皇子。始见余,即曰:'吾与子未面而心倾久矣!然子颇知并世有法某否?'时中贵人有气焰者,朝夕传旨,非命事专及于余,不敢交一言。而公则视之蔑如,辞色间无几微假借。乃与公为友。"

法海，满洲镶黄旗人，佟国纲次子，康熙三十三年进士，改庶吉士，在南书房行走。官至浙江巡抚、兵部尚书、协理礼部事兼内务府总管等。雍正四年，革职。五年，从宽免死，发察罕托辉效力。九年，回京。乾隆元年五月，给副都统衔，协理咸安宫事务，二年，卒。参见《钦定八旗通志》卷一百四十一。

七月，房师顾图河三子顾饮和卒，年二十七岁，为撰墓志铭。

《集外文》卷七《顾饮和墓志铭》。

按，文中言及，顾饮和以方苞友龚缨为师，娶于江宁龚氏。

八月，孙用正赴京御试，访先生，以孙奇逢年谱商订践旧约。

孙用正《缄斋集》卷三：“六月得选禹州学。新例教职引见，八月赴京御试，访方灵皋，以征君公年谱商订践旧约也。方即留余寓邸十日，商其所以当去当存者，极为慎重。此后，每有所商必屡经推敲，或面质，或邮筒。十年而后成定本。语方灵皋曰：‘君以文章名世，比于班、马，虽八家不足论。’”

按，《方苞集》卷四《孙征君年谱序》曰：“容城孙征君既殁三十有七年，其曾孙用桢以旧所编年谱嘱余删定，既卒事而为之序。”孙奇逢卒于康熙十四年（1675），三十七年后即康熙五十一年（1712），彼时方苞正在《南山集》案狱中，孙用祯不会入狱请方苞删定并序孙征君年谱，故《方苞集》所言时间有误。又，校以《孙征君年谱》，各版本方苞序，皆为“容城孙征君既殁三十有九年”，亦即康熙五十三年（1714），与《缄斋集》所言相差一年，或为记忆之误，今以当事人编年体《缄斋集》所记为准。

八月，奉天范承勋葬于密云县，为撰墓表。

《方苞集》卷十三《兵部尚书范公墓表》：“公卒于康熙五十三年二月朔，年七十有四。……子时绎，承袭本旗佐领。以公卒之次年秋八月二十二日,葬于密云县之青甸。桐城方苞撰。"

范承勋,汉军镶黄旗人,大学士范文程第三子,福建总督范承谟弟。官至广西巡抚、云南总督、两江总督、兵部尚书等。康熙四十三年,乞休。五十三年,卒。参见《清史列传》卷十一。

是秋,李光地请假归葬,张廷玉持先人行状请铭,先生代李光地撰墓表。

《集外文补遗》卷一《张文端公墓表》。

十二月,友人刘永禄卒,为撰墓志铭。

《集外文》卷七《长宁县令刘君墓志铭》:"康熙五十三年冬,山阳刘长籍主余家守选,得广东长宁令……长宁去京师水陆数千里,计程当以次年仲夏抵治所,而杪冬见除目,则君死矣。"《方苞集》卷十《刘紫函墓志铭》:"乙未之冬,其弟长籍复卒于长宁。余闻之,即为紫函忧。"

按,道光二年《广东通志》卷四十九《职官》,刘永禄,江南山阳人,副榜,五十四年,卒于官。

是年,致书李光地,言某官亏空疏。

《方苞集》卷六《与安溪李相国书》。

按,此文未定作于何时,但文中云"大司空韩城张公",应为韩城张廷枢,其担任大司空(刑部尚书)为康熙四十八年二月到康熙四十九年六月;康熙五十二年五月到雍正元年正月。又,文中言及《南山集》案后,方苞母亲北行(康熙五十二年),又云"老母数日痰气袭逆,倍甚于前,昼夜无宁晷",亦即方母卒前(康熙五十四年十二月),姑系于本年。

十二月初九日,母吴孺人卒于京邸,年七十四岁。陈鹏年撰《墓碣》,李塨作《挽辞》。先生有书致陈鹏年。

《方苞集》卷十七有《台拱冈墓碣》："先妣姓吴氏，知同、光二州、同知绍兴府事讳勉长女。生于崇祯十五年正月十五日子时，卒于康熙五十四年十二月初九日午时。子三人。女五人。"

陈鹏年《道荣堂文集》卷六《方逸巢先生继室吴孺人墓碣》，李塨《恕谷后集》卷八《挽方灵皋之母吴太君辞》。

《集外文》卷五《与陈沧洲书》："南丰曾氏所谓蓄道德而有文章者，当吾之世，惟明府兼之。先母得铭，不肖子所藉以覆盖者多矣。"

按，《先母行略》："吾母姓吴氏，先世莆田人，后迁京师。外祖讳勉，为名诸生，贡成均，知同、光二州，同知绍兴府事。以直节忤其地权贵人，罢官，流转江淮间。于吾宗老盍山所，见先君子诗，因女焉。……先君子中岁尤穷空，母生苞兄弟及女兄弟凡六人。……母性孝慈，而外祖父母及舅氏皆客死，继而吾弟早夭，兄及姊适冯氏者复中道夭。默默衔悲忧，遂成心疾。六十后，患此几二十年。"

又按，陈鹏年所作墓碣，除了叙述与方苞兄弟感情之外（"余在湘南，即闻江南有二方子。……时伯氏新丧，余表其墓，与仲交最深。"），还言及方苞《南山集》案之事，"孺人竟死不知苞之狱事。故余谱孺人之行，而叹其夫妇、母子之间皆可法也"。

又按，顾琮《送方望溪先生回籍葬亲序》所云，方苞以彼时在旗，未能终服（旗人三年丧，服三月），受到士林责备。

是时，邀孙用正至寓所议丧礼，并留其经纪其事。孙氏作《祭方母吴太君文》。

孙用正《缄斋集》卷三："方灵皋有母丧，邀余至寓所，议礼，留余为经纪其事。《祭方母吴太君文》：'康熙乙未腊月九日,方老伯母吴太君以寿卒于京邸,异姓犹子中州孙用桢为文而吊之。……桢与仲子灵皋性命交也,灵皋之母于桢有母谊焉。……百川、灵皋两贤嗣,为真人品真学问,名噪寰区,当世罕有其匹。桢常再过江南,与灵皋把臂订交。……天下无论识与不识,皆称灵皋纯孝。伯母可谓有子夫纯孝如灵皋,学问品行如灵皋,圣天子方且宠眷有加,倚之为心膂,为股肱,为五百年名世,以大显扬其亲,伯母亦可含笑九原矣。'"

是年,族子方观承至卜魁省亲并留居。友人徐元梦修缮杭州万松书院,礼聘张自超为山长。

　　方观承《东闾剩稿序》。乾隆元年《江南通志》卷一六三《人物志》。

　　按,《圣祖实录》,五十三年十二月,徐元梦以内阁学士为浙江巡抚。

是年,耶稣会士傅圣泽在蒙养斋讲授如何使用拉伊尔仪。

　　魏若望《耶稣会士傅圣泽神甫传:索隐派思想在中国及欧洲》。

　　傅圣泽,法国人,入华耶稣会士,康熙三十八年抵华,六十一年返回欧洲。他与白晋一起被康熙帝召进宫,研究《易经》、数学、天文学等。

是年,淄川蒲松龄卒。合肥李孚青卒。建宁朱仕琇生。

　　张元《柳泉蒲先生墓表》。王尚臣《依归草跋》。鲁仕骥《朱先生仕琇行状》。

康熙五十五年丙申(1716)　四十九岁

二月,晨起,仆王兴面目异常,疑有疾。越三日,其女音死,为撰哀辞。后王兴病发，做事多颠，责之，友人王兰生见而止之。

《方苞集》卷十六《仆王兴哀辞》《婢音哀辞》。

是夏，闻老友武文衡之丧，哭为墓表，以归其孤。

《方苞集》卷十六《武季子哀辞》。

按，《方苞集》卷十二《武商平墓表》："君讳文衡，溧水县岁贡生，以康熙五十四年十一月某日卒。"

又按，武文衡与方苞兄弟早年相识，往来较多，方苞难中，蒙其不弃。他曾评方苞时文《子曰苟志恶也》："深湛之思，出以显易，何心手之相调也。"《帝典曰克明峻德》："雨后青山，根骨毕见。"《唯天下至其天》："述性命之情，发天人之奥，义有归宿，词无枝叶，此等风力，惟熙甫可与较短絜长耳。"《白羽之白曰然》："探取情状，描绘尽态，殆兼荆川、季思二公之长。"

六月十八日，扈跸热河。夜梦仆王兴至自京师，视其貌，听其声，皆不类。诘之，自谓"我某人也"。又数日，家书至，兴于是日死，为撰哀辞。

《方苞集》卷十六《仆王兴哀辞》。

按，《仆王兴哀辞》："兴为嫂张氏家僮，岁丁卯，从至余家。性愚蒙，少虑。……自余遭祸，奴仆皆散去，黠者盗财物。其尤无能者，虽勉相依，多桀骜，惟兴执事如平时。……念兴在余家三十年，衣食未尝适口体，患难相依，其得免余罟者，仅四月余耳。因为哀辞，以志吾悔。"

又按，《圣祖实录》，本年四月十四日，康熙帝避暑热河，九月二十八日返。

六月二十二日，老友江浦刘岩卒，年六十一岁。

吴楫《刘大山先生年谱》。

按，刘岩为方苞早年老友。《方苞集》有《与刘大山书》，

《方望溪遗集》有《赠刘氏母仪额并题》《九日徐蝶园招同郭青岩刘大山钱亮工顾用方游药地庵分韵二首》《闻见录·刘大山妻》等。方苞编纂《钦定四书文》，选录刘岩《设为庠序学校以教之射也》，评曰："详核典重，词无枝叶。乡、国分合映带处，皆有义理联贯，由其经术深厚。"《君子有九思一节》，评曰："逐段挨讲义理，条贯足以自畅其指，起结尤完备。"《克伐怨欲不行焉一章》，评曰："明白纯粹，绝无艰涩之态，说理之文此为上乘。"

刘岩曾评点方苞古文，如《书老子传后》："昆绳尝为余□之，然非望溪之笔妙不能使读者心开而目明如此也，杜句篇终接混茫，于掉尾处见之。"又评方苞时文，如《学而时习之》："余近为此题，累日不就，及成，颇自喜诂题精实。及诵灵皋作，乃叹其吐弃凡俗，无一语为时下所有，无一意非阐发先儒。吾谓宋人之书，必得才子之笔出之，其境界乃一新。非老生常谈所能尽其妙，余遂焚弃其稿，不敢自存，思欲从之而不可得也。"《棘子成曰全章》："根据朱子意旨，发得精透而笔力驰骤，则尤蹂躏于苏氏之庭。"《子击磬于全章》："其气格在介甫、子由之间，以面貌求之，即不可得。"

九月二日，座师张榕端夫人成氏卒，年七十九岁。其子张丙厚合葬考妣，以书请铭，为撰墓表。

《集外文》卷七《内阁学士张公夫人成氏墓表》。

九月，李树德出任山东巡抚，先生致书论圩田。

《方苞集》卷六《与李觉庵》："适闻足下改官巡抚山东。足下门望资格，得此非过，而仆若有意外之幸者，以旧游齐、鲁间，私心所蓄，欲借手于足下以发其端绪也。"贺长龄辑、魏源编《皇朝经世文编》卷一百六节录本文，名之曰：《与李觉庵论圩田书》。

李树德，字沛元，号莪村，以世职授佐领。康熙庚午以北征噶尔丹获军功，丁丑充内阁学士，丙申授山东巡抚，壬寅为福建将军。其抚山左时，士民沐其德，建祠于登州蓬莱阁。参见民国二十二年《铁岭县志》卷十。

十月，故人子武洙至京师，报家中之丧。先生叩其所学，则经书可背，授徒某家。冬春间数至，假唐、宋诸家古文，自缮写。

《方苞集》卷十六《武季子哀辞》："冬十月，孤洙至京师曰：'家散矣！父母、大父母、诸兄七丧，蔑以葬，为是以来。'叩所学，则经书能背诵矣，授徒某家。冬春间数至，假唐、宋诸家古文，自缮写。"

是年，侄道希跋先生《丧礼或问》。

方道希《丧礼或问跋》曰："古塘先生欲广其传，叔父不可。先生将锓版，叔父谕希必固止之。先生曰：'拨人心之昏蔽而起其善端，莫近于是书，我专之以示朋友生徒而不播于坊肆可也。'""叔父执丧时，里中有感而相仿效者，族祖姑之子王君慎斋、姑之夫冯丈绥万。是编出，江介士友服行者渐多，故记之。……康熙五十五年，道希跋。"

是年，《春秋通论》成。

《春秋通论》成书时间，苏惇元《方苞年谱》系于康熙五十五年，后世多从其说。苏氏云所据为程鉴《仪礼析疑序》，检程鉴并无相关表述。顾琮乾隆九年《春秋通论序》云，二人五十二年相识，"逾岁秋冬，始成《通论》"，即康熙五十三年。而方苞《春秋直解序》云"乙未、丙申间"，亦即康熙五十四到五十五年，此或为苏说所本，今从之。

按，此书为篇四十，凡九十九章，由友人顾用方、朱轼、魏定国参订,弟子王兆符、程崟校录。卷首有雍正十年朱轼序,乾隆九年顾琮、魏定国序。正文有圈点。后收入《抗希堂十六种》。《四库全书总目》对此书部分观点颇有微词,但也指出其胜处:"惟其扫《公》《谷》穿凿之谈,涤孙、胡锲薄之见,息心静气,以经求经,多有协于情理之平,则实非俗儒所可及。"

诸友盛赞此书,蔡世远曰:"方子此书成,吾侪多喜其创辟。吾师榕村先生曰:'此小心敬慎之书也。'高安朱公欲易其名曰《纲领》。方子曰:'何敢?'然其敬慎如此。"徐元梦曰:"余在临安,见张子彝叹《宗朱辨义》,尽发旧说之蒙,归来乃见此书,直指本意,按以经文,坦然明白。每欲剟取辨义,分注此书,下使众知,舍此即失圣人之意,而衰老多事无暇及此,故识之以俟后之勤经者。"刘古塘曰:"按以经文,首尾贯通,以挈其领,故全体皆顺也。"陈大受曰:"甘苦有得之言,不待观其书已可。必其信今而传后。"见初刊本。

是年,同年余甸入吏部,始登门造访,请序其四书文,遂相与为友。

《集外文》卷七《少京兆余公墓志铭》。

按,嘉庆二十一年《四川通志》卷一百一十六《职官》,康熙五十三年余甸任江津知县,康熙五十五年马蕃任。乾隆二十一年《福州府志》卷五十七《人物列传》,余甸江津结束后,"擢吏部考功主事"。故余甸入吏部在本年。

余甸,字田生,初名祖训,福建福清人。康熙四十五年进士。初授四川江津知县。再以河道总督陈鹏年疏荐,擢山东兖宁道。雍正二年四月,授山东按察使。十一月,召诣京师。三年,擢顺天府丞。甸历官尽革陋规,坐失察事夺官,归。年七十二岁,卒。参见《清史列传》《清史稿》《福州府志》。

是年，五世祖断事公方法墓旁僵树被不肖子孙私伐，受到合族惩罚。好友方棨如以征酒税不力为上官所劾，解任归乡。

《方氏家谱》卷四十九《陇墓》。光绪十年《淳安县志》卷十《人物志》。

是年，《康熙字典》四十二卷成。

《皇朝文献通考》卷二百十八。

是年，同宗方中德卒。钱塘袁枚生。

《方氏家谱》。郑幸《袁枚年谱新编》。

康熙五十六年丁酉（1717）　五十岁

正月，临宋拓《圣教序》于爱景轩。

方苞书法《临圣教序册》，上海博物馆典藏。

按，此册页共九开，行书，册后自题："康熙丁酉春正月临宋拓《圣教序》于爱景轩。"钤朱文"方苞之印"、白文"灵皋"。

二月初六日，族弟方式济卒于卜魁，年四十二岁。

《集外文》卷七《弟屋源墓志铭》："弟式济字屋源，与余共高祖，以叔父都水公出嗣，无属服；而余世母，则所嗣金事公吴宜人之兄女也。故弟总角余即数见之。厥后叔母与吾母志相得，两门子姓睦洽如同宫……时弟受学于吾友刘君北固，余与昆绳数息北固寓斋，辨论经史，衡量并世人材，弟尝辍业倾听！……都水尽室皆死于辽海，而弟亡于父母及妻之前。"

按，《清史列传》列方式济入《文苑传》，《四库全书总目》著录其《龙沙纪略》一卷，论曰："是编乃式济之父登峄谪居黑龙江时，式济往省，因据所见闻，考核古迹，勒为九门……式济久住于斯，又闲居多暇，得以游览询访，究其详悉。"徐世昌《晚晴簃诗汇》卷五十七："《南山集》祸作，沃园自知不免，多方以脱宗人，寻随父同徙塞上，定省外独处一土室，著书不辍，与父同卒辽东。子恪敏公观承、孙勤襄公维甸，两世节钺相承，方氏之废兴，洵不可测矣。诗摹昌谷，不仅形似。"

三月初三日，襄城刘青莲不介而通书，以行状为父请铭，遂为之表。

　　《方苞集》卷十三《内阁中书刘君墓表》："襄城刘青莲状其先人之行，不介而以书通，曰：'吾父之殁七年矣，而铭幽之文阙焉以至于今，盖难其人也。吾恶夫为人子孙者，以所未有之善隆其亲，而实诬之也。故所举无溢言，愿子察其情也。'余故闻中州之贤者数人，而刘氏恭叔其一焉。恭叔之兄子青藜，为余同年友，而青莲之请铭也有辞，余无以却焉。"

　　按，刘青莲《七一轩稿》卷四《与方灵皋先生书》："平生不谋面之人，突数千里投书，以先人不朽之事相托。"卷四《答谢方灵皋先生》："四月初旬，接书教，蒙示先人墓碣，俯怜不肖，惠及泉壤。再拜捧读，悲与感并。"

　　刘宗泗，字恭叔，襄城举人。以孝名于世。乡荐后再赴礼部试，不第，乃绝意进取，研味儒先之书，至老弥笃。卒年七十七。著有《中州道学存真录》《恕斋语录》。子二：青莲，青芝。刘青莲，字华岳，贡生。少学古文辞，晚乃为诗，自成一家言。兄弟情笃，芝以馆选留都下，莲念之，冬月踏冰两千里相寻，入门相向哭，芝亦以思兄，请假归。著有《古今孝友传》《学礼阙疑》。参见乾隆三十二年《续河南通志》卷五十八。

三月十八日，友人王宗华卒，年五十二岁，为撰哀辞。

　　《方苞集》卷十六《王瑶峰哀辞》："先卒之旬日，余夜归，家人曰：'王先生来，自言胸中如有物，迟子不出，暮而归。'余家仅一仆，方卧病，将俟其间使问君，而黄君际飞以书来，言君死矣。叩之，君疾作，即归自余家之夕也。呜呼！君视吾母之疾犹母，而君疾余不视，君死余不知，闻君之丧，竟不得一昔之期抚君之棺而哭也。余之恨于君者，有终极耶！君乡人袁某与际飞纪其丧，权厝某丘，而报君之兄弟使来迎。际飞亦因颖长而得交于君者。君卒于丁酉三月望后二日，年五十有二。无子。妻某氏，早卒。"

按，《王瑶峰哀辞》："君讳宗华，字瑶峰，歙县人。学儒，试辄摈。通医方，耻以自名。年四十余，以亲老无养，授徒京师。"

五月，蒋廷锡以其牡丹诗百篇属序，读之有当于心，遂为之序。

《集外文》卷四《蒋詹事牡丹诗序》。

蒋廷锡，字扬孙，江南常熟人，陈锡弟。初以举人供奉内廷。康熙四十二年，赐进士，改庶吉士。四十三年，未散馆即授编修。官至户部尚书、文渊阁大学士、《圣祖实录》总裁等。雍正十年，卒于官，年六十有四，谥文肃。廷锡工诗善画。子溥，授东阁大学士。参见《清史列传》卷十一、《清史稿》列传七十六。

按，《国朝诗别裁集》卷十九："文肃工绘花卉，品与恽南田敌。成进士后，宫中极贵重之，流传世间者，真本绝少。马扶曦父子代作者，即可乱真也。"《清史稿》列传七十六，论曰"廷锡工诗善画，事圣祖内直二十余年。世宗朝累迁擢，明练恪谨，被恩礼始终。"邓之诚《清诗纪事初编》："工写生，参用西法，尤善画牡丹，气韵不如恽格，而绚丽过之。"又，康、雍、乾三帝皆有致蒋廷锡题画诗。

六月三十日，张懋能为浙江乡试副考官，既返，科场弊发，众信

其无染。先生与陈鹏年与其定交。

《方望溪遗集》之《行人司司副张君墓志铭》。

按,同治十二年《南昌府志》卷四十二《人物》:"张懋能,字职在,奉新人。康熙丙戌进士,改翰林院庶吉士,授检讨,与修国史,及《政治典训》《物类广义》诸书。丁酉典试浙江,复命,科场弊发,懋能会质,众独信其无浼,已而果然,仍以失察镌秩改国子博士。稍迁至行人司副,未展其用而卒。"

七月,扈跸塞上。胡宗绪以顾友于书并葛宏文状来请铭,遂为之撰。

《方苞集》卷十一《葛君墓志铭》:"江都顾友于两岁四通书于余,皆以葛氏志铭为言。丁酉七月,余在塞上,同里胡袭参复自京师以友于之书并葛氏子宏文之状来,且曰:'子之师书宣先生盖受宏文之赞,因与友于有连,而某亦尝定交焉。其乞铭辞甚衷,且所状皆近事,实可知矣,愿子勿却也。'"

按,《圣祖实录》,本年四月十七日,康熙帝热河避暑,十二月二十日回京。

顾同根,字友训,诸生,世居东乡大桥镇,太史顾图河子。康熙六十年,学使选贡太学,属意同根,避不赴试。家故有雄雉斋,与诸弟读书其中,年四十五卒。参见民国二十六年《江都县续志》卷二十四。

是秋,忆诸友,作《四君子传并序》。

《方苞集》卷八:"癸巳春,余出刑部狱。……后四年丁酉秋,偶忆其言,作《四君子传》。先兄之殁也,余既为志铭,诒孙、北固有哀辞,字绿有墓表,故弗更著焉。"

按,方文中"四君子"为:宛平王源昆绳、无锡刘齐言洁、高淳张自超彝叹、桐城刘捷古塘。徐念祖诒孙、刘辉祖北固、朱书因已有哀文，"故弗更著焉"。

十月一日，扈跸热河返。十日，武文衡季子武洙卒，年二十一，为撰哀辞。

《方苞集》卷十六《武季子哀辞》。

十月初五日，执友仇兆鳌卒，年八十岁。

张佳《仇兆鳌年谱考略》。

按，《传恭斋尺牍》之五十七《与某公》曰："亡友仇沧柱以文学名，而为少宰时风节亦蹇然，其子廷模试用宇下，望教诲陶冶，俾有成就，以毋玷其先人，则仆亦借手以慰执友于九原矣。"方苞《钦定四书文》著录其《齐饥一章》，评曰："以不行仁政为本，而以发棠事低昂其间，一纵一擒，皆成章法。"

又按，张维屏《国朝诗人征略》："仇兆鳌，字沧柱，浙江鄞县人，康熙二十四年进士，官至吏部侍郎。《杜诗详注》，仇兆鳌撰，援据繁复，无千家诸注伪撰故实之陋习。核其大局，可资考证者为多。"

十一月，自塞上返，闻山阳刘永祯已殁九月，为撰墓志。

《方苞集》卷十《刘紫函墓志铭》："康熙丁酉冬十有一月，余自塞上返，闻山阳刘紫函殁，以正月望后九日，逾九月矣。"

按，《刘紫函墓志铭》："余至京师与言洁善，因以得紫函；归过淮阴，馆其家。时紫函之父行人、叔父吏部皆归休。长者肃客，紫函率群季更侍左右；冠者、成童、总角诵读声铿然；僮仆执事，皆暇以恭；一室之内熏然成和，无一事不得其理者。刘氏大功不异财，自行人、吏部当官及退休，家事一任紫函；其亲属子姓男妇内外宗近百人，数十年无间言。"

又按，刘永祯为阎若璩之婿，张友椿《阎若璩年谱》："阎若璩女五人。……次适刘永祯，字紫涵。《札记·与紫涵诗》凡

四首。"赵执信《饴山集》卷九《山阳刘君墓表》曰："又从其妇
翁阎若璩共考据,遂周知古今。"

十二月,胡宗绪为母七十请序,遂为之撰。

《方苞集》卷七《胡母潘夫人七十寿序》:"丁酉春,锡参北
试京兆,曰:'以吾母教余兄弟之勤,终不能不惓惓于此。故承
命以来。'其秋果得举。冬十有二月,请余曰:'献岁正月,吾母
七十矣。将使仲弟西章归为寿,子姑以一言先之可乎?'"

又按,乾隆四十七年《江南通志》:"胡宗绪母潘氏,桐城
人,年二十八嫠居,三子宗绪、台、喆皆幼,贫不能延师,氏自督
课,非孔、孟、程、朱之书禁勿阅,尝命仆治宅掘地,得金匮之,以
数十金献,氏正色曰:'人贵义,命自安,藏金岂祥物哉?'弗纳,
虑仆因是得祸,立戒遣之。年八十三卒,雍正五年旌表。"

是年,佘华瑞进京,馆先生家,为父请铭,遂为之撰。

《方苞集》卷十一《佘君墓志铭》:"君讳兆鼎,字季重,世为
歙西岩镇人。……有子华瑞,以文学知名,与予为执友。康熙
丁酉来京师,馆余家,述其事以乞铭,距君之卒十有三年矣。盖
徽俗葬地难购而华瑞贫,故久而不能举也。君卒于康熙乙酉,
享年七十有三。娶汪氏,继娶方氏。子二:长华瑞;次关瑞,
早卒。"

按,乾隆三十六年《歙县志》卷十三《孝友》:"佘兆鼎,字宸
凝,岩镇人,家贫自奉甚薄,其事父母甘旨不极丰而不进也,友
爱昆弟,婚嫁先侄而后子,至于睦宗恤友,皆能久而不倦云。"
道光七年《徽州府志》亦收入《人物志·孝友》。又,佘华瑞《岩
镇志草》记载佘兆鼎经商之诚信。

是年,龚于路子声振卒于金陵,讣既至,乃喑而为志以归。

《方苞集》卷十一《龚君墓志铭》:"君讳声振,字以成,先世

江西进贤人，迁金陵。余里居，友其世父孝水。至京师，与其父于路游。君总角，余过孝水，见之门塾中。……君卒于金陵，家人秘之。余与于路屡见而不敢言，讣既至，乃喑而为志以归焉。君卒于康熙丁酉某月某日，年二十有三。"

　　按，光绪二十四年《进贤县志》卷十四《选举》："龚铎，字于路，翰林院庶吉士，广西学政，终詹事府少詹。"

是年，祖居将园典出，撰《将园记》以志之。

　　《方苞集》卷十四《将园记》："辛卯十有一月，余以《南山集》牵连被逮。又二年出狱，蒙圣恩召入内廷编纂。老母北上依余，每夏日，辄语内御者曰：'池中荷新出，柳条密蒙，桐阴如盖矣。'余出狱之次年，宅仍他属。又三年，园亦出质。乃记所由始，示兄子道希，使知此大父母精神所凭依，而余之心力尝竭焉，毋淹久于他姓也！"

是年，《春秋直解》成。

　　据方苞《春秋直解后序》，此书完成时间，在《春秋通论》后一年，即本年。

　　按，此书计十二卷，由方苞次男道兴编录，弟子程崟、余覠、刘敦校雠。卷首有德沛序、方苞自序、方苞后序、程崟后序。正文有圈点。后收入《抗希堂十六种》。此书本意，方苞《春秋直解后序》曰："余之为此，非将以文辞耀明于世也，大惧圣人之意终不可见焉耳。"

　　又按，刘敦为方苞好友刘捷之子，嘉庆十六年《新修江宁府志》卷五十四《艺文》曰："敦字艮吉，监生，捷之子，所著《字学辨讹》，又有《杜诗注疏》。"《江苏诗征》卷八十曰："刘敦，字艮吉，号兼山，捷次子，诸生。"

是年，友人朱轼为浙江巡抚。徐元梦以都察院左都御史兼管翰

林院掌院学士事。吕谦恒编修为山东乡试正考官。蒋廷锡为内阁学士兼礼部侍郎。

《圣祖实录》

是年,仁和卢文弨生。

段玉裁《经韵楼集》卷八《翰林院侍读学士卢公墓志铭》。

康熙五十七年戊戌(1718) 五十一岁

二月,使兄子道希、道永奉大父母枢,葬于上元南鄙石嘴之台拱冈。

《方苞集》卷十七《台拱冈墓碣》。

三月,李塨来访,先生使其子道章拜师从游。

冯辰《李恕谷先生塨年谱》。

是春,王澍将告归,先生为序以送。

《方苞集》卷七《送王篛林南归序》:"戊戌春,忽告余归有日矣。余乍闻,心忡惕,若暝行驻乎虚空之径,四望而无所归也。篛林曰:'子毋然!吾非不知吾归,子无所向,而今不能复顾子。且子为吾计,亦岂宜阻吾行哉?'篛林之归也,秋以为期,而余仲夏出塞门,数附书问息耗而未得也。今兹其果归乎?吾知篛林抵旧乡,春秋佳日与亲懿游好徜徉山水间,酣嬉自适,忽念平生故人,有衰疾远隔幽、燕者,必为北乡惆然而不乐也。"

四月二十二日,将赴塞上,寓安偕刘师向过访,同程可宽一起,游潭柘。

《方苞集》卷十四《游潭柘记》:"康熙戊戌夏四月望后七日,余将赴塞上,寓安偕刘生师向过余。会公程可宽信宿,乃谋为潭柘之游。"

四月，将赴塞上，寓安将赴上党，遂约宗弟方文辀、弟子刘师向、嘉定张云章、金坛王澍，往丰台，赏牡丹。

《方苞集》卷十四《游丰台记》："丰台去京城十里而近，居民以蒔花为业，芍药尤盛，花时，都人士群往游焉。余六至京师，未得一造观。戊戌夏四月，将赴塞门，而寓安之上党，过其寓为别曰：'盍为丰台之游？'遂告嘉定张朴村、金坛王箬林，余宗弟文辀、门生刘师向，共载以行。"

王箬林文后评曰："《丰台记》近欧，此《记》近柳，而自成其为望溪之文，盖由襟抱学行，不惟与柳州悬殊，视欧公亦微别也。"见初刊本。

按，或言文中"寓安"为方中德第二子方正瑑。校以《方氏家谱》，方正瑑，讳中德第二子，字玟士，号寓安。卒康熙癸未八月二十五日。"由于方正瑑康熙四十二年已卒，故此文"寓安"另有他人。或为"履安"（方贞观）之误。方贞观与方苞同因《南山集》案入旗籍，居京，其诗集有与王澍、舒子展及家兄出游之作，时间地点亦契合，比如《南堂诗钞》卷三《同汪退谷乔介夫王箬林舒子展家兄石川集万柳堂》《同缪湘芷杨次也徐澄斋汪无亢舒子展家兄石川天坛道院看芍药即以红药当阶翻为韵五首》。

四月，将赴塞上，妹夫谢天宠泣告生母之丧，必得铭乃归，遂为之撰。

《方苞集》卷十一本《谢母王孺人墓志铭》："康熙五十七年夏四月，余将行塞上。妹夫谢天宠闻其生母王孺人之丧，泣而言，必得志铭乃归。孺人之归谢氏也，年十有八，其卒也，六十有一。而为嫠者三十有六年。"

按,《方苞集》卷十七《谢季方传》:"先君子五女,妹生最后,适谢氏子师锡。……余难后,供奉蒙养斋。妹送母至都门,每孟夏余出塞,迫冬始还。老母起居,惟妹是依。间语苞曰:'汝妹名宁寿,今果送吾老。古云:'初生所命,多为终身征兆。'理果有是哉!'母终,遗衣物付妹,妹南归,尽弃以买妾,生一子。"

四月二十七,赴热河,走前辞别潘蕴洪。越四日,蕴洪卒。

《方苞集》卷十《潘函三墓志铭》。

按,《圣祖实录》,《游潭柘记》,四月十三日,康熙帝热河避暑,九月二十三日回京。方苞扈跸热河。

五月二十八日,安溪李光地卒,年七十七岁。

李清植《文贞公年谱》;杨名时《文贞李公光地墓碣》;李绂《大学士谥文贞李光地传》;郑虎文《李光地传》;彭绍升《李文贞公事状》。

按,李光地为方苞贵人。方苞初游京师,李光地赞其"韩欧复出,北宋后无此作也"。康熙四十五年,方苞放弃殿试,李光地驰使挽留。《南山集》案发,方苞按律当斩,经李光地举荐,免死入朝为官。入朝后,李光地门下士十之八九,成为苞好友。而李光地家族成员,也与方苞多有往来,《方苞集》涉及李氏家族文章达八篇:《与安溪李相国书》《安溪李相国逸事》《李世得墓表》《李抑亭墓志铭》《李世贡墓志铭》《赠李立侯序》《答李根侯书》《李皋侯墓志铭》,正如《李抑亭墓志铭》所言:"自获交文贞,习于李氏族姻,及泉、漳间士大夫。"方苞编纂《钦定四书文》,收录李光地文章十余篇,倍加称道。在方苞古文集评点者中,被尊为"先生"之时人,仅李光地与韩菼。方苞与李光地关系,《清史稿》认为在师友之间:"圣祖以朱子之学

倡天下，命大学士李光地参订《性理》诸书，承学之士，闻而兴
起。苞与光地谊在师友间，名时、兰生、廷珍、世远皆出光地门。
煦亦佐光地修书，得受裁成于圣祖。叔琳，苞友，鋐又出世远
门，渊源有自。独近思未与光地等游，而学术亦无异，雍正初，
与世远、苞先后蒙特擢。寿考作人，成一时之盛，圣祖之泽
远矣。"

　　虽然如此，二人论学，也是各有所胜。李光地《榕村语录》
卷十四《三礼》论"周乐"时曰："以为独见，而方灵皋与某同。"
方苞《答程起生》曰："昔余以《易》叩文贞，辄有以开余，而余不
能有开于文贞。文贞以《春秋》《周官》叩余，亦时有以开文贞，
而文贞之开余者则少。"李光地《榕村语录续录》卷十八《治
道》："方灵皋云：'初始与安溪先生谈，以为得志，真天下才，今
殊平平。'先生闻曰：'吾何能当"平平"二字？'"

　　又按，李光地之弟李广卿曰："先兄文贞公每言方子之文，
突过北宋，吾至今乃知其信然。"其孙李清植曰："先文贞每见
先生读经史及论古人文辄曰：'所让惟昌黎笔力，若与欧、王并
驱，则各有长技，互为胜负。'至义理之见极则，齐当避舍矣！"
李光地曾评点方苞古文，如《周官辨伪一》："义理详明，证据确
切，使胡文定父子见之亦当憬然心服。"《读经解》："醇实近曾
南丰，而深古则过之。"《原人》："上篇视韩文更质实，下篇则
董、韩、程、朱而外无能见及此者。"（以上见初刊本）又评点方
苞时文，如《学而时习之》："朴质斫雕，与王、唐、归、胡不同于
音律，而同于气味，故足尚也。"《不有祝一节》："慨乎言之，逐
臻神妙。摆落颇似正希，然拨华存根，语皆中鹄，正希不及
也。"《兴于诗立一章》："根源盛大，异日当与南丰、临川代兴
矣。"（以上见《抗希堂稿》）

六月,卧疾塞上,追思前言,始为万斯同墓表,距其殁已二十一年。

《方苞集》卷十二《万季野墓表》。

按,初刊本文后刘紫函评曰:"季野先生每私与吾辈言,方子叙事之文有过欧阳,无不及焉。吾与同时同学而不获共成《明史》,宇宙间一大憾事也。然得此文,则先生史学昭揭万世,后之作者皆有所遵循,亦可以无恨矣。"

又按,徐斐然《书望溪文钞目录后》曰:"呜呼!望溪其亦幸,而遇万先生,得与毛齐龄、阎百诗诸人,分道而扬镳也。其亦不幸,而遇万先生,未能与韩、苏、欧、曾诸公,并驾而齐驱也。"(《国朝二十四家文钞》)

六月,与诸友一道,送徐葆光出使琉球。

《方苞集》卷七《送徐亮直册封琉球序》曰:"皇帝御极之五十有七年,册封琉球国嗣孙尚敬为中山王。故事:以部郎仪状端伟蓄文学者,假一品服,奉册以行。天子命择词臣,众皆隐度徐编修亮直为宜。及命下,果为介。"文中方苞评价徐亮直:"亮直夙以文学知名;兹其行也,其耳目震骇乎乾坤之广大,而精神澡雪于海山之苍茫,吾知其文章必有载之而出者矣。"

按《圣祖实录》,本年六月初三,康熙帝遣翰林院检讨海宝、编修徐葆光谕祭琉球国故中山王尚贞、尚益,并册封世曾孙尚敬为中山王。

又按,沈德潜《国朝诗别裁集》卷二十三:"徐葆光,字亮直,江南吴县人。康熙壬辰赐进士第三人,官翰林院编修。"《皇清书史》皇清书史卷三:"徐葆光,榜姓潘,字亮直,号澄斋,长洲人,康熙五十一年第三人及第,官编修,工书法。"

又按,徐葆光出使琉球,为一时盛事,其本人有《康熙戊戌

六月朔奉命册封琉球述怀三首》（《国朝诗别裁集》）。方世举
《春及堂集》初集有《送徐亮直出使琉球》；陈鹏年《沧洲近诗》
卷九有《送徐亮直编修奉使册封琉球以便道归省二首》；沈德
潜《国朝诗别裁集》（卷二十二）著录惠士奇《送徐亮直编修奉
使琉球》；汤右曾《怀清堂集》卷十九《送徐亮直编修奉使册封
琉球》；李绂《穆堂初稿》卷十《送徐亮直编修奉使琉球兼遇家
省貌》；蔡世远《二希堂文集》卷三《送黄侍御巡按台湾序》；林
佶《朴学斋诗稿》卷一《送编修徐澄斋同年使琉球》；彭维新《墨
香阁集》卷十二《送徐亮直翰编册封流求》等。

**九月，归自塞上，夜宿石槽，见逆旅小子受虐待，至京，书告京
兆尹。**

《方苞集》卷九《逆旅小子》。

按，光绪十年《顺天府志》卷八十一，康熙五十七年顺天兆
尹为俞化鹏，安徽寿州人，康熙三十年进士。

是秋，天津朱乾御告知任节妇之事，遂为之传。

《方苞集》卷八《二贞妇传》：“戊戌秋，天津朱乾御言：‘里
中节妇任氏，年十七，归符钟奇，逾岁而钟奇死。姑杨氏，故孀
也，阅六月又死。时任氏仅遗腹一女子，而钟奇弟妹四人皆孩
提。任氏保抱携持，为之母，为之师。又以其间修业而息之，凡
二十年，各授室有家，而节妇死。族姻皆曰：亡者而有知也，杨
氏可无怼于其死，钟奇可无憾于其亲矣。’”

十月五日，与李塨、王懋竑相晤京城。

《王懋竑日记》：“十月五日，灵皋来，李刚主先生来，晚同
坐，刚主、灵皋留宿。”《续稿》卷五《十月十三日寄两儿书》：
“李刚主先生（讳塨，灵皋极推之）一见余，许为今世之人物。
灵皋笑谓：‘为李刚主所许者，必非馆选中人也。’其言果验。

可与念堂表叔言及一笑。"

是年,李塨全年阅读《春秋通论》,并致书讨论。

冯辰《李恕谷先生塨年谱》;《方苞集》卷十六《李伯子哀辞》。

是年,方粲如有书至,讨论辞章之误。

方粲如《集虚斋学古文》卷三《与灵皋二兄》(戊戌):"来示大著三篇,朴茂介曾、王之间,私心拟议,以谓《楚词》篇最上,《封禅》次之,《震川集》又次之。但《封禅篇》内有'五宽舒之祠'句,似未确然,此《索隐》解误也。……吾兄所作必传之其人,故当不厌精讨,爰献其疑,其他则豪发无憾矣。热河还车,尚可数面。诸不一一。"

是年,好友张自超(彝叹)卒,年六十五岁。

《方苞集》卷十六《张彝叹哀辞》。

按,方苞、方舟与张自超为兄弟交,相识早,情义深。《方苞集》卷七《张母吴孺人七十寿序》:"张兄自超,余所兄事也。"卷八《四君子传》,将宛平王源、无锡刘奇、高淳张彝叹、桐城刘捷称为"四君子"。又,卷十六收录《张彝叹哀辞》《祭张母吴夫人文》、《集外文》卷四《张彝叹稿序》、卷六《记张彝叹梦岳忠武事》。《传恭斋尺牍》之二《与某公》:"客冬过沧溪,存问同学张彝叹之孤,……亡友彝叹,文行冠江左,与仆为四十年同学。……今彝叹殁,某复筑岸盖屋,既占官河,欺凌孤寡。……望公执法定案,以惩奸顽"此札揭示,彝叹卒后,方苞关注其身后事,并请地方官协助处理。又,方苞编纂《钦定四书文》收录张自超《父为子隐二句》,评曰:"思清笔曲,语语从父子天性中流出,言外宛然见得天理人情之至。"

又按,张自超与方苞多文字往来,曾评其古文《读古文尚

书》："天牖其明，使《尚书》蔽翳一旦开解。"评《读管子》："于
《周官》深蕴洞烛无遗，于《管子》器量铢两不失，乃能下笔斩
然。"评《又书礼书序后》："欧阳公《唐书·礼乐志论》，亦似见
得此意，而义尚浅近，自有此文，然后王道明，人事备，善败分，
可为万世炯鉴，不谓史公学识能至于此。"《宣左人哀辞》："望
溪哀辞，文近退之，而系或突过北宋诸家，无与比并者，宣君得
此亦死后遭逢之幸。"评方苞时文，如《人不知而不愠》："探孔、
孟、程、朱之心，撷左、马、韩、欧之韵，天生神物，非一代之珍玩
也。"《兴于诗立一章》："从小学说来，发得所以能兴、能立、能
成之故，最透，通体以灏气发其精理，根柢盘深，枝叶峻茂，故不
得不以此事相推。"《致知在格物》："见本知义，明白疏通，使学
庸中每题得此等文字以开后学，其功当倍于先儒义疏也。"

**张自超卒后，先生三月不入内寝，或疑为过礼，先生曰："若不
如此，平日之交皆伪情矣。"**

门生雷鈜《读书偶记》卷三："望溪师言，人子居丧，三年不
内寝，不饮酒食肉，名为士大夫有未能行者，今既知之，追悔不
及，却有补行之法。每值亲忌辰之月，执行一月，此心隐痛如居
丧时，则其性行必不浮薄，此躬行最切要处。高淳张彝叹，名自
超，穷经笃行，望溪师之执友也，彝叹死，师三月不入内寝，或疑
为过礼，师曰：'若不如此，平日之交皆伪情矣。'"

**是年，陈伦炯介杨三炯为父请铭，先生既奇其迹，又考其言，遂
为之撰。**

《方苞集》卷十《广东副都统陈公墓志铭》。

按，《广东副都统陈公墓志铭》："公姓陈氏，讳昂，泉州人。
世居高浦，国初迁滨海居民，徙灌口。""父讳健。前母许氏，母
王氏。自曾祖以下，皆受一品锡命。夫人林氏。子三人：长伦

炯,次芳,次伦焜。"

按,王重民撰《陈昂传》认为,诸多史志如《清史稿》等称"陈昂",皆受方苞撰《墓志铭》影响。查阅方苞文集各版本,两种写法皆存在,用"陈昂"较多。方苞文集之外,除了《清实录》《钦定八旗通志》等,亦多用"陈昂"。当时传教士冯秉正一七一七年从北京发往欧洲书简称"Tchin-mao"。据此,应为"陈昂"。

又按,《四库全书总目》卷七十一著录陈伦炯《海国闻见录》,论曰:"凡山川之扼塞,道里之远近,沙礁岛屿之夷险,风云气候之测验,以及外蕃民风、物产,一一备书。虽卷帙无多,然积父子两世之阅历,参稽考验,言必有征。视剿传闻而述新奇、据故籍而谈形势者,其事固区以别矣。"

是年,为同年刘青藜继室唐氏撰墓表。

《方苞集》卷十三《刘烈妇唐氏墓表》:"烈妇唐氏,襄城刘庶常青藜继室也。……闭户自经死。时康熙戊子十有二月晦前四日也。去庶常之死,盖四旬有七日。……越十年戊戌,余始得其实于庶常之从弟青莲,而表于其墓之阡。"

是年,为完颜保及妻官尔佳氏墓表。

《方苞集》卷十三《完颜保及妻官尔佳氏墓表》:"君姓完颜氏,讳保,字岳申。余供事蒙养斋,君为皇子贽御,数就余问学。……君既殁且逾年,余启箧,见其病中所拟《秋风辞》,音旨凄怆。……君卒于康熙丁酉四月十九日酉时,年三十。官尔佳氏与君同庚生,而月日先于君,卒同时。"

是年,撰《姜西溟遗言》。

按,《姜西溟遗言》收入《集外文》卷六,篇中云姜宸英(西溟)死于己卯,"十有九年"之后"传其语",故系于本年。

是年，撰《书王氏三烈女传后》。

《书王氏三烈女传后》，收入《方苞集》卷五。

按，方文未定作于何时。李绂《王氏三烈女传》（《穆堂初集》卷三十一）亦未定作于何时，但文中称王澍为编修，而王澍康熙五十三年至五十九年为编修。王步青《三烈女纪略》（《巳山先生文集》卷六）亦未定作于何时。而方楘如《记长老言》（《集虚斋学古文》卷二）云："后十五年戊戌，居京师，从容与同年王太史箬林语前事。"据此，方楘如文作于本年，方苞及他文或作于大约相近时间，姑系于此。又据光绪十一年《金坛县志》卷十《列女》，乾隆元年王氏三烈女获朝廷旌表。

是年，友人徐元梦以左都史为工部尚书，仍兼翰林院掌院学士。

《圣祖实录》；《清史列传》卷十四。

是年，友人王式丹卒。曲阜孔尚任卒。苦瓜和尚石涛卒。歙县程晋芳生。

王懋竑《翰林院修撰叔父楼村王公行状》。袁世硕《孔尚任年谱》。陈国平《石涛卒年的最后认定》。翁方纲《复初斋文集》卷一四《翰林院编修加四级蕺园程先生墓志铭》。

康熙五十八年己亥（1719）　五十二岁

一月初二日，与林佶晤面，觞谈竟日。

林佶《朴学斋诗稿》卷七《二日方灵皋同年见过一二亲朋亦来觞谈竟日有作》："朝来何事恰宜春，杯酒相衔情话新。自古文章流派在，有谁论说别裁真。因知按剑椰榆鬼，最碍挥毫肮脏人。我亦飞扬增志气，拔蹇竟欲跃文津。""天意殊怜客子孤，特开令节假欢娱。中庭绝少梅花供，顷刻漫成雪色铺。知己尚余四五辈,浊醪还剩两三壶。风流欲使儿曹识,硕果于今有几株。"

林佶,字吉人,号鹿原,侯官人。受业于汪琬,拔贡入成均,受诗于王士禛,王鸿绪延佶与万斯同商订《明史》。康熙己卯举于乡,丙戌入直武英殿,壬辰中进士,官中书舍人,分纂《诗经传说》,汇纂《子史菁华》。有《朴学斋诗文集》。性喜金石,工篆隶行楷。参见乾隆三十四年《福建续志》卷五十三。

一月,推荐生员宋惟孜拜李塨为师。

冯辰《李恕谷先生塨年谱》。

按,李塨《恕谷诗集》下卷有《宋涵可价方灵皋字,以诗为贽请业,步答》。

又按,《颜氏学记》卷十《颜李弟子录》:"宋惟孜,字涵可,通州人。"

四月十一日,康熙帝往热河避暑。十月初八日返京。先生扈跸热河。

《圣祖实录》。《方苞集》卷七《送左未生南归序》。

临行前,左待至自桐,范恒庵高其义,言于驸马孙公,俾偕行以就先生。

《方苞集》卷七《送左未生南归序》。卷十《左未生墓志铭》

按,《方苞集》卷十六《驸马孙公哀辞》:"己亥孟夏,吾友左未生自江东来省余,会余将祗役塞上。恒庵言于驸马,使延未生偕行以便余。"

四月,归自塞上,复过石槽,闻"逆旅小子"去冬已卒,撰文以记之。

《方苞集》卷九《逆旅小子》。

四月,先生疾危,致书道希兄弟,定祭礼,制家法,置祭田,立宗子。

《方苞集》卷十七《己亥四月示道希兄弟》。

是时,作书宗子道希,命次第归赎高庄出卖之田,以其半供祭扫。

《方苞集》卷四《教忠祠祭田条目序》。

五月初九日,驸马孙承运卒,年三十一岁,为撰哀辞。

《送左未生南归序》:"既至上营,八日而孙死,祁君学圃馆焉。"《驸马孙公哀辞》:"五月朔,未生继至,越八日,忽檐车装载过余曰:'驸马遘厉疾,一夕死矣。'""驸马年始三十有一,形貌伟然。其折节务学,盖不甘以勋戚终,而将益振前人之功绪。故其卒也,未生、恒庵、学圃哀恸皆逾常,虽余亦不能自克也。"

按,《皇朝文献通考》:"一等阿思哈尼哈番孙承运,汉军正白旗人,赠一等阿思哈尼哈番孙思克子。康熙三十九年八月袭。""皇十四女和硕悫靖公主,贵人袁氏生,康熙四十五年五月下嫁额驸散秩大臣孙承运。"

又按,《范府谱书支派》,恒庵即范恒庵,本名范弘偲,号恒庵,曾任顺德知府,为范时望次子,范时望为范承荫之子,范承荫为范文程长子。学圃即祁学圃。

是时,每薄暮,公事毕,与左待(未生)执手溪梁间。

《送左未生南归序》:"每薄暮公事毕,辄与未生执手溪梁间。因念此地出塞门二百里,自今上北巡建行宫始,二十年前此盖人迹所罕至也。余生长东南,及暮齿而每岁至此涉三时,其山川物色久与吾精神相凭依,异矣。而未生复与余数晨夕于此,尤异矣。盖天假之缘,使余与未生为数月之聚。"

五月初九日,友人新安吕履恒卒,年七十岁。

田从典《峣山集》卷四《坦庵公墓志铭》。

按，《方苞集》卷十一《少司农吕公继室王夫人墓志铭》："少司农坦庵公未与余相见，即因吾友昆绳通问以索交；及余与宗华同会试榜，光禄好余尤笃；由是两支子弟往来京师，鲜不过从而意相向者。"又，方苞《冶古堂文集序》："坦安吕公既仕而于学弥笃，治古文，凡士之抱学与文者，必昵就焉，若惧其不我欲也。其为文所取甚博，而义理一轨于儒先，其大者盖有辅于道教，而小者亦多所开阐，非苟焉以文藻自矜者。……公既没，其子宪曾以序请，故因论公之文。"又，方苞编纂《钦定四书文》，选录吕履恒《君子之于物也一节》，论曰："于三者施之各当，行之有序，推之有本处，无不发挥详尽，笔亦轩豁醒露。"

又按，《大清一统志》曰："吕履恒，河南新安人，康熙三十八年以进士，知宁乡县，性慈恕抚羸弱，有恩庭少笞扑，而豪猾敛迹催科自为籍时，召民验问吏，不得中饱，尤加意作人，以治行擢为御史。"《四库全书总目》著录吕履恒《梦月岩诗集》二十卷、《冶古堂文集》五卷。王阮亭曰："《梦月岩诗》，高浑超诣，正以不甚似杜为佳。"沈德潜曰："当时言诗者，多欲尊宋祧唐，司农志趣，不落唐以后，并蕲追六代以上而从之，可谓特立独行。"又曰："蕴含前人，别裁伪体，一切斗花俪叶、粉黛纂组之习，悉举而空之。"（以上参见徐世昌《晚晴簃诗汇》卷五十四）

六月，曹志宏子恒占为母汪孺人请寿序，遂为之撰。

《方苞集》卷七《汪孺人六十寿序》。

按，曹晋袁为方苞好友，《方苞集》多篇作品与其有关，如卷五《书曹太学传后》，集外文《岩镇曹氏女妇贞烈传序》等。

又按，方苞同乡黄越撰有《曹氏家乘书后》，与方苞《岩镇曹氏女妇贞烈传序》内容相呼应，或皆为《曹氏家乘》而作。在家乘中,有诸多曹氏女妇贞烈传,方苞记载贞烈立传者四十五人,黄越记载五十七人,或因统计不同。

又按,方苞与王源称"晋袁"者,黄越称其为"俊原"。从王源《曹太学传》可知,曹太学即曹以植,俊原即其孙曹志宏。

曹志宏,字俊原,号耐斋,歙县岩镇人。康熙四十一年举人,五十二年进士,授内阁中书。为人负气节,敦友谊,重然诺,内行纯备,尽职尽伦,大人先生交相引重。参见乾隆三十六年《歙县志》卷八、道光七年《徽州府志》卷二十九、程襄龙《澄潭山房存稿》卷一《代郡守为中翰曹君传》。

曹恒占,字守堂,能诗,曾结诗社于澄潭山曰:钓台社。画山水,宗倪、黄,画松尤盘崛。又精医,著有《医补》。参见民国二十六年《歙县志》卷十。

七月,在塞上。同年李柽自安德以书来,为其从兄友楷乞铭,乃据所述谱焉。

《集外文》卷七《李友楷墓志铭》。

九月,卧疾塞上,有客来省,言及李光地,极诋之;先生无言,语并侵先生。

《集外文》卷六《安溪李相国逸事》。

九月五日,为座师姜櫶撰墓表。

《方苞集》卷十二《吏部侍郎姜公墓表》:"公讳櫶,字昆麓,山西太原府保德州人。祖讳名武,明崇祯末,流贼寇开封,力战死之,赠右都督。父讳宗吕,顺治壬辰进士。……公卒于康熙甲申十月,年五十有八。以丙戌十月朔后二日葬于州西理贤陵,前夫人李氏祔。后夫人吕氏。子宏焯。康熙己亥秋九月朔后四日,江东门人方苞表。"

十一月十二日,冬至,李塨至保定,送杨名时之贵州。别后,入

京,会见先生。先生言及杨名时论西洋三角算法与《周易》之关系。

李塨《恕谷后集》卷二《送杨公宾实贵州布政序》:"己亥长至后,塨如保定府,闻廷宪杨公擢贵州布政司。……塨辞如都,晤方子灵皋。……方子曰:'吾尝知公南书房,朝廷出西洋三角算问公,将附《周易》后,公曰:'西洋法诚密,然与三圣人《易》不必比附。'一日,又以后人所绘《河图》《洛书》下问,公阅毕,奏云:'以臣观之,无佳处。'吾自观光来,未见有挺挺如公者也。'因问政绩。"

按,《方苞集》卷十《礼部尚书赠太子太傅杨公墓志铭》:"己亥,迁贵州布政司。"《圣祖实录》,本年十月二十七日,杨名时由直隶巡道迁贵州布政使。《清史稿》列传七十七《杨名时传》:"五十八年,迁贵州布政使。"

又按,随着明末耶稣会士把西方天文历法与科技传入中国,中学与西学比较便已开启。"西学中源说"即应运而生,从黄宗羲、方以智到王锡阐,皆持是说。康熙帝于康熙五十年明确提出:"西洋算法亦善,原系中国算法。"(《圣祖实录》)梅文鼎亦积极响应。时在南书房和蒙养斋,皆不乏中西讨论与科学实验,西洋三角算法源自《周易》之说,也相应被提出。方苞处于这一潮流中心,并不认同科技之术,他认为,著书立说才是万世业。此亦传统士大夫与儒生普遍之见。李约瑟曾提出,传统中国并未诞生出现代科技文明之问,或于此可窥一斑。梁启超说,桐城派没有循着方以智的路走,而循着方灵皋的路走,亦由此立论。

是冬,好友朱履安婴疾沉痼,动息不自由,先生心忧之,而窃幸其有良妻。

《方苞集》卷十一《王孺人墓志铭》。

是年，撰《书先君子家传后》;《书诸友公祭先母文后》。

苏惇元《文目编年》;《集外文》卷四《书诸友公祭先母文后》。

是年，长子方道章迎娶保定府鹿氏。

方道章成婚具体时间，未见明确文献记载。而道章长子方超，康熙五十九年三月出生，故二人结婚应在康熙五十八年五月之前。又，《方氏家谱》，方超为鹿孺人所生，鹿氏生于康熙四十年（1701），本年为十九岁，道章为十八岁，姑系于本年。

按，方苞很重视长子婚配，《方望溪遗集》有《为子道章求婚鹿氏后》。李塨《长子习人行状》记载当时情形：“方灵皋子道章，成昏保定府鹿氏。其司橐囊有铕张，为之排解，且制其用适足。灵皋闻而韪之，收为门下士。”

又按，方道章岳父为明威将军鹿澳，乾隆五十六年鹿氏世德堂《定兴鹿氏家谱》：“澳，讳洗心次子，字子濂，行二，康熙戊辰科武进士。历任山东德州卫守备，广东营都司，授明威将军。顺治己丑四月十三日辰时生，康熙丙申十月十八日亥时卒。配王氏，赠恭人，生卒无考。续配蔡氏，赠恭人，生卒无考。续配李氏，封恭人，康熙丁未生，乾隆壬戌十二月二十三日戌时卒，合葬祖茔右。二子：长重耀，蔡恭人出；次重轮，李恭人出。二女：长适束鹿尹某，次适江南桐城举人方道章，礼部右侍郎讳苞长子，李恭人出……寿六十有八。”又，光绪十九年《定兴县志》卷九《武进士》：“康熙二十七年，鹿澳，任广东都司，履平盗贼，以谋勇著。”又，在《方氏家谱》中，“鹿澳”误写为“鹿双”。

是年，女婿宋嗣炎卒。弥甥光正华卒。

《方苞集》卷八《庐江宋氏二贞妇传》：“其明年，嗣炎举于乡,而学士以督学修城,羁燕南,使嗣炎告丐于戚友,客死江西,年二十有五,时康熙五十八年也。"

《集外文》卷四《书诸友公祭先母文后》:"正华于余为弥甥,……戊戌冬,馆某家,资用始少给,而腓下肿,逾岁七月竟死。"

是年,方道希次女,适光裕。终舅姑丧,挈子来金陵,入赘方家。

《方苞集》卷八《光节妇传》:"始光甥入赘于冯氏,女甥尚未见舅姑,闻丧请归代夫供子职。姊夫绥万怜其少失母,早寡,光甥无一陇之殖,恐转累其舅姑。兄子道希欲成其义,约次女长成,以妻其子裕;请于余,以八十金为纪米薪,乃以康熙己亥归桐,时裕方十岁。终舅姑丧,挈子来金陵,入赘于余家。"

按,方道希为方苞兄长方舟长子。光裕为方苞姊夫冯绥万女婿光正华之子。

是年,沈氏姑年七十余,为撰生圹铭。

《方苞集》卷十七《沈氏姑生圹铭》。

是年,为蒙养斋同事潘蕴洪撰墓志铭。

《方苞集》卷十《潘函三墓志铭》:"戊戌夏四月晦前三日,余赴热河,走别君,相视而嘻,曰:'吾疾已愈矣。'越四日而死。……既卒,逾年,馆中士友咸出其力,乃得以某月日归君之丧,而属余为铭以畀其孤。"

按,《清稗类钞》著录《圣祖特送潘蕴洪乡试》云:"潘蕴洪,字函三,湖州诸生。其入庠时,名第一,至京师,应御试,入修书馆,复第一。以未入太学,例不得试京兆,圣祖特命内阁下其名于礼部,送棘闱,群士皆惊讶。潘自负才望,谓科名可唾手得,及数试不售,而同馆士强半举甲乙科,大惭而减食饮。方望溪侍郎苞语之曰:'士果自负,当与百代人絜短长,今直省乡贡,间三岁必千余人，乃以不得与于千人者而发愤以死邪？'"

是年，黄秉中殁之逾年，其子廷桂因李枚臣请铭，为撰墓志。

《方苞集》卷十《巡抚福建都察院右副都御史黄公墓志铭》："右副都御史黄公既殁之逾年，其子廷桂因李君枚臣来请铭。""公讳秉中，字惟一，家世沈阳人。……公卒于康熙五十七年正月十五日。"

按，《两浙輶轩录》卷九："李枚臣，字彦卜，奉化人。著《琴川集》。"

黄廷桂，字丹崖，汉军镶红旗人。父秉中，官福建巡抚。廷桂，初袭曾祖宪章拖沙喇哈番世职。康熙五十二年，授三等侍卫，迁参领。官至两江总督、太子少保、武英殿大学士。乾隆二十四年正月，驻凉州，以病剧闻。命额驸福隆安率御医诊视，甫行，廷桂卒，后列五督臣首。参见《清史稿》列传一百十。

是年，友人冯念祖知礼县，乃为序以赠。

《集外文》卷八《送冯文子序》："吾友冯君文子将令于礼县，为诗四章，自道其心与俗吏异……君，韩公之门人也。"

按，乾隆二十一年《礼县志略》卷九《职官》："冯念祖，浙江人，举人，康熙五十八年任。"

又按，陈鹏年《沧洲近诗》卷四《送冯文子之礼县令二十韵》。汤右曾《怀清堂集》卷十八《送冯文子之礼县》。沈德潜《归愚诗钞》卷十二《送冯文子宰礼县》。张大受《匠门书屋文集》卷七《送冯文子知礼县》。

是年，高淳孔端蒙访先生，言及张彝叹梦岳飞事。

《集外文》卷六《记张彝叹梦岳忠武事》。

是年，李光地《离骚经注》刊行，为先生所重。

汪滮《离骚经注序》。

按,方苞《离骚正义》唯一引用的他注就是李光地《离骚经注》:"清溪李氏曰:'不近称熊绎而原溯高阳,大夫不得祖诸侯之义。'"《四库全书总目》著录此书,论曰:"所注皆推寻文意,以疏通其旨,亦颇简要。然《楚辞》实诗赋之流,未可说以诂经之法。"

是年,康熙帝敕撰《御定骈字类编》,先生与焉。

《清史稿》志一百二十二。

是年,诏考蒙养斋算人,取傅明安等二十八人,命在修书处行走。

《清史稿》志二十《时宪一》:"五十八年二月,以推算人不敷用,敕礼部录送蒙养斋考试,取傅明安等二十八人,命在修书处行走。"

是年,历时十年,耶稣会士测绘完成《皇舆全览图》。

《圣祖实录》。

康熙五十九年庚子(1720)　五十三岁

三月初四日,长孙方超生。

《方氏家谱》:"超,讳道章长子,字继班,号晓堂,由县学生中乾隆甲子江南乡试第九十五名举人,任英山教谕,授文林郎。生康熙庚子三月初四日,卒乾隆乙未二月初四日。配吴县孙氏,梁山知县天霖女,封孺人,生康熙后壬寅五月十三日,卒乾隆乙未七月十八日,合葬上元县东乡许巷。四子:其泰、其裕、其铨、其名。四女:长适浙江杨之锋,州同性德子;次适江宁生员吴南田,生员元定子;次适江宁廪生牛伦序;次适六合廪贡吴南屏。"

按，在康熙五十九年至六十一年之间，方苞曾请顾陈垿为其孙治病，顾以荒疏拒之，并求书法。（顾陈垿《洗桐轩文集》卷五《答方灵皋进士》）

三月，李塨复恽皋闻书，称生平知交"雅重毛河右、王昆绳、方灵皋"，并称与先生《春秋通论》观点不同。

冯辰《李恕谷先生塨年谱》。

八月，旧友海宁许汝霖卒，年八十一岁。

《清史列传》卷十二。

按，方苞在《望溪先生文偶抄》卷首《编次条例》，称许汝霖为旧友。《钦定四书文》著录其《巍巍乎其有成功也一节》，评曰："于他人词繁不杀处，以简言该括，可谓语能举要。"多年后，为许汝霖之孙许承祖《雪庄西湖渔唱》题词。

八月，为李塨之母作寿序，称李塨为贤人，其所学"非一世之业也"。

《方苞集》卷七《李母马孺人八十寿序》。

按，李塨《恕谷后集》卷八《显妣马太君行述》言其母八十一岁去世，八十岁即本年。

八月二十六，好友左待卒。先生九月十六日闻之，其丧已附漕船南下矣。

《方苞集》卷十《左未生墓志铭》。

按，方苞与左待（未生）感情颇深，《方苞集》收录其家族文章六篇：《送左未生南归序》《左未生墓志铭》《祭左未生文》《左华露遗文序》《左仁传》《左忠毅公逸事》。《左未生墓志铭》云："君姓左氏，讳待，字未生，桐城人，明赠太子少保忠毅公之季孙也。少好《老》《庄》，其学以遗物自遂为宗，其文章要渺闳放不知其所从来。性畏俗，非戚属，虽问疾吊丧不出。出则登城循雉堞而行，不欲见阛肆中人。惟宋潜虚、刘北固慕而与之友。”卷十六《祭左未生文》云：“余于故里，兄事者三：宋(戴名世)、刘(北固)赍志，今君亦熸。”左待卒后，方苞题字墓碑：皇清故友文伯集虚左先生之墓。此碑屹立故里山间。

又按初刊本，左文韩评《左未生墓志铭》曰：“先生常谓，君子立言当无所苟，虽亲懿故旧非其人之可不得妄假以文。先君子南归有赠言，闻讣遥祭有文，志铭则未敢遽请，而已邮至，读之使人知，朋友之恩义并同于兄弟，不独不孝孤，展视即泣血也。”

十月初一日，李塨如京，谒见先生，论宋儒之弊。并提议，双方互换田宅，先生遂寄字与侄，交李塨带回。二十日，李塨率子习仁及一仆，南行。

冯辰《李恕谷先生塨年谱》。

按，当时李塨欲南往，而方苞以《南山集》案入旗将北居。

十一月十七日，李塨至金陵，持先生字入方家宅邸，侄方道希不在，其母百川夫人与其甥冯方智，设宴招待。

《李恕谷先生塨年谱》。

曾克任与李塨言先生不为财色动心事，塨记其言，以待闻风而起者。

李塨《恕谷后集》卷九《书方灵皋一节》：“庚子冬，予问医如金陵。曾克任为予言，方灵皋内子蔡氏殁，荐绅慕其名，竞联姻。……又言其丙戌成进士，归，过扬州，盐商吴求设帐教其子，贽百余金。及抵里，总督、藩、皋公留之义学，乃使返其贽。……金陵一王生，执金为贽，求教。介甲姻来，即赠甲。已而，王生卒，灵皋曰：‘教未之及，安用其仪？’自出金如其数，使人奠，并不言之甲姻也。予渡秦淮，灵皋纲纪赵姓者从路，指北首一门曰：'此百万富也。吾主在家时，渠遭丧，延点主，以百余金为寿。主曰：'吾膝可屈守财者墓乎？'却不应。'嗟乎！日读圣贤书，一临财色辄陨获，视此何如也？讵无闻风而起者软？"

按，文中"曾克任"，应为方苞姊丈曾沂，方苞有《曾孺人杨氏墓表》。

十一月，《周官集注》成。

方苞《周官集注序》。

按，此书凡十二卷，由高安朱（轼）可亭、湘潭陈沧洲（鹏年）参订，卷首有《自序》《总说》《条例》，正文有圈点，后收入《抗希堂十六种》。

此书意旨，方苞序言曰："余尝析其疑义以示生徒，犹苦旧说难自别择，乃并纂录合为一编。大旨在发其端绪，使学者易求，故凡名物之纤，悉推说之，衍蔓者概无取焉。"

又按，《四库全书总目》卷十九著录方苞此书，论曰："是编集诸家之说诠释《周礼》，……训诂简明，持论醇正，于初学颇为有裨。其书成于康熙庚子。"李绂《穆堂初稿》卷四十三《与方灵皋周官析义书》："今读大注，妙义创解，层见间出，不特疑者析，而奇者已不胜欣赏矣。"

十二月初二日，次子道兴生。侧室杨氏出。

《方氏家谱》："道兴，讳苞次子，字行之，号信芳，安庆府学廪生。生康熙庚子十二月初二日，卒乾隆丙戌七月初六日，葬江宁县南乡武家庄壬山丙向。配山西闻喜张氏，湖州知府克嶷女，生康熙己亥八月初十日，卒乾隆甲子八月三十日，葬江宁县南乡长冲壬山丙向。继配吴县张氏，贡生尊咸女，生雍正甲辰六月二十四日，卒乾隆己卯六月初九日，与原配合葬。四子：廷

鸾(前张太君出),惟恂、惟憝、惟宪。一女,适上元太学生刘从
懋,廪贡敦子(俱后张太君出)。"

**是年,好友朱履安妻卒,征铭之书,一岁六七至,既而曰:"速为
之,及吾之见也!"先生夜不能寐,晨起志之。**

《方苞集》卷十一《王孺人墓志铭》。

是年,老友季咸若为父请铭,遂为之撰。

《方苞集》卷十二《季瑞臣墓表》:"先生季姓,讳熙,字瑞
臣,上元人。明季诸生,教授里巷间,卒年七十有五。有子咸
若,与余为兄弟交。……越三十年至今庚子,咸若来征铭,乃揭
前事以表于墓。"

按,程若韩评价方苞此文:"所述乃庸常细事,而蕴义深
远。季先生步趋謦咳,千载如见幽光之发,盖非偶然。吾友所
以甚自重其文也。"程伊宣评曰:"不韩不欧,有左有史,志表中
又独开生面矣。"见初刊本。

是年,襄城刘青莲及弟青芝请表其母,久而未报也。

《方苞集》卷十三《刘中翰孺人周氏墓表》。

是年,友人山阴杨宾卒,年七十一岁。

周梦庄《杨大瓢年谱》。

按,《方苞集》并未提及杨宾,周作人称其中原因:"盖以与
义理文章都无关系,故无可留。"但也可能与杨宾明遗民身份有
关。康熙三十年方苞至京见王源,并曰:"昆绳所与交善者,
多与余游。"(《宁晋公诗序》)是年,杨宾撰文曰:"余今于韩慕
庐、王昆绳、戴褐夫、汪武曹益信。"(《大瓢随笔》卷八)此前,王
源与梅文鼎、杨宾、万斯同等为好友,经常聚会。四十一年,万
斯同卒,方苞作墓表,杨宾作传。朱端强教授认为,杨宾之交万
斯同,"是因为当时北京有一个明朝遗民故家子弟的学人圈,

他们常常聚在一起,缅怀'先朝'。"朱教授所言"遗民子弟圈",亦为方苞早年入京士友圈。据此,二人应早相识。

康熙四十六年六月初五,杨宾到南京,即拜访方苞,此后在南京一个月左右时间里,二人数次见面,讨论文稿、书帖及相关。从《杨宾日记》来看,杨宾对方苞颇为尊敬,而方苞"对于大瓢却似颇有敬意,岂因学书故耶,唯以近稿属批阅,则其虚心亦可佩服矣"(周作人)。

是年,孙用正书简至,言及孙奇逢年谱订正,以斟酌时忌为第一义。

孙用正《緘斋集》卷十《与方灵皋》:"手字七月始寄到,先征君年谱得椽笔订正,真堪不朽耶,谋重梓矣。……此番订正,专以斟酌时忌为第一义,而篇章次之。盖先征君诗文,原以明道为主,固不专以文字传也。其绝有关系向藏之笥中者,尽多表彰,固有日耳。先中翰《传》并《行述》统呈,俟从容为之,不敢促也。"

是年,山阴钟晥乡试中举,始于先生相友善。

尹嘉铨《随五草》卷八《钟集虚先生墓志铭》。嘉庆八年《山阴县志》卷十《选举》。

钟晥,字励暇,先世山阴人,明季迁居京师。康熙五十九年举于乡,雍正六年进士,以父母年老不就选,省亲于宿迁官所。乾隆元年诏修三礼,十五年迁礼部主事,又四年迁祠祭司员外郎,二十二年致仕,就养于仲子官舍。乾隆三十七年卒,年七十九岁。参见尹嘉铨《钟集虚先生墓志铭》。

是年,以先生之言不虚,陈鹏年与杨三炯定交。

《方望溪遗集》之《过济宁别杨千木》:"千木甫受事,而洪泽湖涨,下河居民当其冲者,日夜装载离居,穷民倚担以俟。千木昼夜立水中,率吏卒修救,水深没踝,凡四旬有七日,堰得不溃。时沧洲奉命巡河,叹曰:'方某果知人!'因与定交,慷慨相勖,时康熙五十九年也。"

是年,友人白斑弟玖玉守选京师,拜访先生。

《方苞集》卷十《白玫玉墓志铭》。

是年,同年友郑任钥提督江南学政。彭维新提督山东学政。彭廷训提督山西学政。汪份提督云南学政。陈世倌提督顺天学政。李绂为浙江乡试正考官、汤之旭为副考官。魏廷珍为内阁学士兼礼部侍郎。朱轼为都察院左都御史。

《圣祖实录》。

是年,《南山集》案参奏者赵申乔卒。辛卯顺天乡试案查为仁出狱。

赵熊诏《先考户部尚书谥恭毅松伍府君既先妣龚夫人行述》。《查为仁事迹编年》。

康熙六十年辛丑(1721)　五十四岁

一月四日,李塨离宣城回江宁,初九至方宅。十七日从宁返乡,二月初十到家。率子习仁过先生,始受业。

李塨《恕谷后集》卷二《赠张吁门序》;冯辰《李恕谷先生塨年谱》。《方苞集》卷十六《李伯子哀辞》。

三月初四日,康熙帝御极六十年,诸王及百官疏赞,先生作《万年宝历颂》。

《圣祖实录》。《方苞集》卷十五《万年宝历颂》。

按,友人王兰生《交河集》卷六《万年宝历诗》、万承苍《孺庐全集》卷七《万年宝历颂》、陈万策《近道斋文集》卷一《万年宝历颂》。

四月初二日，殿试发榜，邓钟岳、王兰生、王兆符诸人中进士。

《圣祖实录》。

按，是科多人为方苞友人或弟子。据《清朝进士题名录》，一甲状元邓钟岳。二甲一名王兰生，十八名励宗万，十九名留保，二十名谢道承，二十一名王兆符，二十二名卢见曾，二十七名顾栋高，三十八名储大文，四十名吴启昆。三甲一名李光壂，三名宋华金，十六名唐继祖，十七名储郁文，十九名储雄文，一百一十三名晏斯盛等。

王兆符成进士后，或馈之金，先生使速仕以养母。

《方苞集》卷十《王生墓志铭》："庚子举京兆，明年成进士。或馈之金，使速仕以养母。余曰："用此买田而耕，则母可养，学可殖，而先人之绪论可终竟矣。"兆符蹙然，趣余为书抵馈金者，及报诺而死已弥月矣。"

五月初一日，受禹州学正孙用正之请，为作《明禹州兵备道李公城守死事状》。

《方苞集》卷九《明禹州兵备道李公城守死事状》曰："公既殁八十年，夏峰孙征君曾孙用祯为州学正，征于禹人，而属余为之状。"篇中云李乘云卒于崇祯十四年（1641），八十年后，即本年。又，抗希堂本《望溪集》本文末句云："康熙六十年五月朔日，望溪方苞述。"而后来各个版本《方苞集》无此句，今从抗希堂本。

按，乾隆十二年《禹州志》卷五《秩官·学正》，孙用正，字以宁，五十五年任。下一任王修远，雍正三年任。

又按，乾隆十二年《禹州志》卷五《名宦传》、同治九年《禹州志》卷十七《列传》，孙用正（用祯）康熙五十五年以辉县举人任禹州学正,诗文词赋名噪于时,尤工书法,人谓其得钟、颜笔意。官禹数载,教士科条一出征君家塾,凡名节风化所关,表扬不遗余力。又佐知州屠用谦,修理文庙,皆身经营之。以终养归邑,士各赠诗,为立去思碑,志不忘云。

七月,修书李塨,言其副室南归,唤李习仁夫妇陪同。李塨禀太夫人同意,遂遣习仁夫妇带一仆一戚,南行。

冯辰《李恕谷先生塨年谱》。

七月二十日,康熙帝避暑热河,九月二十七日返京。先生扈跸热河。

《圣祖实录》。

《方苞集》卷六《与李刚主书》:"九月中,自塞上归,附书相问,而息耗久不至。仲冬望后二日,或致函封,发之则太夫人行述也,呼儿章读之,篇终而郎君长人之状附焉,惊痛不能夕食。太夫人耄而考终,在仁孝者犹难为怀,况重以长人之夭枉乎?"而李塨之母马孺人、子长人本年卒。

八月十六日,弟子习仁送先生副室南行,病发卒于途,年二十四岁。

冯辰《李恕谷先生塨年谱》。

按,方苞《李伯子哀辞》:"恕谷以母老,未能定迁。会其友内人南行,使习仁与妻附舟先之。至天津,疾作,将暂反,比登车曰:'吾父志此久矣!疾当愈,何反为?'还舟。又数日,疾革。其妻出视,命之曰'勿泣!此外舱,汝不可久留。'夜将半,气绝,惟小童在侧,时康熙辛丑八月望前一日也。"

李塨《长子习仁行状》:"(习仁)遂以二十二如京。孰意二十九日即病,病即一粒不下咽,犹倔强步行。八月五日,天津登舟,病愈重。已赁车,旋比登车,曰:'吾已出门,又返里,何儿女态也?'服药行,且愈矣。复返舟。抵十四日,觉病笃,使其妇之表叔从于舟者,来禀子取车。晚置药,不服,妇自后舱来视,嘱曰:'吾亦为人,草留根,人留子。'妇泣下。曰:'勿泣,外舱汝不可久留。'命之入,惟一幼仆守视。亥时,卧而卒,地名泊头,年仅二十四岁。妇宋氏,有遗腹未产。车到归椽,呜呼恸哉!"

又按,文中"其友内人"即方苞副室,参见冯辰《李恕谷先生塙年谱》。

九月,塞上归来,闻刘古塘长子刘敏卒、李塙长子习仁卒。

《方苞集》卷十六《李伯子哀辞》。卷十《刘古塘墓志铭》。

十月二十日,致书刘古塘,吊丧子之痛,兼论墓志之文。

方苞《致刘古塘札》:"闻长郎之痛,一札奉唁,竟未得息耗。弟拘缀无顷刻之暇,故不能时寄书。吾兄端居无一事,而于患难衰疾之友,经年不通闻问。此种疏懒,恐转亦近世俗人,而远于古之道耶。弟作纲主长郎《哀辞》,已并及公郎之痛,其稿在道希处,吾兄曾见否? 自到京,事益烦,境益恶,详道章家信中,训之可知。弘思、履安相继即世,南中故人几尽矣。欲作字唁其子,而执笔哽咽,无可措辞,望兄为道此意,兼训其生平有潜德隐行,人所不能、众所不知者一二端。弟将为作墓表。弟近日哀辞墓铭,实近退之,而变化过于欧、王,百世而下,必有知者,惟此可以谢故友于地下也。吾兄西行所得,未随手散去否? 老年不可以依人为长策也。草草,不尽欲言。古堂二兄。行弟苞顿首。十月廿日字。"

按,此文未收入今存方苞诗文集,而见于庞元济辑、梁颖整理《庞虚斋藏清朝名贤手札》(第5册)。

文中"长郎",即刘古塘长子,"道希"为方苞兄长方舟长

子,"道章"为方苞长子;"履安"为朱文镳,字履安,方苞有《朱
履安墓表》;"弘思"所指何人,待考;"纲主"即"刚主",李塨
也。方苞作《李伯子哀辞》,文中提及"闻吾友刘古塘长子将冠
而殇"。

**十一月,接李塨书,乃其母并子长人行述,先生呼儿读之,惊痛
不能夕食。继而复李塨书,并呈《李伯子哀辞》。**

《方苞集》卷六《与李刚主书》。

按,文中透露方苞身体近况堪忧:"仆自今年来,食饮益
衰,塞外早寒,得上气疾,几死者再焉。"

又按,文中提出"凡极诋朱子者,多绝世不祀"之观点,后
世陆继辂、李元度、陈澧、林纾、陈衍等多有批评。盛大士《蕴
素阁文集》卷七《书望溪集后》有不同解释,且云:"读者合数篇
之文,以求一篇之义,则其事其情,必有得于语言之外者焉。不
然,而以不信程、朱至于绝世不祀,是何其言之陋而诬也!"(朝
鲜)田愚《艮斋先生文集》卷八《答朴东辅》赞同方苞之言:"此
语甚是。余闻仁义之性,上帝之命。今有指性为下为小为偏为
不足为主宰者,皆是亵上帝之命。卿辈切宜小心以尊性,使孔
氏一脉不绝于今日也。"

是冬,同年黄叔璥,承命巡视台湾,为序以赠。

《方苞集》卷七《送黄玉圃巡按台湾序》:"康熙六十年夏四
月,朱一桂构乱台湾,杀总兵官,据其城,监司、郡、县吏并逃散;
赖天子庙算,秋七月叛者悉得,台湾平。其冬,命择台臣廉静有
才识者往巡视,而余同年友黄君玉圃实承命以行。"

按,乾隆三十九年《续修台湾府志》卷三《职官》,钦命巡视
台湾御史首任有两位:吴达礼,满洲正红旗人,康熙六十一年
任,留任一年;黄叔璥,顺天大兴人,己丑进士,康熙六十一年

任，留任一年。连横编《台湾诗乘》收录蓝鼎元《台湾近咏十首呈巡使黄玉圃先生》。

黄叔璥，字玉圃，大兴人。康熙四十八年进士，由太常博士迁户部云南司主事，调吏部文选司，荐擢湖广道御史，巡视台湾。雍正元年任满，特留一年。既还京，以蜚语落职。乾隆初，起河南开归道，调驿盐粮道。以母忧归。服除，补江南常镇扬道。后致仕家居。年七十七卒。著有《近思录集注》《慎终约编》《中州金石考》《台海使槎录》等。参见唐鉴《学案小识》。

是年，友人梅文鼎卒，年八十九岁。先生赴吊，哭失声。其孙梅毂成以铭幽之文请，先生略叙以列外碑。

《方苞集》卷十二《梅征君墓表》："征君姓梅氏，讳文鼎，字定九，江南宣城人也。……辛丑夏，历、算书成，毂成请假归省，逾月而君卒，时年八十有九。……而毂成与余供事蒙养斋为昵好，自征君之殁，阅月逾时相见，必以铭幽之文为言，而衰疲日以底滞，既不逮事，乃略叙以列外碑。……君殁，赴吊，哭失声。"

按，《清史稿》列传二百九十三："文鼎为学甚勤，刘辉祖同舍馆，告桐城方苞曰：'吾每寐觉，漏鼓四五下，梅君犹篝灯夜诵，乃今知吾之玩日而惕时也。'居京师时，裕亲王以礼延致朱邸，称'梅先生'而不名。李文贞公命子钟伦从学，介弟鼎徵及群从皆执弟子之礼。宿迁徐用锡、晋江陈万策、景州魏廷珍、河间王之锐、交河王兰生，皆以得与参校为荣。家多藏书，频年游历，手抄杂帙不下数万卷。岁在辛丑，卒，年八十有九。上闻，特命有地治者经纪其丧。"

是年，好友白斑卒，年六十五岁，为撰墓志铭。

《方苞集》卷十《白玫玉墓志铭》："庚子，其弟玖玉以守选至京师,曰:"吾兄岁为装,而丧荒滞之,今行有日矣!"逾岁绝音耗而凶问至。"

按,文中方苞云"玫玉讳斑,以顺治丁酉生,享年六十有六",疑有误。"顺治丁酉即十四年(1657),"享年六十有六"即康熙六十一年壬寅(1722),与上文庚子逾岁(辛丑)卒相矛盾,今从前者。

是年,孙用正书简至,言先生所论《小学》为教之重。

孙用正《缄斋集》卷十《与方灵皋》:"前承教,欲作真教官,须离不得《小学》。初颇疑此言,既做秀才,似用《小学》不着。今身亲其事,始信一步离他不得。人心学术之坏,全是与《小学》相反。但欲没头再补,固已无及。然其步骤,则仍然离他不得。每与诸生讲求,奉此以教子弟,真是一了百当,但着急不得耳。以《孝经》作把柄,以《小学》作工夫,除此再无捷法。"

按,本年所作《四书古文序》,孙用正再援引方苞之言:"方子灵皋教余曰:'学之所以不明,教者无术也。先之以《小学》,次之以六经,次之以子史,次之以文艺,庶几先王立教本末先后之序。'"

是年,陈鹏年刻先生《周官析疑》之天、地二官。

顾琮《周官析疑序》曰:"康熙辛丑陈公沧洲为刻天、地二官。"

按,诸家盛赞方苞此书,蔡世远:"于圣经表里洞彻,脉络贯通,吾师榕村先生云,程子《春秋序》后,惟朱子《中庸序》可追配,南宋以后,竟未见此等文字。望溪进学之勇,吾师乐善之,诚皆可为后贤楷法。"熊晖吉:"自汉以来,诂《周官》者,多随文解意而于正德,利用厚生之本,设官分职,联事之详所以然之故,未之能有明也。至先生此书,始能穷其原竟其委,吾师高安朱公题先生楹曰：'臣忠子孝信之笃,孔思周情述者明。'非溢言也。"李学裕："余与先生同事书馆时,曾见天、地二官草本,如从周公腹中穿过,二千年未有之书也。"见初刊本。

是年,茅星来《近思录集注》成,先生甚重之。

茅星来《近思录集注序》。

陆心源《仪顾堂集》卷十《茅钝叟先生别传》："走京师,以所作谒方望溪先生,望溪见其《近思录集注》甚重之,以为近时所仅见也,大为延誉,遂知名。"

按,《四库全书总目》卷九十二著录《近思录集注》,论曰："其持论光明洞达,无党同伐异、争名求胜之私,可谓能正其心术矣。"沈彤《果堂集》卷十《茅钝叟传》："钝叟姓茅氏,名星来,字岂宿,浙江归安人,七世祖坤,明河南按察司副使,即世所称鹿门先生者也。……初,叟以文高知希致困厄,年五十余,不复进取,携其稿谒金坛王耘渠汝骧,谒方学士于京师。耘渠以为卓然大雅,学士以为胜宜兴储礼执,叟由此名闻远近,而其《近思录集注》及古文稿亦遂为士大夫所推重。卒年七十,无子。"

是年,撰《台湾建城议》。

按,方文收入《集外文》卷三,未定作于何时,但文中言及"近平朱一贵",可知作于平定朱一贵之后不久。据《圣祖实录》,本年四月朱一贵构乱台湾,六月被擒获。又据连横《台湾通史》,康熙六十一年,凤山知县刘光泗始筑土城。故系此文于本年。亦有称,方文作于雍正元年,今两存之。

是年,禁止耶稣会士在华传教。

方豪《中国天主教史人物传》。

康熙六十一年壬寅（1722）　五十五岁

正月，朝廷举行千叟宴，韩城刘荫枢与焉，欲相见，先生迫于公事而未得。

《圣祖实录》，康熙六十一年正月："戊子。召八旗满洲蒙古汉军、文武大臣官员及致仕退斥人员，年六十五以上者六百八十人，宴于乾清宫前。命诸王、贝勒、贝子、公及闲散宗室等，授爵劝饮，分颁食品。""辛卯。召汉文武大臣官员及致仕退斥人员，年六十五以上者三百四十人，宴于乾清宫前。命诸王、贝勒、贝子、公及闲散宗室等，授爵劝饮，分颁食品。如前礼御制七言律诗一首，命与宴满汉大臣官员各作诗，纪其盛，名曰'千叟宴诗'。"

方苞《都察院副都御史巡抚贵州刘公墓表》："再发博尔丹地方耕种。时年八十有二矣。居四年，召还京师。时年八十有二矣。居四年，召还京师。圣祖燕群臣七十以上者，公首坐。谕曰：'刘荫枢批鳞直谏，但不知兵耳。'""其后十余年，余给事内庭，闻刘公至自喀尔喀，贤士大夫皆拊髀雀跃。公年于是八十有六矣。韩城张大司寇，余乡试座师也。数言公迫欲见余，而筋力不能自致。余迫公事，晨入暮归，又城隔内外，逾年竟未得一见。"

刘荫枢，字相斗，别号乔南，晚字号秉烛了，陕西韩城人，康熙十五年进士。官至广东布政使、云南布政使、贵州巡抚等。康熙五十四年，朝廷备兵准噶尔，荫枢累疏请缓师，以阻挠军务坐绞，康熙帝宥之，遣赴喀尔喀种地，三年后释还，复故官。六十一年，与千叟宴。雍正帝即位，赐金归里，是秋卒于家，年八十七岁。参见钱仪吉《贵州巡抚刘荫枢事状》、《清史稿》。

正月，友人仁和汤右曾卒，年六十七岁，为撰墓志。其子学基将御柩以归，请为汤氏义田记。

《集外文》卷七《翰林院掌院学士兼礼部侍郎汤公墓志铭》："辛丑六月，上命政府谕公：解部职，仍掌院事。时公抱羸疾已逾年，入秋遂剧。次年正月竟卒。……余与公交近四十年。公既显，余勇于责善，或众人所难茹，而公终不以是疏余。……公生于顺治十二年正月，享年六十有七。"

《方苞集》卷十四《仁和汤氏义田记》："仁和汤少宰西崖置义田如千亩，以赡其族人，式法一取之吴郡范氏。少宰卒于京师，其子学基将御柩以归，请余记之。"

四月，扈跸热河。

《方苞集》卷十八《两朝圣恩恭纪》。

按，《圣祖实录》，本年四月十三日，康熙帝热河避暑，九月二十八日回京。

六月初九日，友人长洲何焯卒于京师，年六十二岁。

沈彤《果堂集》卷十一《翰林院编修赠侍读学士义门何先生行状》；全祖望《鲒埼亭集》卷十七《翰林院编修赠学士长洲何公墓碑铭》。

按，《方苞集》卷十二《汪武曹墓表》记录与何焯之早年交往，方苞编纂《钦定四书文》时，选录何焯文多篇。何焯曾评方苞古文《读管子》："望溪与余论文多不合，然观其读子史及叙事之文，心思笔力则非并世诸文家所能及。"评方苞时文《子曰岁寒一节》："有正希之奥，而不自修饰亦如之。"《有求全之毁》其一："如与夏侯、太初、稽叔夜一辈人语。"其二："'公所勇为，谓公躁进；公有退让，谓公近名。'既自古而皆然矣，中幅云云，复何足怪？"

是时，曹一士有书至，称何焯卒后，有赖先生继主文坛，为古今文字总持。

　　曹一士《四焉斋文集》卷六《与方灵皋》："义门丈奄忽物化，老成益希，士辈皆咨嗟相吊，赖先生继主其席，为古今文字总持，以鼓舞后学。"

六月中旬，回京充武英殿总裁。浃日，发《御制分类字锦序》，命校勘。

　　《方苞集》卷十八《两朝圣恩恭纪》："壬寅夏，臣苞随跸热河。六月中旬，命回京充武英殿总裁。浃日，发《御制分类字锦序》，命校勘。众皆曰：'上文字皆命诸臣公阅。独阅者，惟故大学士孝感熊公赐履，桐城张公英耳。'"

是时，领武英殿修书事，请邵基自助。基操行不苟，为父请铭，乃叙而铭之。

　　《集外文补遗》卷一《邵抑斋墓志铭》。

　　邵基，字学址，鄞县人。康熙六十年进士，改庶吉士。雍正三年，授编修。官至吏部侍郎、翰林院掌院学士等。乾隆元年，充博学鸿词阅卷官，出为江苏巡抚。二年，乾隆帝严责邵基，题补按察使戴永椿、知府王乔林、石杰皆同乡，道员李梅宾、卢见曾皆同年，不知避嫌。基旋卒。参见《清史稿》列传九十五。

是时，托宿静默寺，淹留旬月，与住持沛天上人为昵好。

　　《方苞集》卷十四《良乡县冈洼村新建通济桥碑记》："沛上人初至京师，居禁城西华门外道旁小庵，遂兴其地为禅林，敕赐静默寺，一时王公贵人多与之游。康熙六十一年，余充武英殿修书总裁，托宿寺中，与之语，窥其志趋，乃游方之外而不忘用世者，遂淹留旬月，自是为昵好。"

按，乾隆《钦定日下旧闻考》卷四十一："静默寺，在西华门外。(《大清一统志》)臣等谨按，寺碑云：寺为明季关帝庙旧址，本朝康熙五十二年重建，寺门有敕建静默寺额，正殿额曰静默寺，后殿额曰璿枢转福，皆圣祖御书。"苏天钧《北京考古集成》："故宫外八庙，是指宣仁庙、凝和庙、普渡寺、真武庙、昭显庙、万寿兴隆寺、静默寺和福佑寺。"又，因距离皇宫较近，觐见皇帝的大臣多留宿于此，杭世骏有诗《过静默寺饭海公禅房》，孙衣言有《移直大内仍寓静默寺》。翁同龢日记提及多次留宿静默寺。方苞亦如此。

又按，文中"沛上人"，即沛天上人，《方苞集》卷八《沛天上人传》："沛天上人，名海宽。俗姓崔氏，直隶易州人。为京师讲经大师，住持静默寺。"此海宽，并非曹洞宗二十八世主持、少林寺方丈海宽。

六月，自蒙养斋移武英殿校勘，与陈鹏年、张懋能、王兰生同役。

《方望溪遗集》之《行人司司副张君墓志铭》。王兰生《交河集》卷一《恩荣备载》。唐祖价《陈恪勤公年谱》，康熙六十年六月，陈鹏年武英殿校书。

六月，《律历渊源》一百卷修成，先生为《历象考成》分校。

《清史稿》志二十《时宪一》："六十一年六月，历书稿成，并律吕、算法，共为《律历渊源》一百卷：一曰《历象考成》上、下编，一曰《律吕精义》上、下编，续编，一曰《数理精蕴》上、下编。"

按，据书前开列纂修官职名，先生与魏廷珍、王兰生为《历象考成》分校，何国宗与梅毂成为汇编。

又按，《四库全书总目》著录《御定历象考成》四十二卷，论曰："国朝声教覃敷，极西诸国，皆累译而至。其术愈推愈精，又与崇祯《新法算书》图表不合。而作《新法算书》时,欧罗巴人自秘其学,立说复深隐不可解。圣祖仁皇帝乃特命诸臣,详考法原,定著此书,分上、下二编。上编曰《揆天察纪》,下编曰《明时正度》,集中西之大同,建天地而不悖,精微广大,殊非管蠡之见所能测。今据其可以仰窥者,与《新法算书》互校。"

初秋,黄叔璥刊行《南台旧闻》,先生与邹山、陈祖范为鉴定。

黄叔璥《南台旧闻》卷首。

按,《四库全书总目》卷八十著录《南台旧闻》十六卷,论曰:"是书详述御史典故,凡十三门,每事各注所出之书,颇为详备。其曰'南台'者,据王士禛《分甘余话》'今都察院可称南台,不可称西台'语也。"

又按,道光三年《玉山县志》卷二十一《名宦志》:"邹山,字禹封,景陵人,由举人知玉山,素有诗文名,为令用。潇洒词翰,以和士育民,治务近人,不苛文法,然振衰起废,未尝不截然有成劳也。……惜以余事为小吏诬,摘解官。"

陈祖范,字亦韩,常熟人。雍正元年举人,其秋礼部中式,以病不与殿试。归,楗户读书。居数年,诏天下设书院以教士,大吏争延为师。又荐举经学,祖范褒然居首。以年老不任职,赐司业衔。乾隆十八年卒,年七十九。著有《经咫》一卷,《文集》四卷、《诗集》四卷、《掌录》二卷。参见《清史稿》列传二百六十七。

是秋,寓安将南归,邀先生及王澍同往封氏园。时余暑未退,游者杂至,壶觞交哗。三人就阴坐井栏,移时然后去。

《方苞集》卷十四《封氏园观古松记》。

七月十九日,同年熊本之母李淑人卒。先生尝拜于北堂,既弥留,入视于寝,迫公事未得与殡敛。

《方苞集》卷十一《工部尚书熊公继室李淑人墓志铭》。

八月初一日，康熙帝序《分类字锦》，即先生校勘之《御制分类字锦序》。

《御制分类字锦序》："朕山庄避暑，救几之暇，以翰墨自怡，而卷帙充积，广博鲜要。爰命何焯、陈鹏年等荟萃经史子集，下至说部诸书，采择其字之丽雅者，厘别为四十门，六百一十八类。每类又分成对，备用，共六十四卷，名曰《分类字锦》。阅三载，编纂告成。……康熙六十一年八月初一日。"

按，《方苞集》卷十八《两朝圣恩恭纪》。

十月十五日，陈鹏年入告，友人张懋能病重。往视之，口喑而心能辨事，投药物弗瘳，逾月竟卒。

《方望溪遗集》之《行人司司副张君墓志铭》。

十一月十三日，康熙帝驾崩，年六十九岁。帝始崩，守官者各次其守。先生次于佛舍。将归，语二三君子曰："在礼，公等居倚庐，宜再期。今旬未三终，归至家，止于外，不入室焉，其可也。"闻者皆变色易容。

《圣祖实录》。《两朝圣恩恭纪》。《方苞集》卷十八《表微》。

是时，李绂自北河入临，与先生朝夕聚丧次。

《方苞集》卷四《李穆堂文集序》

按，《圣祖实录》，康熙六十年六月："礼部等衙门议覆，监察御史舒库等参奏下第举子在副主考李绂门首喧闹一案，李绂身为宪臣，有参奏之责，下第举子群到伊家喧闹，匿不奏闻，殊属不合。应将左副都御史李绂，照溺职例革职。……得旨：'李绂着革职，发往永定河效力。'"

又按，魏源《畿辅河渠议》："国朝旧设三河道总督，治东河、南河、北河。北河者,直隶境内之河也。"

十一月二十日,胤禛即位,以明年为雍正元年。

《圣祖实录》。

十一月,受罗懔之请,为其祖罗烈妇李氏作墓表。

《方苞集》卷十三《罗烈妇李氏墓表》:"烈妇姓李氏,浙江龙游人,江都罗经甫妻也。幼通《诗》《书》,继室于罗。前子曰都,六岁。……都之弟国桓,有子曰懔。行四方,遇文儒,辄流涕述烈妇事而求籍焉。……康熙六十一年冬十一月,望溪方苞表。"

按,嘉庆十五年《重修扬州府志》卷四十八《人物》:"罗懔,字素心,甘泉人,附贡生,考授正红旗教习,选浙江乌程县,有政声。"

又按,丁志安《罗聘家世考》,罗经甫入清后,又娶张氏,生三子,长国枢、次国桓。国桓生二子,长智、次懔。罗智即"扬州八怪"之一罗聘之父。

又按,姚世钰《屝守斋遗稿》卷一《书罗烈妇李氏墓表后》,言及罗懔请方苞撰写墓表立石之后,以拓本请其赋诗,即:"事去近百年,贤侯诵清芬。龙眠能刻画,乐石镌雄文。春秋书共姬,万古同悲辛。我题黄娟字,何许招贞魂。中天一片月,长照西华门。"厉鹗亦言及罗懔请方苞为李氏作墓表,并受方文感发而作《李烈妇赞并序》:"烈妇孙乌程明府懔,求桐城方阁学苞之文以表之。鹗读其文,而愀然以悲肃。"(《樊榭山房文集》卷七)

是年,河决朱家海,漫入洪泽湖。先生告以治黄之策,陈鹏年深以为然。

《集外文》卷五《寄言》:"康熙六十一年,河决朱家海,漫入洪泽湖。时沧州督河,仆告以障塞黄流入湖之口,急于塞决河。

沧洲深以为然,而寻即世。继事者遂以黄流入湖而清,湖中见田数千顷为瑞,则此时已成不可治之疾矣。"

按,唐祖价《陈恪勤公年谱》,康熙六十年十一月命陈鹏年为河道总督。

是年,汪由敦馆徐元梦家,以朱笔圈点《韩文考异》,其紫笔为先生评点。

汪由敦《松泉集》卷十五《书韩文考异书后》。

按,《四库全书总目》卷一百五十著录《原本韩文考异》十卷,论曰:"宋朱子撰。其书因韩集诸本互有异同,方崧卿所作《举正》,虽参校众本,弃短取长,实则惟以馆阁本为主,多所依违牵就。……此本出自李光地家,乃从朱子门人张洽所校旧本翻雕,最为精善。"

汪由敦,字师茗,浙江钱塘人,原籍安徽休宁。雍正二年进士,选庶吉士。遭父丧,以纂修《明史》在馆守制。官至协办大学士、刑部尚书、工部尚书、吏部尚书等。二十三年,卒,谥文端。由敦出张廷玉门,其直军机处为张廷玉荐也。又,汪由敦初为张自超弟子,徐元梦抚浙期间,礼聘张自超为杭州万松书院山长。是时,汪由敦有《上徐大司空书》。参见《清史稿》列传八十九。

是年,友人谢道承为母七十求寿文,先生以为非古也。

《方苞集》卷十三《谢孺人叶氏墓表》:"道承继因鱼门以索交于余,孺人七十,求文以寿。余曰:'非古也。子少安!吾当别志以达子之情。'"

谢道承,字又绍,闽县人。康熙庚子举首,次年成进士。以母老不薪仕,亲故慰劝,方赴廷对,选庶吉士,授编修。乞假归,晨昏侍养。家居十三年,母卒,丧毕,召见授中允,晋侍读,转国子祭酒。明年,迁内阁学士兼礼部侍郎,仍领祭酒事。未几,以劳卒于官。道承少从舅氏林佶游,所学日进。性介特,不骛声誉。著有《二梅亭集》。参见乾隆二十一年《福州府志》卷四十九。

按,文中"鱼门"即郑任钥,字惟启,号鱼门,方苞会试同年。《方苞集》卷十三《谢孺人叶氏墓表》云:"始余与同年郑任钥鱼门善。"

是年,恩人马逸姿卒,年六十一岁,为撰墓志铭。

《方望溪遗集》之《安徽布政使马公墓志铭》:"余赴诏狱在途,解官守隶委曲调护,事后始知自公。公自江南罢归,七年复召见,特命督理子牙河,卒于官。时康熙六十一年,享年六十有一。妻郭氏,诰封夫人。子位。"

是年,好友顾琮授吏部员外郎。黄叔琳为刑部右侍郎。王懋竑选安庆府学教授。

《清史列传》卷十六。《圣祖实录》。陈峰《清儒王懋竑年谱新编》。

是年,泰州陈厚耀卒。长洲顾嗣立卒。嘉定王鸣盛生。

嘉庆庚午《陈氏家乘》之《曙峰公传》。光绪二十九年刻本《重修唯亭顾氏家谱》。钱大昕《西沚先生墓志铭》。

雍正元年癸卯(1723) 五十六岁

正月初五日,好友湘潭陈鹏年卒,年六十一岁。

张伯行《正谊堂文集》卷十二《兵部右侍郎谥恪勤陈公墓志铭》。曹一士《四焉斋文集》卷七《陈公神道碑(代)》。余廷灿《陈恪勤公鹏年行状》(《碑传集》卷七十五)。李果《在亭丛稿》卷六《陈恪勤公传》。

按，方苞与陈鹏年交情深厚，曾曰："计数平生朋好如宾实、沧洲。"（《送雷惕庐归闽序》）《方苞集》有关陈鹏年文章多篇：《祭沧洲陈公文》《与陈沧洲书》《记太守沧洲陈公罢官事》《与陈中丞书》《武陟陈公庙碑文》等，其编纂《钦定四书文》收录陈鹏年《颜渊季路侍一章》，论曰："圣贤心境层累相接，文一意到底，而其中高下大小自见，理脉既得，结构亦紧。"陈鹏年《道荣堂文集》有《方逸巢先生继室吴孺人墓碣》《方百川先生墓碣》，其《秣陵集》有《梅耦长方灵皋王安节宓草兄弟小集署斋和耦长韵》《方灵皋用耦长韵有作，次韵奉答》等。陈鹏年为方苞刻《周官析疑》之天、地二官，参订《周官集注》等。陈鹏年盛赞方苞古文《诘律书一则》："鉴险测深，人力所不能通，一旦豁然，学至望溪，可谓独有千载。"《书李习之平赋书后》："望溪常叹，目中竟未见实有志于圣贤及才识并古豪杰人，而谓余尚可以立事。余实未敢自信也。窃意望溪可负天下之重，观其读《周官》《仪礼》《孟子》《管子》，可知所见宏阔深远。观此等文，可征其平易详慎，不能平易详慎则宏阔深远非真，而用之必窒矣。"（初刊本）

正月二十五日，弟子刘师恕以国子监祭酒为贵州布政使。

《世宗实录》。

正月，乡试座师张廷枢继室王夫人卒，先生以门生即事丧所。

《方苞集》卷十一《大司寇韩城张公继室王夫人墓志铭》。

按，《大司寇韩城张公继室王夫人墓志铭》："苞居先生之门最久，而亲族姻党道夫人之贤如一口，盖不独家事治，其辅成先生之德义，有为行述所未及者。夫人既卒数月，而先生病不能兴。苞每往视疾，未尝不伤先生之衰困，而不获夫人相左右也。及先生归田，逾岁而疾渐平，视听不衰，喜过余望，而又痛夫人不获与先生偕老而从容于林泉也。"

二月,同年张懋能灵柩将归,其子请铭。

《方望溪遗集》之《行人司司副张君墓志铭》:"莪村姓张氏,讳懋能,江西奉新人。父讳应辰,为名诸生。前母廖氏,母江氏。少贫窭,力孝养,而持身甚廉,既仕不改。妻朱氏。子星仁、星景。癸卯二月将御柩以归,请铭。"

三月初三日,刑部尚书佛格奏请将《南山集》案部分涉案人犯免罪释放。

按,《刑部尚书佛格为请将〈南山集〉案部分涉案人犯免罪释放回籍事题本》(引自张玉《戴名世〈南山集〉案史料》),全文曰:

刑部尚书臣佛格等谨题,为奏闻事。

该臣等会议得,据刑部奏称恩诏内开:除本身犯罪外,因族人有罪牵连入旗者,着查奏赦免。钦此。查先经原都察院赵申乔题参,戴名世等妻子家口族人入镶黄、正黄、正白三旗汉军(都统),此案首犯罪名重大,将情罪开明奏闻,奉旨:尔部会同九卿、詹事、科道定议具奏。钦此。

查得,戴名世一案,先经原任都察院左都御史赵申乔题参。戴名世造《南山集》《孑遗录》,方孝标造《滇黔纪闻》一案,臣部等衙门以戴名世所作书内欲将本朝年号销除,将永历年号写入等类大逆之语,将戴名世照大逆律凌迟处死,财产入官。伊弟戴平世照此律拟斩立决。其大父、父、子孙、兄弟及同居不分异姓及伯叔父、兄弟之子,不限籍之同异,年十六以上不论笃疾、废疾,查出送部,律斩立决。名世之母女、妻妾、姊妹之子妻妾、其十五以下子孙、伯叔父、兄弟之子,查出照例给付功臣之家为奴。方孝标身受国恩,已为翰林,因犯罪发遣,蒙宽宥释归。顺吴逆已为伪官,迫其投诚,又蒙洪恩免罪,仍不改悖逆之心,《滇黔纪闻》内以弘光、隆武、永历为帝,尊崇年号,书记刊刻遗留,大逆已极。方孝标依大逆律凌迟,今已身死,锉碎其尸,财产入官。孝标之子方登峄、方云旅、孙方世樵照律皆斩立决,子孙、兄弟并同居不分异姓、伯叔父、兄弟之子,不限籍之同异,十六岁以上不论笃疾、废疾,查出送部,照律立决。标之女、妻妾、姊妹、若子之妻妾,其男十五以下,伯叔父、兄弟之子,查出给付功臣之家为奴。孝标族人累世荷恩并不悛改,悖逆之心不止方孝标一人。族人方苞、方正玉为名世悖乱书内作序,事发之后查《滇黔纪闻》之书,标子方登峄、孙方世樵又行寄信烧版。据此应将孝标同姓不论已未服尽族人,逐一严查,有职衔者革退。除嫁出之女外,子女一并发往黑龙江、宁古塔将军,拨与乌喇、白都诺(即伯都讷——编译者)等处安插。汪灏与名世之悖乱书作序,方苞、方正玉序内虽无悖乱之语,但赞作之书,苞又藏贮《南山集》《孑遗录》逆版,正玉又刻孑遗逆书,尤云鹗给名世刊刻传行,俱干法纪,应将伊等照诽谤朝廷律,将汪灏、方苞应绞立决;正玉与名世同伙行事,将伊等妻子一并发宁古塔安插;知情不首名世悖乱书之翰林刘岩照律佥妻流三千里。等因具题。奉旨:戴名世等亦是大案,将本尔等暂留,朕且思之,俟回銮之日再行具奏。此内拟绞之汪灏在修书处甚是效力勤劳,不忍即行正法,从宽免死,着出狱,不便发回原籍,将伊妻子家口一并附入旗下。此旨亦宜谕汪灏。又奉旨:戴名世从宽免凌迟,着即处斩。方登峄、方云旅、方世樵俱从宽免罪并伊妻子发往黑龙江。

这案干连应斩绞及为奴安插流徙人犯,俱从宽免罪入旗。汪灏已有旨了。余依议。钦遵在案。

戴名世已经正法,已死之方孝标锉其尸,孝标之子方登峄、方云旅、孙方世樵俱已发遣黑龙江。除名世之妾高氏、家人杨福、夏莲、李氏、阿寿;〔方孝标之〕媳巫氏、孙方世清,方世涛妻朱氏,方世履子方求义,方世熙妻巫氏俱系首犯嫡派子孙媳妇,伊等与恩诏不符,俱不议外。戴名世病故弟平世之妻方氏、子普和、家人欧梅,名世之叔戴珂、伊妻巫氏;孝标之侄方嵩龄,方云华,方周敏,方云悼、伊妻姚氏,方嵩年妻程氏,标之曾叔祖方超宗,方亢宗、伊子狗儿;标之族人方獬,方苞妻徐氏、子方道长,方正玉妻姚氏、子方根植,方世宏妻姚氏,方正观妻吴氏,方嘉会子方世翰、妻〔媳〕姚氏、孙子、孙女、家人方福、赵全、和忠、高三、王寿、李大,方世壮,方世举妻叶氏,方元礼妻姚氏、子大和、家人柳衣,方春妻白氏,方世颐,方世弘,方朝初,方莘元,方芑、子大保,方元祐,方廷献妻王氏,方世洲,方世誉,方云良,方元六、家人方高、方教、婢阿松;尤云鹗妻蔡氏、家人四儿、小九儿、二姐、存姐,许亦士,刘岩妻吴氏,已故汪灏之妻邵氏、妾费氏、子汪守奎、家人八名口,伊等俱系戴名世、方孝标案内牵连并族人,并非嫡派子孙,与六十一年十一月二十日恩诏相符,应援恩诏,免罪释放回籍。

臣等未敢擅便,谨题请旨。初五日奉旨:依议。

恩诏南归,子方道章取韩愈痛定思痛语自号"定思"。

《方氏家谱》卷五十二《方道章列传》。

按,韩愈《与李翱书》:"如痛定之人思当痛之时,不知何能自处也。"

族子方观承、同宗方贞观、方世举有诗为记。

方观承《竖步吟》有《闻族人奉诏出旗》:"忽听鸡竿下凤纶,衰门今荷主恩新。衔羁谢作髡钳侣,聚族重为里闬人。累困十年终见岘,网开三面正逢春。穷荒尚有孤臣泪,欲诉无因达紫宸。"方观承《竖步吟》有《定思弟出旗南归赠别二首》:"难后君恩意外归,临歧不用怨分飞。扁舟自抵江乡易,十载谁教客梦违?块独逢人成久弃,根株似尔未全非。衡茅珍重团圞事,我已无家问旧扉。""秋风归不托鲈鱼,枫叶桐花认故居。益显云山当别后,未妨萍梗阅生初。鹤还华表高天远,雁度燕城古木疏。旧梦缁尘如有忆,客情唯宝数行书。"

方贞观《南堂诗钞》卷四《雍正首元三月二十八日诏还故里纪恩抒怀》:"网开一面感重华,圣泽滂流讵有涯。直似秋霖还土偶,岂同党锢怨匏瓜。由来造命凭君相,不料余年有室家。得遂首丘何以报,惟应努力事桑麻。""德音我独受恩偏,喜极翻令泪泫然。四海一夫无不获,小人有母更堪怜。别时裾绝肠应断,昨日书来眼欲穿。从此膝前闲岁月,得将半菽竟天年。"

方世举《春及堂》初集《南归》:"十年来去鬓全霜,旧法新恩泪两行。流宥五刑思大舜,网开三面戴成汤。鸿毛死丧累臣分,萱草春秋病母望。梦断得归余岁月,力田报国咏时康。"

按,方世举《兰丛诗话》:"康熙末,留都下者十年,诸翰苑之初为布衣交者,不时过从,谈诗为事。汪武曹、何屺瞻不甚为诗,而特许语有根柢。末契少年舒编修子展一一录之,以为《梁园诗话》。梁园者,水木清华,余寓居也。及雍正初南归,汪、何已先殁,舒亦旋以讣闻,不复知所录犹在人间否也?"

《方氏家谱》:"世举,讳云泌长子,字扶南,号溪堂,又号息翁。太学生,乾隆丙辰举博学鸿词,以次女之子张曾献仕内阁侍读,赐赠奉直大夫。生康熙乙卯十一月初七日,卒乾隆己卯八月十二日,寿八十五。"

三月二十五日,拜札谢恩。

《方苞集》卷十八《两朝圣恩恭纪》:"冬十有一月十三日,圣祖登遐,我皇上嗣位。廷议恩诏,皇帝手书数条下内阁。其一'以族人罪犯牵连入旗者,赦归原籍。'时八旗合诏条者,惟戴名世案,而狱辞例不得援赦。刑官特请下九卿更议,卒蒙恩赦。雍正元年三月二十五日,臣苞拜札谢恩。庄亲王传上命语苞:'朕以苞故,具知此事。其合族及案内肆赦,皆由此。其功德不细。'臣苞惊怖感动,不知涕泗之何从也。始戴名世本案牵连人,罪有末减,而方族附尤从重。狱辞具于辛卯之冬,五上,五折本。逾二年癸巳春,章始下,蒙恩悉免罪,隶汉军。苞伏念狱辞奏当甚严,而圣祖矜疑,免诛殛,又免放流。"

三月,朱轼以左都御史加吏部尚书衔,过先生为礼。

《集外文》卷六《叙交》:"余性钝直,虽平生道义之友,亦多疑其迂远不适于时用;志同而道合,无若朱公可亭者,而交期则近。雍正元年,公为冢宰,礼先于余。"

按《世宗实录》,本年三月二十五日,朱轼以都察院左都御史加吏部尚书衔。

朱轼,字若瞻,江西高安人,康熙三十二年举人,三十三年进士,选庶吉士。官至浙江巡抚、左都御史、《圣祖实录》总裁、吏部尚书文华殿大学士、兵部尚书、翰林院掌院学士等。乾隆帝即位,协同总理事务。乾隆元年,《世宗实录》总裁。九月病卒,谥文端。参见《清史列传》卷十四。

四月一日,徐元梦之父葬,为撰神道碑文。

《方苞集》卷十三《理藩院员外郎赠资政大夫席公神道

碑》："公及夫人生卒年月日，子姓男女，既详于幽堂之志。葬事毕，外碑宜刻文，以属余，乃叙而铭之。"

　　按，方文未定作于何时，但席尔泰碑云：方苞撰，王澍正书并篆额，雍正元年四月一日，首题"皇清理藩院员外郎赠资政大夫席公神道碑"，姑系于此。

是夏，致书方世举，言李绂称誉其诗有古人风骨。

　　《春及堂》三集《寄李穆堂少宰四十韵》（因望溪兄书来，言见拙诗于其壁上，高诵，一再叹为古人风骨，余方感旧，不觉兴怀）："日维康熙中，十载客京洛。而后乃今归，曷其奈何昨。"

　　按，《清史列传》，李绂本年署吏部右侍郎，七月迁兵部右侍郎，而吏部侍郎古称"少宰"，故诗作于此时。又，方世举三月底才放还，信札应在四月至六月，即本年夏季。又诗中"十载客京洛"，亦知作于本年。

七月初三日，朱轼母八十岁寿辰，先生代张砚斋撰寿序。

　　《方望溪遗集》之《朱母冷太夫人八十寿序》（代张砚斋）："皇帝御极之元年正月，御史大夫高安朱公轼因奏对陈情，乞以夏四月归省太夫人，兼持先公余服。秋七月，为太夫人庆八秩，然后治装，入襄圣祖祔庙大礼。天子感焉，诏封太夫人正一品，御书匾额，以嘉母德，赐白金紫貂，使归为寿。"

　　按，朱轼《朱文端公文集补编》卷二《皇清诰封一品夫人显妣冷太夫人行述》："时雍正四年正月初五日申刻，距生于顺治元年甲申七月初三日辰时，享年八十有三。"

八月十八日，弟子王兆符至京师，惧先生衰疾，请编年谱，手录《春秋》《周官说》及《望溪文集》，并序之。

　　王兆符《望溪先生文偶抄序》："雍正癸卯，兆符复至京师，惧吾师衰疾，请编年谱，手录《春秋》《周官说》及《望溪文集》，乃知吾师于曩言,实身肩而力取之。而凡有志者,皆不可以自画也。吾师质行、经学、古文,后世自能悬衡,兆符不敢置一辞,恐不知者以为阿其所好也。经说则始窥其樊,恐言之未必有中,故叙次文集,既终,敬识简端,以俟后之君子。"

八月,将遣妻子南归,南书至,兄孙方惟仁死。先生感而疾,逾月弗瘳。

《方苞集》卷十七《兄孙仁圹铭》:"雍正元年,吾宗邀恩赦,除旗籍。秋八月,将遣妻子南归,祭告于考妣。既馂余,南书至,则仁死矣。余感而疾,逾月弗瘳。……仁生于康熙五十三年三月,以雍正元年八月殇,葬于江宁南门外。"

按,《方氏家谱》:"惟仁,讳道希长子,生康熙甲午三月二十九日,殇葬江宁县沙场祖墓左侧,与从弟惟一同墓。"

十一月,泾县胡蛟龄成进士,问学于先生。

《方苞集》卷十《胡右邻墓志铭》。

按《世宗实录》,本年十一月初一日,贡士于振等二百四十六人中进士。据《清朝进士题名录》,是科一甲状元于振。二甲二名沈淑,六名周学健,十名胡蛟龄,十九名帅念祖,三十六名夏之芳。三甲十二名陈宏谋,八十六名王步青,一百五十二名王又朴。未殿试:尹会一等。

又按,光绪七年《重修安徽通志》卷一百九十《人物志·宦绩》:"胡蛟龄,字凌九,泾县人,雍正癸卯进士,由翰林出知兴平县,有惠政,擢御史,迁户科掌印给事中,主试山东,所拔多积学士,在谏垣日,值江楚遇祟,疏乞饬所在督抚,严行禁止,事允行。"

十一月,天津王又朴成进士,拜谒先生,为讲义法。

王又朴《王介山古文·自序》:"及成进士,见方先生于京邸,持所为古今文者为贽。先生曰:'时艺则得矣,然余久不视此。至古文,当观古之制作者,盖古人非苟焉而作也。有义焉,非于圣贤精理微言有所阐明则不作,非于世道有所维持关系则不作。有法焉,详所当详,略所当略,行乎其所不得不行,止乎其所不得不止是也。'因说《史记》萧、曹二《世家》以为概。余乃稍稍悟,退而出箧中旧稿,尽焚之。"

按,同治九年《续天津县志》卷十三《人物·儒林》:"王又朴,字介山,雍正癸卯进士,翰林院庶吉士。历任庐州府同知、河东运同。少以古文受知于方望溪先生,为沈端恪公近思所赏识,文名藉甚,开天津风会之先。仕有惠声,尤精水利,著《易翼述闻》,采入《钦定四库全书》;又《诗礼堂文集》《读孟》《读史》诸书梓行。"又,从《介山自定年谱》观之,本年王又朴四十四岁,此前并未接触方苞,遑论"少以古文受知于方望溪先生"。

十二月初一,病不能兴,往视病重之王兆符。越三日兆符死,年四十三岁,为撰墓志铭。

《方苞集》卷十《王生墓志铭》。

按,《王生墓志铭》曰:"是吾友昆绳之子也。王氏自明初以军功为宦族,至昆绳之父中斋公而五服亲属无一人。中斋二子,长汲公,无子。昆绳以兆符后小宗。今兆符仅一子,以继祖,则昆绳无主后矣。"

按,蒋衡《拙存堂诗文集》卷六《王隆川行状》:"君讳兆符,字龙篆,别字隆川,顺天府大兴县人,庚子举人,辛丑进士。生于康熙辛酉二十年八月二十八日□时,享年四十有三,卒于雍正元年十二月初四日申时。……娶杨氏,山阴杨大瓢讳宾公养女,江西曾青藜先生女。子一,名匡,甫九岁,同年庶吉士宜兴县吴申锡讳端升公婿。女二。"方苞文后评曰："局阵步伐，大类或庵，其真意恻恻，又退之所云'学古道而兼通其辞'者耶。"又，王兆符临终托付蒋衡："其为检先人文集，及余所作诗古文、批录诸书，并家中所藏，俱珍重固封，以贻幼子。葬我于祖墓，告方先生为我作书，致千木诸公，生而助我，感止一身，死而养我老母幼孤，则王氏血食，一线不绝，祖宗永赖矣。"

又按，王兆符为好友王源之子，方苞高第弟子。方苞著作，多为王兆符与程崟编录或参订，如《春秋通论》《春秋比事目录》《史记注补正》《考工记析疑》《左传义法举要》《望溪先生文偶钞》等。《方苞集》有《王生墓志铭》，《钦定四书文》著录其《仁者先难而后获二句》，论曰："语无庞杂，气不嚣张，由其理精笔锐。"王兆符卒后，方苞对其子王匡多有关照，《传恭斋尺牍》之一百二十六《答某公》曰："王秀才名匡，乃亡友昆绳之孙，敝弟子兆符之子，孤贫力学于津门，故以此札付之，公暇时或一传见，教诲而诱进之，是所望也。"徐珂《清稗类钞》称"王兆符于方氏有师友"。

王兆符于方文多有评点，如评《书周颂清庙诗后》："吾师每读诸经，于先儒相承，众人不疑之说，多以为疑，故及其解也，必得至理。崟与兆符，每闻论说，退未尝不自咎不知疑也。此诗朱子承用旧说，盖亦思索未到。用此知诸经如奥府，有能深探力取，其藏无罄竭时。"《读伍子胥传》："先生尝言，读史之法，见事难为必掩卷而思：己若当此，宜如何措置。观此文可以类推。"《于忠肃论》："先君尝言，荀卿《劝学》篇'为其人以处之'谓论知人世，当设身为古人以审所处也。读者当学先生之学，以求于公之志，勿与欧、苏诸论同视为文术也。"（初刊本）。

十二月，李塨携弟子刘调赞入京，会晤先生，言及朝廷征李塨修

《明史》与教授皇子事，先生皆代为婉拒。刘调赞及李氏弟子以此对先生不满。

冯辰《李恕谷先生墝年谱》。

按，《世宗实录》，本年七月十七日，谕令续修《明史》。七月二十五日，任命总裁官："以舅舅公隆科多、大学士王顼龄为《明史》监修官。署理大学士事务工部尚书徐元梦、礼部尚书张廷玉、左都御史朱轼、翰林院侍讲学士觉罗逢泰为总裁官。"

又按，《颜氏学记》卷十《颜李弟子录》："刘调赞，字用可，威县人。年二十四，即介白任若执贽李先生，学士相见礼、祭礼，学琴，学数，分日习之。先生称其信道甚笃。"民国十八年《威县志》卷末："刘调赞，字用可，为李恕谷入室弟子，徒步打包相从于蠡吾者数年，讲学之余，时以五七言相唱和，……其师弟之流瀣可知矣。"徐世昌《大清畿辅先哲传》第十八有传。

十二月，为黄叔琳之父撰墓表。

《方苞集》卷十二《赠通奉大夫刑部侍郎黄公墓表》："公讳华蕃，字涧采，号芳洲。配吴氏，浙江仁和人，诰封夫人。长子叔琳，辛未进士，吏部右侍郎。次叔琬，己丑进士，太仆寺少卿。叔琪，乙酉举人，知江南宁国府事。叔璥，己丑进士，监察御史，巡视台湾内升。叔瑄，癸巳举人，行唐县教谕。女三人，并适宦族。孙男十有四人。以康熙五十六年十月，葬于郭西新阡。雍正元年十有二月，桐城方苞表。"

是冬，朱轼将被大用，请先生开示，并称先生为子产、乐毅一类人物。

《集外文》卷六《叙交》："雍正元年，公为冢宰，礼先于余。是年冬，语余曰：'上将用我矣！子尚有以开予？'余曰：'某何知？'公曰：'吾知子乃郑公孙侨、赵乐毅之匹俦也。子毋隐！'"

按,《世宗实录》,本年九月,朱轼以都察院左都御史加吏部尚书衔。

是冬,寓安复至京师,相约观封氏园古松。

《方苞集》卷十四《封氏园观古松记》:"雍正元年癸卯冬,寓安复至京师,逾年二月将归,曰:'吾十至京师,蹉跎竟世,曩吾之归,不谓其复来也。今吾之来,不谓其复归也,独幸与古松得再见耳。'时新知又得舒君子展,而若霖改官吏部,无余闲,期以二月既望,先后集松下。"

是年,叔舅长子吴以诚为贡生。

乾隆元年《江南通志》之《选举志》:"雍正元年,吴以诚,六合县学。"嘉庆十六年《新修江宁府志》卷三十三《科贡表》,亦有记载。

按,光绪十年《六合县志》卷五《人物志》:"吴以诚,字思立,雍正元年拔贡,喜经学,受业望溪方氏之门,望溪邃《周礼》《春秋》,而以诚独喜治《诗》,居会城乌龙潭,与上元程绵庄廷祚、江宁戴粒民潘切劘经义,著有《诗学博依》十二卷,戴为之序,以为白云许氏之亚也,今其书现藏白下陶孝廉湘家。"

是年,蒙养斋同事陆诗卒,葬京东江宁义冢。

《方苞集》卷十《陆以言墓志铭》:"君讳诗,字以言,江宁人。家世农田,秀者学艺。君始以习宋字入蒙养斋书局,敬敏有声,有旨得从群士校录叙用。……以雍正元年某月日,权葬京东江宁义冢。"

是年,撰《记徐司空逸事》。

《集外文》卷六《记徐司空逸事》。

按,徐司空,即徐元梦。此篇言康熙朝明珠、索额图党争之事,篇中有"癸巳春,……与公一见如旧相识,共事十年,始灼知公所祈向,具得其往事"之语,故系于本年。

是年,李塨作《赠张可玉序》,称赞先生视富贵利达如淖涂。

李塨《恕谷后集》卷二《赠张可玉序》:"灵皋翘翘乎视富贵利达如淖涂,而人之文锦膏粱无克尽脱,尝痛自刻责。"

是年,湘潭张文炳卒,先生赠以挽联:"暗修学问推前辈,特达功名启后昆。"

张家栻《陶园年谱》。

张文炳,字质夫,湘潭人。少嗜学,乱离不辍,工诗文,康熙二十六年中举,历仙居、文登两邑令,俱有贤声。子孙蕃盛,称五都张氏。参见乾隆十二年《长沙府志》卷三十《国朝人物》。

按,张文炳子张埴、孙张九健、张九钧等与方苞皆有往来。

是年,同年吴关杰任兖州知府,与先生有书简往来。

《方苞集》卷六《与吴见山书》。

吴关杰,字见山,吴涵子。康熙四十五年进士,由翰林改内阁中书,雍正元年至雍正三年任兖州知府,后擢鸿胪寺少卿。著有《更崖诗文钞》。参见乾隆三十五年《兖州府志》卷十二《职官志》、朱珪《皇朝词林典故》等。

是年,友人徐元梦为户部尚书;魏廷珍为湖南巡抚;朱轼为顺天乡试正考官;黄叔琳为江南乡试正考官;吴士玉为内阁学士兼礼部侍郎。

《世宗实录》。

是年,雍正帝下令驱逐传教士并查抄各地教堂。白晋以科学家身份留北京。

(德)柯兰霓《耶稣会士白晋的生平与著作》。

是年,娄县王鸿绪卒。安溪李光坡卒。长洲汪士鋐卒。休宁戴震生。

张伯行《户部尚书加七级王公墓志铭》。《清史列传》卷六十七。沈彤《右春坊中允汪先生士鈜行状》。段玉裁《戴东原先生年谱》。

雍正二年甲辰(1724)　五十七岁

二月十六日,与寓安、舒大成(子展)前往封氏园观古松。

《方苞集》卷十四《封氏园观古松记》:"余与寓安、子展前至,林空无人,布席列几案,坐卧及饮酒疏数惟所便拾,诵《九歌》乐府古辞。日入星见,而若霖不至。翼日相期再往,则薄暮矣。甫至,厉风起,遽登车,归饮于子展氏,坐方定,而风止。"

按,初刊本王澍文后评点,追记古松命运:"是秋,有势家欲移此松于家园,告以根蟠甚大,移之立死。因议买其地,封氏曰:'此墓地也。'是夕伐而薪之,文章有神,信哉!王澍若霖记。"王澍追记此文后事,古松之亡,与方苞文末所言"兹松之植也五百余年,其荣枯乃在间岁中,而余适见之。岂其迹之将湮而神者俾借吾辈之游以传于后邪"相互印证。

又按,多年后,张之洞游慈仁寺有感,赋诗《慈仁寺双松犹存往观有作》:"同游俱是感慨人,籍草相看到曛黑。往年妖乱等一梦,锦库成灰铜仙泣。遗此区区老秃树,岂足增壮帝京色。虽不中用亦复佳,留与后来阮亭、望溪弄笔墨。"文后作者自记:"方望溪、王虚舟屡看封氏园松,画为长卷,方有记,王有跋,今在琉璃厂。"(《张之洞诗文集》卷四)

又按,封氏园观古松,为明清京畿士人一大雅事。纪昀《阅微草堂笔记》卷七:"丰宜门外风氏园古松,前辈多有题咏。

钱香树先生尚见之，今已薪矣。"朱一新《京师坊巷志稿》卷下：
"《茶余客话》：封氏园一作凤氏，与龙泉寺相近。《杨禹江集》
有《丙戌夏陪宋商丘过龙泉寺观凤氏园古松》之作。《藤阴杂
记》：凤氏松见诸家题咏，宋牧仲偕诸名辈倡和诗皆长篇，王楼
村、宫友鹿尤擅场，后高文良其悼赋长歌：'浓阴数亩自周遮，
横列十人容坐语。'至雍正，鲍西冈有《悼松诗》，已无存矣。
《缪湘芷沅集》：'凤氏园旁数武，有武家窟，与黑龙潭相对，水
木清华，渚溆环互，风日澄霁，宛似江南。李总宪枬将于此移筑
广陵馆，仙去不果。丙戌重过，赋五古一章。今黑龙潭左右，一
望黄沙，夏秋葵芦丛薄，谁复知有凤氏园者？'《宸垣识略》：'封
氏松相传金元时物。查慎行有《过园饮矮松下》诗。'"杨仁恺
《中国古代书画鉴定笔记》："顾昉《古松图》。王澍甲辰（雍正
二年）篆书引首，并书《封氏园观古松记》。"

二月，雍正帝行耤田礼，为撰《圣主躬耕耤田颂》。

　　《方苞集》卷十五，署雍正元年。而蔡世远《圣王躬耕耤田
赋》明确为雍正二年。李绂《耤田赋》曰："雍正二年春二月乙
亥，皇帝祀先农之神，躬耕于耤田。"王兰生《交河集》卷二《圣
主躬耕耤田礼成颂》曰："我皇上御极之二载仲春举行斯礼。"
杨椿《孟邻堂文钞》卷一《耤田颂》："雍正二年二月癸亥，皇帝
耕于耤田。"谢道承《小兰陔诗集》卷一《圣主躬耕耤田颂》曰：
"雍正二年二月二十九日，皇上即位之二年，至孝深仁，洋溢中
外，亲与二三大臣，咨访旧章，恢宏古制。……亲载耒耜，躬耕
帝耤。"《世宗实录》雍正四年八月："谕内阁：国以民为本，民以
食为天。朕即位以来，念切民依，举行耕耤之礼，殚竭精诚，为
民祈谷于上帝。乃雍正二年三年，耤田特产嘉禾。"故系于
本年。

二月,请假归葬,以《周官余论》示朱轼。朱公携至上书房手录,称先生为异人。

《集外文》卷六《叙交》:"次年二月,余请假归葬,始以《周官余论》十篇之三示公。及还,相国张公曰:'高安持子《周官论》至上书房手录,曰:'当吾世有此异人,而上竟不闻知可乎?'我数以子病久痼止之。子将若何?'余急过公,正告曰:'今上信大有为而士大夫结习未除,凡吾所云,必君相一德,众贤协心,然后为之而可成,成之而可久。不然,上求以诚心而下应以苟道,民不见德,反受其殃。公志果大行,异日以告于吾君而次第布之,不必知自仆也。'"

按,时朱轼为左都御史,加吏部尚书衔。

三月一日,雍正帝亲临太学,为撰《圣主亲诣太学颂》。

《方苞集》卷十五,署雍正元年,蔡世远《圣王躬耕耤田赋》明确为雍正二年。王兰生《交河集》卷二《圣驾亲诣太学大礼庆成颂》曰:"惟皇帝御极之二年季春朔旦举诣学礼。"杨椿《孟邻堂文钞》卷一《诣学颂》:"上在位二年三月乙亥朔,亲诣太学,行释奠之礼。"谢道承《小兰陔诗集》卷一《进圣主躬诣太学大礼告成诗》曰:"即位二年之三月,释奠太学。"查《世宗实录》雍正二年三月:"三月,乙亥朔。上诣太学,谒先师孔子。上由大成中门、步进先师位前。行释奠礼毕。上御彝伦堂。王以下及衍圣公孔传铎子孔继溥、祭酒、司业、文武各官行礼毕,赐坐。"故系于本年。

是时,南还葬亲,顾琮、吕谦恒诸友送行。

顾琮《静廉堂文钞》卷一《送方望溪先生回籍葬亲序》:"帝手书数条下内阁,其一以族人罪犯牵连入旗者,赦归原籍时,八旗合诏书者,惟戴、方二族。"

《青要集》卷七《送方灵皋南还》："十载寄岩廊，看君返故乡。云山如梦里，书卷是行装。芳草遥天碧，清樽别路长。他时藏锦字，怀袖敢相忘。"此诗未定作于何时，但据文中"十载""返故乡"，姑系于此时。

按，乾隆三十二年《续河南通志》卷五十六《人物志·列传》："吕谦恒，字润樵，新安人，康熙己丑进士，由翰林改御史，转给事中、巡城。会南郊奏以蕗草征役，胥吏因缘病民。又夏秋之交，洞庭泷涛壮猛，湖南士赴乡试苦遭覆溺，宜分设棘闱，诏允所请。迁鸿胪、大理至光禄寺卿，所历必张其职，致仕归。与兄履恒俱以文学著名。"

是夏，道清江，闻好友杨三炯之民誉，淮南诸司莫与之并。

《方望溪遗集》之《过济宁别杨千木》。

四月，李塨书至，与先生论《春秋》《周礼》。

冯辰《李恕谷先生塨年谱》。

按，李塨《与方灵皋书》："窃念先生与王昆绳，少年皆从事才子文人，非从事圣贤之道，大学、小学以次而入者，故其气盛其情浮。昆绳识见文章卓有可传，而偶有缺遗。或告语之，辄蜂涌而辩，而先生亦有之，即如《春秋》《周礼》二著，尚有当参酌者，而不敢尽言也。《春秋》'成风、敬嬴，当称夫人小君'一节，明反孔子经文，明背左氏之传，明与历代帝王国制出于天理人情之自然者相违，而先生必依胡《传》。曾偶言及，先生盛辩。今呈拙著《学礼》'生母附庙'一则，乞先生细考之。若以为是，足见先生转环之勇；若终以为非，乞将拙著一一批驳示下，则塨无益于先生、而先生有益于塨多矣。"（见《李恕谷先生塨年谱》，而与《恕谷后集》内容不同。）

五月十三日，自京师至上元。郊宿，越翼日丙辰，展墓。

《方苞集》卷十七《台拱冈墓碣》:"先考妣既卜葬于台拱冈之七年,不肖子苞始得请假,归视窀穸。雍正二年五月望前二日,至自京师。郊宿,越翼日丙辰,展墓。"

五月十七日,奉旨开载《御制历象考成》编纂诸臣职名,先生为分校。

据《御制历象考成》,其职名为:庄亲王允禄、诚亲王允祉为纂修,何国宗、梅毂成为汇编,魏廷珍、王兰生、方苞为分校,成德、阿齐图、顾琮、照海、明安图、平安、何国栋、李英、那海、丰盛额等十人为考测,何国柱、伦大理、傅明安、留保等十五人为校算,吴孝登等十五人为校录。雍正元年刊刻告成,十月朔日雍正帝亲自作序。

六月二十六日,台拱冈父母墓穴负土定封。七月六日,撰《台拱冈墓碣》。

《台拱冈墓碣》:"卜日,得六月丁酉。穿穴视燥湿,始反土而定封焉。……七月朔后五日,男苞述。"

归葬期间,旧友黄越行营风雪中,日夜陪伴,为堪舆。

《方苞集》卷十二《黄际飞墓表》:"雍正二年,余得请归葬,际飞为余行营风雪中,并日夜而不为疲,间语余曰:'吾与子皆老矣!念此生幸不为海内士君子所遐弃,而无恨于吾身,惟子直谅之功,兹所以报也。'"

黄越,字际飞,上元人,康熙己丑进士,官检讨,少以文名,凡所撰述,海内流传,奉为矩矱。晚益沉酣宋五子书,能抉其蕴,同里朱文镰字履安,性醇厚恬雅,亦以文学知名。参见乾隆元年《江南通志》卷一百六十五。

是时,结识刘珊。刘珊、黄越、李沛霖皆笃信行家之术,为方舟墓堪舆。

《方望溪遗文集》之《刘梧冈诗序》："往者，吾友退谷论次时文，多称引刘君梧冈语，余心识之。而梧冈居江□，数授徒远方，无缘合并。及雍正二年，余蒙赦宥，请假归葬，始叩梧冈之庐，而以他出辞。退谷曰：'曷再往?' 即相见。察其容貌辞气，而异其非时文之士也。乃邀退谷与行营山泽间。酒酣，退谷辄诵梧冈诗；梧冈亦自诵其诗，其格调熔冶于古人。"

《方苞集》卷十七《甲辰示道希兄弟》："吾友李君岱云、黄君退谷、刘君梧冈，儒者也，而笃信形家之术，谓：'穴有晕，下三棺则晕破而水入。' 余迫于公程，行有日矣。道希兄弟若惩前事而畏形家言，则兄与弟共冢，而余他日别葬，于义亦可。但毋与妇人合，以堕先兄之命。"

按，乾隆十六年《上元县志》卷十九《文学》："刘珊，字梧冈，弱冠时文誉已噪，甫壮，受知督学海宁许公，为人性矜贵，不妄交友，居仪凤门外，经年不入城市，然四方问字者屡常满，安贫近道，有颜氏子之风。"

光绪七年《重修安徽通志》卷二百二十一《人物志·儒林》："国朝李沛霖，字岱云，盱眙庠生，留心理学，著有《朱子异同条辨》《四书辑要释义》《经注合参》，学者宗之。弟兆恒，与兄同纂刻不倦。"

又按，李岱云与方苞兄弟为旧相识，多有文字往来，曾评点方苞古文《汉高帝论》："吾亦见及此，而不若作者能究悉其表里。"（初刊本）评点方苞时文《子使漆雕一节》："读书如灵皋，乃为识透宋儒道理。"（《抗希堂稿》）方苞《钦定四书文》著录李沛霖《我未见好仁者一章》，评曰："如题转折，以为波澜。与汤若士作并观，可以识文章之变。"

八月上旬，展墓桐城。时左待（未生）已死，将往哭，而取道白

云以返枞阳。至浮山,招左待子秀起,会于宗六上人居所。

《方苞集》卷十四《再至浮山记》。

是时,族人方世举同先生拜先断事公方法之墓。

方世举《春及堂》初集有《同望溪兄拜先断事公墓》:"子孙愧松柏,十载托春秋。新泪渍黄土,先人怜白头。亲存鸡黍切,家训鼎钟休。稽酒飘零恨,为农长守丘。"

按,《方氏家谱》:"东龙眠山,伯通祖暨配郑太君葬地,在县西北十五里,乌石山下。东西南抵涧,北过岭,为界。"

是时,见女甥冯荇于桐城。

《方苞集》卷八《光节妇传》:"余以雍正元年得假营葬,见女甥于桐。"

按,此处雍正元年,应为雍正二年。

是时,迁大父灵柩,自桐城至金陵。

《方苞集》卷十七《大父马溪府君墓志铭》:"故高祖太仆公家桐城,越十余年而葬秣陵。曾大父家秣陵,越数十年而葬繁昌。大父之终也,吾父及叔父御柩归桐城,以大母权厝秣陵,数十年而未得葬也。及遭宗祸,近支皆北徙。诸弟仓卒葬大父及叔父母于所居之梁庄已十年,而术者曰:'阴流入圹矣,祸犹未已。'启之信然,复出而攒焉。今天子嗣位,布大德,赦吾宗还乡里。苞蒙恩给假,归葬父母。复奉大父柩,自桐城来秣陵。"

按,《方氏家谱》,大父方帜坟茔迁金陵后,葬江宁太南乡四围石潭菖蒲山,戌山辰向兼辛乙三分。又按,《甲辰示道希兄弟》,大父柩至金陵后,则高、曾、祖、考无一葬故乡者也。

归葬之际,过顾同根。

《方苞集》卷十《顾友训墓志铭》:"又十余年,余得假归葬,再过君。君适以是日持仲之丧至自泰兴,相视饮泣,意绪促促。"

**是时,法海督学江南,时访先生,出所为诗以心腑相示。法海谋
分校礼闱者,遂以老友刘捷荐。**

《方苞集》卷十二《兵部尚书法公墓表》:"雍正甲辰,余请
假归葬。而公督学江南,时叩吾庐,出所为诗以心腑相示。始
知公忠孝发于至诚,体国忧民,常恨未得同志合道人相与辅成
治教,而深患时人惟知以虚伪比周,自便其身图。"

《方苞集》卷十六《和风翔哀辞》:"法公渊若,余故人也。
雍正二年,余得假归葬,公督学,按部至江宁。叩吾庐,谋分校
者,遂就见吾友古塘而请焉。"

**试事毕,刘捷荐和风翔。越日来见,先生劝弃时文,笃志诸经,
并属翁荃教之。**

《和风翔哀辞》。

按,是时,山西梁裕厚欲重订朱子《仪礼经传通解》,挟其
书至江南,与翁荃(止园)讨论,多有借力于和风翔。(《和风翔
哀辞》)

翁荃,字兰友,一字止园,江南江宁人。入学后不事科举,
入云台山钻研经训。乾隆初,诏修《三礼》,征穷经之士,公卿
交荐,荃固辞,以弟子和风翔应聘。晚更卜筑南郊,五经三礼皆
有纂说。古文诗歌成集,藏于家。参见嘉庆十六年《新修江宁
府志》卷三十四《儒林》。

**居金陵期间,卜兆未定,先生寓清凉山僧舍,与老僧中州数往
还。逢寺火,约后记。**

《方苞集》卷十四《重修清凉寺记》:"雍正二年,请假归葬,
卜兆未定,不敢即私室,寓北山僧舍。会黄山老僧中州率其徒
来居清凉寺,数与往还。中州之来,逾月而寺火,惟存西北隅小

屋三四间,尝谓余曰:'造物者盖以新之责老僧也,俟其成,公必记之。'"

释海岳,字中州。本丹徒儒家子,住持清凉寺,戒行精严,诗文腾跃有气势。尝登金山,有'遥天岂肯随江尽,万派应知倒海无。''瓜渚人家新草色,润州城郭旧斜阳'之句。寻登黄山,有《木莲花赋》数千言,皆典雅精丽。年八十余终,葬清凉山。著有《绿萝庵诗稿》。参见嘉庆十六年《新修江宁府志》卷五十一、光绪五年《嘉兴府志》卷六十二。

又按,文中"北山"即清凉山。乾隆元年《江南通志》卷十一《舆地志·山川》:"清凉山,在府西六里清凉门内,上旧有清凉台,俯瞰大江,南唐翠微亭遗址在焉。"

八月,至宣城,以视执友之孤,时友人黄叔琪知宁国府。

《方苞集》卷十《知宁国府调补部员黄君墓志铭》:"君讳叔琪,字果斋,自其父芳洲公始入籍京兆。君兄弟五人,皆登甲乙科,三人出入中外为显仕。康熙乙酉君举于乡,以中书倅云南景东府,土官实掌郡事。始至,屺寮时骇,乃严武守,勤侦缉,间里宴眠。又以其暇,廓学宫,建桥梁。报政,擢知江南宁国府事。雍正二年,余请假归葬,以视执友之孤,道宣城,时君治郡已四年矣。"

按,范瓦夏主编《我法—宣城画派研究》载其事,在八月。

又按,民国八年《宁国府志》卷四《职官表》:"黄叔琪,康熙五十九年任。"

又按,文中所言"其父芳洲公",即黄华蕃,号芳洲,世居大兴县黄村李铁拐巷黄宅,有五子,即:叔琳、叔琬、叔琪、叔璇、叔瑄。先后金榜题名,三名进士,两名举人,名满京城,成就一段"五子登科"的佳话。见《方苞集》卷十二《赠通奉大夫刑部侍郎黄公墓表》。

九月，遇徐克范兄子于芜湖鲁港。

《甲辰示道希兄弟》："繁昌徐季子同产五人，兄弟有子二十余。季子年二十二，丧妻及子，遂鳏居治家事。兄弟之子耕者、贾者、授徒客游者，丝粟不入私室。男女少长近百人无违言。余抄秋遇其兄之子于鲁港，具言如此。然则子弟有不可教者，父兄其省诸！妇人有不可化者，男子其省诸！"

徐季子即徐克范，字尧民。少读书马仁山，博闻强识，淹通古学，声噪大江南北，性不肯俯仰依人，学使余正健强致幕内，未半载以母老告归。设教城西，与孝廉洪瀛互持坛坫，繁邑知名士多出两人门下。事母至孝，年九十一卒。晚岁，郡守李暲延居西席，以疾归，卒于家。著有《易经演义》《读史记十表》《自好堂诗古文》等。参见乾隆二十三年《太平府志》卷二十六。

按，乾隆四十七年《江南通志》卷十七："鲁港，在芜湖县南十五里，源出宣城，西注大江，一名鲁明江，旧志云昔有鲁明仲者居此。"又按，光绪十一年《续修庐州府志》卷九十五《志余下》："淮水即庐江水，又淮水下流名鲁港，又名鲁明江，至繁昌县境入江，'庐''鲁'音同，'鲁港'当即'庐江'音之转，是千余年来地理家所不能悉者。"

九月，过铜陵，访乔崇修、乔亿父子于学署，商榷近作《先考妣墓碣》，并示以欧阳修《泷冈阡表》删改之例。

乔亿《剑溪文略》之《记方先生谈艺一则》："雍正二年秋九月，方先生望溪自枞阳返白下，便道视家君于铜陵学署。一见即袖出所为文，曰：'近作《先考妣墓碣》（原注：集刻作《台拱冈》，是后来改本），尚觉《泷冈阡表》为繁。'因索欧阳子文。家君命检行匣，出山晓阁本以呈，先生注视曰：'此不为善本，可涉笔无甚惜也。'"

按,尹会一《健余文集》卷四《东章新阡祭田记》,方苞文后评点曰:"《泷冈阡表》,为六一居士全集之冠,七百年来,罕有嗣音,其事不知传也。"

又按,《铜陵县志》卷二:"乔崇修,宝应人,贡,雍正二年任铜陵县教谕。"

十二月,归葬事毕,还故乡。钱、陈两家安置祖茔于方姓山界内,官司再起。

《方望溪遗集》之《与赵仁圃书》。

杪冬及春,两过扬州,拜访陈新楷。

《方苞集》卷十《陈依宣墓志铭》:"雍正二年,余得假归葬,杪冬及春两过君。"

按,雍正七年《江都县志》卷十五《人物志》:"陈新楷,字依宣,江都人,髫年应试屡冠其曹,试艺流传四方,奉为矩式,制行无缘饰,孝友纯笃,其天性也,构屋授徒,从游者甚盛,同时有陈霆发,字鸣夏,与楷齐名,善为古文辞,未遇而殁,楷年逾七十膺岁贡。子梦文,雍正癸卯举于乡。"

是年,高淳重修三元观成,苍溪士人来请记,遂为之撰。

《方苞集》卷十四《苍溪镇重修三元观记》:"高淳张彝叹,尝持所为《募修三元观疏》示余曰:'俟其成,子必记之。'……康熙辛卯,余构祸北徙。又七年戊戌,而彝叹赴诏,道卒于山东。又六年雍正甲辰,余蒙恩除旗籍,给假归葬,而观适成,苍溪士人录前后《疏》《记》以来,曰:'此彝叹之志也。'"

是年,王履始介王澍为其父请铭,后又闻刘祖任言其事,乃为之铭。

《方望溪遗集》之《繁昌县令王君墓志铭》:"君既殁十有二

年,其子履始介余执友金坛王澍请铭。澍,君乙酉所得士也。
又数日,见绥德刘给事祖任,少从君讲授,得君性质行事尤详,
乃录所闻而系以铭。君卒于康熙壬辰四月晦前三日,寿五十有
六。妻马氏,子三人,长秉义,次履始。女一,适士人。"

按,乾隆四十九年《绥德州直隶州志》卷六《乡哲》:"刘祖
任,字心尹,康熙丙子经元,癸未进士,官翰林院检讨。雍正二
年分校京闱,汉中守大兴朱闲圣、衡山令任丘高应述、邯郸令大
兴方宏礼等皆出其门下。寻授兵科给事,旋升顺天府丞。诗文
精熟,尤精国书,韩城张大司寇深加器重,又与慕庐韩相友善,
时以文学共砥砺。浸疾,卒官,朝论以未竟所施惜之。"

是年,撰《甲辰示道希兄弟》。

《方苞集》卷十七。

按,陆耀《切问斋文钞》卷九《教家一·家训》、贺长龄、魏
源《皇朝经世文编》卷六十《礼政七·家教》,收入此文。

是年,兄子方道希病,方观承往问,并赋诗以记之。

方观承《述本堂诗集》之《竖步吟》之《过师范兄问病》。

是年,友人张丙厚卒,年五十九岁,为撰墓志。

《集外文》卷七《刑部郎中张君墓志铭》:"如君者,乃古所
称跅弛之士也,而不得一试其用,以显功名。徒以贵游豪侈,为
众所讥;其知者,亦仅目为任侠。故君遇非穷,年非促,而实赍
志以殁。惟余知之,不可以弗识也。君卒以雍正二年某月,享
年五十有九。"

是年,友人朱文镳卒,年七十二岁,先生与刘古塘痛以墓表。

《方苞集》卷十二《朱履安墓表》:"余往者归自远方,二三
昵好必群引相过谈燕,或传客哗乐连晨夕;自赴诏狱,及今蒙恩
归营葬,仅十有四年,而余所兄事,惟古塘独存。履安之齿未

也,乃用厉疾殒其生,是以余与古塘尤痛之。其葬也,古塘既铭诸幽,故表于其墓,而以余之归告焉。"

乾隆十六年《上元县志》卷十九《文学》:"朱文镳,字履安,补博士弟子员,为人温醇敦厚,黄退思操选政,《明今文大小题商》多履安点定之力。京师公卿间闻履安名,无不倾倒。顾数奇,以诸生老,年七十有二,卒。"

是年,钟山书院建成,亲家宋衡为首任掌院。雍正帝题匾"敦崇实学"。

汤椿年《钟山书院志》

按,嘉庆八年《庐江县志》卷十《人物·文学》:"宋衡,……年六十解组,归主钟山书院。卒年七十六。"

是年,友人陈世倌为内阁学士兼礼部侍郎。李绂为广西巡抚。蔡世远充日讲起居注官。彭维新提督浙江学政。朱轼以左都御史兼理吏部尚书事务。黄叔琳因有诬奏包庇姻亲而解任浙江巡抚。

《世宗实录》。

是年,陆陇其从祀孔庙,与汉诸葛亮、元陈浩、明罗钦顺等人一起。

《世宗实录》。

是年,河间纪昀生。青浦王昶生。

朱珪《知足斋文集》卷五《文达纪公墓志铭》。《擘经室二集》卷三《刑部右侍郎述庵王公神道碑》。

雍正三年乙巳(1725) 五十八岁

二月初四日,假满北上。姊夫曾沂送于河干,复出其父行状求表，且曰："更迟之，吾不及见矣。"

《方苞集》卷十三《曾孺人杨氏墓表》。

道济宁，见好友杨三炯，其以兖郡丞督漕驻此，言及别建曾子祠。

《方望溪遗集》之《过济宁别杨千木》："雍正二年夏，余请假归葬，道清江，淮以南之诸司，民誉莫并焉。逾岁北上，而千木移官济宁，过其治所，河以北之诸司，民誉莫并焉。"《方苞集》卷十四《别建曾子祠记》："雍正三年春，苞赴京师，道济宁。诸暨杨三炯以兖郡丞督漕驻此，云：'始到官，寓署之西偏，盖曾子故居也。听事处，即正庙。前吏者迁主于西城楼而宅之，又于隙地治燕私之斋。余将就其址，构数楹，迎主归，定祀。且延师召诸生讲诵于此，俾众著于先贤之遗迹，而不敢废焉。舍故庙而别祠，恐后之人狃于前事而不能保也。'"

按，乾隆元年《山东通志》："督理通省河道。杨三炯，浙江诸暨人，举人，雍正三年任。"

二月十六日，友人仪封张伯行卒，年七十五岁。

张师载《张清恪公年谱》。

按，方苞与张伯行、张师载（又渠）父子皆有往来。与张伯行交往，尤其体现于《南山集》案中："方公与制府相持，会余以《南山集》牵连赴诏狱。制府遂劾公久闭余于官舍，不知所著何书，而先帝之矜余，实自此始。"（《送张又渠守扬州序》）方苞《结感录》称："仪封张公伯行，贤者也。"张伯行曾评方苞《周官辨伪二》曰："余廉察江苏，未受印篆、谒制府，即就方子乞言，方子曰：'君已过义利关，过此则利害关耳。'厥后同时在理，先后蒙恩湔绂。始相见，即曰：'此君之大幸也，又破利害关矣。'前此方子五经所述，余皆见之，至是出《周官》《仪礼》说，尤觉

邃密。即此二篇及《丧服》尊同不降辨,为周公洗净面孔,伟
哉! 立言之功可并于立德矣。"(初刊本)

二月,吏部侍郎沈近思介王澍乞表曾祖母墓,遂为之撰。

《方苞集》卷十三《赠淑人尤氏墓表》:"皇帝嗣位之始年,
搜扬遗贤,命大臣各举所知。于时,今吏部侍郎沈近思,……逾
年四月,拜疏历其曾祖母尤氏守节,……愿以元年覃恩,身及妻
应得之封,移赠尤氏。天子既贤近思,感其意,诏以侍郎阶资赠
其曾祖父母。又二年二月,介吾友王君虚舟乞表墓之文。"

沈近思,字位山,浙江钱塘人。康熙三十九年进士。四十
五年,授河南临颖知县。五十二年,迁广西南宁同知。五十九
年,以浙江巡抚朱轼荐,命监督本裕仓。雍正元年,授吏部文选
司郎中,寻授太仆寺卿。二年,授吏部侍郎,四年,充江南乡试
考官。五年,擢左都御史,仍兼领吏部事。卒,加礼部尚书、太
子少傅,谥端恪。参见《清史稿》列传七十七。

三月二十四,入宫至养心殿,拜谢圣恩。雍正帝赐御茶芽二器。
先生弱足,不能行,特命内侍二人翼而趋至殿陛。

《方苞集》卷十八《圣训恭纪》。

按,雷鋐《方望溪先生苞行状》:"既事,以三年三月抵京
师,具札恭谢圣恩。召见,先生弱足,不能行,特命内侍二人翼
而趋至殿陛。气喘急,不能任其声,上嗟叹者久之,命仍充武英
殿总裁。"

三月二十九,鲍氏姊卒,年七十岁,为撰哀辞。

《方苞集》卷十七《鲍氏姊哀辞》:"苞之生,姊年十有二
矣。……又十有四年,蒙圣恩许假归葬,而姊卧疾已经年矣。
每见苞,则呜咽不可止。用此,过旬乃敢一往视。比北上登程,
五旬有五日而姊卒。时雍正三年三月二十九日也。"

是春，朱轼请开畿辅水利，先生献策，其后数年，果如所言，公益信先生。先生并言及三件大事宜及时处置，即：复明初大宁三卫、经略苗疆、控制台湾。

《集外文》卷六《叙交》："乙巳春，公以《实畿辅》一篇致怡贤亲王，合辞请开畿辅水利。余谓公曰：'近畿积水无归久矣，必以数年疏决支河，俾伏秋潦涨，下流无壅。然后规下地，择良有司，官治一区以为民表，使民艳其利而争自营之。苟少违其节次，动必无功。'其后为之数年，果利害相半，公由是益信余言。自是以后，凡吏疵民瘝，辨贤抑奸，胸中所知见，一为公尽之。且告以海内大事宜及时注措者，莫如复明初大宁三卫，兼求唐韩重华屯田故迹，自归化城西连三受降城以达于宁夏，及经略苗疆，控制台湾三事，因尽出余论七篇，公皆慨然引为己任。"

四月，龚缨为《周官辨》作序，称先生之功不在程、朱下。

龚缨《周官辨序》："《周官》之蔽蚀千七百年矣。……夫何休、欧阳修、胡宏、魏了翁心疑莽、歆所伪乱，而未能深究此经之本真；程、朱二子则灼见周公运用天理之实，而未尝分别莽、歆所伪乱，故不足以帖疑者之心。望溪之说出，则群儒更无所开其喙，为天下国家者可举而措之而无疑矣。故吾谓望溪之功，亦不在程、朱下。北方之学者，以余与望溪久故，多叩吾庐索观其书，乃谋梓《总辨》十章以先之，且寄语望溪，宜早出其全书，与学者共之，安知不果有兴于治教也。雍正三年孟夏，江右同学龚缨撰。"

四月，金坛王步青授翰林院检讨，充武英殿纂修官，与先生考证经义。

《世宗实录》，本年四月丁丑，帅念祖、周学健等授翰林院编修。陈宏谋、王步青等授翰林院检讨。

王步青《巳山先生文集》卷首附录陈宏谋《王检讨巳山先生传》："乙巳授检讨，充武英殿纂修官，与方望溪先生考证经义，尚论史事，多所印可，其学养纯厚、文有根柢如此。"尹嘉铨《随五草》卷七《巳山先生行略》亦有记录。

按，张学仁、王豫《京江耆旧集》卷六："王步青，字罕皆，号巳山，金坛人。雍正癸卯进士，官翰林院检讨。巳山绩学穷经，为制艺宗工，尝辑《四书大全》，得程朱奥旨，有功圣学，天下宗之。著《巳山古文集》行世，诗非专家，故传作甚少。"

七月，致书徐元梦，称杨三炯有书来，言及籴米及漕运事。

《方苞集》卷六《与徐司空蝶园书》："七月间，杨君千木自河上以书来，言闻通仓陈米充溢，宜停运一年；岁稔之地，其粮听有司出粜，俟秋成仍籴满原额，分两年带运。如此，则民食可充，漕船可修，河道可治。"

按，方文未定作于何时。但徐元梦担任司空（工部尚书）在康熙五十七年五月到雍正元年十月。杨三炯雍正三年任督河道。文末言徐元梦"公位正卿，年七十"，亦恰为雍正三年。据此，姑系方文于本年。

八月，雍正帝将索额图畹园赐予朱轼、吴士玉、蔡世远等九人居住。此后，先生每以公事至圆明园，必宿蔡世远池馆。

张廷玉《澄怀园诗选》卷十一《赐园纪事八首》："雍正三年八月，銮舆驻跸圆明园。臣廷玉等叨扈从之末，蒙恩以戚畹旧园，赐臣廷玉暨大学士朱轼、尚书蔡珽、内廷供奉翰林吴士玉、蔡世远、励宗万、于振、戴瀚、杨炳八人同居之。园在御苑之东半里许，奇石如林，清溪若带，兰桡桂楫，宛转皆通。而曲榭长廊、凉台燠馆，位置结构，极天然之趣。苍藤嘉木，皆种植于数

十年前,轮囷扶疏,饶有古致,尤负郭诸名园所未有也。绿野平
泉,史册相传以为胜迹。"

吴振棫《养吉斋丛录》载:"雍正三年,赐大学士张廷玉、朱
轼、尚书蔡珽,翰林吴士玉、蔡世远、励宗万、于振、戴瀚、杨炳九
人居之,盖皆直书房者。此两书房词臣得居之始,俗称翰林
花园。"

《方苞集》卷十《礼部侍郎蔡公墓志铭》:"余每以公事至圆
明园,必宿公池馆。公薄暮归,常挽余步空林,坐石矶,至昏暝
或达夜中,虽子弟莫知云何。而所诹度,皆民生之利病,吏治之
得失,百物之息耗,士类之邪正,无一语及身家浅事者。……其
居外寝设一榻一帷,余至则以让余,而卧后夹室。方夏秋,蚊虻
嘬肤,竟夕不安,而惟恐余之不淹留信宿也。呜呼!此公之志
气所以忼乎海内之士君子欤!"

八月十五日,王懋竑抱病入都,见朱轼、蔡世远诸公。犹得守其
丧服者半年,辗转护视,先生与有力焉。

陈峰《清儒王懋竑年谱新编》。

按,王箴听、王箴传《先考王公府君行状》云:"迟迟至于秋
八月,度万不能缓,命箴传扶病舆送至京师,与诸公相见。诸公
谅其诚,委曲周全,俾府君养疴旅邸,不接一客,犹得守其丧服。
如是者半年,辗转护视,望溪方公与有力焉。"

九月,曾子祠建成,受杨三炯之请,遂为之记。

《方苞集》卷十四《别建曾子祠记》。

按,多年后,翁方纲道济宁,拜谒曾子祠,云:"祠碑方望溪
文,虚舟书。方纲辄心慕焉,题名于石后,已倩工将镌矣。乃读
方先生文,仰赞宗圣数语,恐涉后人臆揣之末见,而先生又自书
于碑阴,自谓用褚法,虑观者忽之,于是语工且勿镌,盖实见此

文并书而为之惶然,弗敢安也。若耘渠之时艺,虽不能越出古人,而视方先生之为曾祠碑记,岂不尚稍愈乎?"见《复初斋文集》卷十七《跋王若林自书耘渠续稿序》。

是秋,同宗方㲄采至京师,心疾累月不瘳。

《方苞集》卷十三《族子根颖圹铭》:"雍正三年季春,余至京师,其秋,㲄采亦至,心疾累月不瘳。"

按,《方氏家谱》,方㲄采即方正玢,方中德第七子。民国二十三年《安徽通志稿》:"正玢,字㲄采,雍正二年举人,选无极县令。"

是冬,以先父母之墓表属王澍书。

《方苞集》卷十二《王处士墓表》:"先是澍以其大父所辑学案视苞,苞既受而序之,故于所属墓碣,日延月滞,而未暇以为。雍正三年冬,苞以先父母墓表属澍书,澍责诺于苞益切。"

十一月,李塨入京造访,先生云为其作《释言》。

《方苞集》卷十八。冯辰《李恕谷先生年谱》。

十一月十六日,顾琮续娶李氏,先生为其作《表微》。

《方苞集》卷十八《表微》:"顾侍御用方穷时丧偶,十有一年弗娶。既得仕,纳征于李氏。会先帝之丧,逾岁弗亲迎。或诧焉,其官适罢,曰:'吾贫,未能也。'既而起家为户部郎中,擢御史,掌长芦盐政,岁赐数千金,诧者滋多,曰:'吾迫公事,未暇也。'其娶以雍正三年冬十有一月望后一日。"

是年,完成孙奇逢年谱删定,并作序、传。

孙用正《缄斋集》卷三:"(乙未)六月得选禹州学。……十年而后成定本。语方灵皋曰:'君以文章名世,比于班、马,虽八家不足论。'"

按,乙未即康熙五十四年,请方苞删定年谱;十年后即雍正三年，完成孙奇逢年谱删定，而方苞所作《孙征君年谱序》只能在本年。《方苞集》卷四《孙征君年谱序》亦云："其曾孙用桢以旧所编年谱嘱余删定，既卒事而为之序。"故，苏惇元《望溪年谱》《文目编年》称《孙征君年谱序》于康熙五十四年，皆有误。

又按，《征君孙先生年谱》由弟子赵御众、汤斌、魏一鳌、耿极编次，方苞订正。谱前有康熙十四年乙卯年家弟霍炳序、方苞序。在方苞序后，收录了方苞《孙征君传》，与《方苞集》卷八同题文章内容一致。且在《孙征君传》后附录《灵皋先生与用正书》，内容与《方苞集》卷六《与孙以宁书》一致。姑以《序》《传》《书》为同时作品，故系《孙征君传》《与孙以宁书》于本年。

又按，方苞《与孙以宁书》《孙征君年谱序》，当时与后世影响深远，程廷祚评曰："古文以叙事为最难，而其义法至先生始发挥无遗，真有功于后世史家及属文之士不浅。"林纾评曰："'时义宜然'四字，断定儒者之见危授命与侠烈，异是千古不磨之论，且足以尽征君之生平。余生平倾服征君生平者有三：其一，知世乱而不仕，次则融朱、陆之异同，又次则急杨、左之难，奋不顾身，此节真所谓时义宜然者，非先生之文，亦不足以尽征君之生平也。"王韬评曰："望溪文体简洁，固足称一代正宗，然究未免有太简略处，学之者短简寂寥，一味枯寂，以为名高则失之矣。"钱锺书《谈艺录》曰："作诗之于查夏重，讲学之于孙夏峰，正如'功力'之于留侯，传志中安能草率尔默尔乎？"**是年，蔚州李隽望卒，为其作《记李默斋实行》。**

据《蔚县文史资料选辑（第8辑）》，李隽望（1677-1725），字时可，号默斋。

按，乾隆四年《蔚县志》卷二十《孝义》："李隽望，字时可，号默斋,康熙庚子举人。……弟厚望,官高密,为摄篆者所误,倾资产以助之,一时之言孝义者归焉。所著《晚香集》行于世。"

又按,《方苞集》卷九《记李默斋实行》云:"默斋之卒也,□□尚留滞山东。"□□应为李厚望,雍正三年他仍在山东,据乾隆五年《莱州府志》卷六《职官》:"高密县知县,李厚望康熙五十八年任。"而下一任是雍正四年开始。又,李厚望为方苞同年,《康熙四十五年登科录》云:"李厚望,一百三十三名,未殿试。"

是年,陈兆仑制义刻成,先生盛赞之。

陈玉绳《陈句山年谱》称,本年陈兆仑制义一刻:"桐城方公灵皋苞在都,见先生稿,称为根源盛大,气宇高深,望之有深山大泽龙虎变化气象,必传于后无疑,且云:是必长于古者。命子弟致书索观数篇,甚称得古文正宗。"

按,陈兆仑,字星斋,浙江钱塘人。雍正八年进士,以知县发福健。历官内阁中书、翰林院检讨、湖北乡试正考官、日讲起居注官、《大清会典》《明纪纲目》《续文献通考》纂修官、侍读学士、《续文献通考》总裁、顺天府尹、太仆寺卿等,多次直上书房。乾隆三十六年卒,年七十有二。著有《紫竹山房文集》二十卷、《诗集》十二卷。参见《清史列传》卷七十一《文苑传》。

是年,同年友余甸擢顺天府丞,僦屋近先生庐,相约:公事毕,必相过。

《清史稿》列传八十七《余甸传》;《集外文》卷七《少京兆余公墓志铭》。

是年,年羹尧卒。汪景祺因《西征随笔》吹捧年羹尧且讥讽康熙帝,被立斩枭示。其妻子发遣黑龙江为奴,期服之亲兄弟、亲

侄革职，发遣宁古塔。

　　《清史稿》列传八十二。《世宗实录》。

　　按，《清代文字狱档》，直到十年后乾隆即位，汪景祺首级才得以埋葬。其对士民之长久影响，由此可见一斑。

是年，友人朱轼以吏部尚书为文华殿大学士，仍管吏部尚书事。蒋廷锡为户部左侍郎。吴士玉为户部右侍郎。魏方泰迁礼部右侍郎。

　　《世宗实录》。

是年，《古今图书集成》一万卷成书。蔡世远《古文雅正》十四卷刊行。

　　《皇朝文献通考》卷二三〇；蔡世远《古文雅正序》。

雍正四年丙午（1726）　五十九岁

四月，好友王澍请假还里，为其先父母撰墓表以送。

　　王澍《虚舟题跋·宋米芾西园雅集记》卷八："雍正四年四月，请假还里，杜门息关，尘事都废。"

　　《方苞集》卷十二《王处士墓表》："先是澍以其大父所辑学案视苞，苞既受而序之；故于所属墓碣，日延月滞，而未暇以为。雍正三年冬，苞以先父母墓表属澍书，澍责诺于苞益切，逾年春，必得余文以行，乃谱以授之。"

五月初九日，雍正帝赐钱名世"名教罪人"四字，令其制匾悬于宅，又谕诸臣赋诗讽刺，交钱氏刊刻进呈，且由直省学校各颁一部，以示鉴戒。先生亦赋诗。

　　《世宗实录》。

　　按《世宗实录》，本年三月三十日，钱名世以作诗称颂年羹尧,被革职,发回原籍。雍正帝书"名教罪人"四字,令属地官员制匾。同时,令在京举人进士出身之现任官员,各为诗文,纪其劣迹。所作诗文汇齐进呈御览后,付钱名世。

又按,雍正四年敕编《名教罪人》,方苞之诗曰:"名教贻羞世共嗤,此生空负圣明时。行邪惯履欹危径,记丑偏工谀佞词。宵枕惭多惟梦觉,夏畦劳甚独心知。人间无地堪容立,老去翻然悔已迟。"署名"武英殿纂修原进士方苞"。

又按,《世宗宪皇帝上谕内阁》,陈万策之诗,有"名世已同名世罪,亮工不异亮工奸"之句,获雍正帝赏识。而余甸、徐学柄、吴廷熙、庄松承、孙兆奎、王时济等六人作诗"浮泛不切",原作被发还重做。翰林院侍读吴孝登诗"谬妄",被发配宁古塔为军奴。侍读学士陈邦彦、陈邦直"谬误舛错",翰林项维聪"文理不通",被革职回乡。

五月,友人陈新楷卒,先生因唐范山通书吊其子梦文,继而梦文以状请表。

《方苞集》卷十《陈依宣墓志铭》:"君讳新楷,扬州江都人,世为儒,家教授数十年,生徒半庠序,多登甲乙科,而君卒不第。享年七十有一。妻唐氏。子梦文,雍正元年举于乡。""久之,命子梦文从余游。""及余返京师,逾年而得君之凶问,又数日古塘之讣继至。"据此,陈新楷卒于闻古塘之讣前数日,而五月望后二日闻古塘之丧,故陈新楷应卒于五月。

陈梦文,字豹庵,雍正元年举人,五年以舅氏湖州知府唐绍祖荐,补湖南浏阳知县。再摄醴陵,后以才调首邑,因病卸事后,补江陵,办理灾赈。以母老引年归,送者至万人。参见嘉庆十五年《重修扬州府志》卷四十八。

按,"唐编修范山"即唐继祖。方苞与唐继祖颇有交集,雍正五年《御定子史精华》、雍正六年《御定骈字类编》《御定音韵阐微》同为纂修。

唐继祖，字序皇，江南江都人，康熙六十年进士，选庶吉士，散馆授编修。历官礼部员外郎、浙江道御史、工科给事中、巡视南漕、巡察湖南湖北、通政司参议、鸿胪寺卿、河南按察使，湖北按察使等，所至有治绩。再调江西，以疾乞归。病愈将出，遽卒。参见《清史稿》列传八十七。

五月十八日，兄子道希书至，告刘捷之丧，乃预为志铭。

《方苞集》卷十《刘古塘墓志铭》："雍正四年五月望后二日，兄子道希书至，告古塘之丧。""古塘子幼，道希与翁君止园纪其丧，余恐不宿，乃豫为志铭以待事焉。"

按，刘捷兄弟与方苞兄弟相交甚早，情同手足。《方苞集》卷八《四君子传》，将刘古塘与王源、刘奇、张彝叹称为"四君子"。卷十《刘古塘墓志铭》："昔余成童，从先兄求友闾巷间得古塘。其后之近邑，归故乡，客京师，学同而志相近者，复得数人，而惟古塘为本交。"卷十八《通蔽》："吾友刘君古塘，行直而清。其为学，常自信而不疑，心所不可，虽古人之说，不苟为同也，而好人之同乎己。"古塘卒后，方苞云："自古塘死无以为质。"（徐蝶园评《周公论》）

又按，刘捷与方苞颇多文字往来，曾评方苞古文《读大诰》："发圣人难显之情，其学识不从章句间出。"《周官集注序》："所见深以通，故其言曲而当，得此《周官》之户牖始开。"《春秋通论序》："按以经文，首尾贯通，以挈其领，故全体皆顺也。"（初刊本）评方苞时文《天下之达一节》："间架老洁，气质朴厚，极似朱子集中文字。"《天下之生一节》："使刘向、扬雄为之，不过如是。唐宋文人胸中无此源委，吾兄北固向称灵皋文较荆川、震川有过之无不及,尔时未能然也,斯文盖庶几焉。"《所以动心二句》:"灵皋尝语予:'吾困于穷愁疾病忧患二十年,于心性稍知用力,而才识不能有毫厘增益,是固不可强耶?'篇中所发,皆心得之义,非承虚接响者可比。"(《抗希堂稿》)

刘捷《呈父执方南董先生兼示百川灵皋》四首,叙写与方家情谊:"柳下风标洛下情,既逃轩冕复逃名。略存豪气争然诺,谢绝时流减送迎。诗敌老当擒贼手,酒军高筑受降城。世人得识胸襟否,万顷波涛彻底清。""花护窗棂竹满园,百年王谢旧堂存。差排岁月惟书卷,付托声华在子孙。常爱典钱分故友,不曾投刺到朱门。阮家一任居南北,却笑闲撑犊鼻裈。""放怀天地鬓初华,到老清狂兴愈赊。三径扫除缘速客,一生忙迫为看花。平分白米偿书价,自脱青衫付酒家。是癖是颠闲即好,葛洪何事访丹砂。""孔李交情几世通,若翁应即是吾翁。惯看头角期他日,独爱文章近古风。趁试每教过冀北,避仇曾许住齐东。雁行兄弟称觞客,知己恩深更不同。"参见《国朝金陵诗征》卷十一。

又按,卒之前,刘捷为方苞《丧礼或问》作序,其《丧礼或问序》曰:"古圣贤人之论丧,可谓且至矣。而世鲜能行,以未知礼之所由制,故不能反求诸身以自省察耳。使观是编者,亦如望溪之自讼而惧且惭,不犹可无悖于丧礼之疏节欤?况嘉德足以合礼,而能彷徨周浃者欤?故刊而布之,并载其言以俟后之君子。……雍正四年同学刘捷古塘氏撰。"

以刘捷族姻无可倚,先生卖田,并合诸友之力,资助其后人。

《方望溪遗集》之《为刘氏诸孤求赙启》:"刘君月三,半生非义一介不取,客游归,解装辄尽于族姻。今遗孤四人,长者年十二，寡妻、弱女、妻之母、老婢凡八口，无一椽一垄，羁滞金陵，族姻无可倚。苟兄弟童稚即辱我友不遗，安得晏然？将卖故乡遗田，以五十金先之，而求助于众君子，冀得二百金，于金陵买负郭中田三十亩，中岁得米十二石，日一食一粥，母姊纺绩以给薪蔬，庶可俟其长成。"

按，刘捷次子刘敦，被方苞收为弟子，参与方苞时文及其他著作刊刻。

是夏，邑令之子白子云以白珂、白珏行状请铭。

《方望溪遗集》之《白两玉墓志铭》："君姓白氏，讳珏，字两玉，吾友玫玉仲兄也。玫玉气盖关中，而尚贤行。兄弟五人皆贤。伯，吾邑令也。玫玉每见余，即津津道仲及两弟之为人。时季可玉既殁，尝述其行以征铭，会余难，失之。难后，见其末弟玖玉于京师，果贤。邑令之子太史仲杰亦贤，而玫玉及伯仲先后皆弃世。丙午夏，仲杰以可玉并君之状至，曰：'吾季父成葬久，子既有诺责，虽辽缓之无妨也。仲父则待志于幽宫，请速之。'"

按，道光八年《清涧县志》卷七《贤达》："白子云，字仲杰，号希斋，白璿子。幼好读书，为文淹博宏远，湛然经术，不屑屑以制举自见。康熙壬午领乡荐，己丑成进士，壬辰授翰林院庶吉士。旋丁父艰，居丧如礼，服阕补原职，奉修三朝国史，寻散馆检讨。庚子，公校北闱，所得皆知名士。罢归，里居十八载，著书自娱，屏迹城市，晚年肆力于四书，……卒年七十有四。"

卷七《笃行》："白珂，字可玉，补宸子。绩学能文，有声乡校，丁卯以《戴礼》中四魁，上公车不第，就蒲城教谕，未抵任卒。珂为人孝友，执亲丧，哀毁骨立，三年未尝见齿。兄病将不起，珂祷于神，愿以身代。邑令之幕宾朱姓者，父补宸曾贷数十金而无券,朱归籍物故,珂南游,访诸松江而得其孙,遂以原数偿之。川口寺僧余姓,阴寄数金于其家,凶死亚支山,珂觅得遗骸,起石浮屠,葬本寺,其行谊真挚如此。"

八月,好友户部尚书徐元梦,以翻译本章错误革职。

《世宗实录》:"吏部议奏,署理大学士事务户部尚书徐元梦翻译本章错误,应革职,交部治罪。得旨曰:'徐元梦在内廷行走多年,从宽免其交部,著革职。在内阁学士之列,办理票签本章,一切翻译事务,效力行走。'"

九月二十八日,孙方惟一生,为道章第二子。

《方氏家谱》。

是秋,同年王思训,忽得末疾,口不能言。每见先生至辄大喜,将行则怆然。

《方望溪遗集》之《翰林院检讨王君墓志铭》。

是秋,乡试座师张廷枢子缙为母请铭,遂铭以志之。

《方苞集》卷十一《大司寇韩城张公继室王夫人墓志铭》:"夫人姓王氏,宛平人,大司寇韩城先生继室,中允兼翰林院编修缙之母也。夫人之卒,苞以门生即事丧所,读先生所述夫人之行,盉然增哀敬。先是夫人遘疾类痹痿,及先生得末疾,夫人舍其疾而惟先生之疾是忧,遂浸加至不可疗。苞居先生之门最久,而亲族姻党道夫人之贤如一口。""丙午秋,缙以书来征铭,乃质言而系以辞。夫人卒于雍正元年正月,享年六十有二。"

是秋,翰林院编修沈淑(立夫)告归,与先生辞行。

《方苞集》卷十《沈编修墓志铭》:"常熟沈立夫与余同给事武英殿书馆。雍正四年秋,揖余曰:'吾告归,行有日矣!吾母安吾乡;古之人耕且养,三年而穷一经,四十而仕。吾齿与学皆未也。吾少好柳文,自先生别其瑕瑜,然后粗见古人之义法;及

闻《周官》之说，而又知此其可后者也。故奉吾母以归，将毕其
余力于斯。'"

沈淑，字立夫，号颐斋，先世吴兴人。雍正初元联捷进士，
选庶吉士，授编修，乞归养母，杜门却扫，日以著书自娱。所学
尤长于《诗》《周礼》《仪礼》，撰《周官翼疏》六十卷，又辑《陆氏
经典异文》《春秋三传异同》《分国地名职官器物》及《注疏琐
语约》二十卷，名曰《经玩》。制义贯穿笺疏，扶翼经传。归四
年而没，年三十三岁。参见光绪二十四年《常昭合志》卷九《人
物》。

是秋，族叔方诺夫至京，为妹夫左华露遗文请序，遂为之撰。

《方苞集》卷四《左华露遗文序》。

按，《方氏家谱》，方诺夫即方曰岱，为桐城桂林方氏十五
世："曰岱，原名憲，讳将长子，字秩宗，号诺夫，又号慕斋。由
县学生雍正己酉拔贡，历任福建顺昌泰宁知县，授文林郎。生
康熙庚申二月十八日，卒乾隆辛未三月二十四日。配潘氏，宿
州学正仁樾女，赠孺人，生康熙庚申十二月初四日，卒康熙戊戌
七月初一日。合葬东龙眠鹅子石，寅山申向。侧室芜湖乾氏，
生康熙己卯三月初七日，守节，卒葬未详。二子：世泽、锡嘏。
以锡嘏出嗣从兄曰仑。三女。"

又按，《左氏宗谱》，左华露即左文全，森公次子，左光斗八
弟左光明曾孙，原名方戴，字骈路，廪贡生，候选训导，例授修职
佐郎，著有《骈路文集》，方苞为之序。配贡生浙江孝丰县知县
方将女，例授孺人，著有《含贞阁诗集》。

是时，曹鹏翊举于乡，宋衡拔其墨，数为先生称道之，先生言于
吕谦恒，吕公悉道生之忠孝家世。

方苞《忠孝曹先生墓志铭》："忠孝先生癸卯十一月卒于郑

学署,甲辰十一月葬先茔。越二年丙午,其子鹏翀魁于乡,学士宋嵩南崇实堂选拔其墨,部颁远近省,嵩南数数为苞言于豫得奇士,苞以言于吕鸿胪,鸿胪公稔知生家学,悉道生以孝世其家,于生所生忠孝先生行言尤详。"

按,此文未收入今存方苞诗文集,而见于上海图书馆藏民国二十六年杨保东修、张仲友纂、刘莲青纂、王国璋修《巩县志》卷二十四《文征二》。

十二月初,得疑疾,友人舒大成日夕冒风雪探视。

《集外文》卷九《舒子展哀辞》。

按,《国朝诗别裁集》卷二十三:"舒大成,字子展,直隶宛平人。康熙壬辰进士,官翰林院编修。"

十二月九日,黄河清,经二旬有五日不变,为撰《圣治光昭河清献瑞颂》。

篇中曰:"惟雍正四年十有二月朔后八日,黄河清……"故本文系于此。

又,乾隆《孟县志》记载:元至正廿一年(1361)十一月,自挟州平陆二门至孟州渡"黄河皆清,凡五日";康熙廿二年(1683)十一月,县西冶戍津,"河清半月余,水底沙石皆见";雍正四年(1726)十二月,孟县"黄河清,历时匝月",以上记载,共三次。

按,是时臣属多有撰文,李绂《穆堂初稿》卷一《河清赋》,蔡世远《二希堂文集》卷首《河清颂》,杨椿《孟邻堂文钞》卷一《河清颂》,王峻《艮斋诗集》卷一《雍正四年十二月黄河澄清二千余里时逾两旬为自古未有之嘉瑞群臣称贺恭进四首》。

十二月十八日,友人舒大成卒,为作哀辞。

《舒子展哀辞》:"舒大成,字子展,先世江西人,迁京师。……既冠，成进士，入翰林。……君不得意，因肆力于诗，风格近唐人。及与余交，乃弃旧学，治《毛诗》《周官》《戴记》，矻矻恐后时。""君卒于雍正四年季冬十有八日。"

按，舒大成曾与方苞共同参加《御定子史精华》《御定骈字类编》修纂工作。其孙舒位编其手稿为《试墨斋诗集》，法式善为之序。舒位，初名佺，字立人，大兴人，乾隆五十三年举人。（《皇清书史》卷三）

又按，沈德潜《国朝诗别裁集》卷二十三著录舒大成诗歌四首，其一为《柬灵皋先生》："伐木废千载，劳者方载歌。卬须良有系，观善匪在他。大道无隐晦，斯文流江河。先民重迈征，所戒惟蹉跎。春风回岁律，芳色滋庭柯。喟然慙所钦，去日何其多。"

子展有忧，钟晼急之。视其病，治其丧，自杪冬涉三月上旬，迫试期不辍。

《方苞集》卷七《送钟励暇宁亲宿迁序》。

十二月二十五日，弟子刘师恕以工部右侍郎为礼部右侍郎，协办直隶总督事。

《世宗实录》。

按，《世宗实录》，本年十月二十七日，刘师恕以都察院左副都御史为工部右侍郎。

是年，桐城刘大櫆游京师，拜谒先生，先生誉为国士。

《国史文苑传·刘大櫆传》："年二十九，游京师。时内阁学士同邑方苞以能为古文辞负重名，大櫆以布衣持所业谒苞，苞一见惊叹，告人曰：'如苞何足算邪！邑子刘生乃国士尔。'闻者始骇之，久乃益信。"（《刘大櫆集》附录）

刘大櫆，字才甫，桐城人。雍正七年、十年，两举副贡生。

乾隆元年，举博学鸿词科，为张廷玉所黜。十五年，廷玉特举大樾经学，又报罢，出为黟县教谕。数年去官，归。四十四年，卒，年八十二。著有《海峰文集》八卷。从游者多以诗文鸣，以姚鼐、吴定为最。参见《清史列传》卷七十一《文苑传》。

是年，族子方观承在金陵，为方道永题《松下长竿图》。

方观承《燕香二集下》之《雍正丙午金陵为师欧弟题松下长竿图兹弟来保阳复取前意为图索题溯次前韵时乾隆乙酉十月》："紫陌同车空昔梦，青溪比屋拟邻交。四十年前手玉色，缗丝篧竹矜所操。将园复理图再见，无多池馆除纷嚣。新营亦具濠濮想，他时隔巷墙勿高。先代名德学乃仕，几人远瞩牧与樵。"

按，《方氏家谱》，师欧为方苞兄长方舟次子方道永。

是时，杨瓒（黄在）守选京师，介孙嘉淦与先生交。

《方苞集》卷四《杨黄在时文序》："丙午、丁未间，闻喜杨黄在守选京师，与余交，间出其时文，能曲畅所欲言，以显事物之理；又能抽绎先儒之书，而发其端绪之未竟者。余亲为点定，凡数十篇。"

《方望溪遗集》之《儒林郎梁君墓表》："自余有闻见，荐绅能立名义者，三晋之人为多。余所友兴县孙锡公、蒲州张子容，皆奇士也。近因锡公而得涑水杨黄在，叩之，亦子容友。"按，孙锡公即孙嘉淦，张子容即张镅。

按，中国第一历史档案馆藏《清代官员履历档案全编》："雍正六年十月初三日，臣杨瓒，山西平阳府闻喜县人，年四十六岁，雍正二年进士，候选知县，今掣得江西南康府建昌县知县。"

是年前后，弟子胡蛟龄知陕西兴平县，为父请铭。

　　《方苞集》卷十《胡右邻墓志铭》："胡生蛟龄，自成进士问学于余，即以其父右邻志铭为请。生自翰林出为县令，其兄蜚往来京师及岁时通书，必以为言。"据此，方苞为其父撰写墓志铭，应在其开始出任县令之时。

　　按，民国二十三年《续陕西通志稿》卷十五《职官六》："兴平县知县：胡蛟龄，安徽泾县人，雍正四年至乾隆元年任。"据此，方文应作于雍正四年或稍后。

　　又按，朝鲜洪奭周评《胡右邻墓志铭》曰："望溪为人作碑志，其文未尝逾累纸，虽平生亲知，叙其行止一二事，非所识有征者，不为之下笔，其自重于文如此。"（《鹤冈散笔》卷六，《渊泉全集》第7册。）

是年，同年查嗣庭以乡试题目讥刺时事被抄家，查慎行受牵连率子侄辈九人同赴诏狱，案内李元伟、刘绍曾、杨三炯被革职交刑部。同时，以查嗣庭、汪景祺等案影响，浙江乡、会试暂停。

　　《世宗实录》。《雍正起居注册》。《查慎行年谱》。

是年，友人王兰生提督浙江学政。杨名时以吏部尚书巡抚云南。蒋廷锡以户部尚书为顺天乡试正考官。直隶总督李绂为工部右侍郎。魏定国为直隶按察使。

　　《世宗实录》。

是年，好友李塨《恕谷后集》成书。友人张云章卒，年七十九岁。

　　阎镐《恕谷后集序》。《方苞集》卷十《张朴村墓志铭》。

年谱丛刊

方苞年谱

下

任雪山 撰

中华书局

雍正五年丁未(1727) 六十岁

正月,高贞女请服丧归秦氏,代夫事祖姑。其父请先生,陈礼经以喻之,其志不移,遂归秦氏,时年二十有二。

《方苞集》卷十八《为秦门高贞女纠举本引》。

按,《为秦门高贞女纠举本引》,高贞女为方苞恩师高裔同产弟颐侯次女也。

是春,安溪李钟旺就试春官,谒见先生。

《集外文补遗》卷一《李世赍墓志铭》:"始吾见君于相国文贞公所,李氏子弟在侧者多,不知其谁何。其后与君二昆友善,乃少辨君之名字。丁未春,君复至京师,就春官试。时仲兄世邠视学江西,君与伯兄世来居。无何,诏选翰林教诸王子,世来与焉。君独居曲巷,入其室,图书秩然。所手录儒先语及周、秦以来古文凡数百帙。叩之,应如响。余欲别择唐、宋杂家古文,属君先焉,所去取同余者十九。见余《周官》之说,笃信之,时有辨正,必当于余心。其自为说,去离旧解而于经义有所开通者以十数。""君讳钟旺,康熙戊子举人。"

按,乾隆三十四年《福建续志》卷五十四《文苑二》:"李钟旺,字世赍,安溪人。康熙戊子举人,侍世父光地,闻读书之要,潜心于濂洛关闽诸书,荐充《性理精义》馆纂修,考授中书舍人,卒。著有《忆训录》《重申录》《周官札记》《诸经杂解》及诗赋古文词等。"

是时,李清江就试礼部,一再见先生,体恭而气和,不异子弟之承父兄。

《集外文补遗》卷一《李皋侯墓志铭》:"雍正五年,抑亭视学江西。君试礼部,一再见余,体恭而气和,诚溢于言貌,不异子弟之承父兄,盖心知其父与余深也。"

按,乾隆三十四年《福建续志》卷五十四《文苑二》:"李清江,字皋侯,钟侨子,雍正癸卯举人。为文章援笔直书,顷刻千百言,奇趣天溢,莫能穷其巧。弟清恺,字振侯,雍正己卯举人,俱有文名。《李氏家传》。"

是时,钟婉以家事留京师,会选期不就。先生叩其所学,并考《三礼》而讲以所闻。其家事毕,以未竟先生之说,留者复数月。

《方苞集》卷七《送钟励暇宁亲宿迁序》。

是春,吴宥函与先生相商,欲建金陵会馆。

《方苞集》卷十四《金陵会馆记》:"吾友宥函既成进士,欲别建焉,而力不逮也。雍正五年春,告余曰:'乡人某有故宅在城西南,捐以为馆,虽修治不易,然其基立矣。'因勤以为己任。"

四月,李塨念及天下良友仅恽鹤生、方苞,遂入京与先生会晤,论《春秋》《礼记》,观点不同。先生称赞李塨《恕谷后集》,并呈示为其辩护所作《释言》,誉李塨为"北方之贤者"。

冯辰《李恕谷先生塨年谱》。

四月,同年王思训将归,先生与闽中余甸、河南汤之旭载酒为别。

《方望溪遗集》之《翰林院检讨王君墓志铭》:"雍正四年秋,忽得末疾,口不能言,而神气不乱。每见余至辄大喜,将行则怆然动于颜色。逾年得告,首夏将归。余与闽中余田生、河南汤孟升载酒为别。"

按,王思训、余甸、汤之旭与先生为康熙四十五年会试同年。

汤之旭，字孟升，睢州人，汤斌嫡孙。康熙四十五年进士，改庶吉士，授编修。康熙五十三年典试江南，五十九年典试浙江。康熙六十一年，为陕西道监察御史。雍正元年，出任直隶霸昌道，累迁吏科给事中，擢太仆少卿，内迁晋左通政司，为官勤勉敬业。参见光绪二十八年《河南通志》卷五十八《人物》。

五月，襄城刘青芝京师会试，再为其母请表，遂为之撰。

《方苞集》卷十三《刘中翰孺人周氏墓表》："康熙五十五年，襄城刘青莲及弟青芝不介而通书，请表其父中翰君墓。余既夙闻刘氏家法及中翰之贤，又重青莲有辞，表而归之。越三年庚子，复以母之状请铭。……雍正五年，青芝计偕至京师，请益坚。……雍正五年夏五月，江东方苞表。"

刘青芝，字芳草，襄城人。弱冠补弟子员，康熙四十四年举人。雍正五年成进士，选庶吉士，以兄弟深情而归，筑江村七一轩同居。乾隆二十年，八十一岁卒。著有《江村山人稿》《尚书辨疑》《诗学阙疑》《周礼质疑》《史记纪疑》《史汉异同是非》《拟明代人物志》等。参见张庚《江村先生传》、《国朝中州诗钞》。（《国朝诗别裁集》称其"官翰林院检讨"有误；《四库全书总目》称其"未散馆卒"亦有误；《国朝中州诗钞》称其"康熙乙酉乡试不第"亦有误。）

按，方苞曾为刘青芝父刘宗泗作墓表，即《内阁中书刘君墓表》，见《方苞集》卷十三。

是时，先生出其丹黄《史记》于刘青芝，内有自著《义法》一帙。

按，赵望秦，王璐，李月辰《中外书目著录〈史记〉文献通览》，著录刘青芝《史记纪遗》二卷（刘氏家传集本），此本自题曰："岁丁未，晤桐城方灵皋苞于京师，出其丹黄《史记》，云本震川,略为增损。其《义法》一帙,乃其所自著也。癸丑四月,余请假归里,长夏无事,取归本、方本《史记》,并所撰《例意》《义法》,反复翻阅。其中固有鄙意未安者,然起予之功,正复不浅,遂为《纪疑》一书。凡司马氏义意法律之所在,古今人注释评骘之未允,偶有所疑,辄笔是册。华岳曰:是亦粗窥太史之藩矣。用敢质之当世君子云。"(又,徐雁平《清代家集叙录》,著录河南襄城《刘氏传家集》,六十册,乾隆刻本,藏清华大学图书馆。)

又按,《传恭斋尺牍》有两则记载《史记义法》,第二十八《答某公》:"但此生最重之任,莫过于《三礼》,而实能相助者甚稀。……又不得于数年前,吾子在京师时,选定时文,而以衰疲垂尽之年肩此重任,……近稿七篇,望为发其蔽,《史记义法》一册,幸究切而正言其是非。"第一〇六《与某公》:"得手札并文稿与地黄,后公事迫促,兼无确人可付,回信想能鉴察《史记义法》一册。去年奏议四篇,《张子容墓志》一篇奉览,别后每思与足下从容尚论古人之乐,不可复得。……足下子能克家,逍遥游息于湖山间,乃人生至乐。"

五月七日,同年查嗣庭案定谳。查慎行出狱南还。与其交往者或同年亦受牵连。

《圣祖实录》。

《方苞集》卷十《翰林院编修查君墓志铭》:"君讳嗣琏,字夏重,后更名慎行,浙江海宁人也。……及笃老,以其弟嗣庭得罪,牵连被逮。同产弟侄并谪戍,而君独见原。盖先帝公听并观,君恬淡寡营,久信于士大夫,故在事者闵焉而以情达也。"

与查嗣庭通书交往者,受连坐罢黜。《方苞集》集外文卷七《杨千木墓志铭》:"君为河道时,以父入乡贤牒上礼部,通书查侍郎嗣庭。嗣庭获罪，籍其家，得君书，遂坐黜。君既归，匿迹郊野，平生知故造门不见。"

与查嗣庭会试同榜者，亦受牵连。《方望溪遗集》之《史氏传》曰："史氏，仁和人，以弟□□与海宁查嗣庭同会试榜，继室于查。雍正丙午，嗣庭有罪，与第三子□俱病死狱中。至丁未狱成，妻及诸子妇长流陇西。"部檄到县，史氏曰：'诸孤方幼，我义不当死，但妇人在，难历长途，倘变故不测，恐死之不得矣。'□□之妻浦氏曰："我遭遇与姑同，当与姑同命。"作绝命词四章，以子女属其父文焯，同时自经。文焯亦嗣庭同年友也，告予使籍之。

按，陈敬璋《查慎行年谱》，本年三月二十二日，查嗣庭狱中自杀，前一日其子病逝，查慎行有诗为记。

五月二十九日，再使往问根颖病情，未得报，而豉采自通州至，言根颖以五月晦前一日死矣。卒年二十有六，先生为之铭。

《方苞集》卷十三《族子根颖圹铭》。

六月，李学裕中进士，选庶吉士，即造访先生，因邀其武英殿修书。

《方苞集》卷十《安徽布政使李公墓志铭》。

李学裕，字余三，洛阳人。雍正丁未进士，由翰林改御史，巡察直隶广顺大三府，转兵科给事，册封安南，授刑科掌印给事中，转四川建昌道，再调江苏粮道，迁按察使，擢安徽藩司，卒于官。参见乾隆三十二年《续河南通志》卷五十六《人物志》。

按，《世宗实录》，六月，今科进士取余栋、张鹏翀、张灏、王承尧、李学裕、刘青芝、陈师俭、许琰、王植、周绍龙、周龙官、杨嗣璟、王兴吾、吕炽等三十七员，俱着改为庶吉士。

是时，余栋子余煭年十七，拜先生为师。

《方苞集》卷十二《余处士墓表》:"至孙栋,始举甲科,官翰林,有子曰熭,年十七,俾专诵诸经,而请业于余,曰:'将使继吾祖之志,学于声律文章外也。'"

余栋,字东木,号双池,待贤七都人。雍正五年进士,改庶吉士,朱轼荐其学行,授翰林院编修,入直尚书房,充日讲起居注官。乾隆元年分校礼闱,赐第内城。后丁母艰、父艰。再擢翰林院侍读,未几迁太常寺少卿,兼督四译馆。因陈奏不合,乞归。以疾卒。参见同治十年《宜黄县志》卷三十一《人物志》。

余熭,字学缉,号鸿岭,雍正十年举人,北闱官生,余栋长子,分发福建。参见同治十年《宜黄县志》卷二十六、二十七。

余栋将归省,再为其祖请表。

《方苞集》卷十二《余处士墓表》:"至孙栋,始举甲科,官翰林,有子曰熭,年十七,俾专诵诸经,而请业于余,曰:'将使继吾祖之志,学于声律文章外也。'栋以父命请表其祖墓再岁矣,将归省,语益迫。"

六月,与李塨、张业书等祭奠陈德华之父陈鸣九丧。

李塨《恕谷后集》卷十二《陈懿长先生谥文》。

按,陈德华,直隶安州人。雍正二年一甲一名进士,授修撰。四年丁父忧,七年服阕。官至户部尚书、兵部尚书、左副都御史、礼部尚书等。乾隆二十九年,以病乞致仕,四十四年卒。参见《清史列传》卷十七。

是时前后,陈德华奉兄长陈德荣之命为父请铭,固辞不获,乃述而志焉。

《方苞集》卷十一《广文陈君墓志铭》:"君姓陈氏,讳鹤龄,字鸣九,直隶安州人。……君殁逾年,次子德华奉冢子德荣命来请铭,固辞不获,乃述而志焉。君康熙甲子举人,官止顺天府武学教授。以雍正四年六月卒于京邸，年六十有五。母某氏，世儒家。妻鹿氏，忠节公其曾大父也。子三：德荣，康熙壬辰进士，黔西州知州；德华，雍正甲辰一甲进士，翰林院修撰；季德正，雍正甲辰举人。"

陈德荣，字廷彦，号密山，直隶安州人。康熙五十一年进士，六十一年授湖北枝江知县。雍正三年，迁贵州黔西知州，父忧归。服阕，署威宁府。未几，补大定知府。乾隆元年，擢贵州按察使，四年署布政使，十一年迁安徽布政使，十二年卒于官。参见《清史列传》卷七十五、《清史稿》列传二百六十四。

按，徐世昌《晚晴簃诗汇》云："密山家世忠孝，与方望溪、尹元孚最善。研穷性理，尤服膺阳明。"

是夏，陆诗叔父琢之至京师，告以陆妻之志节，乃为撰墓志铭。

《方苞集》卷十《陆以言墓志铭》："君讳诗，字以言，江宁人。家世农田，秀者学艺。君始以习宋字入蒙养斋书局。……以雍正元年某月日日权葬京东江宁义冢。又四年夏，其叔父琢之至京师，来告曰：'吾兄子之妇，守节养舅姑，志归其夫丧，吾不忍弃言。'余既悲君崎岖以死，又感其妻与叔父之意，乃述所目见于君者，而为之铭。君年三十有四，以监生考授州同知。"

是夏，房师顾图河之子顾同根卒后半年，为撰墓志。

《方苞集》卷十《顾友训墓志铭》："君姓顾氏，讳同根，字友训，江都大桥人，书宣先生长子也。""君以雍正四年冬赴吊姻家，夜中体不适。旦而归，未至家而卒，年四十有五。妻王氏，无子。以某年月日葬于某乡某原。季以太夫人命来征铭。"

按，此篇未定作于何时，文中云："及君之卒，则家不能讣，逾二时始得之传闻。"其"二时"犹两季，姑系此文于是夏。

七月二日，同年王思训卒于京师旅寓，年七十二岁。秋九月，其

子濂御柩南归,乞铭,为撰墓志。

《方望溪遗集》之《翰林院检讨王君墓志铭》。

按,王思训(畴五)病中有弟子謦珠照顾,方苞《重修葛洪庵记》记其事:"余同年友昆明王畴五卧疾经年,有浮屠师謦珠在视药物食饮甚勤。叩之,则其乡人未学佛时尝从游者。时西山诸寺多请为大师,以畴五羁孤不忍去"。

八月,朱轼《重订礼记纂言》刻成,李卫作序。方序未录。

朱瀚《朱文端公年谱》。

按,雍正五年八月,李卫序《重订礼记纂言》,收入《重订礼记纂言》卷首,方苞为其所作序未收入,今见于《方苞集》卷四。方文未定作于何时,姑系于此。朱书按语中多出现"方氏曰",或为方苞所言。在方苞《重订礼记纂言序》中,盛赞朱轼与李光地,并称常与朱轼商论。

又按,方苞以《南山集》案之影响,朝廷重臣恐受牵连,文集多慎言方苞,或不言,即便如李光地、朱轼、蔡世远诸人,亦仅存只言片语。

八月初六日,友人李绂以李先枝案牵连而革职。

《世宗实录》。

八月三十日,友人查慎行卒,年七十八岁。

沈廷芳《隐拙斋集》卷四十九《翰林院编修查先生行状》;查克敏《龙山查氏宗谱》。

按,方苞为查慎行老友,亦同朝共事,认为:"朋齿中以诗名者,皆若为君屈。""及与交久长,见其于时贤中微若自矜异,然犹以诗人目之。"在南书房,二人皆以诗文著称,谨言慎行,"君恬淡寡营,久信于士大夫"。查慎行卒后,方苞为撰《翰林院编修查君墓志铭》。后世王韬对此文颇为不满,称方苞仅写查慎行品性而不言诗，钱锺书更以此讥刺方苞。实不解方文之苦衷与义法深意。诗文本小道，方苞于慎行有大期待也，而非"惟以姗于诗"。方、查二人，皆以诗文声闻朝野，皆受文字狱案牵连，查慎行抑郁而终，方苞顽强以生。

九月，重写《罗烈妇李氏墓表》，寄心于史。

见陈文述《颐道堂集》卷六附录（嘉庆十二年刻本道光增修本）。

按，康熙六十一年，方苞撰写此文。本年方苞周边发生大量狱案，牵连者众。在此背景下，方苞重写此文。文中有不少重要修改，明确交代事件发生具体背景（顺治乙酉大兵抵扬州），增加了对罗烈妇正面评价："如烈妇之仓卒决机，全孝全慈间不容发，视区区护惜名节者，殆又过之。"体现了方苞对清军扬州屠城之态度，以及古文义法之精蕴。

又按，雍正四月十九日，王澍作《罗烈妇墓志铭》并立石，王文与前此方文，多有相似，应受影响。见《颐道堂集》文钞卷六，嘉庆十二年刻道光增修本。

又按，道光三年，江都知县陈文述修建了"广陵十二烈女祠"，并做记文，其文曰："今年宰江都，因修郡庠，乃葺屋三楹，于天后宫之左设栗主祀之，并勒望溪、樊榭两文于壁，春秋每祭祀。"

十月初四日，旧友黄越卒，年七十五岁，其子白麟以铭请，为撰墓表。

黄白麟《显考退谷府君行述》，言其父黄越："生于顺治十年癸巳二月二十日巳时，卒于雍正五年丁未十月初四日戌时，享年七十有五。"

按，方苞与黄越，皆为江宁进士，在京为官，"及余遭难，出刑部狱，里中旧好官京师者，惟际飞一人”。黄越雅好地理书，雍正二年，方苞请假归葬，黄越与刘珊顶风冒雪为方舟之墓堪舆。黄氏宗族修谱，方苞亦为之序。黄越卒后，以其子请，为撰墓表。方苞《钦定四书文》收录黄越《欲修其身者二句》，评曰："理境了了，胸无尘翳。"黄越《退谷文集》有《方灵皋郎君小照》小诗二首："丝纶为上莫临渊，徒羡依蒲在藻边。好向淇园科□竹，随身篧篧钓清鲢。""任公子钓郁喧□，海立山奔在眼前。一笑收竿坐磐石，依然风景满前川。"

黄白麟，字汉奇，一字适斋，上元人。教习，副榜，乾隆十六年，亳州学正。参见《国朝金陵诗征》卷十六、乾隆十六年《上元县志》卷十《选举》、光绪二十一年《亳州志》卷九《职官志》。

十二月初三日，友人张云章葬宝山县横港，为撰墓志。

《方苞集》卷十《张朴村墓志铭》："以顺治戊子九月十四日生，卒以雍正丙午七月朔后三日，享年七十有九，有《朴村集》二十卷行世，乙未以后文集若干卷，《南北史摘要》《咏南北史诗》藏于家。妻李氏与君同庚，姑殁，群叔皆幼，抚育有恩，以康熙辛丑九月卒。葬今宝山县横港。君以雍正丁未十二月朔后二日合葬。男四人：体方，太学生；直方，未冠，好学工书，从君卒于京师，余亲吊哭；靖方，业儒；揆方，康熙丁酉举人。女一人。孙四人。"

按，方苞与朴村多有往来，《南山集》案期间，朴村过金陵，问候太夫人。从墓志铭内容来看，当作于雍正丁未十二月之后。

十二月初三日，奉旨开列《御定子史精华》编修诸臣职名，先生为武英殿总裁。

《御定子史精华》卷首。

按，诸臣职名为：武英殿监修：和硕庄亲王允禄；多罗果郡王允礼。南书房校对：张廷玉、蒋廷锡、励廷仪、史贻直、王图炳、魏廷珍、于振、励宗万、戴瀚、杨炳。武英殿总裁：吴士玉、张廷璐、张照、王兰生、方苞。纂修：吴襄、沈宗敬、张缙、徐本、沈锡辂、俞鸿图、张梦征、舒大成、陈万策、李光墺、卫昌绩、唐继祖、梅廷对、张锏、管式龙、陈萱、戴临、程鹏、王祖慎、邹元斗、王时济、顾阿瑛、王宸儁、陈芝、董永年、葛敬夫、赵仔敦、张家鉴、黄豹。监造：三保、雅尔岱、李之纲。

又按，本年四月初九日，雍正帝为之作序，见《御定子史精华》卷首。

十二月十二日，嫂张氏卒，年六十岁。

《方苞集》卷十七《嫂张氏墓志铭》。

按，《方望溪遗集》之《戊申正月示道希》："得正月十日报，知嫂终不起。……前年得古塘凶问，去年寄园先生卒，杪冬闻嫂疾危笃。"

十二月二十一日，弟子刘师恕以礼部右侍郎为吏部右侍郎。仍署直隶总督。

《世宗实录》。

十二月，友人吕谦恒以老病乞休，临行前，与先生朝夕过从。

《方苞集》卷十《光禄寺卿吕公墓志铭》："雍正五年冬，诏公卿举贤才。光禄卿吕公具札不合仪式，天子夙知公谨慎，年笃老，许以原官归休。余与公子耀曾为同年友，而公于余尤志相得。将行，朝夕过从，要言书问必时通。"

十二月，友人李绂以罪革职，从宽免死，谕令在《八旗志》书馆效力行走。时与先生暇日过从，并以其散体文出示先生。

《清史列传》卷十五。《方苞集》卷四《李穆堂文集序》。

深冬,舒大成卒后,其母无袭,先生与阮亮采出四金为赎取,家人却充他用。后又与钟励暇及诸友,出三十金。

《方望溪遗集》之《记归舒节母刘夫人举本事》:"刘夫人,舒编修子展之母也,少遭家祸,苦节数十年,见子之成,而复见其死,酷矣。子展既没之次年,深冬,节母尚无袭。余与阮君亮采遗四金为赎取,而其家以充他用。因与钟君励暇议,纠子展同好,各出其力,冀得三十金为举本,付亮采,俾子贷,专给节母果饵,百年后以为附身之用,事久无成。"

是年,友人杨名时以密折事削尚书职,仍署巡抚事。同年郑任钥以徇庇属员被革职。

《方苞集》卷十《礼部尚书赠太子太傅杨公墓志铭》:"五年,以奏黐盐课叙入密谕削尚书职,仍署巡抚事。"《清史稿》列传七十七《杨名时传》:"名时具题本,误将密谕载入,上严责,命解任,以朱纲代为巡抚。未至,仍令名时暂署。"

《世宗实录》:"得旨:'郑任钥在学政任内,颇有清名。为巡抚时,闻于应得之项亦不收受。今观福敏等所奏,以硝磺违禁之物,且湖广地方苗猺杂处,例禁更严。而郑任钥身为封疆大臣,纵其私人犯禁取利,是郑任钥之为人,于人所共知之处,则强制不取,以沽清廉之名。而于人所不知之处,则暗中巧取,以遂其营私之实,不知清廉之官当如是否耶?彼意在于名实兼收,而不知其终归败露。又如湖广社仓一项,杨宗仁殚心经理劝导百姓,勉力公捐,以裕积贮,而郑任钥身为巡抚,徇庇属员,听其侵渔,置之不问,以致民间辛苦蓄积之物,皆化为乌有。但知取悦于属员,不顾民生之缓急,尚得谓之爱养斯民者乎?郑任钥着革职,在湖广修理江岸工程处,效力赎罪。'"

是年,弟子程崟以老母告归侍养,端居无事,乃更发所录藏先生

文而讨论之。

程崟《望溪集序》："及雍正五年，崟以老母倚门告归侍养，则又欲闻先生之謦咳而不可得矣。端居无事，乃更发所录藏而讨论之，乃知先生之文，循韩、欧之轨迹，而运以左、史义法，所发挥推阐，皆从检身之切，观物之深而得之。不惟解经之文，凡笔墨所涉，莫不有六籍之精华寓焉。"

是年，友人张锏出任广州知府。赴任前，与先生道别。

《方苞集》卷十《中议大夫知广州府事张君墓志铭》："雍正四年冬，上特召。五年春，引见，命知广州府。……君将赴广州，走别余。余谓君：'治法宜条记以式为吏者。'君曰：'其能者岂恃故方？ 非其人，虽灼知不能用也。吾已弃此如遗迹矣。'君治应山仅逾两年，广州年余，美政不可胜纪。"

乾隆二十四年《广州府志》卷二十三《职官》：张锏，山西蒲州人，进士，五年任。

是年，为姊夫曾沂之母撰墓表。

《方苞集》卷十三《曾孺人杨氏墓表》："孺人姓杨氏，江宁人，邑诸生曾荣之妻，余姊夫沂之母也。""雍正三年春，余假满北上。……又二年，余益病衰。恐终负前诺，乃叙而录之。""曾氏族故不繁，沂无子，再从无可嗣者。有女适林氏子元。"

按，李广卿评《曾孺人杨氏墓表》："尺幅中规模阔远，似《史记》大篇，字句谨严类韩子，学者试思欧、王妇人志铭中，有此法力否？ 先兄文贞公每言方子之文，突过北宋，吾至今乃知其信然。"见初刊本。

是年，编修沈淑为先大父请铭，为撰墓志。

《方苞集》卷十一《沈孝子墓志铭》："孝子讳育，年九十有四，卒于康熙四十九年。先世居浙之苕溪，十世祖秀，明初以平吴功授侍驾亲军都指挥使、特进荣禄大夫。子永卿承嗣,五传至按,嘉靖中为江南常熟县福山营游击。卒于官,遂家焉。子繁,繁生玢,玢生文泷,配周氏,子二人,孝子其长也。娶吴氏,子六人:锡裕,庠生;锡祚,康熙己酉举人;锡祉、锡某,并太学生;锡祐,岁贡生;锡禧,早卒。女二人,俱适士族。淑,锡某出也。以雍正五年葬于先兆庆安阡侧。"

是年,曹鹏翊入京,谒吕谦恒,吕公及宋衡与生晤面。先生以闻诸吕公者问诸生,生泣不能止,出其先人行状乞铭,为撰墓志。

方苞《忠孝曹先生墓志铭》,民国二十六年《巩县志》卷二十四《文征二》。

是年,芜湖吕九仪妻夏氏得旌,先生纪其事。

《方苞集》卷九《吕九仪妻夏氏》:"芜湖吕九仪死于仇,其妻夏氏将死之,姑止之。逾年,仇抵死如法。夏氏遂修旧业,持门户,于今二十年。姑既殁,二子受室而成家矣。其始之欲就死也义,终则不愆于义亦不伤于恩。故夏氏之生也,贤其死也。"

乾隆二十三年《太平府志》卷三十一《人物志·列女》:"夏氏,国子生吕九仪妻,年十七来嫔,阅数年,九仪为仇家扼其吭,挤之水死。氏痛欲殉,姑止之,勉以抚孤立节。后仇抵于法,氏辛苦持门奉姑,承颜顺志。子嵩年、康年,皆受室,雍正五年旌。"

按,乾隆元年《江南通志》卷一百八十六《人物志·完节》:"芜湖人监生吕九仪妻骆氏,繁昌人,夫遭仇人挤死于水,氏号泣诉冤,仇乃得雪,守节以终。雍正五年旌表。"不知此处骆氏,是否为夏氏。待考。

是年,善化黄炎中进士,与先生交契,先生录朱子语赠之。

《湖南通志》："黄炎,字勿磷,雍正丁未进士,选庶吉士,改吏部郎中,典山西乡试,称得人,终永北同知。炎童子时,从父受经,问朱子何人,欣然有向往之意。通籍后,与桐城方苞交契。苞尝书朱子语赠之曰:'不求人知而求天知,不求同俗而求同理。'炎佩其语终身。归田后,杜门谢客,惟长沙守吕肃高来则一见,肃高苞故人也。"光绪三年《善化县志》卷二十三《人物》亦有记载。

是年,钱塘沈近思卒。

彭启丰《芝庭先生集》卷十二《沈端恪公墓志铭》。杭世骏《道古堂文集》卷三十九《沈端恪公神道碑铭》。

按,《方苞集》卷十三《赠淑人尤氏墓表》,是受请为沈近思曾祖母尤氏所撰墓表。另,方苞《钦定四书文》著录其《欲正其心者二句》,论曰:"就为善去恶,人心道心发挥,人人所知却无能如此抽绎而出之者,可谓体认独真。"

是年,友人蔡世远为内阁学士兼礼部侍郎。赵国麟擢福建布政使。吕谦恒为光禄寺卿。同年吕耀曾为四川按察使司按察使。

《世宗实录》。

雍正六年戊申(1728) 六十一岁

正月,在京师,兄子道希讣母丧并请铭,遂作书示道希。

《方苞集》卷十七《嫂张氏墓志铭》:"雍正六年正月,余在京师。兄子道希讣母丧,且请志。……嫂年六十。卒以雍正五年十二月十二日。子二:长道希,次道永。女一,适乔氏子。嫂素无疾,迩岁诸孙尽殇,又为姻家所累,家益落,隐忧自怼,驯至大疾。呜呼! 是重可哀也。"

《方望溪遗集》之《戊申正月示道希》："得正月十日报,知嫂终不起。我乙巳夏已见魄兆,故前书屡及之,恐汝久病积忧,忽遭大故,损身以伤孝也。嫂为未亡人,年已六十,无可甚哀。但在吾家逾四十年,未尝一日安享,又死不见孤,其疾以膈噎,必因姻家相累以致此,可伤也。汝为副使公以后宗子,未有嗣息,义宜致敬而不得致哀,故为汝悬衡今古而取其衷,惟慎行之。"

是时,友人王承烈《复庵诗说》成,乃为之序。

《方苞集》卷四《王巽功诗说序》。

按,《方苞集》卷十二《刑部右侍郎王公墓表》:"反自江西,《诗说》成。"据《世宗实录》,雍正六年正月,王承烈由江西布政使为都察院左副都御史。

又按,《四库全书总目》卷十八著录《复庵诗说》六卷,评曰:"是书奉朱子《诗集传》为主,以攻击毛、郑。其菲薄汉儒无所不至,惟淫诗数篇稍与朱子为异耳。盖扬辅广诸人之余波,而又加甚焉者也。"

四月十三日,奉旨开列《御定骈字类编》诸臣职名,先生为武英殿总裁。

按《御定骈字类编》,诸臣职名云:武英殿监修:和硕庄亲王允禄、和硕果亲王允礼;南书房校对:张廷玉、蒋廷锡、励廷仪、史贻直、吴襄、王图炳、蔡嵩、刘于义、魏廷珍、张元怀;武英殿总裁:吴士玉、张廷璐、张照、王兰生、方苞;纂修:沈宗敬、张缙、徐本、沈锡辂、高舆、俞鸿图、张梦征、舒大成、陈万策、李光墺、卫昌绩、唐继祖、梅廷对、张铜、高衡、管式龙、陈树萱、戴临、程鹏、郭元釪、王祖慎、邹元斗、王时济、顾阿瑛、葛敬夫、王宸儁、汤权、陈树芝、董永年、赵仔敦、张家鉴、黄豹;监造:三保、雅尔岱、李之纲。

按，《四库全书总目》卷一百三十六著录《御定骈字类编》二百四十卷，论曰："康熙五十八年圣祖仁皇帝敕撰，雍正四年告成，世宗宪皇帝制序颁行。……俾与《佩文韵府》一齐尾字，一齐首字，互为经纬，相辅而行。……而引书必著其篇名，引诗文必著其原题。或一题而数首者，必著其为第几首，体例更为精密。学者据是两编以考索旧文，随举一字，应手可检。较他类书门目纷繁，每考一事，往往可彼可此，猝不得其部分者，其披寻之难易，固迥不侔矣。"

四月二十一日，友人吕谦恒卒，年七十六岁，遗命请序文集，其孙肃高告丧，其子耀曾以书相督。

《方苞集》卷十《光禄卿吕公墓志铭》曰："余许序公《青要集》，久而未就，公欲为古诗数章赠余，曰：'吾归以诗来，则子之序毋更迟之又久矣！'肃高告终，称公在途，谆谆及此。耀曾至自西川，来乞铭。余于公既负诺责矣，今忍不铭？公讳谦恒，字涧樵，以雍正六年四月二十一日卒于孝慈庄，年七十有六。"《方苞集》卷四《青要集序》："公至家三日而殁。其孙肃高来告丧：在途有遗命，谆谆及此；耀曾以书速，至再三。余卒卒无余闲，又念志公之墓已及公诗，无为复序也。"

按，方苞与吕氏往来较多，《方苞集》卷十一《光禄卿吕公宜人王氏墓志铭》曰："余为耀曾同年友，而光禄信余最笃，以文学礼义相正。"《钦定四书文》著录吕谦恒《鸡鸣而起一章》，评曰："醇正老当，词无枝叶，起结用周子语，恰是题中肯綮，凡作文用五子书，必如此恰当细切，方无漫抄《性理》之弊。"又按《方氏家谱》，两家后人缔结姻亲关系，方舟次子道永之次女适肃高子吕燕征。

七月初三日,桐城道官山祖墓案再控,批准覆勘。

方苞《方望溪遗集》之《与赵仁圃书》。

七月,叔舅之妻傅氏卒,年六十五岁,其子吴以诚求墓表。

《方苞集》卷十三《吴处士妻傅氏墓表》:"孺人姓傅氏,江西南昌人,余叔舅之妻也。……孺人之卒也遽,诚在山东,奔丧。报葬至京师,每见余,必吞声掩涕,以求表墓之文。而孺人苦节清行,实宜有传于后,乃为之书。孺人卒于雍正六年七月,年六十有五。舅讳敬仪,字平一,从先兆葬六合刘家营枣树墩,孺人祔焉。"

又按,作为受业表弟,吴以诚与方苞交流颇多,曾评点方苞古文《宋山言墓表》:"人皆知此文风韵近欧公,然非深于文者,鲜能辨其骨法之异。"评点方苞时文《天下有道一节》:"卓识伟议,醇厚闳深,西汉董江都之文。"《见善如不全章》:"温醇清深之气,渊然意象之表,而笔墨之痕俱化,殆庄子所谓'凝于神'者。"《今有同室可也》:"此篇用意用笔极似荆川先生。士可以言而不言二句,文而意致之,深透笔力之苍浑,殆复过之。"

八月初二日,族叔方登峰卒于卜魁。

《方氏家谱》:"讳登峰,讳兆及公次子,字凫宗,号屏圻。由岁贡生授内阁中书舍人,升工部都水司主事,授承德郎,以孙观承任太子太保总督直隶都察院右都御史赠光禄大夫。生顺治己亥四月十一日酉时,卒雍正戊申八月初二日酉时。配怀宁任氏,贡生讳堡公女,封安人赠一品太夫人,生顺治乙未十二月初一日寅时,卒雍正丁未七月二十八日戌时,合葬上元县太平门外后星塘祖茔,未山丑向兼丁癸三分。侧室赵氏,生康熙壬子二月初六日,卒雍正壬子十月十九日,附葬圹左,巽山乾向。二子:长讳式济,次式充。一女适四川梁山县学生高善登孝廉元亨子。"

八月四日，始闻鲍氏妹之丧，距其卒百二十有七日矣，为撰哀辞。

《方苞集》卷十七《鲍氏妹哀辞》："雍正六年秋八月朔后三日，始闻鲍氏妹之丧，距其卒百二十有七日矣。兄子道希惧余盛夏病不胜哀，故缓告。……妹为先君第四女，浑厚静默，于先母为近。幼共饥寒，诸姊嫁后，佐母治家事。归鲍氏子季昭。其伯兄孟虎，即伯姊夫也，早夭无后，家以渐落。"

按，李绂评价此文曰："有柳之哀，有韩之挚，志骨肉之情者，此为极则。"余栋评曰："胸襟流出至情生，文足增五典之重，愿与天下人共书万本而各诵万遍也。"见初刊本。

八月十六日，为友人吴启昆所建金陵会馆作《金陵会馆记》。

《方苞集》卷十四《金陵会馆记》："吾友宥函既成进士，欲别建焉而力不逮也。雍正五年春，告余曰："乡人某有故宅在城西南，捐以为馆，虽修治不易，然其基立矣。"因勤以为己任。逾年，宥函自翰林简台中，寻以老疾告归，而馆之工役粗毕。"

按，本篇碑刻名为《元宁新馆记》，碑原存北京市西城区牛街南半截胡同。碑文内容与本文稍有不同，文末署"雍正六年秋八月既望桐城方苞书"。

又按，方苞金陵旧友黄越《退谷文集》有《元宁新馆说》，文中重点讨论了会馆的一条规则："公车谒选之同乡，止许停骖三日，令寻下处，过期班婉辞。"

吴启昆，字宥函，自少以才著声庠序。康熙辛丑进士，授庶常，擢监察御史，未几归，卒于家。子镜源，丙午举人；云姚，癸卯正科举人，六安太仓学正。参见乾隆十六年《上元县志》卷十九《文学》。

八月,弟子程崟序先生《左传义法举要》。

程崟《左传义法举要序》曰:"兆符尝以其父昆绳先生所发挥《左传》语质于先生曰:'先生与吾父为兄弟交,以道义相然信,而论学则相持,治古文并宗左史,而兆符暨二三同学从问古文,未尝举吾父之说以为鹄的,何也?'先生曰:'凡所论,特为文之义法耳。学者宜或知之,而非所急也。且左氏营度为文之意,众人不知,而子之先君子独悟者十之三,其中屈折左氏之文以就己说者亦十之三。吾尝面讲,而不吾许,是以存而不论也。'兆符叩所以,为讲《韩之战》及《城濮》《邲》《鄢陵》四篇。请教,又增《宋之盟》及齐无知之乱。每授一篇传指,必为崟述之。崟大为心开。匪直崟也,凡与闻者,皆以为不可易。而自先生以前二千余年,儒宗文师不闻拟议及此也。乃与兆符共辑录,而覆质于先生,先生为点窜所录之失其旨者,且告曰:'是余之赘言也,以生等迫欲闻此而偶发之,何必传之人世,使敝精神于謇浅乎?'……雍正六年秋八月,歙县程崟识。"

按,此书乃方苞口授,弟子王兆符、程崟传述,为评点《左传》之作,体现了方苞义法思想。全书包含《齐连称管至父弑襄公》《韩之战》《城濮之战》《邲之战》《鄢陵之战》《宋之盟》六篇,卷首有程崟雍正六年秋八月所作序,正文有圈点、夹批等形式。此书有抗希堂刻本、贵阳彭昭文堂刻本、金匮廉氏刻本等。

又按,贺长龄《耐庵文存》卷二《重刻望溪先生左传义法举要序》。

九月二十一日,奉旨开列《御定音韵阐微》诸臣职名,先生为武英殿校对。

《御定音韵阐微》卷首。纂修诸臣职名云:

监修：和硕庄亲王允禄、和硕果亲王礼；承修：原任文渊阁大学士兼吏部尚书太子太傅李光地；编纂：提督浙江学政翰林院侍讲王兰生；校看：内阁学士行走徐元梦；武英殿校对：原进士方苞、翰林院编修革职留任俞鸿图、翰林院编修周学健、翰林院编修李清植、巡视西城署掌河南道事浙江道监察御史唐继祖、内阁中书舍人戴临；监造：三保、雅尔岱、李之纲。

十月，宝应刘篁村持黄鼎一轴一帧过先生，乞言。先生固辞，后以其气象及执友并前辈跋语，转为之题。

《集外文》补遗《书诸公赠黄尊古诗后》。

按，方苞友人顾嗣立、汤右曾、杨宾、高斌、姜宸英等皆有题跋。

黄鼎，字尊古，常熟人。学于王原祁，而私淑王翚，得其意。临摹古人辄逼真，尤擅元王蒙法。遍游名山，号独往客。论者谓翚看尽古今名画，下笔具有渊源；鼎看尽九州山水，下笔具有生气。常客宋荦家，梁、宋间其迹独多。参见乾隆元年《江南通志》卷一百七十、《清史稿》列传二百九十一。

是秋，以其子孙所请，为房师畅泰兆撰墓表。

《方苞集》卷十二《工科给事中畅公墓表》："雍正六年秋，公之孙俊以父中抢命请表墓，距公之殁十有七年矣。""康熙庚午为乡试同考官，文皆互阅。廖公于公房见苞文，大异之，公亦称善，交论力荐，虽卒无成，而一时以为美谈。廖公官江南及京师久，苞时得从游。而公终身仅再三接。……公讳泰兆，河南新乡人，康熙乙卯举人，己未进士，卒于康熙五十年三月十七日，年七十有五。祖讳四肢，庠生。父讳策，顺治丙戌举人，通经，丧祭一遵《朱子家礼》。母王氏。继母王氏。妻某氏。子三人：中振、中擢，附学生，早卒；中抢及俊皆学生。次孙于熊，雍正甲辰进士。"

十一月,受翰林院掌院学士留保之请,为其母撰墓表。

《方苞集》卷十三《中宪大夫鄂公夫人撒克达氏墓表》:"夫人姓撒克达氏,故慎刑司郎中鄂素之妻,今通政司通政使兼詹事府詹事摄翰林院掌院学士留保之母也。""夫人父某,某官。年十□,归郎中,卒年二十有□。女二,皆保姊也。郭氏年今五十有九,所生子早殇。雍正六年冬十有一月,桐城方苞撰。"

留保,字松斋,完颜氏,满洲正白旗人。康熙五十三年举人。六十年,赐进士,改庶吉士。雍正元年,散馆授检讨。累迁通政使、侍郎,历礼、吏、工三部。乾隆初,乞病,致仕。卒,年七十七。参见《清史稿》列传七十七。

又按《词林典故》,雍正六年五月至雍正十二年,留保担任翰林院掌院学士。

是冬,沈廷芳因刘大櫆拜谒先生,请为弟子。

沈廷芳《隐拙斋集》卷四十一《方望溪先生传后》曰:"雍正戊申冬,余因刘耕南征士(大櫆)谒先生,请为弟子。先生曰:'师所以传道授业解惑也,欲登吾门,当以治经为务。'某对曰:'某虽不敏,谨受教。'先生手所著《丧礼或问》曰:"丧、祭二礼,事亲根本,世罕习者,生其研于斯。"某拜受。翌日雪,先生乘车曳杖顾某,坐良久,曰:'昨生退,或言生查詹事外孙、文昌君子也,是皆吾故友,故来答。"某感谢,出门扶先生升车,送出隘巷。先生曰:'愿生勤厥业。'"

按,《清史稿》列传二百七十二:"廷芳,字畹叔。由监生举鸿博,授编修,迁御史。奏毁都城智化寺内明阉王振造像,及李贤所撰颂德碑,报可。出为登莱青道,迁河南按察使。廷芳少从方苞游,为文无纤佻之习。诗学本查慎行。著《隐拙斋集》

及《十三经注疏正字》《续经义考》等书。"

是年，为老友李绂文集作序。

《方苞集》卷四《李穆堂文集序》："其后穆堂亦挂吏议，荷圣上赦除，典司别馆编校。暇日过从，出其已刻散体文示余，则已数十万言矣。又逾年，总其前后所作，别为三集，各五十卷，而属序其正集。"

按，《清史列传》卷十五，李绂"挂吏议"之后"典司别馆编校"，应指雍正五年十二月因诸事犯罪"二十一款"被革职，但因悔过知罪，且学问较好，着革职，从宽免死，令在纂修《八旗志》书馆效力行走。"又逾年"，当为雍正六年。与后文"穆堂自始进即得显仕（康熙四十八年进士），出入中外，近二十年"，时间亦吻合。

又按，《穆堂初稿》（道光刻本）有雍正十年李绂序，雍正五年储大文序、李光墺序，乾隆二年黄之隽序，未见方苞序。又，据《高宗实录》，乾隆三十三年三月，江西巡抚吴绍诗奏李绂诗文集语多愤嫉，请革去生前官秩，并将其子孙革职。乾隆帝认为，所奏未免过当："但核之多系标榜欺人恶习，尚无悖谬讪谤实迹。即其与戴名世七夕同饮，原在戴名世未经犯案以前，且坐中不止一人，无足深究。……但此等纰缪语言，既已刊刻成书，倘仍听其谬种流传，其于世道人心贻误不浅，所有各项书本版片，该抚可逐一查明，即行销毁，毋令稍有留遗。"

是年，作《释兰谷传》，时兰谷年六十七岁。

《方苞集》卷八《释兰谷传》："余素不解浮屠言，未识兰谷之于佛何如也？观其志行术业气象，则儒衣冠者多愧矣！故传其事以告吾侪，又以识先帝陶冶众万，一善不遗，作人之化，盖及于方外焉。兰谷名溥畹，今雍正六年，年六十有七。"

溥畹,字兰谷,号颠上人。主云南昆明龙淙寺。年五十入京,谒见康熙帝,为禅门尊宿,亦参诗家,撰《象外轩集》。其生平所历,几遍西南名区。善题画,作《倪云林山水歌》。康熙四十五年作《畅春园应制诗》,又作《谢恩行》。出京后尝游齐鲁、吴越,结衲禅林高隐。参见袁行云《清人诗集叙录》第一册。

是年,撰《重修葛洪庵记》。

《方望溪遗集》之《重修葛洪庵记》:"髻珠定居城东葛洪庵,来告曰:'是庵创自前明,中废,群室为民居,金氏之母张买而葺之。雍正六年,命其子之城曰:"吾见人家静室为子孙所私鬻者累累焉,以为十方常住,唯有德者居之,则常存而不废。"金君乃纠族姻邻里合要而相敦迫,某不能却也。今将刻石以示来者,非公文不足以重之,敢请!'"

是年,闻李清江之凶问。

《集外文补遗》卷一《李皋侯墓志铭》:"雍正五年,抑亭视学江西。君试礼部,一再见余,体恭而气和,诚溢于言貌,不异子弟之承父兄,盖心知其父与余深也。逾岁而得君之凶问。"

是年,李钟伦既殁二十二年,其子清藻以文贞公所为志铭及祭告文求墓表。

《方苞集》卷十二《李世得墓表》:"君既殁二十有二年,子清藻以文贞公所为志铭及祭告之文求表墓,且曰:'某困公车久,将遂归,卒先人业。'呜呼!古之学,父子相继而后成者多矣,君其端有得于后耶?君以康熙癸酉举于乡,丙戌三月卒于保定官署,年四十有四。"按,康熙丙戌即四十五年,殁二十有二年即雍正六年。

李钟伦,字世得,别号菜园,文贞冢子。性至孝,父母疾,亲视汤药,衣不解带。文贞回朝,从其叔父光坡治《三礼》,于《周官》《戴记》尤尽心焉。癸酉举于乡，计偕入京，文贞视学畿辅，任巡抚，钟伦往从。平生植志向慕前修，一切嗜好泊然，著有《周官纂训》数十卷、《三礼仪制歌诀》一卷、《四书节记》一卷。卒年四十有四。参见乾隆二十二年《安溪县志》卷七《人物》。

《安溪县志》卷七《人物》："李清藻，字信侯，别号疑之，绩学博闻，未弱冠名著公卿间。丁酉登贤书，累上公车不遇，戊辰赴部，铨授江西定南县尹，丁内艰去任。甲戌起复，奉命仍往江西署浔阳司马篆，题知兴国县事。兴国讼狱较繁于定，清藻尽心听讼，务期平允。每治一狱，具谳语必由己出，绝不假手幕客，日夜积劳，遘心成疾，卒年六十有一。"

是年，同年赵国麟至京师，与先生相见于郑御史宅，请表其祖，遂为之撰。

《方苞集》卷十三《赵处士墓表》："雍正六年，擢福建布政使。至京师，与余造次相遇于郑御史宅。述祖德，请撰外碑。国麟与余会试同榜，至是始觌面。而其学行治法，在闻见中为可计数人。遂不辞而为之表。"

按，郑御史应为郑任钥，与方苞、赵国麟三人为康熙四十五年会试同年。据《世宗实录》，雍正四年十月，郑任钥以湖北巡抚为都察院左副都御史。

赵国麟，字仁圃，山东泰安人。康熙四十五年进士。五十八年，授直隶长垣知县。雍正二年，擢永平知府。三迁福建布政使，调河南。擢福建巡抚，调安徽。乾隆三年，擢刑部尚书，调礼部，兼领国子监。四年，授文华殿大学士，兼礼部尚书。六年，乞引退。七年，擢尚书，乞引退。八年，还里。十五年，诣京师祝乾隆帝寿，赐礼部尚书衔。明年，卒。参见《清史稿》列传七十六。

是年，同年友李柽既殁之八年，其子征熊以贤良征，持状请铭，遂为之撰。

《方望溪遗集》之《李苕斋墓志铭》："余同年友李君圣木既殁之八年，其子征熊以贤良征，手君状以至，曰：'卜兆今始从，敢请铭。'……君讳柽，年五十有四，卒于康熙五十九年正月朔后二日。妻卢氏。子五人：长褒光，嗣从兄，后本生祖；次征熊，次颖灼，次亶照，次宾燕。女四人，皆适士族。以雍正六年某月某日与卢氏合葬城东大新庄先兆之西北隅。"

按，乾隆五十三年《德州志》卷九《人物》："李柽，字圣木，康熙己卯举人，工诗文，倜傥有气节，著《苕斋集》。""柽子征熊，字渭占，幼承家学，笃志力行，雍正五年诏举孝廉方正，山东举十人，征熊首列，遂以诸生为浙江武康令。甫下车，吏以敝政请，奋笔勾之曰：'君恩不可负也，吾何需此。'承修海宁海塘，木石夫役丝毫不累民。移任定海，廉洁爱民，一如治武康。未几罢官，邑之诸生受业焉，呼为'李夫子'。"

是时前后，作《答申谦居书》。

《方苞集》卷六《答申谦居书》："李渭占至京师。见足下所为圣木行状，无世俗芜浊之气，因谓如此人当益劝学，俾治古文。适得来示，……来示云三至京师，闻仆避客，次且而不进。仆敢自侈大哉？"

按，《答申谦居书》是方苞一篇重要文章，叙述李渭占持圣木行状至京师事，并论古文创作材、学、人三位一体理论与古文发展史，以及方苞点定八家集、《仪礼丧服或问》诸事。

是年，顾陈垿书简至，请惠寄《律历渊源》。

顾陈垿《洗桐轩文集》卷五《寄灵皋》："闻《律历渊源》刷印，进御，凡列衔校雠者，都得邀赐全部。此先皇之手泽，圣功之心传,亦小儒之大观,微劳之异数也。所应得一分,乞奉付敝门人王松叔,俾伺便见寄为佳。"按开列纂修诸臣职名,顾陈垿为校录。

按,此文写作时间,署雍正年间,从书简内容看,为与方苞分别三年后,而顾陈垿于雍正三年以疾归,故系于本年。另,《抱桐轩文集》卷一《与灵皋》,言及雍正戊申曾通书,亦可佐证。

是年,友人彭维新由礼部右侍郎为刑部右侍郎;蔡世远升内阁学士为礼部右侍郎;王承烈以都察院左副都御史为工部右侍郎。

《世宗实录》。

是年,曾静、吕留良案起。嘉定钱大昕生。

《清代文字狱档》。钱大昕《竹汀居士年谱》。

雍正七年己酉(1729)　六十二岁

二月初九日,弟子刘师恕为福建观风整俗使。

按,《世宗实录》,本年二月初七日,从蔡世远之请,设福建观风整俗使。初九日,刘师恕以原任吏部右侍郎协理直隶总督补授内阁学士为福建观风整俗使。

四月,致书道希,称年老气衰,并及三兄弟合葬事。

《方苞集》卷十七《己酉四月又示道希》:"旬月以来,我胸气结塞如有物,食饮日衰,左股蹩缩,盖痛受命于兄,垂老而弃之也。痛道永不能以义悬衡,汝感焉,我为大亲而不能正也。"

按《己酉四月又示道希》文后,方苞自记:"道希得札,依古族葬,而少变以从宜。卜兆蒋甸,司谕公居中,先兄、亡弟同穴居右,先嫂、亡妻同穴居左。故存此札,以志其不违父命,由笃信予言,且以解戚友之惑也。"

闰七月二十一日,先生暮归,闻李钟旺过访。越日往视之,其故疾作不能声。再往视之已卒,年四十六岁,为撰墓志铭。

《集外文补遗》卷一《李世賨墓志铭》:"雍正七年秋闰七月二十一日,余暮归,闻安溪李世賨过余。越日往视之,则故疾作不能声;再往视之,则帆以衾,将袭矣,乃启其面,执其手而三号焉。……君以仲春遘末疾,甚剧;及夏,世邠至自江西,始能强步循阶除,不出门庭者数月矣。前卒之三日,疾若苏,驾而诣余;诘旦,气动语闭,遂不起。其丧之归也,余欲为志铭以付其孤,每执笔,则心惘焉如有所失而止,既逾岁,乃克举其辞。君讳钟旺,康熙戊子举人,卒年四十有六。"

按,《方苞集》卷十《李抑亭墓志铭》:"往者岁在戊申,君弟钟旺蹶而喑,卒于君寓,余既哭而铭之。""戊申"为雍正六年,与《李世賨墓志铭》记述不同。又按,同治九年《泉州府志》卷五十五《国朝文苑》:"李钟旺,……己酉考列中书,未任而卒。"据此,以《李世賨墓志铭》记述为准。

八月,致书子道章,就子辈异议,再论身后事,尤以三兄弟合葬为重。

《方望溪遗集》之《己酉八月示道章》。

八月,汪起谥就试京兆得举,与先生数相见。

《集外文补遗》卷一《闻见录》:"汪起谥字书农,徽歙汪金事思白第三子也。……起谥在都,非以事故拘缀,入狱侍兄日无间。每至勾决,旬日中意色似非人,见者莫不为累歔焉。数与余相见,非家事切身者不言。余重其行而不知其优于学也。雍正己酉,诚命就试京兆得举,其闱墨有先正风格。"

十月二十四日，亲家宋衡卒，年七十六岁。

民国三十一年《潜川宋氏宗谱》。

按，《传恭斋尺牍》之二十一《与某君》："客岁一札付某，想已彻，某来京未得手教，不审何故。小女家报，每言及吾友教训培儿，维持家事，感人心腑。学士丧葬事粗毕，吾友当益督培儿励学，兼朝夕开导以立身接物之道，必此子有成，吾友高义始为有终。仆衰病日深，而事日多，不暇作字，亦无确人相寄，吾友闲居得便，即作数行示我，以慰远怀。"

十月，同年友吕耀曾之母王氏卒，为撰墓志。

《方苞集》卷十一《光禄卿吕公宜人王氏墓志铭》："宜人姓王氏，孟津王文安公讳铎之孙，太常寺少卿讳无咎之女，明大司马忠节公之孙妇，监察御史赠佥都御史讳兆琳之子妇，光禄卿讳谦恒之妻，承曾、光曾、耀曾之母也。……子三人：伯仲举乙科，耀曾历官四川按察使，所至获民誉。孙曾绳绳，耳目发齿至耄不衰。卒之日言动如平时。以余所闻见，妇人之德与福兼，蔑与宜人匹者。宜人生于顺治十年六月，卒于雍正七年十月。"

十一月十六日，王澍之父墓表勒石。旌德刘景山刻，先生述，男澍书。

《方苞集》卷十二《王处士墓表》。

是秋，道希闻高善登妻方氏疾，奔视，越二日而卒。时其长子允从父归试西川，道希、道永、道章亲含敛，以书来告。先生与道希兄弟悔痛不已。

《方苞集》卷十一《高善登妻方氏墓志铭》。

按，《高善登妻方氏墓志铭》："四川夔州府学增广生梁山高善登妻方氏，工部主事讳登峰之女，己丑进士式济之妹也，于余为妹之无移服而未远者。工部居近吾家,式济童稚,视余如严师。至其家,必从问经书古文,妹常在旁。高氏故华族,流寓金陵,甚贫。……妹讳敷,年五十有一。子二人:允,乾隆元年恩科举人;晖,县庠生。"

十二月十四日,友人王承烈卒,年六十四岁。先卒之三月,自为挽歌,以志铭相属。先生为文不可期,与其子议,请于朱轼。既成葬,乃表其墓。

《方苞集》卷十二《刑部右侍郎王公墓表》。

按,《世宗实录》,本年二月二十三日,王承烈由工部右侍郎转为刑部右侍郎。又,王承烈到刑部后,就身患疟疾,卧床不起。

按,蔡世远《二希堂文集》卷九《刑部右侍郎泾阳王公神道碑》:"雍正七年十二月甲申,刑部右侍郎王公卒于位。……余与公为同年友……至秋遂卧床褥,冬十二月卒,春秋六十有四。公自少勤学,博涉群书,年四十九事丰川王先生,讲明心性修己治人之学,……成进士,出安溪李文贞公门,益研究宋儒书。"朱轼《朱文端公集》卷三《少司寇王公墓志铭》:"自入台府,则病虐时作时止,力疾视事,未尝一刻少懈。迄己酉夏,疾大作,支离数月而卒。……公生于康熙五年三月二十日申时,卒于雍正七年十二月十四日子时,享年六十有四。"

又按,王承烈为李光地门人,与方苞关系颇近,《方苞集》收录相关文章四篇:《记王巽功周公居东说》《王巽功诗说序》《书泾阳王金事家传后》《刑部右侍郎王公墓表》。王承烈病时,方苞时往探望,王氏曾与友人李雨苍说:"吾见望溪,则旷然无忧,而身为之轻,效速于药物。"(《记王巽功周公居东说》)而在《王巽功诗说序》,方苞云:"余之说既多与巽功同,恐不足以益巽功。"

又按，王承烈，字逊功，泾阳人，康熙乙酉举人，己丑成进士，选庶吉士，授检讨。雍正初，任监察御史。次年，以谏垣督湖北漕，转擢江西布政使司，累升刑部侍郎。遘疾卒。著有《日省录》《毛诗解》《尚书今文解》等。参见雍正十三年《陕西通志》卷五十七。《四库全书总目》卷十八著录其《复庵诗说》六卷，评曰："是书奉朱子《诗集传》为主，以攻击毛、郑。其菲薄汉儒，无所不至，惟淫诗数篇稍与朱子为异耳。盖扬辅广诸人之余波，而又加甚焉者也。"

是年，先生不介而过李汝霖，一见如故。其得先生《周官》之说，时辍其所事而手录焉。

《方苞集》卷七《送李雨苍序》："余故与雨苍之弟畏苍交，雨苍私论并世之文，舍余无所可。而守选逾年，不因其弟以通也。雍正六年，以建宁守承事来京师。又逾年终不相闻。余因是意其为人必笃自信而不苟以悦人者，乃不介而过之，一见如故旧。得余《周官》之说，时辍其所事而手录焉。以行之速，继见之难，固乞余言。"

李汝霖，字雨苍，康熙三十五年举人，四十八年进士。家居十年选授鄱阳令，雍正四年以知府发福建用。初任兴化，再调延平，又徙建宁。后委赴苏州办铜，入觐，特旨授刑部郎中。公博极群书，善古文，制义亦精妙。为人磊落，笃于孝友，清恪公集多其校订，卒年九十五，著有《求是斋文衡》《经正堂求是说》。参见光绪二十九年《永城县志》卷二十《人物》。

李汝懋，字季平，号畏苍，康熙三十五年举乡闱，五十一年进士。任内阁中书，转宗人府主事，升吏部员外郎。平生孝友，好古文，与兄雨苍同辑《古文统》，各抒所见，士林服其卓识。

参见光绪二十九年《永城县志》卷二十《人物》。

是年,雍正帝主张用兵噶尔丹,先生建议缓战,并撰《与常熟蒋相国论征泽望事宜书》。

按《世宗实录》,本年二月十八日,雍正帝谕诸王、议政大臣、九卿、八旗大臣各抒己见,共同商议具奏征讨噶尔丹之事。雍正帝本人主张用兵。

又按,《啸亭杂录》卷三《记辛亥败兵事》记载,当时朱轼、沈近思认为天时未至,张廷玉力主用兵。《方苞集》卷六《与常熟蒋相国论征泽望事宜书》,从文章内容来看,应于本年。方苞意见与朱轼一致,与张廷玉等不一致。蒋廷锡为文华殿大学士,方苞意在争取其支持。

又,苏惇元《文目编年》将此文置于雍正九年,而彼时战事正酣,方文不应作于彼时,故据《实录》及《啸亭杂录》系于此。

是年,朝廷旌表新安张烈妇荆氏,为撰《书直隶新安张烈妇荆氏行实后》。

按《世宗实录》,本年三月初七日,旌表直隶新安县烈妇张攀鳞妻荆氏,矢志殉夫,投缳殒命,给银建坊,入祠致祭如例。又按,雍正十三年《畿辅通志》:"张攀鳞妻荆氏,新安人,年二十归攀鳞,事姑以孝称。夫病,躬侍汤药,三年无间,及夫亡,哭毕即理发更衣,自缢以殉。雍正七年旌表。"

又按,《方苞集》卷五《书直隶新安张烈妇荆氏行实后》:"往年或以《烈妇荆氏行实》视余,其兄公张侍御天池所述也。义烈动家人,众视其雉经,不敢曲止。及见侍御,叩烈妇平生,则其佐夫以养母也凡八年,而家人不闻其声,诸嫂皆爱焉。其死也,嗣子灼幼孩,号踊如不欲生。……兹以与侍御交,具得荆氏之性行,而因以悟圣人系《易》之由,故总所闻见而并论之,以明彰女教,且使为人夫者,监此以考妇德,而无所蔽焉。"

《方望溪遗集》之《赠朝议大夫李君墓表》:"曩者,舒检讨子展为余言,新安有二贤士并同馆选:一如璐,一今张侍御天池也。余与侍御一见如旧好,数年中未见有赘行,有游言。"

张鳞甲,字天池,直隶新安人。生于康熙九年,康熙五十四年中进士,成庶吉士,散馆授编修,累官御史,后致仕。雍正十年莲池书院建立时,应直隶总督李卫之邀出任第一任院长。院长之职三年期满后又续任。乾隆元年春,又应直督李卫之请,兼职赞襄新安县新学宫一奎楼督造。乾隆八年,主笔增纂《新安县志》,补充了八十余年间之史料。(陈美健、苏禄煊:《莲池书院首任院长考证》,《文物春秋》二〇一二年第四期。)

是年,雍正帝谕果亲王允礼与先生诸人,详细校订《日讲春秋解义》。

乾隆帝《日讲春秋解义序》。

果毅亲王允礼,康熙帝第十七子。康熙四十四年,从幸塞外。雍正元年,封果郡王,管理藩院事。六年,进亲王。十三年,还京师,命办理苗疆事务。世宗疾大渐,受遗诏辅政。乾隆元年,坐事,罢双俸。三年正月,病笃,遣和亲王弘昼往视。二月薨,上震悼,即日亲临其丧。予谥。无子,庄亲王允禄等请以世宗第六子弘曕为后。参见《清史稿》列传七。

是年,韩孝基结束《明史》编修,先生以序相送。

《集外文》卷八《送韩祖昭南归序》:"子之兄自成进士,闭门而不出者,亦二十年矣。"韩孝基之兄韩孝嗣康熙四十八年进士,二十年即雍正七年。

按,沈德潜《归愚文钞》卷十八《翰林院庶吉士韩东篱先生墓志铭》:"吴中书院以紫阳名。制府高公重先生文行,延主讲席。"按《清实录》,高其倬两次出任两江总督,一为雍正八年五月癸酉,二为雍正十一年正月壬辰。若雍正八年延韩孝基主讲席,时间基本吻合。

韩孝基,字祖昭,韩菼子。康熙庚辰进士,选庶吉士,乞假归,旋丁父忧,养母十余年,不离左右。雍正初,召修《明史》,以原衔食俸,事竣移疾归,掌教紫阳书院。乾隆十六年春,上南巡,孝基年八十八矣,召见行宫。自浙回銮,书"家学耆儒"四字赐之。越二年,卒。子彦曾,字沥芳,雍正庚戌进士,官至洗马。孝基兄子曾,字续古,与彦曾同举乡试,治古文有声,乾隆元年举博学鸿词,官泗州学正。参见光绪七年《苏州府志》卷八十八。

是年,陈学海授翰林院检讨,与先生、谢济世、张江等讲学论文。

同治十三年《永丰县志》卷二十一《宦业》。

陈学海,字志澄,江西永丰人。康熙五十二年进士,改庶吉士。与济世友,授山东恩县知县,行取刑部主事,迁员外郎。田文镜劾振国等,上遣侍郎海寿、史贻直往按,请以学海从,得田文镜欺罔状,将以实入告,继乃反之,学海争不得。使还,擢御史,尝以语济世,济世用是劾田文镜。既遣,学海不自安,次年,以病告。都察院劾伪病,并及与济世交关状,夺官,命与济世同效力军前。雍正七年,召还,授检讨。十一年,卒。参见《清史稿》列传八十。

是年,乡试座师韩城张廷枢卒。

《清史列传》卷十三:"七年,岳钟琪奏,廷枢押至中途病故。乾隆年间,复廷枢官,追谥文端"。

按,方苞称"居先生之门最久",撰有《记所闻司寇韩城张公事》《大司寇韩城张公继室王夫人墓志铭》。

又按,方苞并未为张廷枢作传或墓志铭,或与其死因有关。《清史稿》列传五十一曰:"雍正元年,以原任编修陈梦雷侍诚郡王得罪,命发黑龙江,廷枢循故事,方冬停遣,又出其子使治装。尚书隆科多劾廷枢徇纵,命镌五级,逐回籍。子缙,进士,官中允,亦以告病家居。六年,陕西巡抚西琳劾廷枢受河督赵世显赃六千,抗追不纳,缙居乡不法。诏夺廷枢及缙官,令所司严讯。廷枢被逮,道卒。总督岳钟琪议缙当斩,籍其家,诏特宽免,令缙在川陕沿边修城赎罪。"张廷枢死于途中,死因不明。乾隆时,复廷枢官,追谥文端,或有平反之意。后《清史稿》评曰:"廷枢得罪,似亦有龋之者,诎而后申,足为謇直者劝矣。"

《集外文》卷六《记所闻司寇韩城张公事》对张廷枢之死,方苞有不同看法:"公己卯主江南乡试,己丑主会试,所登半名俊,为九卿,任举皆民誉,多未识面者。其终废也,以陈梦雷久托诚王府,积罪恶发露。天子震怒,姑免死,发黑龙江,而公循故事,方冬停遣。又出其子使治装。于时,人皆咎公。然观过知仁,公之宅心易直,当官蹇然,而不以身之利害与焉,于兹亦见矣。"

又按,陈梦雷一生,前期与"降附"耿精忠牵连、后期与皇三子允祉有染,"邪党乱国"。故雍正帝登基后,圈禁允祉,流放陈梦雷,亦在情理之中。而张廷枢流放途中,释放陈梦雷之子,犯逆,发遣,道卒。

是年,武英殿造办处改称武英殿修书处,先生长期担任总裁。

金良年《清代武英殿刻书述略》,《文史》第三十一辑。

按,方苞长期在武英殿修书,并担任总裁。

是年,《大义觉迷录》颁行天下,驳斥吕留良、曾静等反满言论。

《世宗实录》。王先谦《东华录》卷十五。

按,《世宗实录》,五月,雍正帝谕九卿等处置吕留良案牵连者。六月,令九卿速议具奏吕留良及其党羽罪状。九月颁行《大义觉迷录》。十月,拟曾静、张熙之罪询问诸臣。

是年,友人王兰生由浙江学政移调安徽学政。同年赵国麟调河南布政使。吕耀曾以四川按察使署理四川布政使。梅毂成改江南道御史。

《世宗实录》

是年,南丰梁份卒。大兴朱筠生。潍县韩梦周生。

汤中《梁质人年谱》。罗继祖《朱笥河先生年谱》。陈用光《太乙舟文集》卷八《韩理堂先生墓表》。

雍正八年庚戌(1730) 六十三岁

是春,全祖望初入京,即上书先生,论丧礼,先生大异之,由是声誉腾起。

《全谢山年谱》:"春,北上。时新例许赴选人之籍,入对阙下,先生但投牒成均而已。山东学使罗竹园先生邀佐文衡,赴之。……初入京,即上书方灵皋先生,论《丧礼或问》,灵皋大异之,由是声誉腾起。"

全祖望,字绍衣,浙江鄞县人。雍正七年,以诸生充选,贡至京师。上侍郎方苞书,论《丧礼或问》,苞大异之。旋举顺天乡试,户侍郎李绂见其文,曰:'此黄震、王应麟以后一人也。'乾隆元年,荐举博学鸿词科。是春会试,先成进士,改翰林院庶吉士,不再与鸿博试。二年,散馆,以知县用。遂归不复出。性优直,既归,贫且病,饔飧不给,人有所馈,弗受。主讲蕺山、端溪书院,为士林仰重。二十年,卒于家,年五十有一。参见《清史列传》卷六十八《儒林传》。

三月，武英殿书馆同事沈淑卒，为撰墓志。

《方苞集》卷十《沈编修墓志铭》："常熟沈立夫与余同给事武英殿书馆。雍正四年秋，……立夫归，自南方来者，争传其务学之勤。八年三月，有来告者曰：'立夫死矣。'……立夫讳淑，雍正癸卯进士，翰林院编修，卒年二十有九。"

按，沈淑年龄，方苞称二十九岁，光绪二十四年《常昭合志》称三十三岁，具体待考。又，《四库全书总目》卷二十三著录沈淑《周官翼疏》三十卷，卷三十四著录其《经玩》二十卷。

四月，雍正帝祈雨，得大雨，为作《喜雨说》。

《方苞集》卷十五。

五月，高璿成进士，官庶常，以张谦宜旧表为父求墓表，遂为之撰。

《方苞集》卷十二《高仲芝墓表》："君姓高氏，讳廷芳，诸城韩村人也。……君既没十有余年，其子璿成进士，官庶常，始就余求表墓，而以胶州张谦宜旧所表为征。"

按，《世宗实录》，本年四月初五日，周澍等三百九十九人中进士。五月初一日，雍正帝谕令翰林院，今科进士除顾成天、胡宗绪即授编修外，选取曹一士、吴履泰、蒋溥、高璇、韩彦曾等五十三人为庶吉士。高璇即高璿也。又，《清朝进士题名录》，是科一甲探花梁诗正。二甲一名蒋溥，十一名顾成天，五十四名胡宗绪，八十五名曹一士，九十名陈兆仑。三甲十八名高璿，三十二名韩彦曾，三十六名田实发。

又按，乾隆二十九年《诸城县志》卷三十六《列传》："高璿，字齐光，年十二补诸生，十八举于乡，公车十一上不售。雍正八年，年四十六始成进士，改庶吉士，授检讨，迎养生母杨于京邸。

杨思乡,璿散馆后即假归不复出。璿先友教甚广,至是游其门者益众,授以文章法度,往往显于时。璿性温温,与人无忤,行经村落必下车,卒年五十。诗古文未授梓,其《警泄堂制义》,人争传诵之。"

是时,安州陈德正成进士,其时文为先生赞誉。

光绪十二年《保定府志》卷五十六《仕迹》:"陈德正,字醇叔,号葛城,安州人。少善为文,桐城方苞见而亟称之,以为二十年来时文家未见有此。雍正庚戌,成进士,分吏部额外主事,……乾隆三年,京察一等,授山西冀宁道。六年晋山东臬司,七年调陕西按察,……所劾遂夺职,发往军台效力。越六年,蒙恩宥回籍,更肆力于诗文,以消永日,掌教问津书院,乐育人材。"

按,陈德正与兄长陈德华、陈德荣皆与方苞颇有交情,方苞曾为其父作《广文陈君墓志铭》。

六月二十七日,致书道希兄弟,言六月以来,手指麻木,时或起坐不能。竟日不食,自谓大限将至,示以临终遗言。

《方望溪遗集》之《庚戌年立秋后二日示道希兄弟》:"谕道希、道永、道章:我六月朔后三日夜中,右手第二指麻木,天明,欲起坐不能,竟日不食,自谓大命将至。服补中汤,次早思食能坐,又次日能立,又四日麻止,杖而行如常,但右膝辟强、胸腹内热而已。人生如寄,虽少壮不可测,况衰老乎? ……临终遗令,恐汝辈以为乱命,故早正告汝。此札可呈四房三叔父,曾、鲍、谢三姑丈、吴思立表叔、吴佑咸先生、翁丈止园,抄白寄龚孝水、余西麓、吴东岩、漪堂、曹晋袁、韩祖语、祖昭诸先生,恐异日远方朋好生徒以为诧。"

按,《方苞集》卷十七《七思·弟椒涂》:"余庚戌立秋前二日,疾病作。遗令:敛时祖右臂。"本年六月二十五日立秋,立秋后二日即二十七日。

　　又按,文中方苞提及可托付之人有:"四房三叔父"应为方辛元,方苞四叔方珠鳞第三子,上元县学岁贡生,乾隆丙辰荐举博学鸿词,与方苞往来较多。"曾、鲍、谢三姑丈",分别指方苞姊夫曾沂、妹夫鲍元方、妹夫谢天宠。"吴思立表叔"即方苞叔舅长子吴以诚。吴佑咸、翁止园、龚缨(孝水),皆为江宁友人。歙县佘西麓、曹志宏(晋袁),歙县吴东岩与漪堂为吴苑二子,长洲韩祖语、祖昭为韩菼二子。诸人皆方苞日常生活可托付者。

　　又按,光绪七年《苏州府志》卷一百一十二《流寓》:"吴瞻淇,字漪堂,歙县人,国子祭酒苑次子,侨居苏州,康熙癸未进士,选庶吉士,甫两月因念母即请假归,食贫自守,不与户外事,母殁后遂不复出。少从兄瞻泰学,终身事之惟谨,急人患难,不计有无。为诗敦厚和平,用意在言外。李果《二吴先生传》。"民国二十六年《歙县志》卷十《人物志》,称吴瞻淇:"工诗,沈归愚称其天然温厚,如其为人。"

七月初三日,钱姓、陈姓与方氏祖茔案持续。

　　《方望溪遗集》之《与赵仁圃书》:"直至八年七月初三日,倪侯独自到山私端,初五质审,断钱碑毁去,陈盗葬新坟迁移。初七具呈求差押,批仰差速照原断结案回复。初八日出票押陈姓迁坟,钱姓毁碑。而倪侯旋罢,遂底滞至今。"

八月初一日,为弟子沈廷芳诗集作序。

　　《集外文》卷四《隐拙斋诗集序》:"诗之为道,浅者得浅焉,深者得深焉。生思进乎其所未学者,即于诗焉求之其可矣。噫!今之士为诗者多,未尝为生之学而辄自喜者尤多。然则如生者,人第谓其诗莫能及,抑又何也? 雍正庚戌八月朔日,桐城老友方苞。"

按,《四库全书总目》卷一百八十五著录《隐拙斋集》五十卷,论曰:"其诗学出于查慎行,古文之学出于方苞,故所作虽无巨丽之观,而皆有法度。"

九月,友人钟晼将宁亲宿迁,为序以送。

《方苞集》卷七《送钟励暇宁亲宿迁序》:"庚戌九月,将宁亲于宿迁。乃正告之曰:'君子之为学也,将以成身而备天下国家之用也,匪是则先王之教不及焉。若以载籍自润泽,而号为文儒,则秦、汉以降始有之,是谓好文,非务学也。君子之立身也,非比类不足以成其行,一出焉,一入焉,涂巷之人也。学也者,务一之也。其事必始于慎独,而终于独立不惧,遁世无闷,匪是而能一之者鲜矣。'"

是秋,无极张业书以李塨所作其父之传,求作墓表。

《方望溪遗集》之《张旺川墓表》。

十一月初四日,梦友人吕谦恒请文集序,先生遂为之作,并嘱后人勿刊布。

《方苞集》卷四《青要集序》:"雍正八年十有一月朔后三日,夜过中,梦公持《青要集》刻本,手翻余凤所心惬,使更视之,坐移时,作而曰:'兹为永诀矣!'……而古贤之无宿诺,惟其始之严且确也。……乃备叙始末,俾耀曾以告公墓,而毋刊布焉。"

按,《青要集》卷首收录方苞《光禄卿吕公墓志铭》《青要集序》,序文署名"桐城方苞灵皋氏拜题于燕台之信芳斋",《方苞集》无此句。

《青要集》卷首"评语"中,首录方苞之评:"《青要集》兼初盛唐人之长，而风骨酷肖子美。"在《青要集序》序中，方苞评曰："公诗格调不袭宋以后，吟咏性情，即境指事，恻恻感人，实得古者诗教之本义。"同书其他人评语，多称其诗有汉唐风骨，与方苞为近，如金坛王汝骧、襄城万那荣、江宁刘香草、祥符朱超等。而《四库全书总目》观点不同，论曰："其诗纯作宋格，疏爽有余，而亦颇伤朴直。"邓之诚《清诗纪事初编》："方苞称其诗不袭宋以下格调。而王撝评其兄弟诗，皆渊源七子。《四库提要》乃谓纯作宋格，非笃论也。"

是年，议开博学鸿辞科，先生略陈己见，举荐四人。

《方苞集》卷七《再送佘西麓南归序》："雍正八年，议开博学鸿辞科。诏：阁、部、院、司、府、寺三品以上暨直省督、抚、学臣，举学与行兼者。诸公多叩余以所举，余应之曰：'称此者实难，而辨所应举则易。夫行必有迹，学与辞尤艺之外襮而与众共之者，非若德蕴于心，或深潜而不易识也。然必乡国莫不知，天下莫不闻，然后举者无怍，在人不疑，是则匪易耳。'"

《再送佘西麓南归序》："因自计执友之存者，惟南昌龚缨孝水，歙县佘华瑞西麓；游好之久者，则嘉善柯煜南陔，淳安方楘如文辀。"

按，方苞推荐四人，方楘如因吏议不得参加，"其三人皆就耄矣"。

又按《听雨丛谈》，清代"博学鸿词（儒）"有两次，一次是康熙十八年己未词科，一次是乾隆元年丙辰词科，从雍正十一年开始。而雍正八年这一次，少有言及，或为设想，至乾隆元年方落实。

是年，友人张锡卒，年五十六岁，为撰墓志。

《方苞集》卷十《中议大夫知广州府事张君墓志铭》："七年

春,始以属县囚逸罢。功令:囚获则复官。士民为君悬赏格以购之,逾岁果得焉。君以书来告曰:'吾官可复,但羞与群子倾侧势要间,枉道行私以负圣天子;颇思与子稽诹文史,浩然有以自得也。'时京师诸公闻君脱吏议,多跃喜,将俟前事奏结特举焉,而君遘疾死矣。……君先世平阳府小南关人,元末迁蒲州,世居东关为儒家。高祖讳杲明,天启中举乙科,官户部郎中。父讳含玙。母王氏,生四子,君其仲也。康熙甲午举人,乙未进士,享年五十有六。妻任氏。子士瀹。"

按,张锏卒年,方苞文中有两个表述,一为康熙七年之后"逾岁",即八年,二为"既罢,举工作三年",即雍正九年。由于相关个人生平文献缺乏,暂从八年之说。又,张锏曾与方苞共同纂修《御定子史精华》《御定骈字类编》。

是年,安溪官献瑶游于先生门。

官献瑶《石溪文集初刻》卷一《方望溪先生读经史偶钞序》:"余自雍正庚戌游于先生之门,初请业古文,先生不许也,命读《周官》。又请观先生《周官注》,先生不与也,举《周官》盘互难通之处,命思之。退发箧而茫然莫得其绪。复请诸先生,先生固拒之。怃然乃返,掩关连日夕,比物触类,心殚力困,略有睹也,而后敢见。始叹先生好学深思、研精抉微,因是以启予蒙也。先生曰:'古人一得志,则无所为书,生欲力学,此其时矣。'"

官献瑶,字瑜卿,福建安溪人,以拔贡生授国子监学正。笃好经学,少嗜同里李光地书,后受业于漳浦蔡世远。乾隆元年,滇督杨名时还朝,疏荐七士,献瑶与焉。是岁,举顺天乡试,晋助教。四年,成进士,改翰林院庶吉士,充三礼馆纂修官。七年,散馆授编修。九年,充浙江乡试副考官,寻提督广西学政。

十二年,复提督陕甘学政,迁司经局洗马。居官廉慎,导士以诚。著有《读易偶记》三卷、《周官偶记》六卷、《仪礼读》三卷、《春秋传习录》五卷、《石溪诗文集》十八卷等。卒年八十。参见《清史列传》卷六十七《儒林传》。

是年,徐乾学子庶吉士徐骏,以诗句"清风不识字,何得乱翻书"讥讽朝廷被斩立决,文稿尽毁。

章开沅《清通鉴》。《世宗实录》雍正八年十月:"己亥,刑部等衙门议奏:'原任庶吉士徐骏,狂诞居心,背戾成性,于诗文稿内造为讥讪悖乱之言,应照大不敬律拟斩立决,将文稿尽行烧毁。'从之。"

是年,友人蔡世远为礼部左侍郎。顾琮为太仆寺卿。李清植提督浙江学政。同年吴士玉为礼部右侍郎。赵国麟为福建巡抚。

《世宗实录》。

是年,耶稣会士白晋卒于北京。历城周永年生。兄孙方椿辉生。

(德)柯兰霓《耶稣会士白晋的生平与著作》。桂馥《晚学集》卷七《周先生传》。《方氏家谱》。

雍正九年辛亥(1731)　六十四岁

是春,先生益病衰,凡公事必私引李钟侨自助,无旬日不再三见者。

《方苞集》卷十《李抑亭墓志铭》:"辛亥春,余益病衰,凡公事必私引君自助,无旬日不再三见者。一日不见而君疾,一言不接而君死。故每欲铭君,则怆然不能举其辞。丧归有日矣,乃力疾而就之。"

按,乾隆二十二年《安溪县志》卷七《人物》:"李钟侨,字世份,号抑亭,少好学,善属文,第进士,供职编修,涵养醇厚,温然如春,视学江右。"

又按,《世宗实录》,雍正四年十一月,谕编修李钟侨提督江西学政。雍正十年《江西通志》卷四十八《秩官》记载,雍正五年,提督学政。

三月二十五日,先生奉诏与朱轼、吴襄、吴龙应、顾成天、曹一士等逐条摘驳吕留良《四书讲义语录》。

朱轼《驳吕留良四书讲义》附录奏折《为崇正辟邪以端学术以觉愚蒙事》:"因奉旨:'着朱轼、吴襄总阅,方苞、吴龙应、顾成天、曹一士查阅,钦此。'钦遵。臣等随将逆贼吕留良所著《四书讲义语录》诸书通行查阅。按其议论妄诞支离,搜厥根原粗疏鄙倍,总由逆贼以毫无底蕴之学,肆其豪无忌惮之言,剿袭程朱,实与程朱缪戾;援引经传,每与经传舛讹。臣等根究原委,逐条摘驳,狂谈臆说败露无余。"

顾成天,字良哉,号小厓,康熙丁酉举人。自幼潜心学术,公车屡踬,年近六十,康熙帝崩,作挽诗六章,雍正帝感动召见,直皇子讲读,钦赐进士,授编修,寻告归。乾隆朝,晋侍讲,后以老乞休,居东浦草堂,年八十二卒。参见乾隆五十八年《南汇县新志》卷十二、嘉庆十九年《上海县志》卷十三。

吴龙应,字飞渊,性端凝,才华雅赡。雍正元年,以回避卷钦取第一,明年成进士,选庶吉士,授编修。十三年,授湖广武汉黄德道,后迁湖北按察使。乾隆六年,迁山西布政使。先是总督班第,委管武昌关,固辞不许,至是乃以前事追论,罢归。优游以终。参见光绪五年《武进阳湖县志》卷二十二。

期间,曹一士与先生讨论批驳吕留良事,并称其关系国朝学术。

曹一士《四焉斋文集》卷六《与方灵皋》论及此事细节:"昨

承顾，匆匆未尽所怀，下论原稿次本亦已阅，竟送高安处。其中稍拟增节，特抄一纸奉正，乞加裁定，酌入誊清。本中吕下论当驳处，较上论本少，不必以烦简相配，但取其必应驳者驳之，而置其无足驳者，庶勉枝赘。此事关系国朝学术，苟有所怀，不敢不尽。篇中欲商处，先生详定后，当力请之高安，勿以屡有更易为嫌。愚者凡所献疑，皆恐后人以此转相诘难耳，与其使天下后世得以相诘，何如今日我辈再三往复，以求至当之为愈乎？"

七月，从无极张业书之请，征之李塨及无极县令方羢采，乃为张旺川墓表。

《方望溪遗集》之《张旺川墓表》。

八月二十日，孙方惟醇生，为道章第三子。

《方氏家谱》。

九月十七日，归自海淀，渴且饥。会兄子道希妇岳氏讣至，家人进糜粥，甫入口，气上逆而止，夜不能寐。

《方苞集》卷十七《兄子道希妇岳氏墓志铭》："雍正九年九月望后二日，日既夕，余归自海淀，渴且饥。会兄子道希妇岳氏讣至，家人进糜粥，甫入口，气上逆而止，夜不能寐。盖悲余在难，颠危困迫，惟道希首当之，而妇实共之。又念道希贞疾垂老，既丧其良子，而又亡其妻，益无以安其身也。……自先祖暨先兄亡弟，皆以阴流入圹，出而攒，已逾十年。若亡妻，若兄孙仁，若嫂氏，先后权厝近郊者累累焉。岳氏之葬，未卜其何年也？悯其贤而无子，又不得与夫偕老，故豫为志铭以畀道希，且以纾其哀。岳氏，四川涪州人，工部主事康之女，卒于八月望前一日，年四十有六。女二人。"

九月，闻喜张亦塨至京师，拜谒先生，临别时，请以小妹妻先生少子。

《方苞集》卷十二《潮州知府张君墓表》:"三晋士大夫语其乡人立名义而多文者,必曰张潮州拗斋。绛人杨黄在并称其子亦堪。亦堪尝至京师,会余疾。遂观沧海,息足于天津,再逾时以俟余瘳,既相见,僦屋闭门,手录余《经说》及论定子、史。将行,请以小妹妻余少子,时雍正九年季秋也。"

张克嶷,字拗斋,又字伟公,山西闻喜人。康熙十八年进士,选庶吉士,改刑部主事,累迁郎中。出为广西平乐知府,调广东潮州知府。后丁父忧归,遂不出。垂二十年卒,年七十六。著有《东涧山房集》。参见雍正十二年《山西通志》卷一百四十、《清史列传》卷七十四。

光绪六年《闻喜县志》卷七《人物》:"张亦堪,字直甫,克嶷仲子,工隶楷,诗古文,咸有法度,尝从学太史赵执信,大为器重,尤邃于医学。"

是秋,与高斌相遇于邗江。

高斌《固哉草亭集》卷二《次韵方灵皋》:"昨秋睹光辉,倏复邗江行。当其晤语时,存诚倾耳听。斯人犹未老,吾道岂飘零。讯知仆有子,善诱记吾曾。(曩以古书选目见寄)神交数十载,针芥在班荆。"

按,此诗为雍正十年壬子所作,"昨秋"即去年秋天,亦即雍正九年秋天。是年,高斌迁河东副总河。

全祖望《前侍郎桐城方公神道碑铭》:"初,公董蒙养斋,河督高君方在斋中,公颇言其必贵,故河督最向往公。"据此,方苞与高斌相识较早。

高斌,满洲正黄旗人,初隶内务府。雍正元年起,历官内务府主事、广东布政使、署两淮盐政、江宁织造、江南河道总督、直隶总督、太子太保、吏部尚书、协办大学士、军机处行走、文渊阁大学士、河道总督、两江总督等。乾隆二十年卒,给内大臣衔,谥文定。参见《清史列传》卷十六。

按,顾祖禹《读史方舆纪要》卷二十三南直五,"邗江"即邗沟,亦即扬州。

十二月十六日,谕大学士朱轼等刊刻《驳吕留良四书讲义》,并颁布直省学宫。

朱轼《驳吕留良四书讲义》附录奏折:"大学士朱轼等,既请刊刻颁布学宫,俾远近寡识之士子,不至溺于邪说,朕思此请亦属可行,姑从之,以俟天下后世之读书者。"

十二月,擢升左春坊左中允。

《方望溪遗集》之《遵例自陈不职恳赐罢斥札子》。

十二月,刑部郎中李如璐过先生,为其父李显名请墓表,从之。

《方望溪遗集》之《赠朝议大夫李君墓表》。

李显名,字裕德,新安人,邑诸生。年八岁,遭闯贼变,父母不能顾,舍之去,显名寻亲三百里得之。己丑,遭土寇,父守丘墓,令奉母避地外家,时横尸被野,显名黑夜私往省父,往返数十里无畏懦色。后亲病,吁天求代殁,尽哀素食,终其丧。性慷慨,尚风义,济困扶危以至产落。显名幼失学,年十七始折节读书,一时老宿靡不敬服。平生所尚以实行为先,教子孙有家法,康熙五十八年祀乡贤。参见光绪十年《畿辅通志》卷二百三十二。

嘉庆四年《清秘述闻》卷十四:"检讨李如璐,字佩五,直隶新安人,壬辰进士。"

是年,过隐拙斋,沈廷芳有诗为记。

沈廷芳《隐拙斋集》卷四有《方灵皋夫子枉过隐拙斋》:"寥寥斋宇静,薄莫风雪余。忽闻杖藜声,已停长者车。先生今贤哲,道溯生民初。研经过雠喜,握笔凌韩苏。斯文所由盛,天籁一以摅。重为邦国准,陶冶敷大舆。所以天下士,兴起来于于。片言抉奥,胜获千璠玙。洒扫厕公门,实学惭空虚。纡辙乃枉顾,勉使亲诗书。铭心转汗颜,晨夕思勤劬。许做立雪人,请教讵敢疏。"

按,沈廷芳《隐拙斋集》系此诗于雍正辛亥年。

是年,张师载出知扬州府,将行,乞言于先生,遂撰序以赠。

《方苞集》卷七《送张又渠守扬州序》。

按,嘉庆十五年《重修扬州府志》卷三十八《秩官》:"张师载,仪封人,举人,九年任扬州知府。"

又按,《方望溪遗集》有《代扬州太守张又渠课士牒》。蔡世远《二希堂文集》卷三《送张又渠出守扬州序》。

张师载,字又渠,举人。以父荫补户部员外郎。雍正初,授扬州知府。累迁江苏按察使,内擢右通政。再迁,授仓场侍郎,命协办江南河务。授安徽巡抚,仍命赴南河协同防护。会河溢,夺官。再起为兵部侍郎,迁漕运总督,复授河东河道总督。师载长于治河,少读父书,研性理之学,乾隆帝称其笃实。卒,赠太子太保,谥恭敬。参见《清史稿》列传五十二。

是年,李钟份令济阳,先生赠言"仁政知从孝友达,经书应向齐鲁传"。

乾隆三十年《济阳县志》卷六。同治九年《泉州府志》卷五十八《孝友》。

李钟份,字世质,号秘园,安溪人。李光地之弟李光坡第四子,康熙辛卯举人,官刑部郎中。参见《泉州府志》等。

是年,与诸友资助舒大成之母,并撰文以记之。

《方望溪遗集》之《记归舒节母刘夫人举本事》:"庚戌,亮

采之官，转属其兄吏部。是冬，始得十金付焉。逾年，励暇兄弟
以十金来，徐侍御、俞侍讲、刘少宰共成之，三公皆子展同年友
也。励暇初议俾朋友递代，月致子钱，而不以故告其家人，又惧
其数无稽，异日转以病首事者，故与诸公合要，各书所出，其家
虽有急用，不得收本，以付吏部为成言。雍正九年重阳日，望
溪记。"

按《世宗实录》，俞侍讲，应为俞鸿图，为舒大成同年，雍正
十年三月以翰林院侍讲署日讲起居注官。刘少宰应为刘于义，
为舒大成同年，雍正八年为吏部侍郎（少宰）。

是年，以王澍书韩子五箴，索跋于张廷玉。

张廷玉《澄怀园文存》卷十《跋王箬林为方望溪书韩子五
箴》："方子望溪以册索余跋，乃昌黎五箴，属金坛王箬林书以
自警者。余以康熙己巳见望溪于皖城，距今四十有二年矣。"

按，"康熙己巳"为康熙二十八年，"距今四十有二年"即
本年。

**是年，朱轼为先生刻《周官析疑》之春、夏二官。黄叔琳纂《文
心雕龙注》。**

顾琮《周官析疑序》。顾镇《黄昆甫先生叔琳年谱》。

是年，友人王兰生仍留安徽学政任。顾琮授霸州营田观察使。

《世宗实录》。《清史列传》卷十六《顾琮传》。

是年，耶稣会士戴进贤以钦天监监正加礼部侍郎衔。

方豪《中国天主教史人物传》。

是年，桐城姚鼐生。江宁严长明生。

姚莹《东溟文集》卷六《惜抱先生行状》。姚鼐《惜抱轩诗
文集》卷十三《严冬友墓志铭》；钱大昕《潜研堂文集》卷三十七
《内阁侍读严道甫传》。

雍正十年壬子（1732） 六十五岁

二月，大学士朱轼序先生《春秋通论》，谓如亲见孔子口授。

朱轼《春秋通论序》："吾友望溪先生读是经数十年，一旦豁然贯通作《通论》若干篇，予受而读之，觉囊之辗转抵牾而不安者，今则不待研求而了然心目之间。盖《春秋》之真面目，至此始出，如亲见孔子口授，其传指治经者，挈是为纲领，则全经皆顺，疑者谤者无所置其喙矣。惜乎！介甫之不及见也。……雍正十年春二月高安同学朱轼撰。"

按，朱轼《朱文端公集》卷一收录《春秋纲领序》，与《春秋通论序》基本相同，据此，方苞《春秋通论》或初定名《春秋纲领》。

三月，为亡故十年老友汪份撰墓表。

《方苞集》卷十二《汪武曹墓表》。

按，诸友间，方苞与汪份相知为深。《汪武曹墓表》曰："君与余相知为深，而合聚亦最久；疾既困，执余手而言曰：'吾夙与子期：孰后死，为志其墓。吾今先子矣！'"方苞《钦定四书文》录其《唯天下至圣一节》，论曰："将'四德'并入'生知'内合发，非避难趋易，理本如是也。'大贤以上，学力亦不能造'，'生知亦不废学'，二义尤勘得至圣身分出。文气疏达老健，亦见作家本领。"

汪份与方苞文字往来颇多，曾评方苞古文《又书封禅书后》："慕庐韩先生每言灵皋之文，直接退之，吾不能信其然，今观读《史记》诸篇，若与欧、曾遇于中原，则二公或少为之挫矣。"《左忠毅公逸事》："望溪初与余论文，首言散体文恶道至钱牧斋而极，有明一代，自无过归震川，但其言可谓有序，未可谓有物，尔时疑有争气。晚年乃深有味乎其言。如此文，欧公《五代史》中有其生动，无其峻洁。"又评方苞时文多篇，如《兴于诗立三句》："数百言耳，而于三经之义，先王设教之旨，学者进修之事索焉，而皆获究焉，而皆得考焉，而皆当，非深造自得之后未能为此。"《子曰语之一节》："语之而不惰，固于行上见。然所以不惰，却由知来，饶双峰谓：'惟其心解，是以力行是也。'此文就知上抉出所以不堕之故，识解既高，更有正希先生笔意。"《子曰岁寒一节》："为松柏写出全身，悲壮苍凉，可歌可诵。"

是春，道逢亡友之子宋华金，翌日，其请表先人之墓，逾月又请序诗集。

　　《方苞集》卷七《赠宋西陬序》

　　按，此文被收入宋华金《青立轩诗稿》为序，但内容与《方苞集》略有出入。概而言之，诗稿序文更完整，如文章开篇云："叩之，则亡友之子宋华金西陬也。翌日来见，请表其父墓。阅月又以诗速焉。余心异之，自是以诗质余者，辄转相嘱或请余诗而不能却亦请代焉。用此往还，盖密其接如家人。西陬大父冢宰公及父山言。"文末云："则又诗之所借以增重也。既以语西陬，遂书以赠之，俾时服吾言而毋玩于时毋堕其力。他日宦与学皆成，而出其诗以质于世，即以是弁于简端可矣。"据此，宋华金是先为父请墓表，逾月为本人诗集请序。

四月，撰《宋山言墓表》。宋华金作诗答谢。

　　《方苞集》卷十二《宋山言墓表》："君既殁八年，其子华金持状及《纬萧堂诗》请表碣。……君癸未成进士，改庶吉士，入武英殿纂修《佩文韵府》，散馆授编修。辛卯主贵州乡试，壬辰督学浙江。丁尚书忧,服阕,遂家居,日与亲故酬嬉泉石间。卒于雍正三年十月,享年七十。安人刘氏有贤行,善治家,后君四年卒。君以雍正五年三月葬尚书兆域,刘安人以七年十二月祔。华金辛丑进士,候选主事。"又,乾隆四年《商丘宋氏家乘》著录方苞《宋山言墓表》,结尾署:"雍正十年四月,桐城方苞表。"

宋华金《青立轩诗稿》卷二《上方(苞)望溪先生谢作先大人墓表》曰:"先子昔在庭,论文薄俗尚。尤叹谀墓非,愧辞徒相诳。因兹捐馆后,请铭慎所向。夫子两世交,生晚失趋访。今春值出游,行过柳市上。群呼韩退之,逍遥自曳杖。仓皇拜道左,探怀乏谒状。问旧惊嗟吁,徐步招相傍。深悼先人殁,泪下悲悢悢。再拜因乞言,抚手生惆怅。云昔昌黎公,一代推宗匠。碑版文则富,尚来刘叉谤。平生慕古先,修辞誓无妄。踵门虽多求,往往乖所望。此事心属予,存想期有当。百行概一端,何事尽铺张。由来纪实笔,方使神气王。小子时敬听,中情盖凄怆。此实先子怀,大人其毋让。夙志既相同,高文遂独唱。感慨风雅间,存殁一俯仰。以此发幽光,直道幸未丧。流传遍艺林,明德讵能忘。"

按,《方苞集》墓表内容,与《商丘宋氏家乘》略有不同,《家乘》卷五:"督学公讳至,字山言,号方庵。行二。康熙丙子顺天副榜,己卯举人,癸未进士。改庶吉士,授翰林院编修,提督浙江学政。以子华金官赠中宪大夫。生顺治丙申七月八日,卒雍正乙巳十二月十八,享年七十。有家传志表。配刘氏,赠恭人,生顺治乙未正月十四,卒雍正戊申十一月五日,享年七十四。子一曰华金。"宋至生卒年,历来存疑,邓之诚《清诗纪事初编》、郑伟章《文献家通考》、钱仲联主编《中国文学家大辞典

（清代卷）》，皆言生卒年不详。而《家乘》云：生年顺治丙申，卒年：雍正乙巳十二月十八。

又按，方苞虽有作序之戒，仍为宋华金相继撰文，足见方宋两家三代之交谊："西矼大父冢宰公及父山言，再世以诗名。余为诸生，冢宰巡抚江苏，降爵齿而礼先焉。山言年较长，而视余若其所严事者。观西矼之诗与其为人，虽得之性资，抑祖若父渊源之所渐也。"（《赠宋西矼序》）宋华金《青立轩诗稿》卷二有《拄杖歌上方望溪先生》，以及代方苞贺高斌巡盐诗；卷三有《沈母倪节妇诗（代方望溪先生）》《和方望溪先生二首》；卷五有《寄怀方望溪先生》等。

五月，升翰林院侍讲。

《世宗实录》。《方望溪遗集》之《遵例自陈不职恳赐罢斥札子》。

五月三十日，友人张若霖卒，年六十岁，先生闻而恻伤，为撰墓志。

《集外文补遗》卷一《张岩举墓志铭》："君讳若霖，字岩举，相国赠太傅文端公冢孙，詹事府少詹事讳廷瓒之子也。""余与君交四十余年，虽朝夕会聚，不见亲昵。或违离数年十数年一见，亦不见疏；间以事属，则千里外应答如影响。余谬为海内士君子所称许，亲交中行辈同、年齿近及年先于余者，称谓多过自抑下，惟君终不易称，用此益心敬焉。君之丧，不远讣。余闻而恻伤，追忆平生故交，零落几尽矣。乃自为志铭以归其孤。君卒于雍正十年五月晦日，享年六十。"

按，《张氏宗谱》，张若霖卒于闰五月三十日。

张若霖，字岩举，大学士英冢孙，少詹事廷瓒长子。年十一母卒，哀毁骨立如成人。事父曲尽色养，尤善承继母欢。母亦

忘为前母子也。与弟需相友爱。生平寡言笑,性恬淡,家世贵
显,处之如寒素,杜门却扫,不轻交接,然邑有公事,不惮指陈利
弊,遇水旱力为募赈,所全活甚众。殁后,乡人思之多流涕者。
参见《江南通志》卷一百六十《人物志·孝义》。

闰五月,友人大学士蒋廷锡卒,年六十四岁。

《清史稿》列传七十六。

按,方苞与蒋廷锡交谊多年,《方望溪遗集》之《与常熟蒋
相国书》:"仆获交近四十年,自难后,所以拯扶而安全之者,岂
惟不肖之躯,先人之门祚实隐赖焉。"《集外文》卷四《蒋詹事牡
丹诗序》:"康熙丁酉仲夏,詹事蒋公以其所为牡丹诗百篇属余
序。发而读之,犁然有当于余心。"二人同朝,一起参与纂修
《御定骈字类编》《御定子史精华》等。

七月,擢翰林院侍讲学士。

《世宗实录》。《遵例自陈不职恳赐罢斥札子》。

**是时,刑部侍郎孙嘉淦不为和硕果亲王所喜,有客自朱邸来,传
王授意先生参劾,并以先生代之。先生以死力辞。不数日,竟
有应募上劾者,孙公下狱。先生谓大学士鄂尔泰:"孙侍郎以
非罪死,公亦何颜坐中书矣。"于是孙公卒得免,人多为先生危
之,而王以是愈重先生。**

全祖望《前侍郎桐城方公神道碑铭》。

孙嘉淦,字锡公,山西兴县人。康熙五十二年进士,改庶吉
士,授检讨。官至左都御史、直隶总督、工部尚书、翰林院掌院
学士、吏部尚书、协办大学士等。乾隆十八年十二月,卒,年七
十有一,谥文定。参见《清史稿》列传九十。

七月,致书兄子道希,授以为学之法。

《方苞集》卷十七《壬子七月示道希》:"来札称鲍甥孔学及

汝女婿吴生元定、光生大椿学诵益专以恳，乞言以进之。夫学
非专且恳之难，贵先定所祈向耳。"

八月，朱轼序先生《周官析疑》，称其精义炳若日星。陈世倌赞
其有补先儒所未及者。

朱轼《周官析疑序》："是编出而后，大典精义炳若日星，明
经之功顾不巨欤？……雍正十年秋八月高安朱轼撰。"

按，顾琮《周官析疑序》曰："雍正辛亥朱公可亭刻春夏二
官。"可知朱轼是上一年刊刻是书，今年八月作序。

又按，陈世倌亦为《周官析疑》作序曰："望溪先生是编，可
谓读书功深，卓然出一己之特见者矣。……先生读书，由博归
约，宜其与程、张、朱之议论相合也。且先生所辨，有更补先儒
所未及者。……谓《周礼》因先生而明，可也。"

是时前后，为编修邓启元表章著述。

按《朱文端公集》收录《周官析疑序》，与《方苞集》所录序
文略有不同，其文末云："灵皋又手授编修邓子《周礼解》，其与
古经微言，实有得于心，非苟而已。邓子闽人，丁未进士及第第
二名，博闻强记，能文章，卒年才三十有六。灵皋怜其才，凡所
著述，悉为表章。邓子可以不朽矣！"

按，乾隆三十年《晋江县志》卷十二《人物志》："邓启元，字
幼季，御史孕槐侄孙，以父炽赘居安溪，遂家焉。幼聪颖，博通
经学，人称神童。十三岁以背诵十三经入德化庠，壬寅拔贡赴
京，京师缙绅咸知其名。雍正甲辰顺天举人，丁未会魁殿试榜
眼及第，授编修。尝与阁部方苞纂修《三礼》，壬子典试湖北，
回京，卒，年三十四。"《福建续志》《德化县志》等亦有传。

八月，弟子湘潭张九钧中举，将上公车，拜谒先生于里第。

张家枢《陶园年谱》。

张九钧,字陶万,号甄斋,湘潭人,文炳之孙。雍正十一年进士,授刑部主事,转郎中,出为江南驿盐,直隶天津、清河、浙江温处兵备诸道。著有《甄斋诗集》四卷。参见邓显鹤《沅湘耆旧集》卷八〇。

是秋,长子方道章举顺天乡试。全祖望亦中北榜,心契于先生。

据《方氏家谱》,道章由太学生中顺天乡试第四十一名举人。按《听雨丛谈》,是科顺天乡试主考任兰枝、杨炳。又,乾隆元年《江南通志》、嘉庆十六年《新修江宁府志》记载,方道章,上元人,北榜举人。乾隆十六年《上元县志》、道光七年《续修桐城县志》亦有记载。光绪七年《安徽通志》称,方道章,桐城人,北榜举人。

《全谢山年谱》:"十年壬子,先生二十八岁,举北京乡试。""棘房考曹公一士径过寓斋,倾倒特甚。而临川李穆堂先生见先生行卷,曰:'此深宁、东发以后一人也。'招之同寓。遂偕万孺庐先生唱和于紫藤轩,一时名下俱愿纳交先生。然先生所心契,李、万之外,惟灵皋先生、坦斋王侍郎、济寰曹给事、谢石林侍御、郑筼谷侍讲数人而已。而时相之门虽屡招之,不赴,卒以此深嫉之,至于放黜。"

按,《方氏家谱》卷五十二,此后方道章六上春官不售。

按,多年后,方道章与全祖望结为儿女亲家。见全祖望《方定思墓志铭》。

十月十七日,友人李钟侨(抑亭)卒,为撰墓志。

《方苞集》卷十《李抑亭墓志铭》:"雍正十年冬十月朔后九日,过吾友抑亭,遂赴海淀。次日归,闻抑亭蹶而喑,日再往视,越六日而死。"

按,《李抑亭墓志铭》:"君讳钟侨,字世邠,福建泉州安溪县人。康熙壬午举于乡，壬辰成进士，年五十有四。所著《论语孟子讲蒙》十卷，《诗经测义》十卷，《易解》八卷藏于家。《尚书》《周官》皆有说未就。"《四库全书总目》卷十八著录《诗经测义》四卷，论曰："是编不载正文，随其所见，各为评论。大旨以夫子未尝删《诗》，特据所得编之而已。……亦多前人未有之说也。"

又按，方苞编纂《钦定四书文》著录李钟侨《乡人皆好之一节》，评曰："一义不增添，一语不造作，清深曲折，自在游行，此为时文正派。"方苞《朱子诗意补正》《周官析疑》等著作多有援引李钟侨观点。李钟侨对方苞古文也多有评点，如评《书直隶新安张烈妇荆氏行实后》："合程、朱、韩、欧而为一，从前古文中尚未见此种。"《檄济宁诸生会课》："清醇简穆，西汉中叶后便无此风味。"《周官集注序》："余少从季父受《周官述注》，及见先生《析疑》《集注》二书，谓其义更不可易。近自江西入都弟钟旺曰：'先生更定二书，复十一二矣。'自谓衰疲，颇以旺为微有知，谓当与兄嗣事，尽志于此，南中二书刻本不更出矣。余则谓先生：'仍当出之，使学者知圣经之蕴无穷，宜随时更易，以求其实，亦所以开来者。'故识之。"

十一月，闻喜张亦堪告归，求表其父。

《方苞集》卷十二《潮州知府张君墓表》："亦堪朝夕近余凡逾年，而不自言求表其父；其所述皆当官实事不可诳托者，盖知余慎于文而难以情假也。其别余也，曰：'堪少不乐为时人之学，无明师友，勤而无所，年今五十有四矣，兄弟三人，惟堪也存，而皆无子，将南浮江、湘，就二三同好谋，挈家累以从先生游，以北以南，庶所学粗有所成；俟先生之闲，一订先人遗书，死不恨矣。'亦堪以仲冬归，次年四月，适江西至杨黄在所，遂死建昌。"

　　按,据王奂曾《张直甫墓志铭》:"君生于康熙十六年二月初五日,卒于雍正十一年六月初八日,享年五十有五。"(《三晋石刻大全》)张亦堪卒前一年离别方苞时请表,即雍正十年。又,《方望溪遗集》之《记杜烈妇事》:"(张质夫)既老,忽尽弃所学,从余讲问经义。留都下逾年,余趣之归。质夫无子,闻余将告归,欲迁居白门以近余。会其友杨黄在为县令江西,遂携其妾三人赴建昌,谋所以定迁者。"据此,张质夫即张直甫,亦张亦堪。

十二月十二日,吕留良案定谳。吕留良、吕葆中被戮尸枭示。十七日,处理吕留良案内相关人犯。

　　《世宗实录》。

十二月,《圣祖仁皇帝御制文集》四集刊成,先生为校刊。

　　《钦定四库全书》集部七:"圣祖仁皇帝御制诗文,自康熙二十二年癸亥以前为初集,三十六年丁丑以前为二集,五十年辛卯以前为三集,并大学士臣张玉书等编录,山东巡抚臣蒋陈锡等校刊,告成于康熙五十三年七月。其自五十一年壬辰以后,迄六十一年壬寅为四集,则刊成于雍正十年十二月,和硕庄亲王臣允禄等编录,侍讲学士臣方苞等校刊。"

是冬,受弟子雷鋐之请,表其先祖墓。

　　《方苞集》卷十三《雷氏先墓表》:"雷生鋐道其上祖兄弟八人,葬同丘,请表墓,口述再四,……余兄弟三人。弟椒涂早夭,而兄复中道弃余,临终命'三人必同丘,不得以妇附',族姻士友啧啧焉,虽子姓不能无疑也。其后闻宁都魏禧兄弟尝行此,而今复得雷氏上祖事。用此知是乃笃于兄弟者之恒情,虽异于俗,而非有过于义也。……雍正十年冬,江东方苞撰。"

按，雷鋐《经笥堂文钞》卷上《上方望溪先生书》，请方苞为其先祖墓表。

又按，宁化茜坑《冯翊郡雷氏家谱》(民国三年芳饮堂藏版)，蔡世远曾为雷鋐大父雷世守撰写《清待诰赠雷处士慎庵府君墓志铭》。

是年，为歙县友人汪薇撰墓志铭。

《方望溪遗集》之《按察司金事提督福建学政汪君墓志铭》"君以康熙丁酉十月朔日卒，享年七十有三。父讳一麟，诰封如君官。母程氏，赠宜人。妻胡氏，与君同隐约，辅成孝弟，备苦辛，贤声载里党，享年八十有六，卒于雍正壬子四月二十一日。子四人：长诜，附监生；次诚，康熙己丑进士，知荣泽、固始二县；次起谧，雍正己酉举人；次家谏，太学生。女二，并适士族。孙八人。以康熙己亥十有二月葬于篁墩之大金山，胡宜人以某年月日祔。"

按，篇中云汪薇卒于康熙丁酉，而其妻卒于本年四月，其次子汪诚尚在人世。据《集外文补遗》卷一《闻见录》，汪诚卒于雍正十一年，故系此文于本年。

汪薇，字思白，号棣园，歙县人。康熙二十四年进士，选庶吉士。三十年改户部主事。三十六年，以户部郎中为福建按察使司金事、提调学政。后效力南河，工毕告归。著《经概》五卷，《诗伦》二卷。参见乾隆二年《福建通志》、乾隆三十六年《歙县志》卷十二。

是年，好友蔡世远疾笃，往视，属先生为铭。

《方苞集》卷十《礼部侍郎蔡公墓志铭》："雍正十年冬十有一月，礼部侍郎蔡公病不能兴，皇子日使人问视，天子赐医，士大夫群聚必询公疾增减云何。逾年正月朔后八日薨。天子震

悼,自贤公卿以及雍庠之士重志节者,无知与不知,皆傀然若失
其所倚。余屡困于衰疾,尝属公必铭余。及公疾笃,执余手而
怆然曰:'子年先于吾,吾亦自谓终当铭子,而子今铭余。'"

是年,先生呈《与鄂张两相国论制驭西边书》,多获采纳。

《集外文》卷五《与鄂张两相国论制驭西边书》:"苞卧病两
月,气息厌厌,自念生世几何,既为知己怀忧,而暗默自便,则愧
负此心。故于伏枕呻吟之隙,日记数语,涉月而后其略粗具。
欲借手于二公,以报两朝圣主如天之德,而亦以答二公夙昔知
爱之深。曾子曰:'鸟之将死,其鸣也哀。'惟鉴其忱,恕其愚直
而审听之!"

按,《东华录》,雍正十年十二月,大学士伯督巡陕甘经略
军务鄂尔泰所奏内容,多有采纳方苞此文之建议,推断此文创
作时间应于本年。

又,朱轼评《与鄂张两相国书》:"老谋雄略,一归经术;未
审韩、范规模,视此何似?"姚鼐《跋方望溪先生与鄂张两相国
书稿后》:"方望溪宗伯《与鄂张两相国书》论制准夷事,……公
之忧国忠友之情,则皆可以谓至矣。……于公平生风义,所关
颇重。"(《惜抱轩文集后集》卷二)又,贺长龄、魏源《皇朝经世
文编》卷八十一《兵政十二·塞防下》,收录方苞此文。

是年,撰《修复双峰书院记》。

《方苞集》卷十四《修复双峰书院记》:"容城孙征君,明季
尝避难于易州之西山,学者就其故宅,为双峰书院。其后征君
迁河南,生徒散去,为土人侵据;其曾孙用桢讼之累年,始克修
复,而请余记之。"

按,孙用正(用桢)《缄斋集》卷三:"辛丑春,将双峰书院彻
底重修。……十载奔驰,得还故物,祖功宗德其可忽乎

哉？……雍正十年壬子，以双峰虽修完，未经立碑，复至保定府，托胡子赤、鹿胐生买石立碑，求方灵皋作碑文。……是年正月，运至双峰，竖立讫。易州牧为中州新安吕，极其周旋，复批免合村杂役专司看守、洒扫书院之责，事毕而返。"故系《修复双峰书院记》于本年，而苏惇元《文目编年》列为方苞"年四十至五十"之文，有误。

又按，文中所云"易州牧"应为吕守曾，河南新安人，据乾隆十二年《直隶易州志》卷十二《职官》，雍正九年至十三年任知州。而吕守曾为方苞好友吕履恒三子。又，孙用正有《恢复双峰书院纪事》，完整记其事。

是年，高斌调两淮盐政，兼署江宁织造。先生有赠诗，高斌次韵以和。

《清史稿》列传九十七《高斌列传》："十年，调两淮盐政，兼署江宁织造。"

方苞赠诗，为宋华金代作，收入其《青立轩诗稿》卷二《代方望溪赠两淮高（斌）巡盐》："凤闻渤海后，所出多奇英。高侯廊庙器，忠孝秉天成。当官不爱钱，耻为利物撄。事亲备荣养，廉不薄亲庭。两为大方伯，在在版舆迎。厥后移西蜀，捧诏心屏营。曰臣有母在，白发垂星星。羊肠崎岖地，驰驱讵能胜。顾宽之任限，奉母还上京。乌情苟得遂，叱驭敢辞行。精诚竟披沥，天意为回听。淮南命再下，子母俱泪零。圣恩岂私覆，孝治风八纮。仆时侍丹陛，侧听惊未曾。昨朝同待漏，问姓始识荆。诵我旧时作，脱口如泻瓶。因叩君所学，渊源本六经。乃知笃性人，学殖中所弸。顾君励风操，惟孝树典型。报国奏伟绩，勿忝尔所生。"

高斌《固哉草亭集》卷二《次韵方灵皋》（壬子）："昭回光

下饰,文士奋精英。方翁著述手,波澜尤老成。操觚非劲敌,铓锋谁敢撄。暮年膺圣眷,早岁擅鸿名。忆昔诵佳篇,仰止望前旌。自惟性疏慵,澹交寡所营。年华过半百,双鬓亦已星。学海浩无涯,渺渺念周程。怅望君子庐,顾影遥神京。昨秋睹光辉,倏复邗江行。当其晤语时,存诚倾耳听。斯人犹未老,吾道岂飘零。讯知仆有子,善诱记吾曾。(曩以古书选目见寄)神交数十载,针芥在班荆。迷津籍指点,发覆如建瓴。千里寄新诗,念兹霜雪经。励予意勤恳,感君道心弸。仕宦阻外内,步趋怀仪型。三复韶濩音,愿言谐正声。"

宋华金《代方望溪和高巡盐(斌)》:"与君素未面,邂逅承明始。握手若故交,诵余文不已。余亦久虚襟,忠孝维人纪。以兹倾盖间,开胸互相砥。别后岁月迁,思君隔秋水。昨朝驿使来,新诗寄盈纸。上言老成存,著述久勤企。下言吾道昌,儒先期并美。高轨固难投,当仁竟何委。仕优学盖勤,想君亦应尔。方今淮海清,政治有余暑。古人开济心,一一在经史。郎君复翩翩,师承得髦士。渊源溯吾党,仆亦称孔李。(原注:时先生故友左未生兄子策顽下帷使院)会当奋天池,轩卓来帝里。诗礼述前闻,庶几一予起。"

是年,友人石永宁次子观德八岁,能举巨石三钧。冷枚为作《虎子图》,题跋者众,家侄方道永、方观承等皆有参与,欲先生为文以勖之,先生未暇。

《方苞集》卷七《赠石仲子序》:"东村山人幼遭疾,弱足而志甚伟。有二子并英特:其长子为诸生,余见其试牍,谓当早遇。寻成进士,入翰林有声。仲子八岁,能举巨石重三钧;将冠,与虎士搏,可仆四三人。山人欲余为文以勖之,而未暇也。"

冷枚《虎子图》题识："八岁儿能举四钧之石，其身长不能两倍于石也。异哉！观其体干雄特，眉目爽朗，岂非虎豹之生，已具食牛之气欤，是为吾友石东村之次子。余遇东村居见其方引石自校，欣然肖其所为而命之为虎子图。他日者爪牙章采之，既修吾不复能方物之矣。壬子初夏，东溟冷枚画并题。"

按，《索绰络氏家族文化与文学源流考》："观德（1725－1784），永宁次子，号近亭。勇武多力，八岁能举四钧石，清代著名宫廷画家冷枚（约1669－约1742）为作《虎子图》，慎郡王胤禧（1704－1758）及一时之公卿名士皆有题咏。"

又按，英和《恩福堂笔记》（卷上）记其事："二伯祖东村公，雍正年间举孝廉方正，而征不应。诗入少陵之室，而稿不存。与李铁君、马大钵、王兰谷、陈石闾、橘洲昆仲诸先生交，时称燕山十布衣。生子二，长即文恭公，次即近亭先生，生而骈肋，八岁能举石重四钧，冷金门为画《虎子图》，名公巨卿咸有题咏。"又按，冷枚《虎子图》，方道永、方观承等皆有题跋。

是年，雍正帝谕令考官，所拔之文，务令"清真雅正，理法兼备"。

《钦定大清会典事例》。

是年，族子方观承赐中书衔，随定边大将军福彭征讨准噶尔。友人彭维新以都察院左都御史升为户部尚书。魏廷珍以漕运总督署两江总督。王兰生以安徽学政内阁学士提督陕西学政。

《清史稿》列传一百十一。《世宗实录》。

雍正十一年癸丑（1733） 六十六岁

正月初一日，好友李塨卒，年七十五岁，为撰墓志铭。

冯辰《李恕谷先生塽年谱》。

按,方苞与李塽,一南一北,一为桐城派宗师,一为颜李学派宗师。二人一生往来三十年,易子而教,换宅而居,虽多次论学不合,但不妨为至交。李塽与恽皋闻书曰:"生平知交,雅重毛河右、王昆绳、方灵皋。"方苞《与黄培山书》,将刘古塘、张彝叹、王源、李塽并称"敦崇堂"四友。李塽《恕谷后集》有相关方苞文章四篇:《甲午如京记事》《与方灵皋书》《挽方灵皋之母吴太君辞》《书方灵皋一节》;《恕谷诗集》有诗一篇:《宋涵可价方灵皋字以诗为贽请业步答》。《方苞集》有相关李塽文章五篇:《与李刚主书》《李母马孺人八十寿序》《李刚主墓志铭》《李伯子哀辞》《释言》,足见二人情谊之深。

又按,方苞《李刚主墓志铭》后世争讼不断,涉及二人关系及人品、学术之评价,故扼要论之。方文曰:"刚主立起自责,取不满程、朱语载经说中已镌版者,削之过半。……以刚主之笃信师学,以余一言而翻然改。"李塽弟子刘调赞、梁启超、刘师培、徐世昌、杨向奎诸人认为,李塽学说并未删改,方苞之言不实。而王韬、林纾、丁若镛与曹竞燮诸人认同方苞之说,并称李塽勇于改过。清国史馆《李塽传》最接近真实:"苞尝以程朱之学规塽,塽虽引以自责,然不能革也。"但方苞为何规劝李塽,并谎称其删削不满程朱者?此说动机,前人罕有论及。清初朝廷以程朱治国,对诽谤程朱者严加裁制,谢济世曾以此被参,吕留良毁谤程朱被雍正帝亲自批判,方苞、朱轼等也参与其中。方苞深知毁谤程朱可能带来的灾祸,他为保护老友,亦为自身,不惜诬言,可谓用心良苦。

正月初九,好友蔡世远卒,年五十二岁,为撰墓志铭。

《方苞集》卷十《礼部侍郎蔡公墓志铭》:"雍正十年冬十有

一月，礼部侍郎蔡公病不兴，……逾年，正月朔后八日薨。……其丧之归，子弟生徒合辞以请。呜呼！余安忍铭公！虽然，义不可让也。……卒年五十有二。"李绂《穆堂初稿》卷二五《礼部左侍郎漳浦蔡公墓志铭》称："雍正十一年正月九日，礼部左侍郎漳浦蔡公卒于京师邸第。"《世宗实录》本年正月初十："予故礼部左侍郎蔡世远，祭葬如例。"

按，《清史列传》《清史稿》《国朝先正事略》皆称蔡世远"十二年卒"，有误。

又按，方苞与蔡世远，皆为清初名臣，庙堂理学家，李光地士人群体主要成员。交往二十余年，关系密切。在《礼部侍郎蔡公墓志铭》，方苞叙述蔡世远德行及二人友谊："公性淡泊，所得禄赐，半索之族姻知旧，妻子仅免寒饥，敝衣粗食，视窭人或甚焉。其居外寝设一榻一帏，余至则以让余而卧后夹室，方夏秋，蚊虻嘬肤，竟夕不安，而惟恐余之不淹留信宿也。呜呼！此公之志气所以忾乎海内之士君子欤！"

蔡世远对方苞古文多有盛赞，如评《书李习之卢坦传后》："唐宋名臣有家传，乃其子孙知，故未谙文体者为之，盖事与言宜籍于故府，质行宜具于状志，为状志以达史氏，恐故府之籍未详耳。故八家中，惟穷士畸人末吏始为立传，微望溪揭出，莫知其非。"评《原人下》："扶翼世教，为天地立心为生民立命，三代后有数文字。"评《异姓为后》："礼虽先王未尝有，可以义起。刘原父礼说，辞气简老，大近《戴记》，然未有精义入神，如口授周、孔之传旨，如此种者。"评《送李雨苍序》："笔墨之踪，绝不类韩、欧、曾、王，是以能与之并。"见初刊本。

又九日，郭起元入京，请业于蔡世远，比至公已弃世九日。蔡公遗札，命奉教于先生，及朱轼、徐元梦、周学健诸人。

按,郭起元《介石堂集古文》卷八《上方望溪先生书》,信中言及蔡世远在鳌峰书院时评价方苞:"梁村公言先生立朝大节,及阐明经史,启迪后学事甚悉。又语起元当代伟人,若高安相国、蝶园、力堂两公,德业闻望。……入京请业于梁村公,比至公已弃世九日,遗札付起元,命奉教于先生,及高安、蝶园、力堂,俾仰其言论风采,以为法则。……顷岁,先生引年南旋,益大其名山之业,起元前谒于金陵,承赐诲言。近惠大集,《书》《诗》《春秋》《三礼》经训,《丧礼或问》,明先王之道,阐邪说,正人心,真知独见,抉精擢髓,发千年之蒙瞀,而为绝学之津梁者,厥功岂甚微哉!"

郭起元,字复斋,福建闽县人。诸生。少肄业鳌峰书院,蔡世远称其能文章。乾隆元年,举博学鸿词,弗就。督学周学健以贤良方正荐。授安徽舒城知县,调桐城,又调太湖,未逾年又调盱眙,摄知州,五载乞归。著有《介石堂诗文集》。《四库全书总目》录其《水鉴》。参见《清史列传》卷七十二。

是时,郭起元拜谒先生,赋诗为记。

按《介石堂集诗集》卷三《拜望溪方学士》:"西汉文章海内传,谁知风节老逾坚。立朝总为忧民瘼,退食惟应对简编。三礼贯穿开闾奥,百家镕冶匪言诠。灵光独峙岿然望,末学于今愿执鞭。"

正月十七日,弟子沈廷芳之父元沧卒,先生致唁。

沈廷芳《隐拙斋集》卷四十一《方望溪先生传后》:"癸丑,奉先君之讳,先生来唁,将奔丧往谢,先生赐以赈慰曰:'生毋过哀灭性,居苦次正读礼时也。'"

沈廷芳《隐拙斋集》卷四十九《诰赠通议大夫山东按察使前文昌县知县显考东隅府君行状》:"先君……竟于癸丑正月

十七日卒。"

正月,受窦容邃之请,表其父窦克勤之墓。

《方苞集》卷十三《翰林院检讨窦君墓表》:"自容城孙征君迁河南,中州士大夫多兴于学,及其门者,潜庵汤公、逸庵耿公为最。而闻二公之风而兴起者复四三人,柘城窦遁斋其一也。……君讳克勤,字敏修,卒年五十有六。……子三人:长容端,增广生,前卒;次容庄,癸巳举人;次容邃,乙酉举人,候选知县,志承其父学,以状志求表。余既熟闻君之学行,且与容邃一见而志相得,乃谱焉,俾锓诸外碑。雍正十一年正月,江左方苞撰。"

按,窦克勤之享年,方苞、《清史列传》、李元度《窦克勤事略》皆云五十六岁。而彭绍升《窦克勤传》、江藩《宋学渊源记》与《清史稿》称六十四岁。又,汤右曾《征仕郎翰林院检讨静庵窦公墓志铭》曰:"康熙四十七年戊子又三月二十五日,检讨静庵窦公卒于里第""以顺治十年癸巳十一月六日生",据此,享年五十六岁。汤氏与窦公同年进士,同为史官,所言应可信。今从方苞之说。

又按,窦克勤入《清史列传》卷六十六《儒林传》,《四库全书总目》卷九十七著录其《理学正宗》十五卷,论曰:"是编列宋周子、张子、二程子、杨时、胡安国、罗从彦、李侗、朱子、张栻、吕祖谦、蔡沈、黄榦,元许衡,明薛瑄共十五人,人各一传,并取其语录、答问及著作之切于讲学者录之,附以己见,而于《太极通书》释之更详,大旨以朱子为宗。李侗以上,开其绪者也;黄榦以下,衍其传者也;胡安国等皆互相羽翼者也。"

三月,代果亲王允礼编选《古文约选》成,并代为序。

《集外文》卷四《古文约选序例》:"是则余为是编,以助流政教之本志也夫。雍正十一年春三月和硕果亲王序。"

按,此书为古文总集,乃方苞奉和硕果亲王允礼之命编选,实为八旗子弟官修教材:"我国家稽古典礼,建首善自京师始,博选八旗子弟秀异者,并入于成均。圣上爱育人材,辟学舍,给资粮,俾得专力致勤于所学。而余以非材,实承宠命,以监临而教督焉。窃惟承学之士必治古文,而近世坊刻,绝无善本。圣祖仁皇帝所定《渊鉴古文》,闳博深远,非始学者所能遍观而切究也。乃约选两汉书、疏及唐、宋八家之文,刊而布之,以为群士楷。"(《古文约选序例》)

《古文约选》仅收录两汉及唐宋八家古文,并未选先秦及六朝文。全书共363篇,两汉文49篇,唐、宋八家文314篇,其中韩文72篇、柳文46篇、欧阳文58篇。是编有雍正十一年果亲王府刻本、同治八年吴氏望三益斋刻本。

又按,龙启瑞《经籍举要》评《国朝方苞古文约选》:"望溪于古文义法最深,是篇持论亦最严谨,观其点定评语,足以知文章之轨则矣。"叶德辉《郋园读书志》卷八:"朱子诗文皆有义法,为南宋之冠。国朝姚姬传先生诗文极似之,世目先生为桐城古文家,不知先生远有所本也。自余创此论,读者咸以谓然。至桐城方望溪侍郎《古文约选》,其钩乙点窜唐、宋人文处,无剩义,无累句,亦得力《朱子文集》为多,姬传先生盖得衣钵真传者矣。"

是春,歙县友人汪诚瘐死,其弟汪起谧寻卒,为作《闻见录》记其事。

《集外文补遗》卷一《闻见录》:"汪起谧字书农,徽歙汪金事思白第三子也。思白以文学名江介。仲子诚与余往还,雍正初令荣泽。巡抚田文镜恶之,以朋党劾,被逮。……癸丑春,诚瘐死。御柩归,遂绝意进取,寻卒。以兄子某嗣。士友公诔之,易其名曰孝恭先生。"

是春,武陟苗于京以计偕入京,与先生论文,为先生所重。

民国二十年《续武陟县志》卷十六《耆旧传》:"苗于京,字配山。……中雍正壬子乡试经魁,计偕入都,与方灵皋遇京邸,谈论文学,雅为方公所重。"

四月初二日,殿试发榜,陈倓等三百二十八人中进士。

《世宗实录》。

是时,与同年彭维新各作《类涧记》,时陈大受方成进士,强之拟作,稿未半,言与意皆获先生与彭维新称赞。

彭维新《墨香阁集》卷八《太子太保两广总督文肃陈公墓志铭》。

陈大受,湖南祁阳人。雍正十一年进士,改庶吉士,授编修。官至安徽巡抚、江苏巡抚、福建巡抚、兵部尚书、会试正考官、礼部尚书、协办大学士、军机处行走、太子太傅、署直隶总督、两广总督等。乾隆十六年,以病解任,未几卒,谥文肃,祀贤良祠。参见《清史列传》卷十八。

按,彭文言时间在三月,而陈大受成进士在四月,彭维新虽为陈大受会试房师,记忆或有误,今从后者。

又按,彭维新《墨香阁集》卷四《类涧记》,言及其文题来自韩愈《示儿》诗之"山鸟旦夕鸣,有类涧谷居"之句,而彭维新本人去年擢户部尚书,赐白金四千两,因买宅南城二十余亩,有涧有类,与当年韩愈颇似,故生感慨。

四月二十一日,先生以翰林院侍讲学士擢为内阁学士兼礼部侍郎。以足疾具折肯辞,奉旨仍在修书处行走,不必办理内阁事务。

《世宗实录》。《方望溪遗集》之《遵例自陈不职恳赐罢斥札子》。

六月初十日,谕先生与兵部尚书鄂尔奇、吏部右侍郎阿山、吏部左侍郎任兰枝,教习庶吉士。翰林院侍讲学士陈万策协同教习。

《世宗实录》。

鄂尔奇,鄂尔泰弟,康熙五十一年进士,改庶吉士,散馆授编修。雍正中,四迁至侍郎,历工、礼二部,署兵部。五年,擢户部尚书,兼步军统领。十一年,直隶总督李卫论劾坏法营私、紊制扰民诸状,鞫实,当治罪,上推鄂尔泰恩,宥之。十三年卒。参见《清史稿》列传七十五。

任兰枝,字香谷,江苏溧阳人。康熙五十二年进士,授编修。雍正元年,直南书房。累迁内阁学士、兵部侍郎。乾隆朝,充《世宗实录》总裁,擢礼部尚书,历户、兵、工部。十年,以老致仕。十一年卒。参见《清史稿》列传七十七。

陈万策,字对初,安溪人,居晋江。康熙癸酉举于乡,戊戌成进士,馆选后授编修。由中允荐詹事,甲辰典试湖南,丙午典试浙江,所得皆知名士。历侍讲学士、教习庶吉士。年六十八,卒于官。著有《馆阁丝纶》二卷、《近道斋诗文集》八卷。参见乾隆三十四年《福建续志》卷四十六。

又按,《世宗实录》,本年五月初二日,"壬午,谕翰林院:'选拔庶常,原以作养人材。今科进士陈倓、田志勤、沈文镐已经授职。二甲第一名张若霭,着授为编修。张映辰、吴祖修、张湄、赵赞、鄂容安、雷鋐、朱桓、朱泮功、鄂伦、周正峰、储晋观、陈大受、董邦达、姚孔鈘、张为仪、阮学浚、范从律、张瑗、陆嘉颖、汪师韩、徐梁栋、夏廷芝、吴学瀚、许集、肇敏、沈景澜、朱续晫、张映斗、时钧辙、王锡璋、曾丰、杨二酉、陈仁、王检、梁文山、焦以敬、程钟彦、双庆、赖翰颙、罗源汉、王文充、李修卿、查锡韩、冯元钦、李天秀、刘孔昭、刘学祖、邱玖华、唐进贤、张宗说、介福、沈齐礼、赫成峨、吴士功、王芥园、杜谧、刘元炳、胡定、张兰清、于开泰、杨琨、傅为詝、饶鸣镐、辛昌五、聂位中、陈中荣、王以昌、宋楠六十八员,俱改为庶吉士。'"按名录,实际是七十二人,而《词林典故》加入任启运,合计七十三人。

是时,江西吴学瀚师事先生,为文有法度。

光绪七年《江西通志》卷一百四十一《列传·瑞州府》:"吴琇,字秀玉,高安人。生而聪慧,九岁能文,以选拔贡成均,举孝廉方正,弗就,乾隆元年成进士,公卿重其名,有欲为荐举者,笑而谢之,归里,杜门著述。为文宏博渊深,诗尤大雅,远近就正者踵相接。子学瀚,字广思,由举人聘充江南同考,寻奉截取观政刑部。雍正中,成进士,改庶吉士,师事桐城方苞、临川李绂,文有法度,为同辈所推服。淡于进取,乞假,随父归,遂不出,卒年九十。"

是时,长沙罗源汉最蒙奖进,得先生之精纯。

同治十年《长沙县志》卷二十三《人物》:"罗源汉,字方城,号南川,赋质醇粹,颖异好学。雍正癸丑科进士,入词垣。乾隆丙辰年,授翰林院编修。时同郡彭维新,官大司农。桐城方苞官侍郎,教习馆中新进,源汉最蒙奖进,相与有成。已而典试粤西、浙江,视学粤西、直隶、顺天,历都御史,迁侍郎,荐登工部尚书,年七十五卒于京邸。前后立朝五十余年,寅清端恪,崇实黜浮,德行、文章、事业朝野交推,谓于彭茶陵得其正大,于方灵皋得其精纯,非虚誉也。"

是时,湘潭张璪获先生赞赏,以古文作手相推许。

乾隆二十一年《湘潭县志》卷十九《人物·文学》："张瑷，字昆石，号晚闻，原任鳌屋县知县张元凯第五子也。……癸丑成进士，选翰林院庶吉士，方先生苞掌教习，以古文作手相推许。居馆二年，因少宰任公兰枝保荐，出为湖北襄阳府同知。"光绪十一年《湖南通志》卷一百七十九《人物志》亦有记载。

雷鋐入馆后，先生入内城，有信札与雷生。

方苞《与雷翠庭书》："愚入内城，恐未得归。舍弟又赴馆，贤薄暮必携被过舍宿，愚书房褥及盖、皮衣俱有，余不宣。"见《望溪先生尺牍补遗》。

是时，以"三江五湖考"命题，夏之蓉脱颖而出，为先生所重。

《方望溪遗集》之《半舫斋古文序》："癸丑岁，高邮夏君醴谷捷南宫，文名藉甚，而未与木天之选。时予教习庶常，以'三江五湖考'命题，醴谷为文示予，见其援据精确，气色渊古，窃谓时贤远不逮也。嗣予删定唐宋八家文，醴谷间出议论，与予相辨难，往复至再三不厌。虽所见略殊，而指归不异，予益重之。"

夏之蓉，字醴谷，高邮人。雍正四年与弟廷芝同膺乡荐，十一年复与廷芝同举会魁，乾隆元年考取博学鸿词，授检讨。九年典试八闽，寻督学粤楚，同考顺天。著有《半舫斋古文》八卷、《诗钞》二十卷、《读史提要录》十二卷等。纂修《高邮州志》《直隶通州志》等。卒年八十八，嘉庆十三年崇祀乡贤。参见嘉庆十五年《重修扬州府志》卷四十八《人物》。

六月二十二日，孙方惟稼生。为道章第四子。

《方氏家谱》。

是夏，江西李灏入京，挟《六经解》介曹一士、蔡寅斗，拜谒先生。

方苞《四书疑问序》:"癸丑夏,来游京师,曾挟《六经解》介曹子谔廷、蔡子芳三,谒余。余惊叹,以为俗学梦梦,是真超越风尘之表者。"

按,此文未收入今存方苞诗文集,而见于哈佛大学汉和图书馆藏乾隆丙辰元年刻本李灏《四书疑问》卷首。

又按,同治十年《南丰县志》卷二十五《人物》:"李灏,字柱文,号沧江,在田八子之一,嗜古力学,淹贯经史,有名诸生间三十余年。雍正庚戌岁贡,乾隆元年巡抚常公安荐举博学鸿词,报罢。甲子授吉安永宁训导,课士有方。著有《四书疑问》《五经疑问》《莅堂类稿》诸书刊刻行世。"

光绪四年《江阴县志》卷七《人物·文苑》:"蔡寅斗,字芳三,乾隆丁卯举人,国子监助教,能诗文。方伯鄂文端檄七郡士会课春风亭,寅斗冠其曹。岁丙辰,荐举宏博,不就,著有《九贤堂稿》。"蔡寅斗为方苞弟子,有诗《和方望溪师吊展断事公墓原韵》。

是夏,李汝霖书至,为其叔父、叔母请墓志。先生以其信而可据,按行状谱之。

方苞《莱阳县李公暨配练孺人墓志铭》。

按,此文未收入今存方苞诗文集,而载于光绪二十九年岳廷楷纂修《永城县志》卷三十五《辞章》。

七月,族子方观承授内阁中书舍人,随平郡王福彭出征准噶尔。

方观承《述本堂诗》之《上平郡王新拜定边大将军统帅北路》《癸丑七月承以布衣蒙恩授内阁中书舍人随征北路感赋四韵》。

八月,总裁邓钟岳因事降调,先生出任大清一统志馆总裁。

《雍正朝内阁六科史书·吏科》;遗集《遵例自陈不职恳赐

罢斥札子》;国史馆《方苞传》。

按《世宗实录》,本年四月二十九日,吏部左侍郎任兰枝、礼部右侍郎邓钟岳被任命为大清一统志馆总裁。

邓钟岳,字东长,聊城人,康熙六十年状元,授修撰。雍正四年,督江苏学政。七年以少詹事任广东学政,十一年迁礼部右侍郎。寻左降太常寺卿。乾隆元年,督浙江学政。七年,仍晋礼部右侍郎,转左侍郎,尝三主江南乡试。十三年,扈从东巡,请增祀颜子庙。以疾致仕,卒年七十四。著有《知非录》《寒香阁诗集文集》。参见民国四年《山东通志》卷一百七十四《人物》。

又按,牛润珍、张慧《〈大清一统志〉纂修考述》称:"雍正十一年,是纂修《大清一统志》甚有成效的一年,直到十三年,虽未成书,然为以后功竣打下了坚实的基础。"(《清史研究》二〇〇八年第一期)

又按,中国第一历史档案馆档案,十一月十八日,内阁一统志馆咨呈,《为编纂一统志书抄录档案咨取应用高丽纸张事致内务府》。十一月二十八日,礼部咨呈,《为现编纂一统志书咨查本朝直隶各省新建重修寺院并僧道曾受封号事致内务府》。据此,《大清一统志》之修纂成书,方苞实有大功焉。

是时,撰《与一统志馆诸翰林书》,提出修志基本原则。曹一士致书先生,讨论纂修体例。

《方苞集》卷六《与一统志馆诸翰林书》:"既立条例后,新纂一郡稿成,随命学子校勘,次山再之,仆三之,始发誊录,及观清本,而罅漏又自见矣。班覆之而更写焉,自视若无遗憾,及各府州志毕萃,而牙牙相抵者且百出矣。诸公勿谓此文事之浅者,心与目毕至焉,而后知其曲艰也。"

曹一士《四焉斋文集》卷六《与方总裁》:"《统志》关隘中,新例以巡司居首,已经照例移改。然尚有难移者,……偶因大同府一条,特献其疑,乞裁定,以便遵行。"

常熟王峻在一统志馆,随先生修书。

王峻《艮斋文集》卷一《沈冠云文集序》:"余往在都门,少宗伯方望溪先生每为余称吴江沈君冠云之著述,能守朴学,不事浮藻。时余以书馆事繁,仅获观一二,未遑多索也。今年余在紫阳书院。"

王峻,字次山,号艮斋,少敏慧,受业司业陈祖范之门,举京兆,试授内阁中书,寻登进士第,改庶吉士,充一统志纂修官,散馆授编修。历典浙江、贵州、云南乡试,改御史,直声震都下。会丁内艰,遂归。当事重名德,争延为士子师,历主安定、云龙、紫阳书院。性刚褊,不与时俗为伍,究心经史,考订详审,尤精舆地之学。光绪二十四年《常昭合志》卷九《人物》。

是时,延李光国主家塾,时奉命纂修职方志,光国力襄其役。

咸丰二年《重修兴化县志》卷八《儒林》:"李光国,原名熛火,字智周,一字定斋,幼孤贫,习贾人业三年,复读书。雍正七年拔贡,肄业太学,凡十四试皆第一。方侍郎苞延主家塾,时奉命纂修职方志,侍郎总裁,光国力襄其役。乾隆元年荐举鸿博。九年中顺天副榜,授祁门教谕。倡修黉舍,士论翕然。告归侨居高邮。光国博物嗜古,载籍无所不窥,藏书甚富,出游携目录一帙,暇即循览记诵,有询故实者,辄告以某书某卷,检之百不失一。善悬肘书,诗文富赡,咏史诸作多古人未发处。著《定斋诗集》《阴符经注》《帝王世系录》。"

按,李光国《定斋诗钞》卷一《拟躬耕述怀和方望溪先生作》:"务成为帝师,深山澹无事。蠢蠢三苗民,于何用才智。

干戈包虎皮,凶门苦一试。谁云蹈厉象,而是太公志。夹钟吹天和,秋鹰化其鸷。种桑八百株,饲蚕作田器。"《忆望溪先生》:"擘石回澜力,料须脱口身。钩玄多著述,宝啬富精神。自失刘中垒,难逢井大春。亭前谁问字,到处是迷津。"

九月初一,王澍题《舒文节公探梅真迹》,先生、陈世倌、李绂诸友亦有题跋。

《集外文》卷四《题舒文节探梅图说》。

九月二十四日,友人海宁查嗣瑮卒,年八十二岁。

陈世倌《翰林院侍讲顺天学政查查浦先生墓志铭》,《海宁查氏族谱》卷九。

是秋,李天秀来访,并赋诗《新月(癸丑秋司农方灵皋先生寓内限韵)》。

诗篇见于《来紫堂合集》。是集为李祖望辑录,李德等参订。咸丰二年刊本。浙江大学图书馆藏。收录李天秀(子俊)文三十四篇、诗八十三首。

按,李放《皇清书史》卷二十三:"李天秀,字子俊,号焦娄,华阴人,雍正十一年进士,官历城知县,暇则临晋唐各帖。"

是秋,与同年友彭维新、吴士玉、俞兆晟等二十五人,宴集于彭氏类涧月台。

彭维新《墨香阁集》卷十一《秋夜类涧月台宴集得何字》(时吴荆山大宗伯、俞颖园小司农、方灵皋阁学暨词馆诸公二十五人与焉。)

十一月,弟子沈廷芳偕秀才左廉,过周大璋进士小饮,次先生见寄韵。

沈廷芳《隐拙斋集》卷四《长至微雪偕左策顽秀才过周聘侯进士小饮次方夫子见寄韵》。

是年，提出翰林院庶吉士教学改革，于文辞外倡导经济实用。

《方苞集》卷七《赠石仲子序》："往者余以衰残，荷世宗宪皇帝暨今上搜扬，俾赞阁部教习庶常，窃虑辞章声律未足以陶铸人材，转局其志气，使日趋于卑小；欲仿朱子《学校贡举议》，分《诗》《书》《易》、《春秋》、《三礼》为三科，而以《通鉴》《通考》《大学衍义》附之（《诗》《书》《易》附以《大学衍义》，《春秋》附以《通鉴纲目》，《三礼》附以《文献通考》），以疑义课试。当路者多见谓迂远不近于人情；惟高安朱可亭、江阴杨宾实所见与余同。久之，亦以违众难行止余。余犹欲发其端，乃奏：'河北五路及边方人，不谙声律，宜专治经史。'果格于众议。乃私择其有所祈向者，喻以宜取幼所熟《四书》语，反之于身，以验其然否？三分日力，以其一讨论《通鉴》中古事。"

按，方苞于雍正十一年和乾隆二年，两度教习庶吉士，而"高安朱可亭、江阴杨宾实"皆卒于乾隆元年，故方苞建议，应在雍正十一年。

《集外文》卷二《请定庶吉士馆课及散馆则例札子》："至于教习庶常，臣请嗣后，江南、浙江、江西、湖广、福建仍课以诗赋。其余各省，则专治本经义疏及《资治通鉴纲目》所载政事之体要。散馆之日，试以所专课各二篇，其兼通者，亦得自著所长而不相强。如此，则东南之士益留心于经济之实用，而河北五路以及边方之士，亦不至困于声律之未谙，可以陶冶群材，使争自淬砺。盖政事文学，皆人臣所以自效，而政事之所关尤重。使海内昭然知我皇上取人，不专以文辞，而必求其实济，则有志之士，当益思自奋于圣明之世矣。"

是年，以诗稿呈同宗方世举就教。

方世举《春及堂》三集《望溪兄特以诗稿下问适有事牵未

及展读连书迫促因先呈长句二十韵》。

按,方世举诗未定作于何时,但其小注云:"时方检校张宗伯、顾河督两集。"张宗伯难以确定,而顾河督应为河督顾琮。据《清史列传》,顾琮于雍正十一年署理直隶总河,八月授直隶总河,乾隆元年任江苏巡抚。按照通例,官职称呼一般取高不取低,故诗歌应作于雍正十一年至十三年之间。同时,此诗后随录另一首《读毕寄还又呈二十韵》,显然两首诗作于同时。下一首诗称"吾兄但不官,何事不第一",亦应作于方苞为官之初,雍正十一年担任内阁学士兼礼部侍郎后,公务日渐繁忙,作诗更少。姑系二诗于本年。

据此,方苞生前作有诗稿,惜后世未见。

又按,方世举《兰丛诗话》:"余家传诗法多宗老杜。明初,先断事公殉建文之难,有绝命词五律二首,所谓'死岂论官卑'者,已是杜《初达行在》之沉痛。至先太仆公好为七律,全得《秋兴八首》之鸿音壮采。先宫詹公又集学杜之大成,晚而批杜,章法、句法、字法皆有指授。小子才薄力弱,不能专宗,老而自伤,终莫能一。望溪兄、宜田佺实确守之,兄以文胜而诗居功半,今藏于家;佺则表见于世矣。"又,马一浮《题方望溪姚惜抱诗册》:"桐城自昔盛文儒,家有灵蛇照夜珠。此日书林夸二妙,论诗犹得比欧苏。"(《马一浮集》第三册)

是年,同年熊本自金陵以书为母请铭,先生不忍,为撰墓志。

《方苞集》卷十一《工部尚书熊公继室李淑人墓志铭》:"淑人之没也,本适游秦中,而淑人留京师;余尝拜于北堂,既弥留,入视于寝,迫公事未得与殡敛。越十有一年,本自金陵以书来速铭,曰:'葬有日矣。'呜呼! 余忍不铭? 淑人卒于康熙壬寅年七月望后三日,享年六十有三。"

　　按，康熙壬寅年即康熙六十一年，越十有一年，即本年。

是年，撰《为秦门高贞女纠举本引》。

　　《方苞集》卷十八《为秦门高贞女纠举本引》："高贞女，吾师大理卿宛平公同产弟颐侯次女也。许嫁秦氏子文照，舅姑前殁。雍正五年春正月，文照死。贞女请衰绖归秦氏，代夫承重事祖姑。其父大骇，招余陈《礼经》以喻之，志不移。遂以二月朔归秦氏，时年二十有二。其舅之侧室李氏感焉，誓守节，与贞女同卧起，于今六年矣。"

　　按，雍正五年文照死，距今六年，今即本年。

是年，友人闻喜张亦堪卒，年五十五岁。

　　《张直甫墓志铭》："呜呼！君生于康熙十六年二月初五日，卒于雍正十一年六月初八日，享年五十有五。元配王孺人，戊戌进士翰林院侍读王公讳钟灵女，生于康熙十七年二月十五日，卒于雍正元年三月十四日，享年四十有四。继配梁氏，广东分巡惠儒潮道陕西梁公讳角女。子男一，即本中，业儒，元配绛邑庠生郭公讳体豫女。继配绛邑岁进士吏部候选训导任公讳琛女。子女一，适癸酉科举人拣选知县董公讳梦照。"（李百勤《河东出土墓志录》）

　　按，方苞记载，张亦堪卒年不确。《方苞集》卷十二《潮州知府张君墓表》："将行，请以小妹妻余少子，时雍正九年季秋也。……亦堪以仲冬归，次年四月，适江西至杨黄在所，遂死建昌。而其家失火，累世藏书暨平生集古金石刻、近世名贤手迹、古器奇石皆烬焉，而君及亦堪所述造遂无一存者。"据此，《张直甫墓志铭》记载更完整，今从其说。

是年，好友吴启昆先世墓界为土人所侵，告归讼之，遂卒于家。年七十四岁。诸子因先生子弟以请铭。

《方苞集》卷十二《吴宥函墓表》。

是年,莲池书院建立,应直隶总督李卫之邀,友人张鳞甲出任第一任院长。

陈美健、苏录煊《莲池书院首任院长考证》。

是年,顾琮署直隶总督,寻授直隶河道总督。朱轼以大学士署理翰林院掌院事务。户部尚书彭维新协办内阁事务。留保为礼部右侍郎。吕耀曾为奉天府尹。汤斌入祀贤良祠。

《世宗实录》。《汤文正公年谱》。

是年吴县吴士玉卒。江都罗聘生。大兴翁方纲生。

清国史馆《吴士玉传》。吴锡麒《罗两峰墓志铭》。沈津《翁方纲年谱》。

雍正十二年甲寅(1734)　六十七岁

四月初八日,雍正帝为重刊《宗镜录》作序,五月一日作后序,十二月初一日为《御录宗镜大纲》作序,广为传布。

雍正帝《宗镜录序》及相关序文。

按,初雍正帝命方苞点校此书,方苞以不通内典为由辞校。见《方望溪遗集》之《辞校宗镜录札子》。

又按,夏征农《辞海·宗教分册》:"宗镜录,宋初杭州慧日永明寺禅僧延寿(904—975)集录。一百卷。内容以禅理为准,统一唯识、华严、天台各宗教义,抒发己见,旨在以教悟宗,立论重在顿悟圆修。因自认系'宗门宝镜'而得名。"

五月一日,上奏《敬陈孔庙堂上增添贤哲以光文治事》。

此折未收入今存方苞各类著作,而藏于中国台北故宫博物院。

按,方苞提出,在颜、曾、闵、冉之外,增加五贤:有若、南宫适、宓不齐、原宪、公西赤,配享孔庙。

又按,《高宗实录》,乾隆三年三月,好友徐元梦上奏相近主张,获准。

九月十五日,上奏《实无确见灼知之事不敢冒昧渎陈由折》。

此折未收入今存方苞各类著作,藏于中国台北故宫博物院。

十月十七日,同年友赵国麟由福建巡抚调安徽巡抚。上任之初,先生致书赵国麟,尽陈桐城祖墓为豪棍盗冒事。

《世宗实录》。

《传恭斋尺牍》之一〇四《与某公》:"自公莅任后,邦人北上,交口庆得贤大夫。又主敬西疆,屡道行谊,襟抱迥出流辈,故二三良友必使心识之。乃蒙先以手教,愧滋甚矣。客冬闻公至皖江,于当道前言及先四世祖墓为豪棍盗冒事,正议侃侃在大贤于部民,有孚而窒,自不忍听其枉抑,而此种心胸惟古人有之,虽旁观为之感动,况身受乎!"又,《方望溪遗集》之《与赵仁圃书》亦言其事。

十月三十日,雍正帝寿辰,赋诗以贺。

《方望溪遗集》之《十月三十日敬步圣制韵三首》:"逾纪诚和康济心,万邦黎献涕沾襟。昭哉嗣服能无逸,允矣操行罔不钦。致悫致哀经礼协,善承善继孝思深。绍庭上下精诚格,陟降遥知必鉴临。""缟素殷忧日万几,仔肩惩艾益衔悲。丝纶每布先皇德,亿兆弥深没世思。梦觉音容追莫逮,晨昏物候感无时。肫肫大孝尊亲志,惟有于昭在上知。""绝望乌号近七旬,每逢殷奠拊心频。方虞圣主怀忧过,况值常年拜庆辰。恤宅哀诚能动物,敷天感动若思亲。吞声饮泣无终极,负罪衔恩一具臣。"

按,由十月三十日,可知为雍正帝生辰。诗云"近七旬",方苞本年六十七岁。本年十月三十日为雍正帝最后一次过寿,故系于此。

是年,符钟奇妻任氏获朝廷旌表,为撰《书符节妇任氏传后》。

任氏受旌表之事,见朱奎扬、张志奇修、吴廷华纂《天津县志》卷十九《列女》,乾隆四年刻同治印本;李梅宾、程凤文修,吴廷华、汪沆纂《天津府志》卷三十《列女》,乾隆四年刻本。

又按,乾隆《天津县志》著录方苞《书符节妇任氏传后》,与《方苞集》卷八《二贞妇传》比对,有两点差异:其一,前者第一段、第二段与《二贞妇传》顺序颠倒,大致内容相似,部分词句不同。其二,前者第三段,大部分内容与《二贞妇传》不同,尤其对贞妇评价,前者提出"凡尽乎天理而为人伦之极者",与第一段"凡尽乎天理而为人伦之极者,皆圣贤之事也"遥相呼应,堪称文章主旨,而《二贞妇传》相关内容阙如。

从时间来看,《天津县志》为乾隆四年纂修,时方苞尚在世,且在朝纂修《三礼义疏》,而《天津县志》鉴定者顾琮为方苞好友,于乾隆五年为方苞刊刻文集,对方苞文献比较熟悉。此外,《天津县志》总修吴廷华乾隆二年到天津,与汪沆一起修县志,乾隆三年受方苞邀请进京修《三礼》,对方苞也较熟悉。由此来看,文献来源是可靠的。而《方苞集》底本,乃乾隆十一年方苞弟子程崟刊刻。相较于《二贞妇传》,此文更为完整。

是年,侍讲学士陈德华任大清一统志馆副总裁。朝廷重刻《藏经》,由沛天上人海宽总理其事。

《雍正朝起居注册》。吴振棫《养吉斋丛录》、《方苞集》卷八《沛天上人传》。

雍正十三年乙卯(1735)　六十八岁

正月初九日,友人青阳吴襄卒,年七十五岁。

汪由敦《松泉文集》卷十九《光禄大夫礼部尚书谥文简吴公神道碑》。

按,方苞与吴襄是旧相识,又多年同朝,共同参与编纂《御定骈字类编》《御定子史精华》,而从今存文献来看,二人往来并不多。方苞《钦定四书文》著录吴襄《有不虞之誉一节》。吴襄曾评点方苞《书孝妇魏氏诗后》:"自少诵习八家,以为更无能出其范围,及迩年见望溪文,乃悟义理文章皆日新而无穷。读之视八家文,更多疏沦吾心处,后之学者必将有味于余言。"(见初刊本)吴襄曾评点方苞时文《君子不器》:"金钟大镛,叩之便无细响。"《子曰作者七人矣》:"萧条高寄,使人三数诵之,心神凄断。"《执其两端二句》:"体裁峻整,语多造奇。"(见《抗希堂稿》)

正月二十三日,奉旨为文颖馆副总裁官。

《世宗实录》:"命大学士鄂尔泰、张廷玉、协理大学士工部尚书徐本为文颖馆总裁官。兵部尚书魏廷珍、刑部尚书张照、吏部侍郎邵基、刑部侍郎杨超曾、内阁学士方苞、励宗万为副总裁官。"。

杨超曾,字孟班,湖南武陵人。康熙五十四年进士,改庶吉士,授编修。官至刑部侍郎、广西巡抚、兵部尚书、署两江总督、吏部尚书等。乾隆七年,病卒,赐祭葬,谥文敏。参见《清史稿》列传九十五。

励宗万,字滋大,直隶静海人。康熙六十年进士,改庶吉士,授编修。历官山西学政、侍读,命巡察山西。八年,夺官。十年,起鸿胪寺少卿,仍直南书房。四迁至礼部侍郎,调刑部。乾隆元年,夺官,寻直武英殿。七年,再起侍讲学士,迁左副都御史,擢工部侍郎,调刑部。十年,复夺官。十六年,复起侍讲学士,迁光禄寺卿。二十四年卒。参见《清史稿》列传五十三。

又按,《清史稿》,去年十一月,敕续修《皇清文颖》。

是时前后,先生向张照推荐故人马逸姿子马位。

《传恭斋尺牍》之十八《与某公》:"前得手教,欲致书苦无的人,贤嗣场后见过,仆适内宿直房,无由相见,怅恨如何。兹寄四金为纸笔之费,望公举生平旧作,倩人抄一副本,以开蒙者兼为公布之。南方学者安徽方伯马公,仆患难相急之友也,其子位少孤,颠连无告,仆心窃伤之,而力不能振,幸今长成,颇和厚谨饬,且好文墨,工行楷,以需次尚早,归省北堂,故附书敬候与居,以必进谒崇阶也。闻马公及位之外舅裴中丞,皆系公旧好,即位亦曾近德辉,而仆复以言为介者,以宿荷方伯过越之义,深望其子之成立耳。"

按,方苞推荐马位给友人张照,后张照荐其才。光绪七年《重修安徽通志》卷二百六十五《人物志》:"马位,字思三,武功人,祖珝,知永嘉县,耿逆之变殉节死。父逸姿,以荫历官布政司,解任后居亳。生位,十岁工诗,惊其坐客,长益淹贯,酷近昌黎,书法亦深入晋人之室,乾隆初,张照荐其才,授刑部主事,升员外郎,未几卒,年二十九。著有《南垞诗》五卷,浙人邵廷建为葺补遗一卷。"

又按,方苞推荐马位时间,由辽宁省博物馆藏《董其昌行书黄庭坚跋语卷》卷尾张照跋语可知,应在乾隆元年之前,跋语称:"今岁在丙辰,考卷内丙辰正一百二十年。其时香光居

士罢福建副使家居,当是别有怅触而为此语,非笃论也。因石
亭九兄属题,爰记于后。张照。"文中"石亭九兄"即马位,号石
亭,居家排行九,故称"九兄",方苞弟子帅家相《卓山诗集》卷
三有《除夜有忆故园诸亲旧柬钟二(琬)马九(位)方四(道
兴)》。由跋语来看,马位与张照乾隆元年已比较熟悉。方苞
推荐,只能在此之前。在方苞推荐信中,称张照为"公",其爵
位应在自己之上。又,张照雍正九年为内阁学士兼礼部侍郎,
十一年迁刑部尚书。方苞九年授左中允,十一年为内阁学士兼
礼部侍郎。结合信中"幸今长成""贤嗣场后见过""内宿直
房"等语来推断,写信时间应在雍正十一年到十三年之间,姑
系于此。

张照,字得天,江南娄县人,敏于学,富文藻,尤工书。康熙
四十八年进士,改庶吉士,授检讨,南书房行走。历官侍讲学
士、刑部侍郎、左都御史、刑部尚书。雍正十三年,为抚定苗疆
大臣,夺职下狱。乾隆元年,免死出狱,在武英殿修书处行走。
后起为内阁学士、刑部侍郎、刑部尚书。十年正月,奔父丧,至
徐州卒,加太子太保、吏部尚书,谥文敏。参见《清史列传》卷
十九。

三月,京察,先生有《遵例自陈不职恳赐罢斥札子》。

《方望溪遗集》之《遵例自陈不职恳赐罢斥札子》:"奏为遵
例,自陈不职,恳赐罢斥,以肃察典事。准吏部咨开:雍正十三
年三月例应京察在京部院等衙门三品以上官员,令其据实自陈
等因。"

**四月,好友吴瞻泰卒,年七十九岁。其弟吴瞻淇是冬亦卒,年六
十八岁。**

李果《在亭丛稿》卷七《二吴先生传》)

按,方苞与吴家为世交。方苞初入京,得吴苑揄扬;方苞曾临终遗命诸好友,包括吴瞻泰兄弟;吴瞻淇之子吴中衡,亦从方苞游。方苞文集收录《送吴东岩序》《与吴东岩书》《循郊堂文集序》等文章。吴瞻泰曾评方苞《书萧相国世家后》:"古文义法惟昌黎尽得之,而未揭以示人。至望溪乃悉发其覆,可为百世标准。"(见初刊本)评方苞时文《天下有道二句》:"灵皋文境多开创,或疑其不能用先正之规矩,如此篇置之正嘉集中,岂能复辨? 但骨法高古,则先正或反未逮耳。"《从容中道圣人也》:"思入混茫,仍不以深苦丧自然之质。"《质直而好三句》:"其体格如李营丘画树,无一寸直枝杆,而干霄拔地之势益奇。"(见《抗希堂稿》)

四月,述赵州古佛寺事,嘱陈兆仑拟碑记,以备《大清一统志》用。后未施行。

陈兆仑《紫竹山房诗文集》文集卷二十;光绪《畿辅通志》卷一百八十二《古迹略》。

五月,果亲王允礼刊行《春秋左传》,附先生评点。

允礼《春秋左传序》:"余尝欲会萃增损,别为集注,而无暇也。乃先刻经传本文,以便把玩,而略加点定,以三色别之,使学者辨其辞义之精深,叙事之奇变,及脉络之相灌输者,要以资于文事而已。至于究事物之变,而深探其义,以济于实用,则观者各自得焉,固无俟于余言也。雍正十三年乙卯夏五月,和硕果亲王识并书。"

按,此书由果亲王允礼刊行并序。廉泉在荣成孙保田处见之,于光绪十九年刊行,并附记曰:"果亲王刊本《左传》,望溪方氏奉教所点定也。泉尝于荣成孙佩南先生处得读其书,大抵辞义精深处用丹笔,叙事奇变处用绿笔,脉络相灌输处用蓝笔。

顾原本传印甚稀，海内学者未能家有其书，今援马平王氏辑《归方史记合笔》例，摘录起讫为《方氏评点》二卷，以附《左传义法举要》之后，俾当世治古文者览观焉。光绪癸巳夏六月，金匮廉泉记。"

廉泉，字惠卿，号南湖，江苏常州府金匮人。同治七年生，光绪二十年举人，二十一年参与康有为发起之"公车上书"，二十三年任户部郎中，三十二年在上海创办文明书局，编印出版新式学堂教科书、文学艺术译著等。娶吴汝纶侄女吴芝瑛为妻，民国二十年卒，年六十三岁。参见王宏《廉泉年谱初稿》。

是夏，子道章以事还桐，值刘氏修葺世谱并请序，先生遂为之作。

《方望溪遗集》之《刘氏宗谱序》。

是夏，东昌邓钟岳将告归，为父请铭，先生遂为撰墓表。

《方苞集》卷十三《东昌邓峄亭墓表》："雍正十三年夏，东昌邓钟岳将告归，以曩所述赠君及田安人《行略》示余。……昔余大父为学官于芜湖，君之大父参议公适司芜关，降爵列而为友。余于钟岳未见而相知。既订交，果不悖于所闻。……君讳基哲，字骞之，号峄亭，以太学生授邹县教谕，迁国子监学录。生于顺治乙未年二月，卒于康熙辛巳年十月，享年四十有一。……子男四人：钟岳，康熙辛丑进士一甲第一名，授翰林院修撰，历官礼部侍郎，雍正十一年以奏对失辞降一级调用；次钟音，雍正丙午举人，拣选知县；钟叙，钟一，雍正己酉同榜举人。"

五月二十七日，子道章等告钱洛访、陈觐文等，冒冢盗葬，藐法抗断。

朱批谕旨《世宗宪皇帝朱批谕旨》卷二百六。

六月十九日,安庆巡抚赵国麟谨奏,先生家族墓地盗葬案。

朱批谕旨《世宗宪皇帝朱批谕旨》卷二百六,赵国麟奏曰:
"本年五月二十七日,据桐城县举人方道章等告钱洛访、陈觐
文等,冒冢盗葬,藐法抗断等情具呈到,臣行县吊阅原卷,查系
雍正三年间,方姓有道官山三百余年之祖坟,被钱洛访冒任己
祖竖立新碑,陈子奇亦认己祖,盗葬两家,而钱、陈两姓又称实
系伊等祖墓,彼此讦告不休。至雍正八年,始经知县倪大成察
访勘审,阅方姓宗谱印契有凭,钱、陈两家毫无确据,随断钱去
碑,断陈迁冢在案。臣思案经十年,断而不遵,今又具控到臣,
非系该县从前审勘不公,必系山界有相错不清之处,随委桐城
令汪振甲同试用官王朴前去查勘,绘图送阅,忽钱、陈两族及事
外之吴大桂、王天次等率众拦阻,不许该县勘绘,抛掷石块,擒
殴方姓之人,复掷毁该县汪振甲之帽,不法已极,正在饬府拿
究。又据报,六月十六日,棍徒粘贴罢市,凡近陈子奇住居街道
铺面,皆惊恐关闭。查上江风习,动辄聚众行凶粘贴罢市,目无
法纪,实为地方风俗人心之害,非严加惩治不足以消顽悍之习。
臣现在檄饬按察使刘柏严拿为首之人究审,按拟另题外理合先
具折奏闻。伏祈皇上睿鉴。"

按,《方望溪遗集》有《与赵仁甫书》,方苞致书赵国麟(仁
甫),细陈案情始末缘由,恳请"严法勿纵"。

六月二十六日,江南总督赵宏恩谨奏,先生家族墓地盗葬案。

朱批谕旨《世宗宪皇帝朱批谕旨》卷二百六,赵宏恩奏曰:
"上江地方,每有不法棍徒聚众,肆横妄逞刁悍,兹有桐城县举
人方道章等,控告钱洛访、陈觐文等,冒冢盗葬、藐法抗断等情,经
安庆抚臣赵国麟委令该县同试用官往勘,竟有事外之素称光棍
吴大桂,暨钱、陈二姓族人率众拦阻,抛掷石块碎桐令汪振甲之

帽,并殴方姓之人,复敢于六月十六日近钱姓街道罢市,希图挟制官长,殊干法纪。臣查此等棍徒,若不大加惩创,何以戢刁风而安良善,随会同安庆抚臣一体饬司严拿,究拟处理合奏。"

七月,武陟陈公庙落成,邑令徐石麟请文刻石,先生有《武陟陈公庙碑文》。

《方望溪遗集》之《武陟陈公庙碑文》:"始雍正十二年九月,越十月丙午落成。徐君来请余文,刻系牲之石。……乃撮公浚河大略书之,且系以铭。"

按,武陟陈公庙去年九月开建,十月后落成请记,故系于本年。另外,后世版本,或将"越十月丙午落成",写成"越十日丙午落成",应为笔误。

又按,乾隆二十七年陈鹏年撰《道荣堂文集》,卷首收录《武陟陈公庙碑文》,文末署:"武英殿正总裁内阁学士兼礼部侍郎教习庶吉士一统志馆正总裁方苞撰。乾隆十三年乙卯岁正月上元建。"又,乾隆十三年为戊辰年,雍正十三年为乙卯岁,或有误。

又按,此文是否为方苞所作,一直存疑。方苞在世时编纂《望溪先生文偶抄》,并未收录此文。戴钧衡编纂《方望溪先生全集》,亦未收录。孙葆田编纂《望溪文集补遗》时先收录,后得知曹一士文集收录,遂删除。刘声木编纂《望溪文集再续补遗》时,了解上述背景,依然收录。

又按,曹一士《四焉斋文集》卷七,收录陈鹏年相关碑记文三篇,分别是:《光禄大夫总督河道兵部右侍郎兼都察院右副都御史谥恪勤陈公神道碑(代)》《光禄大夫总督河道兵部右侍郎兼都察院右副都御史谥恪勤陈公墓志铭(代)》《武陟陈公庙碑》,三篇文章前两篇都标注"代"字,而《武陟陈公庙碑》却无

"代"字。笔者认为,此文为曹一士代笔,但文字经过方苞修改,或许这也是陈鹏年文集与曹一士文集所收录文章内容略有不同的原因。

又,乾隆五十四年唐侍陛、杜综修,洪亮吉纂《新修怀庆府志》卷三十《艺文志》收录此文,名曰《方苞陈公庙记》。道光五年《河内县志》卷二十三《文词志下》著录方苞《陈公庙记》。道光九年《武陟县志》卷十九《古迹》收录"陈恪勤公祠",并附录方苞《重修陈恪勤公祠记》。但其所言"重修"有误,或受到罗正墀文影响。《武陟县志》卷二十三《文词下》,著录罗正墀嘉庆三年分巡河北道时所撰《重修陈恪勤公祠记》,文曰:"祠创自雍正十二年,其碑记则方望溪学士所撰也,文浑灏玮异。"

八月二十三日,雍正帝崩,谕遗命,庄亲王、果亲王、大学士鄂尔泰、张廷玉辅政。令大学士朱轼回京。九月初三日,弘历即皇帝位。

《高宗实录》。

九月初三日,御赐先生曾祖父方象乾、祖父方帜、父亲方仲舒为通议大夫、内阁学士兼礼部侍郎教习庶吉士之诰命;曾祖母赵氏,祖母吴氏,母姚氏,继母吴氏为淑人。

《方氏家谱》卷五十六《诰命》。

全祖望《前侍郎桐城方公神道碑铭》:"三世皆以公贵,赠阁学。"

初四日,奉旨与徐本、福敏、杨超曾阅看顺天乡试考官进呈之十魁卷。

《高宗实录》。

徐本,字立人,浙江钱塘人,尚书潮子。康熙五十七年进士,改庶吉士,授编修。历官贵州按察使、江苏布政使、湖北布政使、安庆巡抚、工部尚书、东阁大学士兼礼部尚书、《世宗实录》总裁、协办总理事务、军机大臣、太子太保、户部尚书等。乾隆十二年卒。参见《清史稿》列传八十九。

福敏，字龙翰，富察氏，满洲镶白旗人。康熙三十六年进士，选庶吉士。官至浙江巡抚、翰林院掌院学士、署湖广总督、吏部尚书。后夺职。协理兵部侍郎、左都御史、协办大学士、署刑部尚书、武英殿大学士，工部尚书等。乾隆十年，以疾乞解任。二十二年卒，年八十四，谥文端。参见《清史稿》列传九十。

是时，高密单作哲以五经魁京闱，先生亟赏，以为有前辈之风。

单可玘《皇清奉政大夫江南池州负同知显考紫溟府君行略》："乙卯举京闱，时族伯充符以吏部郎与同考，府君卷例应回避。桐城方望溪先生得之，亟赏，以为有前辈风。"见单作哲《紫溟文集》（《山东文献集成》第三辑）。单作哲《刻方望溪朱子诗传补正引》："余以雍正乙卯受知于方望溪先生。"（民国二十四年《高密县志》卷十五《艺文补编》）

单作哲，字侗夫，号紫溟。雍正乙卯以五经魁京闱，方苞得之，进呈钦定第一卷。丙辰捷南宫，受业于望溪先生门二载。除县令，所至有声，卓异迁池州同知。乙酉圣驾南巡办差，以干员称，回籍后葺宗祠，置祭田，教子弟。所著五经、古文诸书行世。参见光绪二十二年《高密县志》卷八。

十三日，乾隆帝欲践古礼，行三年之丧，皇太后反对。诸臣议行。先生奏行三年古制，诸王大臣嘱先生早拟仪法。

《高宗实录》："己酉。奉皇太后懿旨：'皇帝欲行三年之丧，诸王大臣遵旨议行，悉遵古制。予思帝王之孝，非臣民可比，盖因国家典礼重大，政务殷繁，实有至难举行之处。是以当年大行皇帝屡经降旨，欲持服三年，比时诸臣奏恳再三，虽中心哀慕,亦不得不俯从所请。今皇帝必欲举行,诸王大臣自应劝阻,且国朝服制,自有典章,亦不便轻为改易。'"

《集外文》卷六《叙交》:"及先帝登遐,今皇帝嗣位,……圣孝性成,依古《礼经》致行三年之丧,诸王大臣属余草具仪法;及制诏将颁,复速余赴雍和宫讨论;公常左右之,惟恐余言之不尽用也。"("公"即朱轼)

按,全祖望《前侍郎桐城方公神道碑铭》:"今上即位,有意大用公,时方议行三年之丧,礼部尚书魏公廷珍,公石交也,以咨公,公平日最讲丧礼,以此乃人伦之本,丧礼不行,世道人心所以日趋苟简,谆谆为学者言之。而是时皇上大孝,方欲追践古礼,公因欲复古人以次变除之制,随时降杀,定为程度,内外臣工亦各分等差,以为除服之期。魏公上之,闻者大骇,共格其议。魏公亦以此不安其位,寻迁礼部侍郎。公又辞,诏许数日一赴部,平决大事。"

又按,是时,持三年之丧者不乏其人,李光墺称:"乾隆元年,进三年丧议,上深嘉之。"(实为雍正十三年)(同治九年《泉州府志》卷五十五《国朝文苑》)甘汝来曰:"今上登极,毅然复行三年之丧,未蒙皇太后俞允,下群臣廷议。公抗声言曰:'三年之丧,贵贱一也。后世所以不能行者,以认理不真故耳。我皇上法尧舜之道,行周孔之礼,立化万年彝伦之极!'或谓二十七月中不无妨于朝条大典,公曰:'墨缞视事,越绋以祭,礼固言之,夫何疑?'"(甘汝来《甘庄恪公全集》卷首之赵国麟《甘庄恪公神道碑》)

是时,撰《丧礼议》,持丧礼二十七月之制,并于佛寺居丧守礼。

《集外文》卷三《丧礼议》:"古者,三年之丧,二十五月而毕;后世加以二十七月,何也?《礼记·丧大记》:'禫而从御,吉祭而复寝。'盖既禫居外寝，妇人可从而与执事矣；然必更四时吉祭，始复内寝。吉祭之期，宽以浃月，然后无弗逮，故于古有加焉。谨议：二十七月内，元旦冬至，不受朝贺。遇大典升殿，暂服吉，终事而释。"

《方苞集》卷十八《表微》："先帝始崩，守官者各次其守。余次于佛舍。将归，语二三君子曰：'在礼，公等居倚庐，宜再期。今旬未三终，归至家，止于外，不入室焉，其可也。'闻者皆变色易容。盖俗之偷，以礼为徒观众人之耳目也久矣。古之人，事君犹事父也。谓制以义而不敢违，是薄于德，于礼虚者也。"

十七日，丧礼持服议定，乾隆帝拟百日缟素，其他二十七日除服，百日薙发。

《高宗实录》："癸丑。总理事务王大臣等，钦遵皇太后懿旨，仰体上孝思纯笃，再行详议礼制，谨拟百日内，上服缟素；百日外，请发易素服。……皇后应遵照上，持服礼制行，惟朝夕侍奉皇太后，兼有报祀之礼，应于二十七日后在宫中素服，一切典礼咸礼服，诣几筵前仍缟素。妃、嫔、于二十七日除服后，二十七月内咸素服，遇典礼用礼服。皇子、与诸王百官，咸二十七日除服，百日薙发。外省官员、军、民、人等，俱照定例行。"

二十六日，以顺天乡试弊窦甚多，先生与徐本、福敏、杨超曾等乡试十魁卷覆阅者，以漫无觉察，被交部严察。

《高宗实录》："谕本年顺天乡试，弊窦甚多。解元许秉智系革职户部员外郎许秉义胞弟，家赀甚富，情毙显然。着将考试官顾祖镇、戴瀚革职，拿交刑部。请旨派大臣严审，按律究拟。朕当皇考大事，正哀痛迫切之时，岂复能留心文字，是以今年乡试十魁卷，特旨命徐本、福敏、方苞、杨超曾四人覆阅。伊等毫未经心,漫无觉察,亦着交部严察议奏。原参一折发出,着原派之大臣按款审讯,务在秉公办理,得其实情,亦不必以朕降旨在先,有意迎合。"

按,《世宗实录》,本年八月壬申,以工部左侍郎顾祖镇为顺天乡试正考官,翰林院侍讲学士戴瀚为副考官。

二十八日,奉旨在南书房行走,与朱轼朝夕共事。

《高宗实录》:"又谕方苞,着在南书房行走。现今南书房满洲翰林甚少,着大学士等于满洲翰林内,拣选学问优长、老成谙练者数员,带领引见,俟朕简用。"

《叙交》:"及先帝登遐,今皇帝嗣位,公适奉命巡视海塘,自中途召还。时上方孜孜求治,凡民心所愿欲与善良沈抑者,数月中设张搜擢,计日无虚。众皆谓发其端者必公,而公与余朝夕南书房,未尝一言及此。"

十月初十,上奏《保举翰林院庶吉士雷鋐等员以备采择事》。

按,此折未收入今存方苞各类著作,藏于中国第一历史档案馆。其文曰:

奏内阁学士兼礼部侍郎臣方苞谨奏为遵旨保举事。

本年九月二十日钦奉谕旨,着在京官员大学士以下、三品京堂以上,各将平日深知灼见之人,品行端方、才可办事者,据实保举,密封奏闻,钦此。

臣闻弓良而后求劲,马服而后求强,士必明于大义,其才其识能用之于正,而后实有补于国事,实有益于民生。臣伏思圣谕,才可办事者,必先求其品行端方,然后无误举之悔。臣所知翰林院庶吉士雷鋐,天性忠孝,笃志理学;刑部郎中李慎修,正直明公,清声久著;江西南康府建昌县知县杨瓒,宽严得中,蠲畏民怀。雷鋐抱病,兼祖母笃老,暂假回乡调治，李慎修、杨瓒俱在任。此三人立身皆有规矩，可信其始终不渝，为此缮折密封以闻，伏候圣鉴，谨奏。雍正十三年十月初十日。

按，除了雷鋐外，方苞还保举李慎修、杨瓒（黄在）。

李慎修，字思永，号雪山，山东章丘人。康熙壬辰进士，授内阁中书。后迁杭州知府。雍正五年，为刑部郎中。乾隆初，擢河南南汝光道，移湖北武汉黄德道，以忧去。后授江南驿盐道，除江西道监察御史，复为湖南衡郴永道。十二年，乞病归，卒。（参见《清史稿》列传九十三）袁枚《随园诗话》："李慎修，长不满三尺，而判事明决，胆大于身，吏民畏之。"

又按，《高宗实录》，本年十月初十日，谕令召翰林院庶吉士雷鋐来京引见。十二月初二日，谕令翰林院庶吉士雷鋐在尚书房行走。

十一月初三日，上奏《请议常平仓谷粜籴之法以便官民折》。

据台北"故宫"《宫中档案奏折·雍正朝》。此折又收入《集外文》卷一。

疏言："常平仓谷定例，存七粜三，有司奉行失宜，必谷既贵，始详上司定价，示期开粜，未奉批，不敢擅开。请嗣后，各州县遇谷偶贵，即酌定官价，一面开粜，一面详报。又谷之存仓则有鼠耗，盘量则有折减，移动则有脚价，粜籴守局则有人工食用。春粜价稍有余，即留充诸费。庶中材可守，若廉能之吏，遇秋籴价贱，盈余较多，听据实详明，别贮一仓，备歉岁发赈用。"

按，《清史稿》列传七十六《赵国麟列传》："擢福建巡抚，调安徽。御史蒋炳奏请州县征收钱粮，依部颁定额，刊印由单，申布政使核发。国麟以安徽通省数百万由单由司核发，恐误征收，疏请停止。内阁学士方苞疏言：'常平仓谷原定每年存七枲三,南省地卑湿,应令因地制宜。'下督抚详核。国麟疏言:'安徽所属州县滨江湖者,当改枲半存半,他州县仍循旧例。'并下部议行。"

十一月初三日,上奏《请议征收地丁银两期限以纾民困折》。

据台北"故宫"《宫中档案奏折·雍正朝》。此折又收入《集外文》卷一。

疏言:"迩年征收地丁银两,四月完半,十月全完,此于国课无分毫之益,而农民苦累;不可不急推大行皇帝皇恩,援雍正八年宽征川陕之例,以广皇仁而纾民困也。"

沈廷芳《方望溪先生传》:"既在部,得与廷议,乃言田文镜所定地丁钱粮四月完半之害,请复旧制。"

田文镜,汉军正黄旗人。康熙二十二年,以监生授福建长乐县丞,累迁至吏部郎中,授御史。五十五年,擢内阁侍读学士。雍正元年,署山西布政使。二年,调河南,旋署巡抚。疏请以河南丁银均入地粮。五年,授河南总督,加兵部尚书。由正蓝旗抬入正黄旗。六年,授河南山东总督。七年,加太子太保。旋命兼北河总督。十年,以病乞休,旋卒,谥端肃。参见《清史稿》列传八十一。

十一月十四日,与任兰枝、陈德华上奏《礼部为纂刻通志进呈事》

《内阁大库档案》(186229-001 号)。

按,奏折云:"奏为伏祈皇上敕下督抚,亟行纂刻通志,限于乾隆一年四月内,俱以刻本进呈,再应否将现在已完诸省陆续缮写进呈御览,以便一面校刊庶馆务,亦行早竣。为此请旨,伏候圣裁。"

十二月初九日,上奏《请复河南省漕运旧制以苏民困折》。

据台北"故宫"《宫中档案奏折·雍正朝》。此折又收入《集外文》卷一。

十二月十二日，奏请发粜常平仓谷，从之，俾穷民均沾实惠。

《高宗实录》："户部议覆，内阁学士方苞疏称，谷价低昂，早晚无定，请嗣后发粜常平仓谷，遇价值偶贵，令州县酌定卖价，一面开粜，一面详报。应如所奏，俾穷民均沾实惠。又南方地气卑湿，存仓之谷，三年不变，岁存其半；两年不变，粜七存三；一年即有霉烂，则春粜而秋籴之。应令各督抚，详按该省风土，并最卑湿各地方，作何存粜之处，妥议具题。又州县秋成买补，或遇谷价腾贵，即将所粜价银，解交府库，俟次年有收，照数买补。应如所奏，并令于邻近州县购买，又称或遇秋粜价贱，除折耗及脚价等费外，盈余较多，即别贮一仓，以备歉岁之用，亦应如所请。至所称照盈余谷数量加纪录加级之处，恐州县希图议叙有克扣浮收诸弊，应无庸议，从之。"

是年，康君介家侄求义乞表其父，为撰墓志。

按，此文未收入今存方苞文集，而载于同治七年《南安府志》卷十九，光绪二十一年《崇义县志》卷十二《孝廉康世轮墓志》。

按，文中"余侄求义"即方求义，方拱乾曾孙方世履长子，《方氏家谱》曰："求义，讳世履长子，字质夫，号绮亭，又号乐巢。雍正己酉拔贡，任江西龙南南安上犹等县知县，授文林郎。生康熙丙子八月十五日，卒乾隆庚寅十一月二十五日。葬上元县姚坊门外高庙曹家场，丙山壬向。"

又按，方求义任职龙南县时间，据光绪二年《龙南县志》卷五《职官》："县令。方求义，桐城人。拔贡，雍正十三年乙卯任"，与康世轮之子康敦溥为同僚，康敦溥雍正六年始任龙南县训导。此文写作时间,今人袁鳞考证为雍正十三年,以文中言及康世轮卒于"康熙丙寅",而文末"距今□十九载"当为"距今四十九载",与"宦游京师二十余年"亦吻合。

是年,准噶尔请和归顺,为撰《塞外屯田议》

《集外文》卷三《塞外屯田议》:"自古控抱关塞,制驭戎狄,莫善于屯田。盖省运饷之费,则国用易充,而民力不至于疲。且以农夫为战士,则习饥劳,耐寒暑,筋骨坚强,缓急足恃。今准噶尔外虽归顺,其心尚不可知,必庙谟早定,战守有备,将材士武,然后精神可以折冲,不敢妄动。"

按,此文未定作于何时,由文章内容可知,应在准噶尔归顺之后。据《世宗实录》,本年四月,准噶尔请和归顺,故系于本年。又,方苞《致尹会一书》:"往时仆为《塞上屯田议》,将上之,西林及来司寇学圃曰:'吾辈当面陈,子无以稿示人,使知子为此议,则廷议必格不行矣。'公无谓天下人之心,皆公之心也。"

是年,沈彤推荐徐大椿于先生,先生转荐于朱轼。

据沈彤《果堂集》卷六《赠徐灵胎序》记:"雍正之末,高安相公奉诏往浙江视海塘,余语灵胎营度之才于桐城方学士,学士遂荐诸高安,高安将礼聘下问,会国恤还朝事寝,岁在壬戌。"

沈彤,字冠云,江苏吴江人。自少力学,以穷经为事。乾隆元年,荐举博学鸿词,报罢。与修《三礼》及《一统志》,书成,授九品官。以亲老归。彤淹通《三礼》,撰《周官禄田考》三卷,《仪礼小疏》一卷。其《果堂集》十二卷,多订正经学之文。又撰《春秋左传小疏》《尚书小疏》《气穴考略》《内经本论》。彤性至孝,亲殁,三年中不茹荤、不内寝。居恒每讲求经世之务。

十七年,卒,年六十五。参见《清史列传》卷六十八《儒林传》。

徐大椿,字灵胎,江苏吴江人,翰林检讨釚孙。生有异禀,为诸生勿屑,去而穷经,探研易理,好读黄老与阴符家言。凡星经、地志、九宫、音律、技击、赢越之法,靡不通究,尤邃于医,世多传其异迹。乾隆二十四年,大学士蒋溥病,以荐召入都。大椿奏溥病不可治,上嘉其朴诚,命入太医院供奉,寻乞归。后二十年复诏征,年已七十九,卒于京师。参见《清史稿》列传二百八十九。

是年,弟子沈廷芳复游太学,先生为一统志馆总裁,沈廷芳欲谋馆中之缺,先生劝其专心穷经著书,勿沾沾于是。

《隐拙斋集》卷四十一《方望溪先生传后》。

是年,在京师,词科举主以先生与李绂为宗,士欲见二公者,率借全祖望道引。

《全祖望年谱》:"居京师。与穆堂、孺庐为重四之集,有诗,和者至百余家。……同时词科举主,以临川、灵皋为眉目。士之欲见二公者,率借先生道引。于是应召二百余人。"

按,"孺庐"即万承苍,字宇光,江西南昌人。康熙五十二年进士,改庶吉士,散馆授编修。乾隆元年,充广西乡试正考官。九年,充福建乡试副考官,升至侍讲学士。与李绂友善,未尝借绂以求进,及得罪怡然受之。归后,益杜门励学。著有《易传》《万学集》《孺庐集》等。参见《清史列传》卷七十一《文苑传》。

是年,河间纪昀从先生与李绂游。

李宗昉《闻妙香室集》卷十四《纪文达公传略》附《年谱补钞事略》:"年十二,即与李穆堂、方望溪两先生游,闻其绪论。又尝见陈句山、孙虚船诸名公,敦重古谊,详为指授。"

按，纪昀《跋望溪先生尺牍补遗》："望溪先生，余儿时在李立侯先生家数数见之。今检点手迹，远想慨然，前辈风流尚依稀如觌也。癸丑十二月二十三日河间纪昀识，时年七十。"

纪昀，字晓岚，直隶献县人。乾隆十二年举人，十九年进士，改庶吉士，授编修。三十三年授贵州都匀知府，寻擢侍读学士。三十八年，开四库馆，昀为总纂。擢侍读，迁侍读学士。建文渊阁藏书，命充直阁事。累迁兵部侍郎。四库全书成，迁左都御史。再迁礼部尚书。嘉庆元年，移兵部尚书。二年，复迁礼部尚书。十年，协办大学士，卒，谥文达。参见《清史稿》列传一百七。

是年，兴化郑燮寄书舍弟，推荐先生与兄方舟文章。

闻世震《郑板桥年谱编释》。

郑板桥《仪真县江村茶寄舍弟》："方百川、灵皋两先生，出慕庐门下，学其文而精思刻酷过之；然一片怨词，满纸凄调。百川早世，灵皋晚达，其崎岖屯难亦至矣，皆其文之所必致也。"

按，张庚《国朝画征录》："郑燮，号板桥，乾隆丙辰进士，兴化人。工诗词，善书画，长于兰竹，兰叶尤妙，焦墨挥毫，以草书之中竖长撇法运之，多不乱，少不疏，脱尽时习，秀劲绝伦。书有别致，词亦不屑熟语。为人慨忼啸傲。曾知山东潍县事。以病归遂不复出。"

是年，德沛出使朝鲜，颁布乾隆帝登极诏书。曾静、吕留良案结，曾静、张熙伏法。《明史》纂修成书。

《英宗实录一》，《朝鲜李朝实录中的中国史料》下编卷八。《高宗实录》。

是年，同年赵国麟任安庆巡抚。郑江提督安徽学政。王兰生为

内阁学士兼礼部侍郎。李绂为户部左侍郎。陈世倌实授都察院副都御史。周学健提督福建学政。

《高宗实录》。

是年，武进徐永宣卒。金坛段玉裁生。

张维骧《毗陵名人疑年录》。王华宝《段玉裁年谱长编》。

乾隆元年丙辰（1736） 六十九岁

二月初一日，在通州，迎乾隆帝，进折。陕西督臣刘于义同行。

《集外文》卷一《请备荒政兼修地治札子》："臣往年十月初五日，伏读圣谕，摘发督抚及州县报荒不实情形，洞晰无遗。本年二月初一日，臣等于通州，恭迎圣驾。臣到行帏，诸臣已先进见而出，宣告臣苞，陕西督臣刘于义奏折。"

刘于义，字喻旒，江苏武进人。康熙五十一年进士，改庶吉士，授编修。官至刑部尚书、直隶总督、陕西总督、吏部尚书、福建巡抚、户部尚书、协办大学士等。乾隆十三年二月，奏事养心殿，跪久致仆，遽卒。谥文恪。参见《清史稿》列传九十四。

按，《高宗实录》，二月初一日起，乾隆帝以祭社稷坛，斋戒三日。

初二日，乾隆帝谕令，祖陵庙寝宜重加丹臒，命诸臣稽古礼文，乃撰《修祖陵庙寝议》。

《集外文》卷三《修祖陵庙寝议》。

二月，会试，王懋竑子箴传入京赴考，登门拜谒，并转呈上徐元梦书。

《高宗实录》，本年二月初六日，以礼部侍郎励宗万为会试知贡举，大学士鄂尔泰、朱轼为正考官，吏部左侍郎邵基、刑部右侍郎张廷璩为副考官。

按,宝应王箴传正月二日出发,入京会试,四月三日返。《王懋竑日记》曰:"正月二日,箴传进京会试,寄上蝶园、研斋、可亭、龙翰四先生书,与灵皋、元方、邃人、师铭。四月三日,箴传至自京师。"文中"蝶园"即徐元梦。

三月十四日,王懋竑寄书箴传,称毛城铺开河事朝野之望在方苞一人,并称赞方苞奉旨编选时文事。王懋竑《白田草堂续稿》卷五《丙辰三月十四日寄二儿书》:"毛城铺开河事,闻抚台与河台议不合,……至今纷纷不决也,淮扬两郡百万生灵俱系于此,奈何轻言之。灵皋若相见,前书面致之,朝野之望在于一人,……灵皋奉命录时文,此正人心、厉风俗之一事,所宜慎重。"

期间,王懋竑有书寄达,称先生以天下重望,为股肱心膂之臣。

王箴听、王箴传《先考王公府君行状》:"今天子御极之元年,伏读诏旨所下:'凡民所不便及所愿欲而不得者,一一皆罢行之。'而草野微贱,犹欲有所言议,以补万分之一,乃作私议一通,寄达望溪方公,有书曰:吾兄以天下重望,任股肱心膂之寄,此可谓'明良相遇,千载一时',而不能有所建明改易,登斯民于衽席之上,措国家于泰山磐石之安,则生平所学为无用矣。……时箴传方与荐名赴礼部试。"

按,《白田草堂存稿》卷十《与方灵皋书》内容相近,未详何年,应于此时。

三月,南靖庄亨阳与先生始相见,先生荐之于鄂尔泰、陈世倌诸公。

《方苞集》卷十《庄复斋墓志铭》:"今上元年,杨文定公以大宗伯掌成均,荐授国子助教,始与余相见。西林鄂公、海宁陈公问士于余,余首言君,次某某,非礼先焉,不可得而见也。"

按,《高宗实录》,本年三月初九日,尚书杨名时奏荐进士庄亨阳、举人潘永季、蔡德峻、秦蕙田、吴鼐、拔贡生官献瑶、监生夏宗澜等七人,皆留心经学,可备录用等语,时杨名时管国子监事务。

庄亨阳,字复斋,福建南靖人。康熙五十七年进士,知山东潍县。乾隆初元,以荐授国子监助教。后迁吏部主事,补德安府同知,擢徐州府。九年,迁按察司副使,分巡淮徐海道,勘灾过劳,以羸疾卒。著有《秋水堂集》《河防》《算法书》等。参见《清史列传》卷七十五《循吏传》、《清史稿》列传二百六十七《儒林》。

三月十四日,奉旨与鄂尔泰、朱轼等于今科会试遗卷内挑选佳卷。

《高宗实录》:"谕兵部尚书傅鼐:'朕闻今科会试遗卷内,尚有佳卷,目今场事已竣。朕于科场事宜,不能深悉,应如何加恩增中之处,尔可会同大学士鄂尔泰、朱轼议奏。'寻鄂尔泰等奏:'各房荐卷,尚有文理明通、可以取中之卷。应拣选进呈,续出一榜,准其一体殿试。'得旨:'今科会试落卷内所有荐卷,着大学士鄂尔泰、张廷玉、朱轼、侍郎邵基、张廷璐、学士方苞,共同阅看。'"

按,三月二十日,鄂尔泰等进呈选取会试荐卷三十卷。年老举人试卷五卷,奉旨交礼部照取拟名次出榜。

是时,江西黄文则以先生所选遗卷而成进士。

光绪七年《江西通志》卷一百五十六《列传·建昌府》:"黄文则,字周炳,新城人。少孤力学,以五经举于乡。乾隆丙辰,会试被放,有旨搜遗,礼部侍郎桐城方苞得其文,奏上,成进士,充咸安宫教习。逾年,请就教职,选吉安教授,俸满擢贵州印江知县。……民皆德之,以忧归。起补安徽怀宁知县。县当淮涡之冲,频年被潦,悉心经画,曲中民隐,服官三年,以疾免。子道嘉,附贡生,陕西汉阴知县,亦有循声。孙嵩龄,进士,浙江平湖知县;寿龄,进士,入翰林,累官国子司业,工书。"

三月二十六日,上奏《具陈早备荒政并兼修地治水利管见事》。

　　奏折藏中国第一历史档案馆,又收入《集外文》卷一,即《请备荒政兼修地治札子》。

四月初五日,殿试发榜,秦蕙田、蔡新、赵青藜、黄世成、全祖望、郑燮诸人中进士,是科多人从先生游或问学。

　　《高宗实录》。

　　按,从学方苞者,如二甲七名赵青藜、十八名方简、四十二名张尹、四十三名黄世成,三甲一百七十二名单作哲。从方苞游者,如二甲一名蔡新、二名曹秀先、四名黄永年、七十二名李清芳,三甲三十六名全祖望。

是时,喜黄永年文辞进于古,永年赞先生文学经术誉于天下。

　　黄永年《南庄类稿》卷四《答方灵皋先生书》:"永年启,先生文学经术之有誉于天下也。时永年始有生于斯世又三十有四年,永年举进士,居京师,先生喜其辞,谓可进于古。"

　　黄永年,字静山,江西广昌人。乾隆元年进士,授刑部主事。十年,授甘肃平凉府知府,改江苏镇江,又改常州。为政宽重有体,尤尽心沟渠之利。寻以事去官。十六年卒,年五十三。著有《希贤编》《静子日录》《南庄类稿》《白云诗钞》《奉使集》等。参见《清史列传》卷六十七《儒林传》。

五月,数过访法海寓居之古寺。

　　《方苞集》卷十二《兵部尚书法公墓表》:"公时寓居古寺,

终岁不还私室。余数过从，见公疏布羊裘，从者老仆一人，翛然若有以自得者。"

按，《高宗实录》，本年五月十七日，谕八旗降革大员内，法海、李楠俱着赏给副都统衔，在咸安宫官学处，协同来保办理事务。又，《方苞集》卷十二《兵部尚书法公墓表》云："今皇帝嗣位，大司空来公学圃掌教咸安宫官学生，引公与故大司空赫公自助。"

时雍正帝丧，入宿武英殿直房，法海与赫公冒风雪扶杖过访。

《方苞集》卷十二《兵部尚书法公墓表》："今皇帝嗣位，大司空来公学圃掌教咸安宫官学生，引公与故大司空赫公自助。时余以先帝之丧，入宿武英殿直房，逾再期。公与赫公时冒风雪扶杖过余，讲问移时。余阴喜二公虽老，天或留之而尚有以为，而赫公旋以疾乞休。公卧疾不起，病既深，余往问。俯仰平生，毅然也。已而相视泫然。"

赫公，或为赫奕，字澹士，号南谷，姓赫舍里氏，正白旗人。初为侍卫，康熙五十二年至五十五年，出任工部尚书。雍正十三年，在内务府总管上行走。乾隆二年，以老病乞休。工画善诗，著有《青霭山房诗集》。

六月十六日，奉旨选编四书文，以为举业指南。

《高宗实录》："命选颁四书文。……今朕欲裒集有明及本朝诸大家时艺，精选数百篇，汇为一集，颁布天下，以为举业指南。学士方苞，工于时文，着司选文之事，务将入选文逐一批抉其精微奥窔之处，俾学了然心目间，用以拳服摩拟。再会试乡试墨卷，若必俟礼部刊发，势必旷日持久，士子一时不得观览。嗣后应弛坊间刻文之禁，倘果有学问淹博、手眼明快者，不拘乡会墨卷、房行试牍，准其照前选刻。但不得徇情滥觞，及狂言横议,致酿恶俗。朕实嘉惠士子,望各精勤厥业,以底大成。尚悉敬体朕意,共相勖勉。"

六月二十一日,乾隆帝颁永禁泰山香税诏,文由先生执笔。

《高宗实录》。

按,此诏与方苞《拟除泰安州香税制》内容一致,可知执笔人为方苞。

六月,乾隆帝怜先生老病,命太医时往诊视。

《国史馆本传》。

按,《传恭斋尺牍》之八十六《与某公》曰:"仆六月初旬,足肿腹胀,几不可治,五日内,肿忽消,食饮渐甘,想吾友闻之必惊喜也。仆誓必于两年内毕《三礼》功役,乞骸骨依先人陇墓尔。"

七月初四日,高贞女卒,为撰墓表。

《方苞集》卷十三《秦仲高墓表》:"贞女,吾师大理卿宛平高公同产弟章侯次女也。……乾隆元年,余居直庐。五月中旬,家人告:'贞女遘疾日笃。'秋七月朔后三日死。"

按,《方苞集》卷十三《秦仲高墓表》,卷十八《为秦门高贞女纠举本引》。在二文中,方苞所言恩师高裔同产弟名字不同,一为章侯,一为颐侯。

初九日,乾隆帝谕永除贵州苗疆之租赋,遂进呈《贵州苗疆议》。

《高宗实录》乾隆元年七月初九:"着总督张广泗,出示通行晓谕,将古州等处新设钱粮尽行豁免,永不征收。伊等既无官吏需索之扰,并无输粮纳税之烦,耕田凿井,俯仰优游。"

《集外文》卷三《贵州苗疆议》:"我皇上深识远见,尽除苗地租赋,诚和辑苗民之要道。但新改归流之苗,以纳租为苦;而归附熟苗,尤苦差役。闻各省苗疆,不独钦差及本地上司,往还路过,搬运行李,尽役熟苗;即家丁、书役、承差出入亦然;是以熟苗不得自营生业,深为苦累。宜着功令:惟钦差量定夫役,其余官员,俱照内地雇夫,不得空役熟苗。"

初九日,奉旨为三礼馆副总裁。

《高宗实录》:"命大学士鄂尔泰、张廷玉、朱轼、兵部尚书甘汝来为三礼馆总裁。礼部尚书杨名时、礼部左侍郎徐元梦、内阁学士方苞、王兰生为副总裁。"

按,《高宗实录》,本年六月十六日,乾隆帝谕令纂修《三礼》,与《易》《书》《诗》《春秋》四经并垂永久。二十三日,乾隆帝命纂修《大清通礼》。

又按,《传恭斋尺牍》之八十三《与某公》,方苞曰:"《三礼》之修,乃二千余年未有之盛事,然一有不当,亦将贻百世之讥。最难得者,任事之人素未究心于此书,虽天资明敏无益也。即循诵经传,涉猎注疏,而不能折衷义理,亦茫然不得其端绪。兼此二者,公所深信几人哉? 即公与仆,身任笔削之责,而采择群书不至取珉而遗璧,就所取之中割截简当,不至如前明《大全》之书,为众所訾议者亦鲜矣。将何道以核其实,惟详酌而明示之。"

是时,荐十二人修《三礼》,翰林四人而外,惟和风翔获准。

《方苞集》卷十六《和风翔哀辞》:"乾隆元年六月,天子命修《三礼》,以阁部之长董其成,而余亦滥厕焉。各举所知,余言十有二人于鄂、张二相国,翰林四人而外,固请而得之者惟和生。"

按,方苞所荐十二人,为三礼馆最早一批纂修官。其名录见鄂尔泰等奏折(史语所藏内阁大库档案,登录号 210114-

001）："臣等公同于翰詹官员内选派得：侍读徐用锡、李清植、编修徐以升，庶吉士赵青藜、徐铎、金门诏，候补侍读惠士奇，中允任启运，原任庶吉士宋照，原任湖广岳州府教授现举博学鸿词王文清，福建贡生官献瑶，江南生员和风翔共十二员，俱留心经学，堪膺纂修之任，相应请旨取入。又有江南举人蔡德晋，臣杨名时素知其亦留心经学，应请旨一并取入，令充纂修。"

又按，官献瑶著有《读周官》六卷，其自序言师从方苞修《周礼》："献瑶曩岁从吾师望溪方先生学《周官》，恭逢我皇上命儒臣纂修《三礼》，先生实董《周官》书。献瑶亦承乏编校，因得翻阅历代讲家名本，择其淳者录正，然后奏御裁决。书成，刊布学官多年矣。老来温经，于《易》《书》《诗》《春秋》《仪礼》凡数过，是书从先生讲贯最久，又分修《地》《秋》二官，用心最劬，功最勤。"

赵青藜《漱芳居文钞》卷四《答方望溪先生书》，记载师从方苞修《三礼》："丙辰冬，从先生事编纂，每以迂拙贻笑同侪，先生独鉴其朴诚，谓可进之于古。诱掖真恳，有逾常分。"

和风翔闻之大喜，越日疾作。待先生闻之，已逾月矣。急让道希探视。翁莝（止园）继以医至，药未熟而死。先生撰哀辞。

《和风翔哀辞》："及部檄至，闻之色喜，卷书装归，告其亲曰：'儿兹行，馆餐于方氏，岁秩百金，半给家用，半市近宅之田。三年归，可不耕而食，终吾生于圣籍矣。'越日而疾作，逮余闻之，已逾月矣。急致参苓，道希将命至其家，生披衣而起，曰：'吾固知公之不能忘吾疾也，吾学当成，二亲免寒饥，疾当愈。'止园继以医至，和齐煮之，未熟而生死。余与生惟南归时一相见，未尝从余游也。余年已逝，病日滋，诸经未竟之绪，将以属焉，而今已矣。"

福清张甄陶辞修《三礼》，从先生问学。

《清史列传》卷七十五《循吏传二》："张甄陶，福建福清人。性嗜学，巡抚王恕、学政周学健以甄陶为国士，贡成均。乾隆元年，举博学鸿词，试罢，大学士朱轼，侍郎方苞、李绂荐充纂修三礼官，甄陶辞，而从方苞问学。"

张甄陶，举鸿博试罢，辞荐修《三礼》，请业于方苞。乾隆十年，成进士。选庶吉士，授编修，寻改广东鹤山知县。历香山、新会、高要、揭阳，所至有声。以忧去官，服除，起授云南昆明，坐事免。主讲五华书院，尹壮图、钱沣皆其弟子。复移掌贵州贵山书院，课士有法。总督刘藻疏荐，诏加国子监司业衔。晚以病归闽，主鳌峰书院。参见《清史稿》列传二百六十四《循吏》。

又按，张甄陶曾欲刊行方苞所删《通志堂经解》，惜未成。据梁章钜《制义丛话》卷十："张惕庵曰：……敕修《三礼义疏》，同局者多宿学巨公，凡疑难处，必推先生裁定。尝以徐健庵先生《通志堂经解》卷帙太多，殚十余年之力，删其繁复，存其精要，以便披阅。书既成，力不能刊，有赀郎愿以二千金为先生刊布，而列名为参订，先生不许。余在都中睹其事，心服之。及乾隆辛巳岁，掌教云南五华书院，言其事于总制菏泽刘公，刘公即捐五百金，且致书于直督方公问亭、山东臬司沈公椒园，二公皆先生弟子，亦各许五百金，欲藏其事，而先生之子乃云此书近颇淆乱，须再校定，因而中止。盖哲嗣欲自刊行，不假人力也。余悼先生之书未能先布，因仿其意自辑一书，一百六十卷，较先生书仅三分之一，今朋徒所翻阅《正学堂经解》是也。评先生文，枨触旧事，附识于此。按：《正学堂经解》当时并未刻行，稿本不绝如线。近闻吾乡已为开雕，亦未知果否也。"

七月,歙县佘华瑞(西麓)入京,试博学鸿词,与先生聚后归,先生赠序。

《方苞集》卷七《再送佘西麓南归序》。

八月,南丰李灏入京,试博学鸿词,拜访先生,出所辑《四书疑问》。先生称赞,并为之序。

方苞《四书疑问序》。

按,此序作于乾隆元年丙辰,未收入今存方苞文集,而见于《四书疑问》卷首。是书为李灏著,英德堂藏版,方苞鉴定,雍正十二年春日朱轼、乾隆元年秋日方苞作序。

又按,此文意义在于,对明清儒道之乱之剖析。方苞将儒者分为真儒、俗儒和伪儒三类,虽然儒家受到"阴阳、名法、坚白、纵横、杨墨、老释之徒"冲击,但其害不在此,也不在俗儒,而在伪儒,并引用唐顺之言,提出近世乱吾道者"常在六经、孔氏之中",可谓"门中之戈"。具体到当世之害,不在异端、俗儒,也不在伪儒,而在"群奉真儒,不知别白",这种不假思索盲目崇拜贻害无穷,"反授外道以入室操戈之柄,而害且遍天下"。

八月初八日,致书翁荟,邀其修纂《三礼》,愿每年自出百金。

《传恭斋尺牍》之八十七《与某公》,方苞曰:"仆以六月初抱病至今,八月朔后七日始有转机。圣主命修《三礼》,此二千余年盛典,虽有总裁八人,而皆有政务,将来实承其事者惟高安、公及仆耳。仆以吾子高义,告三阁老,言某山栖乐道,征之恐不能起,惟以遗经事重私请相助,或可命驾。已议,鄂、张二公每岁共出修金二百,而饮食居处与仆共之。二公初甚踊跃,以仆病甚,中止。仆今有起色,则先圣之道法、圣主之宠命不敢不勉。吾子曩者尚欲附粮艘入,与仆质所学,望以斯道之彰明为分内事,即束装与和秀才九月北上,仆已札王庶常,假四十金为车马费，即二相国不应，仆售先人遗田，每年竭力出百金为抵。再邀同事人作法，必满二百之数。《周官》《礼记》，仆久有成轴，不过删截注疏，杂采众说，得吾子相助，二年可毕。极知足下家中难离，而吾两人共成此大事，足下每岁以四十金寄家，两年之后携三百金归，典五十亩，疏食水饮，可乐幽栖之日月。仆亦告归，依先君陇墓，亦千秋以下一故实也。此时与和同行，一主一仆足矣。若过此，则行甚难，长安公卿皆无长物，在外为大吏者亦多窘乏，舍此等大事，欲觅三百金为买山资，万不可得矣。"

按，由文中"山栖乐道""以遗经事重"以及与和风翔主仆关系且同居于金陵，可推测"某人"为翁荃。自雍正二年，方苞将和风翔交托翁荃教授，确定二人之关系。及至本年，邀请二人共附京城纂修《三礼》，合情入理。

八月二十八日，为编修谢道承之母撰墓表。

《方苞集》卷十三《谢孺人叶氏墓表》："孺人讳球，姓叶氏，父讳汝栋，闽县人。庚午乡试副贡士谢君讳宣之妻，编修道承之母也。……始余与同年郑任钥鱼门善，孺人之长女婿也。道承继因鱼门以索交于余，孺人七十，求文以寿。……又十有四年，孺人殁。道承使来告终，以状请铭。……乾隆元年八月晦前二日，江左方苞表。"

九月初一日，友人杨名时卒，年七十七岁，为撰墓志铭。

《方苞集》卷十《礼部尚书赠太子太傅杨公墓志铭》："公字宾实，号凝斋，生于顺治十七年十二月二十四日，卒于乾隆元年九月朔日。"

按，杨名时卒年，徐用锡《杨凝斋先生传》、袁枚《杨文定公神道碑》、全祖望《江阴杨文定公行述》、《清史列传》、彭绍升

《故资政大夫礼部尚书杨文定公事状》与方文所载一致。《清史稿》与卢文弨《杨文定公家传》则云"乾隆二年九月丙戌朔薨,年七十七"。今从方苞之说。

又按,《高宗实录》乾隆元年九月初六日:"礼部尚书杨名时遗疏闻。得旨:'杨名时系皇祖简用旧臣,服官年久,学问醇正,品行端方。朕仰体皇考圣意,宣召来京,正资委用。今闻溘逝,深为悯恻,已赏内库银一千两,遣内务府官一员经纪其丧。派散秩大臣带领侍卫十员,赐奠茶酒。再着加赠太子太傅,准入贤良祠。'"十一月初十:"予故大学士朱轼,谥文端。礼部尚书衔赠太子太傅杨名时,谥文定,并祭葬如例。"据此,杨名时应卒于乾隆元年。

杨名时弥留之际,往视,其口不能言而泪落。先生执其手曰:"子欲为天地立心、生民立命人也,今幸无恨于本志,旷然而归,尚何留恋。"

弟子雷鋐于方文后评曰:"杨公弥留,先生往视,口不能言而泪渍于眦。先生执其手而言曰:'子欲为天地立心、生民立命人也,今幸无恨于本志,旷然而归,尚何留恋。'公遂闭目,其弟子辈以入行状,无识者多以为过言,曰:'是以杨为圣贤也。'呜呼!此二语惟圣人不能满其量,贤者具体而微。然蒙士自读四书,即宜有志于此。杨公虽不能满其量,非有志于斯,设诚而致行者乎?杨公乃先生满志之友,此志亦吾党满志之文也。"见初刊本。

按,方、杨二人交谊颇深,《方苞集》卷十《礼部尚书赠太子太傅杨公墓志铭》:"用此益信公之为学能内自检摄,而未暇叩其所藏。及往年,余再入南书房,公继至,始知公于文贞所讲授,笃信力行,而凡古昔圣哲相传性命道教之指要,异人异世而更相表里互为发明者，皆能探取而抉其所以然。"方苞《钦定四书文》收录杨名时《富与贵一章》，论曰："明白纯粹，绝无蒙杂，即文可得其所用心。"《智譬则巧也一节》，论曰："惟其知之至，是以行之尽。他人用力侧注，未免着迹。惟此如题安顿，而'圣''智'兼备，'巧''力'俱全，自然融洽，文亦纯洁无疵。"又，杨名时卒时，方苞曾撰写挽联，《传恭斋尺牍》之三十四《与某公》曰："仆平生惟沧洲陈公作守金陵，曾以对联赠公，即刻于堂楹。又去冬，杨公宾实殁，以联挽其弟子辈，遂榜于祠堂。及此，而三耳。"

又按，全祖望《鲒埼亭集外编》卷十一《江阴杨文定公行述》："漳浦蔡文勤公谓人曰：'今世而时时有尧舜君民之念者，江阴一人而已。'礼部侍郎桐城方公过语移时，叹曰'公真为天地立心、为斯人立命者也。'长洲何编修焯，博学傲物，于人无推让，闻公至吴，令其诸生来听讲。"

九月十六日，直房，好友朱轼病重，十八日朱轼卒，年七十二岁。

《集外文》卷六《叙交》："公卒以九月十有八日。前二日，余在直房，日方晚，天气清和，俄而阴云起，风沙蒙雾，忽心动，曰：'公疾其变节乎！'使人问之，果然。宾实之疾之将革也亦然，相去始浃旬耳。"

按，朱轼卒年，方苞《叙交》一文称"九月十有八日"，但又称，乾隆二年与朱轼临终对话，应为笔误，真实时间应为乾隆元年。鄂尔泰《朱文端公墓志铭》、张砚斋《朱文端公墓志铭》、万承苍撰《朱文端公传》、黄永年《朱文端公墓志铭》、袁枚《朱文端公神道碑》、《高宗实录》《清史列传》《清史稿》皆言，卒于乾隆元年。据此，朱轼卒于乾隆元年九月十八日。

又按，朱轼在《国朝耆献类征初编》被列入《宰辅十三》，名位列于张廷玉、鄂尔泰之前,与方苞关系密切,常称方苞为"先生",并为方苞刊刻《周官析疑》,参订《春秋通论》《周官析疑》并序,同订《春秋比事目录》《周官集注》,崇敬之情溢于言表。方苞专门撰写一篇《叙交》,记录二人交情。此外《方苞集》卷一有《重订礼记纂言序》,《方望溪遗集》有代张砚斋作《朱母冷太夫人八十寿序》。方苞自称:"余性钝直,虽平生道义之友,亦多疑其迂远不适于时用。志同而道合无若朱公可亭者,而交期则近。"(《叙交》)

朱轼对方苞颇为尊敬,《叙交》曰:"众既退,坐必下余,行必后余。……子所言三事及九篇之书,吾未尝一日忘。……余经说公手订者过半,尝序《周官析疑》《春秋纲领》二书,以示闻之曰:'周情孔思,不图二千余年后,乃有如亲受其传指者。吾尝谓望溪灼见大原,学皆济于实用,其斯以为根柢夫!'……曩公卧病连年,每谓:'吾身后之文,子当任之。'"朱轼亦盛赞方苞古文,如评《读邶鄘至桧十一国风》:"如此说《诗》,可使毛、郑自失,程、朱满志。"评《周官辨伪一》:"少读《周官》,爱其文简质,及长求以济于世用处,略窥圣人运用天理之实,而于此二篇所摘发,终不解何故。若吾之生或前后于方子,则不获闻此义矣。为之悚然。"评《读管子》:"方子行身方严,出语朴直,众多见谓迂阔。余独知为郑公侨、赵乐毅一流人。每与之言,必不忘。观此等文,有志者宜深求其底蕴。"见初刊本。

九月二十三日,孙方惟寅生,为道章第五子。

《方氏家谱》。

九月,删定《管子》《荀子》成书,并自序。

方苞《删定荀子管子序》。

按,《删定荀子管子》成书于乾隆元年,有乾隆写刻本、抗希堂十六种本等,为方苞删定,顾琮参校。卷首方苞之序,叙述删定是编原委始末:"余少时尝妄为删定,兹复审详,凡辞之繁而塞、诡而俚者悉去之,而义之大驳者则存而不削。盖使学者知二子之智乃以此自瑕,而为知道者所深揾,亦所以正其趋向也。管氏之书,其本真盖无几,以其学既离道而趋于术,则凡近似而有所开阐者,皆得以类相从,而无暇深辨焉耳。"

是秋,以所著《周官余论》《周官辨》《仪礼或问》请陈世倌订正。

陈世倌《重刊朱子仪礼经传通解序》:"丙辰之秋,亡友方望溪先生以所著《周官余论》《周官辨》《仪礼或问》,嘱余订正。"

是时前后,陈世倌自山东致书及行状抵先生,为父请铭。

《方苞集》卷十三《礼部尚书陈公神道碑》:"公既没十有四年,其子世倌自山东以遗书及行状抵苞,请列外碑。……公卒于康熙六十一年,享年八十。"

九月二十八日,乾隆帝试博学鸿词一百七十六员于保和殿。

中国第一历史档案馆《乾隆元年荐举博学鸿词史料》。

按,十月初二日,鄂尔泰等奏,博学鸿词录取一、二等人员名录,其中一等五名:刘纶、潘安礼、诸锦、于振、杭世骏;二等十名:杨度汪、陈兆仑、刘玉麟、沈廷芳、夏之蓉、汪士锽、陈士璠、齐召南、程恂。

十月初二日,鄂尔泰等奏博学鸿词滥举之事,先生族侄方辛元位列其中。

《乾隆元年荐举博学鸿词史料》。

按,方辛元由户部仓场侍郎吕耀曾保举,吕氏为方苞同年友,方辛元为方苞四叔方珠鳞季子。保举生员出现问题官员,皆受到不同程度降级处理。

先生所荐五人应试鸿博,惜皆未成。曾欲荐唐建中,以其屡次拒绝而止。

杭世骏《词科掌录·举目》:"内阁学士兼礼部侍郎方苞举五人:浙江衢州府教授柯煜,浙江嘉善人,康熙辛丑进士,故;江南江都县教谕吴锐,江南当涂人,康熙辛卯举人;贡生龚缨,江南江宁人,不考;雍正壬子副榜贡生刘大櫆,江南桐城人;贡生佘华瑞,□□□□人,不考。"

彭维新《墨香阁集》卷八《翰林院庶吉士唐君赤子墓志铭》:"素与方灵皋友善,诏九卿举博学宏辞,灵皋时为小宗伯,欲举君,虑其不赴,使客喻意。君大诧,曰:'欲荐而使我知,此典不光矣。'峻拒再四而止。"

按,或言刘世澍为方苞举荐。光绪十一年《湖南通志》卷一百七十六《人物志》云:"刘世澍,字霁亭,康熙庚子举人,乾隆丙辰举鸿博,桐城方苞荐之。"光绪三年《善化县志》卷二十三《人物》云:"(刘世澍)司农新安吕公、宗伯桐城方公皆首荐之,乙丑选沙河令。"又,杭世骏《词科掌录》及福格《听雨丛谈》,刘世澍、方辛元皆为户部右侍郎吕耀曾举荐,吕耀曾为方苞同年好友。

又按,就丙辰科博学鸿词,时人颇有訾议,如杭世骏《词科掌录》卷二曰:"是科征士中,吾石友三人,皆据天下之最,太鸿(厉鹗)之诗,稚威(胡天游)之古文,绍衣(全祖望)之考证穿穴,求之近代,罕有伦比……皆不得在词馆,岂非命哉!"近人商衍鎏也批评是科:"张廷玉主试事,托慎重之名,苛绳隘取,如淹通经史之桑调元、顾栋高、程延祚、沈彤、牛运震、沈炳震,文章诗赋之厉鹗、胡天游、刘大櫆、沈德潜、李锴,他如裴曰修、钱载等,皆一时绩学能文者,俱未入选,颇失士林之望焉。"
(《清代科举考试述录》第三章)孟森据陆以湉《冷庐杂识》对
康熙己未、乾隆丙辰两科比较曰:"己未惟恐不得人,丙辰惟恐
不限制。己未来者多有欲辞不得,丙辰皆渴望科名之人。己未
为上之所求,丙辰为下之所急。己未有随意敷衍,冀避指摘,以
不入彀为幸,而偏不使脱羁绊者,丙辰皆工为颂祷,鼓吹承平而
已。盖一为消弭士人鼎革后避世之心,一为驱使士人为国家妆
点门面,乃士有冀幸于国家,不可以同年语也。"(《明清史论著
集刊》)

众人试毕,先生告鄂、张二相国,将举佘华瑞为太学六馆师兼纂
《一统志》。二相国同意,而华瑞以年老辞行。

　　《方苞集》卷七《再送佘西麓南归序》。

是时,每月必一至宣武门南紫藤轩,与李绂讨论《三礼》。

　　袁翼《邃怀堂全集》卷三《藤笑书屋记》:"宣武门南,太仓
乡祠,都下所称合肥李相国邸。东院有千岁紫藤者是也,西院
紫藤一本临川李文穆公。……乾隆丙辰,举天下鸿博,二百征
士谒其门者,皆与谢山通缟纻,维时岿然灵光。则方望溪侍郎,
每月必一至藤阴下,与临川商《三礼》,盖乾隆初公卿在私宅犹
不谈公事也。"

　　按,《晚晴簃诗汇》卷一百三十一:"袁翼,字毂廉,宝山人,
道光壬午举人,官玉山知县。有《邃怀堂诗钞》。"

吴江沈彤访先生于直庐,寄语劝勉。

　　沈廷芳《隐拙斋集》卷四十一《方望溪先生传后》:"乾隆丙
辰,余登词科,除庶吉士,族兄冠云征士(彤),访先生于直庐,
先生曰:'君同宗,某已官翰林,君其勉以学。'某闻之,亟往谒,
励以忠孝。"

十月初三日,与总裁官任兰枝、陈德华一同奏报,《一统志》草稿已完具。

《内阁大库档案》(019531 号):"《一统志》现今草稿皆已完具。但各省《通志》未经全到。因于雍正十三年十一月十五日具奏请旨,应否将已到《通志》省分纂就之书陆续缮写进呈御览,以便一面刊刻。本日奉旨着照任兰枝等所请行。其现在已完诸省陆续缮写进呈。"同时将纂成《一统志》直隶稿本二十四册、江西稿本十八册缮录进呈,请乾隆帝裁定。

十月,刁承祖使其弟显祖,持所刻著述及先君志状乞铭,为撰墓表。

《方苞集》卷十三《刁赠君墓表》:"其后仲子承祖果宦达,使其弟显祖持所刻《易酌》《潜室札记》及君状志,乞余文以列外碑,距君之殁二十有二年矣。……君卒于康熙乙未九月,年七十有二。父讳包,天启丁卯举人。……子四人:长继祖,州学生;次承祖,乙未进士,由县令累官监司,所至著声绩,今为江西布政使司;次显祖,己酉举人,朴直尚名义;次兴祖,早世。以某年月日葬于某乡某原。乾隆元年十月,江南方苞表。"

刁承祖,字步武,直隶祁州人。康熙三十八年举人,五十四年进士。雍正三年上元知县,五年转太平府知府,九年以湖南粮驿道为湖北按察使,后擢江苏按察使、河南布政使、浙江布政使、江西布政使。乾隆二年升广东布政使,四年卒于任。在上元任上,革除弊政,平反疑狱,人称刁龙图。参见同治十三年《上江两县志》、《清实录》、《碑传集》等。

十一月初四日,三礼馆总裁鄂尔泰等奏拟定纂修《三礼》条例,实为先生所拟。

据中国第一历史档案馆,大学士鄂尔泰、张廷玉等十一月初四日奏折《奏为拟定纂修三礼条例请旨事》。

《高宗实录》："三礼馆总裁大学士鄂尔泰等奏，拟定纂修三礼条例：一曰正义，乃直诂经义，确然无疑者。二曰辨正，乃后儒驳正旧说，至当不易者。三曰通论，或以本节本句，参证他篇，比类以测义；或引他经，与此经互相发明。四曰余论，虽非正解，而依附经义，于事物之理有所发明，如程子《易传》、胡氏《春秋传》之类。五曰存疑，各持一说，义皆可通，不宜偏废。六曰存异，如《易》之取象，《诗》之比兴，后儒务为新奇，而可欺惑愚众者，存而驳之，使学者不迷于所从。然后别加案语，遵《折衷》《汇纂》之例。庶几经之大义，开卷了然，而又可旁推交通以曲尽其义类。得旨：'此所定六类，斟酌允当，着照所奏行。'"

按，《集外文》卷二有《拟定纂修三礼条例札子》，二文内容基本相同，故《三礼》条例实为方苞所拟。

又按，本月初四三礼馆建立《收到书目档》，记载即日起至乾隆四年六月二十九日，各部院、各省督抚、翰林院、武英殿等呈送书目。比如本年十一月礼部送到《周礼》《礼记》各一部，初七日翰林院送到《永乐大典》八十六套、《韵总》一套。十五日武英殿送到《御纂朱子全书》四部、《礼记集说大全》一部、《二十一史年表》一部、《康熙字典》六部、《朱子大全》二部、《礼记集说》一部、《周礼句解》一部、《经解》三部、《会典》一部、《音韵阐微》二部。二十五日武英殿送到《周易折衷》《春秋汇纂》《书经汇纂》《诗经汇纂》各四部。二十七日礼部转山东巡抚咨送《仪礼》六种四套、《周礼注疏删翼》二套、《监本礼记》一套，安庆巡抚呈《周礼删翼》，湖北巡抚呈《仪礼节略》《礼记》《周礼》。十二月礼部送到广东巡抚咨送《仪礼》《周礼》《礼记》、陕西巡抚抄送王心敬《礼编》八部。参见《收到书目档》,方苏生《清内阁库贮旧档辑刊》第二编。

十五日,三礼馆收到武英殿《通志堂经解》三部,先生命将《周礼订义》二套于廿七日送至蔡德晋处。彼时未见,遂派人去取。

《收到书目档》,方苏生《清内阁库贮旧档辑刊》第二编。

按,档案中三礼馆收掌官原文称"方大人""蔡老爷",从当时参修人员来看,应为方苞、蔡德晋。

蔡德晋,字仁锡,无锡人。雍正四年举人。乾隆二年,杨名时荐授国子监学正,迁工部司务。德晋尝谓横渠以礼教人,最得孔门博约之旨,故其律身甚严。其论《三礼》,多前人所未发。著《礼经本义》十七卷,《礼传本义》二十卷,《通礼》五十卷。参见《清史稿》列传二百六十八。

二十二日,上奏《条陈禁酒禁烟植树等足民之本管见事》。

题本藏中国第一历史档案馆。又收入《集外文》卷一,即《请定经制札子》。

按,十二月十八日,总理事务和硕庄亲王等谨奏《奏陈会议方苞奏严禁烧锅劝民种树等条陈略节》,题本藏中国第一历史档案馆。

十二月二十一日,好友诸暨杨三炯卒,年六十七岁。

《集外文》卷七《杨千木墓志铭》:"君讳三炯,浙江诸暨县人。少治时文,疏朗无俗调。中康熙乙酉科乡试第三名,卒于乾隆元年十二月二十一日,年六十有七。父讳式金,县学生。母某氏。妻方氏,继娶余氏。子二人:次传,先君卒。"

按,方苞对杨三炯评价颇高,《集外文》卷四《杨千木文稿序》曰:"吾友杨君千木,才足以立事,义足以砥俗,听其言,观其貌，不知其为文士也。"卷七《杨千木墓志铭》曰："交不附势，仕不堕名。托儒行而伪，孰与为义侠而诚？塞离尤以没世，耿无昧于生平。"乔崇修《寄杨千木金事》诗曰："二年投老浙江东，强健宁甘万事慵。四海交游重文举，半生豪气迈元龙。稽山瑶草春应长，镜水寒波绿未浓。此际由来可乘兴，扁舟雪夜许相从。"

二十五日，李绂充三礼馆副总裁，是时前后，先生去书咨询《三礼》书目，李绂建议自《永乐大典》辑抄文献。

《高宗实录》。

李绂《穆堂初稿》卷四十三《答方灵皋问三礼书目》曰："今国家欲崇重经学，务必用朱子贡举私议之法，而后人知穷经。而宋、元以前解经之书，自科举俗学既行，其书置之无用，渐就销亡。如荆公《周礼义》，徐健庵先生悬千金购之而不可得。现在尚存什之二三者，惟《永乐大典》一书。此书现存翰林院，尽可采用。礼局初开，誊录生监与供事书吏，一无所事，若令纂修等官于《永乐大典》中，检出关系《三礼》之书，逐一抄写，各以类从，重加编次，两月即可抄完，一月即可编定，不过三阅月，而宋、元以前《三礼》逸书，复见于天下，其功之大，当与编纂《三礼》等。"

在先生、全祖望、李绂等推动下，开启官刻经史从《永乐大典》辑佚之滥觞。

全祖望《鲒埼亭集外编》卷十七《钞永乐大典记》："明成祖敕胡广、解缙、王洪等纂修《永乐大典》。……暨我世祖章皇帝万几之余，尝以是书充览，乃知其正本尚在乾清宫中，顾莫能得见者。及《圣祖仁皇帝实录》成，词臣屏当皇史宬书架，则副本在焉，因移贮翰林院，然终无过而问之者。前侍郎临川李公在书局,始借观之,于是予亦得寓目焉……会逢今上纂修《三礼》,予始语总裁桐城方公,钞其《三礼》之不传者,惜乎其阙几二千册。予尝欲奏之今上,发宫中正本以补足之而未遂也。夫求储藏于祕府,更番迭易,往复维艰,而吾辈力不能多畜写官,自从事于是书,每日夜漏三下而寝,可尽二十卷。而以所签分令四人钞之,或至浃旬未毕,则欲卒业于此,非易事也。"

按,梁启超《清代学术概论》说:"乾隆中修《四库全书》,其书之采自《永乐大典》者以百计,实开辑佚之先声。此后兹业日昌,自周秦诸子,汉人经注,魏晋六朝逸史逸集,苟有片语留存,无不搜罗最录。"清代辑佚成果丰富,而官刻经史自《永乐大典》开辑佚先河者,并非四库馆臣,而是以方苞为主的三礼馆臣。

十二月,查慎行卒后,其子克念以状请铭数年。本月,先生卧病直庐,夜梦查君如生时。晨起,命家人寻故状不得,乃就所独知于查君者撰焉。

《方苞集》卷十《翰林院编修查君墓志铭》。

按,《翰林院编修查君墓志铭》:"君既殁,其子克念以状请铭数年矣。乾隆元年十有二月,余卧病直庐,或告曰:'君之弥甥沈庶常廷芳属为通言,速君铭,且告克念之丧。'"

又按,沈廷芳《隐拙斋文钞》卷二之《翰林院编修查先生行状》,作于乾隆六年十月二十五日,文末言及请方苞作墓志铭。方苞于其文后评曰:"笔路极清,体法具合,将来定以古文发声。"

是年,与任兰枝奏请翰林院庶吉士散馆改革,获准并成定制。

《钦定大清会典事例》卷一千五十三《翰林院·考试·散馆》:"尚书任兰枝、侍郎方苞奏准:'向例庶吉士散馆,止试五言排律八韵或十韵及论一篇，不出论题则用时文。雍正元年，命诗、赋、时文、论四题，听群士或作两篇，或作三篇四篇，本年尚有以两篇列高等者。其后群士皆勉强并完四篇，风檐寸晷，转多草率。不若止试诗、赋二题，有裨实学。'"吴振棫《养吉斋丛录》卷十亦有记载，并称："其制遂循行至今。"

是年，为乾隆帝御砚撰《多福砚铭》。

《方苞集》卷十五《多福砚铭》。多福砚为乾隆帝御用砚，现藏于故宫博物院。砚正面刻"多福砚"三字，左侧镌有"乾隆珍玩"四字，背面刻"多福"二字。砚配有红木匣，匣面上刻楷书乾隆丙辰年御制铭文，并有篆书方钤二，分别为"乾隆宸翰"与"惟精惟一"。外匣上镌有乾隆朝文臣题铭七首。（周郢：《清宫所藏"多福砚"新考》，《碧霞信仰与泰山文化》。）

按，此砚士人多有言及，如乾隆内务府所修《西清砚谱》、王士禛《池北偶谈》记录较细，邓之诚《骨董琐记》等。又，郑珉中《蠡测偶录集：古琴研究及其他》称，多人为御砚铭，如任兰枝题："朵云片玉出渊皋。"蒋溥题："睹兹石英，德象坤厚。"彭启丰题："云根出山。"鄂容安题："维兹珉石，膺受多福。朴然天成，浑浑穆穆。"介福题："相兹贞石，采自幽谷。"

又按，方苞《多福砚铭》未定作于何时。但据周郢《清宫所藏"多福砚"新考》，砚为乾隆所藏，"多福砚"匣盖上刻有乾隆丙辰御制楷书铭文，此文考证为乾隆六十年，有误。按干支纪年推知，乾隆间只一七三六年为丙辰年。另外，为御砚撰铭文的蒋溥、刘统勋、张若霭、鄂容安、介福诸人，基本为方苞同时人，且多与方苞有往来，故乾隆丙辰为一七三六年，亦即方文写作时间。

又按，罗仁忠《清代方苞铭文端砚》（《四川文物》一九九四

年第四期),四川内江博物馆从凤鸣乡地主张子谦家收得方苞
铭文端砚,铭文内容与《多福砚铭》一致。不同在于,铭文结尾
落款为"甲午人日臣方苞恭铭",即康熙五十三年方苞所作,与
上述时间完全不同。此砚真伪待考。

是年,应朱绍夏、孙坦之请,为高烈妇魏氏作传。

《方苞集》卷八《高烈妇传》。

按,高烈妇之事,同治《续天津县志》、光绪《重修天津府
志》、光绪《重纂秦州直隶州志》、光绪《畿辅通志》皆有著录,多
引方苞之传。

是年,撰《高善登妻方氏墓志》。

篇末提到方氏有子为乾隆元年恩科举人,故系于本年。

按,光绪二十年《梁山县志》卷十《艺文志·铭》收录方苞
此文。

是年,德沛《易图解》成,嘱先生序,以戒相辞。

现存《易图解》,卷首有乾隆元年李绂、甘汝来、李锴之序
及德沛本人自序。

按,《传恭斋尺牍》之三十三《与某公》,方苞曰:"蒙以《易
图解》序相嘱,仆戒为人序书已五十余年,先生志事并是书之
义已具拙集中。"

又按,《集外文》补遗《送德济斋巡抚甘肃序》:"吾友德公
济斋,系出太宗。少艺勇绝人,年二十,囊弓韬剑,笃志圣贤之
学,闭户穷经三十年。其学尤专于《易》,所为《图解》,能引申
先儒之绪,而自发其心得。"

是年,赵国麟书至,为父求补神道碑。

《方苞集》卷十三《赠右副都御史赵公神道碑》:"又二十余
年,国麟巡抚安徽,入谒世宗宪皇帝山陵,请假归里祭告。因葬

故有缺，以书抵余，求补碑铭，以列祠堂。……享年五十有八，以乾隆元年覃恩，诰赠如国麟官，江氏为夫人。"

按《世宗实录》，雍正十二年冬十月，赵国麟福自建巡抚调安徽巡抚。

是年，兄子方道希举孝廉方正，遂依先生于京师。

《方氏家谱》卷五十二《方道希列传》。

是年，友人青浦曹一士卒。

全祖望《鲒埼亭集》卷二十五《工科给事中前翰林院编修济寰曹公行状》。

按，曹一士为方苞好友陈鹏年弟子，二人在朝廷曾有共事。方苞传世文集，未收录与曹一士直接交往篇章，亦无曹一士评点文字。《钦定四书文》选录曹一士《君子疾没世而名不称焉》，论曰："此题精义，从前名作发挥尽矣，故转从浅近处着想，情真词切，正复轩爽动人。"曹一士《四焉斋文集》卷六收录与方苞信札三封：《与方灵皋书》讨论国朝学术，《与方总裁》讨论大清《一统志》关隘的设置体例，《与方灵皋》叙述与方苞相识与交谊。刘声木《桐城文学渊源考》称其"私淑方苞，受古文法"，私淑或有，未见从方苞受古文法。

是年，贵州陈中荣出任南阳知府，乃先生所荐士也。

《传恭斋尺牍》之四十七《与某生》，方苞曰："陈中荣为河南守第一，陈与贤皆愚所举也，能显声绩，愚与有荣焉，勉之。"

按，乾隆三十二年《续河南通志》卷四十五《职官志》："南阳府。陈中荣，贵州绥阳人，进士，乾隆元年任。"嘉庆十二年《南阳府志》亦著录。

是年，丹阳姜兆锡纂修《三礼》，与先生观点多不合。

《清史列传》卷六十七《姜兆锡传》："乾隆元年，以大学士鄂尔泰荐,充三礼馆纂修官。兆锡采辑群书,折衷众说,寅入申出,以勤博称。时方苞长于《三礼》,与兆锡集议,多不合。……然兆锡论出,苞亦不能难也。"

姜兆锡,字上均,镇江府丹阳人。康熙二十九年举人,乾隆初充三礼馆纂修。有《春秋参义》十二卷、《春秋事义慎考》十四卷、《周易本义述蕴》四卷、《家语正义》十卷、《书经参义》六卷、《诗蕴》四卷、《周礼辑义》十二卷、《礼记章义》十卷、《仪礼经传内编》二十三卷等。

是年,好友顾琮以漕运总督署理江苏巡抚。弟子陈大受翰林院散馆授编修,充一统志馆纂修。友人钟晥以先生荐纂修《三礼》。

《高宗实录》。《可斋府君年谱》。尹嘉铨《钟集虚先生七十寿序》

是年,朝廷禁以文罪人。停止汉人罪犯发往黑龙江宁古塔、吉林乌喇等处,应改发于各省烟瘴之地。同时,宽免曾静、张熙非叛案之亲属人等。宽赦汪景祺西征笔记案、查嗣庭私撰日记案连坐之亲属。

《高宗实录》。

是年,《明史》修成。《江南通志》修成。

《高宗实录》。《四库全书总目》

乾隆二年丁巳(1737) 七十岁

正月二十六日,王懋竑之子篯传入京会试,携书简拜访先生及诸友。

《王懋竑日记》:"(正月)二十六日,篯传进京会试,附与灵皋、元方、师铭、邃人书。"

按，王懋竑致书方苞，论时政之弊及《周礼》考订之事。《白田草堂存稿》卷十《与方灵皋书》称："旧岁二小儿归，未得亲奉教诲，闻之甚不乐，疏慢之愆所不可辞。今至即令肃谒台阶，望有以教督之也。昨者辱赐手书，惓惓故旧之谊，不胜感激。……窃谓纲纪未正，政令多还，赏罚或淆，枉直同贯，自侍从、台谏、督抚以至县令，未必尽择其人，而荐举一途只以开侥幸之门、广援引之路，直省题补其弊，亦未尽革。凡沿海沿江沿河，皆巧立名目，自占美缺。……《周礼》为周公未成之书，考之《诗》《书》《春秋》，其官名亦不尽合，……凡今章疏多援《周礼》为说，恐亦循其名而未察其实矣。"

王懋竑与方苞书，又论及时文编选之事。王箴传《先考王公府君行状》："明年丁巳，逢恩科，箴传临行，府君命之曰：'灵皋奉命选时文，汝可为我言，此正人心、厉风俗之一事，所宜慎重。'"

正月二十六日，奉旨开载《日讲春秋解义》诸臣名衔，先生为校订。

据《御制日讲春秋解义》，总裁：库勒纳、李光地；分撰：王封溁、高士奇、田喜篝、德格勒、博济、朱都纳、思格则、彭孙遹；监修：允禄；校订：允礼、张廷玉、方苞；校录：周学健、朱良裘、余栋、邓启元、周龙官、王兴吾、吕炽、夏廷芝、王检、刘元燮、鹿迈祖、陈其凝、吴文焕、程光巨、王泰牲；校刊：陈浩、嵇璜、赵大鲸、万承苍、李光墺、于枋、于辰、林蒲封、柏谦、杨廷栋、徐以烜、吴士珣、韩彦曾、陈大受、邹一桂、王云铭。

按，方苞《向若编全集序》言及与周学健校订《日讲春秋解义》："曩苞供事武英殿，得与周力堂先生俱寒暑无间者，数年雅相好也。会圣祖仁皇帝制《易》《书》《诗》，以次告成，独《春秋》尚未竣。世宗宪皇帝召臣苞等，指授大意，命加校雠。苞以衰朽惴惴焉，惧无以仰测高深，退而与力堂往复商榷，只义单辞，必详必慎，书奏称旨。盖力堂邃于经学，贯穿诸家，力穷真际，故能折衷典要，以适惬于前圣后圣之心，此鄙人所愧叹弗及也。每当校雠之暇，上下其议论，旁及古歌诗杂文，娓娓津津。"

又按，顾琮在《春秋通论序》中，透露方苞校订《日讲春秋解义》之始末："当是时，圣祖仁皇帝方亲纂《周易折衷》，命重臣分领《诗》《书》《春秋》汇纂传说而钦定焉。相国安溪李公、太仓王公奏，承修《春秋》非方某不可，至再三，有旨：方苞编次《乐》《律》书有暇，即赴《春秋》馆校勘。而先生每岁祇役避暑山庄，其在京师，内廷事殷，又城隔内外，终未得与闻《春秋》事。及世宗皇帝，三经次第刊布，以圣祖初御经筵日讲《四书》，及《尚书》《周易》皆实时发刻，惟《春秋》未颁。疑当日所进讲义，专据胡氏《传》，尚未洽圣心。故再降谕旨，命果亲王允礼、大学士张廷玉、内阁学士方苞详细校订恭呈御览者再，而后告成。我皇上御极，发武英殿锓版，御制序文。"

又按，《御制日讲春秋解义序》："我圣祖仁皇帝聪明天亶，自少时即笃好经书……《春秋传说汇纂》成于六十年，已经颁布，余二经则至我皇考继序之，后始次第告成。皇考大孝尊亲，凡皇祖一言一动莫不敬述，以昭示来兹。念《钦定春秋》于胡氏之说既多驳正，则廷臣当日所进讲义一遵胡氏之旧者，于圣心自多未洽，是以迟之又久未尝宣布，必将俟诸经备成而后重加讨论也。故再降谕旨，命果亲王允礼、大学士张廷玉、内阁学士方苞详细校订，始事于雍正七年，恭呈御览者再而后告成，凡六十四卷,乾隆二年锓版。……乾隆丁巳仲春月。"

二月二十三日,德沛巡抚甘肃,作序以送。

《集外文补遗》卷一《送德济斋巡抚甘肃序》。

二月二十三日,友人王兰生卒,年五十八岁。

全祖望《坦斋王公神道碑》;徐用锡《坦斋王公墓志铭》。（王兰生《交河集》卷一）另,杭世骏《道古堂文集》卷三十八《刑部右侍郎王公行状》。

按,王兰生与方苞共事多年,共同参与纂修《御制历象考成》《御定子史精华》《御定骈字类编》《日讲礼记解义》《钦定周官义疏》等。《方苞集》时见王兰生之言,卷五《蜀汉后主论》文后方苞自记:"此河间王君振声之说也。君子表微,观管子将死之言,桓公犹背焉,则信乎后主为不可及也。"

承修《三礼》时,曾夜梦三枢,其后杨名时、朱轼、王兰生三友相继离世。

王诚《显考坦斋府君行状》:"方承修《三礼》时,并命者六人,内阁学士望溪方先生夜梦三枢,虚其一,若有待然,已而江阴殂,高安继之,孰谓竟需府君而三哉。呜呼！痛哉！府君生于康熙丙申年正月六日亥时,卒于乾隆二年二月二十三日巳时,享年五十有八。"（《交河集》卷一）

三月,与高斌结怨,以其违众议开毛城铺。

全祖望《前侍郎桐城方公神道碑铭》:"及其违众议开毛城铺,举朝争之不能得,外而督抚争之亦不能得,而台省二臣以是下狱。先生言于徐元梦,令为上言,不应以言罪谏官。上即日出之。于是公独具疏,力陈河督之愎,上颇心动。河督自请入面对,上以其平日素向往公也,以疏示之,河督大恨,亦思倾公。"

按《高宗实录》，本年三月二日，乾隆帝谕总理事务王大臣，据总河高斌奏毛城铺开浚引河一案，有面奏情形，着准其驰驿来京。又按《清史稿》志一百三《河渠三》："乾隆二年，用总河高斌言，饬疏浚毛城铺迤下河道，经徐、萧、睢、宿、灵、虹各州县，至泗州之安门陡河，纡曲六百余里，以达洪湖，出清口，而淮扬京员夏之芳等言其不便。下各督抚及河、漕督会议，并召询斌。斌至，进图陈说，乃知芳等所言非现在情形，卒从斌议。明年，毛城铺河道工竣。"《清史稿》列传九十七《高斌传》："上卒用高斌议，斥之璜、衡、之芳等。"

又按，《清史稿》列传七十七《方苞传》："苞以事忤河道总督高斌，高斌疏发苞请托私书，上稍不直苞。"

三月二十日，以原任广西巡抚疏，户部议先生所奏各省常平仓谷粜籴事。

《高宗实录》："户部议覆，前因内阁学士方苞条奏，各省常平仓谷粜籴事宜。今年据原任广西巡抚金鉷疏称，粤西省常平仓谷，实贮无亏，亦无霉烂。除应存七粜三之时仍照旧例遵行外，尚须因地因时，以备缓急。如谷色坚好，时价不昂，民食不缺，即可经年全贮不粜。如谷色将变，时价骤昂，民食缺乏，即量为出粜。不必拘定粜七粜半。应如所请，亦不得出粜过半，以致仓储空虚。从之。"

按，雍正十三年十一月初三日，方苞奏《请定常平仓谷粜籴之法以便官民事》。

三月，尹会一入觐，拜谒先生，逢直庐持服不得出，终未面。

《方苞集》卷十一《尹元孚墓志铭》："乾隆二年春，元孚自淮南入觐，再过吾庐，终未得面。以圣天子大孝，实行三年之丧，余时领武英殿修书事，请于二亲王，就直庐持服，时未再期。

余不出，元孚无公事不得入也。"

按，《高宗实录》，本年三月二十四日，尹会一入觐，命署理广东巡抚，历陈老母年迈，情甚恳切，着调署河南巡抚。

是春，欲荐沈彤入馆修书，沈生上书，将归而宁亲，并呈古文祈论定。

沈彤《果堂集》卷四《上内阁方学士书》曰："阁下所以许彤之有当于纂修《三礼》者，无他焉，以彤所疏《仪礼》之《士冠礼》，为有契于圣人之心也。夫《仪礼》之为书，固圣人自写其动容周旋中礼之仪，以立之则而齐天下，非于圣人之道稍见其端倪，而精神与之流通，未易知也。故郑、贾、杨、敖诸儒，且或得其粗，况肤末如彤者，顾能得其深耶？谓有契于圣人之心。盖亦阁下之过许耳……彤所以酬阁下今日之盛心也，惟阁下谅其志而察其诚。旋归意决，而行期未定，待所与俱之人。"

沈彤《果堂集》卷四《与望溪先生书》："先生素以传经治古文高天下，前彤入都，幸得尽其人而力学焉。先生谓彤之能，可几于述者，彤颇自矜励。年来又以求食应举，分其志而缓其力，是以未得卒业。今将归而宁亲，有余暇必踵为之，以实先生之所期，……《仪礼小疏》承面商而未竟，自去年之春及今所为古文，先生皆未之见，缮写上呈，并祈论定。不宣。"

按，《沈彤年谱》，本年二月二十九日，沈彤以父病紧急，南归。四月归家，其父已卒七十余日。据沈彤《果堂集》卷十一《先考真崖府君述》，其父卒于正月十九日，享年八十。全祖望有《送沈征士彤南归引》相赠。

又按，《四库全书总目》卷二十著录沈彤《仪礼小疏》，论曰："是书取《仪礼》《士冠礼》《士昏礼》《公食大夫礼》《丧服》《士丧礼》五篇，为之疏笺，各数十条。每篇后又各为监本刊误。卷末附《左右异尚考》一篇，考证颇为精核。……盖彤《三礼》之学亚于惠士奇，而醇于万斯大。此书所论，亦亚于所作《周官禄田考》，而密于所作《尚书小疏》焉。"

是春，岳池令吕宪曾介吕耀曾为母请铭，为撰墓志。

《方苞集》卷十一《少司农吕公继室王夫人墓志铭》："乾隆二年春，岳池令宪曾以母王夫人状因宗华以求铭。夫人，司农继室也。……王氏，河南新安人。父养林，乡里称长者。母牛氏，夫人其仲女也。司农为佥都御史，诰封恭人。今上御极，覃恩自齿朝以上均得以父职官所极品阶请封，遂晋夫人。以乾隆元年正月疾卒，享年五十有五。长子宪曾，前夫人徐氏出，康熙戊子举人。次宣曾，王氏出，康熙甲午举人。次守曾，雍正癸卯举人，甲辰进士，授四川驿盐道按察司副使。以夫人疾革未赴任。孙男八人。"

按，光绪元年《岳池县志》卷十《职官志·文秩》："吕宪曾，河南新安县举人，雍正十一年任。"

是春，沈廷芳赋诗，奉谢为查慎行志墓。

沈廷芳《隐拙斋集》卷六《灵皋夫子为初白先生志墓奉谢》："古重金石文，有墓必有志。欲俾泉台人，勿共草木瘁。兼为后贤资，史传得所倚。韩欧体例详，朱吕轨范备。擅长李与柳，介甫工练字。下视徐庾俦，雕缋只辞费。夫子具鸿笔，当代推职志。硕果霜橘芬，宝殿灵光岿。词源刊枝叶，卓体扫繁伪。立言轹先民，碑版四裔暨。緊昔敬业翁，诗文炳大地。夫子夙齐名，联步入金匮。"

按，《隐拙斋集》为编年诗集，据前后文可知诗作于是春。

是春，赵国麟归岱祭扫先茔，致书先生，为祖、父请墓志铭。

祝贺《清大学士泰安赵国麟年谱长编附考》。

按，民国十八年《重修泰安县志》卷十二《艺文志选著》收录赵国麟《与方灵皋少宗伯书》："先生非一世士也。名德高义，坊表人伦，楷模后学，先生之可以不朽者，不仅在文字间也。前者承惠德音，欲跻麟于并世七八人内，麟则何敢！……春间，恭谒泰陵，后得蒙恩，赐假归祭先茔，诰命制祠，虔勒丰碑，欲表泷冈，自惭文陋，谨辑《居岱渊源》一册，略具寒家本末，敬呈几席，恳乞先生为先王父、先君子各撰墓表一通，俾天下后世知人子不能为欧阳公者，得交当代之欧阳公亦可以不朽其亲矣。麟谨顿首拜言。"

四月，钟晼自淮南告杨三炯之丧，浃日讣帖至，先生南向而哭，为撰墓志铭。

《集外文》卷七《杨千木墓志铭》。

四月，泰陵配天礼成，全祖望献《大礼赋》，先生赞其语本经术。

《全祖望年谱》："四月，泰陵配天礼成，献《大礼赋》，灵皋先生曰：'笔力弗逮杜公，然语语本经术，典核矜重，则杜公微愧拉杂矣。'"

五月初五日，殿试发榜，于敏中、林枝春、冯祁、黄明懿、龚学海、帅家相等中进士，是科进士多从先生游或问学。

《高宗实录》。

是时，龚学海为父请铭。先生以多事未暇，及归里检箧笥，失其行状。

《方苞集》卷十三《兵部主事龚君墓碣》。

龚学海，字务来，号醇斋。年十四，中己酉顺天副榜第一。乾隆丙辰，举本省乡试第四，联捷成进士，入翰林，晋侍读学士，通政司副使，充壬戌会试同考官，久之补内阁侍读学士。遣祭西岳，旋出为兖沂曹道兼黄河道，以病归。起补岳常澧道，旋以罣误补贵州古州同知,兼署丹江。又擢贵东道,甲午年六十卒官。著有诗文集各四卷。参见道光元年《天门县志》卷二十三《人物》。

五月初九日,乾隆帝谕令,河北五省永禁烧锅。

《高宗实录》:"命禁烧锅。谕总理事务王大臣:'养民之政多端,而莫先于储备,所以使粟米有余,以应缓急之用也。夫欲使粟米有余,必先去其耗谷之事,而耗谷之尤甚者则莫如烧酒,烧酒之盛行则莫如河北五省。……是禁之,则贫民裕养生之资。不禁,则富民获渔利之益。其间得失利害,较然可观。朕筹之已熟,北五省烧锅一事,当永行严禁,无可疑者。至于违禁私造之人,及贿纵之官吏如何从重治罪,其失察之地方官如何严加处分之处,著九卿即行定议具奏。'"

按,烧锅以酒为业,耗谷甚巨,事关国计民生,影响深远。方苞是清初严禁烧锅的发起人与坚定支持者,曾多次上奏折,陈述利弊得失。乾隆帝初采纳方苞建议,但以此事涉及面广,各地境况不同,故朝廷大臣与地方督抚意见不一,引发朝野烧锅严禁与弛禁之论争。五月十九日,刑部尚书孙嘉淦奏烧锅之禁。六月初八日,乾隆帝再申烧锅之禁。六月十三日,谕总理事务王大臣禁止烧锅一事,与王大臣九卿等所议,悉行抄录,交直隶、山东、河南、山西、陕西等省督抚,各抒所见陈奏。六月十九日,兵部尚书公讷亲奏禁止烧锅。六月二十八日,直隶总督李卫奏《奏陈禁止烧锅管见事》。七月初六日,户部议覆给事中吴元安奏请,严禁近京州县烧锅。七月初九日,顺天府府尹陈守创奏禁止烧锅。七月十七日,署河南巡抚尹会一奏覆禁止烧锅一事。七月十八日,山东巡抚法敏奏《题为严禁烧锅敬抒管见事》。八月初五日,甘肃巡抚德沛为陈烧酒毋庸严禁。八月十一日，总理事务王大臣议覆侍卫嵩福奏京南一带烧锅之家囤积之事。八月二十六日，川陕总督查郎阿《奏为遵旨筹划陕省查禁烧锅事》。八月二十八日，署理陕西巡抚崔纪题本《题为遵旨筹议陕省禁止烧锅事》。闰九月十一日，总理事务王大臣、九卿会议禁止烧锅一事。十月二十一日，署理河南巡抚尹会一，为奉旨清理日曲严禁新曲事奏折。十一月二十二日，河南巡抚尹会一，为奉旨酌情禁止晒曲售卖期限事奏折。（文献源自《高宗实录》，与中国第一历史档案馆原始档案，以及《乾隆年间江北数省行禁晒曲烧酒史料》。）

五月二十七日，丙辰科进士散馆，全祖望列下等，欲归。先生荐其入三礼馆，辞之，转荐吴廷华。

《高宗实录》。《全祖望年谱》。

按，全祖望散馆列下等之原因，《全祖望年谱》曰："或以当事者恶先生。"按，鄂尔泰《词林典故》，乾隆元年十月至乾隆八年三月，翰林院掌院为张廷玉。蒋学镛《书全谢山年谱后》曰："丙辰成进士，与张相国子同谱，相国命其子招致，固谢不往。相国方与李阁穆堂、方侍郎灵皋交恶，而先生与二公极欢。次年散馆，左迁，汪尚书于朝房语人曰：'今日方、李二人必大不乐。'或问之，相国曰：'是固具体而微之方、李也。'"《清史稿》《国史儒林传》，亦采录是说。

又按，徐珂《清稗类钞》称全祖望以《皇雅篇》获咎："尝作《皇雅篇》，篇中有'大讨贼'，注曰：'志取北都也。'叙述世祖得天下之正，谓前古无有伦比……有忌者摘其诗语，谓不忘有明，虽颂昭代开国之功，实称扬思宗之德，有煽惑人民不忘故主之意。'鬼嗔'二字，暗指本朝。'为我讨贼清乾坤'句，竟敢冠'贼'字于'清'字之上，尤为悖逆。'惊见冲龄未十春，累朝创

业,未之或闻''负扆委裘'' 一朝唾手'等句,亦多微辞。谢山
因此几获谴,幸大学士某为之解释,始免。"或曰"大学士某"为
鄂尔泰,事系于鄂尔泰与张廷玉之争。

全祖望《鲒埼亭集外编》卷四十六《奉方望溪先生辞荐书》
曰:"伏荷尊谕,以某被放,欲留之《三礼》局中,备纂修之一席,
感佩感佩!馆阁诸臣,原以经术为上,词章为末。某于经术虽
尝致力,然自分终惭谫劣,至词章则似不至在同年诸公之下。
今以明试词章被放,尚敢以经术求进乎?……前福建兴化通判
吴君廷华,其留心《三礼》盖二十余年,于《五官》已成书,某皆
曾见之,在局诸公莫之或先。向尝欲致之执事,以为纂修之助,
且其人久在京师,亦苦拓落,执事若能挈其人而登之,某之受赐
多矣。归期当在冬初,远违讲席,曷胜依恋。"

**是时,沈廷芳授编修,先生差人持武英殿牒,邀其赴馆修书。自
是,沈生日奉几杖,求教诗文。先生赞誉其文,并为作序。**

《高宗实录》。

沈廷芳《隐拙斋集》卷四十一《方望溪先生传后》:"丁巳
夏,某授职,有持武英殿牒,趋某赴书局,则先生札也。某即赴
先生曰:'殿中需校辑才,生有学行,况詹事、文昌旧直地,故以
相属,且可以砥砺问学。'自是,在直庐,日奉几杖,尝征某诗
文,因以就正,先生曰:'生诗虽师夏重,其格过之。'即为作序,
更评文,后云:'贤文笔极清,体法具合,将来定以此发
声。……会以馆课艺,属阅幞被往,先生方设菜羹干肉饭,命某
同饭,居恒惟说经与程朱诸书,或溯往事闲示近文曰:"生视吾
文于古文何似?'某曰:'先生文追韩轶王,中当以原人、原过、
杨文定、查编修二志、和风翔哀辞为不愧古作者。"先生然之,
即以授某。'"

是时,与沈生论及古文义法。并论刘大櫆、沈彤、沈廷芳三位弟子。

沈廷芳《隐拙斋集》卷四十一《方望溪先生传后》:"南宋、元、明以来,古文义法久不讲。吴越间遗老尤放恣,或杂小说家,或沿翰林旧体,无一雅洁者。古文中不可入语录中语、魏晋六朝人藻丽俳语、汉赋中板重字法、诗歌中隽语、南北史佻巧语。……因论今文士:'惟耕南、冠云足语此,耕南才高而笔峻,惜学未笃;冠云特精洁,肯究心于经,得吾贤而三矣。'"

按,方苞《与雷翠庭书》言及南宋以后古文与以前之不同:"贤文颇得理体,而字句俱不合于古,此缘多看南宋以后儒者之书所急,宜留心愚所批抹剪截六家之文也。但古人修之于身,虽不见于文事可也,而况于文辞乎?"见《望溪先生尺牍补遗》。

又按,方苞之论,在当时与后世皆颇受关注。李绂《古文辞禁八条》称古文要禁"儒先语录""佛老唾余""训诂讲章""时文评语""四六评语""颂扬套语""传奇小说"和"市井鄙言"等。袁枚认为古文语体最严:"一切绮语、骈语、理学语、二氏语、尺牍词赋语、注疏考据语,俱不可以相侵。"(《与孙俌之秀才书》)。姚鼐称古文:"不可有注疏、语录及尺牍气。"(梅曾亮《姚姬传先生尺牍序》)吴德旋也说:"古文之体,忌小说,忌语录,忌诗话,忌时文,忌尺牍,此五者不去,非古文也。"(《初月楼古文绪论》)盛大士有不同看法:"国朝古文之以义法胜者,莫若望溪先生。尝言古文不可入……此特言乎文之常者耳!若论其变,则出入震荡,万怪惶惑,譬如汪洋大海中蛟龙、鱼鳖、珊瑚、文贝,无所不有,而一泄万顷,茫无津涯,方为极天下之大观。是以文之为道,变动不居,周流六虚而至变之中自

有其不变者。……望溪之意,欲示人以作文义法,不知硁硁守此即失古文遗意也。"(《蕴素阁文集》卷七《书方望溪文集后》)

五月,友人法海卒,年六十七岁。时卧疾不起,往问,相视泫然。

《清史列传》卷十三。《方苞集》卷十二《兵部尚书法公墓表》。

六月十八日,上奏《为选定制义条例事》。

史语所《明清史料》癸编。

按,奏折内容大要:奏为乾隆元年钦奉圣谕,精选前明及国朝名家制艺,以为主司之绳尺,群士之矩矱,所有选择体制及应行奏请事宜,具列于左,恭请圣训,以便遵行。

六月二十四日,以内阁学士擢礼部右侍郎。

《高宗实录》。

按,去年十一月初二日,张廷玉与庆复上《题为开列内阁学士方苞等员职名请旨补授刑部左右侍郎各缺事》;十一月初十日,二人又上《题为开列内阁学士方苞等员职各请补户部左侍郎等员缺事》(题本皆藏中国第一历史档案馆)。其时张廷玉为大学士兼管吏部尚书事务,庆复为刑部尚书兼管吏部事务。

六月二十六日,上奏《为奉旨补授侍郎谢恩事》。同时,自陈年老衰疾,乞赐宽免。谕免其随班行走。

《高宗实录》。《集外文》卷二《奏为奉旨补授侍郎谢恩事》。

七月初六日,奉旨与左都御史福敏教习庶吉士。

《高宗实录》。

福敏,镶白旗人,康熙三十六年进士,改庶吉士。官至浙江巡抚、左都御史、翰林院掌院学士、湖广总督、吏部尚书、工部尚书、协办大学士、刑部尚书、会试正考官、教习庶吉士、武英殿大学士,工部尚书等,加太保。乾隆十年以疾请解任,二十一年以疾卒。参见《清史列传》卷十三。

　　按,《高宗实录》,本年庶吉士名录:"内阁、翰林院带领新进士引见,得旨:'于敏中、林枝春、任端书已经授职。孙宗溥、何其睿、宋邦绥、观保、张若需、冯秉仁、黄明懿、钱琦、周玉章、王会汾、吴绂、郭肇璜、冯祁、龚学海、程廷栋、黄宫、德保、陆树本、李龙官、沈云蕚、刘炯、丁一焘、胡师孟、周礼、帅家相、张九镒、卢宪观、王士瀚、白瀛、周煌、路斯道、刘愭、李质颖、苏霖润、刘天位、欧堪善、高继光、谢庭瑜、纳国栋、牛琳、杜鹤翱、辛有光、廖鸿章、蒋祖培、郑绍奎、林维雍、张日誉、陈世烈、王寯、周连登、诺敏、张元龙、莫世忠、李时勉、蒋允焄、朱若炳、孙维、彭遵泗、觉罗德成格,着以庶吉士用。'"

七月十三日,刑部额外主事李钟份呈送其父李光坡《礼记》《仪礼》《周礼》各一套,存先生处,未交馆。又,四月二十日,曾交散篇书三十六页。

　　《收到书目档》,方苏生《清内阁库贮旧档辑刊》第二编。

　　按,本年翰林院、武英殿、江苏巡抚、湖南巡抚、山东巡抚、江西巡抚、浙江总督、广东巡抚、福建巡抚、安徽巡抚等部院、督抚呈送三礼馆书册。档案中三礼馆收掌官原文称"方大人",应为方苞。

八月一日,方楘如辞先生纂修《三礼》之邀。

　　光绪《淳安县志》卷十《续纂儒林》方楘如:"丁巳,钦召纂修《三礼》,辞不就。"

　　按,方楘如《集虚斋学古文》卷四《奉家学士灵皋二兄书》:

"本年八月朔,被县帖内开蒙宪奉部遵旨事件,檄取某赴京,充《三礼》经馆纂修者。持捧惭惶,知非吾二兄大人推挽不至此。审名遗经,自托不腐,此儒生之荣愿,便宜傲装只役,而中夜循省,肠转车轮,有不能应者二,有不敢应者二。……要之,贫与病兼,势难即路,亦不俟□缕及此,忝附兄弟,故敢尽布腹心。"

八月初三日,与刑部尚书孙嘉淦书简,论刑戮与仁义,不轻逭有罪之人。

《方苞集》卷六《与孙司寇书》:"朔后一日薄暮,书吏送秋审册到。仆以讨论《三礼》及阅庶常课艺事方殷,未得到班。次日薄暮,书吏持审单至。见云南绞犯吴友柏改缓决。随翻供招:衅自友柏起,既迫杀亲兄之子,并伤寡嫂左右手及族弟。穷凶极恶,万无可原。夫圣人不得已而有刑戮,岂惟大义,实由至仁。盖致天讨于有罪,则不敢不杀;哀民彝之泯绝,则不忍不杀。……执事以儒者操事柄,望布大德,勿以小惠为仁;即改前议,仍所谳为情真。若有人祸天刑,皆归于仆,死者亦于公无怨也。望勿以为过言而弃之!"

按,《高宗实录》,孙嘉淦于乾隆元年十一月到乾隆三年四月任刑部尚书,而秋审通常在八月,故乾隆二年八月为宜。另外,方苞文中言"讨论《三礼》"在乾隆元年之后,"阅庶常课艺"在乾隆二年,故系方文于本年。

八月十一日,孙方惟和生。为道章第六子。

《方氏家谱》。

八月,沈彤请邑人为先府君、孺人画像,先生有题词。

沈彤《果堂集》卷九《先府君孺人画像记》:"先府君孺人像,同邑人张嵩画。……彤游京师三年,闻府君病而归。归而府君前卒,而两孺人像,张亦竟未之为。既三月,乃延张合府君、孺人而图之。……乾隆二年八月既望,哀子彤泣血稽颡记。"

按,据柴德赓《全谢山与胡稚威》一文记载:"尝见励耘书屋藏乾隆二年丁巳沈冠云彤之父真崖先生八十寿册,题词者凡二十家,首为方望溪,中有胡稚威,末为谢山所书《送沈冠云南归序》。足见当时诸公未尝不相见,而不知文酒之中,实有戈矛。予观题名二十人中,除三先生及汪由敦外,知名之士,亦不多见。然在当时,固地丑德齐,肩差雁行之人也,二百年后,泯没难省,不禁喟然生叹。"(《史学丛考(增订本)》。)又按,《沈彤年谱》,沈彤之父,本年八十。柴先生所言八十画册,应为沈彤《先府君孺人画像记》所记之画像。

又按,方苞题词内容,源自汉代仲长统之《乐志论》,其文云:"安神闺房,思老氏之元虚;呼吸精和,求至人之仿佛。与达者数子,论道讲书,俯仰二仪,错综人物。弹南风之雅操,发清商之妙曲;逍遥一世之上,睥睨天地之间;不受当时之责,永保性命之期。"(《辅仁美术月刊》一九三三年第四期。)

八月,良乡县通济桥建成十年,感念沛上人成此之艰,为撰碑记。

《方苞集》卷十四《良乡县冈洼村新建通济桥碑记》。

八月,致书顾琮,论浑河治理事宜。

《方苞集》卷六《与顾用方论治浑河事宜书》:"昨见吾友与直督李合奏河道事宜,源流利病,凿凿有据,且欲为永久计,具见贤者忠实恻怛之心。"

按《高宗实录》,八月初三日诏令,命协办吏部尚书事务顾琮,会同直隶总督李卫、总河刘勷筹划永定河工。罢直隶河道总督刘勷任,以协办吏部尚书事务顾琮署理。八月十八日,上谕总理事务王大臣,直隶河道水利关系重大,命大学士鄂尔泰亲往详勘,熟商妥议,酌定规模。

九月十一日,上奏《敬陈变通九卿会议以责实济等管见事》。

奏折藏中国第一历史档案馆,又收入《集外文》卷二,即《论九卿会议事宜札子》。

按,《高宗实录》本年九月三十日:"礼部右侍郎方苞疏言:'九卿会议宜令主稿之部先行定议,然后移送九卿,俾得从容审度。如所见既同,即移稿画押。倘其中尚有数人未协所议,则主稿之部,会同未协各员商榷至当,使并列上奏以候圣裁。又九卿而外,詹事、科道各官应照旧例,俾得并与会议,其中或有卓见,与主稿之部原议不符,亦得随九卿后公同商酌。'得旨:'廷臣会议公务,其秉公建白与否,皆发于其人之中心,非立之章程可迫之使然者。如方苞所奏,不但事有难行,即定以为例,而不肯视国事如己事之人,其缄默仍如故也。嗣后九卿等当思受朕简畀之恩,凡遇廷议事件,胸有所见即据理直陈,互相参酌,以归于至当,毋得推诿。主稿衙门,随班画题,以了故事,有负朕博采众论之至意。'"

又按,方苞所奏遭到九卿反对,认为迂阔不可行。《传恭斋尺牍》之三十六《答某公》:"会议一疏,始少及大体,不谓闻者皆谓迂远而阔于事情,自计惟奉身而退耳。道义之友,故敢以衷曲相告。"之三十八《答某公》:"而会议一奏,同僚谓无一语可行者。杪秋及冬,卧病三月,惟不能陈力而持禄,古人所鄙,故力辞部职,而书馆之事尚余七八,亦惧不能胜也。"

九月十九日,上奏《请皇上即召山西在京大小臣工及晋省灾情事》。

按,此折藏中国第一历史档案馆,又收入《集外文》卷一,即《论山西灾荒札子》。

九月，以先生所奏，御史周人骥奏常平仓谷粜籴之法。安徽巡抚赵国麟奏常平仓谷原定存七三法，应因地制宜。

《高宗实录》。《清史列传》卷十四《赵国麟列传》。

闰九月十五日，上奏《请孔氏家庙祀封圣贤事》，请孔子前母施氏主于庙。

奏折藏中国第一历史档案馆，又收入《集外文》卷二，即《请正孔氏家庙祀典札子》。

按，此折系方苞在曲阜令孔毓琚，及山东巡抚陈世倌奏折基础上，援引朱子之说，再予上奏。又，齐召南《宝纶堂外集》卷六《礼部再驳请孔祀启圣王原配施氏议》。

是秋，朱书长子朱晓重修家谱告竣，向先生请序。

方苞《朱氏家谱序》："宿松固文献邦也，其间沛国朱氏大族，始自鄱阳相山公，于前明奉诏迁松，传十世孙至厥孙字绿，学富才俊，早登通显，著书汗牛充栋，诗文名海内，悯家乘之散，殚思竭虑，搜罗无遗，订成谱牒。今秋厥子晓人，重加修辑，而支派有考，世次有条，生娶卒葬有书，德行文艺有赞，以宗子之义，例欧苏谱系，亦若水之支分而派属也，山之干起而脉延也。"末署"桐城方苞灵皋氏拜撰。"

按，此文未收入今存方苞文集，而见于民国二十年《朱氏家谱》卷首。

十二月初四日，御赐先生祖父方帜、父方仲舒为通议大夫、内阁学士兼礼部侍郎教习庶吉士之诰命；祖母吴氏，前母姚氏、母吴氏，妻蔡氏、继妻徐氏为夫人。

《方氏家谱》卷五十六《诰命》。

十二月十六日，请解礼部侍郎职。谕令仍食原俸，在书馆行走。

《高宗实录》。

按,《传恭斋尺牍》之五十四《与某公》曰:"仆衰疾日深,虽辞部务,尚有三处行走,五馆承修,力竭精罢,尚不足以周事。拟明年春夏,《周官》告成,时文选定,即恳请归葬。"

十二月十日,钱澄之卒后四十余年,为撰墓表。

《方苞集》卷十二《田间先生墓表》。

按,钱澄之卒于康熙三十二年,距离此时已四十四年。

杪冬,自武英殿出居西华门,子侄辈多称赞石永宁(东村)之诗,恰逢永宁以诗投,遂相识,并因永宁交李锴。

《方苞集》卷四《鹰青山人诗序》。

按,在此期间,族侄方观承诗集中诸多与石永宁兄弟的唱和之作。方苞所言"子侄辈"应包含方观承。

石永宁,字承谟,号东村,姓索绰络,正白旗人,祖都图为康熙近臣,因孔武有力,身健如石,赐姓为石。雍正间举贤良方正,乾隆己巳举明经,敕封文林郎、诰封光禄大夫。著有《东村诗钞》《寸寸集》《铸陶集》等。与其兄富宁后世人才繁盛,出现"四代七翰林",《清史稿》誉为"八旗士族之冠"。

李锴,字铁君,汉军正黄旗人。祖恒忠,正黄旗副都统。父李辉祖,湖广总督。娶大学士索额图女,家世贵顺,澹于荣利。性友爱,兄弟情深。尝为笔帖式,旋弃去。乾隆元年,荐博学鸿词,报罢。十五年,昭举经学,以老病辞。锴居盘山二十载,以殁。著有《睫巢诗集》十卷、《睫巢文集》十卷、《原易》三卷、《春秋通义》十八卷、《尚史》七十卷。参见《清史列传》卷七十一。

是冬,沈廷芳当值武英殿,遇大风,以诗呈先生。

沈廷芳《隐拙斋集》卷七《大风直武英殿呈方夫子》:"初逢

建子月，趋直晓霜天。朵殿风惊铎，寒花日印砖。斯文存国老，多病杖朝年。话久归来晚，雪池横紫烟。"

是冬，李汝霖（雨苍）有书至，言及孙廷直早夭。

《集外文补遗》卷一《书李雨苍札后》："吾友永城李雨苍年七十有八，而好学不衰。乾隆二年冬以书来，言：'有孙廷直，聪明质仁，甫成童，遍诵五经，而夭死。念所学莫之能承，每发书，辄隐愍而中辍焉。'"

按，方文所言，乾隆二年七十八岁，李汝霖当生于一六六〇年。而江庆柏《清代人物生卒年表》称李汝霖为一六六九年出生，源自《清代官员履历档案全编》。今两存之。

是年，上奏《请矫除积习兴起人才札子》。

此折收入《集外文》卷二。

按，此折未定作于何时，曾国藩《方苞请矫除积习兴起人材札子》云："此疏为乾隆二年所上，公年七十矣。"结合前后文内容，大致可信，姑系于此。

按，曾文盛赞方苞："望溪先生古文辞，为国家二百余年之冠，学者久无异辞。即其经术之湛深，八股文之雄厚，亦不愧为一代大儒。虽乾嘉以来，汉学诸家百方攻击，曾无损于毫末。惟其经世之学，持论太高，当时同志诸老，自朱文端、杨文定数人外，多见谓迂阔而不近人情。此疏阅历极深，四条皆确实可行，而文气深厚，则国朝奏议中所罕见。沅甫生平笃慕望溪，尝欲疏请从祀孔庙，盖将奉为依归。昔望溪于乾隆初请以汤文正从祀圣庙，未蒙俞允。厥后道光三年，汤公果祔祀圣庙。而望溪之志行，几与汤公相伯仲，跻之两庑，殆无愧色。（曾国藩《鸣原堂论文》卷下）

是年，致书孙勷，并奉寄《诸经辨伪》一册呈教。

《传恭斋尺牍》之一〇三《与某公》:"去秋闻公子公孙,尽登贤书,喜而不寐。仆以移居内城,与南城音息不通。春闱既毕,托于小谢太史访问寓处,皆云尚未得面,无何,则云已东归矣。竟未得相见,一问起居,曷胜歉仄。仆承修《三礼》,识浅而任重,事繁而寡助,大惧贻百世之讥,《诸经辨伪》一册呈教,望先生明辨其是非,而直以告之。草稿未得更写,惟鉴宥是荷。"

按,尺牍未言与何人,但由文中"仆承修《三礼》"可知作于乾隆元年之后,而由"《诸经辨伪》一册呈教"可知其人为孙勷,孙氏文集中有为方苞此书作跋之文,又恰巧其子与孙皆于乾隆元年中举,故推断尺牍乃本年与孙勷。

又按,孙勷《鹤侣斋文稿》卷四收录为方苞《诸经辨伪》一书所作跋文,即《方灵皋先生诸经辨伪跋》,于他处皆未见,其文云:"老先生精义立诚于经史间,尤能独得根据,辟除诬伪。《诸经辨伪》一书,读之实使心胸开豁,疑郁顿消,虽耄年暮景,然从此当稍知所用心也。此书不但为前圣功臣,而于搜摘乱臣贼子隐私,直穷肺肝,使莽、歆二人奸魅之形,千七百余年来一旦毕现,从此至于终古,更无敢有妄托古籍以惑世行私者,其功实不在禹下也。梁村、雨苍二君子跋语发明,尤不愧为知言,梁村先生疑马融党于梁冀,《明堂位》之增或以谀冀而为之,则此篇之伪更明。接教后,拭摩老眼,细读数过,又深叹《三礼》之纂开馆自今,盖实有待于真儒裁定,故迟之,迟而又久如此也。"

孙勷,字子未,号莪山,康熙辛酉解元,乙丑入翰林,授检讨。典试福建,督学贵州,通政使司右参议,大理寺少卿等,雍正四年告归。独居一室者十五年,未尝至城市。年八十四卒。

参见乾隆五十三年《德州志》卷九《人物》。《四库全书总目》著录其《鹤侣斋集》三卷，论曰："勱性简傲，不谐于俗。"

是年，撰《与鄂少保论修三礼书》。

按，此文未定作于何时，但文中称"其后王学士分主《仪礼》，甘司马主《戴记》，更立条例"，而乾隆四年七月甘汝来去世。又文中言及"李侍讲南还，既以潘进士嗣事，则未竟之书，宜以相付"。据《李绂年谱》，本年十月李绂还乡丁母忧，姑系此文于本年。

是年，代作《重建弘毅公祠堂记》。

此文收入《方望溪遗集》，未定作于何时。按，盛昱《雪屐寻碑录》卷十三《弘毅公祠堂碑记》，以及辽宁省图书馆藏《镶黄旗满洲钮祜禄氏弘毅公（额亦都）祠堂宝茔图》附录《弘毅公祠门外神道左碑文》，以乾隆三年二月十八日迁主入祠。故方苞《重建弘毅公祠堂记》必作于乾隆二年十一月到乾隆三年二月之间，姑系于此。

又按，盛昱《雪屐寻碑录》卷十三《弘毅公祠堂碑记》，与《镶黄旗满洲钮祜禄氏弘毅公（额亦都）祠堂宝茔图》附录《弘毅公祠门外神道左碑文》，并未说明为方苞代作。其内容与《方望溪遗集》，个别文字略有不同。

又按，光绪十七年《吉林通志》卷八十八："衍庆录公有子十六人，世嗣相承者十有一人，初建家庙在北城第宅之前，数世子孙繁衍至数百人，每当时享，室堂庭庑几不足以容，乃移于安定门外里八台，与恪僖公祠址相连。会公曾孙讷亲，蒙赐云骑尉世职，上书陈奏，愿让还世职，惟先臣祠堂乞赐褒荣，列于典祀。奉旨，额亦都乃开国名臣，勋绩懋著，照讷亲所请，于伊族祠堂赐与祭典，永恤成劳，乃以乾隆三年二月始祀。"

讷亲,镶黄旗人。雍正五年授散秩大臣,十年授銮仪使,十一年军机处行走。十三年预顾命。乾隆元年迁满洲都统。二年迁兵部尚书,十一月授军机大臣。叙劳,加拖沙喇哈番世职。三年迁吏部尚书,四年加太子太保。十年授保和殿大学士,兼吏部尚书。十三年授经略大臣。十四年正月,上命傅恒班师,复谕鄂实即途中行法,遂诛讷亲。参见《清史稿》列传八十八。

是年,刘大櫆下第归里,为李节妇请传,遂为之撰。

方苞《李节妇传》:"耕南在京师,数数致齐君之意,请余为节妇立传。余方有命修《三礼》之役,匆遽未遑耕南。既下第归里,复时时以书来趣余一言。余观节妇之行,有非寻常里巷所及者,于是书以寄于耕南,以为李氏节妇传。"

按,此文未收入今存方苞文集,而见于乾隆十二年崔应阶修、姚之琅纂《陈州府志》卷二十七《艺文》,署名方苞。

又按,此文与《刘大櫆集》第六卷《李节妇传》相近,两篇文章第一段基本一致,第二段《刘大櫆集》未收。第二段既有对节妇的评价,也交代了写作背景。由背景可知,此文为李节妇后人辗转通过刘大櫆请方苞作传,故定为方苞所作。另,《陈州府志》为乾隆十二年修纂,方苞本人仍在世,且府志总裁河南学政兼翰林院侍讲蔡新为方苞友人,故推断府志文献来源可靠。

又按,此文未定作于何时,据《刘大櫆年谱》,乾隆二年,刘大櫆应博学鸿词科被黜后,与叶西同舟南返,姑系此文于本年。

是年,长沙刘其淑获旌表,受请为其诗集作序。

方苞《双旌诗钞序》。

按,此文未收入今存方苞诗文集,而见于《攸县志》《乾隆长沙府志》《光绪湖南通志》。同治十年《攸县志》卷三十九

《人物·孝友》："刘其淑，字又荀，岁贡。父遘目疾几盲，淑每夜泣祷北斗一夕，方拜祝，忽流光坠垣，煮然照耀，父目顿明。淑尝患肺疾，在母侧辄忍呻吟。患齿痛，视母膳必强饭如常。亲殁庐墓，有鸟集梓荣之异。乾隆二年旌表建坊，崇祀乡贤。"又，方文未定作于何时，据文章内容及旌表时间，姑系于本年。

是年，马彭年举孝廉方正，出任福建连江县令。在京与先生朝夕相见。

《传恭斋尺牍》之一百十六《与某公》："连江令马君名彭年者，乃蔽乡举孝廉方正，其尊人与愚同门，而未得面，子侄辈多与马交。在京年余，朝夕相见，察其立心制行果淳实人，但过于柔善，恐不能威严以摄奸宄。"

马彭年，字饴少，雍正丙午举人，乾隆二年辟孝廉方正，授连江知县，官廉，民有'但饮连江水'之颂。振兴鳌江书院，士多成材，擢建宁府同知，改宣化府东路。又尝创建义学，以兴文教，云二十一年承办东巡大差，擢顺天府北路同知，致仕归里。参见光绪二十二年《溧阳县志》卷十一《人物志》，

按，溧阳属于江宁府，故方苞称"蔽乡"。至于桐城马氏家族之"马彭年"，与溧阳马氏并非一人。又，马彭年之父马受曾，康熙四十八年进士，时会试总裁李光地与张廷枢，张廷枢为方苞乡试座师，故称"其尊人与愚同门"。

是年，王懋竑书来，恳辞三礼馆之聘，并言及所纂《朱子年谱》。

《白田存稿》卷十《与方灵皋书》云："前闻长兄致政，专司文馆，忽见大疏，乃知尚居可言之地。……吾命盖有所制矣，行年七十，而以区区俯仰于人，殊非所乐。……弟近年来于朱子《文集》《语类》皆尝考订，而《年谱》较正为多。……《时文选》当已进呈，所寄选目甚为草草，不足参酌也。《三礼》体大，恐

不能即就,当博求礼学精深者共考之,编纂诸公有能与长兄反复论难者否?"

是年,元儒吴澄从祀孔庙。御赐汤斌谥号文正。

《高宗实录》。《汤文正公年谱》。

按,《清史稿》列传五十二、《皇朝通志》卷五十三,乾隆元年御赐汤斌谥号。《汤文正公年谱》则称乾隆二年三月二十二日御赐谥号。《汤文正公年谱》由汤斌曾孙汤沆于乾隆八年记载,方苞审定。今从年谱。

是年,弟子陈大受升翰林院侍读学士。尹会一授河南巡抚。魏定国为陕西按察使。

《高宗实录》。

是年,朝鲜以中江开市事覆咨清国礼部。礼部议准江南上下两江分闱乡试,乾隆帝不准。

《英宗实录一》,《朝鲜李朝实录中的中国史料》下编卷八。《高宗实录》。

乾隆三年戊午(1738)　七十一岁

二月初二日,和硕果亲王允礼卒,年四十二岁。

《高宗实录》。

按,方苞在朝廷修书三十年,与果亲王允礼多有接触,如雍正十一年《古文约选》署名允礼,实为方苞编选。方苞所撰《古文约选序》也被允礼收入其《春和堂集》。又如雍正十三年允礼刊行《春秋左传》,为方苞评点,序是否方苞代作,未知。方苞参与编修《御定骈字类编》《御定音韵阐微》《日讲春秋解义》等,允礼为监修或校订。允礼传世诗文集并无方苞直接内容，与诸多仕宦高层一样，并非与方苞无交往，而担心为曾经之"罪人"牵连。

又按，震钧《咫尺偶闻》卷三："盖王邸延师，敬礼出士大夫上，如红兰主人、问亭将军、怡贤王，皆以好士闻。履邸之于阎百诗，果邸之于方望溪，慎邸之于李眉山、郑板桥，礼邸之于姚姬传为尤著。""果邸"即果亲王。

又按，昭梿《啸亭杂录》称："果亲王府在草厂胡同，今为瑞亲王府。"从《乾隆京城全图》看，果亲王府在东官园，与西边的质亲王府相邻。

二月二十三日，乾隆帝至丰泽园演耕，为作颂辞。

《高宗实录》；《方苞集》卷十五《圣主躬耕耤田颂》。

按，礼部侍郎张照亦有颂辞《书圣祖亲耕耤田颂》（《钦定石渠宝笈续编》）。沈廷芳《隐拙斋文钞》卷一《耤田颂并序》。

三月初二日，乾隆帝谒太学，祭奠先师孔子，为作颂辞。

《高宗实录》。《方苞集》卷十五《圣主临雍礼成颂》。

按，礼部侍郎张照亦有颂辞《书圣祖视学讲经书赋》（《钦定石渠宝笈续编》）。

是春，谢济世授湖南粮道，离京前与先生道别。

谢济世《梅庄遗集》卷二《与方少宗伯灵皋书》："忆自戊午春，都门分手，弹指十年。"

谢济世，字石霖，广西全州人。康熙四十七年乡试第一，五十一年进士，改庶吉士，授检讨。雍正四年，选浙江道御史，疏劾河南巡抚田文镜营私负国，贪虐不法，列举十罪。上方倚文镜，命还济世奏，济世坚持不可。命夺官，往阿尔泰军前效力赎罪。至军，大将军平郡王福彭颇敬礼之，济世讲学著书不稍辍。七年，振武将军顺承郡王锡保以济世撰古本大学注毁谤程、朱，疏劾，寻议济世于军前正法，密谕释之。在戍九年，乾隆帝即位，召还京师，复补江南道御史。三年，以母老特授湖南粮储道。八年，济世被诬劾请复官，调驿盐道，后休致。归家居十二年，卒年六十有八。参见《清史稿》列传八十。

三月，梁裕厚刊行《重刊朱子仪礼经传通解》，得先生襄助。

梁裕厚《重刊朱子仪礼经传通解序》，见此书卷首。

按，由梁裕厚序文可知，其一，此书为其父梁万方未完成著作。其二，梁裕厚本人参与此书编撰。其三，此书得方苞襄助："及入都谒江左方灵皋先生，谈及此，先生曰：'予蓄此心久矣，奈未暇。《仪礼》惟敖氏解为最长，近朱高安先生亦有订本。予尝著《礼记析疑》《丧服或问》，未经问世，子携之以备参考。'归同李武安先生潜心研究探讨。"其四，与金陵翁荃合力成此书。

又按，乾隆十五年陈世倌序，言及此书对方苞著作多有采录，并承先生之学："今读是书中，望溪先生之遗说多采录焉……梁君可无负于望溪，余独长负良友于地下，能无对梁君而汗下乎？"同年，雷鋐序亦言及，此书曾就正于方苞："草创未就而殁，其子裕厚痛先志之未终而业之不可不卒也，乃招致白下翁丈止园，共事讨论。既脱稿，即邮至京师，就正于先师望溪先生。时先生方勤于公，虽心善其书而未遑点定，因指授意旨，嘱余参校以归之。岁庚午，裕厚携其稿，适金陵，将授诸梓，以余尝与闻颠末，先期为书以请序于余。"

又按，梁开宗（裕厚）编撰此书，《方苞集》有多篇文章涉及，并言及先生推荐翁荃、雷鋐参与，同时言及将自己相关著述交托给梁裕厚编纂。《方苞集》集外文补遗卷一《答翁止园书》，言及翁荃与梁裕厚合力协作，编校刊印先生删本《通志堂经解》事宜。《答梁裕厚书》讨论排纂先生《删定通志堂经解》事宜，并言及翁荃、雷鋐协助此事。《与梁裕厚书》再论与翁止园梁氏刻先生删本《通志堂经解》事宜。但后来未见梁氏所刊删本《通志堂经解》，只见到援引方苞著作之《朱子仪礼经传通解》。

据此，梁开宗编纂完成其父梁万方《朱子仪礼经传通解》的时间，与为方苞刊刻删本《通志堂经解》时间基本一致，并有翁荃、雷鋐协助。《朱子仪礼经传通解》重刊后，嘉庆年间梁氏后人序跋，大多强调此书为梁万方及其弟子完成，再未提及方苞、雷鋐、翁荃共同参与之事。

另外，《方望溪遗集》收录《儒林郎梁君墓表》，乃方苞为梁开宗之父梁万方所撰。由文章内容看，方苞与梁氏非常生疏，主要通过杨黄在介绍，故此文写作时间，不应在此时，而应为雍正四年杨黄在与方苞在京城结识期间。此文并未提及梁裕厚，只提及闻宗，为岁贡生。闻宗，或为"开宗"之误。

《四库全书总目》卷二十五，著录《重刊朱子仪礼经传通解》六十九卷，论曰："国朝梁万方撰。万方字广庵，绛州人。朱子《仪礼经传通解》本未竟之书，至黄榦乃续成之。此本名为'重刊'，实则改修。大致据杨复《序》文，谓朱子称黄榦所续丧、祭二礼规模甚善，欲依以改定全书而未暇，遂以榦之体例更朱子之体例，与榦书合为一编，补其阙文，删其冗复，正其讹误。又采近代诸说，参以己意发明之。其中间有考证，而亦颇失之芜杂。"

六月，梅文鼎卒后十七年，为其撰墓表。

按，《梅文鼎墓表》收入《方苞集》卷十二，写作时间阙如。但梅文鼎《绩学堂文钞》卷首所录方苞墓表，署为"乾隆三年夏六月桐城方苞表"。

八月,所撰《沛天上人传》,由湛富书写,刻碑于京城静默寺。

张江裁、许道龄《北平庙宇碑刻目录》:"清敕建静默寺碑记。横石三,王掞撰,王澍书,康熙五十八年四月立。张照跋尾。又横石二,《沛天上人传》,方苞撰,湛富书,乾隆三年八月。《清敕建静默寺碑记》,允禄奉敕书,康熙五十九年正月立。"

按,此处"湛富"疑为"湛福",字介庵,昆明人,溥畹弟子,方苞文字刻石者,多出其手。《方苞集》卷七有《赠介庵上人序》。

又按,乾隆五十三年《钦定日下旧闻考》卷四十一,静默寺在西华门外,为明季关帝庙旧址,康熙五十二年重建。

又按,道光年间藏书家孙衣言有《静默寺后院檐下有石数片卧尘土中视之乃沛天上人传方先生苞所为文而昆明湛亨书也盖方先生供奉内廷时尝在寺居而沛天为寺住持有儒行亲爱先生先生亦重之故后为之传余谓寺僧寺既无古碑刻此石乃钜宝也不可以弃之劝其移庋壁间复识以诗》,诗曰:"一月招提无过客,偶向荒檐见片石。蜗丝虫迹浮黄埃,每有游人谁拂拭。阶前佝偻试读之,知出桐城文章伯。海宽出家兄母依,我举问僧僧不知。宗门遗事久茫昧,我辈文章谁惜之。先生昔解南山狱,曾与禁廷修史局。两眸漆黑冠布缁,几个黄门常笑愕。当时想为便朝趋,亦复爱此僧庐居。曲台论高世不取,幸有海宽尚可语。既死乃复传以文,亦欲此僧垂万古。中朝大官字涂鸦,烟媒纸色交倾斜。曷不陷壁收此石,后有君子能摩挲。我昔喜读望溪作,何幸僧窗同所托。云山潜霍不可见,晨呗宵钟每相续。欲忆当时韩退之,苦将材调惜灵师。"见孙衣言《逊学斋诗钞》卷五。杨钟羲《雪桥诗话续集》卷八亦有采录，个别文字略异。

九月十二日，上奏《为贩米至江南被灾各处米船免税听凭转运本省售卖事》。

奏折藏中国第一历史档案馆，又收入《集外文》卷一，即《请除官给米商印照札子》。

按，本年九月初八日，海望、喀尔吉善上奏《为遵议食礼部侍郎俸方苞奏请贩至江南被灾各邑米船免税听凭转运本省售卖一折事》。奏折藏中国第一历史档案馆。时海望为户部尚书，喀尔吉善为户部左侍郎。

又按，九月十八日，户部议覆，方苞奏称歉收省分免收米税。《高宗实录》："户部议覆：'食礼部侍郎俸方苞奏称歉收省分，关口免收米税，请听商人运于贵处粜卖，不必执定某处，并免地方官钤印，以省役吏需索。查地方丰歉不一，若不指定被灾州县，验到钤印，即概准免税，恐奸商偷运他处，漫无稽查。所奏应毋庸议。'得旨：'此案着交与那苏图、许容，密行体贴民情，若果有如方苞所奏情弊，并将部议恐奸商偷运他处，漫无稽察处，一并详议奏闻请旨。'"

又按，本年十月二十八日，两江总督那苏图奏《议方苞条奏歉收省份米船过关免税办法事》。奏折藏中国第一历史档案馆，《高宗实录》亦有记录。

九月二十五日，河南翰林任中柱卒于京，闻而哭之，其子扶榇南归，十二月持行状请铭，为撰墓志。

方苞《翰林庶吉士任君墓志》："乾隆三年九月二十五日申时，河南翰林任公东皋卒于京。余闻而哭之，其子谦扶榇南归，十二月持公行状哀恳恻怛以墓铭来请。余叨教习南宫，知公详

且悉,于其忠孝性成、文行兼备、荦荦大节远过人者,未易更仆
数也。"

按,此文未收入今存方苞诗文集,而载于嘉庆四年《涉县
志》卷八《艺文》。

又按,嘉庆四年《涉县志》卷六《人物》:"任中柱,字回澜,
号东皋,学问该洽,工制艺,兼善古文辞,尤长有韵之文,吐属隽
雅,遣辞应律,每一篇出人争诵之。成康熙乙未进士,改庶吉
士,假归养亲,绝不干外事。母丧,哀毁瘠立,人称其孝,服阕入
都,补馆职,未几卒。著有《镜晦堂集》若干卷,礼部侍郎方苞
志其墓。"

九月,福建学政周学健奉召进京,途经苏州,持先生手书,邀沈
彤偕行。时彤居丧在家,致书婉辞。

据《高宗实录》,本年九月初二日,周学健奉诏入京修书:
"闻福建学政周学健通晓《三礼》,现在修书需人,周学健任内
科岁考试已竣,着将印务照例交与巡抚卢焯,暂行管理。周学
健即起身来京修书,不必候新任学政交代,稽迟时日。"

沈彤《果堂集》卷四《上礼部方侍郎书》曰:"闽学周力堂,
以通晓《三礼》,奉召入都。道经敝邑,属其友过舍,聘彤偕行,
助之纂修,谓由阁下之命,且出手书见示。以彤肤末小儒,乃为
大人先生所礼重至此,自当感激承命。顾有未能安于心者,故
已婉辞力堂,而复私布于左右。彤自去春辞阁下而归,未及行,
闻先考疾病,仓皇出都,驰至家,而先考已前卒。……今若从礼
官远行,将又弗亲于祥禫而持服不终,是彤罪滋大而恨益无穷
也。……往者上书阁下,谓欲于《仪礼》自成其书,比因讲求丧
礼,于《丧服》等篇注说参考折中,遂有所补正。其余将亦循次
以为,大约五年而稿乃可定。……终三年之丧,成此书以图亲

名之显。虽书之传不传，要未可知，然苟徇所知而弃其业，岂复有万分一之冀望？故虽阁下之大教，最所宜从，而亦勿之敢从也。"

按，《传恭斋尺牍》之五十六《与某公》，方苞曰："仆衰疲日甚，《仪礼》非吾友相助不可已。与两相国定议，八月初必奏闻矣。……又吴江县有诸生沈彤，字冠云，往年举鸿博，在京曾与言《仪礼》，颇能辨别是非，……江南当事若有与吾友相识者，望托人问沈能入都否？若能入都相助，仆与吾友各出二三十金相延可也。望早经理，必以十一月到京。"其中"吾友"或为周学健。

十月十六日，受周学健之请，为其《向若编全集》作序。

方苞《向若编全集序》："尝谓：'文以明道，道与文合而文盛，文与道叛而文衰。士不通经学古见诸言者，皆肤末耳'。……今上即位，稔知力堂经术，时力堂方主试蜀中，未入报遽有督学闽中之命，闻者莫不以手加额。力堂至即首刊论文十六则，颁之各学，多士欣然鼓舞，皆知以通经学古为宗。每按一郡，所甄拔多一时宿学，比行科试事，而闽之秀且一空也，乃拔其尤者，细加评跋，愿曰《向若编》，闽人宝贵之，以为自来未有，特惧试事。既竣，先生将携板以归也，乃协某重梓。介其乡先达之在京者，请苞为序，以垂后来。……予重闽人之请而序之，……力堂顷奉召纂修《三礼》，还有日矣，行将复如数年前之出入必偕。以是语力堂，力堂其以予言为然否？乾隆三年岁次戊午十月既望，桐城方苞书。"

按，此文未收入今存方苞诗文集，而载于《向若编全集》卷首。此书为周力堂闽中试牍原本，乾隆己未秋镌，积秀堂梓行，宜兴储六雅、桐城方灵皋、金坛王汉阶（步青）论定。

十月十九日,孙方廷鸾生,为道兴长子。

《方氏家谱》:"廷鸾,原名惟清,讳道兴长子,字芝树,号知恕,上元县学生。生乾隆戊午十月十九日,卒乾隆己亥六月初八日。配宛平钟氏,广西按察使昭女,生乾隆丙辰四月十一日,卒嘉庆十二年丁卯十二月十八日,合葬江宁县南乡回回营。二子:其顺、其源;二女:长适张叙伦文瑞子,次适江淮卫守备固城邓师曾。"

十一月,兄子方道永任顺天粮马通判。

光绪十二年《顺天府志》卷八十一:"方道永,江苏人,荫生,乾隆三年十一月任。"民国二十九年《桐城续修县志》卷七:"乾隆,顺天粮马通判。"

十一月八日,上奏《请将颁谕旨永禁烟酒以裕国计事》,引发朝野持续论争。

奏折藏中国第一历史档案馆,又收入《集外文》卷一,即《请禁烧酒种烟第三札子》。

按,十二月初二日,以方苞奏请禁烟酒折,乾隆帝交大学士等密议。《高宗实录》:"谕:'前方苞奏请禁止烟酒一折,朕交与大学士等密议。随据大学士等议奏,朕思禁止烟酒,应令大学士会同九卿定议,是以命将方苞所奏发出。乃内阁误将大学士奏稿一并抄发,岂有以大学士奏稿,复令大学士会同九卿定议之理。可将大学士议稿,及方苞奏折,一并彻回。大学士九卿,现在会议中省禁曲一事,曲与烟酒,事同一体。俟定议禁曲具奏之日,朕酌量再降旨。'"

又按,禁酒之事,关系国计民生。自方苞严禁烧锅之奏起,朝野持续讨论。本年三年七月二十七日,河南巡抚尹会一《为请增踩曲之例以裕民食事奏折》。七月十八日,山东巡抚法敏

奏《题为严禁烧锅敬抒管见事》。二十七日，河南巡抚尹会一
《为豫省禁曲于民生有益请乃前禁事奏折》。八月初一日，山
西巡抚石麟《题为遵议晋省烧锅可宽于丰年应禁于欠年事》。
九月十五，西安巡抚张楷《为遵旨复陈陕省行禁踩曲情形之奏
折》。二十日，直隶总督李卫朱批奏折《奏报遵旨办理查德禁
烧锅情形事》。二十八日，山西按察使萨哈谅朱批奏折《奏陈
禁止烧锅及豁免酒课事》。二十八日，山西巡抚元展成《为甘
省贫寒无庸查禁酒曲事奏折》。十月十一日，川陕总督查郎阿
《为曲坊之禁实有裨民事奏折》。十一月初七日，直隶总督孙
嘉淦《奏报遵旨酌议禁止烧锅情形事》。十二月初三日，山西
布政使胡瀛《奏为谨陈晋省吏治民情并烧锅耗费米谷请谕楚
蜀等省禁止事》。十二月，直隶总督孙嘉淦奏称，烧锅之禁系
空言，不适于事。（文献源自《高宗实录》，《乾隆年间江北数省
行禁踩曲烧酒史料》，中国第一历史档案馆档案。）

**尹会一之母盛赞禁烟酒第三折，闻先生老病，遣使寄送人参
地黄。**

《尹太夫人年谱》："适见方宗伯《禁烟酒第三疏》，喟然曰：
'吾阅邸报十余年，未见如此奏章，如其言十年后，天下无寒与
饥者矣。'因北向再拜稽首，又读至篇终曰，闻先生老且病，恐
不能多发此格言也，遂检人参地黄，遣使赍送。先生以未审所
由来，受地黄，将命者以人参返。太夫人曰：'经济如彼，操行
如此，古人中不多觏也。'命子孙封识原物，藏箧中。"

按，《尹太夫人年谱》将此文置于乾隆二年末，而方苞禁酒
第三折在乾隆三年底，或年谱时间有误。至于方苞身体老病，
第三折确有言及："臣今年血气日衰，初寒则晨夕战栗，饮食日
减，诚恐一旦遂填沟壑，则诸臣阻挠之浅见，国家久远之深忧，

不得复达于圣主。谨罄竭愚忱,尽言无隐,伏惟鉴察!"

又按,《传恭斋尺牍》之一三〇,言及此事:"去年公遵太夫人命,托云倬寄我地黄四斤参价八十金,仆固辞不获,谨收地黄而坚璧参价。"

又按,《尹太夫人年谱》为尹会一编纂,方苞作序。本年尹母年七十二岁。

十二月,书程颢语录,寄怀远年世兄。

陈烈《小莽苍苍斋藏清代学者法书选集》。

按,方苞书法释文:"古之人,耳之于乐,目之于礼,左右起居,盘盂几杖,有铭有戒,动息皆有所养。今皆废此,独有理义之养心耳。但存此涵养意,久则自熟矣。敬以直内是涵养意,言不庄不敬,则鄙诈之心生矣。貌不庄不敬,则怠慢之心生矣。"款署:"乾隆三年戊午十二月,检程明道先生语,书寄淮远年世兄,望溪苞。"

是冬,过遵化州,访李锴未遇。锴以诗投。

李锴《睫巢集》卷五《呈望溪老人》(戊午冬,养疾田盘,辱老人临况城南敝庐,未获接待,而感激虚怀,爰赋三章。):"丈夫弧矢志,少小应征繇。屯边隶充国,代马惨不骄。二十走淮徐,畚锸尝自操。蜃蛤贵时变,椒兰移所遭。微生苦不化,造物成虚劳。栖迟坐衰白,怒焉心烦骚。""烦骚当告谁,大命愧虚受。皇天匪不高,后土匪不厚。菅蒯虽可绳,其如索云朽。奄忽百岁尽,具体惭父母。于嗟千载下,焉知某为某。长为老农夫,荷锄寄南亩。""南亩何膴膴,粤彼沧海浔。孤云黯栖薄,岁晚无终深。山桑不中矩,石兰多秋阴。弃物有不遗,辛苦劳见寻。多闻信白季,高谅张虚襟。草木具本性,感激增悲吟。"

是冬,受同年魏定国之请,为其父魏方泰撰墓志。

《方苞集》卷十《礼部侍郎魏公墓志铭》。

按，《礼部侍郎魏公墓志铭》："乾隆三年冬，以状来请铭。余与定国同年友也，谪而归，始相见于旅舍。然以道义相许有素矣，乃为谱其世家。"

魏定国，江西广昌人，康熙四十五年进士。历官湖北应城知县、直隶冀州知州、杭州知府、河南按察使、直隶按察使、西安按察使、山东布政使、署山东巡抚、安徽布政使、安徽巡抚、刑部右侍郎、吏部右侍郎等。乾隆十三年，以老休致。十五年，子内阁侍读允迪告病回籍，因受贿请托，革职。十八年，奏请将允迪释放，上加恩准令回籍侍养。二十年卒。参见《清史列传》卷十八。

是年，长女归宁，兼送子乡试，遇疾，卒于金陵故家。

《方苞集》卷八《庐江宋氏二贞妇传》："乾隆戊午，吾女归宁，兼送子乡试，遭疾死吾家。又数年，其子辉祖暴疾死。学士以后四世，止七岁之孤。"

是年，曾氏姊卒。诸兄弟姐妹，惟先生与小妹尚在。

《七思》文后侄方道永识："先君子同产八人。乾隆三年，姑适曾氏者殁，惟叔父、小姑尚存。"

约是年前后，作《白云先生传》。

《方苞集》卷八《白云先生传》文末曰："乾隆三年，诏修《三礼》，求遗书。其从孙某以书诣郡，太守命学官集诸生缮写，久之未就。先生之书，余心向之，而惧其无传也久矣，幸其家人自出之，而终不得一寓目焉。"由是此文应作于乾隆三年或之后，姑系于本年。

按，乾隆十六年《上元县志》卷末《摭佚》称，乾隆二年开纂三礼馆，礼馆总裁购取张怡《三礼》，到馆采择。说法有误。李元度《国朝先生事略》卷四十六《张白云先生事略》、同治《上江两县志》将张怡列为"乡贤",其内容与方苞《白云先生传》一致。又,陈鼎《留溪外传》(康熙三十七年刻本)撰有《白云山人传》,方苞《白云先生传》与其内容相近,或受影响。

是年,孙用正书至,感谢为曾祖孙奇逢年谱序传,并寄呈览。

孙用正《缄斋集》卷十四《与方灵皋》:"承订《年谱》,今勉付剞劂,可告无罪于先人。是皆先生台赐,世世子孙不敢忘也。卷首即借大名,并大《序》及《传》,《传》后仍付《与正书》,系发明立传之旨者。板终刻完,未及刷印,容寄呈览,了却此段心事,便可归骨泉源矣。"

是年,弟子张九键中举,为其《漱石斋诗集》作序。

方苞《漱石斋诗集序》,见诗集卷首。

张九键,字天门,号石园,湘潭人,九钧弟。乾隆三年举人,官隆平知县。著有《漱石园诗集》。参见邓显鹤《沅湘耆旧集》卷八二。

按,张家栻《陶园年谱》,张九钧、张九键皆出自方苞门下。

是年,王懋竑书至,论商吴澄从祀与时文编选诸事。

《白田草堂存稿》卷十《与方灵皋书》:"自前岁二小儿归后,不通问者已二载矣。……欲于时文中留得读书做人种子,不知来者有能会此意否?……前见甘大司马疏言,临川吴文正公从祀事,……尊选时文目录,至今未见。闻学徒言,亡友魏篁中《巧言令色》节文入选,幽潜之文,获蒙采录,幸甚幸甚。但篁中文白石清泉,别有佳趣,而于此等题,则非所长,恐晋宋之清谈非汉唐之笺疏也。"

按,信札所言"临川吴文正公从祀事",即:甘汝来《奏请复先儒吴澄从祀事》(乾隆二年九月二十一日)之事。又据《高宗实录》，乾隆二年十月丙戌，从甘氏之请，复元儒吴澄从祀文庙。

又按，简中"魏篁中"，即魏嘉琬，字篁中，仪征人，康熙三十五年举人，长于时文，卒年三十三。据《钦定四书文》，魏嘉琬《巧言令色》最终入选。

是年，黄永年有书至，称奉教先生而不敢入门墙。

黄永年《南庄类稿》卷四《上方灵皋先生书》："备官刑曹三年，于兹益无暇学，年已四十，迄无成立，私自怜悼负其初心。……所以企先生之门墙、趑趄而不敢遽进者，此也。奉教以群书，必默记背诵。……今先生之门，天下之才之所聚，固宜有如翱、巩之属者，与先生共厥任其为系属，岂曰小补，此非某一人之私望，天下之公也。"

是年，长兴王豫卒，年四十一岁。生前曾与沈廷芳共同受业于先生。

姚世钰《孔堂集序》。

按，沈廷芳《隐拙斋集》卷四十《注经研铭》曰："长兴王敬所慕古嗜经术，来游京师。……以予与君俱方公门人也，援赠言之义请铭。"由此可见，王豫（号敬所）与沈廷芳皆为方苞门人。查阅王豫诗文集、全祖望《王立甫圹志铭》及其他相关文献，其受到吕留良、严鸿逵案牵连，未见沈廷芳之说，真伪待考。

是年，弟子雷鋐以编修充日讲起居注官。陈浩为翰林院侍读学士。陈大受以内阁学士为浙江乡试正考官。友人赵国麟以安徽巡抚为刑部尚书。吕耀曾为仓场侍郎。陈世倌为户部左侍郎。顾琮实授河道总督。

《高宗实录》。

是年，高鹗生。阳湖钱伯坰生。会稽章学诚生。

《清代人物大事纪年》。《章实斋先生学诚年谱》。

乾隆四年己未（1739） 七十二岁

正月初二日，与诸王贝勒、贝子、大学士、九卿、翰詹、科道及督抚、学政在京者九十九人共赴御宴。赋柏梁体诗。

据《高宗实录》，赴御宴者名衔依次为：显亲王衍潢，庄亲王允禄，怡亲王弘晓，裕亲王广禄，履亲王允祹，诚亲王允祕，和亲王弘昼，平郡王福彭，慎郡王允禧。贝勒允祜、允祁、弘明。贝子弘景，弘普。大学士伯鄂尔泰，张廷玉。大学士福敏，徐本。协办大学士礼部尚书三泰，吏部尚书公讷亲，吏部尚书甘汝来，户部尚书海望、任兰枝，礼部尚书赵国麟，兵部尚书鄂善，刑部尚书史贻直，工部尚书来保、赵殿最，尚书衔徐元梦，左都御史魏廷珍。吏部侍郎程元章，户部侍郎留保、陈世倌，仓场侍郎塞尔赫、吕耀曾，礼部侍郎吴家骐，兵部侍郎凌如焕，刑部侍郎岱奇、刘统勋、陈德华，工部侍郎阿克敦，盛京刑部侍郎觉罗吴拜，食侍郎俸方苞。内阁学士春山、伊尔敦、福什宝、张照、王承尧、陈大受、梁诗正。通政使归宣光，大理寺卿汪漋，詹事陈浩，右通政杨嗣璟，少詹事许王猷、许希孔。侍读学士春台、世臣、汪由敦、吕炽、蒋溥、邹升恒、吴履泰。祭酒敷文、李凤翥。右庶子金相。侍读鄂容安、惠士奇、王图炳。侍讲伯张若霭，侍讲介福、双庆、肇敏、张映辰、彭启丰。洗马佟保。鸿胪寺少卿田懋。左中允任启运，右中允李锦，右赞善李文锐，修撰金德瑛。编修钱本诚、雷鋐、黄孙懋、秦蕙田。检讨鹤年。给事中马宏琦、吴元安、罗凤彩、汪橚。御史朱凤英、程盛修、陈其凝、马丙、卢秉纯、程钟彦。直隶总督孙嘉淦，顺天学政钱陈群，云南巡抚张允随。各恭赋成章。

正月初二日，王懋竑子箴传入京会试，来访。先生出其府君手书，嘱汇编成册。

《王懋竑日记》："正月二日，箴传会试启行。"王箴昕、王箴传《先考王公府君行状》称："己未，箴传又见方公于京师，方公出府君手书盈帙，中有笔迹糊涂不可辨，嘱箴传誊清，汇为一册，原稿仍珍收之。盖虽未尽见诸施行，而中心倾服，留备采择有如此。"

二月十九日，上奏《请重刊十三经廿一史事宜札子》。

此折藏中国第一历史档案馆，名为《奏为请定校勘经史程式事》。又收入《集外文》卷二，即《请重刊十三经廿一史事宜札子》。

由于此折为方苞编纂、刻书思想之重要体现，并为清初官刻经史与殿本书形成奠定了基础（张学谦《武英殿本〈二十四史〉校刊始末考》），故摘要选录：

> 伏祈皇上饬内府并内阁藏书处，遍查旧板经、史，兼谕在京诸王大臣及有列于朝者，如有家藏旧本，即速进呈，以便颁发校勘。并饬江南、浙江、江西、湖广、福建五省督抚购求明初及泰昌以前监板经、史，各送一二部到馆，彼此互证，庶几可补其缺遗，正其错误。……前翰林院侍读学士何焯曾博访宋板，校正《前汉书》《后汉书》《三国志》遗讹，臣曾见其书。并求下江苏巡抚，向其家索取原书，照式改注别本送馆，原本仍还其家，毋得损坏。……校勘经、史与见修之书不同。见修之书，即有遗落，可增删上下文，以就合之。经、史行世已千数百年，遗落一句数字，即需重刻数十板，劳费甚大。必更番校对，一字无讹，始可写样；必样本对清，始可登板。若限期催促，一部未成，又发一部，

必多错误。……翰林院送到编、检六人,奉旨添派庶吉士六人,臣等拟择原在殿编校翰林十二人,合同分派。先对《十三经》,互稽经、传,以考舛误,限八月内将底本对完,臣等细加斟酌,缮折进呈。然后次及《史记》《前汉书》《后汉书》《三国志》四史皆有注解,亦宜详勘。以下诸史,则参伍旧本,增改落字错字,加功较易矣。……旧刻经史,俱无句读。盖以诸经注疏及《史记》《前》《后汉书》辞义古奥,疑似难定故也。因此纂辑引用者,多有破句。臣等伏念:必熟思详考,务期句读分明,使学者开卷了然,乃有裨益。……前明所刊经史,每卷之首,止列校刊职官姓名,而汉、唐先儒,转附第一行每卷之下;且或止称某氏,或具姓名乡里,或并详官阶封邑。诸经诸史,款式各殊,闻彼时书出,即众议哗然。其后冯梦祯为国子监祭酒,重刻史记,始变其例,众以为是。今拟仿其例,王大臣监修校勘,列于目录之前,汉、唐先儒列于每卷之前,分校诸臣列于每卷之末。卷内若有遗讹,则分任其责者,无可推诿,庶几各竭心力。又在殿翰林内,有詹事府正詹事陈浩,左庶子周学健,翰林院侍读学士吕炽,编修朱良裘,行走年久,向来一切编校之事,承办居多。今拟将诸翰林所对经、史,仍派令此四人分领,以专其责,合并声明。……刻字之板,材有老稚,干久之后,边匡长短,不能画一,故自来书籍,止齐下线。惟殿中进呈之书,并齐上线,临时或烘板使短,或煮板使长,终有参差,仍用描界取齐。数烘数煮,板易朽裂,凡字经剜补,木皆突出,散落再加修补,则字画大小粗细不一,而舛误弥多。经史之刊,以垂久远,若致剥落,则虚糜国帑。伏乞特降谕旨:即进呈之本,亦止齐下线,不用烘煮,庶可久而不敝。

按，《高宗实录》，乾隆元年三月十三日："协办大学士三泰奏请：'颁发十三经二十一史各一部，于各省会府学中，令督抚刊印，分给府州县学。'部议：'应令督抚于省会书院，及有尊经阁之府州县，就近动项购买、颁发。'从之。"

乾隆三年九月初三日："大学士等议覆，国子监奏称：'太学所贮十三经注疏、廿一史，板片模糊，难以修补，请重加校刻，以垂久远。'应如所请，令国子监购觅原本各一部，分派编检等官校阅，交武英殿缮写刊刻，即将板片交国子监存贮，以备刷印。再国子监奏有写本《旧唐书》一部，亦请刊刻，以广流传。得旨：'板片不必国子监查办，著交与庄亲王，于武英殿御书处等处查办。'"

乾隆三年十二月十五日，大学士兼管翰林院事张廷玉、福敏奏称："重刊经史，必须参稽善本，博考群书，庶免舛讹。武英殿为内府藏书之所，就近校阅，实为便易。今拟于编检内选派六员，咨送到殿，俾校勘刊刻会于一处，则错误可免，而书易成。"乾隆帝答复："依议。编检六员恐不敷用，着添派庶吉士六员。钦此。"（《重刊十三经廿一史事宜札子》）

二月二十三日，军机处草拟批复先生重刊《十三经》《廿一史》奏折，进呈御览。

《乾隆朝上谕档》。

是时前后，先生出任经史馆总裁。

沈廷芳《方望溪先生传》；李元度《国朝先正事略》。

按，向功宴《清代殿本浅析》云："乾隆四年，在武英殿诏刻十三经、二十一史，并专设刻书处，特简王大臣总裁其事，殿版之名，于是大著。在此之前，武英殿刻书均称内府本，至此才正始称为殿本。"若以向先生所论为据,则方苞为殿本真正的奠基者。

王懋竑书简至,论《十三经》《廿二史》重刊及四书文编纂事宜,称赞先生莽歆增窜说,足以决千古之疑。

王懋竑《白田草堂存稿》卷十《与方灵皋书》:"昨见邸报,命武英殿刊刻《十三经注疏》《廿二史》,此最重事两书,南北监本,弟略见一二,鱼鲁豕亥不胜其讹,而又多以意妄改者。前此,委官分校,而不问其人,今若因循旧例,则校经者未必皆孔、陆也,校史者未必皆三刘也。或失之草略,或失之穿凿,俱所不可。此其任,自在长兄,无使盛朝钜典少贻后代学士之议也。时文选单,乃为学徒读本,未为定论,家所藏稿至少艾、韩、马、陈诸大选本,半未之见。而今文止于癸丑,尤为疏略,意欲遍捡广搜更加增删,而目昏益甚,不能看细字。……前读奏疏,谓《周礼》有王莽、刘歆所增人者,此最确论,足以决千古之疑。然在今日不知何以识别,愿飞示其说之一二焉。"

按,方苞莽歆增窜说,在当时和后世皆争讼不断,俨然清代学术一大公案。

三月,以赀郎入曹事触怒和硕履亲王。

全祖望《前侍郎桐城方公神道碑铭》:"礼部共议荐一赀郎入曹,和硕履亲王莅部,已许之矣。公以故事礼部必用甲科,不肯平署,王亦怒。会新拜泰安为辅臣,而召河间魏尚书为总宪,朝廷争相告曰:'是皆方侍郎所为,若不共排之,将吾辈无地可置身矣。'是后,凡公有疏下部,九列皆合口梗之,虽以睢州汤文正公天下之人皆以为当从祀者,以其议出于公,必阻之。"

按,《高宗实录》,本年三月二十六日,友人魏廷珍以都察院左都御史为工部尚书。弟子陈大受以内阁学士为吏部右侍郎。

履懿亲王允祹,康熙帝第十二子。康熙四十八年,封贝子。五十六年,署内务府总管事务。五十七年,办理正白旗满洲、蒙古、汉军三旗事。六十年,祭盛京三陵。六十一年,授镶黄旗满洲都统。雍正帝即位,封履郡王。雍正二年,夺爵,在固山贝子上行走。二月,因错降镇国公。八年复封郡王。乾隆帝即位,进封履亲王。乾隆二十八年薨,予谥。参见《清史稿》列传七。

四月二日,上奏《报选择时文告竣恭请御制序文并定标名等事》。

此折藏中国第一历史档案馆,时方苞食礼部右侍郎俸庶吉士。

按,此折云:"食礼部右侍郎俸、教习庶吉士臣方苞谨奏为请旨事。臣本无学识,又迫衰残。恭承圣谕,选择时文,虽晨夕孜孜,悉心讨论,常恐择焉未精,语焉未当,有负任使。谨据所见,校录有明制义四百八十六篇、我朝制义二百九十七篇,进呈御览,伏候海定。窃惟功令以时文取士,所以久而不废者,以发挥四子之书,学者童而习之,则义理足以浸灌其胸臆也。故必别裁伪体,乃可陶冶人材。伏读前谕,时文之风尚,有关于人心气运,将以是选为主司之绳尺,士子之矩矱,必得御制序文,昭揭简端,然后可以一天下之耳目心志,而不惑于岐趋。其标名,或曰'御选',或曰'钦定',统候圣裁,以便遵行。……乾隆四年四月初二日。"

四月初三日,上奏《进四书文选表》。

《集外文》卷二《进四书文选表》:"乾隆元年六月,钦奉圣谕,命臣苞精选前明及国朝制义,以为主司之绳尺,群士之矩矱。臣本无学识,又迫衰残,恭承嘉命,为愧为恐。窃惟制义之兴七百余年,所以久而不废者,盖以诸经之精蕴,汇涵于四子之书,俾学者童而习之,日以义理浸灌其心,庶几学识可以渐开,而心术群归于正也。……乾隆四年四月初三日。"

四月初五日,殿试发榜,官献瑶、袁枚、沈德潜、方世儁、叶酉等中进士。

《高宗实录》。

按,《清朝进士题名录》,是科一甲状元庄有恭。二甲二名官献瑶,五名袁枚,八名沈德潜,三十九名方世儁,四十九名叶酉。据《听雨丛谈》,是科会试主司:赵国麟、甘汝来、留保、凌如焕。

是时前后,江阴包彬入京会试,登门造访,谈经论学。

方苞《重建宋博学宏词仁甫包先生墓碑记》:"文在戊午举于乡,其以计偕至京师,必就余谈经,曾以其所著《易观》《易玩》示余,余嘉其于《易》有心得,能发诸家所未发,盖其经学所渊源者远矣。"

按,此文未收入今存方苞诗文集,而见于民国三十七年包仁荣等纂修江阴《文林包氏宗谱》卷首。

又按,文中"文在"即包彬,"戊午"即乾隆三年。光绪四年《江阴县志》卷十七《人物·文苑》:"包彬,字文在,乾隆戊午举人,力学研经,尤邃于《易》,著《易玩》《易观》《易小得录》。凡先后天卦图等说,于先儒讲义,别有心得,性严正,邑令蔡澍延修邑志,与同人论乡贤龃龉,遂辞去,后馆于易州,卒。遗文散佚,其存者《朴庄古文遗稿》诗集若干卷。"又据《文林包氏宗谱》,包彬为宋龙图待制包拯二十一世孙,文林包氏塘下支十九世。

四月初八日,奉旨编选明清时文告竣,定名《钦定四书文》。

《高宗实录》："甲申，大学士议覆：'食礼部侍郎俸方苞奏，遵旨选择时文告竣，请颁御制序文，并标名字样，应将原奉谕旨，刊刻卷首，标名《钦定四书文》。'从之。"

《奏报选择时文告竣恭请御制序文等事》："侍郎方苞选择时文告竣，奏请御制序文、并定标名等因一折。臣等伏查：乾隆元年六月内，我皇上念制艺一道，为文风士习攸关，钦颁谕旨，裒集有明及本朝诸大家时艺，以为士子程序，令方苞司选文之事。今既选择告成，应遵旨将原奉上谕冠诸卷首，再令方苞撰拟进书奏折，一并刊入，似可无庸另制序文。其标名，应请用"钦定"字样。至所奏酌定凡例、校阅、校对分别列名及镌板格式等条，均应如方苞所请办理可也。伏候谕旨。乾隆四年四月初八日奉旨：依议，钦此。"

按，《四库全书总目》卷一百九十著录此书，论曰："乾隆元年，内阁学士方苞奉敕编《明文》，凡四集：曰化治文、曰正嘉文、曰隆万文、曰启祯文。而《国朝文》别为一集，每篇皆抉其精要，评骘于后。卷首恭载谕旨，次为苞奏折，又次为《凡例》八则，亦苞所述，以发明持择之旨。……我皇上复申明清真雅正之训。是编所录，一一仰禀圣裁，大抵皆词达理醇，可以传世行远。承学之士，于前明诸集，可以考风格之得失；于国朝之文，可以定趋向之指归。圣人之教思无穷，于是乎在，非徒示以弋取科名之具也。故时文选本，汗牛充栋，今悉斥不录，惟恭录是编，以为士林之标准。"

又按，梁章钜《制义丛话》卷八："纪文达师曰：国朝制义，自以刘黄冈、熊汉阳、李文贞、韩文懿为四大家。其继起足称后劲者，断推桐城方望溪。乾隆初，奉敕录前明及本朝四书文，以桐城总其事，仰见圣人知人善任，后有作者弗可及矣。顾黄冈、汉阳、桐城皆萃毕生之精力，始得专门名家，而安溪、长洲二公则以名臣而兼工此事，尤为其所难。且长洲本以制义受知通显，后亦专以文章报国。惟安溪以经文纬武之略，际喜起明良之朝，道学、政事、文章一以贯之，而出其绪余以为制义，亦复能涵盖一世，润色千秋，其本领又应在长洲之右矣。至同时名流辈出，盖有不受诸家之范围者，或以经术胜，或以笔仗雄。国初规模，令人不可方物，选本俱在，又岂前明洪、永诸公所可同日而语也哉？"

又按，叶德辉《郎园读书志》卷十五，录《钦定四书文》四十一卷，论曰："方苞为桐城派古文开山之人，本深于时文之学，所选皆本高宗清真雅正之旨，足为一代楷模。余幼习制科文，家大人语业师，以此文为程式。其时风行《管韫山稿》，即乾隆中管御史世铭所作时文也。管世铭之文，出于方苞。故苞不独为古文坛坫主盟，即时文亦主持百年风气也。"

五月二日，上奏《请敕下定议汤斌从祀孔庙事》。全祖望有诗记其事。

此折藏中国第一历史档案馆，又收入《集外文》卷二，即《请以汤斌从祀孔庙事及熊赐履、郭琇入贤良祠札子》。

奏折内容为：咨内阁食礼部右侍郎俸教习庶吉士方苞，奏请敕九卿定议故工部尚书汤斌，从祀孔庙；故大学士熊赐履、左都御史郭琇，入贤良祠，以为公卿台垣模楷。

全祖望《鲒埼亭诗集》卷五《谒汤文正公祠》其二："屈指诸前辈，终无第二人。尚存吴苑祀，未荐泮宫茵。道以躬行重，人从述作论。甘棠犹百世，盥手酹青蘋。（原注：近日方侍郎灵皋，请公从祀，礼臣以公少著书，遂格其请。）"

按，《清史稿》志五十九《礼三·吉礼三》："道光二年诏刘宗周,三年汤斌,五年黄道周,六年陆贽、吕坤,八年孙奇逢,从祀先儒。"《清史稿》列传五十二:"清世以名臣从祀孔子庙,斌、陇其、伯行三人而已,皆以外吏起家,蒙圣祖恩遇。"

五月十三日,以故革职,专在三礼馆修书。其武英殿事务,由陈大受、刘统勋接管。

《高宗实录》:"谕曰:'方苞在皇祖时,因《南山集》一案,身罹重罪,蒙恩曲加宽宥,令其入旗,在修书处行走效力。及皇考即位,特沛殊恩,准其出旗,仍还本籍。又渐次录用,授职翰林,晋阶内阁学士。朕嗣位之初,念其稍有文名,谕令侍直南书房,且升授礼部侍郎之职。伊若具有人心,定当痛改前愆,矢慎矢公,力图报效。乃伊在九卿班内,假公济私,党同伐异,其不安静之痼习,到老不改,众所共知。适值伊以衰病,请解侍郎职任,朕俞允之,仍带原衔食俸。上年冬月,因伊条奏事件,朕偶尔召见一次,伊出外即私告于人,曾在朕前荐魏廷珍而参任兰枝,以致外间人言藉藉。经朕访闻,令大学士等传旨训饬,伊奏对支吾。朕复加宽容,未曾深究。近访闻得伊向住魏廷珍之屋,魏廷珍未奉旨起用之先,伊即移居城外,将屋让还,以示魏廷珍即日被召之意。又庶吉士散馆届期,伊已将人数奏闻,内阁定期考试矣。伊复于前一日,将新到吴乔龄一名,补请一体考试。朕心即疑之,今访闻得伊所居之屋,即吴乔龄之产,甚觉华焕,显系受托,为之代请。似此数事,则其平日之营私,可以概见。方苞深负国恩,着将侍郎职衔,及一切行走之处,悉行革去,专在三礼馆修书,效力赎罪。其武英殿事务,着陈大受、刘统勋管理。'"《国史馆本传》亦记载其事。

始落职,上屡顾左右大臣言曰:"方苞惟天性执拗,自是而非人,其设心固无他也。"

雷鋐《方望溪先生苞行状》。

是时,见弟子沈廷芳,感叹:"老生以迂憨颣获庚,宜也。吾儿道章数以此谏,然吾受恩重,敢自安容悦哉。"

沈廷芳《方望溪先生传后》。

是时,编修吴绂,在三礼馆公然为抗,闻者骇之。

全祖望《鲒埼亭集》卷第十七《前侍郎桐城方公神道碑铭》:"(公)许以原官致仕,仍莅书局。众以上意未置公也,适庶常散馆又以公有所私发之,遂被削夺,仍在书局行走。而荆溪人吴绂者,公所卵翼以入书局,至是遂与公为抗,尽窜改公之所述,力加排诋,闻者骇之。"

按,前此吴绂随方苞修《周官义疏》,方苞受邀为其家族宗祠撰文。《集外文》卷八《柏村吴氏重建宗祠记》:"康熙丙戌,重建于故址,至辛丑,门塾始完。其堂庑之规制,兴作之程期,领事之族人,绂自举以列碑阴可也。……余平生不肯以文假人,而承修《周官》,甚赖吴编修绂能输其力。绂以宗祠之记请,不可却也。"

五月,李锴入京,得闻辞官,欲与石永宁过访,婉拒之,遂怅惘而返。

《李铁君文钞》卷下《上望溪侍郎书》:"谨白,上望溪公足下:比在山,耳目不外接,颓然此身,若不复为天地所有,故了不知寰中事。五月来长安,乃得公解组信,遂同石君东村上谒,阍人辞,方暑,恐起居有所苦,故不敢强,怅惘而返。此遇也,他人必有所不安,而锴知君子之怀固别有在。何也?锴鄙人耳,一旦辱识,知得四五接光仪矣!所闻者,忠君筹国之言、文史之论、江乡之思而已。今蒙恩解他职,使务专于《三礼》一书,将使精一以发其底蕴,而□解群说是固公之夙愿也。天其或者将开数百年蒙昧之蹊，而特假手于公也。……公今承制秉笔，雠绎疑似，抉其是非，拔汉儒之帜，复周公之旧，是天子所以遇公，而公亦有以遇天子也。虽然公老矣，一了此局，行将片帆归里，饮江漱湖，颐养太和，以卒公江乡之思，亦可以悠游娱老矣。错闻，七十杖于国，八十杖于朝，比得杖，质素而直，心爱之，敢以熏炉，先杖以献，如身侍左右耳。惟纳之是幸。"（金毓黻主编《辽海丛书》）

七月二十二日，致书新调任闽浙总督德沛，呈治理台湾之策。

《高宗实录》。

《集外文补遗》卷一《与德济斋书》："台湾未开，不过岛夷一蚁穴耳；既开之后，沃野千里，粟溢泉、漳，物产丰盈，盗贼觊觎，故叛乱频作，幸而速平，若措注失宜，不惟七闽之忧，乃滨海九省之剧患也。雍正□年，督抚请筑郡城，仆为驳议，视鄂、朱二相国。先帝寻改成命，特降明谕，以觉群愚。乾隆二年，大吏复请，九卿中无一知有前谕者，仆检示，然后相顾愕然。公今作督，若不能远虑，则终无可望矣。盖郡城一筑，设有变乱，官军虽入鹿耳门，必坐困于贼，仆前议所已详也。然计万世之安，非削除鹿耳门之险，终无完策。"

八月二十日，刑部尚书尹继善、吏部侍郎陈大受为三礼馆副总裁官，得以共修《三礼》。

《高宗实录》。

尹继善，满洲镶黄旗人，大学士尹泰子。雍正元年进士，改庶吉士。历官编修、侍讲、侍读学士、江苏巡抚、河道总督、协办江宁将军、云南总督、太子少保、教习庶吉士、三礼与纲目馆副总裁、川陕总督、两广总督、户部尚书、国史馆总裁、军机处行走、满洲都统、川陕总督、两江总督、文华殿大学士、翰林院掌院学士等。乾隆三十六年卒。参见《清史列传》卷十八。

是冬，雷鋐之父入京，探视其子，将归请序，遂为序以赠。

《方苞集》卷七《送雷惕庐归闽序》："乾隆四年冬，其父惕庐至京师。生以告曰：'吾父兹来，盖以察鋐守官之志行；又念漳浦师殁，未知所学于先生者何似也？'翼日，君过余，气肃而容安，语无枝叶。自是益有意于其人。"

按，文中方苞言及平生好友：杨名实（宾实）、陈鹏年（沧洲）、蔡世远（闻之）等。同时交代雷鋐由师事蔡世远到方苞之经过，并引蔡世远之言，称赞雷鋐："即后起之宾实也。"

又按，乾隆四年，雷鋐迁谕德，九月其父雷惕庐入京探望，年底卒于京师。据陈世倌《雷惕庐先生墓志铭》："乾隆四年九月，谕德迎养京师，十月遘疾，腊月十九日夜半呼谕德，勉以竭忠报国，二十日卒，年六十有四。"

又按，方序作于年末。《送雷惕庐归闽序》文后，雷鋐评点："己未九月，先君至都，不习北方水土，计春暖南归曰：'吾无他觊，汝能得方先生赠一言乎？'旋遇病，且亟。先生文不苟作，以欲为鋐慰先君，急为之。方草成而先君遽捐馆，不及见矣。呜呼痛哉！展卷志摧，不啻诵《蓼莪》也。父师交责在三之义，何以无负，尚忍自甘惰弃，终于不肖之归哉！辛酉十一月不孝鋐泣血记。"见初刊本。

十一月二十二日，梦金坛王澍盛服为别，冠履皆新，心恶之，寻于钟畹家书中得其凶问，果卒以是日，年七十二岁。

《方望溪遗集》之《吏部员外王君墓志铭》。王步青《己山先生文集》文集卷八《吏部员外郎族侄虚舟墓志铭》："君竟不起，乾隆四年十一月二十二日也，距始生年七十有二。越二年，辛酉归葬于金坛岳阳祖茔。"

　　按,王澍(箬林)为清代著名书法家,方苞好友。《方苞集》卷四《学案序》,为其祖王无量所作。卷十二《王处士墓表》,为其父王式金所作。卷五《书王氏三烈女传后》,为其族三烈女而作。卷七《送王箬霖南归序》、《方望溪遗集》之《吏部员外王君墓志铭》为王澍本人作。《王处士墓表》曰:"苞逾壮岁所得之友,以礼义坚然相信者,莫如金坛王澍。"王澍对方苞古文,多有评点,如评《书考定文王世子后》:"读此文乃知,世儒终日诵经,皆如在梦寐中。"《游潭柘记》:"丰台记近欧,此记近柳,而自成其为望溪之文,盖由襟抱学行,不惟与柳州悬殊,视欧公亦微别也。"《封氏园观古松记》:"文章有神,信哉!"

　　又按,《清史稿》列传二百九十《艺术》收录《王澍列传》。《四库全书总目》著录王澍《禹贡谱》二卷、《白鹿洞规条目》二十卷、《集程朱格物法》一卷等,并论《淳化秘阁法帖考正》。

　　又按,钱大昕《跋望溪文》引王澍之言"灵皋以古文为时文,以时文为古文",以为深中望溪之病。按,此说并非方苞首创,而是明清古文家普遍秉持之观点,方苞不过大力倡导,并借此助推古文发展和时文革新。且王澍熟悉、推崇方苞古文,更不会以此为"望溪之病",只是钱大昕批评方苞,巧为立言而已。

十二月十五日,孙方惟俊生。为道章第七子。

　　《方氏家谱》。

十二月二十日,雷鋐之父卒,致书相托,欲请陈世倌作墓志铭。

　　徐元梦撰《清敕封文林郎翰林院编修雷君墓表》载:"乾隆四年十二月二十日卒于京师,朝大夫皆通丧纪,皇子遣侍卫奠茶酒。"

　　按,雷父卒后,雷鋐欲请陈世倌作墓志,并求教其师,方苞

回札："求陈公作志，以古书、石榻、砚墨之类为宜，万不可得，
则依俗礼杯缎亦可。出城必过我，近病深而笃，相见事恐稀矣。
名心勒。惟作字与我不可废，礼止用竹纸，即以竹纸封，不必加
五色笺。"见《望溪先生尺牍补录》。

**是冬，吕炽与陈德华并告，尹母称颂"禁烟酒第三疏"。先生欲
以尹母治家教子事入《闻见录》，不许。**

《集外文补遗》卷一《闻见录三则》："四年冬，吕学士克昌、
陈司农云倬并告予，太夫人见予禁烟酒第三疏，喟然曰：'吾阅
邸报十余年，未见如此奏章。如其言，十年后天下无寒与饥者
矣。'因北向再拜稽首。时予方辑《闻见录》，寄语黄副使玉圃，
录太夫人德教。复书曰：是中丞所心冀也，而太夫人难之，曰：
'妇人无求名之义，吾前者乃感发于卒然，可因是以为名乎？
吾不愿其闻于外也。'"

按，《传恭斋尺牍》亦记其事："近晤广西吕学士，言尹公令
嗣计偕，为言太夫人见仆争禁烧酒种烟札子，北乡再拜，谓阅邸
报五十年未尝见此！贤哉，母也！洵雅诗所称女子而有士行者
矣。仆平生所见闻，忠孝节义不忍使无传，又不能一一营度为
文，欲作《见闻录》，可以随时记载，望吾友详问尹太夫人高行
淑德见示。"

是冬，次子道永遭陷害受刑，后半得昭雪，而道希气噎生疾。

《方苞集》卷十七《兄子道希墓志铭》："四年冬，旅见，上有
褒语，命仍应制科。会弟道永通判京兆，仆隶设诈得财，事发，
朋谋诬污主人以自脱。道希气噎，及闻其弟受刑，自日未中以
至于昏，大恸，遂沉笃。厥后大小司寇亲讯，半得昭雪，而道希
疾不可振矣。"

按，方道永遭人罗织陷害而罢官，方苞弟子帅家相有诗

《闻方二通判消息》："市虎徒虚谤，敛凰必脱羁。竟闻邹狱白，不作楚囚悲。造物殷尝试，名徒付险夷。斯人及宽法，感奋念清时。"此诗收入《卓山诗集》卷四，此卷尚有《承方公阁学（苞）手札》："垂老忧斯道，怜才掖古型。性情深感激，书札眷丁宁。念昔薪传火，亲承水在瓶。抗颜惟自任，倾耳获殊听。词藻非干禄，名流或叛经。感通窥典册，沈实牖心扃。雅颂咸吹万，诗书本践形。至今无汨没，莫惑是虚灵。一别离群久，孤踪歧路停。居诸荒草草，风雨堕冥冥。自尔迷咻傅，无因辨渭泾。不关来剖鲤，谁与烛焦螟。排异功攘楚，开蒙力救邢。大儒矜节取，学子惜先零。岂直扶文统，相虞祸说铃。百年悲旦暮，草晚傍元亭。"

是冬，李锴以新版诗集请序，遂为之作，并言及"绝意于诗"之原因。

《方苞集》卷四《鹰青山人诗序》。

按，鹰青山人李锴之诗，沈德潜《国朝诗别裁集》卷三十，评曰："诗古奥峭削，自辟门径，高者胎源杜陵，次亦近孟东野。"雷铉《鹰青山人诗序》云："鹰青山人诗，古调自弹，称其为山人而感物触怀，思深意远。"《四库全书总目》著录李锴《睫巢集》六卷《后集》一卷，论曰："锴卜居盘山，优游泉石以终。故其诗意思萧散，挺然拔俗，大都有古松奇石之态，而刻意求高，务思摆脱，亦往往有劖削骨立，斧凿留痕。"

又按，文中方苞自叙"绝意于诗"之原因："苞童时，侍先君子与钱饮光、杜于皇诸先生，以诗相唱和，慕其铿锵，欲窃效焉。先君子戒曰：'毋以为也！是虽小道，然其本于性质，别于遭遇，而达以学诵者，非尽志以终世，不能企其成。及其成也，则高下浅深纯驳，各肖其人，而不可以相易。岂惟陶、谢、李、杜峣然于古昔者哉！即吾所及见宗老盦山及钱、杜诸公，千里之外，或口诵其诗，而可知作者必某也。外此，则此人之诗，可以为彼，以遍于人人，虽合堂同席，分韵联句，掩其姓字，即不辨其谁何，漫为不知何人之诗，而耗少壮有用之心力，非躬自薄乎?'苞用是遂绝意于诗。"又，李调元《雨村诗话》："深于经学者多不能诗，如明归震川、鹿门及本朝望溪、墙东诸君，间一为之，亦蹇塞不成家数。"

又按，方序言及，友人石永宁悉焚平生所作，誓不更为，谋从李锴。《方苞集》卷四《鹰青山人诗序》："乾隆二年杪冬，……又二年，或锓其诗于版，乞言于余。东村之门人闻之，亦刻其山居诗二十首。东村一旦悉焚平生所作，誓不更为，而谋去家以从鹰青于山中。"其实，永宁之诗并未尽毁，焚前曾刊刻山居五言律诗二十首，后被收入《寄闲堂诗集》，此集由法式善编次，德元、英和、英贵校，明德撰，并附录其两位兄长石富宁、石永宁诗作。德元跋语评曰："东村公尤喜为诗，识者谓：上匹储、王，下亦不失为徐昌谷、高子业。"

约于是时，为李锴、石永宁作《二山人传》。

据《清代人物生卒年表》，李锴与石永宁，皆在方苞之后去世，可知《二山人传》为二人在世时所作。以文中言及石东村焚诗，故系于此。

按，陶元藻《泊鸥山房集》卷十一《与石东村先生书》曰："蒙示方望溪少宗伯所撰《二山人传》，大类张文潜、叶水心两家风格，其中雪后携李眉山过盘山西涧，以杖扣冰，相视愉怡一段，能使先生冲淡悠闲之致，活活泼泼，浮在楮痕煤影间。余不识眉山，然眉山已可知矣。"

是年，官献瑶馆选告归，为序以赠。官生并为其曾祖请表，亦为

之撰。

《方苞集》卷七《送官庶常觐省序》:"今子得馆选,未数月而告归省母,是子知学以得身,而识所祈向也。"

据《高宗实录》,本年五月十四日,内阁翰林院带领新进士引见授职,沈德潜、叶酉、官献瑶、钮汝骐、袁枚、陈汝睿等以庶吉士用,方世儁以部属用。据此应为本年岁末,归里省亲。

《集外文》卷七《武强县令官君墓表》:"君殁五十年,其曾孙献瑶成进士,改庶吉士,归葬其亲,以表君之墓请。"

按,官献瑶《石溪文集初刻》卷二《上方望溪先生书》,述其曾祖父生平,并为请序。

是年,河南丁氏持状因吕耀曾请铭,弟子沈廷芳代作。

沈廷芳《隐拙斋集》卷四十八《丁母宋孺人墓志铭(代方先生作)》:"孺人宋氏,河南人,诸生瀚之女。……孺人哀恸,逾年亦卒,时雍正十三年九月十七日也。……既卒之四年,复轼等将祔于先茔之次,持状因同年友吕少司农宗华请铭,至于再至于三,余无以却焉。"

是年,同宗方世儁授户部主事,其母王氏就养京城,始得相见。

《金陵近支二节妇传》曰:"乾隆二年,世儁成进士,官户部主事。叔母就养于京师,予始得见。"而《重修安徽通志》与《安徽通志》皆著录为乾隆四年,此文乾隆二年之说有误,今从《通志》之说。

方世儁,字毓川,安徽桐城人。乾隆四年进士,授户部主事。累迁太仆寺少卿,外授陕西布政使。二十九年,擢贵州巡抚。三十二年,调湖南巡抚。刘标讦发上官婪索,言世儁得银六千有奇,上命夺官,逮送贵州,其仆承世儁得银千。狱成,械致刑部,论绞决,上命改监候。秋谳入情实,伏法。参见《清史稿》列传一百二十六。又按《方氏家谱》,方世儁父方云顾,祖方弈箴,曾祖方拱乾,与方苞曾祖方象乾为兄弟。

是年,为卢豪然新刊《卢氏忠节全编》作《书卢象晋传后》并题跋。

《卢氏忠节全编》,卢豪然编,乾隆己未刊行。卢豪然曾祖卢象晋,其兄卢象升,弟卢象观。是编附胡宗绪《卢象晋传》、任启运《卢象晋传》等。

按,《方苞集》卷五《书卢象晋传后》:"宜兴卢豪然备录家传,乞言于余。余告之曰:'正史既具,外此皆赘言矣。'及观其祖象晋请效死边外,而当轴者始欲致罚,卒摈绝之。"又,《传恭斋尺牍》之十五《与某公》曰:"卢君与仆交虽未深,而一见即知其为有心胸重义理人,故为其祖作家传书后。"

又按,卢安节编,任启运校定《明大司马卢公年谱》,卷首卢象升读礼图后,录方苞题跋:"噫!此斗瞻卢公军中读礼图也。彼绯袍入政府者,其有愧于此夫?桐城后学方苞拜题。"此题跋收入《方望溪遗集》。因为南明弘光时,追谥卢象升"忠烈",乾隆四十一年才追谥"忠肃",故方苞题名时称"忠烈"。

又按,民国十八年《威县志》卷五:"卢豪然,字杰夫,江南宜兴举人,明卢忠烈公象升之从曾孙也,乾隆间知威县,廉直好学,承谦下问,与邑人刘调赞讲经衡文,谆切不倦,尤加意于端人正士,邑风民俗熙然丕变。"按,胡宗绪《环隅集》卷七《卢象晋列传》:"雍正元年豪然举顺天乡试。"

是年,为黄叔璥重刊《南台旧闻》鉴定。

《南台旧闻》由黄叔璥(玉圃)所辑,桐城方苞(望溪)、宜黄邹山(少水)、常熟陈祖范(亦韩)共同鉴定,陈祖范序,黄叔璥自序,有康熙六十一年、乾隆四年两种刻本,编者曰:"兹编所载前明事实，从前杂取稗官野史，毁誉失真。乾隆四年《明史》成，悉为改订，庶可信今传后。"

按，《四库全书总目》卷八十著录《南台旧闻》。是书卷十三《风节》、卷十四《鉴戒》有录《望溪文钞》相关内容。

是年，弟子陈大受补授安庆巡抚。好友赵国麟以礼部尚书授大学士。陈世倌以户部左侍郎为左都御史。

《可斋府君年谱》。《高宗实录》

乾隆五年庚申（1740）　七十三岁

正月，尹会一之副都御史任，始相见。

吕炽《健余先生年谱》；《方苞集》卷十一《尹元孚墓志铭》。

尹会一，字元孚，号健余，直隶博野人，雍正二年进士。历官考工司主事，广西乡试副考官，襄阳府知府，扬州知府，两淮盐运使，署两淮盐政，佥都御史，河南巡抚，工部侍郎，江苏学政，吏部侍郎等。乾隆十三年，卒，入祀名宦祠。子嘉铨，由举人授刑部主事，迁郎中。乾隆二十八年擢山东济东道，三十二年迁山西按察使，三十三年擢山东布政使，三十九年授大理寺卿。四十年，以甘肃布政使任内失察邪教，降调，留任。四十三年，以失察交部议，寻议革任，诏免，以原品休致。参见《清史列传》卷十八。

三月，顾琮为先生编纂文集并序。

顾琮《望溪集序》："望溪方子，文学为世所称，而予与共事蒙养斋，入则合堂联席，出则此屋同垣，晨夕居游，无不共者，凡十有一年。始知其宅心之实，与人之忠。……每薄暮归寓，必以此日过言过行咎予;……凡行有奇邪者,于众中相接,不交一语;而朋友有过,则尽言不讳。虽久故相知者,或不乐闻其言;然以文学相推,则知与不知无异辞。……方子之文,乃探索于经书,与宅心之实,与人之忠,随所触而流焉者也,故生平无不关于道教之文。余共事时,爱而录之者十之四,邮致者十之二,姑就箧中所存,编而录之,异日当刊布,以示好方子之文而未知其学者。乾隆五年三月,混同顾琮撰。"

按,《高宗实录》,是时顾琮为直隶河道总督。

三月,陈宏谋为江苏按察使,有书简至,先生复札,论及幕僚与讼狱诸事。

《高宗实录》;《传恭斋尺牍》之一一八《与某公》。

按,《与某公》未明确收信人,但由文中"实政已著于滇南,今莅江苏";"月初可斋人来言,新任事加一倍,但有公陈枭讼狱,可一以相属";"《吕公实政录》诸事具详,公宜增数十百条,以补吕公所未备。"等诸条内容,结合当事人诗文集相关篇目,可以推断为陈宏谋。

是春,沈廷芳追题查嗣瑮《东还图》,次先生韵。

沈廷芳《隐拙斋集》卷十《追题查浦先生东还图次灵皋夫子韵》。

是夏,钟晼南归省亲,乞言,允之,未暇。

《方望溪遗集》之《辛酉送钟励暇南归序》。

六月,黄叔琳为亡母编辑生平事实,先生为之校定。

《黄昆圃先生叔琳年谱》记载,乾隆五年六月,黄叔琳编辑太夫人事实,"朝夕哭奠之余,携诸弟即苫次编辑,方望溪为之校定。"去冬十二月黄母卒,享年九十二岁。

闰六月初四,《钦定四书文》奉旨开列诸臣衔名。

据《钦定四书文》,诸臣衔名为:

监理:和硕和亲王弘昼;校阅:原任礼部右侍郎方苞。校对:翰林院编修万承苍、储晋观、曹秀先、赵青藜,举人周日藻。武英殿校对:经筵讲官刑部右侍郎张照,工部右侍郎许希孔,原任刑部左侍郎励宗万,翰林院侍读学士陈浩、吕炽、周学健,翰林院编修朱良裘、田志勤、董邦达、李清芳、林枝春、吴绂,翰林院检讨唐进贤、郭肇鐄。校刊:拔贡生费应泰、卢明楷、薛世楫、廖名扬、徐显烈、王积光、叶环、李谦,优贡王男,恩贡曾尚渭,拔贡李长发、程元林。

储晋观,字宽夫,号恕斋。江南宜兴人。雍正十一年进士,选庶吉士,散馆授编修。著有《松隐堂集》。参见《重刊宜兴县志》《词林辑略》。

曹秀先,江西新建人。乾隆元年进士,改庶吉士。历官山东乡试副考官、浙江道监察御史、鸿胪寺少卿、光禄寺少卿、通政使参议、国子监祭酒、江苏学政、内阁学士、工部右侍郎、户部右侍郎、吏部右侍郎、《四库全书》馆副总裁、礼部尚书、上书房行走等。乾隆四十九年,卒。参见《清史列传》卷二十。

赵青藜,字然乙,安徽泾县人。乾隆元年进士,改庶吉士,授编修。历官江西道监察御史、浙江乡试副考官、山东道监察御史、湖南乡试正考官等。十三年,奉命查山东,还京,以耳疾乞休。年八十余,卒。著《漱芳居文集》十六卷、《诗集》三十二卷、《读左管窥》二卷。参见《清史列传》卷七十一《文苑传》。

光绪七年《苏州府志》卷一百六《人物》:"周日藻,字旭之,宗建曾孙。幼以名行自励,登乾隆乙丑进士,入京师,名公卿咸折节与交,鄂文端尔泰延为上宾,课诸公子七载,不以他事干。后主讲六安书院,澹于仕进,吏部咨取不谒选,语人曰:'吾研经味道未优也,奚仕为?'暮年家居,手不释卷,为诗和雅蕴藉。"

十一月二十六日,老友桐城胡宗绪卒,年七十一岁。

光绪二十七年胡文炳《桐城川门胡氏宗谱》:"公生康熙庚戌年五月初十日申时,卒乾隆庚申年十一月二十六日申时,葬陈智铺赠公墓侧。配方氏,研女,康熙庚戌年十一月十八日子时生,乾隆己卯年九月十三日时卒,葬与司业公合墓。二子:尚德、高德,又以弟台三子荩德嗣。三女:长适国学左世模,次适左世绅,三适姚广平。"

按,胡宗绪为方家女婿,《方氏家谱》:"研,讳延庆第四子,字覃臣,太学生,生崇祯庚辰十一月二十日,卒未详。配钱氏,生员畿石女,生顺治戊子二月二十四日,卒康熙乙未正月二十四日,合葬龙眠黄柏岭蛇山,艮山坤向。一子:朝范。一女,适国子监司业胡宗绪。"

按,胡宗绪为方苞老友,二人结识颇早。《方苞集》卷七《胡母潘夫人七十寿序》:"自吾与锡参游,而意其将为贤人也。及详其先世及母夫人之志节,而益信其终有立也。然锡参近五十矣,其学与行,置之众人之中,虽有异焉,而迫于羁穷,不能直推而前,以蹄古人之迹者多矣。"

胡宗绪与方苞文字往来颇多,集中有《赠方灵皋苞》:"梅幽结子酸,食酸齿不任。山高落泉冷,濯冷骨不禁。可知俗子肠,不置君子心。俗子奋众步,君子有孤寻。身从长安来,尘不栖衣襟。南山松亭亭,北山柏森森。凡草何敢死,其如霜雪侵。愿持直柏心,结根青松荫。"(胡宗绪《环隅集》卷三)于方苞古文多有评点,如评《读仪礼》:"宋五子之意皆在其中,而文更拔出六家之上。余尝谓方子乃七百年一见之人,知言者当不以为过其实也。"《表微》："覆述传记之文，而精义则非传记中所有，故余谓言根于心而寓于事理，高下重轻，百世以下一一可辨也。"《先母行略》："状母之行，不敢有溢言，吾尝谓古文之道，至望溪而尊，读者不可泛览。"（见初刊本）。又评方苞时文，如《君子不器》："每题入灵皋手便见得大处，俯仰吟陈，高广渊深，他人那有此胸次。"《子在齐闻韶》："醇古淡泊，味之不尽。"《孝者所以三句》："独得雄直气，发为古文章，殆今之昌黎也。"（见《抗希堂稿》）

又按，马其昶《桐城耆旧传》卷九《胡宗绪》云："先生由是感愤厉节，学修兼茂。旁逮律历、兵刑、六书、九章、礼仪、音律之类，莫不究讨。文词矜慎，不阑入唐以后语。方、刘并时，友善，古藻过两家，其多不如。晚始通籍，游客为生，所至謦笑语默，倾动坐人。尝变姓名，履危地，脱骨肉于难。及教国子，益严师法、立教条，诸生皆服其德。""当康、雍间，方侍郎倡为古文学，袭参、生甫二先生于侍郎不苟同，然皆能自立。袭参文成家，乡里顾少知者。读其文，知其行，固不为世俗之为。"

十二月，为程廷祚《易通》序。李绂、晏斯盛亦序。

程廷祚《易通》卷首。

按，《易通》录有五序：李绂乾隆七年序、晏斯盛序、方苞《易通札代序》、程晋芳十二年序、程廷祚乾隆五年庚申自序。方苞《易通札代序》，即《方苞集》卷六《答程起生书》，文中云方苞学《周易》二十年，并与李光地讨论《春秋》《周礼》《周易》诸事。

程廷祚，字启生，上元人。乾隆元年，举博学鸿词，至京师，有要人慕其名，嘱密友达其意，曰："主我，翰林可得也。"廷祚拒之，卒报罢。十六年，上特诏举经明行修之士，廷祚又以江苏巡抚荐,复罢归。卒,年七十有七。著有《易通》六卷,《大易择言》三十卷,《尚书通议》三十卷,《青溪诗说》三十卷,《春秋识小录》三卷,《礼说》二卷等。参见《清史列传》卷十六《儒林传》。

是冬,张辂文请假归省,乞赠以言,遂为之序。

《集外文补遗》卷一《送张辂文省亲序》:"余尝遘痁寒疾,几死于群医。刘生大櫆偕其友张君辂文至,曰:'此不知病之阴阳而方与脉反也。'和剂饮予,数日而愈,自是衰疾恃君以无恐。乾隆五年冬,君以再世窀穸未营,兼图兄弟之孤孾以安其母,请假归省,乞赠以言。以君之久故而德于予,予言可苟易哉?"

是年,为友人黄叔琪撰墓志铭。

《方苞集》卷十《知宁国府调补部员黄君墓志铭》:"君讳叔琪,字果斋,自其父芳洲公始入籍京兆。……其卒也,太夫人深痛之。子六人:长子元帱,丙午举人。次德铸、畴焘,皆郡庠生。次鹤龄,丁巳进士。次嵩年,业儒。女三人,并适士族。乾隆五年某月某日葬于先兆之次。"

是年,为陈世倌之父撰神道碑。

《方苞集》卷十三《礼部尚书陈公神道碑》:"公卒于康熙六十一年,享年八十,壬子科举人。曾祖,累赠光禄大夫、文渊阁大学士。祖考以公赠光禄大夫、礼部尚书。祖妣、妣,并赠一品夫人。本生考妣,貤赠亦如之。夫人查氏,初封淑人,晋封一品夫人。子六人:长世俊,丙戌进士,知江西建昌府;次世儼,辛卯举人,拣选知县;次世仁,乙未进士,翰林院检讨;次世倌,癸未进士,工部尚书;次世侃,癸巳进士,翰林院检讨;次潮,幼殇。"

按《清史列传》卷十六,本年九月陈世倌以左都御史为工部尚书。

是年，为晏斯盛之父撰挽联，其复札致谢。

晏斯盛《楚蒙山房集》卷四《谢复原任礼部侍郎方灵皋先生》："顷接手谕，老先生大人鸿慈远注，挽联遥颁，俯伏展陈，照映蒿里，光于华衮，有逾分量，感极！痛切涕零，另状稽谢。伏念某在都时，追随武英殿以后，奔走十余年，老先生大人精神志愿，刻刻相关，教益之深，逾于伦等。"

按，晏斯盛《楚蒙山房集》收录《拓蓝先莹表》，言其父卒于乾隆五年二月，诸友为诗、为文、为联以祭，其作文答谢。故系晏氏复札方苞于本年。

晏斯盛，字虞际，江西新喻人。康熙五十九年，举乡试第一。六十年，成进士，改庶吉士。雍正元年，授检讨。五年，考选山西道御史。九年，督贵州学政。迁鸿胪寺少卿。乾隆元年，擢安徽布政使。七年，擢山东巡抚。八年，调湖北巡抚。九年，迁户部侍郎，仍留任。十年，进《喜雨诗》四章，用其韵赐答。寻以母老请终养回籍。十七年，卒。参见《清史稿》列传九十六。

是年，为臧琼《鸿雪斋诗钞》作序，赵国麟亦序。

赵国麟序云："出守芝城，今又五年矣。"据《建瓯县志》载，建州古称建安郡、建宁府，建瓯城与紫芝山隔溪相望，故建州又称"芝城"。又据乾隆三十四年《福建续志》卷二十四《职官》："建宁府知府。臧琼，诸城人，康熙丙戌进士，乾隆元年任。林与泗，孝感人。乾隆六年任。"故赵序作于乾隆五年。

按，方苞序言称臧琼为建宁知府，与赵序应时间相近，姑系于此。

臧琼，字坤仪，康熙四十五年进士，授龙川知县，兴文教，士建祠生祀之,升宁夏府西路同知,擢礼部员外郎,出为建宁府知府。乾隆二年春,境内雨粟三昼夜,大吏欲以上闻,琮力持不可,母老乞养归。子祚巩,举人,历武乡天柱贵县知县。参见咸丰九年《青州府志》卷四十七。

是年,韩菼第六孙韩彦曾持大父诚诸子手札,请题简端,遂为之撰。

《方望溪遗集》之《题韩宗伯家书》。

是年,弟子单作哲至都,登门拜谒,喜留之,与论古文义法。

单可阤《皇清奉政大夫江南池州负同知显考紫溟府君行略》:"庚申,截取赴铨至都,谒望溪先生,先生喜留之,与论古文义法,府君受学焉"。见单作哲《紫溟文集》(《山东文献集成》第三辑)。

是年,德州友人孙勷卒,年八十四岁。

孙勷《鹤侣斋集》卷一收录其外甥宋弼《朝议大夫通政使司右参议莪山孙公遗事》一文,作于其卒后十年(乾隆十四年),并称雍正四年告归,独居一室十五年足迹未入城市,文中亦云:"庚申之春,公病亟,时朱定元为豫藩,其属多黔士,闻公贫甚,使使奉金数斤,比至,则公卒矣。"据此,孙勷卒于乾隆五年。又按,《德州志》卷九《人物》称孙勷:"年八十四卒,时朱定元为东抚、陈法为监司,相与经济其丧。"孙勷卒年八十四岁。

按,孙勷与方苞为旧相识,曾为方苞《诸经辨伪》一书作跋文,又评点方苞古文《书考定仪礼丧服后》:"先生曾以《丧服或问》寄示,探周公制礼之道,揆解百世人心之蔽惑,即尊同不降一事,已足以厚人伦、美风俗,砥维世教,是谓有不得已而后言。"(初刊本)方苞曾评孙勷:"孙先生文探得曾、王遗轨。"(《莪山孙公遗事》)又,孙勷与方氏有姻亲,据《鹤侣斋文稿》

卷二《文林郎江西信丰县知县鹤洲方君墓志铭》,孙勲之孙与方中德三子方正玉孙女结为夫妻,方正玢为《鹤侣斋诗稿》作序。

是年,友人周学健以内阁学士充三礼馆副总裁。余栋以侍读充日讲起居注官。大学士赵国麟奏请各省民间开矿,议决据实照办。

《高宗实录》。

是年,长洲彭绍升生。长洲徐葆光卒。婺源江永随同乡程恂入京。

《清史列传》。《清代人物生卒年表》。《江慎修先生年谱》。

乾隆六年辛酉(1741) 七十四岁

正月十八日,兄子方道希卒于京师,年五十四岁。

《方苞集》卷十七《兄子道希墓志铭》《七思》。

《方氏家谱》:"道希,讳舟长子,字师范,号传恭,又号老鹤。上元县学生,入国子监,举贤良方正,例授承德郎。生康熙戊辰十二月二十四日,卒乾隆辛酉正月十八日。配江宁岳氏,工部主事康长女,例赠安人,生康熙乙丑九月十九日,卒雍正辛亥八月十四日。合葬江宁县归善乡夏家桥赵林村,卯山西向兼甲庚。继配岳氏,主事康次女,例封安人,生康熙乙未九月初九日,卒乾隆癸巳十二月二十五日。葬未详。一子:惟仁(前岳安人出),殇,以弟道永之长子椿辉为嗣。二女:长适上元生员吴元定,次适孝廉光裕(俱前岳安人出)。"

《方氏家谱》卷四十九《垄墓》:"赵林村,在江宁县南六十里,归善乡夏家桥,十七世征君师范暨配岳氏合墓。"

先生哭之恸,兼旬夜不能寐,始为道希成一章,并命道永编录《七思》。

《七思》文后,道永附记。

按,李锴赋诗,缅怀先生兄弟及道希。《睫巢集》卷六《死生期三章为望溪老人作(有序)》:"老人以兄子传恭丧感旧痛,仿《楚辞》作《七思》。予适为祁山仲兄持服,又以曩者松山六弟卒,亦尝拟骚赋泄哀伤。情之同,遂为其兄百川、弟椒涂及传恭作《乐府》三章。孽雁下虚弦,所感者良深,恐愈以增老人之痛也。"

是时,与道兴,宿外寝六个月,于古礼有加。

《集外文》卷八《教忠祠禁》。

是时,答弟子冯祁书,前索苗疆图待寄,原议已寄。

《方望溪遗集》之《答冯生祁书》:"得来札,知去腊扶輤至家。尊公才识高出众流,愚一见即决为救时名臣,不意甫秉节钺,遽尔淹忽。……前札索《苗疆图》及原议,屡问纪纲,皆云尚无确邮。……今先以原议奉寄,录毕仍望寄我,将以付有心人,冀终见诸行事,亦公之志事也。都门绘图人索价太高,已付河督顾用方属存副本,候取回原图,再寄。……兄子遭诬,虽半得昭雪,而毒痛已极,近其兄以忧愤致疾,殁于望后三日,门祚衰薄,一至于此!"

是时,致书吕耀曾,云道永昭雪,道希亡故。

《方望溪遗集》之《答吕□□书》。

按,乾隆十六年三月二十四日谕令,革职同知李直方、黄焜;通判方道永;知县张应梅;吏目谭秀健,俱着加恩赏给原衔。(《钦定南巡盛典》卷六十九)

正月二十四日,友人鄞县万经卒,年八十三岁。

全祖望《鲒埼亭集》卷十六《提督贵州学政翰林院编修九沙万公神道碑铭》:"乾隆六年正月二十四日,前提督贵州学使翰林九沙万公卒于家。……按公讳经,字授一,别署九沙。……公为充宗先生(万斯大)子。"

按,全祖望文曰:"前侍郎桐城方公时以株连之祸被禁,莫敢保出之者,公愤然送状西曹,遂释之,此其友朋急难之义也。"

是时,乔崇修子乔亿赴京兆试,王懋竑赠以诗,复寓书先生。

按,乔亿为方苞好友乔崇修子,其《小独秀斋诗》卷二有《挽王予中先生五首》附注称:"辛酉岁,余赴京兆试,公既为诗赠行,复寓书望溪方公,亟称亿有志乎古,接见时可一叩也。"

乔亿有信札呈先生。

乔亿《燕石碎编》:"乾隆辛酉,四十,外所得句,未成篇者,呈望溪先生云:'文章韩子外,经术郑公班。'"

二月十六日,会见江永,以昏礼为问。永退思之,为说以覆。

江永《善余堂文集》之《随笔札记》:"乾隆辛酉二月十六日,三礼馆总裁方望溪先生苞谓永云:'昏礼妇至不交拜,何也?'永退思之,为说以覆曰:'交拜者,世俗之礼,不可以论古人(乡俗亦有不交拜者),古人拜必有先也,而后答之(拜讫乃答,虽敌者不并拜)。'"

江永,字慎修,徽州府婺源人。诸生。长于考据,尤深于《三礼》及天文地理之学。著《礼经纲目》《周礼疑义举要》。乾隆二十七年卒,享年八十一岁。

按,江永与方苞论礼,汉学家记载多有夸饰,戴震、王昶、钱大昕、江藩等莫不如此,如戴震《江慎修先生事略状》曰:"先生尝一游京师,以同郡程编修恂延之至也。三礼馆总裁桐城方侍郎苞,素负其学,及闻先生,愿得见,见则以所疑《士冠礼》《士昏礼》中数事为问,先生从容置答,乃大折服。而荆溪吴编修绂,自其少于《仪礼》功深,及交于先生,质以《周礼》中疑义,先生是以有《周礼疑义举要》一书。此乾隆庚申、辛酉间也。后数年,程、吴诸君子已殁,先生家居寂然。"比较而言,钱林《文献征存录》卷五《江永》之言,相对客观:"游京师,侍郎方苞擅通礼学,以所疑《士冠礼》《士昏礼》中数事为问,即为释其疑滞,苞叹曰:'朱子奢、李善信之俦也。'"

又按,乾隆五年,江永随程恂入都。六年二月十六日,与方苞见面。游学归来,江永声名大振。七年九月,被郡守礼聘到徽州紫阳书院讲学,十月被江西学政邀请阅卷。与此同时,一大批青年才俊慕名而来,如戴震、程瑶田、金榜、汪麟书、汪梧凤、吴绍泽等,聚集在江永周围,堪称徽州学术一时之盛。

三月,以兄子之丧,病不能兴。弟子单作哲信至,述其考妣遗事,视之气结不能终篇,为作《书高密单生追述考妣遗事后》。

《方苞集》卷五。

三月十九日,乾隆帝以密奏外泄事再次言及先生与魏廷珍事。

《高宗实录》:"数年以来,凡密奏留中之件,皆朕亲自缄封,并有览阅之后,默记于中。比时即焚其稿者,实无宣泄之隙。其有宣泄于外者,则皆系本人自向人言,以邀名誉,而反谓自内宣泄,以为掩饰之计。朕犹记方苞进见后,将朕欲用魏廷珍之意,传述于外,并于魏廷珍未经奉召之前,迁移住屋以待其来京,此人所共知者。"

四月十三日,仿《楚辞》作《七思》,缅怀家中亲人。

《方苞集》卷十七《七思》。

按,《七思》缅怀已故七位亲人:兄方舟、弟方林、伯姊、仲姊、三姊、妻蔡氏、兄子道希。

又按,方道永文后附记曰:"先君子同产八人。乾隆三年,姑适曾氏者殁,惟叔父、小姑尚存。叔母早世,叔父感伤,欲仿《楚辞》作《七思》,含意联辞,辄气结而中止。今年正月,兄卒于京邸,叔父哭之恸,兼旬夜不能寐,始为兄成一章,浃月中次第属草,命永编录。问序次之义,曰:'男女异长,诸姑出室,不可以齿序也。''叔母亚诸姑,何也?'曰:'不以服之重轻,先天属也。''置季姑适鲍氏者何也?'曰:'有子,年近六十,处境顺,哀辞已前具矣。''大父大母无述焉,何也?'曰:'自古无子别父母之诗。《陟岵》作于中途,但言父母思己,而不言己思父母。唐人作《观别者》,不自言离其亲,不忍言也。亲亡而自痛自责,则义尽于《蓼莪》矣。''《骚》之义隐深,其辞惝恍而彬蔚,兹则易之以直朴,何也?'曰:'至亲不文,修辞之体要则然。'乾隆六年四月望前二日,道永识。"(抗希堂本)

五月,弟子冯祁走使至京师,以状为父冯光裕乞铭,遂为之撰。

方苞《湖南巡抚右副都御史损庵冯公墓志铭》:"乾隆五年闰六月,巡抚湖南右副都御史冯公卒于位。时楚疆方有徂征之役,上倚公才,悉付公以湖南军事。及遗疏入,上惊悼,诏予恤典。孤子祁等,以其冬奉公枢归于乡,明年春,走使至京师,以状乞予铭。"

按,此文未收入今存方苞文集,而见于冯廷正纂修乾隆五十二年《道后冯氏世谱》。又,光绪八年《代州志》、侯文正等编《雁门关志》亦有收录。

冯光裕,字叔益,山西代州人,康熙五十年举人。历官云南大姚知县、贵州铜仁同知、云南永北知府、丽江知府、云南驿盐道副使、云南按察使、贵州布政使、湖南巡抚等。子祁,乾隆二年进士,官编修。孙廷丞,举人,以荫生授光禄寺署正,官至湖北按察使。参见《清史稿》列传九十五。

是秋,钟晼(励暇)以展墓至京,将返,为序以赠。

《方望溪遗集》之《辛酉送钟励暇南归序》:"乾隆五年夏,励暇南归觐省,再乞余言,应之,而未暇以为。逾年秋,复以展墓至京,将行,固以请。"

是时,复札弟子雷铉,聊叙近况,言及首丘之望。

方苞《与雷贯一书》:"别后得手札一,今又得四月初三字,一切具悉。余自去冬即夜不能寐,今春气逆塞不通者四五十日,以大理抑哀而不能制,只得日夜思索经义,则心气少安。但自初夏以至于今,非结塞即水泻,正朱子末年所患也。《周官》今冬可成,若获首邱,则志愿毕矣。昨励暇来扫墓,有缺应补,苦避不就。曾子于亲,少壮且不忍一夕离,况衰老乎。往者闻之曾云:'吾将使贯一师子之鲁鸡也。'近思此义,所关甚大,故于送尊公先生序内增入,而薙其繁言,乃得体要。又向所索包两芳文二篇,并相寄。幸入箧笥中,伍先生以札示我,拳拳于二舍侄事,今已南还矣。虽拮据而家口少,粗可支持贤家居,正当有事之日,且太夫人春秋高,以甘旨为急。吾辈道义相交,若汲汲于此,转非古贤相与之义。愚骨瘦如柴,初寒重裘而不能耐,惟能老而安死不以为虑也。"见《望溪先生尺牍补遗》。

八月十四日,梦王澍趋而来,其哭甚哀,大痛惊痛。为撰墓志,以归其孤。

《方望溪遗集》之《吏部员外王君墓志铭》:"子稻孙请铭,会余有忧,继以丧,久之未就。六年秋八月望前二日,复梦君趋而来,语移时忽失所在,俄而推户入,向余哭甚哀。余大痛惊瘝。励暇适至吾家,曰:'若霖其欲铭乎!'乃掩涕叙次,以归其孤。"

九月,弟子陈大受擢江苏巡抚。

《高宗实录》。

十月初一日,友人王懋竑卒,年七十四岁。前往吊丧,其子姓及故以铭相嘱,虽许诺,终未就。

王箴听、王箴传《先考王公府君行状》云:"府君生于康熙戊申年五月二十九日午时,卒于乾隆辛酉年十月一日辰时,年七十有四。……窃念望溪方公,与府君交好最久,故江淮间名人巨公咸谓,铭府君莫如方公。会方公致政归,自金陵来吾邑,吊府君丧。前拜毕,指府君之灵而曰:'吾曩与君约,吾有论著将赖君校正,今君不及见也。'言之呜咽。"

按,方苞与王懋竑,皆为清代学术史重要人物,一生往来频繁,谈经论学。但《南山集》案期间,王懋竑无任何言语问候或探视,甚至教育其子:保身比读书重要。但当其子入京赴考,则书简连连。方苞终生未给王懋竑作墓志,即便其子孙一直在苦等:"又明年癸亥四月二日,卜葬府君于□沟溪金牛墩之原,……先期具状请铭于方公,方公许诺,及葬日,方公疾作,铭不克就,遂未获邀表章之锡,纳诸幽堂,以光泉壤,瞻望松楸。至今有深痛焉。方公没又三年,展视旧状,荒略不文。……乾隆十有七年十月既望。"

方苞于此,有所解释。《方苞集》卷十二《吴宥函墓表》所言"冬十有一月,闻宝应王懋竑予中之丧,其子姓及淮南故旧皆谓铭幽之文余义不容辞。追思自辛亥以前,交疏善微而假以志、表、哀辞者有之矣;其后公事日殷,虽故旧亲知多阙焉。感念平生游好,乖隔凋残,欲总而籍之,略举行能,兼存名字州里,而自揣年力,恐终无其期。乃表宥函之墓,而附论江介士友与余兄弟齿相后先者系于篇终。庶几九原有知,众鉴余事与心违,而非于友道之厚薄浅深失其伦序云。"

又按,《清史稿》录王懋竑入《儒林》,称其"懋竑性恬淡"。《四库全书总目》录其《朱子年谱》四卷、《考异》四卷、《附录》二卷。

十月二十三日,弟子沈廷芳补授山东道监察御史,谏言勉之。

《高宗实录》。

按,方苞与沈廷芳曰:"谏职难居,今处不讳之朝,当言则言,慎无缄默以窃录。"见沈廷芳《方望溪先生传后》。

十一月,好友徐元梦卒,年八十七岁。

《清史稿》列传七十六。

按,徐元梦乃八旗学派代表人物,又为两朝帝师,位高名显,却为人谦和,常咨方苞以经义,方苞亦详为辨析,《清稗类钞》称徐元梦"事望溪如师"。徐元梦一度欲举荐方苞出任要职,方苞以罪臣婉言谢绝。《方苞集》收录与徐元梦信札三封,涉及禁酒、赈灾、漕运诸事,方苞常言"某事当行,某事害于民当去"徐氏虽未能尽从,但其说多见施行。方苞曾为徐元梦诗集作《徐司空诗集序》,还为其父作《理藩院员外郎赠资政大夫席公神道碑》。《方望溪遗集》录有彼此唱和之作《九日徐蝶园招同郭青岩刘大山钱亮工顾用方游药地庵分韵二首》。

徐元梦与方苞文字交流颇多,如评方苞古文《读邶鄘至桧十一国风》:"于大处寻究,足以明道解惑,文亦自开门户,几可与昌黎分垒。"《逆旅小子》:"数千载政教礼俗,以百余字尽之,是由读书之多,穷理之尽。"《与常熟蒋相国论征泽望事宜书》:"用此知儒者格物穷理之学,可以致治,可以戡乱,不可见谓迂远而阔于事情。"《与鄂少保论丧服注疏之误》:"据经传以辨注疏之误,可质诸周孔而无疑,方子之于儒,可谓有劳矣。"《学案序》:"抉发学者心术隐微之病,闲道之功可为朱子后劲。"见初刊本。

是冬,沈彤于京师告别先生南归。

《果堂集》卷四《与望溪先生书》。

十二月,进呈《周官义疏》。上留阅兼旬,命发刻,一无所更。

雷鋐《方望溪先生苞行状》:"辛酉,进《周官义疏》。上留阅兼旬,命发刻,一无所更。"《集外文》卷十《与陈占咸》:"去腊已进《周官》,颇蒙嘉许。"

按,《钦定周官义疏·凡例》,方苞提出义例七条:"一曰正义,乃直诂经义,确然无疑者。二曰辨正,乃后儒驳正旧说,至当不易者。三曰通论,或以本节本句参证他篇,比类以测义;或引他经与此,互相发明。四曰余论,虽非正解,而依附经义,于事物之理有所推阐。五曰存疑,各持一说,义亦可通;又或已经驳论,而持此者多未敢偏废。六曰存异,名物象数,久远无传,难得其真,或创立一说,虽未即惬人心,而不得不姑存之,以资考辨。七曰总论,本节之义,已经训解,又合数节而论之,合一职而论之。以此七类,叙次排纂,庶几大指开卷了然。而旁推交通,义类可曲尽也。案语各以类附七条之后,或辞义连贯,杂以分析,则附于最后一条之末。"又,《四库全书总目》卷十九著录《钦定周官义疏》四十八卷,其评语基本沿用方苞之说,并论曰:"是书博征约取,持论至平。于《考工记注》奥涩不可解者不强为之词,尤合圣人阙疑之义也。"

十二月,为好友吴启昆撰墓表。

《方苞集》卷十二《吴宥函墓表》:"吴启昆字宥函,江宁人。……宥函癸巳举于乡,辛丑成进士,卒于雍正癸丑某月,年七十有四。所著《春秋》《周易臆说》行于世。妻某氏。子三人:长镜源,雍正丙午举人;次云姚,雍正甲辰举人,太仓州学正;次某,太学生。……乾隆六年季冬,桐城方苞表。"

按,嘉庆十六年吕燕昭修、姚鼐纂《新修江宁府志》卷四十《文苑》,介绍吴启昆时,不仅援引方文之江介士友,还补充方苞友人十五名(含基本生平),并多为方苞文集所罕见者,其略曰:"是时江宁文学士甚多,礼部侍郎方苞尝为《启昆墓表》,云:'予自成童,随先兄与朋齿游乐,其风尚坦夷多修饬之君子,刘古塘、张彝叹二子外,交近焉者:曰龚缨孝水、季咸若宏舒;而比肩于宥函者:曰程士馨若韩、郭长春蔚瞻(康熙癸巳举人)。十年以长者:曰蔡擎念诒、徐佩子遂(诸生六岁而孤,长通六籍,学者多以胡安定称之,母曹若节,备极孝养。伯母袁氏,年十六守志,无子,养之如己母,终其身。)、黄瑞辑五(康熙丙子岁贡生,官震泽训导,著有《四书会要录》。)年长以倍者:曰杜炎亮生、朱次郊圻。'苞之所次列云尔。而是时又有张纯心一(举人,良乡知县,奔母丧,归哀毁成疾。)、俞养直集之(一字及万,由铜板馆修书,议叙授朝城县典史,有治声,令忌之,去官。)、周勋肤公(著有《诗经韵旨》)、黄越际飞(康熙己丑进士,官检讨,少以文名。)、徐上登逵(康熙癸未进士,江西龙南知县,有善政。)、郁瑞典六(康熙己丑进士,授中书舍人,幼时忧母疾,吁天自代。)、胡旨宴江(能古文,有书《黄将军逸事》,叙述甚详。)、郑筤汝器(号谷口,性嗜六书,构灌木楼,考证金石,朱彝尊尝曰:六朝遗意,仅见斯人。)、朱延清子元(事母孝,口不言佛老之学。)、金芝维藩(请建书院,总督查弼纳遂建钟山书院。)、钱辉祖实孙(居亲丧,三年居寝于外。)、吴调元雨苍

（顺治丙辰举人，累官福建漳州知府，著善政。）、朱豫介士（诸
生，著《拙真堂集》，刘西涧《诗乘》多采入之。）、孟尚邻锦巢
（性豪迈，负大志，为山东泗水知县，忤上宪意，罢归。）、文震东
育（诸生，教谕汤欲保举之，震俯首不应。），其文行亦皆有可
述者。"

是年，长女获朝廷旌表，坊建南门外，为传志之。

《大清一统志》卷八十六《庐州府》、乾隆元年《江南通志》
卷一百八十六《人物志·完节》、光绪七年《重修安徽通志》卷
三百一十八《人物志·列女节孝》、光绪十一年《续修庐州府
志》卷六十九《列女传·完节》，皆有记载，而光绪十一年《庐江
县志》卷十一《人物·列女节孝》记载尤详："举人内阁中书宋
嗣炎妻方氏，桐邑阁部方苞女，年二十六，夫故守志，孝事翁姑，
教子辉祖成名，卒年四十五，乾隆六年旌表，坊建南门外，方苞
为作传（载《艺文》）。"

按，《方苞集》卷八《庐江宋氏二贞妇传》："邑人公言于有
司，申大府题请，并得旌建坊。学士兄子曙涵、从孙学山请籍
之，乃合传而特详于贞女，其事为难也。女也而并曰贞妇，达其
志也。"

是年，女甥冯莜得朝廷旌表，为传志之。

《方苞集》卷八《光节妇传》："乾隆六年，公举节孝得旌，子
裕有声庠序。族姻暨邦人咸曰：'微节妇，遗孤不知作何状
矣！'其兄公绍元以书来，列序其孝德懿行乎于门内者，皆妇顺
之常，故略之。"

按，光绪七年《重修安徽通志》卷二百八十六《人物志·列
女节孝·安庆府》："光御宠继妻冯氏。"又，道光七年《桐城续
修县志》卷十九《人物志·节孝》："光御宠继妻冯氏，年二十九

守节,苦节五十一年。"

是年,《朱子诗传补正》成书,单作哲赴铨,主先生家,遂授之。

单作哲《刻方望溪朱子诗传补正引》:"余以雍正乙卯受知于方望溪先生。乾隆辛酉,赴铨,遂主先生家。先生每有著作,必命余讨论。一日,出《朱子诗传补正》,并己未冬夜《读诗》,授余,曰:'朱子《诗传》,前儒多疵议之,而后生无学识者,因附和焉。此群龙之吠耳,于朱子无加损也。余说《诗》,以《集传》为主。而诸儒之解与己所心得可以辅翼朱子者,亦存之,其第录焉,以俟异日附所删《宋元经解》之后。'编次毕,因箧藏其原本,计至今,二十四年矣。余薄劣无似,浮沈县令十有余载,今佐郡池阳,俸入益少,先生所删诸经解当俟之有大力者,追维知教,愧负良多。念是书,为首受于先生者,因梓之,以寄余意。"(民国二十四年《高密县志》卷十五《艺文补编》)

先生《尚书述》亦传之单作哲,再传单为鏓。

单为鏓《方子灵皋尚书述序》:"二帝三王之盛德大业,备于《尚书》。朱子绍二帝三王之统,于群经皆有著述,而《尚书》阙如,盖其慎也。九峰蔡氏,虽亲承朱子指授,而间有可议。桐城方子灵皋,笃信朱子,尝萃历代诸儒之说,择精语详作为《尚书述》,而世无知者。鏓族祖紫溟先生,乾隆元年进士,实方子高第,独受是书,未及刊行而没。王氏所刻全集中,亦未载此书。同州同年韩介侯刺史,敦孝弟,能文章,闻鏓言,极索观,捐俸付梓,人以补九峰蔡氏所未备,而朱子所绍二帝三王之统晦而复明。虽是书之精神,自有不可磨灭之理,而刺史羽翼六经之功,其亦何可多得。秦中固韩子之所生也,以其时考之,必有闻风而起者,然则刺史之后其昌乎?"(光绪二十二年《高密县志》卷九《艺文》)

　　单为鏓,字伯平,号芙秋,高密人。嘉庆十八年拔贡,官栖霞教谕,擅临池。私淑方苞。著有《奉萱草堂文钞》《四书述义》《春秋三传札记》《读礼札记》《丧服古今通考》等。参见《高密县志》。

是年,无锡龚锡纯中江南乡试解元,与先生为忘年交。

　　光绪五年《武进阳湖县志》卷二十三《人物》:"龚锡纯,字侯服。乾隆六年,乡试第一。潜心根柢之学,尤精《三礼》,发为古文辞,原本经术,以磅礴郁积之气行之。性耿介,不妄干谒,落落寡偶。客京师,与桐城方苞论古有契,称忘年交。家贫,赖修脯以给,笃于行谊,举族之不能殡者十余丧。所居敝庐,不蔽风雨,怡然自足,年六十余卒。"张惟骧《清代毗陵名人小传》亦有记载。

是年,严长明十一岁,李绂与先生誉为将来之国器,遂从先生受业。

　　钱大昕《潜研堂文集》卷三十七《内阁侍读严道甫传》:"严长明,字冬友,号道甫,江宁人。幼读书,十行并下。年十一,临川李阁学绂典试江南,闻其早慧,欲见之。因介熊编修本往谒,李随举'子夏'二字令对,即应声曰'亥堂'。李大奇之,谓方侍郎苞、杨编修绳武曰:'此将来国器也,公等善视之。'遂执经二人之门。"《师友渊源录》卷二十八《附录》之《家传》《行述》、《清史稿》列传二百七十二《严长明传》与钱氏之说相近。

　　按,严长明、严观编撰《师友渊源录》,韩彦曾、杭世骏等为严长明受业师,雷鋐等为岁科应试师,沈德潜等为太老师,方苞、李绂、熊本等为尊宿。

　　严长明,字道甫,江苏江宁人。年十一,从方苞受业,寻假馆扬州马氏。乾隆二十七年,授内阁中书,旋入直军机处。在军机七年,通古今,又工于奏牍。大学士刘统勋最奇其才,军机数大案有赖长明。三十六年擢侍读,后连遭父母丧,服终,遂不复出。闲游秦中、大梁,居毕沅所,为定奏词,还主庐阳书院。乾隆五十二年,卒于合肥,年五十七。参见《清史列传》卷七十二《文苑传》。

是年,致书蔡新,询问南洋商贩事。

蔡新《缉斋文集》卷四《答方望溪先生两洋商贩书》:"承示南洋噶喇吧杀戮汉商一事,闽将军、抚臣奏请,禁止南洋商贩。"由"闽将军、抚臣奏请",可知此文作于乾隆六年。

按,萧致治、杨卫东《鸦片战争前中西关系纪事》,李学民、黄昆章《印尼华侨史(古代至1949年)》,乾隆五年八月十七日,荷兰殖民者屠杀噶喇吧(巴达维亚)(今雅加达)华侨近万人,史称红溪惨案。

又按,事件发生后,在清政府再次引发是否禁止南洋贸易的争论,持续了一年三个月,最终以维持雍正以来的开放政策而结束。其中包含乾隆六年七月十一日,福建水师提督王郡《为报访查噶喇吧国杀戮汉商事奏折》;乾隆六年七月十五日,署福州将军策楞等《为报噶喇吧国杀戮汉商并请禁止南洋贸易事奏折》;乾隆六年八月二十四日,福建按察使王丕烈《为陈内地外洋贸易商船逾期究办事奏折》;乾隆六年八月二十五日,广东道监察御史李清芳《为陈南洋贸易不宜尽禁缘由事奏折》;乾隆六年九月初六日,议政大臣广禄等《为禁南洋贸易应俟地方督抚详议事奏折》;乾隆六年十月十九日,署闽浙总督策楞等《为报严禁贩吧船只出洋情形事奏折》。因之,乾隆六年闽将军、抚臣已经奏请,朝臣基本知晓其事,方苞也应知晓,但不了解详情,故致书好友蔡世远族子翰林院编修蔡新,征询意见。蔡氏《答方望溪先生两洋商贩书》，从经济角度阐述开放南洋商务于国于民之利好。方苞是否向朝廷上奏折支持开放南洋商贸，又或者通过李清芳、德沛、鄂尔泰等同僚转达意见，待考。但方苞淑世牖民之心，由此可见一斑。

又按，南洋商贸事，影响者众。乾隆七年二月初三日，署两广总督庆复《为议南洋贸易照旧进行事奏折》；三月十七日，署闽浙总督策楞等《为禁止南洋贸易并严密海防事奏折》；三月十七日，福建巡抚王恕《为报南洋贸易只禁噶喇吧一国事说帖》；七月十一日，闽浙总督那苏图等《为暂禁噶喇吧贸易不禁南洋贸易事奏折》；八月初十日，两江总督德沛《为遵议南洋贸易仍听商贩经营事奏折》；十月初五日，议政大臣广禄等《为请仍准南洋诸国照旧通商事奏折》；十一月十一日，大学士鄂尔泰等《为题报议政大臣议复禁止南洋商贩贸易事件事》等。

是年，将告归，任丘李法孟为其高祖请传，虽已诺而未暇为。

《方苞集》卷十八《明史无任丘李少师传》："乾隆六年，余将告归。任丘李法孟以其高祖少师公《神道碑》《墓表》，乞为传，余已诺而未暇为。"

李汶，字宗齐，任丘人，嘉靖四十一年进士，授工部主事，历都水司郎中、河南督学使、山东按察使、陕西布政使、都察院右都御史、兵部右侍郎等，万历二十三年调兰州戍边，升至兵部尚书。三十四年奉召入朝，途中以疾告休。三十七年卒，年七十四岁。参见乾隆二十七年《任丘县志》卷九《人物》、光绪十年《畿辅通志》卷二百二十。

按，道光十七年《任丘县志续编》卷上《人物上》："李法孟，字亦珊，号凤庄，年十三补诸生，雍正己酉贡入成均，中壬子举人，考授内阁中书，改授广西永福令，调西林令，所在皆著循声，后告病家居,与景州李基塙、献县戈涛、同邑刘炳、边连宝诸人相唱和,尤工书法,当时以边连宝诗、李学礼骈俪及孟书法为三绝云。著有《西粤吟始学诗》。"

是年,杨廷枢之孙杨绳武以其大父《明史》本传太略,请先生别为文。先生以为不必另作本传,而撰《书杨维斗先生传后》,以表出其余事。

《方苞集》卷五《书杨维斗先生传后》:"乾隆六年,《明史》成。先生之孙绳武以《本传》辞事太略,请余别为文以识之。余曰:'无以为也。万氏所定史稿,以先生与徐公汧合传,谓并死于水;今钦定之史已正其误矣。"临刑不屈,首已坠而声从项出",既大书特书,则小者不足道矣。'惟逐秉谦屏吕、钱之义,与泾阳之显明臧否,至今为淫辞所蔽晦,故表而出之。九原可作,当以余为知言,而畅然于鄙夫贸儒五藏之症结,可一朝而荡涤也。"

按,《明史》列传第一百五十五:"廷枢,复社诸生,所称维斗先生者也。天启五年,魏大中被逮,过苏州,汧贷金资其行。周顺昌被逮,缇骑横索钱,汧与廷枢敛财经理之。当是时,汧、廷枢名闻天下。"

光绪七年《苏州府志》卷八十二《人物九》:"杨绳武,字文叔,廷枢孙,无咎子。自少能文,朱检讨彝尊来吴,主张大受孝廉,船集四方豪俊,绳武与讨论经义,折中同异而学益精。中康熙癸巳进士,殿试二甲第一人,选庶吉士授编修,居京师,好汲引士类,大学士王掞深相引重,馆阁大著作多出其手。丁父艰归,遂不出,主讲杭州敷文书院,再主江宁钟山书院,所甄拔多入馆阁,台州齐侍郎召南其一也。平生孝友和介,囊无私财,垂老无负郭田,殁年七十六。"

是年，友人陈宏谋为江西布政使。陈世倌为文渊阁大学士兼工部尚书。李绂为内阁学士兼礼部侍郎。周学健为刑部右侍郎。顾琮授漕运总督。

《高宗实录》。《清史列传》卷十六。

是年，王懋竑《朱子年谱》成。《大清律例》告竣。《世宗实录》告成。

《朱子年谱》附王箴传《跋》。《高宗实录》。

乾隆七年壬戌（1742）　七十五岁

二月，以所著《周官余论》付尹会一，商论经国济世之策。

　　方苞《致尹会一书》："与公相见恨晚，始得披豁而遽分手，清风朗月，时切怀思。仲春，以《周官余论》付公郎求讨论，此书从未以示人，以公与陈方伯皆深练民治，欲为究切行之而有伏害者。"

　　按，此文未收入今存方苞诗文集，而见于《健余先生别集》卷三《里第尺牍》。

　　方苞为清代周礼学名家，著有《周官集注》《周官析疑》《周官辨》等，而《周官余论》罕见提及，知者甚少。方苞《叙交》一文曾曰："雍正元年，公为冢宰，礼先于余。……次年二月，余请假归葬，始以《周官余论》十之三示公。"可知雍正二年，《周官余论》已成书，并在友朋间传播。据方苞《答尹元孚书》记载，尹会一有刻印之意："来示欲刻《周官余论》，即欲广其传，俟仆身后可也。"

　　又按，《周官余论》非文学著作，乃经国济世之书，尹会一复札云："《周官余论》十篇，经济实学，本末兼该，因时因地以制宜,其为万世太平之策,诚有断断不易者,敬录箧中,奉为典要。间有所疑,条列请政。"

初春,致书弟子陈大受,论吏治、民生诸事。

《集外文》卷十《与陈占咸》:"用方临行时,愚嘱一切吏疵、民病、漕运弊蠹,与贤商论,必大有益。昨力堂问救荒实政,亦告以诚心与贤经画,必得其宜。力堂忠国爱民,直辞正色,为中朝第一。别札中三条,以其行速,已告以大略,晤时,录原稿付之,当与公同心。且圣主鉴其忠诚,或可为斯民福也。陈札即当作字封致,闻仲夏始得回。又沿江居民大害,莫过于粮船东下。所过之地,遇芦洲,则结束之柴,必抢大半。所驻之地近鱼荡塘偃,则恃众强取,居民不能敌,有司不敢诘,即大府亦不能禁,以其为别省之船。惟漕督严责运弁、运丁,尚可少敛戢。若访于贤,亦望切言之。愚自闻祖墓积水起攒,寝食不安,旧病竟难支,不知终作何状? 贯一事,古义可风。去腊已进《周官》,颇蒙嘉许。将以三月中告归营葬。"

按,札中"用方"即顾琮。"贯一"即雷鋐。"力堂"即周学健,据缪荃孙《江苏省通志稿大事志》,周学健奉旨勘查江南水灾。据《可斋府君年谱》,钦差大臣刑部侍郎周学健与江苏巡抚陈大受、总督那苏图共同商讨赈灾事宜。

三月二十一日,大学士鄂尔泰等奏,革职侍郎方苞奉旨在三礼馆效力,分纂《周礼》已竣,且年老患病,请求回籍调治。谕令赐翰林院侍讲品级顶戴,准其回籍。

《高宗实录》。

按,中国第一历史档案馆档案(档号030067041),乾隆七年三月,大学士鄂尔泰、张廷玉上奏折《请准方苞回籍事》,奏称:"臣等看得《三礼》系方苞等三人修纂,方苞分纂《周礼》,周学健分纂《仪礼》，李绂分纂《礼记》。"

又按，官献瑶《读周官序》："献瑶曩岁从吾师望溪方先生学《周官》，恭逢我皇上命儒臣纂修《三礼》，先生实董《周官》书，献瑶亦承之编校。"（官献瑶《石溪读周官》，道光乙巳季春刻本。）

又按，任兆麟《有竹居集》卷十一《钓台公家传》曰："既受命总裁《三礼》，以为生平志业在是，幸得毕力于斯，发凡起例，编排无间寒暑。时宿望桐城方侍郎苞、临川李阁学绂为之最，二公者，馆中莫敢与抗论。时方分得《周官》，李分得《仪礼》，每有论议，至龃龉不相下，必折衷于公，得一言而两家之疑遂释。"（"钓台公"即任启运）

又按，《传恭斋尺牍》之八十二《与某君》曰："仆老布衣，在京五十余年。"显然，方苞在京时间，是从他最初二十五六岁入京算起。而入朝释褐应从康熙五十二年算起，到乾隆七年，正好三十年。这三十年里，多数时间在朝廷各大修书馆修书，雍正九年开始授左中允，乾隆四年解职，继续修书，这段时间有十年左右。这十年，修书之外，尚有诸多关系国计民生之奏议。

三月，顾琮为先生《周官辨》作序，赞誉有加。

顾琮《周官辨序》："方子望溪，中岁五经皆有述，而治《周官》《仪礼》则在狱始开通。……龚君孝水曾刻《周官辨》于河北，刘君月三刻《丧礼或问》于浙东，以授其生徒。二君子殁，流传者益稀。余惜其可以助流政教而行之不远，又丧服尊同则不降，及《泉府》以国服为之息，旧刻尚未辨正，故重校而录之，其序跋、评语则犹仍其旧云。乾隆七年三月，混同顾琮序。"

归里之前，致书尹会一，言及登程之日，并希望还回《周官余论》。

方苞《致尹会一书》(三):"今仆得告归,定于四月初十内登程,望以原稿掷下。《见闻录》纪太夫人懿德一篇,箧中更无别稿,祈并检发。"

按,此文未收入今存方苞诗文集,而见于《健余先生别集》卷三《里第尺牍》。

致书弟子雷鋐,言及归休、营葬、文集目录诸事。

方苞《致雷贯一》:"贤屡次书俱到,太夫人既多病,不忍绝裾之义,必不可移。愚已具呈告归营葬,但实病甚。以闻先祖、先兄、亡弟、亡妻、先嫂皆起自积水,复攒旷野,此身如在汤镬中,一刻不能安。痰嗽不止者三月,喉音不清十余日矣。贵宗在江宁做木牌者,若系江西木,即不必言,若有福建大木,坚实可作棺者,望必告舍侄,典薄田买十数根,以先兄、亡弟、亡妻。愚穷时,棺木甚不美,竟散坏,皆需重作棺也。即贵宗牌无建,访得有建木牌,必告舍侄。愚若得还家,则葬不毕不入家。未识此生得了此大事,以见先人于地下否。酌定古文目录一部寄上,细查未有此稿者,可录一单寄江宁,以道远恐寄至京,而愚已出。前单未知已见日(夹批:日字当是目字,而原札旁添作日字)录否?余不赘,友生某白。"见《望溪先生尺牍补录》。

归里之前,欲与好友德沛(济斋)见面辞行。

《方望溪遗集》之《与德济斋书》:"仆已定登程之期,以欲与公一面,迟至初十,若不得,则此生无再见之期矣。《实践录》稿已分为上下二篇,闻送文颖馆者分为四篇。仆自不与馆事,屡索观,而竟不肯出,是以未得报命,望即录改稿见示。仆归负土,必有余暇,当更以前后二本参看切究,秋冬间当录清本奉寄。"

约于是时,德沛以所著《易图解》请序。

《传恭斋尺牍》之三十三："前一札付张公奉寄，想已彻。春间握别，蒙以《易图解》序相属，仆戒为人序书已五十余年，先生志事并是书之义已具拙集中，与序书无异。初意欲并不呈教，以冬初沉疴骤兴，虽以参苓得转，而羸惫益甚，终未知作何状，恐先生谓仆竟忘前言，今特寄呈，然亦不可以示外人。以仆平生亦未尝为名贵人作赠行序，索而固辞，以此生嫌者不少也，管、荀二子，用方刻之南中，其中言修己治人之法切当处，可左右诸经，暇时披览，不为无助。"

方苞始以前作《送德济斋巡抚甘肃序》婉拒，后仍为作序，但嘱不宜公开，免生嫌隙。今存《易图解》，收录李绂、甘汝来、李锴等三人序和作者自序，确无方苞之序。虽然目前所见《易图解》为乾隆元年刊布，但不排除此后再刊，亦如《实践录》于乾隆二年、五年刊布后，作者仍在修改，并与方苞讨论。

是春，江阴包彬入京，拜谒先生，为其祖请记。

方苞《重建宋博学宏词仁甫包先生墓碑记》："乾隆壬戌之春，暨阳包君文在谒余京邸，将立牌于其十三世祖宋博学宏词仁甫先生之墓，而请记于余。"

按，此文未收入今存方苞诗文集，而见于民国三十七年包仁荣等纂修《文林包氏宗谱》卷首。又按，文中"包君文在"即包彬，"暨阳"即江阴。

四月初十日，出都归里。诸弟子、友人以诗文相送。

雷鋐《方望溪先生苞行状》；方苞《致尹会一书》（三）。

沈廷芳《方望溪先生传后》："辛酉先生归老，某曰：'先生此归甚善。'旁有门人某作依恋语，先生怫然曰：'生何效时世态，沈生言是也。'追送出国门，犹拳拳勖以学行。"

刘师恕《锡谷堂诗》卷五《望溪先生蒙恩予告归里敬赋四

章志喜》："夫子山林性，而怀康济心。六经方致用，三圣是知音。身退嘉猷在，名全荷泽深。平生钓游处，垂老得重临。""四牡辞函丈，无端十二年。升沉如覆手，师弟总华颠。消息从人问，心情乞笔传。还山闻有命，日望渡淮船。""共着山中服，相逢水上亭。捉裾停下拜，脱帽且谈经。柳岸宜高卧，渔舟可独醒。相看移白日，回首念彤庭。""江山清照眼，万象返于初。荒径尚存菊，阖门还著书。支筇云水外，载酒咏歌余。叹息侯芭老，相从问字疏。"

程崟《二峰诗稿》之《方望溪业师予告南归志喜》："跂足望燕云，经时断书尺。今春得邮缄，计决理归策。圣主优耆儒，诏许归泉石。屈指川陆程，不日喜亲炙。新秋天气佳，扁舟抵淮驿。再拜讯起居，形癯意颇适。信宿过白沙，旧馆复停迹。谈经及文律，娓娓忘晨夕。抽帆石城下，素愿差慰藉。千岩万壑中，于焉卜其宅。起衰八代疇，雅重三朝客。人云谢东山，自拟陶彭泽。小子久索居，习懒苦成癖。窃幸须鬓皤，仍获亲几席。忆自京雒游，历历话畴昔。五言□赋诗，方来留署额。继志事良难，编书责可塞。山中黄菊舒，一棹侍师侧。"又，《二峰诗稿》之《答刘艾堂阁学四首即次送望溪师南归元韵》："嘉会秋江上，长吟惬素心。律严依正始，意古发清音。怀旧词偏切，酬恩谊独深。曼山高唱出，缩手畏摹临。""未及悬车日，公归不问年。注书朝与夕，落纸醉而颠。习懒从吾好，藏名畏客传。门前一湖水，便上钓鱼船。""师弟十年别，相携过草亭。白头仍间席，红烛畅谈经。藜杖人犹昔，华胥梦早醒。淹留忘信宿，明月恋闲庭。""卜葺銮江地，闻师赋遂初。未遑容扫榻，频辱远贻书。菊绽篱垂满，鲈肥馔有余。相将陪杖履，形迹莫教疏。"

刘大櫆《刘大櫆集》卷十五《送望溪先生南归》:"国老古来重,浩然归故乡。人依游钓处,星到斗牛旁。衡泌栖迟好,诗书意味长。他时南阙里,请教更登堂。"

全祖望《鲒埼亭诗集》卷一《方侍郎灵皋得请南归》:"正色立朝原不易,乞休得请更何求?早知积悃终难遂,从此余生且自由。硕果固应邀护惜,晨星谁为解句留?归家葺得平生业,文苑儒林志可酬。"

黄永年《南庄类稿》卷六《送方灵皋先生归江南序》:"孟氏正人心,其言曰:'生于其心,害于其政;发于其政,害于其事。'董仲舒'正谊明道',韩愈《原道》《原人》,周、程、张、朱述前圣、明绝学,此七八君子者,天地之心,生人之命,所恃以不息钦?呜呼!古之大贤君子,吾思而不得见之矣。桐城方先生灵皋,学纯寿耇,撰述在承明,文章行天下者垂五十年。永年读其《原人》上下篇,叹其言胜韩愈。先生阅世忧患多,其于遗经也用力深,故其词忧深旨远,处公卿之中弗善也。乾隆七年夏四月,予告归江东,执永年手而再属曰:'君何以序我之行?'先生于永年知爱笃。"又,《南庄类稿》卷四《答方灵皋先生书》:"南归序,所欲诵言于先生,以答教赐之勤者。"

是时,熊晖吉以其文稿视先生。

《集外文》卷七《大理卿熊君墓志铭》:"壬戌孟夏,余得告将行。始以其稿视余,时余已心悯君疾之必不起,而君体国忧民之志未尝少衰。"

按,同治《瑞州府志》卷十四《人物·文苑》:"熊晖吉,字孚有,新昌人,雍正二年进士,由编修历侍读学士,转通政司,迁太仆卿,升大理卿,敷奏恺切无肤言,遗疏犹拳拳于治益求治。然素羸疾,虽忠诚知人,而不永其年。既殁,方苞志墓,晏斯盛序其文。"

是时,汤之旭子汤沆请定汤斌年谱并序,先生方告归,乃付武进杨椿。

《集外文》卷四《汤文正公年谱序》。

按,杨春《汤文正公年谱序》:"今年春,桐城方望溪先生南归,举汤文正公遗书示椿曰:'前四十年,公弟子钱塘王君廷灿为公年谱,叙公讲学颇悉,于立朝始末则语焉未详。公子沆大惧不足阐先生德业,令侄孙嘉祥商谱于余。余老矣,且晚作归计。嘉祥今有谒于君也,愿先一言为介。'椿谢不敏,嘉祥踵门者数四,椿不敢辞。采公旧谱并行略、墓志及他书之可据者详谱之。"

杨椿,字农先,幼颖异,端悫如成人。弱冠,工古文辞,康熙五十七年进士,官翰林,历迁侍讲学士。性矜慎,刻苦淹贯,经义不袭讲学陈言,躬行实践,耄而不倦,平生以该洽受知,所辑书校理精密,三馆推重焉。参见光绪五年《武进阳湖县志》卷二十三《人物·经学》。

四月初五日,好友德沛由闽浙总督调任两江总督。

《高宗实录》。

四月二十五日,弟子官献瑶、叶酉等翰林院散馆授为编修。

《高宗实录》:"其庶吉士裘曰修、金文淳、沈德潜、官献瑶、杨开鼎、吴嗣富、徐景熹、张九镒、王锦、叶酉、蔡扬宗、陆秩、鞠逊行、喻炜、姚廷佑、宋邦绥俱着授为编修。傅隆阿、陈世烈、伊兴阿、蒋祖培、孙景烈、郑志鲸、罗愔、赵德昌俱着授为检讨。卜宁一、杨培、徐烜、徐孝常、冯成修、诺敏、禀格俱着分部学习,以部属用。陶镛、管一清、王化南交与直隶总督高斌,以知县用。袁枚、黄澍纶、曾尚增、王见川交与两江总督德沛,以知县用。"

叶酉，字书山，安徽桐城人。乾隆元年，由国子生荐举博学鸿词。四年，成进士，改翰林院庶吉士，散馆授编修，充三礼馆纂修官。九年，充河南乡试副考官。十二年，提督贵州学政。十七年，提督湖南学政。荐升至左庶子，以事降补编修。尤邃于经学，师从方苞。方苞著《春秋通论》，叶酉著《春秋究遗》。他著有《诗经拾遗》十三卷。参见《清史列传》卷七十二《文苑传》。

四月，弟子陈仁以其祖行状求墓表，遂为之撰。

《方苞集》卷十二《陈西台墓表》："君既殁三十余年，其孙仁始以状求表。仁及先生门十年，自翰林改官台中，颇知慕古贤节概。先生因君父子义勇，叹有明士气之盛，沿及昭代而其流不衰。又因仁也行身之不苟，而知子孙之性质多类其祖宗，乃不辞而为之表。……君卒于康熙四十八年，年七十有九。……君以仁敕赠文林郎、翰林院庶吉士。妻王氏，继室周氏、张氏，并赠孺人。以乾隆元年某月某日合葬于兹山之阳。仁，君次子先睿出也。乾隆七年孟夏，桐城方苞表。"

陈仁，字元若，号体斋，又号寿山，广西武宣县人。雍正十一年进士。历任翰林院编修、福建及陕西监察御史、湖北粮道、四川建昌道等职。著有《用拙斋诗文集》。参见嘉庆十三年《武宣县志》等。

六月初七日，张照奏陈《校刊经史事宜事》，盛赞先生《考证》之重要。

按，中国第一历史档案馆档案（档号031146027），乾隆七年六月七日，刑部尚书张照上折《奏陈校刊经史事宜事》，奏称："伏思方苞奏定卷末刊载《考证》，极有伦理，盖学问无穷，不可以今日一时所见为定。或原本别有意义，而今日所据之本转有未合,实所难定。惟将《考证》详载于末,则后人得见前本是非,听其论定,果有未合,不致求益反损,而合者自必十分之九,又足以彰圣朝,此举实有裨益。但原签系进呈口气,且有例见于前则后不重标之处,若逐卷开载垂后,自必一一声明。所以《考证》另须编辑,不能即将原签抄录也。今在事翰林书已进呈,便以《考证》为蛇足,益复懈弛。理合奏明,令诸翰林上紧编辑进呈钦定,与《十三经》一同刊颁。"

按,《十三经》《廿一史》成书时所附《考证》,即今人之《校勘记》。《考证》乃殿本经史一大特色,为方苞首创,正如张学谦所说:"官刻正经、正史而附校勘记,宋、元、明历代所无,清乾隆殿本还是开创者,这个功劳首先应归于方苞。"(《武英殿本〈二十四史〉校刊始末考》,《文史》二〇一四年第一辑。)

又按,张照同时奏请,工部侍郎德龄兼经史馆总裁行走,陈浩与朱良裘同任经史馆提调,建议仍由周学健分司《三礼》考证,陈浩分司《三传》考证。

据《高宗实录》,乾隆七年四月丁巳,以刑部左侍郎张照为刑部尚书。

六月二十七,自燕山过宝应乔崇修家,夜与乔崇修露坐,劝其自收拾往古文,而废时文。时乔氏子亿及侄榘、槿、封皆侍左右。

乔亿《剑溪说诗》卷下。

是夏,同年友人臧琮卒,年五十九岁。

臧祚巩《鸿雪斋诗钞跋》:"壬戌之夏,先大夫见背。"

按,《康熙四十五年登科录》:"臧琮,坤仪,书经,甲子年十一月初一日生,山东青州诸城人。"生甲子即康熙二十三年,至本年卒,为五十九岁。

又按,方苞曾为其诗集作序,即《鸿雪斋诗钞序》。

七月，弟子陈浩读先生文，对雨成十四韵。

陈浩《生香书屋诗集》卷一《静默寺主沛上人以松月传心小照索题读卷中望溪先生文对雨成十四韵》："上人人天师，翻经了三藏。能参真实义，一洗庸愚障。桐城方先生，可否素不妄。颇闻高僧传，结构烦哲匠。先生既归老，余亦就闲旷。师意独勤勤，杖策时相访。朝来出锦囊，小现菩提相。松风一何清，水月光宕漾。妙明不染心，幻影证无上。方耽禅味深，忽骇文澜壮。恍若韩昌黎，破格赠文畅。感旧增欷歔，抚卷独惆怅。夜雨声涔涔，添我秋池涨。泼墨洒云烟，为师作供养。"

按，此诗未定作于何时，从前后文可知，应在乾隆六年与七年之间，也符合诗中所言"先生既归老"，姑系于此。另外，董柴《如兰集》卷六著录此诗，标题与内容略有差别，标题为《壬戌新秋静默寺主沛上人以松月传心小照索题读卷中望溪先生文对雨成二十韵》。由标题及内容可知，此诗原为二十韵，后修改为十四韵，作于本年七月。

陈浩，字紫澜，号未斋，直隶昌平人。雍正元年举人，次年进士，改庶吉士，授编修。七年，典福建乡试。乾隆二年，充日讲起居注官，迁詹事府少詹事，寻被议落职。六年，提调经史馆事。十五年，起用，补授侍读，充武英殿总裁。又三年，视学湖北。二十年，再迁詹事。越二年，休致。曾主讲大梁书院。工书法，著有《生香书屋诗集》《生香书屋文集》等。参见光绪十二年《昌平州志》卷十四、徐世昌《大清畿辅先哲传》第二十一。

八月，归未浃日，见熊晖吉遗疏，卒年四十六岁，为撰墓志铭。

《集外文》卷七《大理卿熊君墓志铭》："君讳晖吉，字孚有，号梅亭，江西瑞州府新昌县人。雍正癸卯举人，甲辰进士，馆选授翰林院编修，沉静无所知名。……余自掌武英殿修书事及三礼馆,皆引君自助。数日不见,即缺然如有所失。君疾甚,犹矻矻录余文不自休,见余言动,辄私记之。壬戌孟夏,余得告将行……及余归未浃日,而见君之遗疏。……君生于康熙三十六年九月,卒于乾隆七年八月,年四十有六。"

按,《高宗实录》,本年五月二十四日,友人熊晖吉以太仆寺卿为大理寺卿。

八月,作《殷松峰公传》。

殷家友、殷焕章《殷氏宗谱》卷三八。

按,此文未收入今存方苞诗文集,而见于《殷氏宗谱》,其文云:"公姓殷氏,文郁,字素公,号松峰,赠文林郎,恒之公次子。少倜傥,负经世略,尝欲赫赫著功名,数奇不遇,遂以山林老。屏纷华,绝安逸,故其家丰饶。砥节砺行,名高望重,且以义方训其嗣君。达亭公蔚为国器,出宰山左德平,循声著闻邑人士,碑勒不朽,何莫非公贻谋之臧有以善厥后耶!余生也晚,远托金陵,何以知公之深而言之详且悉,余四叔无敩次女适公之文孙名柱,余归皖应试,每过薵弟山庄论文,与妹丈晤叙寒暄外,道公之平生甚悉,因耳熟而敬书之,以识公之懿行云。乾隆七年岁在壬戌桂月。年家眷侍生方苞顿首拜撰。"

按,《方氏家谱》,四叔珠鳞二女:长适怀宁太学生宣配,次适贡生诰封承德郎殷柱。

是秋,刘恺介同年林枝春以先君子行述请铭,遂为之撰。

方苞《刘公景传先生墓志铭》:"今秋余优游林下,君顾札其同年林君枝春,寄先生行述,请余为志铭,且曰:'吾父平生非得吾师撰志,不足为泉壤光。'"

按,此文未收入今存方苞诗文集,而见于方树梅编纂《滇南碑传集》卷十九,作者署名方苞。从文章内容看,刘恺为乾隆元年举人，二年进士选庶吉士，方苞于乾隆二年教习庶吉士，刘愭亦为方苞门生，并介同年林枝春请铭，文章线索清楚。从文章风格来看，或为林枝春代笔，具体待考。

刘愭，字君顾，号介亭，云南永胜人。乾隆元年科举人，乾隆二年进士，授翰林院编修，参修《大清一统志》。乾隆四年任顺庆知府，后调重庆知府、苏州知府、镇扬道监司、福建按察使、河南、山西布政使，并署理河南、山西巡抚等。后以病归乡，修纂《永北府志》。乾隆三十二年卒。参见《高宗实录》、光绪二十年《云南通志》卷一百七十《人物志·宦迹》。

十月，为汤斌年谱作序。

方苞《汤文正公年谱序》曰："同年友汤之旭，每言其祖潜庵先生之殁，垂数十年，而编年之谱未就，以所难者，事信而言文。余告之曰：'谱与志、传异体，惟事之信，言虽不文可也。'乾隆七年首夏，公之叔子沆以时贤所为状志、传记，属余编定且序之。……冬十月，沆使使奉书以谱来，去取详略，一无所苟。"

按，《汤文正公年谱》初由钱塘门人王廷灿编纂，后以家人所请，由方苞考订，杨椿重辑，二人并序。

是年，次子道兴迎娶闻喜张克嶷之女。

《方苞集》卷十二《潮州知府张君墓表》："将行，请以小妹妻余少子。时雍正九年季秋也。又十有一年，其妹来妇。生二子矣，始进一册。曰：'吾兄客死江介，病中书此，遗命俟顺于舅姑而后出之。'发之，则《拗斋行略》也。"

是年，归金陵后，见女甥冯荇。

《方苞集》卷八《光节妇传》："余以雍正元年得假营葬，见女甥于桐。又十有九年告归，相见于金陵。每见余，悲啼不自禁。盖其父及同母弟妹无一存者,故念母而不胜其痛也。"

归金陵后,方曰昆子杭以状为母请铭,为撰墓表。

《方苞集》卷十三《方曰昆妻李氏墓表》:"孺人姓李氏,扬州府兴化县人,吾宗知孝丰县事讳将之子妇,邑诸生曰昆继室也。于苞为共五世祖断事公之诸母行。……乾隆壬戌,余蒙恩归里,孺人之柩适至自闽中,长子杭以状求志铭,始闻其详。""孺人享年五十有五。父漳,浙江湖州府卫守备。与孝丰君善,故为昏姻。祖嗣京,明河南道御史。曾祖春芳,大学士。"

按,《方氏家谱》,方曰昆为方将之子:"将,讳里长子,字当时,号静夫,岁贡生,任无锡训导,宿州学正,升浙江孝丰知县,封文林郎。生顺治己丑六月初十日,卒康熙辛卯四月十一日。葬官庄山内,巳山亥向外辰山戌向。配马氏生员之琼女,赠孺人,生顺治癸巳二月初七日,卒康熙甲子五月十一日。附葬松山赤土埠与姑潘孺人和圹。……十三子:曰岱、曰昆、曰岳(马孺人出)……"

归金陵后,方求晟妻、方遵衢母邓氏,常至先生家。

《方苞集》卷八《金陵近支二节妇传》:"及难后,则闻近支在金陵者有二节妇:一曰王氏,太仆曾孙云顾之妻,于余为再从叔母,安义令王君才鼎季女也。年十九归于方,夫亡数月,世僴载育,时年二十有二,其明年,宗祸作。一曰邓氏,侍御曾孙求晟之妻,于余为再从族兄之子妇,其父元基,邑诸生。年二十有四始嫁,四年遵衢生,是冬夫卒。遵衢生于祸作后。……乾隆七年,余告归,遵衢之母时至吾家。"

归金陵后,往观清凉寺,寺僧每相见,必举前语索记。

《方苞集》卷十四《重修清凉寺记》:"及乾隆七年,余归里。更往观焉,则尽复其故而焕然新。中州博学工诗赋,所至荐绅富商争凑之，故兴之如此其易也。其徒烛渊、纬林嗣守之，亦以文学为学佛者倡。每相见，必举前语索记。"

归金陵后，客来兹庵，时橘柚数千百盆，购者盈门，嘱弟子刘师恕赋诗记之。

《锡谷堂诗》卷五《金陵来兹庵橘柚数百千盆异样色香购者填门望溪先生书来命赋五七律各一首》："一园风露冷，橘柚乱青黄。割取满庭色，和成法界香。栽培依宝地，雕饰入金堂。又抱空枝老，芳甘孰□□。""盆橘多于江上林，浑如满院布黄金。光连□□日星丽，香泛诸天霜露深。合与琴樽充作伴，未容囊箧漫相寻。木奴输绢寻常事，不是山僧种植心。"

《先生客庵中前诗未及复呈二绝句》："独携书卷客来兹，为爱琼枝珠颗垂。一派色香风雪里，时时飞动入新诗。""木落山空此巨观，云堂霜晓独凭栏。莫教散入朱门去，留与幽人伴岁寒。"

按，来兹庵在金陵虎踞关外乌龙潭畔。光绪十年《续纂江宁府志》卷八《名迹》："俯城垣有江光一线阁，今圮，其未至扫叶楼也。路又两歧，折而东曰龙蟠里道口，上元节孝祠也；道南，乌龙潭放生池、颜鲁公祠、沈文肃公祠；其南蛇山，上有灵应观；道北，曾文正公祠、陶垣公祠、马端敏公祠、汪文毅公祠。又东道南隐仙庵（有六朝梅并老桂），庵后全贞堂（亦以桂胜），街曰虎踞关，有宫氏园（今圮）。关外山径纷歧，逐山高下，名境络绎，曰蓬莱境，曰来兹庵，曰陶谷（道光中，张淳所建有六朝松，有三层楼，以宏景旧居也，有松风阁，今俱毁），曰古林庵。北则定淮门内之马鞍山矣。"

归金陵后，赁居孙氏水亭，赋诗为记。

朱绪曾《国朝金陵诗征》卷四十三著录《赁居孙氏水亭》：

"畏途历尽得安居,白首归来万卷书。买取龙潭一溪水,爱他明月映窗虚。"

按,此诗未定作于何时,据内容姑系于本年。

是年,上元蔡元春年十六,以文谒先生于乌龙潭。

石钧《清素堂文集》卷四《蔡育奇诗序》。

按,《清代人物生卒年表》,蔡元春生于雍正五年,卒于嘉庆十九年,十六岁为乾隆七年,即本年。又,同治十三年《上江两县志》卷二十四《耆旧》:"蔡元春,字育奇,号芷衫,江宁邑增生,少时父殿扬令从方侍郎苞学为文,既长兼治《选》学,结纳皆海内名士,卒年八十八,著《在山堂诗集》。"

又按,蔡元春为方苞友人蔡塱之孙。据同治十二年重刊本《金陵蔡氏五世诗存》,蔡塱,字铉升,祖庚子,康熙庚辰进士,有《香草堂集》。蔡殿扬,字悔斋,塱第十二子,有《悔斋集》。蔡元春,字育奇,殿扬子,有《在山堂诗略》。

又按,方苞晚年居所,在乌龙潭畔。乾隆十六年《上元县志》卷四《山川》:"乌龙潭,在石城门侧。《金陵志》宋元嘉末,有黑龙见玄武湖中,今潭近湖,疑即当时所见之处。园林环列,亭榭参差,为游览胜处。明末士大夫尝以为放生池,屡有兴废。乾隆八年,邑人请于巡抚陈公大受修复之,勒石以记。"嘉庆十六年《新修江宁府志》卷八《古迹》:"乌龙潭,在城西青凉山侧。旧说晋时有乌龙见,故名。唐颜真卿置为放生池,潭有上下坝,上有放生庵,祀颜公神位。按《唐书本传》,乾元二年,诏天下,临江带郭各置放生池八十一所,颜公所置在秦淮太平桥侧。国朝方望溪侍郎以为,今近潭无桥,而玄武湖当太平门外,遂谓:'放生池本在后湖,明祖置册府于湖,始移于此。'不悟太平门乃明代门号,岂可以当唐之太平桥?夫鲁公放生池,既临秦淮,而今乌龙潭在清凉山侧，今为城内，古为城外，正当古秦淮西北，沿石城将入江处，则兹潭谓即颜公放生池固可信也。（总督陈公大受勒有碑记）"

归金陵后，遵父命，建教忠祠，并请德沛、陈大受为作《教忠祠记》。

汪师韩《上湖分类文编》卷三《跋方望溪先生教忠祠禁》："望溪先生年七十有五，告归金陵，建宗祠曰'教忠'，以其五世祖四川都司断事讳法者死节于明建文朝，故云'忠'也。既参酌古礼以定祠规，又援《周官》以乡三物教万民，以乡八刑纠之，闾胥掌觥挞伐之事，立为祠禁。"

《方望溪遗集》之《与德济斋书》："去年春，道希又殁，若用古宗子之礼，则苞不得祀大父、曾大父，故以义起，春秋时享，苞独祭太仆公，副使公以下则道希之子惟敬先拜，而苞献奠，以未成童，不能备礼也。拟苞身后，则副使公以下立庙于惟敬之家，而更立别子不迁之庙于教忠祠西偏，迁东室太仆公之主以特祀焉。而东室则祀断事公以后分支之祖，太仆以上积德累仁之祖。副使公始迁金陵，定祀别子庙之西室，世世不祧。礼穷则变。先生躬行仁义，礼教之所从出也，故敢以质正，而求为之记。"时德沛为两江总督，由"去年春，道希又殁"可知，此文作于乾隆七年，即本年。

《集外文》卷十《与陈占咸》："望贤为作《教忠祠记》，而小宗祠及祭田亦附见焉。每见故家祭田，多为子孙所鬻，而敝族并及宗祠。若得大府名硕为记其事，则不肖者妄念不生，而买者亦有所顾忌。苞平生梦多奇应，七月秒，梦或告我来年将委蜕。记文祈速就，及余之见。其勒石，则必俟贤总制邻省后，不敢躁也。"时陈大受为江苏巡抚。

又，陈大受《陈文肃公遗集》卷二《桐城方氏创建教忠祠碑记》："桐城方侍郎望溪先生，学问为海内宗仰，而至行根于天性者尤笃。始念其先祖忠烈断事公，忠于明建文帝，从正学先生死。国朝敕建专祠在桐，有司致祭，江宁则从祀正学先生祠，子孙之居江宁者，惟于正月朔旦往拜，而莫能举祭，因自建祠于江宁，名曰'教忠'。中室祠断事公，西室祠始祖以下四祖，东室断事公子孙，为分支之祖，又别见太仆公小宗祠于其侧，祀太仆公以下三世祖考，俾本支之乔寓金陵者，以时祭会合食，更以其馆游铢寸之余，为教忠祠祭田二百亩，在高淳县。置小宗祠祭田百五十亩，在江宁县。四时祭荐而外，以周子孙穷艰嫁娶丧葬不能自举者，命子孙世守之，锱铢不得私用。……吾愿方氏子孙，体侍郎教忠笃亲之意，维持家法，谨守勿替，俾祭田得以扩充，或可数倍于吴郡范氏，润泽可遍合族，吁谟远猷，亦无善于此矣。"

又，《陈文肃公遗集》卷二，记录陈大受《桐城方氏创建教忠祠碑记》一文之缘起与流变，其言曰："自幼见望溪先生手书，嘱先文肃公撰《教忠祠碑记》，即欲读此文，乃阅四十年，历十余省，遇桐城方氏辄问讯，而卒无知者，增辑遗集二卷。既已锓版，丙申岁，简守太平，丁酉因公至金陵，盘桓匝月，遍访祠宇，仍不可得，后经桐城方先生莘田询知，祠在清凉山下，栋宇尚存，问诸守者，犹知有先高祖碑记，而断碎沉埋，不复能见只字。莘田，复访于其族有留录碑文者，钞而贻余。呜呼！半生心愿一旦偿之，可谓难矣。而莘田数典不忘，良足敬佩。……光绪二十六年正月元孙文骏谨志。"按，文中"莘田"，即方元衡，桐城人，以贡生官光禄寺署正，《清史稿》入《孝义传》。

按，《方苞集》卷四《教忠祠祭田条目序》："祠成之日，会祀于金陵者五十有七人哉！此又吾祖宗阴相，哀吁于皇穹，而得自天之佑也。"

又按，方苞制定了严格的祠归、祠禁，详见《集外文》卷八《教忠祠规》《教忠祠禁》《教忠祠祭田条目》。

归金陵后，欲编纂《五经集解》，而首以《易》嘱程廷祚。

程廷祚《青溪集》卷六《大易择言自序》："乾隆壬戌，望溪先生南归，慨然欲以六条编纂《五经集解》，嘉惠后学，而首以《易》属廷祚曰：'子之研精于《易》久矣。'夫廷祚岂知《易》者？闻先生言，退而悚息者累月，乃敢承命而为之。阅十年而书成，命曰《大易择言》。"

按，所谓"六条"，即方苞《拟定纂修三礼条例札子》提出的六条编纂原则。

又按，《四库全书总目》著录程廷祚《大易择言》三十六卷，论曰："是编因桐城方苞《绪论》，以六条编纂诸家之说。一曰正义，诸说当于经义者也。二曰辨正，订异同也。三曰通论，谓所论在此而义通于彼与别解之理犹可通者也。四曰余论，单辞词组可资发明者也。五曰存疑，六曰存异，皆旧人讹舛之文，似是者谓之疑，背驰者谓之异也。六条之外，有断以己意者，则以'愚案'别之。……盖力排象数之学，惟以义理为宗者也。"

程廷祚致书，感谢赠书，兼论治《易》，以及代作林节妇志铭诸事。

程廷祚《青溪文集》卷十二《再上望溪先生（壬戌）》："《易解》昨领到者，安溪之《通论》《观象》四册、钱《易》犹未见，……今先生嘉惠后学，欲集群书之大成，如不会获已，亦惟以降格之法从事焉，平生所已订正之《大全经解》及他书，可供采择者伏冀悉送。……月半间（廷祚）来城南，过寺面请教益可也。林节妇欲作志铭,乃祈将行略付阅,其先世及子息俱不复记忆矣。"

按,《青溪文集续编》卷六《上望溪先生论易学书》,时间与此时为近,其开篇曰:"昨接手谕,深感教诲笃切,又蒙示以治《易》未得其要,而命某试举生平所见以对。"足见二人日常学术讨论之密。

归金陵后,托山东巡抚晏斯盛招弟子单作哲南来,共纂经书。以故未成,遂修书一封,并钞案所著《易说》。

方苞《致单作哲札》:"到白门后,曾托东抚晏公招贤南来,共纂经书。后乃闻未还家,随难兄赴浙,所寄札次第皆到。此回得大字《国语》,心目为之一开。所议八家文旧评未当者,尤见读书细心,甚喜!但出仕不远,目下惟宜讲问律例,读史书,切究前哲处事济变之方,而以余力治古文,亦可为获上治民之助。愚《易说》钞寄,然自知未有得也。令兄诸文,笔意颇不俗,而字句多疵,谨略为删削。古文,近一老学徒欲刻其所存于箧笥者,俟其刻成,照原目补录,俟贤北上过金陵时面付。近文又七八篇,二篇寄览。余不赘。"

按,此文未收入今存方苞诗文集,而见于单作哲《紫溪文集》,为《高密单氏诗文汇存》著录,后录入《山东文献集成》第三辑。

又按,文中所言"八家文旧评",当指方苞评点《唐宋八大家文》,从《古文辞类纂》评点亦可略窥其貌;方苞在《半舫斋古文序》论及删定唐宋八大家古文,可见方苞对唐宋八大家古文之用心。

又按,方苞平生勤于先儒经义,《诗》《书》《礼》《春秋》《易》皆有研究,治《易》几二十年。前四经,方苞皆有著作传世，独无《易》学著作传世。此札所言之《易说》，仅见于此。

归金陵后，忽得三晋松崖世兄遗札，并赠以《介山记》全稿，为撰《介山记序》。

按，此文未收入今存方苞诗文集，而见于《介山记》卷首。由文中"向尝职掌翰林院""不意余解组后"等数语，可知作于方苞致仕之后，姑系于本年。

《介山记》为清代一部传奇剧作，作者宋廷魁，生于康熙四十九年，山西介休人，少有隽才，未获功名，著有《竹溪诗文集》等，《介山记》为其代表剧作，时人称赞"卓乎其关（汉卿）汤（显祖）之再生，而不朽之慧业也"（卷首李文炳序）。此剧叙述春秋名士介子追随晋文公重耳出亡十九年，并助其复国终隐居绵山之事。

又按，从现有文献看，方苞与宋廷魁并无直接往来。从序文内容看，二人通过"三晋松崖世兄"相识。在《介山记》卷首，有署名"定羌姜基松崖氏"题诗一首，据此，"三晋松崖世兄"即山西定羌（保德）人姜基。姜基其人，不详，或为姜橚族人。方苞《吏部侍郎姜公墓表》和仇兆鳌《姜昆麓先生墓志铭》皆提及姜橚有一子姜宏焯，不知与姜基是否为同一人，待考。

作为方苞现存唯一的戏剧评论，此文体现了方苞的戏剧理论：其一"修词立格"，其二"精光不可磨灭之气"。前人亦有相近表述，如袁宏道《徐文长传》曰："其胸中又有勃然不可磨灭之气。"唐顺之《答茅鹿门知县二》提出，本色之文"莫不皆有一段千古不可磨灭之见"。

归金陵后，为李法孟高祖作《明史无任丘李少师传》。

《方苞集》卷十八《明史无任丘李少师传》："乾隆六年，余将告归，任丘李法孟以其高祖少师公《神道碑》《墓表》，乞为传,余已诺而未暇为。及归,检箧笥,惟法孟手书尚存。……余感公事,追思季野所云,故并著之。……公名旼,号次溪。他日若得其碑铭及表,终当为传以详之。"

是年,湛福《介庵印谱》刊行,为撰《赠介庵上人序》。

韩天衡编著《中国印学年表》:"乾隆七年壬戌,释湛福(介庵)刻印成《介庵印谱》一册。"

周钟岳等《新纂云南通志》:"介庵印谱一册,清释湛福制。……前有师范《湛福小传》、方苞《赠介庵上人序》,李坤、袁嘉穀《序》《跋》。"

按,师范《湛福小传》:"湛福,字介庵,昆明人。幼从兰谷禅师披雅。兰谷入京,介庵随侍,住内城传经院,六十年不逾门,四十年不下阶。工镌刻,善篆隶,楷书学钟太傅,常以杭扇泥金梅花,自集唐句题其上,人争购之。与辽东三老为方外友,望溪老人文字凡入石者,多出其手,并作序以赠,卒年九十有六。"

是年,致书弟子陈大受,论大府为政,并及江南官场。

《集外文》卷十《致陈占咸》:"贤自秉节钺,官吏士民相安,即此见真实力量。但闻事无细大,必亲裁决,自是古贤用心。昔武侯固然,但闻见中有仿而为之者,久之则重以自困。盖小者一一致详,则大者或转疏略。幕中必求得信心人,小事一以委之。然后精神休暇,日力有余,可专一以治大事。今移镇江苏,事虽烦,而臬宪陈公深炼世事,实心为民,一切刑狱,可不大费心力矣。运司朱公耿直朴实。苏常道王公虽未知其吏治何如,而共事书局时,知有志为好官。崇明总戎陈公,心术坦白,颇有识见,吏疵民瘼,可备咨访。欲得州县官仁刻、廉贪、昏明、敏罢之实,必先于道府中得二三公正诚信人,参伍其议论,考证所见闻，乃得无误。下江风气与上江异，士大夫、商旅、伎术人，声息日至京师，如潜庵汤公，大服其心者甚少。仪封之廉公，尚啧有烦言。顾用方专以公诚简静处之，数月中亦颇无异议。"

按，原札并未署写作时间。由"今移镇江苏"可知，为乾隆六年九月（陈大受授授江苏巡抚）之后的事。由"臬宪陈公"可知，陈高翔乾隆七年二月由山西按察使为江苏按察使。而本年十二月李学义为江苏按察使。据此，"臬宪陈公"之称仅存在于乾隆七年，陈大受为江苏巡抚时。

是年，致书好友顾琮，论及江南水灾诸事。

《方望溪遗集》之《与用方》："吾友身肩事任，宜早以种种情形入告我圣主，乞谕新命巡河大臣作何措注；并请亲至微山湖一带，相度地形水势，声明害已显见，事已后时。拜疏之日，即登程巡视，周咨审察，兼作书遍告河督及周侍郎、巡河御史，俾各抒所见，以相参伍。此疏宜即日缮写，飞骑奏闻，若延至月半后则似前此漫不经心，直至患已迫近，恐粮运稽迟，先自洗脱。……已作此札，钟君又札告：闻视河者乃大学士陈与直督高。吾友当以运道阻塞，切告秉之，言非急奏用先年靳文襄《开车逻河议》，河身广三里，堤高丈六尺，外筑遥堤，以防溢出，束高、宝、兴、泰七州县积水，以出海口，则春麦秋禾种不入地。目前受赈七百五十五人，终无生路；即我皇上安得岁备八百一十余万帑金，二百九十余方米谷以赈之？高公善人，亦宜苦口告以舍此更无急救民命之策，不惟前此声名可惜，后来诟詈无穷；不惟此心自问难安，亦大惧漕运阻限，流殍耗尽，终不免身家之害也。"

按，《高宗实录》，本年六七月，江南水灾。友人刑部侍郎周学健与直隶总督高斌差往江南，办理赈恤水利事务。八月，给与二人钦差大臣关防。

又按,《可斋府君年谱》,七月,江苏巡抚陈大受前往淮扬,同总督德沛赈灾,钦差大臣高斌、周学健南来会同料理。

是年,弟子程崟请编定文集。

程崟《望溪集序》:"乾隆壬戌,先生告归。崟请编定古文。"

是时前后,程崟为其父程增诗集请序,先生夙有戒,未为其破也。

《方苞集》卷十一《程赠君墓志铭》:"君既卒三十有一年,余告归。始以君诗请序,格韵甚老。余夙有戒,不能为生破也。……君卒于康熙四十九年。"

按,康熙四十九年即一七一〇年,又三十一年即乾隆六年,再结合"余告归",故系于本年。

又按,乾隆三十六年《歙县志》卷十四《士林》:"程增,字蝶庄,岑山渡人,好读书,谈经济。河督任以导河,工程精密称职。圣祖南幸,御书'旌劳'二字宠之,又赐'芸窗'匾额,并联句诗幅。所著有《碧岑诗钞》《闽游草》。"

是年,周学健、程崟刻先生《周官析疑》,合《考工记》四十卷。

顾琮《周官析疑序》。

按,是编包含《周官析疑》与《考工记析疑》,各分篇第,卷一至三十六为《天官》《地官》《春官》《夏官》《秋官》,另卷一至四为《冬官考工记》,亦存两本别行。卷首有乾隆八年顾琮、雍正十年秋八月朱轼、陈世倌之序,正文有圈点。

方苞诸友海宁陈秉之、高安朱可亭、临桂陈榕门、湘潭陈沧洲、漳浦蔡闻之、新建周力堂、高淳张彝叹、怀宁刘古塘、宿松朱字绿、安州陈廷彦、青阳徐诒孙等参订《周官析疑》,受业弟子程崟、王兆符、黄世成等参订《考工记析疑》。《续四库全书总目提要》称："其旨基于宋学，就《周官》所立职官之义、属官之职掌等加以考辨，扬宋而抑汉，力诘郑注。"

又按，陈世倌序言评价此书："若望溪先生是编，可谓读书功深卓然，出一己之特见者矣。……然先生读书由博归约，宜其与程、张、朱之议论相合也。且先生所辨，有更补先儒所未及者。……辨前人之伪，解后人之惑，谓《周礼》因先生而明，可也。"

约于是时，李绂有书至，论《周官析疑》。

李绂《穆堂初稿》卷四十三《与方灵皋周官析义书》。文末李绂附言曰："灵皋复札云：'所驳所条，皆至当不易，服甚，感甚，所望于益友正如是耳。《地官》呈教，祈破工必为我发其疵病之伏藏者，极知无暇而不得不为是恳恳，惟鉴之。'盖方君虚怀如此，真古之学者也。"

是年，弟子余觊为先生求兆域。与雷鋐札亦言及。

《方苞集》卷四《熊偕吕遗文序》："余难后，先祖及亡兄弟再卜葬，再以阴流入圹起厝。乾隆七年，告归。余生至自江西，为余求兆域。"

方苞《复雷翠庭札》："到金陵后，又得两札，以后需编号，恐有浮沉。痛先祖亡兄弟再起于积水，誓不得干土三区，不复还家，受妻子之养，彷徨山泽，寄居野寺。奴仆愚蠢，食欲失节，身心不宁。东木之子，不远数千里，为我卜兆，竟不能得一穴，将如之何？贤古文大进，此不离经史之效也。太夫人时时抱恙，为人子者自不能远出，在都已为诸公恳切言之矣。所索文竟无暇抄，仅寄新作及旧文为贤所未见者二篇，幸验收示复。余不赘。"见《望溪先生尺牍补遗》。

文中"东木"即余觊之父余栋。

是年,林枝春以状为母求传。

《方苞集》卷十三《林母郑孺人墓表》。

林枝春,字继仁,号青圃,侯官人,邦桢子。由雍正癸卯举人,授中书舍人,出蔡世远之门。乾隆丁巳进士,以榜眼授翰林院编修。性至孝,读书崇实学,时方苞教习庶吉士,枝春与论经术性命之学,深相契合。督学河南、江西,所至俱号得人。晋翰林院侍讲学士,历通政使副使。未几,乞假归,当事延主鳌峰书院。家居十一年,年六十四卒。著有《青圃文钞》四卷、《青圃诗钞》四卷。参见乾隆三十四年《福建续志》卷四十三、郭柏苍《乌石山志》。

是年,族子方观承补授吏部文选司郎中。友人晏斯盛以安徽布政使为山东巡抚。魏定国自山东布政使为安徽布政使。陈世倌以大学士教习庶吉士。礼部尚书赵国麟以病乞休,命其在任调治。

《乾隆起居注册》。《高宗实录》。

是年,海宁祝德麟生。

江庆柏《清代人物生卒年表》。

按,祝德麟《悦亲楼诗集》卷九:"望溪文字新城句,旗鼓中原合畏渠。"

又按,《晚晴簃诗汇》卷九十一:"祝德麟,字止堂,号芷塘,海宁人。乾隆癸未进士,改庶吉士,授编修,历官御史。有《悦亲楼诗集》。"

乾隆八年癸亥(1743) 七十六岁

是春,回桐城展断事公与川姑墓,赋诗为记,亲友、弟子和之。

《方氏家谱》卷四十九《祭田记》："陡岭山祭田，九亩种五担二斗，塘亩五分，南安公所置也。传至子将，值岁饥不能守薄，直售四房纯臣，遂为私产。乾隆八年春，苞自江宁来展墓，议复之。"另参《集外文》卷九《展断事公墓二首》《川姑墓》。

方世举《春及堂》三集《和望溪兄省墓二诗》，其一为《龙眠山》："杀运生人杰，兴朝斥玺书。天荒剩鸡犬，地尽托龙鱼。国命孤衷系，师恩九族余。沧江刀锯外，网密水云疏。""直下一千尺，寸心澄四瀛。生居百僚底，死夺万夫英。故冕山招复，新貂鬼唾名。至今蜀父老，犹唱杜鹃行。"诗前小注云："葬先断事公，明建文己卯举人，出于正学门，官四川断事。成祖即位，违诏被逮，行至望江，尽节自沉。先留绝命词二首，舟中衣冠归葬，史册彰彰。诗不必详，陶潜、陆机皆有例也。兄必欲叙事，姑从而和之。"其二为《乌石冈》："三从半生了，两痛一身持。天苦石难补，月羞弦下亏。古人云有守，女子岂无仪。髣彼飞蓬影，居然烈士儿。"诗前小注云："葬断事公女川贞姑。今与母郑孺人同祀列女祠首。"又，桐城扫墓之后，方苞回到金陵，再致信方世举索诗，方世举又作《兄回白下后索诗寄五十韵》。

弟子程崟《二峰诗稿》之《步望溪先生展五世祖断事公墓诗原韵》："岂待光家乘，千秋著册书。生惭列贺表，死判葬江鱼。教及曾孙远，诗成慨想余。……"

弟子刘师恕《锡谷堂诗》卷五《和望溪先生展断事公墓》："十族偶相逮，先坚取义心。恨无博浪击，何惜汨罗沉。冠服昭明在，杯棬慨慕深。传家惟正学，似续到于今。"《和展川姑墓》："阿翁悲逝水，有母欲何依。怀橘能无恋，夭桃遂不归。耄年犹处子，没齿守庭帏。荒陇留乌鸟，松钗落处飞。"

　　弟子蔡寅斗和之，顾季慈《江上诗钞》卷八十六选录蔡寅斗《和方望溪师吊展断事公墓原韵》："大节存天地，高名炳史书。无心依社鼠，有骨葬江鱼。黯惨重泉下，艰难万死余。游魂犹望帝，遗恨守忠疏。"

　　魏廷珍《课忠堂诗钞》十七卷之《续瀛南集》之《断事公》："忠节龙山壮，君臣名义尊。九江沉白骨，十族逮英魂。从逆生犹死，成仁殁是存。三稽辞旧主，岂宜拜新元。""皖封副使墓，楚吊大夫平。千古各行志，孤忠岂为名。魂招天柱月，心绕秣陵城。典祀光身后，风流亦世清。"《川贞姑》："父以忠为烈，儿将孝作贞。养亲且待子，抚弟暂偷生。一死身宁惜，千秋事责成。至今皖江上，孤月照桐城。"

二月二十六日，尹继善署理两江总督，踵门求见三至，皆以病辞。

　　《高宗实录》。全祖望《前侍郎桐城方公神道碑铭》。

端阳节，弟子雷鋐来拜，并为秦淮之游。族子方观永陪同。

　　雷鋐《经笥堂文钞》卷上《观湖记》："乾隆八年，省吾师望溪先生于秣陵。随行为秦淮之游，馆其族子盥若家。端阳后二日，泛小舟，命出水关曰华严禅院，有湖焉，每临眺，未尝不旷然也。会雨，舟人以日暮道远辞，先生曰：'甚矣！人心之偷也。日未中而恐暮！舟行数里，登岸，不二百步而云远乎？'戒必往。雨甚，衣裾半湿，张制幕以蔽。将至，雨止。先生右策杖左人扶，余与盥若从，入华严禅院。登楼，适当湖之涘，远山烟雨迷离，钟山隐峙于北，湖光澄澈，微波不兴。鋐曰：'对此使人心平。'先生曰：'君子见大水必观焉，此之故也。'因述某僧语以示戒曰：'佛之徒，尚有当生死之关而定静如常者，吾侪可甘出其下乎？'溽暑郁热，僧具水浣沐，先生曰：'乐不可极，雨且至矣。'未几，复雨，返舟，入城阇，尚未暮。鋐从先生游，盖无往而不得学问之意焉，故记之。时先生年七十有六也。"

按，此时雷鋐丁父忧，告假归里。

又按，文中"盥若"即方观承之兄方观永，据《方氏家谱》："观永，讳式济公长子，字盥若，号辨菽。贡生，候选翰林院待诏，以子曾奋仕布政司经历赠儒林郎，又以孙传穟仕宁绍台道赠中宪大夫。生康熙乙亥七月十七日，卒乾隆乙亥三月十八日，葬句容县琅琊乡葆山先茔东麓，癸山丁向兼丑未，与弟恪敏公合墓。配江宁岳氏琼州知府伦女，赠太安人晋赠太恭人，生康熙己丑三月十八日，卒乾隆丙戌四月二十六日，葬葆山西南四里刘母岗乙山辛向兼卯酉。"

五月二十八日，弟子赵青藜之母卒，为撰墓志铭。

《方苞集》卷十一《赵孺人翟氏墓志铭》："孺人姓翟氏，泾县赵赠君浚之继室，御史青藜之母也。……青藜入翰林，迎养于京师。乾隆八年夏，孺人思归，少子希文侍。五月朔日于潞河登舟，是月晦前二日遭微疾，卒于德州舟次。青藜悔痛，再以书请铭。"

按，赵青藜《漱芳居文钞》卷五《上方望溪先生状》《再上方望溪先生状》，皆言及向方苞请表其母，同时文中提及方苞曾为弟子雷鋐先人之行撰文，应为乾隆四年《送雷惕庐归闽序》，方苞遂作《赵孺人翟氏墓志铭》。

七月十八日，同年友吕耀曾卒，年六十五岁，为撰墓志铭。

沈德潜《归愚文钞》卷十八《资政大夫总督仓场户部右侍郎吕公墓志铭》："公卒于乾隆癸亥七月十八日，距生康熙己未九月十七日，享年六十又五。诰授资政大夫，赠祖妣考妣如其官。"

按,方苞与吕耀曾乃会试同年,与其父吕谦恒尤志相得,兄子方道永次女适耀曾之孙吕燕征。《方苞集》收录涉及吕耀曾家族文章多篇,如《青要集序》《与吕宗华书》《光禄卿吕公墓志铭》《光禄卿吕公宜人王氏墓志铭》《少司农吕公继室王夫人墓志铭》,《方望溪遗集》还有《与吕宗华书》《冶古堂文集序》等。据此,方家与吕家可谓世交。

又按,《随园诗话》补遗卷五:"余丙辰入都,犹及见中州少司农吕公耀曾,长髯鹤立,望而知为正人。后五十余年,公曾孙仲笃来宰上元;未几,其叔树村亦从介休来,与余交好。已采其诗入《诗话》矣。""仲笃"即吕燕昭,乾隆三十六年举人,历官江宁知府,曾与姚鼐修纂嘉庆《江宁府志》。

七月,顾琮序先生《周官析疑》,称其为读经、治政之门径。

顾琮《周官析疑序》:"《周官》为群儒所疑几二千年,虽程、朱笃信而无以解众心之蔽,以其中悖天理而逆人情者实有数端也。望溪先生读《王莽传》,忽悟皆莽之乱政而刘歆增窜圣经为之端兆,以惑愚众。每事摘发为总辨十篇,然后何休、欧阳修、胡氏父子,凡訾议《周官》者无所开其喙。……康熙辛丑陈公沧洲为刻天、地二官,雍正辛亥朱公可亭刻春、夏二官。而未终,及先生归里,周君力堂、程君夔州嗣事而终焉,合《考工记》凡四十卷。后之学者读四书毕,即宜殚心于此,读经之法,治政之方,皆可以得其门径矣。乾隆八年秋七月,混同顾琮撰。"

八月,寻医浙东,抵嵊县,登天姥山,游雁荡,寻大龙湫瀑布,有文为记。鲍甥孔巡从行。

《方苞集》卷十四《题天姥寺壁》《游雁荡记》《记寻大龙湫瀑布》。

按,《游雁荡记》一文,方苞言及所登之山:"前此所见,如皖桐之浮山，金陵之摄山，临安之飞来峰。”

约于是时，过杭州，有人见先生，全祖望遣使遍觅不得。

全祖望《鲒埼亭诗集》卷二《方丈灵皋至杭有人见之灵隐山中余遣使遍觅其寓而不可得》：“看山良自好，避客一何深。红叶斜阳路，茫茫乱我心。”

是秋，黄叔敬过金陵乌龙潭拜谒，出《黄玉圃梦归图》索题。

《方苞集》卷五《题黄玉圃梦归图》。

九月十四日，弟子沈廷芳以不称言职被降二级调用，致书劝勉。

《高宗实录》。

沈廷芳《方望溪先生传后》：“癸亥，某以不职被黜，先生寄书曰：‘贤居台中，所由已得正路，当久而益坚，然读书人心血不足，易至羸弱，退之云：“理其心，小小者自当不至。”先愚虽一生在忧患疾痛中，惟时时默诵诸经，亦养心卫生之术也。’”

十月，弟子余甥为其父时文请序，并为其母请墓志，遂为之撰。

《方苞集》卷四《余东木时文序》：“乾隆八年冬十月，余生甥以余先兆未卜，复至自宜黄，出其尊人东木先生时文请序。……余自序宜兴储礼执之文，为其本师所点窜，以序为戒者已数十年，虽相知如慕庐韩公、莲山廖公不能强，而今为此，则义有亏。且余虽立戒，而恃游好自为序而标余名，及不知谁何之人诒托以诳书贾者，数数然矣，而未尝一为别白，以吾之戒素明也，而今为此，毋乃使人疑夫诒托者之皆真乎！”按，余东木即余栋。

《方苞集》卷十一《赠孺人邹氏墓志铭》：“孺人既殁且十年，甥以余卜宅改葬先祖暨亡兄弟，自京师跋涉来承事，必得余文然后归。乃举其崖略，并述前言。……孺人卒于雍正癸丑十有一月，年四十有二，以乾隆元年覃恩赠孺人。”按，文中“雍正

癸丑"即雍正十一年,"孺人既殁且十年"即乾隆八年,亦即此
文写作时间。

是时,为熊应璜(偕吕)遗文作序。

《方苞集》卷四《熊偕吕遗文序》:"八年秋,又因吾友魏方
伯慎斋而得熊秀才又昌,叩之,则寿阳君之子也。"

《方苞集》卷四《余东木时文序》:"西江士友并称安义熊偕
吕之文,其子及衍亦以序请,而未以其文来。会余感哭言,历为
戒之颠末,使报其尊人,故并及之。"

按,同治十一年《南康府志》卷十八《人物》:"熊应璜,字偕
吕,安义人,康熙戊戌进士。出宰寿阳,画地为九区,各置社仓,
兴义学,严缉捕,期年地方大治,旋卒于官。侍郎魏定国为之
传,著有《偕吕文稿》,尚书方苞序焉。"同治十年《安义县志》卷
九有传。

十月初八日,族子方观承以清河道为直隶按察使。

《高宗实录》。

十一月,为林枝春之母郑宜人撰墓表。而林母之传,请程廷祚
代作。

《方苞集》卷十三《林母郑孺人墓表》:"乾隆七年春,枝春
以状求为传。……乾隆八年十一月,江左方苞表。"

林母郑孺人传,方苞曾请程廷祚代笔,《林孺人传》收入程
廷祚《青溪文集》续编卷三,程氏文后自记:"望溪先生语余:
'文莫难于叙事,吾见子叙事文尚少,适林学使为其母请传于
我,子某代我为之。'及见此文,以为甚古,不告于余,而直以余
名达于林学使矣。先生其惟恐余之不以古文名耶。自记。"

十一月二十八日,奉旨开载《大清一统志》诸臣职名,先生为
总裁。

蒋廷锡初修《大清一统志》开载诸臣职名，雍正乾隆间编纂人员合计一百八十一人，其职名为：

监理：弘昼；总裁：蒋廷锡、吴士玉、任兰枝、陈德华、阿克敦、邓钟岳、王国栋、德龄、方苞；提调：木和林等；纂修：王安国、梁诗正、汪由敦、谢道承、秦蕙田、陈大受、陈宏谋、周学健、陈浩、万承苍、林枝春、杨椿、余栋、张映辰、朱良裘、吴应枚、龚学海、齐召南、雷鋐、陆嘉颖、徐葆光、张映斗、曹一士、沈廷芳、陈仁、李清芳、夏之蓉、王峻等。

是年，陈伦炯以太夫人遗事请墓表，遂为之撰。

《方苞集》卷十三《陈太夫人王氏墓表》："乾隆八年，以太夫人遗事请表墓，故并著闽人所传语。使众知家之兴必由其人，而谓宅地能有助者，妄也。"

是年，石永宁（东村）有书简至，言其次子之教。

《方苞集》卷七《赠石仲子序》："余南归逾年，以书来告曰：'次儿得没人之术，能舍舟楫而越江河矣。'"

是年，方云顾妻、方世傃母王氏，方求晟妻、方遵衢母邓氏，同获有司所旌，因二子之请表其母。

《方苞集》卷八《金陵近支二节妇传》。

按，乾隆十六年《上元县志》卷二十五《列女》："王氏，监生方云顾妻，二十五而寡，时方氏宗祸震，远近族尽北徙，家素窭艰，无一椽之庇，氏日勤女工以奉姑育子，四子书及《诗》《书》《易》三经皆自督教之，后子世傃成进士，官御史，奉旨旌表。邓氏，国学生方求晟妻，年二十四适求晟，二十九岁而寡，夫疾氏吁天愿代，及卒，哀不欲生，忽念孀姑无恃，及遗腹在怀，勉进糜粥，竭力养姑。姑病，衣不解带，亲尝汤药，卒则哀号躃踊，其所以生事葬祭姑与夫之费，皆出于十指间，督遗腹子遵衢，以克

绍家声为训。乾隆七年,平郡王赐额名门贞淑。八年,有司奏
闻旌表。望溪文集中有《二节妇传》。"

　　按,《桐城桂林方氏家谱》,方云顾为桐城桂林方氏十五
世,方弈箴之子,弈箴为方拱乾之子。方求晟为桐城桂林方氏
十七世,方亨咸曾孙,亨咸为方拱乾之子。

是年,弟子刘师恕省先生于乌龙潭。

　　《锡谷堂诗》卷五《省望溪先生于乌龙潭》:"不知谁氏园,
借作子云居。篱落山光里,芳华藕叶初。问奇无载酒,入馔乃
烹鱼。坐有闻诗者,空空应笑予。"

　　按,此篇未定作于何时,据前后文姑系于此。

　　又按《高宗实录》,乾隆七年八月初四日,两江总督德沛奏
称,高邮、宝应、淮安等处水灾。查赈时,刘师恕族弟刘炯,哄闹
公堂衙署,勒要散赈。本年二月初五日,因病回籍原任内阁学
士刘师恕,以不能约束族弟刘炯挟制冒赈被革职。

**是年,弟子陈大受重修颜鲁公放生池庵,并作碑记。或于同时,
请先生作碑记。**

　　《陈文肃公遗集》卷二《重修颜鲁公放生池庵碑记》:"江宁
城西有乌龙潭,旧传唐肃宗乾元二年颜鲁公为浙西节度使时,
奏置放生池于此,后之人于潭侧建庵祀公,而仍以放生
名。……乾隆八年,邑之诸生以其事来闻,余惟昔之人爱及于
物而今无以庇吾民,心窃愧焉,乃嘱邑令谋于其邑之人,而复庵
以祀鲁公。"

　　方苞《乌龙潭放生举本记》:"三学诸生讼言,请修庵,返颜
公神位,复放生旧制。巡抚部院祁阳陈公,捐俸为公家所不能
及,苟有力当独身任之。朱子建社仓,一以属其士大夫、耆民而
不参以有司之法,有以也夫。时余寓居潭旁,首事者曰:'宜

有记。'"

是年,弟子陈浩送同门陈仁督储湖北,兼寄怀先生。

陈浩《生香书屋诗集》卷一《送家体斋侍御督储湖北兼寄怀望溪先生》:"折柳柳条短,酌酒酒味薄。知己将远行,羁怀倍寂寞。忆昔缔交初,石渠同著作。桐城方先生,有道不减郭。每与论人才,首必称元若。自君为御史,风采果谔谔。……生平重素交,性复爱云壑。行将赋远游,竟践名山诺。命儿驱紫车,□粮载书橐。先过后头城,遂访晴川阁。"

按,民国十年《湖北通志》卷一百十五《职官志九》:"乾隆九年。陈仁,分巡督粮道。"而接到任命乃乾隆八年底。

是年,致书弟子雷鋐,言及刊刻所删节《通志堂经解》。

方苞《与雷翠庭书》:"别后,以寻医访地出,道途饮食失节,归来甚不好。近日又略和。复细思目今所急,仍以经书为本。前所留抄书之资,将为贤写昆山《经解》,可得《易经》一部。将来愚有暇,更督诸孙为抄《春秋》《尚书》,则借此存一稿本于宇宙间。贤将来有便,使人刊刻,可省学者许多心力。家族祖尔止,有书两部,于教经书作古文甚有益,《造言》一本尤有益于贤。但抄者恐有错误,各翻本书查对,以误处条列一单寄我。又闻北上在明年二月,必宜奉太夫人板舆同行,嘱令兄道甚详。又贤至苏州,即遣人示我确音,在焦山相候,送过淮,为数日之谈,不必遣人过江,止告泽吾乔梓,已嘱即日遣人知会。余不宣,老生字。"见《望溪先生尺牍补遗》。

按,原文未定作于何时,从内容来看,应于本年秋冬间,姑系于此。又,方苞族祖方文传世有通评《南华经解》三卷首一卷。

是年,致书弟子陈大受,言及经国济民诸事与朝廷至交。

《方望溪遗集》之《答陈可斋书》："闻贤入觐，圣眷益隆。西林又能广求善言，而贤足诚以告，甚喜。但目今四海清宁，而江浙沃土，细民无旬月之食，江西、湖广米价三倍。又在位人材甚少。贤平心察之，九列中公忠体国，督抚提镇实心忧民恤军，而才识足以济其志，风规足以正其属，经文纬武、缓急可恃者几人哉？自郡县至藩库，皆无多存贮，万一饥馑荐臻，盗贼窃发，弥望皆束手无策之人，此愚之所以垂死而不能忘也。此乃世人所共知共见。至于用人行政，濯俗安边，根本源流，更有大且远者。故常须与贤披豁兼旬，冀圣主或有咨询，惟贤尚能恳悃上达耳。与鄙人同心者，惟顾用方、德济斋、陈秉之，而一二要人不惟深疾鄙人，并憎二三君子，此西林所以忧愚之致祸也。然愚惟与志同学同者交相砥劚，寻常轩冕皆避弗与通，又安知愚之所怀如是哉！本拟三月末候贤归途一晤，以河工海塘事方殷，贤必无余暇。又愚自去年寻山归来，老病日增，至今春更惫，恐此生竟无相见之日矣。言之慨然！余不备宣。"

是年，老友李绂以病致仕归里。

《高宗实录》。

按，方苞与李绂，一为程朱名儒一为陆王重镇，同朝为官，并世为学，情谊深厚，往来为多。《方苞集》有《李穆堂文集序》，李绂文集与方苞相关文章达十篇：《穆堂初稿》之《与方灵皋周官析义书》《与方灵皋论史记称太史公书》《与方灵皋论学生代斋郎书》《与方灵皋论删荆公虔州学记书》《答方阁学问三礼书目》，《穆堂别稿》之《与方灵皋论所评欧文书》《与方灵皋论所评柳文书》《与方灵皋论所评韩文书》《与方灵皋论笺注韩文字句书》《书方灵皋曾祖墓铭后》。

又按，李绂盛赞方苞古文，如评《书王莽传后》："荆公得意之笔。"《左忠毅公逸事》:"警心动魄,可兴可观,不愧立言者矣。"《大理卿高公墓碣》:"命意高,措辞简,古而难显之情,灿然逆露,惟荆公能之,今又有代兴者。"《鲍氏妹哀辞》:"有柳之哀,有韩之挚,志骨肉之情者,此为极则。"《兄子道希妇岳氏墓志铭》:"方言哀而已。叹必尔乃为至文,铭亦类昌黎、荆国。"

又按,方苞曾为李绂文集所作序,不见于今本李绂文集。而方苞生前所编文集,对于此序,也有不同取舍。李绂诗集,亦不见方苞身影。二人晚年或有隙。

是年,好友赵国麟老病请归,准予回籍。友人李清植为三礼馆副总裁。钱塘杭世骏因"内满外汉"之论被革职。

《高宗实录》。

是年,宜兴储大文卒,年七十九岁。金坛蒋衡卒,年七十二岁。

据《疑年录汇编》卷十。余集《秋室学古录》卷五《蒋湘帆先生传》。

乾隆九年甲子(1744) 七十七岁

二月初四日,展墓桐城,三月作《祭田记》,并契约勒石,昭告子孙。

《方氏家谱》卷四十九《陇墓》:"乾隆八年春,苞自江宁来展墓,议复之。九年二月,立契计时值四倍原数,苞与元醴、南潘、峋、观永、观承、求义、汉浩等公任之,以岁租所入,供本山墓祭廷璋公,及各房附葬祖妣,皆得并祀。……乾隆九年岁次甲子三月吉日,十六世孙苞谨记。契勒石后,凡七大房子孙不得私典私卖外姓,不得私典私买,明告后人,永无违约。"

三月,弟子陈浩书至,问候起居,请赐文集。

陈浩《生香书屋文集》卷一《与方灵皋先生书》："三月中于大田处得手书，知先生眠食无恙……别已两年……某年已五十，一事无所成就，于人世荣利，久已视之澹然，独念人生最乐者读书，最难得者贤师友。自古蓄道德而能文章如韩、欧诸公，皆间世一出，后人读其书，每以不得亲见其人为恨。今某之生也幸，得与先生同时，又辱承先生之教十余年之久，……本月十八日，立侯又忽奄逝，生平游好岁岁凋谢，……承要拙书，寄上条幅十横、卷四，闻大集已刻成，便中求寄一两册。某顿首。"

按，由文中"本月十八日，立侯又忽奄逝"，可知此文作于本年三月。据庄亨阳《秋水堂遗集》卷五《礼部侍郎李公穆亭墓志铭》："吾师故相国文贞李公之孙礼部侍郎穆亭能志祖之志，学祖之学，行祖之行，年五十有五。……公生于康熙庚午年十月二十日卯时，殁于乾隆甲子年三月十八日辰时。"

文中"立侯"即李清植，字立侯，号穆亭，方苞有《赠李立侯序》。"大田"即陆嘉颖，为方苞弟子。法式善嘉庆四年《清秘述闻》卷十五："陆嘉颖，字大田，浙江仁和人。癸丑进士。"沈廷芳在《方望溪先生传后》曰："今年冬同门陆大田编修邮至先生手帖，告用阁之丧。"《两浙輶轩录》(卷十九)称陆嘉颖："出桐城方先生望溪之门，经学著述必与商榷而后定。"

又按，方苞致仕归里后，弟子程崟请编纂文集，后人通常所见为乾隆十一年刻本。而在此之前，已有试刻本在生徒间传播，陈浩书信可证。

七月二日，尹会一之母卒，以状介方观承请墓志，先苦辞，既而铭之。

《方苞集》卷十一《尹太夫人李氏墓志铭》："而太夫人卒，会一复以状介余族子观承请铭。余苦辞之，难更设也。既而思

之,古称女士,谓女子而有士行也。不为一身之谋,而有天下之
虑。今之士实抱此志者几人哉?而太夫人则志与事皆有焉。
故更撷前录所未及而叙论之,俾吾侪有所愧耻而兴起焉。……
太夫人卒于乾隆九年七月朔后一日,享年七十有八,诰封夫人,
祔以十一月十一日。"

七月四日,题黄玉圃梦归图并撰文。

《方苞集》卷五《题黄玉圃梦归图》。

按,尹会一《健余先生文集》卷九有《题黄玉圃先生归梦
图》。

八月二十二日,好友乔崇修卒,年七十六岁。

乔亿《燕石碎编》:"先考卒于甲子八月廿二日,年七
十六。"

按,方苞与宝应乔氏多有往来,与乔崇修关系尤近。早年,
乔崇修招方苞授经宝应。《南山集》案中,乔崇修省方苞于金
陵,及出刑部狱,复再至京师,可谓患难之交。兄方舟一女适乔
崇修二子乔肃。《方苞集》收录《答乔介夫书》《乔紫渊诗序》
《乔又泓哀词》等篇章。乔崇修曾评价方苞时文《冉求曰非一
章》:"气如织流,穿岩击石,回洑喷薄,曲折生奇。"《子曰禹无
间然矣》:"探题之奥,笔笔正锋,前辈中绝密细文字,百十年来
殆成绝响。"《诗云伐柯二节》:"以人治人,推出如许奥义,乃知
题理蔽于众人,雷同近似之辞者不少。"

**八月三十日,次子方道兴之妇卒,从先生之命,方道章长子超,
随叔父方道兴宿外寝三月。**

《集外文》卷八《教忠祠禁》。

九月,长孙方超举江南乡试。

《方氏家谱》:"方超,讳道章长子,字继班,号晓堂,由县学

生中乾隆甲子江南乡试第九十五名举人,任英山县教谕,授文林郎。"

九月,龚学海复以状来请铭,乃叙而铭之,以列外碑。

《方苞集》卷十三《兵部主事龚君墓碣》。

按,题中"龚君"即龚健阳,其弟龚巽阳为方苞弟子,其子龚学海,乾隆二年进士,改庶吉士,受知于方苞。

九十月间,旧疾复作,寒战喘急,几不能自存。后渐平,能倚床而坐,凭几观书,食饮有加。

《方苞集》卷六《答尹元孚书》:"九月十月之交,旧疾复作,寒战喘急,守气几不能自存,不期望后渐平,手札到日,已能倚床而坐。今食饮有加,凭几观书,可至十数页。自矢必嗣事于仪礼,未审能卒业否?"

按,此文未定作于何时,但据文中"太夫人葬祭之礼""今居大母之丧"等语,可推断作于尹会一之母去世不久,姑系于此。

十一月,在宝应,逢弟子刘师宽子刘子方殡在堂,入吊,抚幼孤,节妇泣于房。遂以节妇并宽事,入《闻见录》。

《方望溪遗集》。

十一月,与从侄方元醴、方观永、方求义等,复寄母山墓荫,并为碑记。

《方氏家谱》卷四十九《陇墓》之《复田保公荫碑记》:"邑治东北寄母山,方氏九世邹太君、十世南安丞东谷公墓在焉。余以展墓循视封树,见墓西偏田陌中大木葱郁,与墓荫相连,俨同松楸。问之,则扶南私产也。谂我农夫,毋伤柯干,扶南曰:'然则捐诸公。'余曰:'计树酬直,弟立捐契,则子孙无敢毁伤。'于是,苞及从侄元醴、嵋、观永、求义、国宝、求显,从孙浩,以二百金酬扶南，扶南亲笔立契，田畔树木尽归墓荫，嗣有敢戕其一枝一叶者，与盗墓树同。时乾隆甲子十一月，十六世孙苞等记。"

十一月，魏定国序《春秋通论》，转述朱轼赞誉，如亲见孔子口授。

魏定国《春秋通论序》："同年方子望溪，以所著《春秋通论》及编次《比事目录》属余讨论，豁然心开。盖有是书，然后孟子之说明，而历代儒先之精言，皆各得其归宿也。……吾乡朱公可亭称，是书如亲见孔子，口授其传指，吾无以易之。……乾隆九年畅月广昌同学魏定国撰。"

十二月，顾琮序《春秋通论》，叙述原委，兼及修书馆日常。

顾琮《春秋通论序》："乾隆九年十有二月，混同顾琮序。"

按，《春秋通论》由方苞讲授，顾琮、朱轼、魏定国参订并序。

又按，顾琮《春秋通论序》曰："康熙癸巳冬，琮初供事蒙养斋，与望溪先生一见如旧。时蝶园徐公日就先生讲问《春秋》疑义，每举一事，先生必凡数全经，比类以析其义。虽未治是经者，闻之亦知是经必如是而后安。琮与二三君子谓，非笔之于书则口所传能几？且所传者，遂能一一不失其指意乎？屡相敦促，逾岁秋冬始成《通论》九十九章。"

又按，方苞此时请二位友人作序，或为重刊《春秋通论》，并请弟子雷鋐校勘："贤以乡愿自戒，甚是。但君子之道与奕同，全在后半收局，一着紧于一着耳。凡小人相谤伤，虽全无踪影，亦必以告，以借此可惧而增修其德也。《春秋通论》曾寄二册（一托致兰谷），嘱贤细勘后，更乞秉之讨论。来札总不及此，望于大田处查。"见《望溪先生尺牍补遗》。

又按,方苞亦请弟子单作哲校勘,《答单生》:"《春秋通论》义例未画一处,得贤勘出,大有功于此书。簿书烦剧,中心尚能细入若此,岂惟敏锐过人,亦凡事不苟,竭诚于师友之验也。……今已镂版,贤他日于经说中并所遗鲁夫人谥法,为我存之。《易》《诗》《书》《春秋》《三礼》,凡已行于世之书,愚皆别择,欲各为一编,以省后学心力,而使无歧趋。钟君励暇已编定春秋义疏,今嗣事于戴记,三年而未成,以在京师日力分于外务也。余经若贤能自任,则老夫余生可优游以卒岁矣。但其规模条理必面讲乃可定。未审衰残之躯尚能逮否?"见《方望溪遗集》。

十二月,顾琮序《春秋比事目录》,给予高评。

顾琮《春秋比事目录序》:"乾隆九年冬十有二月,混同顾琮序。"

按,《春秋比事目录序》由方苞论次,顾琮、朱轼、魏定国同订,王兆符、程鋆编录。

又按,顾琮《春秋比事目录序》曰:"望溪先生既为《通论》,以揭比事属辞之义,而读者未熟于《三传》,旋复检视事迹以求其端绪,重费日力,乃与先生商别其事为八十五类,俾从学者编次,而先生订正焉。……学者欲观《通论》,必取是编每类中事同而书法互异者,反复思索。心困智穷,始展《通论》,按节而切究之,然后其义刻著于心,久而不忘,此余所心得也。"

按,程廷祚《青溪文集》卷十二《复望溪先生》言及《春秋三传》与《比事》一书之义例,与望溪先生商讨。此外,《青溪文集续编》卷六《上望溪先生论春秋始于隐公书》,时间或与此为近。

十二月,庄亨阳迁按察司副使,分巡淮安、徐州、海州。道金陵,

过先生北山。冬杪得手书，言："巡行视灾核赈，十二月始回徐，旧疾复作。"

《方苞集》卷十《庄复斋墓志铭》。

是年，石永宁书至，言次子之教。先生赠序劝勉之。

《方苞集》卷七《赠石仲子序》曰："余南归逾年……又逾年来告曰：'近使受书，补幼学。'盖山人自大父以来皆官禁闼，阶崇禄厚，故身虽不仕，常望其子输力竭忠，而赫然有所树立也。"先生南归为七年，逾年又逾年即本年。

是年，卧病北山，故人子吴中衡，从吴门赶来，为东鄂氏请文，为撰《书烈妇东鄂氏事略后》。

《方苞集》卷六《书烈妇东鄂氏事略后》："乾隆九年，余卧病北山。故人子吴殷南至自吴门，致太守雅公兄子隆德之妻东鄂氏《事略》乞余文。隆德之父伦君与余共事蒙养斋，尝属余择师以教隆德兄弟。太守风节著中朝，膏泽溥吴郡，余义不得辞。"

《传恭斋尺牍》之七十一《与某公》亦提及此事："曩在蒙养斋，与令兄廉使公甚相得，见年家子吴君传令侄妇事略，甚为恻然。但二十年来，以文墨事相属予者，概不能应矣。顷见吴中士大夫称贤太守如出一口，念公初外任时，枉过敝庐，私心窃喜，眼中又见一正路人。今果能蹇然当官，将来可入名臣传，胸中勃然感动，引笔立成《东鄂氏事略书后》。此文虽为烈妇而作，实自贤太守发也。"

按，文中"雅公"，即觉罗·雅尔哈善，字蔚文，满洲正红旗人。雍正三年翻译举人，自内阁中书四迁，乾隆三年授通政使。六年，授江南松江知府，移苏州知府。十三年，以福建按察使署江苏巡抚。十六年，擢浙江巡抚。十九年，复入为户部侍郎，命军机处行走,旋授兵部侍郎。二十二年,擢兵部尚书。二十三年,为靖逆将军。二十四年,卒。参见《清史稿》列传一〇一。

又按,乾隆三十七年吴光国编《吴氏家传》:"吴中衡,字殷南,行一,乙亥年九月初六日生,江南徽州府歙县人,民籍,岁贡生,官卷习书经。祖吴苑,丙午经魁,壬戌进士,历任国子监祭酒加二级,前日讲起居注官,翰林院侍讲,戊辰刻会试同考官。父吴瞻淇,字卫猗,号漪堂,行三,戊午年四月十三日生,江南徽州府歙县人,民籍,监生,习书经。己卯举人,癸未进士,翰林院庶吉士。"

是年,储大文弟子刻《存研楼文集》,先生与诸友同阅。

《存研楼文集》由其弟子张耀先、瞿源洙编校,前有乾隆九年张汉肃之序;《存研楼二集》前有弟子吕积初乾隆九年序、彭家屏乾隆十九年序,方苞、姜宸英、梁份、何焯、王原、吴士玉、邵长衡、赵执信、万承苍、沈德潜、邓钟岳、方楘如、晏斯盛、唐建中、王澍、王汝骧、王步青等诸友同阅。

按,二集录与方苞信札,如卷十二《与方灵皋》:"去岁在会城,竟未成晤,人事错迕,岂胜太息。伏惟孝履醇确,岁月益深,惟为道自重是祷。金坛曹声皆兄近刊四书文,弟与若霖王子尝为论次,龙光、云衢及舍弟礼执皆引之以言,蕲得大序一首,以宠兹集,士习日下,虽制艺且绝口不谈,况其深于此者乎?"

是年,族子方观承补授直隶布政使。弟子官献瑶提督广西学政,为浙江乡试副考官。帅念祖由西安布政使调广西布政使。叶酉为河南乡试副主考。

《高宗实录》。

是年,李清植卒。程嗣立卒。任启运卒。秦瀛生。汪中生。

庄亨阳《秋水堂遗集》卷五《礼部侍郎李公穆亭墓志铭》。

程晋芳《勉行堂文集》卷六《水南先生墓志铭》。任兆麟《有竹
居集》卷十一《钓台公家传》。陈用光《太乙舟文集》卷八《刑
部右侍郎秦公遂庵墓志铭》。《容甫先生年谱》。

乾隆十年乙丑(1745) 七十八岁

正月,时隔八年,为老友法海撰墓志铭。

《方苞集》卷十二《兵部尚书法公墓表》:"公讳海,元舅忠
勇公讳国纲之次子也,癸酉举京兆,甲戌成进士。母他他拉氏,
诰封一品夫人。生母徐氏,妻崔氏,封赠如公阶。卒年六十有
七。无子,以兄子介禄嗣。后九年,兄子介福督学江南、安徽诸
郡,以叔父庆上公选刻公诗请表。呜呼!根于忠孝刚正之气不
可屈挠者,公之学也,诗岂足以传公之学哉?然读其诗,足以发
人忠孝之心,则亦其学之诚而形者,乃流涕而为之书。乾隆十
年春正月,江东同学方苞表。"

按,是时前后,介福以叔父庆上公选刻法海诗集请表。
(《兵部尚书法公墓表》)。据《高宗实录》,乾隆八年六月癸
酉,介福以翰林院侍读提督安徽学政。介福,佟佳氏,字受兹,
一字景庵,号野园。满洲镶黄旗人,父国纲。雍正十一年进士,
改庶吉士。历官至内阁学士兼礼部侍郎,兼玉牒馆副总裁,乾
隆二十七年卒。(《国朝耆献类征初编》《词林辑略》)

三月,应弟子陈大受之请,撰《乌龙潭放生举本记》。

《乌龙潭放生举本记》:"巡抚部院祁阳陈公,捐俸为公家
所不能及,苟有力当独身任之。朱子建社仓,一以属其士大夫、
耆民而不参以有司之法,有以也夫。时余寓居潭旁,首事者曰:
'宜有记。'遂为之书。乾隆十年季春,望溪方苞撰,天门唐建

中书,宝应汤鐥镌。"

按,此文未收入今存方苞诗文集,今人王思豪较早发现,其碑存南京市鼓楼区乌龙潭颜鲁公祠内。

又按,《高宗实录》,陈大受乾隆元年授编修,乾隆四年安徽巡抚、兵部侍郎,乾隆六年到十一年任江苏巡抚。乾隆八年,重修颜真卿放生池,并作《重修颜鲁公放生池庵碑记》,同时请方苞撰文。

又按,陈大受与方苞多有文字往来,曾评点恩师古文多篇,如评《左忠毅公逸事》:"凡文读之而涔涔而精神不起者,必作者之精神不足也。读此文,使人忠义激烈之心愤盈而不能自已,虽子长执笔,何以过焉?"《汉高帝论》:"所论甚允,惟末幅数语,生所见颇异。光武外似阔达,而中实严迫任机智。其学问据本纪,只云'受《尚书》,通大义'而已。'仕宦当作执金吾,娶妻当得阴丽华',与羡秦皇帝纵观岂有异哉? 假与武侯并世而相遭,欲其治天下,一循乎天理之自然而无所矫拂,恐未能然也。"《于忠肃论》:"古人于万难处置之事,常隐用其心。祸弭事定,而身受其福者不知,甚且转生疑怨。惟后之好学深思、知人论世者,乃能揭而出之。忠肃至忠体国,不求白于当时,而听知己于异世,其志亦良苦矣。"见初刊本。

闰三月二日,弟子沈彤书来,报告学业,言曰:"念彤于先生,虽未具师弟之礼,而实以师事。"又称,在郡城见到先生次子道兴。

沈彤《果堂集》卷四《与望溪先生书》。

是春,黄永年奉命江南审案,拜访先生。

黄永年《南庄类稿》卷四《答方灵皋先生书》;《奉使集》之《江南会审回京复命折子》。

按，《崧甫黄先生行状》，黄永年乾隆元年进士，任刑部主事六年，八年授刑部员外郎，十年授刑部郎中，当年四月至七月赴江南查案，七月授甘肃平凉知府，随即转镇江知府，一年后转常州知府，十六年卒，五十三岁。

四月十二日，同僚友人鄂尔泰卒，年六十九岁。

鄂容安《鄂尔泰年谱》。

按，清初政坛党争，前有明珠与索额图，后有鄂尔泰与张廷玉，方苞与后者共事多年，又始终保持距离。方苞在朝廷往来较多者为徐元梦、顾琮、德沛、朱轼、蔡世远、陈世倌、赵国麟诸人。鄂尔泰卒后，方苞无墓志悼词，但存一封短札《与鄂长郎书》，收入《方望溪遗集》，文中评价鄂尔泰："在贤尊，善始善终，亦复何恨！而老生所深痛者，国家失社稷之臣，天下士有志节者无所依赖，非独以平昔交好也。"又，书简提及鄂尔泰困顿时，方苞曾给予劝导："往者贤为小人所构，老生屡致书贤尊，言自古名贤未有不经蹈折者，正可因此淬砺身心，进德修业。未几时，闻圣主复擢居要地，夙夜虔恭，私怀甚慰。"

鄂尔泰颇尊重方苞，其长诗《赠方望溪》曰："六经治世非土苴，相期津逮窥垠涯。抉经之心不易得，词林文苑徒纷拿。博物但解辨鼮鼠，搜神或诧名驺牙。心井逼塞航断港，银海掉眩生狂花。此曹正坐读书误，遗弃根本搜柿芽。桐城望溪我老友，学崇中正防奇邪。说经铿铿究终始，尤于三礼咀其华。曲台增删繁就简，正义参订蓬扶麻。群书穿穴寻圣奥，下帘每听鼓三挝。方今重轮陛下圣，五纬顺序曜帝车。致君尧舜诚有术，许身稷契非矜夸。天地入祀各适职，往谐秩宗帝女嘉。惟寅惟清恭朝夕，诏兼书局穷罗爬。吾衰旧闻苦荒落，妄冀邃密商量加。间送一难辄许可，琼琚乃报投木瓜。姚姒上溯下闽

洛,青镜恐蚀妖虾蟆。岂邀名誉嗣圣德,宁望荒远登羲娲。所
贵经学适时用,瞑坐曜若翻金鸦。委蛇退食时过我,剧谈恒瀹
头纲茶。偷闲依然两学士,相视一笑无喧哗。张苍伏胜暨辕
固,经儒往往臻耆遐。朝廷会行乞言礼,洗爵君且斟流霞。"
(沈德潜:望溪说经,简而能当。诗中称扬无溢分语,轩昂磊
落,音节极高。)(沈德潜《国朝诗别裁集》卷十八)

又按,方苞弟子雷鋐《西林鄂文端公逸事》曰:"公性耿直,
好奖励名节,恶偷合取容,以媚世者。"(《鄂尔泰年谱》)弟子沈
廷芳《隐拙斋集》卷十三有《座主鄂文端公挽词四首》卷十四
《谒鄂文端公墓感赋》。

**六月初一,卧病北山,闭关而外键之。安徽布政使李学裕未受
印篆,屏驺从过先生。**

《方苞集》卷十《安徽布政使李公墓志铭》。

六月四日,遇危疾,不辨人事者浃月,九月少苏。

《安徽布政使李公墓志铭》。

病中,有信札寄弟子陈大受、雷鋐。

雷鋐《读书偶记》卷三:"乙丑中秋前一日,同年友陈可斋
大受寄到方望溪师病中与之札,云:'知老生志事者,莫如贯一
与贤,天幸两贤并为圣主所特知。望重自砥勖,为国家担当世
教,为天地保护生民,各竭力所能致,以归洁其身。并告同学诸
君子平昔不病老生为迂阔者。此札阅过,即确寄贯一。'"

按,此札由戴钧衡从《读书偶记》辑出,收入《集外文》卷十
《与陈占咸》。

又按,雷鋐于此札,感慨深愧:"(鋐)捧读之下,寸衷傍徨,
唯深自愧,奋誓不作一亏心之事,以负期望,至于力小任重,则
当自揣分量,以为进退也。"(《读书偶记》卷三)

七月,弟子尹会一以编太夫人年谱相请教,为陈其义。

吕炽《健余先生年谱》:"公欲为太夫人年谱,而难于创始,质诸望溪先生。先生曰:'为母谱年,古未有也。而太夫人志事与贤大夫略同,乃妇女中特出人,在古亦罕见。则孝子创例,以为世法,流播海内,可兴可观,人不能訾也。'"

十月二十一日,弟子李学裕卒,年五十五岁。其子请铭,为作墓志和挽诗。

《方苞集》卷十《安徽布政使李公墓志铭》:"公卒于乾隆十年十月望后五日,享年五十有五。祖讳士杰,父讳本质,乾隆元年,诰赠如公官。祖妣杨氏、尚氏,妣曹氏,俱赠恭人。公讳学裕,字余三。元配刘氏,继室尚氏,以贴封,未受锡命。子四人:长焕,学峻次子,乾隆甲子举人。次照,侧室张氏出。次燕,次焜,继室吕氏出。……公始见余,执后进礼。余入翰林后公,故事礼辞当卑逊,而公终以后进自处;及莅安徽,通书忽用师弟子之称,余固辞。……而公终不易称。"

李学裕与陈德荣、尹会一是方苞看重的三位年轻后辈,可惜皆英年早逝。《集外文》卷九《挽李余三方伯三首》:"盛夏轩车至,精强倍往时。谁知交手别,永与故人辞。六郡迟膏雨,三吴满涕洟。衰残失素友,愁病更难支。""金门同载笔,玉垒数遗诗。万里面如觌,千秋事所期。官移临震泽,天与豁离思。再会无私语,匍躬答主知。""公既为邦伯,翻称门下生。自惭无道术,焉敢正师名。抱病仍求益,忧民实至诚。斯人若弦剪,终古志难平。"

按,袁枚《小仓山房文集》卷三《安徽布政使李公墓志铭》。乾隆三十二年《续河南通志》卷五十六、嘉庆二十一年《四川通志》卷一百一十五有传。

十一月二十一日,致书老友赵国麟,为远祖求序文。

祝贺《清大学士泰安赵国麟年谱长编附考》。

十二月,受弟子尹会一所请,为其母年谱作序。

方苞《尹太夫人年谱序》:"故其生也,余既以入《闻见录》,卒铭其墓。而会一谱之以质于余。以志与录皆举其大略,不能每事而详之也。事有古人未尝有而可以义起者,其此类也夫。故特为序论,兼著传、谱、志、铭之源流,俾士大夫据高位、持厚禄以终其身而无一可称,其子孙徒志其官阶、锡命、恩赐以为荣,或构虚迹、饰浮言,以益人之诟病者,知所愧耻,岂唯女妇宜闻而兴起欤? 乾隆十年冬十有二月,桐城方苞撰。"

按,此文未收入今存方苞诗文集,而见于《尹太夫人年谱》卷首。民国《嘉丛堂丛书》所收蔡显《闲渔闲闲录》卷三亦有节录。

又按,年谱所录方苞序后,还著录了方苞短文《论编年谱书》,此文在恩露所藏方苞佚文集名为《答尹元孚》,后收入戴钧衡编纂方苞文集《集外文》。

十二月,关中朱永涛出示所作《秉烛子传》,后刘荫枢昆孙乃均继以行状求墓表,遂为之撰。

《集外文》卷七《都察院副都御史巡抚贵州刘公墓表》。

按,《清史稿》列传六十三,评刘荫枢曰:"志在休民,未知应兵之不容已。"《四库全书总目》著录其《大易蓄疑》七卷,论曰:"其说多用朱子《本义》而小变之,然措语塞滞,多格格不能自达其意。"又著录其《春秋蓄疑》十一卷,论曰:"是编以治《春秋》者信《传》而不信《经》,故于《经》文各条下列三《传》及胡氏《传》为案,而以己意断其得失。于胡《传》尤多驳正,颇能洗附会穿凿之习。而或并《左传》事实疑之,则师心太过矣。"

十二月,常熟王峻为沈彤《果堂集》作序,忆及先生昔日称誉沈彤之言。

王峻《果堂集序》曰:"余往在都门,少宗伯方望溪先生,每为余称吴江沈君冠云之著述,能守朴学,不事浮藻。时余以书馆事繁,仅获观一二,未遑多索也。今年,余在紫阳书院,冠云亦授徒郡城,因出其所著古文一编视余。展读既竟,乃叹曰:'甚矣,望溪之能知冠云之文也。'……今冠云之学,笃古穷经,尤精《三礼》。……乾隆乙丑十二月,虞山王峻谨题。"

王峻,字艮斋,江苏常熟人。雍正元年举人,次年进士,改庶吉士,授编修。历官浙江乡试副考官、贵州乡试副考官、云南乡试正考官、江西道监察御史,以母忧去官,主讲安定、云龙、紫阳书院。其学长于史,尤精地理。尝欲为《水经广注》,惜未成,惟成《汉书正误》四卷。著有《艮斋诗文集》。乾隆十六年卒,年五十八岁。参见《清史列传》卷七十一《文苑传》。

是冬,手柬致顾栋高,破例为其《春秋大事表》撰序。

《望溪先生手柬(乙丑)》:"承示《春秋表》诸序,乃知老先生始仕而颠,乃天心玉成,使有得于古,有传于后也。仆戒为时贤作序三十余年,今必破例为之。老病不能为揖让之礼,故不见一人。先生若枉存,自当披豁泉石间。"(顾栋高《春秋大事表》附录)按:乙丑即本年。

按,方苞《与顾震沧书》曰:"吾子寄示《春秋大事表》,凡汉、唐、宋、元人之书,皆博览而慎取之。其辨古事、论古人,实能尽物理,即乎人心。此仆所以许为之序而不辞也。而负诺责以至于今,则有说焉。……今仆治《仪礼》,九易稿而未能尽通。若舍己所务,究切李、张之书,则力不能给,后二故人所属,而先新知之请,则心不能安。故南归后,新安程起生晨夕相见,而所著《易通》,至今未序也。……吾子与久故,宜问其家人。余不宣。苞顿首。"

又按,顾栋高《万卷楼文稿》卷三《与杨农先先生书(丙寅)》:"本无意授梓,去冬望溪先生有书来云:'戒为时贤作序已三十年,今务必破例为之。'诸生辈用此捐资付刊,已成三分之一。除未经成卷外,仅将刻过诸卷并序文及《凡例》《总叙》草订成本,呈上左右。虽未成书,而大意已略具。伏惟老先生负当代大名,与望溪先生唱和大江南北,乞怜其志意,收其一得,作为雄文,弁诸首简,荣逾华衮矣。贵邑蒋东委先生亦属向所倾慕,容当致书续求。"

又按,顾栋高《春秋大事表》引用方苞观点颇多,并称赞:"本朝方望溪及张彝叹二先生所著,得圣人之心什八九矣。"(《偶笔》)。《四库全书总目》卷二十九著录《春秋大事表》五十卷,论曰:"栋高事事表之,亦未免繁碎。至参以七言歌括,于著书之体亦乖。然条理详明,考证典核,较公说书实为过之。其辨论诸篇,皆引据博洽,议论精确,多发前人所未发,亦非公说所可及。"

又按,华希闵《春秋大事表序》:"余于此经研究五十年,窃谓善读《春秋》者,前惟清江刘仲修,今惟桐城方灵皋,与震沧而三。"

是年,幼男道兴应试皖江,返金陵,其同年魏之闻出其谱稿,索序于先生。

方苞《魏氏家乘序》:"吾桐旧多望族,历历可数。余因寄籍金陵,恨往来多疏。岁乙丑,幼男道兴应试皖江,受知于观学宪。返金陵,道其同年有魏子名之闻者,与贤昆仲之门、之理、士达、士鳌等共盘桓。日久出其谱稿,索序于余。"

按,此文未收入今存方苞文集,见于民国元年魏衡堂等修《魏氏家乘》卷首。

是年,弟子陈浩赋诗怀先生。

陈浩《生香书屋诗集》卷二《方望溪先生》:"风义生平辱好音,江东千里暮云深。韩欧以后无同辈,老病之余有寸心。欲寄远书时懒慢,每经旧馆独沉吟。三年旅思公知否?息画尘机似汉阴。"

按,原诗未定作于何时,据前后文推断在本年。

是年,同年魏定国以安徽布政使为安徽巡抚,先生致书为刘大櫆求教职。

《集外文》卷十《与魏中丞定国》:"及门刘生大櫆者,天资超越,所为古文,颇能去离世俗蹊径,而命实不犹。弟举以鸿博,已入彀,而或检去之,两中副车。今以亲老,不忍远离,止得暂图教职。公见其文,自知其峣然而异于侪辈。弟复先言之者,以其数奇耳。其所著《小称集》,谨以呈教。"

按,此文未定作于何时,但由魏定国本年四月任安徽巡抚,刘大櫆"以亲老,不忍远离",且次年方苞又向尹会一举荐,可知此文应作于本年或稍后。

是年,谕令张廷玉、高斌会同三礼馆员,重新厘正《三礼义疏》。

《高宗实录》

按,此次修订结束时间,今人张涛据史语所藏内阁大库档案,确定在乾隆十一年秋末冬初。(《乾隆三礼馆史论》)又,此时方苞已致仕归里,未参与《三礼义疏》修订,而他主修之《周礼义疏》也在这次修订中有不少改动。

是年,友人陈世倌加太子太保。张师载为江苏按察使。弟子雷鋐以少詹事充日讲起居注官。沈廷芳补江南道监察御史巡视

山东漕粮。

《高宗实录》。《清史列传》。汪中《述学别录》。

是年,娄县张照卒。钱塘郑江卒。

《高宗实录》。杭世骏《道古堂文集》卷三十八《侍读郑公行状》。

乾隆十一年丙寅(1746)　七十九岁

正月,为弟子沈廷芳外祖查升撰墓表。

《方苞集》卷十二《詹事府少詹事兼翰林院侍讲学士查公墓表》:"余尝感于梦,以沈生廷芳言,为海宁查夏重铭幽之文。生因请表其外祖声山墓……乾隆十一年正月。"声山,查升号也。

按,《詹事府少詹事兼翰林院侍讲学士查公墓表》:"声山以诗、词、书法、四六名,然古之弗重也,故为《揭时论》。"沈德潜《国朝诗别裁集》卷十七:"宫詹书法得董文敏之神,入直南书房时,圣祖屡称赏之。"

又按,沈廷芳《隐拙斋集》卷四十九之《查公行状》,作于乾隆六年六月十日,文末言及请方苞为作墓表。

正月十五日,庄亨阳接先生手书,临终前遗书乞铭。

庄亨阳遗书云:"岁底,从省役回,接老先生手教,《春秋》某某并敝老师遗集,满拟交春和暖,即命小顽缮写。不意痰嗽愈剧,至十五日,气喘不止,势不能久,切嘱小顽,觅人抄正,送上,晚从此不能再见老先生矣。窃念一生刻苦自好,唯老先生知之甚,倘蒙椽笔赐以墓铭,晚虽死不朽矣。临终口报,书之不宣。"

按,此遗书收入庄亨阳《秋水堂遗集》卷首方苞《庄复斋墓志铭》之后,其曾孙树金记曰:"此先曾祖在署临终乞铭遗笔,即铭词内所谓遗命也。因搜旧箧得之,附刻于末。"

正月十六日,友人庄亨阳卒,年六十一岁,为撰墓志铭。

《方苞集》卷十《庄复斋墓志铭》。袁枚《小仓山房文集》卷七《淮徐海道按察司副使庄复斋先生传》。

按,《四库全书总目》著录其《庄氏算学》八卷。

三月五日,《三礼义疏》告成,先生与李绂俱着加二级注册。

《乾隆起居注》:"三月初五日,是日吏部奏:'《三礼》告成,请将在馆总裁纂修各员议叙'一疏。大学士讷亲、张廷玉奉谕旨:'张廷玉、汪由敦、尹继善、周学健俱着加二级,彭维新着加二级抵前所降二级仍带降一级留任,陈大受着加二级抵前所降二级仍带降二级留任,方苞、李绂俱着加二级注册,双庆、吴绂、何其睿、官献瑶俱着于现任内加一级,岱图、兆惠、佟保、李龙官俱着于现任内纪录三次,赵青藜着于补官日纪录三次,宋邦绥、姚范、叶酉、杨述曾、胡中藻俱着于现任内纪录二次,诸锦、程恂俱着于补官日记录二次,余依议。'"

按,中国第一历史档案馆奏折,三月三日,大学士讷亲、礼部侍郎阿克敦奏,内阁三礼馆《三礼》告成,应纂修誊录事宜。

又按,宁乡王文清《锄经余草》卷八《三礼书成进得旨议叙部议清列首名加衔一级谢恩恭纪》,系于本年。

三月十九日,陈德荣复札尹会一云,先生起居尚健,两至其门,先生避地乡里。

尹会一《健余别集》卷三《里第尺牍》之《答陈密山》,附录《密山复书》。

四月,新任安徽布政使陈德荣,过访先生北山,言及阳明祠堂,遂议兴复。

《方苞集》卷十四《重建阳明祠堂记》;卷十一《通议大夫江南布政使陈公墓志铭》。

四月,德沛序先生《春秋直解》。

抗希堂本《春秋直解》卷首。

五月初二日,友人万承苍卒。

钱陈群《翰林院侍讲学士万公孺庐墓志铭》,《孺庐全集》卷首。

按,方苞与万承苍共事多年,曾共同编纂《日讲春秋解义》《钦定四书文》《重刻二十一史》等。同治十二年《南昌府志》卷四十三《人物·儒林》云:"万承苍,字字兆,南昌人,……生平寡交游,言动不苟,惟临川李绂、桐城方苞过从最密。"万承苍《孺庐全集》卷九收录《书方灵皋删定荀子篇后》《评方灵皋阁学古文九则》诸篇,如评方苞《读古文尚书》:"此篇足见羽翼经传,盛心而行,文亦最为峻洁。"《书左忠毅公逸事》:"此文后半,叙史公处,妙与前幅相称,且见左公知人之明,结语周密简净,孰谓古今人不相及也。"

六月二十日,疾作,夜不能寐,偶忆先兄语,晨起记之。是为《重修清凉寺记》。

《方苞集》卷十四《重修清凉寺记》:"先兄尝言:'自明中叶,儒者多潜遁于释,而释者又为和通之说以就之,于是儒释之道混然;儒而遁于释者,多倡狂妄行,释而慕乎儒者,多温雅可近。'余行天下,每以是阴辨儒、释而择其可交者。……及乾隆七年,……又五年丙寅夏六月望后五日,余疾作,夜不能寐,偶忆先兄语,晨起而记之,以释诸责;且以示学儒者,慎毋阴遁于释。"

是夏,致书弟子单作哲,论及文集刊刻、疾病与《见闻录》诸事。

方苞《致单作哲札》："古文三篇俱佳,中一篇法未老,当少为增损。去年大病,虽幸复愈而神气消尽,首夏犹手足如铁。适寄参二两至,甚赖其助。但此物贵至此,又费贤拮据,心实不安耳。抄书十金并土物收到,古文尚未刻成。贵宗妾臧氏殉节事,遍寻篋笥,竟失其稿。贤另作,即以入《见闻录》,不必老生作,如王昆绳、李厚庵、蔡闻之集中所载节烈事,即略删薙刻入,用本人名字。贤于此道规模已大可观,遇可传之人之事即籍之,八家古文皆居官时所作也。一札又书一封,或遣役致吕公,或官封从驿递,中作一书,叙入吕书向愚称誉事。"

按,此文未收入今存方苞文集,而见于单作哲《紫溟文集》,曾收入《山东文献集成》第三辑。

八月,黄永年书简至,言履新镇江知府漕运诸事,并及《断事公》和诗始末。

黄永年《南庄类稿》卷四《答方灵皋先生书》。

又按,《答方灵皋先生书》,称二月至镇江(京口),又称"来此半岁",故系此文于本年八月。

十一月,弟子程崟刊刻《望溪集》,又名《望溪先生文偶抄》。

程崟曰:"乾隆壬戌,先生告归。崟请编定古文,多散在朋友生徒间,失其稿者十且三四。谨就二家所录,及崟所得近稿,先锓诸版,各从其类,而不敢编次卷数。俾海内同志知先生所作,无一不有补于道教,而苟有存者,不可不公传于世也。乾隆十一年仲冬,门人程崟撰。"

按,方苞文集之刊刻,可分为方苞在世时与去世后两个阶段。在世时之版本,主要为程崟编纂刊行,即程刻本。程刻本有三种主要类型,其一,存有大量评点之初刊本;其二,删去评点之改刊本,吕公溥本即其一;其三,定稿后收入家刻之抗希堂本(亦存少量评点)。初刊本在乾隆十一年,抗希堂本在乾隆十三年底或十四年初,改刻本介于其间。这些版本,皆为方苞手定,并与师友生徒商论。其中,抗希堂本影响最大,为后世方苞文集之基础。戴钧衡咸丰元年编纂、刊刻之《望溪先生全集》,以程刻本篇目最多者(三百八十四首)为底本,广泛搜辑,精心编次,达五百九十三篇,为后世最通行方苞文集版本。

《望溪先生文偶抄》(初刊本),共六册,王兆符、程崟辑,乾隆十一年刻,侧边有"望溪集"字样,首页或钤有"小玲珑山馆"印章。此本由序文、编次条例、正文、圈点、批语等构成。序文有三篇,分别为雍正元年、雍正五年、乾隆十一年由王兆符、顾琮、程崟所作。正文有圈有点无抹,无眉批、夹批、旁批等形式。初刊本收文二百六十篇,汇集了当世一百四十七位评点者三百五十余条近两万字评语。批语内容涉及方苞和清初一些独家史料,有重要文献价值。

乔亿《剑溪文略》记载初刊本云:"先生古文初刻二百六十余篇,皆晚年手自编定,祭文则首列,此不得谓应酬本不经意之作。"文献学家萧穆在《敬孚类稿》提及初刊本"尚载生平师友及门生各文批评一百四十余人,批评凡三百二十五条,后来将各文批评悉数删去,故近来批评之本鲜有存者。"刘声木《望溪文集再续补遗序》云,初刊本二百五十九篇,或为统计误差。

又按,《四库全书总目》卷一百七十三著录《望溪集》八卷,非初刊本,亦非抗希堂本,乃以程刻本为底本之删削本,此本录文一百八十二篇。《总目》云:"(苞)其古文杂著,生平不自收拾,稿多散失。告归后门弟子始为裒集成编,大抵随得随刊,故前后颇不以年月为铨次。苞于经学研究较深,集中说经之文最多。大抵指事类情,有所阐发。其古文则以法度为主,尝谓周、秦以前，文之义法无一不备；唐、宋以后，步趋绳尺而犹不能无过差。是以所作上规《史》《汉》，下仿韩、欧，不肯少轶于规矩之外。虽大体雅洁，而变化太少，终不能绝去町畦，自辟门户。然其所论古人矩度与为文之道，颇能沉潜反复，而得其用意之所以然。虽蹊径未除，而源流极正。近时为八家之文者，以苞为不失旧轨焉。"

是时，对于初刊本所录志铭墓表，程廷祚致书商榷。对于初刊本文末评点，程廷祚表示反对。

程廷祚《青溪文集》卷九《上望溪先生书》："古之作志铭者，以韩、欧为准。……今集中诸作，悉用少监、博士之变体，有节去生卒数语，几可与序、记、杂文齐观者。至若漳浦、江阴，一代名公卿也，其行事不可殚述矣。若更与作者夹叙以充事实，则未见其义之所起，是皆韩、欧之所无也。伏思先生文成法立，模范于千古，有必然者；第恐世之学者操刻舟之见而议其后。承下询，不揣愚陋，妄陈胸臆，伏冀垂教是荷。"

程廷祚《青溪文集》卷十二《上望溪先生书》："文之有评，起于晚近，非注非笺，有赞美而无发明，盖陋制也。大集以载道之文、不朽之业，一时承学之士竞欲连缀数语于篇末，以抒向慕倾倒之私，而忘其体之非古，以为宜有。文之至者，初不待此，则疣赘涂附也。以为可以传其人，又未闻附松柏者，即不为茑与女萝也。兼收既涉标榜，偏取又阶嫌怨，其贻累作者岂弋弋也哉！窃谓尽宜删削，以复古人之体制。"此或为后来《望溪集》删除评点之原因。

是时，又赠文集与全祖望、郭起元、官献瑶诸人。

全祖望《鲒埼亭诗集》卷八《望溪侍郎以旧冬辱寄文钞兼令覆审未及复也度夏于越乃条上数纸附之以诗》："一编几洛

诵,高蹈更谁京。经术老逾笃,文词明且清。低头拜腐史,放眼笑班生。尚有蔚菲采,他山砺错情。(侍郎不喜班史及《柳仪曹集》,闻者多以为过当,至以马迁为闻道,亦似浮于其分,而侍郎守之弥坚,莫能夺。)""谬种横流甚,何时得廓如?试鸣涂毒鼓,更指越裳车。斗柄依然揭,榛芜定可除。群儿愚不揣,毒雾尚狂嘘。""昔年万夫子,一见辄知音。我亦四明客,同怀千载心。蹉跎怜病骥,萧瑟叹焦琴。湿籍方僵走,何能效砭针。(吾乡万八先生季野,首识侍郎于少年,劝以从事经学,勿为无益之文。)"

郭起元《介石堂集古文》卷八《上方望溪先生书》:"近惠大集,《书》《诗》《春秋》《三礼》经训,《丧礼或问》,明先王之道,阐邪说,正人心,真知独见,抉精擢髓,发千年之蒙蔀,而为绝学之津梁者,厥功岂甚微哉!"

按,弟子官献瑶收到赠书,后有翻刻,见官献瑶《石溪文集初刻》卷一《方望溪先生读经史偶钞序》。

十二月十七日,奉旨开列校刻《十三经》《二十一史》诸臣职名,先生为总裁。

按,《十三经》开列职名,监理:弘昼。总阅:鄂尔泰、张廷玉。总裁:张照、李清植、王会汾、励宗万、陆宗楷、方苞。提调:陈浩、朱良裘、林蒲封、孙人龙。编校:周学健、吕炽、林枝春、董邦达、齐召南、观保、于敏中、德保、陆嘉颖、吴兆雯、张映斗、冯祁、李龙官、张九镒、邵齐焘、朱佩莲、闻棠、杭世骏、万松龄、洪世泽、程恂、吴泰、蒋麟昌、李清芳、赵青藜、沈廷芳、曹秀先、唐进贤、李光型、王祖庚、卢明楷等。

按《高宗实录》,十二月十七日,由和亲王弘昼等上表进呈,计《十三经注疏》三百四十六卷十七函、《二十二史》二千七百三十一卷六十五函。经史进表后各附校刻《十三经》诸臣职名、校刻《二十一史》诸臣职名表。

按，《二十一史》开列职名，监理：弘昼。总阅：鄂尔泰、张廷玉。总裁：张照、李清植、王会汾、励宗万、陆宗楷、方苞。提调：陈浩、朱良裘、林蒲封、孙人龙。编校：沈德潜、裘曰修、董邦达、周长发、万承苍、周玉章、齐召南、韩彦曾、吴兆雯、柏谦、张映斗、潘乙震、何其睿、李龙官、朱荃、叶酉、姚范、杭世骏、郭肇鐄、万松龄、沈廷芳、杨开鼎、金文淳、王文清、王祖庚、卢明楷、张永祚等。

十二月，致书老友赵国麟。

祝贺《清大学士泰安赵国麟年谱长编附考》。

按，书简内容不详，或为托付后事。方苞卒后，赵国麟为题碑。

十二月，复弟子雷鋐札，称其为第一流人，并言及弟子之掌学政者。

方苞《复雷鋐札》云："左忠毅云：'诸儿碌碌，继吾志事者惟史生。'愚迩年天属凋伤，衰病日困，闻远近称说，目前惟贤为第一流人，为之心开。虽不得侍太夫人色笑，但能使百世以下皆知有贤，皆知贤不得养母之苦衷，则百世而下皆知太夫人之有良子。于孔子、曾子之所谓孝，亦可以无愧矣。素位而行，曲得其时义，尚其勉之。蔡世兄在中州，及同门诸君子掌学政者，贤皆以书告。当刻《二礼或问》及《周官辨》《读经史子集》四小册，以训士子。儿章北上一札付之，二号付顾用方，已到否？贤札第五号亦寄到，余不赘，老生白。"见《望溪先生尺牍补录》。

按，由文中"蔡世兄在中州，及同门诸君子掌学政者"，所指应为蔡（新）世兄提督河南学政,据《高宗实录》,时间为本年十二月。

又按,《高宗实录》,本年弟子官献瑶以广西学政为陕西学政。叶酉以编修为贵州学政。尹会一授工部侍郎督江苏学政。

是年,同宗方世举过金陵,留之看牡丹,香留三日座也。

方世举《春及堂》四集《病起看庭院牡丹忆事怀人牵连十首》,其一曰:"尝笑诗家比失伦,锦帷翠被俗难论。何妨名士为宏治,便作夫人亦上元。幔借虹桥回日影,楼生蜃海绝潮痕。回思风雨连床看,马策无因叩白门。"原诗注释:"乾隆丙寅偶过白下,望溪兄留看刘亭牡丹,余哀辞所谓香留三日座也。"

是年,顾陈垿书简至,为其诗文集请序。

顾陈垿《抱桐轩文集》卷一《与灵皋》:"自垿引疾归田,违道范者二十余年。雍正戊申,敕门人王俊入都,进谒左右,曾通一札,迄今亦十有八年矣。……自揣来日无多,裒平日诗文,欲刊数卷,留示子孙,计海内足借为骥尾之附者,无如望溪先生,冀得一行以弁其端。诗文不足道,惟先生素知其人,或有一节可取,以橡笔存之,则其人虽死而不朽,区区诗文其末也。内则《章句》一卷,《说焦仲卿妻诗》一卷呈览,尚有《读四书独见》三卷,未刊,容缮写送上。上元司训陶中鹤,垿之内兄也,新选之官,年七十三矣,于其往也,借以通札于先生,极知别墅养高,鲜通宾客,然高轩驻门不得入,一老学究持故友一纸书或反见延接,此亦贤者不可测之一端尔矣。"

按,文中"雍正戊申",即雍正六年,"迄今亦十有八年"即乾隆十一年。

又按,今存方苞和顾陈垿诗文集,均未见方苞为顾陈垿诗集所作序。

是年，友人郭起元《介石堂集古文》刊行。

郭起元《介石堂集古文序》。

按，书中多与方苞交往诗文，卷八《上方望溪先生书》，言及蔡世远在鳌峰书院时评价方苞："梁村公言先生立朝大节，及阐明经史、启迪后学事甚悉。又语起元当代伟人，若高安相国，蝶园、力堂两公，德业闻望。……顷岁，先生引年南旋，益大其名山之业，起元前谒于金陵，承赐诲言。"

《介石堂集诗集》卷三《谒望溪方学士》："西汉文章海内传，谁知风节老逾坚。立朝总为忧民瘼，退食惟应对简编。三礼贯穿开阃奥，百家镕冶匪言诠。灵光独对岿然望，末学于今顾执鞭。"卷九《方望溪先生留饮刘园》："未经载酒访杨雄，尺简相邀别苑东。绿玉麈摇亭外竹，青藜杖倚阁前枫。啼莺选胜偏留我，浮蚁飘香不负公。芍药栏边春兴满，爱看金带间鞓红。"

是年，陈宏谋书简至，论吏政与近日官场。

陈宏谋《培远堂手札节存》卷中《寄方望溪先生苞书》："自古政以人行，得人为要。人之贤否高下，先观心术，再观其才识学问。心术之邪者，自不必论；即正也，而视斯民之休戚、时事之得失，如秦越之肥瘠，漠不相关。纵洁己奉公，保守禄位，于斯世何补？近日官场，于人材一节，既多讳言；而于人之存心，又多不及讲究，皆可浩叹也。"

按，《培远堂手札节存》以时间编年，此札在乾隆丙寅年，时陈宏谋为陕西巡抚。

是年，蔡长沄出知江宁府，先生以饥荒致书献策，并愿先捐资百金赈灾。

缪荃孙《江苏省通志稿·职官志》卷十五、《江苏省通志稿·大事记》卷四十四;《方望溪遗集》之《与太守蔡公书》。

　　蔡长沄,字巨源,漳浦人,蔡世远次子。诸生。乾隆三年,以学行兼优荐,发江南以知县用,历甘泉、石埭、句容、无锡诸县。乾隆九年知太仓州,十一年迁江宁知府。后调庐州府,迁四川按察使。二十七年,擢兵部侍郎。逾年,卒。参见《清史稿》列传七十七等。

是年,黄永年致书陈世倌,称先生起居安善,并受托为教忠祠作祠堂记。

　　黄永年《南庄类稿》卷四《奉陈秉之先生书》。

是年,弟子陈大受加太子太保、调福建巡抚。族子方观承署理山东巡抚。好友顾琮补授浙江巡抚。德沛任吏部尚书。陈德荣任安徽布政使。

　　《可斋府君年谱》。《高宗实录》。

乾隆十二年丁卯(1747)　　八十岁

二月,全祖望过金陵,拜谒先生于湄园,先生戒其勿为汗漫之游。

　　《全谢山年谱》。

　　全祖望《鲒埼亭集》卷二十《方定思墓志铭》:"望溪先生八十,予过白下,定思饮予于湄园。不数日,予遽东归。次年而定思卒,又次年先生始卒。"

　　全祖望《鲒埼亭诗集》卷六《湄园谒方丈望溪》:"平原放生址,禽鸟犹清遐。小山生白云,寒泉流紫霞。毵毵高柳荫,熠熠新葵花。侍郎此著书,门外绝轩车。荆公论中垒,强聒良苦多。杜门谢世事,聊足养天和。寂寞兹一区,遗经供研摩。犹余韦

孟梦,定不召风波。""丛残古六艺,千秋云雾深。束发事讨论,
笃老犹沉吟。揖让昔人间,旷然抉其心。此外可弗问,郢书任
如林。廿年荷陶铸,十年惜别离。六年遭荼苦,余生患阻饥。
以此成惭负,著书杳无期。犹喜素丝在,未为缁所移。（原注:
侍郎今年八十,方七治《仪礼》,自言加我数年,当更有进处,且
戒予不当为汗漫之游,坐消日力。）"

言及姜宸英为汤斌发义愤事,全氏称已载入行状,彼人犹属天
良不尽灭者,先生笑而然之。

全祖望《鲒埼亭诗集》卷六《湛园先生为睢州汤文正公发
义愤事予已载于其行状中望溪侍郎偶及之予谓如彼人者犹属
天良之不尽澌灭者也先生笑而然之》:"一言恼杀沈栀林,尚见
斯人未死心。若使怡然甘笑骂,将无放胆混人禽。（原注:栀
林,沈维祖字也。）"

按,此诗未定作于何时,而置于《湄园谒方丈望溪》之后,
姑系于此。

又按,诗题中所言"予已载于其行状中",校《鲒埼亭集》并
无《姜宸英行状》,而有《翰林院编修湛园姜先生墓表》,收入
《鲒埼亭集》卷十六,文中确实言及"姜宸英为汤斌发义愤事",
且言之较为详尽。

先生以身后全集编纂之事,托付于全祖望。

《方定思墓志铭》:"方予别望溪于潭上,先生谓:'吾老未
必久人间,箧中文未出者十之九,愿异日与吾儿整顿之。'岂意
定思先殁,先生亦随下世。而予奔走五千里外,未践斯约,是则
负疚者矣。"

全祖望与方道章为儿女亲家。

《方定思墓志铭》:"娶某氏,八子,长者已举贤书,其第六

子予婿也。"

按,《方氏家谱》方道章第六子方惟和:"方惟和,道章第六子,字霭吉,生乾隆丁巳八月十一日,卒乾隆丙子三月十九日,葬上元县城北狮子窟,无嗣。"

三月初六日,先生担任总裁之《十三经注疏》《二十一史》刻成,乾隆帝作序。

据《高宗实录》,本年三月丙申,《十三经注疏》《二十一史》刻成。

四月,弟子程崟督促先生为金、焦之游,留幞被鹤林寺中。将归,请先生为记文,以慰彻机上人兴复佛寺之志。

《方苞集》卷十四《重建润州鹤林寺记》。

按,润州即镇江,鹤林寺在镇江市,按祝穆《方舆胜览》卷三:"鹤林寺,在黄鹤山,旧名竹林寺,宋高祖尝游,独卧讲堂前,上有五色龙章,即位改名鹤林,今名报恩。"乾隆元年《江南通志》卷四十五《舆地志》:"鹤林寺,在府黄鹤山下,晋大兴四年,创名竹林,宋高祖微时尝游焉,及即位改今名,康熙二十三年御书鹤林寺额。"苏轼《游鹤林招隐》诗云:"郊原雨初霁,春物有余妍。古寺满修竹,深林闻杜鹃。睡余柳花堕,目眩山樱然。西窗有病客,危坐看香烟。"

四月,先生之子若孙赴公车,过沈廷芳邸,赠以《望溪集》,并告知先生日常。

沈廷芳《方望溪先生传后》:"丁卯,某复使山左,适先生子若孙赴公车过邸,以望溪集畀某,悉先生尚健饭,日笺《仪礼》,因寓书并缄药物。"

按,汪中《述学别录》之《沈公行状》,沈廷芳四月充顺天乡试同考官,再巡视山东漕粮。

五月，受安徽布政使陈德荣之请，为重修阳明祠堂作记。

《方苞集》卷十四《重建阳明祠堂记》："乾隆十一年，贵州布政使安州陈公调移安徽，过余北山，偶言及此，遂议兴复。逾岁五月告成，属记之。盖公乃余素以睢州志事相勖者。""今兹重建，费大于作始。公惟不诘屋与地私相授受之由，而官赎之，价从其柢。鸠工庀材，并出录赐。邑侯海宁许君助之，属役于绅士，不由胥吏，故不日而事集。经始于乾隆十一年季冬，讫工于十二年仲夏。"

按，文中所言讫工时间，与《上元县志》不同。乾隆十六年《上元县志》卷二十六《艺文》曰："《重修阳明先生祠堂记》。……始于乾隆十一年十二月三日，讫工于乾隆十三年八月四日。浮山方苞记。"按《高宗实录》，乾隆十年十一月，安徽布政使李学裕故，调贵州布政使陈德荣为安徽布政使。乾隆十一年四月，安徽布政使陈德荣奏报到任日期。据此，乾隆十一年季冬开始，较符合常理。至于完工时间，为十二年夏抑或十三年夏，待考。

又按，王韬文后评曰："阳明为有明一代伟人，道学节行勋业文章，并堪千古，即其及门弟子，皆能守其说而不变。文以孙征君与阳明并提，亦能即近以征远，俾此邦人士闻风兴起耳。"（王韬《评方望溪文抄》）

五月十二日，黄永年接先生手札，又陈大受札，称先生身体清安。即复札云，《展断事公墓》诗已和，而教忠祠记文必为之。

黄永年《南庄类稿》卷四《答方灵皋先生书》。

按，黄永年《白云诗钞》卷二《奉和方灵皋先生展断事公墓二律》："（断事讳法，字伯通，桐城人，建文时方孝孺主应天乡试时所得士，官四川都司断事，诸司表贺成祖登极，当署名不肯,投笔出被逮,次望江,瞻拜邻里曰:'得望我先人庐舍足矣。'自沉于江,妻子以衣冠招魂而葬。邑有专祠,金陵从嗣孝孺祠,为望溪五世祖。)一水甘捐日,诸司表进年。岛声悲望帝,臣节恸金川。碧血不坏土,丹心泣后贤。精灵来往处,终古孝陵前。""逊国仍门内,捐躯遍海隅。生民未有此,开代远规模。义浃万方志,忠成十族株。九原忻得士,俎豆亦无殊。"

按,是时前后,黄永年致书涂于岸,言及先生虚怀,咨询古文意见,凡有功刺,必喜形于色。黄永年《南庄类稿》卷五《答涂于岸》:"古文一道,望溪方先生要为深于此事;穆堂先生全集草本,曾嘱校两次。望溪近脱稿之文,必手札嘱为攻刺,凡有点窜,必喜见颜色,八十宿老,虚怀好学如是,是可师也。"

八月初十日,学政尹会一徒步造清凉山下潭亭,请师事先生。

《方苞集》卷十一《尹元孚墓志铭》:"八月望前六日,诸生既入棘闱。质明,操几席杖履,徒步造清凉山下潭亭,余尚未起,童奴白:'有客径入。'不知其为大人也。及相见,北面再拜,曰:'曩在京师,母命依门墙,先生固执不宜使众骇遽。今里居无嫌,且身未及门,心为弟子久矣。蒙授《丧服或问》,吾母之终,寝处食饮言语得无大悖,成身之德,岂有既乎?'时余治《礼仪》,因以相属,欲共成一书。作而曰:'生未暇及此也。往者巡抚河南,会凶饥,未遑教治。居台四涉月而闻母病。今使事毕,归厕九卿,陪奉廷议,非忘身忘家不足以答主知。若不能自树立,徒附先生经学以垂名,抑微矣。必衰老,或以不职罢归,然后可卒先生之业。'"

按,吕炽《健余先生年谱》,本年七月,尹会一以学政之职岁试江宁府。八月,受业于望溪先生之门。

越日,尹会一又独身前来,从者一人。先生畏邦人疑诧,乃扫墓

繁昌,入九华山以避之。而私心窃幸朝廷求贤若渴,又得一支柱名教之人也。

《尹元孚墓志铭》。

随后,效蔡元定父子拜师朱熹,尹会一命子嘉铨执贽见先生。嘉铨作从游记。

《健余先生年谱》乾隆十二年:"八月受业于望溪先生之门。公至江宁,即以太夫人遗命,造谢望溪先生,请师事之。先生以公有使命三辞,公寓书谓:'先生老矣,某亦病衰日甚,百年不易得之遭逢,可以避嫌小节终辍乎?'先生乃许见,公止骑从于二里外,徒步造访,亲操几席杖履而入,北面拜为弟子。……望溪先生立敦崇堂,以风励好礼志学之士,公亦立此堂于博野,且命嘉铨效蔡西山父子同受学于朱子故事,翌日嘉铨执贽见先生,授之《仪礼析疑》。"同时,命嘉铨归里增修共学堂。

按,《健余文集》卷五《上望溪先生书》,请求方苞允许其子嘉铨从学。

又按,尹嘉铨《随五草》卷六《潭亭从游记》:"乾隆十有二年秋八月庚午,嘉铨执贽潭亭,请业于望溪先生。先生授以《仪礼析疑》,遂言古人之学乃求自得其身,然必先去功利之见,始能向道。日且夕,命登清凉山,晚眺旷然,若有得。已而泛舟于乌龙潭,先生慨然太息,人心陷溺,由俗学蔽之,无由达其膏肓,小子有志学礼,当敦厚为本,终身勿怠可也。于时霁月入怀,水光空明,鱼跃于池,垂柳拂面,乃知古人吟风弄月而归,非虚语也。嘉铨谨记。"方苞文后留评曰:"参之太史以著其洁,惟生可与言此。"

尹嘉铨又觉言不尽意,遂上书先生。

尹嘉铨《随五草》卷二《上望溪先生书》:"仲秋拜谒函丈,敬承指诲,鄙念顿消,退而作从游纪略,只觉言不尽意,遂有枝叶,蒙加改削乃悟要领所存,语不在多也,录呈《三礼问语》八十条。先生谓有所见,恳赐批示,析疑务尽,俾小子学古而审所从为幸,每见俗儒蓄疑不问,原无力行之志耳。"

八月二十七日,友人陈德荣卒,年五十九岁,为撰墓志铭。

《方苞集》卷十一《通议大夫江南布政使陈公墓志铭》:"公讳德荣,字廷彦,号密山,康熙辛卯科举人,诰授通议大夫。生于康熙二十八年正月十六日,卒于乾隆十二年八月二十七日,年五十有九。曾祖讳所闻,岁贡生。祖讳澎,顺治庚子举人。父讳鹤龄,康熙甲子举人,以公及仲弟德华累赠通奉大夫。"

按,陈德荣为方苞欣赏的理学后辈,他在《答刘任邱书》曰:"平生思得北方学者与相砥淬,迩年洛阳李余三、安州陈廷彦、博野尹元孚皆时位少可以自达而身殂,甚忧斯道之孤,望公进德不倦,为吾党光。"《致尹会一书》曰:"《周官余论》中欲矫革变易元、明以来政法,……故平生不轻以此书示人。惟冀公与廷彦辈二三君子,变通其意,施于有政,或小有补苴,并不可以语外人。俟他日公等身为宰辅,朝夕吾君之侧,真见信用,不妨借手以献。"

陈德荣对方苞文章多有称许,如评《书周官大司马四时田法后》:"朱子尝言:'文中子之学,有济实用,以凡事皆会理会过。'读此文须知,非理会世事,不可以治先王经。"《书礼书序后》:"义深文明,始落纸墨,而可必其百世不磨。"《书归震川文集后》:"剖断平允,使震川见之,必为知言。"《于忠肃论》:"惟体认圣贤精义致用之学实有所得,乃能代古人计处而灼见其心,可使百世而后,忠臣孝子心摧血下。"徐世昌《晚晴簃诗汇》

云："密山家世忠孝，与方望溪、尹元孚最善。研穷性理，尤服膺阳明。"

九月初三日，先生曾任副总裁之《皇清文颖》修成，乾隆帝作序。

据《高宗实录》，序曰："我大清受命百有余年，列祖德教涵濡，光被海宇，右文之盛，炳焉与三代同风。朕绍闻逊志，以是为学，亦以是为治，矢其文德，一纪于兹。……曩我皇祖命大学士陈廷敬，选辑《皇清文颖》，储之延阁，未及刊布。皇考复允廷臣之请，开馆编辑，随时附益，久之未竣。朕因命自乾隆甲子以前，先为编次，凡御制诗文廿四卷，臣工赋颂及诸体诗文一百卷，录成，序其首简。昔之论文，以代为次者，于汉则有西汉《文类》，唐则有《文苑英华》《唐文粹》，宋则有《文海》《文鉴》，元则有《文类》，明则有《文衡》，皆博综一代著作之林，无体不备。今是编惟取经进之作，朝廷馆阁之篇，与诸书小异，然以观斯文风尚，当有取焉。"

十月，是镜拜谒先生于白下。河督顾琮邀其主讲洙泗书院。

张敬立《（舜山）是仲明先生年谱》。

按，光绪五年《武进阳湖县志》卷二十五《人物·孝友》："是镜，字仲明，性至孝。母畏雷，镜闻雷辄夜起，当户跪，慰母无恐，即不在母侧，亦必起长跪达旦。年四十八，父奎卒，镜哀毁无人色，既奉枢与母合葬于舜山，遂庐于墓庐上，箬篷为风所吹，镜襄笠坐巨石下，待旦，其子劝之归，镜终不忍，终夕涕洟被面，着石成血。学政尹会一屏驺从，造庐访之，镜潜心学问，不求闻达。总督高斌、河督顾琮与会一各疏论荐，镜力辞不出。"

是冬，弟子尹会一求正直有学行者，先生荐杨瓒（黄在）和刘大

樾二人。

《方苞集》卷四《杨黄在时文序》："乾隆十二年冬,博野尹元孚督学江苏,欲得正直有学行者相助正文体,磨砻群士,余谓非君不可。"

《刘大櫆集》卷二《杨黄在文序》："乾隆十三年,天子命前少宰博陵尹公视学江苏,求宾佐于先生。先生以余与杨君应。杨君携其子云松与余,先后至使院。"

按,尹会一《健余别集》卷四《与黄静山太守》言及方苞对学幕之士的条件："顷接望溪先生札,学幕必得聪明过人,多读古书,精于时文,能辨先辈大家名家体制派别,而忠信正直,不欺暗夜者。"

是年,撰《教忠祠祭田条目序》。

《方苞集》卷四《教忠祠祭田条目序》："自忖不得复见先人之坟墓,安知衰残之躯延至八十,亲见宗祠祭田之粗具哉!"

是年,撰《庐江宋氏二贞妇传》。

按,方苞文集收录此文,未署时间,而《潜川宋氏宗谱》卷三收录时,文末明确署:"望溪八十老人苞撰。"

又按,家谱所录此文,文末个别字句与《方苞集》略有不同。

是年,与弟子黄世成书,言及"敦崇堂四友",并寄希望于四弟子。

《方望溪遗集》之《与黄培山书》："告归五年,求一好经书识名义者,与之共学,竟未见其人,因念贤壮年不汲汲于仕进,授徒色养,似有志于斯。愚为先忠烈断事公建专祠,左厢有小屋三间,将以'敦崇'名堂,痛世教之衰皆由人心偷苟,不知敦厚以崇礼。必能行三年期功之丧,复寝之期一如礼经,有无与兄弟共之，不私妻子，始粗具‘敦崇’之意，而比类以成其行。亡友四人，曰刘捷古堂、张自超彝叹、王源昆绳、李塨刚主，为‘敦崇堂四友’，及门则宁化雷鋐、桂林陈仁、黄明懿可与于斯。未审贤有志以为己任否？其痛下功夫在好学力行，知耻迁善，改过日新。宜标揭楹间，触目警心。余不赘。”

黄世成，字培山，号平庵，江西信丰人。雍正壬子举人，乾隆丙辰进士，授礼部主事。不务躁进，躬治诸经，师从方苞，诗古文皆有法度。著有《平庵诗集》。参见乾隆四十七年《赣州府志》卷三十一《文苑》。

按，黄世成本年有诗忆先生，其《平庵诗集》卷五《忆昔（为望溪先生作）》云：“凄凄秋风厉，飒飒黄叶飞。元鸟弃巢去，蟋蟀鸣相依。中宵明户牖，薄月腾斜辉。对此不能寐，同心与我违。忆昔居燕京，七载未言归。所顾近君子，析我是与非。离颜今六十，未知瘠与肥。古来磊落人，遭时忌且诽。逮其盖棺后，欲见不可几。今翁返旧庐，八十栖山扉。生徒孰踵门，想应马足稀。欲一访生死，踽踽徒唏嘘。尚其即努力，得以续前徽。闻鸡遂起舞，行游且披衣。”

是年，弟子程釜为父请铭，遂撰《程赠君墓志铭》。

《方苞集》卷十一《程赠君墓志铭》：“君既卒三十有一年，余告归。始以君诗请序，格韵甚老。余凤有戒，不能为生破也。又五年，卜宅始定，葬有期，来乞铭。呜呼！君才足以立事而不求仕，诗足以达情而不以为名，其用心为不苟矣！是宜铭。”

按，方苞告归为乾隆七年，又五年，即本年。

又按，文中云程釜入方苞之门，为老友吴东岩介绍：“君尝因吾友吴东岩见余于河干野寺，朴质如老诸生。厥后东岩总其门生所为文，隐其名，俾余甲乙，所取二篇，皆君叔子作也。东岩乃详述君之生平而使从学于金陵。"

是年,致书弟子贺鸣谐,授以官学治理之法。

《集外文》卷五《与贺生律禾书》。

按,方文未定作于何时,但文章开篇云"贤到官学,计已浃月",据此,"官学"应指知山东泗水县。毕竟贺鸣谐进士后,仅有两段仕宦履历,一为乾隆十二年泗水知县,二为乾隆十九年陵县知县,而后者方苞已过世,故只能为前者。参见《新修江宁府志》《泗水县志》《陵县志》。

贺鸣谐,字崒禾,六合人,工为文章。乾隆丁巳科进士,为山东泗水县,以父丧归,起复补山东陵县,寻以终养告归。晚爱练山幽静,自号练峰,学者称练峰先生,著有《四书正义》《乡党备考》《练峰时文古文集》。参见嘉庆十六年《新修江宁府志》卷三十九、光绪十年《六合县志》卷五。

是年,天津王又朴拜谒先生,再请业。

王又朴《王介山古文·自序》:"及成进士,见方先生于京邸,持所为古今文者为贽。……及先生退老金陵,余亦宦游来吴,时以述职谒省,因请受业,而先生年已八十余矣。"

按,王又朴《王介山古文·自序》自署作于"乾隆十九年",或为是集刊刻时间。文集首页有"方望溪先生鉴定"字样,正文亦有方苞少量评点。方苞卒于乾隆十四年,当然无法鉴定几年后之文集。而王又朴古文集中,无一篇与方苞直接相关文章,诗集中也无一篇直接涉及方苞,时文稿中录有方苞评点。方苞存世文献,少有与王又朴直接关联内容。《方望溪遗集》所录《与介山书》,乃后世录自王又朴《易翼述信》。《易翼述信》首页,有"方望溪先生鉴定"字样,在各家序后,著录《望溪先生札》,并附记曰:"此吾师乾隆十二年所致之手札也,然余时方在新安,鹿鹿簿书,未能卒业。"

在《望溪先生札》中,王又朴以所作古文及《项羽本纪读法》呈教,方苞复札云:"致来诸古文辞并《项羽本纪读法》,颇识高笔健,义法直追古人,而《项纪》一通,尤发前人未发,贤之用心勤矣。"

是年,好友顾琮授浙江巡抚。弟子陈大受以福建巡抚为兵部尚书。友人杨嗣璟(星亭)为礼部右侍郎。

《清史列传》卷十六《顾琮传》。《高宗实录》。

是年,友人顾陈垿卒,年七十岁。同宗方贞观卒,年六十九岁。

沈起元《敬亭文稿》卷四《故行人司行人玉停顾子墓志铭》。张惟骧《疑年录汇编》卷十:"方南堂(贞观)六十九,生康熙四十八年己未,卒乾隆十二年丁卯。"按,《疑年录汇编》与《方氏家谱》记载不同,今从前者。

乾隆十三年戊辰(1748)　八十一岁

二月,撰《赠刘氏母仪额并题》,叙述与刘岩(大山)一家情谊。

《方望溪遗集》之《赠刘氏母仪额并题》:"余今髦老,告归隐龙潭,旧识尽没,惟望其后嗣有人。……乾隆戊辰仲春,望溪方苞题。"

按,刘岩《匪莪堂文集》附录方苞《母仪额》,内容略异。

是春,王又朴因公至金陵,拜谒先生于教忠祠之斋庐。

王又朴《诗礼堂古文》卷四《教忠祠祭田记》:"戊辰之春,余因公至省,谒吾师望溪先生,于教忠祠之斋庐。值时祭,余因得拜断事公以为荣。断事公者,先生之五世祖,死忠于明建文之世者也。先生为余曰:'今构此祠七年矣。始鬻吾桐城田以给,继则弃吾莲池及田之在庐江者以益之,而并置祭田焉。田盖在江宁、高淳二邑,共三百余亩,以供祭祀、修墓,合族兼以赡吾父逸巢公子孙嫁娶丧疾之不能自给者,而吾自是无私业矣。及吾世之后,计岁入当余二三百金,则岁增置之,十年后入必倍,则又增置之,再更二三十年,岁岁增置,则虽吾祖吾高曾祖以至断事公后七支之孤寡丧葬暨乡、会试之无资者,皆少可取给于是。'"

是春,刘大櫆和杨黄在以先生荐,入尹会一松江使院。

《刘大櫆集》卷二《杨黄在文序》、卷十六《松江使院》。

五月,与弟子程崟送故人于镇江瓜渚,彻机上人率徒相从,欲得为鹤林寺文,先生感其诚,于六月初一日撰《重建润州鹤林寺记》。

《方苞集》卷十四《重建润州鹤林寺记》。

五月,参苓缺绝,日再饭不过一茶杯。

方苞《致雷翠庭书》,见《望溪先生尺牍补遗》。

七月,为皖桐魏氏宗谱作序。

方苞《魏氏家乘序》。

按,此文未收入今存方苞文集,见于民国元年魏衡堂等修《魏氏家乘》卷首。

七月,刘大櫆返自吴门,过访方道章。时道章方病起,颜色憔悴。

《刘大櫆集》卷十《祭方定思文》、卷十六《过无锡》。

七月,黄叔璥将以监司入觐,约泛舟于北湖。

《方苞集》卷十六《与黄玉圃同祭尹少宰文》:"兹孟秋望后,吾友玉圃将以监司入觐,约泛舟于北湖。前期二日,薄暮来告,兹游宜罢,博野遽殂。"

七月十五日,弟子尹会一卒于松江试院,年五十八岁。

　　吕炽《尹健余先生年谱》"乾隆十三年戊辰公年五十有八岁"条:"秋七月丙戌病,公病痁,遍体寒战,自申至夜半乃止,间日而发,越七日壬辰,小愈。癸巳,恭迎孝贤皇后尊谥诏,礼毕,疾复作,癸舟至松江,疾革,十有五日丁酉戌时,公薨于松江试院。"

　　按,尹会一乃方苞推重的理学后辈,二人关系"若睢州之于夏峰"(《与黄玉圃同祭尹少宰文》)。他在《答刘任邱书》曰:"平生思得北方学者与相砥淬,迩年洛阳李余三、安州陈廷彦、博野尹元孚皆时位少可以自达而身殂,甚忧斯道之孤,望公进德不倦,为吾党光。"《致尹会一书》:"侧闻绪论,深喜吾辈中又得一担当世道人。"《致尹会一书》曰:"《周官余论》中欲矫革变易元、明以来政法,……故平生不轻以此书示人。惟冀公与廷彦辈二三君子,变通其意,施于有政,或小有补苴,并不可以语外人。"《方苞集》卷十一录《尹元孚墓志铭》《尹太夫人墓志铭》,及《致尹会一》书札六封,并为尹太夫人年谱作序。

得尹会一凶问,半月来,气短心孤。曾致书陈宏谋,叙悲伤之情。

　　《方望溪遗集》之《答陈榕门书》。

　　陈宏谋,字汝咨,广西临桂人。雍正元年进士,改庶吉士,授检讨。历官吏部郎中、云南布政使、直隶天津道、江苏按察使、江宁布政使、甘肃巡抚、兵部侍郎、江苏巡抚、兵部尚书、湖广总督、吏部尚书、东阁大学士、工部尚书等。三十六年春,病甚致仕,加太子太傅,卒于舟次,年七十六。祀贤良祠,谥文恭。参见《清史列传》卷十八、《清史稿》列传九十四。

　　按,陈宏谋《培远堂偶存稿》卷六《祭少宰尹博野先生文》:

"人伦师表,世教纲维,朝宁之所倚重,后进之所依归,钟灵匪易,颓坏何其,此足为天下恸,……惟是正人道、谢风教谁持而予也?望古人以莫逮,尤令人伥伥然而靡依。巳山、望溪江南书至,皆脉脉同此怆凄。"

又按,方苞《与雷翠庭书》:"自五月中,参苓缺,绝老生,日再饭不过一茶杯。七月中,尹元孚绝,若剪弦,又减三之一。"见《望溪先生尺牍补遗》。

是时,作《尹元孚墓志铭》《与黄玉圃同祭尹少宰文》,与黄叔璥同祭之。

《方苞集》卷十六《与黄玉圃同祭尹少宰文》:"呜呼元孚!慨余暮年,所得士友。信道笃而务仔肩名教者,子最淳诚,而交期则未久。……博野遽殂。行者为之心恻,而况于吾徒?降中庭而东面,三踊号而泪枯。亟相过以问故,则遘疟寒之疾,以望前四日按临松泖,越翼日而含珠。……子之当官,实心实政,所至而爱遗。子之在戚,居处饮食,一应于丧期。子之造士,闭邪养正,引洛、闽之纲维。而常自惭碌碌,无一事能践高贤烈士之迹,使尚论者,千载而有余思。"

是时,杨黄在遇疟寒疾,就先生于金陵。其子云松以时文请序,欣然为作。

《方苞集》卷四《杨黄在时文序》:"而元孚以七月望日卒于松江使院。君适遘疟寒疾,就余于金陵,将与余纵览江介川岩洞壑,而疾久未瘳。其子云松重刻其时文,余覆阅之,益信文之于人,譬诸草木,枝叶必类本也。君治法不愧古循吏,士民诚服,独所至必见恶于长官;元孚思用其文学以广教思,涉月而有变;欲少从容山水间,而疾困之,不可谓非所遇之穷也。然余戒为时人作序四十余年,至君之文,则不请而有言,览是编者,可慨然想见其为人矣。"

闰七月，弟子官献瑶翻刻《望溪先生文偶抄》读经史文部分。

官献瑶《方望溪先生读经史偶钞序》："望溪先生笃好周秦以上书，而唐宋诸家必卓然能立者，始涉目焉。……先生八九岁，好太史公书，弱冠后乃遂于经。其为古文，主于扶道树教，而明质简锐，气体亦与周秦之书为近，独不轻出示人。晚岁归卧金陵，淮南程比部请以私录者锓诸木，既成，先生寄二册示予。予适衔命视三秦，学养惟圣天子以经术造士，而学使职在校文，因重刻授学者，由此而穷经稽古其先路也。既乃授先生读书教人之方，俾多士知所用心焉。……乾隆十三年闰七月下浣，清溪官献瑶。"（此文亦收入官献瑶《石溪文集初刻》卷一）

又按，官献瑶《石溪文集初刻》卷二《与黄培山书》曰："仆得方师经史书后二册，募工椠木颁布关陇间，以兴起来者。"

又按，官献瑶时任陕甘学政，此本即《望溪集》陕西学使馆刻本，藏陕西省图书馆藏，二册，乾隆十三年戊辰刊。此本收录方苞文章为五十八篇，评论者为九十九人，评点文字达一百七十余条。

八月二十五日，孙方惟一卒，年二十三岁。其父道章忧劳，故疾发作。

《方氏家谱》。《方望溪遗集》之《答程葭应书》。

又按，方苞《与雷翠庭书》："八月末，第二孙卒，死年二十有三，乃道章诸子中之秀出者。"见《望溪先生尺牍补遗》。

九月二十五日，于旧册中，忽得早年为恩师作《高素侯先生四十寿序》，不由掩涕识之。

抗希堂本《望溪先生文偶抄》之《高素侯先生四十寿序》方苞后记。

按,由方苞后记可知,抗希堂本《望溪先生文偶抄》,最后刊刻时间,并非通常所见的程崟作序时间:乾隆十一年,而是乾隆十三年九月二十五日之后完成。此时距离方苞去世已不足一年,据此,方苞家刻抗希堂本《望溪先生文偶抄》,为方苞在世时文集最终定本。

九月二十九日,致书方观承,言及《清凉寺碑记》与小宗祠题词诸事。

《集外文》卷十《与族子观承》:"连得手札,久之始作答,衰疲可知。《清凉寺碑记》未知有暇为书否? 又太仆公小宗祠,欲侄楷书,盥若曾相闻否? 适潘道兄过我,乃我搜会试卷所得士,为人老成开爽,告假葬亲及其兄,返山阴,故附书通问,余不宣。望老九月二十九笔。"

按,《高宗实录》,本年三月,族子方观承由直隶布政使升浙江巡抚。

是年,予族子方观承手札七封,方观承汇集刊刻,并撰写跋语。

方观承跋语曰:"伯父望溪先生,鲜曾留意书翰,而简牍所存冲逸古秀,所谓不矜庄而合者。承集所奉手书成帙,此数幅在戊辰以后,伯父时年八十一矣,神明不衰,德艺增华,谨镌次先人手迹,并宝贵焉。承记。"

按,方苞集《集外文》收入系列手札时,删了方观承跋语。手札内容,既有讨论方苞文集编纂、刊刻,也有涉及敦崇堂题词等问题。

是秋,致书弟子单作哲,论及卖莲花池、建断事公祠、治《仪礼》及刊刻文集、《经解提要》诸事。

方苞《致单作哲札》:"读古书一寸,不若施实德于民一事;使一邑之民安,胜于居高位而闭口无一言。惟作古文于居官不相碍。凡书谍示判关民事者，皆古文质干也。但吾辈精神独立不能久远，不若治经可分日月之余光，此则非有司所可兼耳。愚去秋几死者再，天幸复苏，四肢五脏无处不为患，而治《仪礼》不休，其中奥美无穷，盖以性命殉之，不暇看《明史》。寄来参一两，甚佳。此时州县官，安能以此饷师长。愚以建先忠烈断事公祠及服参，积债千数百金，今夏竟摽弃三百年祖遗莲花池。冬春间，九治《仪礼》，稿定，誓不再服参，以俟命矣。《经解提要》已有议刻者，仅钞过一部，儿孙辈无有志于此者，贤迫欲看，则以旧底本相赠可也。刻《文集偶钞》者，众议尽铲去原评，其板尚存半，身后刻全集，仍处之，望先为讨论已刻者。若有所疑，不妨改定也。金钟长子长成，冬日以家婢配之，主人出十金为治男女衣物，望预支工食十两寄来，以完成此事。吕公札并书又确人入都，望致之。索回信，余不赘。"

按，此文未收入今存方苞文集，而见于单作哲《紫溟文集》，曾收入《山东文献集成》第三辑。

又按，方苞售莲花池田一事，后世多有讨论。萧穆《敬孚类稿》卷七云："以穆所闻，莲花池一事，颇累盛德。今据末札'以建先断事公祠堂，少置祭田，不得已，卖三百年祖业'云云，是侍郎晚节颇窘，故卖池以建祠堂置祭田，当时谤焰可以熄矣。"其中所言"末札"即方苞给其弟子宁化雷副宪手札，萧穆先生亲睹，未见于方苞文集。桐城刘声木《苌楚斋续笔》卷九亦论及此事，他援引天津王介山《诗礼堂古文》中《教忠祠祭田记》一篇曰："侍郎自谓：'始鬻吾桐城田以给，继则弃吾莲池及田之在庐江者以益之，以并置江宁、高淳两邑祭田，共三百余亩。'云云。观于此记，侍郎当时实因管业不便，鬻远处田，购近处田，未尝讳言，不致如萧氏所云也。"查阅王又朴（介山）

《诗礼堂古文》卷四《教忠祠祭田记》确有相关内容。方苞与《与陈占咸》书自称,祭田乃其为贡士和秀才时陆续购置,"以服官后未增一亩也"。

十月初一日,先生担任副总裁之《三礼义疏》成书,乾隆帝作序。

《钦定周官义疏》卷首《御制三礼义疏序》:"《三礼》之传远矣! ……朕御极之初,儒臣上言'今当经学昌明,礼备乐和之会,宜纂辑《三礼》,以蒇《五经》之全'。爰允其请,开馆编校,越十有一年冬告竣。……刻既成,为之叙论以发其端,俾隆礼者有所考云。乾隆十三年冬十月朔。"

按,自乾隆元年开馆,至乾隆十一年《三礼义疏》成书,十三年乾隆帝作序。其间,由方苞领纂之《周官义疏》四十八卷、周学健领纂之《仪礼义疏》四十八卷、李绂领纂之《礼记义疏》八十二卷,次第完成,蔚为大观,实为清代以来《三礼》学集大成之作。

又按,乾隆十九年闰四月二十五日奉旨开列纂修诸臣职名,鄂尔泰、张廷玉、朱轼、甘汝来为总裁,方苞、汪由敦、尹继善、陈大受、杨名时、徐元梦、彭维新、李清植、王兰生、李绂、任启运为副总裁。

十月十六日,长子方道章卒,年四十六岁。

《方氏家谱》:"道章,讳苞长子,字用阍,号定思。由太学生中雍正壬子顺天乡试第四十一名举人,拣选知县。生康熙壬午正月二十日,卒乾隆戊辰十月十六日。葬江宁县南乡西陂村莺山,甲山庚向。配定兴鹿氏,宣德将军双女,例封孺人,生康熙辛巳六月十一日,卒乾隆庚寅五月初九日。附葬上元县北乡羊房山高家庄姑墓左。侧室天津张氏,生康熙乙未八月初六日，卒乾隆乙卯十一月二十七日，寿八十一。葬上元县城西灵应观，丙山壬向。七子：超、惟一、惟醋（鹿孺人出）、惟稼（张出）、惟寅（鹿孺人出）、惟和、惟俊（张出）。三女：长适沅州知府定海蓝嘉瓒，济宁知州应桂子（鹿孺人出）；次适江宁生员高国绮，改名明，贡生官佑子；次适六合廪贡袁学泗（俱张出）。"

《方氏家谱》卷四十九《垄墓》："鹰山，在江宁县南六十里西毗村，十七世孝廉用阊葬。"

按，全祖望《鲒埼亭集》卷二十《方定思墓志铭》："定思姓方氏，讳道章，字用安，江南之桐城县人。今为上元县人，故侍郎望溪先生之长子，其家世见予所作先生《神道碑》。定思生于魁儒之门，顾少罹祸患。望溪先生以连染入旗籍，定思遂补八旗博士弟子。先生得改原籍，定思始入太学，举秋试。……八子，长者已举贤书，其第六子，予婿也。方予别望溪于潭上，先生谓：'吾老，未必久人间，箧中文未出者十之九，愿异日与吾儿整顿之。'岂意定思先殁，而先生亦随下世。而予奔走五千里外，未践斯约，是则负疚者矣。"

以方苞与李塨易子而教，故方道章为李塨弟子。戴望《颜氏学记》卷十《颜李弟子录》云："方道章，字用安，桐城人。侍郎苞之长子也。侍郎命用安师李先生，先生亦遣子习仁从侍郎游。顾两人论学不甚合，用安左右其间，未尝偏主。人或私问之，则曰：'李先生言是也。'其父执宿松朱书，亦以用安卓识盖胜侍郎云。性落落不甚可人，苟不当其意，相对嘿然。善为古文，能承其家业。"徐世昌《清儒学案》列方道章入《恕谷学案》。

《刘大櫆集》卷十《祭方定思文》："余自奉教于先生，而因以得交于君，不独先生之视余如子，而君亦视余如弟昆。"

又按，朱绪曾《国朝金陵诗征》卷十七收录方道章诗一首

《谢宅梅花已残杏花正茂同人月下邀赏》："芳春已过半,梅让杏开花。共说南园好,相邀谢傅家。当空一轮月,照满万枝霞。自得清中艳,吟情倍觉赊。"

是时,日饮米汁两杯,肝痛作涨不已。感叹不能久于人世者。

方苞《与雷翠庭书》："今十月十六日,道章胃痛而死,老生日饮米汁两杯,肝痛作涨不已,看来似不能久于人世者,今以后事属贤,望切志之。"见《望溪先生尺牍补遗》。

是时,熊又昌来金陵,先生出所著《节孝传》示之,熊子感叹节孝之传实有赖于其人矣,遂以传请,为作《熊氏双节传》。

方苞《熊氏双节传》。

按,方苞《熊氏双节传》未收入今存方苞文集,而载于同治十年《安义县志》卷末《艺文补遗》。

按,《方望溪集》之《答程葭应书》："熊又昌回白门,接手札,时既冠之孙疾亟,不幸于八月下旬脆促。长子道章忧劳,故疾复作,于十月中旬长逝。百事俱废,凡族姻生徒唁札皆不能答也。"由是可知,熊又昌此时见方苞。

是时,接程(钟)葭应手札,欲拜师,婉拒之。

《方望溪遗集》之《答程葭应书》。

按,《方苞集》卷十一《程赠君墓志铭》,程增生子四子:程鋈、程振箕、程鋈、程钟,程鋈为方苞弟子。

是时,复书弟子程鋈,称古文失传已七百年。

《方苞集》卷六《答程夔州书》："寄来二作皆不苟,所薙芟数语,乃时人所谓大好者,他日当面析之。此虽小术,失其传者七百年,吾衰甚矣,儿章粗知其体要,不幸中道殂。贤其勖哉!"

十月二十日,自感不久于人世,遗书弟子雷鋐,托付身后事。

　　方苞《致雷翠庭书》:"自五月中参苓缺绝,老生日再饭不过一茶杯。七月中,尹元孚绝若剪弦,又减三之一。八月末,第二孙死,年二十有三,乃道章诸子中之秀出者。今十月十六日,道章胃痛而死,老生日饮米汁两杯,肝痛作涨不已,看来似不能久于人世者,今以后事属贤,望切志之。次儿道兴,记诵文学颇与储礼执辈相等,而懵然不知人事。道章八子,殇一死一,尚有六子三女,孙超又有三女。老生以建先断事公祠堂,少置祭田,不得已卖三百年祖业莲花池。道章、道兴各得四百余金,无以给衣食,止得冒险共买一小芦洲。洲利较田略厚,而苦营中牧马,去年非蔡世兄为言于理事同知,命牧马者还,则践踏无遗矣。以后凡郡守理事厅来秣陵者,必为之言,可以告可斋。老生三十年精神用于昆山《经解》,《易》《诗》《书》《春秋》已编定成书,《诗》所删者,取甚少,又采吕氏《读诗记》、严氏《诗缉》以附益之。此四经既刻,则《三礼》各一部,流传者多,即不刻亦可也,刻之亦易矣。已作字告石东村与济斋公,商若不能,则贤与可斋异日更勿忘。贤一切当以太夫人安乐为要,孟子曰:'三子者不同道,其趋一也。'以后贤与诸同门得确邮,则以动定示余,老生作字甚艰,不能时相答矣。乾隆十三年冬十月廿日,老生寄。"见《望溪先生尺牍补遗》。

　　按,札中"可斋"即陈大受。"昆山"即徐乾学。"石东村与济斋公"即石永宁与德沛。"蔡世兄"即蔡长沄,字巨源,福建漳浦人,蔡世远之子。曾任甘泉县令、庐州知府、松江知府、四川按察使、兵部侍郎等。乾隆十一年,补授江宁府知府。参见《高宗实录》及相关史志。

　　又按,札中"吕氏《读诗记》"即:宋代吕祖谦《吕氏家塾读诗记》。严氏《诗缉》,即:宋代严粲《诗缉》。

十一月十八日,老友周学健以事被赐自尽,年五十六岁。

《高宗实录》乾隆十三年十一月:"戊辰,谕曰:'周学健婪
赃徇私一案,军机大臣等审拟,援引塞楞额、鄂善二人之例拟斩
立决。周学健前因违制剃头,已干重辟。其总河任内,复有纳
贿徇私诸款。……着纳延泰、阿克敦前往刑部,赐以自尽。周
学仳、王湛依议应绞,着监候秋后处决。'"

按,周学健为方苞老友,二人在朝一起纂修《御定音韵阐
微》《日讲春秋解义》《钦定四书文》等,方苞曾为其编纂《向若
编全集》作序。在方苞文集初刊本,周学健多有评点,如评《周
官辨伪二》:"圣经之蟊贼扫除一空,堂室洞然,殆天诱以言。"
《书孟子荀卿传后》:"明辨晰析也,如此始得作者之意,劲洁盘
屈,直匹昌黎。"《又书儒林传后》:"朱子云:'非用圣贤许多工
夫,看圣贤底不出。'文章亦然。先生所作,直造太史公,故于
《史记》纪、传,独得其意于笔墨之外,此可为知者道耳。"

**是冬,复以所著《周官余论》《周官辨》《仪礼或问》请好友陈世
倌订正。**

陈世倌《重刊朱子仪礼经传通解序》:"丙辰之秋,亡友方
望溪先生以所著《周官余论》《周官辨》《仪礼或问》,嘱余订
正。戊辰冬,复惓惓致书云:'修明绝业,后死攸赖公,宜早为
料理,殆以余为差足语此者。'无何而老成凋谢,遗墨犹新。今
读是书中,望溪先生之遗说多采录焉。……乾隆十五年岁次庚
午仲夏。"

是年,山东布政使赫赫置义田,请先生为记。

《方苞集》卷十四《赫氏祭田记》:"乾隆戊辰,余已告归,而
君出为山东布政使。以书来告……望先生作记,俾时自
砥淬。"

按，《高宗实录》，乾隆十一年九月，赫赫以甘肃洮岷道为山东按察使。十二年五月，以山东按察使为山东布政使。十二年十一月，以山东布政使护理山东巡抚。十三年二月，以山东布政使为太仆寺少卿。十五年五月，以光禄寺卿为内阁学士兼礼部侍郎。

是年，谢济世有书至，论《古文尚书》，并赞先生文集。

谢济世《梅庄遗集》卷二《与方少宗伯灵皋书》："忆自戊午春，都门分手，弹指十年。中间奉书四次，得书三次，惟附朱某一书未得。顷又得手并大刻二种，盥读一再，真有物有序之言。所不释然者，莫如《读古文尚书》及《读二南》两篇。念与阁下义兼师友，有疑不得不问。敬直抒管蠡，伏候裁示。""因读大集，未能缄默，适估客某有金陵之行，故献其刍荛如此。外旧刻二种，并求斧正。不宣。"文中所言"戊午"为乾隆三年，"弹指十年"即乾隆十三年。

是年，双庆以翰林院侍讲提督安徽学政，先生为刘大櫆求职。

《与双学使庆》："刘生大櫆不但精于时文，即诗、古文词，眼中罕见其匹。为人开爽，不为非义，为学幕中最难得之人。"

双庆，字咸中，号有亭，又号西峰，满洲旗人。雍正癸丑进士，改庶吉士，授编修，官至礼部侍郎。有《亲雅斋诗草》。参见《晚晴簃诗汇》卷六十八。

是年，沈彤《周官禄田考》成。全祖望主讲蕺山书院。

沈彤《周官禄田考序》。蒋天枢《全谢山年谱》。

是年，弟子陈大受以吏部尚书为协办大学士。尹会一补授吏部侍郎，仍留江苏学政任。赵青藜以原品休致。好友顾琮因承审常安一案革职，从宽留任。

《高宗实录》。

乾隆十四年己巳(1749)　八十二岁

二月初一日,弟子官献瑶翻刻《望溪先生文偶抄》读经史文部分。

官献瑶《方望溪先生读经史偶钞序》:"余此行,方逾陇坂,……诸生闻余此言也,意且稽经以数典,诹史以诵志,日新日异,蒸蒸矗矗,古有之雅健雄深,非尔西都之文乎? 余愿与诸生共乐之而未止也。乾隆己巳二月朔日,清溪官献瑶。"

又按,此本为官献瑶乾隆十三年《方望溪先生读经史》刻本之翻刻本,一册,藏国家图书馆。国图本与陕西学使本不同之处在于,书前空白页抄录了两篇当时士子月课文章。第一篇来自甘肃皋兰刘佩璜《禹贡黑弱二水考》,被评为月课第一名;第二篇来自陕西凤翔府汪盈科《雍山赋》,被评为古学第一名。二人皆为陕甘地区优秀学子,刘佩璜曾受学于盛元珍、牛运震等。

同时,国图本正文空白处,还抄录了诗歌三首与科举时文六篇。时文作者,暂时难以确定,三首诗作者为赵经元。赵经元,字松斋,河南禹州人,约生活于咸同年间,《禹县志》云:"经元工画,尤善小雀,尝为百雀图,极变化之妙。"三首诗内容皆为"宝鸡八景",分别是《秦山叠嶂》《渭水潆洄》《鸡峰凌霄》,其中后两首未见有文集著录,第一首《秦山叠嶂》收入《宝鸡县志》。

三月,弟子刘大櫆登门拜谒。

《刘大櫆集》卷十《祭望溪先生文》:"夭桃华灼,携我嬉娱。登楼拾级,不赖人扶。谓公矍铄,百年可逾。讵知背面,五月而徂。"

按，"夭桃华灼"，通常为春景。"五月而徂"指五个月后，即八月，为方苞亡故之时。据此，文中所指应为三月。

三月，同年熊本招史正义，陪先生、马豫、袁枚雅集塔影园。

史正义《云麓诗存》卷二《己巳春日客金陵熊涤斋太史招陪方望溪少宗伯马文湘学士暨袁简斋明府集塔影园即席分韵》："折简相招物外身，柳阴深处宴嘉宾。池心倒挂浮图影（原注：池中见城外报恩寺塔影因以名园），径面平铺翡翠茵。星聚寓公三学士（原注：三先生皆侨寓金陵），风流令尹一骚人（原注：时简斋已卸江宁任）。共拼沉醉名园里，不负花香正好春。"

按，袁枚《小仓山房诗集》卷六有《三月二十四日偕门生王梅坡舍弟香亭陆甥豫庭游清凉山逢白下诸君子有修禊之事为余置别席于南窗醉后大书僧壁》。

阮元《两浙輶轩录补遗》卷八曰："史正义，字苕湄，一字云麓，海宁贡生。有《云麓诗存》。"袁枚序《云麓诗存》云，其知江宁县时，曾招史正义为记室。马文湘，即方苞同年友马豫，康熙四十五年《登科录》："马豫，易经，庚申年正月二十五日生，陕西绥德州人，己卯科十五名，庚辰科会试一百九十六名，丙戌科补殿试三甲二十九名，钦授翰林院满书庶吉士。"袁枚，字简斋，浙江钱塘人。乾隆元年，博学鸿词报罢，三年中举人，四年进士，改庶吉士。散馆授知县，初试溧水，调江浦、沭阳，再调江宁，继发陕西以知县用。寻丁父艰，遂牒请养母，卜筑于江宁小仓山，号随园，终不复仕。著有《小仓山房诗文集》七十余卷等。嘉庆二年卒，年八十二岁。参见《清史列传》卷七十二。

又按，"塔影园"，位于金陵。同治十三年《上江两县志》卷五《城厢》："《客座赘语》：市隐园，在油坊巷，即姚元白所创者。……后南半为元白孙宪副拓而大之，北半归何侍御仲雅，改名足园矣。国朝乾隆间，属熊编修本，改名'塔影园'，旁有借影园。"

又按，袁枚对方苞"一代正宗才力薄"之评价，历来颇受关注。袁枚《仿元遗山论诗》云："不相菲薄不相师，公道持论我最知。一代正宗才力薄，望溪文集阮亭诗。"然而，袁枚后来之反省，却少人知。《小仓山房尺牍》卷六《与韩绍真》云："尝谓方望溪才力虽薄，颇得古文意义。乃竹汀少詹深鄙之，与仆少时见解相同，中年以后则不敢复为此论。盖望溪读书少，而竹汀无书不览，其强记精详，又远出仆上，以故渺视望溪，有刘贡父笑欧九之意。不知古文之道，不贵书多。所读之书不古，则所作之文亦不古。"林昌彝《射鹰楼诗话》卷七曰："余论简斋之论似是而实非者，简斋论诗及文于体已杂，简斋为文喜纵横驰骤，方文周规折矩，格近纯正，故简斋以为薄。其实好为纵横者，亦不得谓之厚。"纪昀《跋方望溪致雷翠庭手札》曰："望溪之学，虽不免稍稍露圭角，致招党同伐异之疑，然文章尔雅，经术湛深，要自不失为正宗，未可轻诋。"

四月十七日，致书弟子尹嘉铨，为其父订正年谱，并言及入夏身体欠佳。

方苞《致尹嘉铨书》："贤尊年谱，泛览一过。付儿兴，授以指意，使删截大体不失。乃命孙辈别录一稿，老生再阅读一过，又截去字句冗设者，可以信今传后矣！大概此本所删，原本中更无应补，如论学语当入语类，不宜多入谱也。贤尊孝德纯全，居官多善政而无过行，虽未尝特治一经，以精神日力为官事所夺耳。前年过我，告以功令不得与绅士见曰：'某计之熟矣！

万一有弹奏,则某明奏愿罢官,从先生学礼.'此种心胸,非今人中所有。贤若能以老生所阅定《仪礼注疏》,并所学《析疑》抄本,编为一书,择贤尊所订丧祭之礼纂入,与安溪、高安、张尔岐、李耜卿之说并存,乃继志述事之大者。愚自入夏,气息奄奄,念惟贤性质笃厚,可读古圣贤书,老生未竟之业将有望焉。乾隆十四年四月十七日期望溪笔。"

按,此信未收入今存方苞文集,而见于《尹健余先生年谱》卷首,此谱为光绪五年谦德堂刻《畿辅丛书》本,后世版本此信阙如。

又按,尹嘉铨《随五草》卷九《祭望溪先生文》:"六月书来,谓言病添。慨自入夏,气息奄奄。惟贤笃厚,好古守先。老夫遗绪,重有望焉。"

七月,《仪礼析疑》十七卷成。

苏惇元《方苞年谱》云,此书成于乾隆十四年七月,并称文献来自程鉴序、刘大櫆祭文、雷状、沈传。今检相关文献,并未言于谋月谋年。

按,程鉴《仪礼析疑序》曰:"丙寅冬,录先生六治《仪礼》说毕。"方苞《尹元孚墓志铭》:"十二年秋,莅金陵。……时余治《仪礼》,因以相属,欲共成一书。"《致单作哲札》曰:"愚以建先忠烈断事公祠及服参,积债千数百金,今夏竟摞弃三百年祖遗莲花池。冬春间,九治《仪礼》,稿定,誓不再服参,以俟命矣。"《答陈榕门书》曰:"弟虽衰病,九治《仪礼》,益灼见圣人之心,颇以忘忧。忽得尹元孚凶问,半月来,气短心孤。"《与族子观承》曰:"兼旬以后,不得已仍治《仪礼》。"(此数幅在戊辰以后,伯父时年八十一矣。)全祖望《前侍郎桐城方公神道碑铭》曰:"晚年七治《仪礼》,已登八秩。"全祖望《望溪侍郎挽诗》曰:"前年我过湄园中,先生留我开经笥。七治《仪礼》老未竟,上纠康成下继公。"因之,方苞乾隆十一年六治《仪礼》,乾隆十二年七治《仪礼》。其十治《仪礼》应在本年,姑从苏惇元之说。

又按,《仪礼析疑》为方苞封笔之作,用力甚勤。《四库全书总目》著录此书,并论曰:"是书大指在举《仪礼》之可疑者而详辨之,其无可疑者并经文不录。苞于《三礼》之学,《周礼》差深。晚年自谓治《仪礼》十一次,用力良勤,然亦颇勇于自信。……检其全书,要为瑜多于瑕也。"《郑堂读书记》称其"用功既深,往往发明前人所未发。弃所短而取所长,亦足为说《礼》之津梁矣。"

又按,程廷祚《青溪文集》卷八《书仪礼析疑后》云,方苞著此书时,曾以古人宫室之制旁咨于他,其仓促言之,未尽其意,而书中所论亦多未明确。卷九《上望溪先生论仪礼书》讨论祭礼,可见方苞此书之成,多与程廷祚商论。

八月十八日,卒于上元里第,年八十二岁。

雷鋐《方望溪先生苞行状》:"己巳秋仲,寝疾;既望疾革,子孙在侧,数举右手以示之。初,先生弟椒涂先生将卒,得异疾,不能视含敛,终身以为憾。常戒子弟曰:'我死,敛必袒右臂。'十八日甲午,卒。子孙奉遗命以敛,时年八十有二。"沈廷芳《方望溪先生传》:"归八年,卒,年八十有二。"全祖望《前侍郎桐城方公神道碑铭》:"乾隆十有四年八月十有八日卒,春秋八十有二。"黄永年《南庄类稿》卷四《答培山书》:"望溪老人,去年八月下世,古文之学外间鲜有知矣。"

按,方苞卒年,有两种观点:其一,乾隆十四年,以雷鋐《方望溪先生苞行状》、沈廷芳《方望溪先生传》、全祖望《前侍郎桐

城方公神道碑铭》为代表，《方氏家谱》《清史稿》亦持此说。其
二，乾隆十六年，如李桓《国朝耆献类征初编》十七卷《国史馆
本传》及《清史列传》："十六年，卒。"今从前者。又，昭梿《啸
亭杂录》卷二："本朝文人多寿，灵皋（苞）八十二。"

　　又按，方苞祠堂，在江宁龙蟠里，即教忠祠。熊宝泰《谒方
灵皋先生祠堂记》："因谒先生祠堂于龙蟠里，即沈椒园臬使
（廷芳）为先生作传中之教忠祠也。祠二。旧祠，先生所葺，自
一世至始迁上元之太仆，几十二世；新祠，百川先生长子师范征
君（希文）所葺，自十三世征君高祖以下。而百川（舟）、灵皋
（苞）、椒涂（林）三先生，共一室。"又，沈廷芳《隐拙斋续集》卷
二有《教忠祠祭方望溪夫子敬赋》（祠本夫子筑，以祀建文时殉
难迁祖断事公法。夫子殁，子姓构别室以祀夫子，及兄百川、弟
椒涂两先生，亦夫子意也。）："少壮能知学，提撕荷我公。授经
原不倦，教思自无穷。兄弟神长接，渊源秉至忠。低徊读书处，
真与寝门同。（夫子既筑祠，有书室三楹，笺经不辍，后裔颜
曰：望溪先生读书处。）"

　　方苞墓冢，在江宁沙场村龙塘。《方氏家谱》："生康熙戊
申四月十五日，卒乾隆己巳八月十八日。入本县乡贤祠，享寿
八十有二，与兄舟弟林合葬江宁沙场村龙塘。"据《方氏家谱》
卷四十九《垄墓》："沙墙村龙塘。在江宁县南五十里建业三
图，十六世少宗伯望溪公，与兄百川公、弟椒涂公合墓。辰山戌
向兼巽乾。"方苞墓勒石于乾隆十七年十二月初一日，赵国麟
题：桐城方百川先兄先弟同丘碑。男方道兴，孙方超、方惟醇、
方惟稼、方惟寅、方惟俭、方惟忠、方惟俊、方惟恕，曾孙方其训、
方其襄敬立"皇清诰授通奉大夫显考灵皋府君之墓"；男方道
永，孙方惟敬、方惟诚，曾孙方其旋敬立"皇清待赠承德郎顺天

府通判文学显考百川府君之墓";侄方道永、方道兴敬立"皇清故叔父椒涂府君之墓"。

又按,方苞墓冢,《上元县志》《江宁府志》《桐城县志》等皆无记载。近人金毓黻与周荫棠、汪子云等人寻访,在金陵牛首山附近发现方苞三兄弟合丘,并有墓碑。金先生将寻访内容撰文《访方望溪先生墓记》,收入《静晤室日记》卷第九十三。又按,今人程远再访得方苞墓,墓址为:江苏省南京市江宁区谷里街道双塘村,公路北侧,村部大门西侧,山坡之上。

既卒之三日,弟子雷鋐省亲金陵,哭于殡宫,为撰行状。弟子黄世成亦奔丧。

雷鋐《经笥堂文钞》卷下《方望溪先生行状》:"先生既卒之三日,鋐以省亲过金陵,哭于殡宫。先生质行介节,生徒各纪所闻,散在四方,卒难收拾,乃粗举其立身本末,为《行状》云。所著《周官集注》《礼记析疑》《春秋通论》《文集》行于世,《删订昆山经解》《仪礼注》俱有成书,未刻,藏于家。乾隆十四年己巳仲秋月弟子雷鋐谨状。"

同治六年《信丰县志续编》卷九《人物》:"(黄世成)先后以博学鸿词、理学、经学等科保举,皆辞焉。惟一往江宁奔其师方苞丧而已。归来,闭户危坐,时中夜披衣绕室徘徊,家人莫问。"

弟子程崟、贺鸣谐哭之以诗。

程崟《二峰诗稿》有《哭方望溪业师四首》:"天外哀鸿忽送音,惊看北斗大江沉。秩宗恩遇逾元老,吏部文章起士林。梓里角巾初乍遂,泰山梁木感偏深。心丧谁最师门切,剩有侯芭痛不禁。""彤庭入侍已多年,恩许扶筇御座前。著史肯居司马后,忧时不让范公先。含沙射影金壬忌,聚米筹边硕画便。今日盖棺舆论定，肤功隐德总难传。""四十年前绛帐开，安昌座上记曾偕。白田学士推先进（刘艾堂阁学），上谷才人托辈侪（王龙篆进士）。针芥互投心共契，韦弦同佩分无乖。子春床下亲含殓（雷贯一通政适赴江宁），未获相从恨莫排。""乌龙潭畔草堂幽，几榻翛然竹树稠。三径莓苔随杖履，一船灯火错觥筹。也知星聚原非易（时集熊艺成翰编王孟亭太守），讵料鸿飞迹莫留。犹忆别时频执手，惊看老眼泪先流。"按，熊艺成即熊本，王孟亭太守即王式丹之孙王箴舆。

贺鸣谐《哭方望溪先生》："我来已悔见公迟，犹及苍颜撰杖时。司马史才寻义法，昌黎笔力恣恢奇。眼前经笥真无敌，身后名山孰敢窥。太息哲人今已萎，霜风薤露益凄其。"见民国三十六年《棠志拾遗》。

弟子尹嘉铨、刘大樾作文以祭。官献瑶遣人奠唁。

尹嘉铨《随五草》卷九《祭望溪先生文》："呜呼！俗学魁肆，丞然捷捷。骇正怡邪，俪华阙叶。天以夫子，争光日月。大拯颓风，儒林震慑。昌黎既没，言乃大行。泰山北斗，仰止同倾。当其未老，且排且惊。及门笃信，包刘越赢。嗟嗟小子，有生苦晚。溺于词章，三旬莫返。闻教十年，种学加勉。从我大人，请业致远。亲炙夫子，诲言炎炎。嘉我忠信，与我孝廉。授之三礼，勖以圣贤。千秋大业，爱我斯传。既承至教，力行不惑。执父之丧，礼经维则。疏食倚庐。编摩务得。夫子曰吁，吾道其北。时赐书问，慰藉良深。程朱是式，孔曾通寻。继志述事，居忧钦钦。敦崇堂中，人有同心。言念先公，年谱未就。乃命季子，大义口授。乱冗涤烦，信今传后。耄年不倦，拳拳故旧。六月书来，谓言病添。慨自入夏，气息奄奄。惟贤笃厚，好古守先。老夫遗绪，重有望焉。"

《刘大櫆集》卷十《祭望溪先生文》："公倡大义，众见为迂。最知公者，高安相朱。慨彼世俗，仅识公粗。拟之周士，子产、夷吾。申施未竟，孰谓非诬？"

官献瑶《石溪文集初刻》卷二《与黄培山书》："方师云亡，去秋遣人奠唁，二世兄书来，已卜葬近郊地，想闻之矣。《行状》出四世兄手，少年所造能尔，喜吾师之有后也。"

老友魏廷珍有挽诗、陈宏谋有祭文。

魏廷珍《课忠堂诗钞》十七卷之《续瀛南集》有《闻灵皋讣音挽句》："廿年老友惊闻讣，千古高名定在谁？骊抱珠眠梦不醒，鹤飞海澨数偏奇。皖山玉柱钟山脉，吏部文章工部诗。回忆西华分手日，谆谆经义两相期。"

陈宏谋《培远堂偶存稿》卷六《祭阁学方望溪先生文》："呜呼！一言而关圣贤，羽翼一世之人，缀百世之风流。其生也，文运光；其亡也，吾道忧。先生生，而灵异灏乎一心，注长江烂然，宝气烛斗牛，一门难兄难弟，世称二方，秀于南洲。……先生负当代人伦之望，尝自言平生精力，尽在《春秋》《三礼》，于《周官》至九治、十治、十数治，而心力益遒。呜呼！先生以文学受知三朝，退闲金陵，登耄耋，学者尊之如泰山北斗，无间密迩与遐。陬子孙岁时称觞肃拜，载弁俅俅。先生以身教其子弟，动必以礼，盖名愈盛而家益修。"

全祖望赋诗悼挽，并作神道碑铭。

全祖望《鲒埼亭诗集》卷九《望溪侍郎挽诗》："前年我过湄园中，先生留我开经笥。七治仪礼老未竟，上纠康成下继公。惜我投闲空咄咄，戒我浪游徒匆匆。速我著书漫忽忽，倚杖而叹神熊熊。东西宿老沦落尽，岿然灵光世所宗。其秋示我新雕集，寄声他山错可攻。长笺亦聊贡一得，谓以寸莛叩巨钟。谦光一一尽刊削，再索直言资折衷。三江迢迢未尽达，岂期妖梦告蛇龙！（昨秋予以先生集中商榷如干条，托朴山先生寄之，不料其不达。拟再寄不果。）遗书行世仅十五，尚有祕箧干长虹。由来旧德为时重，虽复不用亦有功。试看浮玉山头色，一夜愁云冥濛濛。江东有客近悔过，欲赍絮酒哭幽宫。尉佗拜表去黄屋，孰与汉大敵怙终。我诗寄声到蒿里，先生一笑降虚空。（堇浦向不得见先生，颇操异议，及闻讣，叹曰：'吾方欲之秣陵，一拜床下，不料愿竟不遂，长负此愧。'乃以文哭之，自道畴昔。）"（堇浦即杭世骏，检其诗文集，并无悼念方苞诗文。）

《鲒埼亭集》卷十七《前侍郎桐城方公神道碑铭》："古今宿儒，有经术者或未必兼文章，有文章或未必本经术。所以申、毛、服、郑之于迁、固，各有沟浍。唯是经术、文章之兼固难，而其用之足为斯世斯民之重，则难之尤难者。前侍郎桐城方公庶几不愧于此。然世称公之文章，万口无异辞，而于经术已不过皮相之。若其惓惓为斯世斯民之故，而不得一遂其志者，则非惟不足以知之，且从而掊击之，其亦悕矣。……公享名最早，立朝最晚，生平心知之契，自徐文靖公后，曰江阴杨文定公，曰漳浦蔡文勤公，曰西林鄂文端公，曰河间魏公，曰今相国海宁陈公，曰前直督临川李公，曰今总宪宣城梅公，曰今河督顾公。其与临川，每以议论不合有所争，然退而未尝不交相许也。……大江以南，近日老成日谢，经术文章之望公与临川，实尸之，虽高卧江乡，犹为天下之望。……予之受知于公，犹公之受知于万、姜二先生也。其后又与道章为同年，且重之以婚姻。"

同宗方世举作哀辞十二首。

方世举《春及堂》三集有《望溪兄哀辞》十二首，录其六："一官如斗草，胜负女儿情。士有孤行志，功惟众毁成。是非凭梦幻，冥漠保清明。耄耋穷经术，悲哉尽此生。""百家多晦昧，一手出晴空。若以吾兄哭，犹非大道公。辟田资众口，处厦见良工。斯世儒林泪，应随江水东。""孤亢难为讳，三朝得圣君。山高招野烧，水浊赖秋分。梦断大千界，身安丈五坟。只愁魑魅啸，犹忌不同群。""名场今已尽，不尽亦孤标。琴瑟惟三叹，琵琶何六么。流光高鸟过，余论阿龙超。大陆如相见，犹连地下镳。""钟乳三千两，朱泥十二斤。松乔谁不死？钟鼎是斯文。傲骨藏秋草，奇才结夏云。铸金如有像，吾取瓣香熏。""文章虽小技，海岳乃平收。雷雨诸天近，风烟太古秋。香多容蛱蝶，树大荫蚍蜉。却笑黄金注，功名让瓦瓯。"

宁乡王文清有诗缅怀先生。

王文清《锄经余草》卷十二《怀望溪先生》："海内声名士，还为问难人。六经作游好，三礼独醻沉。物望滋多口，天聪识苦心。老夫还灌灌，古道在而今。"

王文清，字廷鉴，湖南宁乡人。雍正二年进士，乾隆元年举鸿博未售。历官宗人府主事，曾任三礼馆纂修。归里后，修纂《长沙府志》，执掌岳麓书院。著有《锄经余草》《周礼会要》《考古略》等。乾隆十五年，闻方苞离世赋诗缅怀。

十一月初四日，朝廷诏举潜心经学之士，陈宏谋念及先生。

《高宗实录》。陈宏谋《培远堂偶存稿》卷六《祭阁学方望溪先生文》："今上之十四载，有诏举笃行穷经之士，自是经术益盛，惜先生未见。嗟惟为继经学之其裘，历数畏友，前年则先生之书哭博野矣；孰知去腊月又哭先生。天之相继而夺以去者，何偏为一二老成之酋酋。念哲人云，亡为世道恻而奚止乎？"

十五日，弟子沈廷芳闻丧，为传当哭。

　　沈廷芳《隐拙斋文集》卷四十一《方望溪先生传后》："今年冬，同门陆大田编修（嘉颖）邮致先生手帖，告用阁之丧，方拟遣吊而忽闻哀赴，胡天不慭遗一老，以为邦国典型，为后进师承耶！伤哉！某羁宦北海，行日以惰，学日以荒，念母老将归省，道金陵，敬问先生起居而请教焉，而今无及矣！爰述多年受教，颠末附传后，以当哭诸寝，至先生之质行介节，弟子自能纪所闻见，故不具述。乾隆十四年十一月十五日谨记。"

　　沈廷芳《隐拙斋文集》卷三十八《望溪文集后序》，附记曰："乾隆十四年八月十八日，先生卒于上元里第。赴闻余为位以哭，既念先生之学行不可以无述，乃本同门友雷贯一通政所为状以立传。"

十九日，奉旨开载《御制日讲礼记解义》编纂诸臣名衔，先生为原任副总裁。

　　据《御制日讲礼记解义》，编纂诸臣名衔为：监理：弘昼；现任总裁官：张廷玉；现任副总裁官：汪由敦；原任总裁官：鄂尔泰、朱轼、甘汝来；原任副总裁官：陈大受、尹继善、杨名时、徐元梦、彭维新、李清植、王兰生、李绂、任启运、方苞；现任提调官：舒兴阿、佟保；原任提调官：兆惠、双庆、岱图、赫泰、文绶；现任纂修官：潘永季；原任纂修官：王文震。

十二月十五日，方道希长孙方其炳生。

　　《方氏家谱》。

是年，致书好友德沛，请为"教忠祠"作记。

　　《方望溪遗集》之《与德济斋书》："先君子欲建专祠于金陵，……必当终先君子之志事……去年春，道希又殁……而求为之记。"

　　按《高宗实录》《清史稿》，德沛乾隆七年到八年任两江总

督,乾隆十三年到十六年黄廷桂任两江总督。雅尔哈善为乾隆
十三到十五年江苏巡抚。

是年,为性命之交孙用正作像赞。

方苞《孙缄斋像赞》:"此为谁?是为理学大儒征君先生之
曾孙。何以仰而观之?不惟肖其貌,兼肖其神。九旬上寿,祖
孙并臻;康健温恭,亦复比伦。至若一肩绝学,不以老而衰也。
进道弥勇,嗜学弥殷,如出一人,如出一心。呜呼!其斯为象贤
之哲嗣,绍衣之后身。"

按,此文不见于今存方苞诗文集,而录于乾隆二十二《辉
县志》卷十一《艺文》。又按,民国三十三年《孙氏族谱》,孙用
正生于康熙元年,卒于乾隆十五年,本年八十八岁,虚龄九十。
与文中"九旬上寿"一致,故系于此。

是年,致书好友陈世倌,言及神道碑写作与《仪礼》研究。

《方望溪遗集》之《与友人(陈秉之世倌)》:"仆去岁仲秋
失既冠之孙。孟冬,长子道章死,是以得手教久未报。贤尊宗
伯公神道碑,以刘念台先生之学为质干,通篇脉络系焉,如阑入
御史大夫以后事,则为骈枝。先生大孝尊亲,合于孔子、曾子所
云,则外此不足增重矣。曩者礼部以'未曾著书'驳汤文正不
宜从祀孔庙。先生潜心经学,仆曾以《周官集注》质正,未审别
有阐发笔之于否?近治《仪礼》,仅以《丧礼》三篇寄览,望发其
瑕疵,独得之见,条列示我!衰病作字甚艰,不尽欲言。"

按,方苞对陈世倌评价颇高,称"其规模气象于念台刘子
为近云"。(民国十一年《杭州府志》卷一百二十五《名臣》)

是年,友人陈宏谋书简至,论《周官析疑》及民生诸事。

陈宏谋《培远堂手札节存》卷中《寄方望溪先生书》:"《周
官》一书,后儒多疑少信,几同无用之陈言。《析疑》出,而后天

下后世知此书为圣人经世之典不可少之书也。"又"米贵民穷，当今通患。致患者非一端，则补救亦非一策，大要不外《大学》所云生财之大道，《孟子》所云开源节流而已。"

　　按，《培远堂手札节存》以时间编年，此札系于本年。

是年，弟子沈彤刻《果堂集》。程廷祚应邀修《上元县志》。

　　沈德潜《果堂集序》。蓝应袭《上元县志序》与《编校姓氏》。

是年，族子方观承由浙江巡抚擢直隶总督。弟子陈大受由协办大学士、吏部尚书晋太子太保。弟子雷鋐乞假省母，后督浙江学政。弟子官献瑶任陕甘学政。弟子叶酉任贵州学政。弟子汪师韩尚书房行走。好友顾琮署漕运总督。同年友彭维新升左都御史。友人陈宏谋为陕西巡抚。

　　《高宗实录》;《清史稿》。

方苞家族世系

一世：方德益，宋末迁池口，元初迁桐城凤仪坊。子二：秀实、子实。

二世：方秀实，字茂才，元彰德主簿。子三：谦、忠、鼎。

三世：方谦，字士源，元望亭巡检。子二：圆、智。

四世：方圆，字有道，元宣抚使。子三：端、法、震。

五世：方法，字伯通，建文元年应天乡试举人，官四川都司断事。方孝孺门生。永乐二年卒于安庆望江县。子二：懋、恕；女一。

六世：方懋，字自勉，布衣任侠。子五：琳、玘、佑、瑜、瓘；女一。

七世：方瓘，字廷璋，成化元年应天乡试举人。子三：台、圭、夏；女一。

八世：方圭，字与执，躬耒耕艺南亩。子二：绚、绚；女三。

九世：方绚，字惟著，国子监生。子一：梦旸。

十世：方梦旸，号东谷，由太学生任南安县丞。子二：学尹、学惠；女一。

十一世：方学尹，字任卿，号起莘，县学生。子二：大美、大羹；女三。

十二世：方大美，字思济，一字黄中，万历十四年进士，官至太仆寺少卿。子五：体乾、承乾、象乾、应乾、拱乾；女二。

十三世：方象乾，字圣则，号广野，天启贡生，历任黄州通判、高州府同知署知府、广西平乐府江道按察司副使等。崇祯七年迁居江宁。子二：帜、戢；女二。

十四世：方帜，字汉树，号马溪。安庆府廪贡生。授芜湖县训导，升兴化县教谕。原配吴氏，继配越氏，侧室王氏。子四：绥远、仲舒、靖远、珠鳞；女六。

十五世：方仲舒，字南董，一字董次，号逸巢，国子监生。著有《江上初集》《棠村集》《爱庐集》《渐律草》《卦初草》等。原配江宁姚氏，继配莆田吴氏。子三：舟、苞、林；女五：长适江宁鲍珅运判士聪子，次适上元曾沂都司某子，次适江宁冯庚，次适望江训导上元鲍元方，次适江宁谢天宠。

十六世：方苞，字凤九，一字灵皋，晚号望溪。江南桐城人，寄籍上元。康熙七年生于江宁府六合县。三十八年江南乡试第一，四十五年会试第四，以母病未殿试。五十年以《南山集》案牵连入狱。五十二年狱决，因李光地等人营救，免死入南书房，八月移至蒙养斋修书。六十一年充武英殿总裁。雍正九年授詹事府左春坊左中允。十年五月迁翰林院侍讲，七月迁侍讲学士。十一年三月命编《古文约选》，四月擢内阁学士兼礼部侍郎，六月教习庶吉士，八月充《一统志》馆总裁。十三年正月，充《皇清文颖》馆副总裁。乾隆元年再入南书房，充《三礼》馆副总裁，诏修《三礼义疏》。二年六月擢礼部右侍郎，七月教习庶吉士。四年二月，充经史馆总裁，重刊《十三经》《廿一史》；四月《钦定四书文》选成。七年四月，以侍讲衔致仕归里。十四年卒于上元里第。著有《抗希堂十六种》等。原配江宁蔡氏，继配江宁徐氏，侧室江阴杨氏。子二：道章、道兴；女三：长适庐江举人宋嗣炎，次适上元生员鲍孔学，次适蒲台县丞金坛王金范。

十七世：方道章，字用阊，号定思，生于康熙四十一年，雍正十年举人，卒于乾隆十三年，子七；女三。方道兴，字行之，号信芳，安庆府学廪生,子四;女一。

十八世:方超,号晓堂,道章长子,乾隆九年举人,任英山县教谕,子四;女四。

十九世:方传贵,惟俊第七子。生于乾隆四十七年。嘉庆十七年,曾刻《望溪先生集外文》。方性菜,原名其祥,惟寅长子,生于乾隆二十五年,军功千总。

二十世:方庆中,性菜子,生于乾隆四十二年。子二:恩露、恩植;女二。

二十一世:方恩露,庆中长子,道光江南乡试副贡,跋戴钧衡刻《望溪先生全集》。

参考书目

一、方苞著述

《望溪先生文偶抄》,王兆符、程崟辑,初刊本,乾隆十一年刻本。

《望溪先生文偶抄》,王兆符、程崟辑,吕公溥本,乾隆刻本。

《望溪先生文偶抄》,王兆符、程崟辑,官献瑶刊,乾隆十三年刻本。

《望溪先生文偶抄》,王兆符、程崟辑,抗希堂本,乾隆十三至十四年刻本。

《望溪先生全集》,戴钧衡辑,咸丰元年刻本。

《望溪文集补遗》,孙葆田辑,光绪三十二年刻本。

《望溪文集再续补遗》,刘声木编,民国十八年铅印本。

《方苞集》,刘季高校点,上海古籍出版社,2008 年。

《方望溪遗集》,徐天祥、陈蕾点校,黄山书社,2014 年。

《传恭斋尺牍》,方道希编,方道永刊,乾隆三十七年刻本。

《望溪先生尺牍补遗》,萧穆辑录,复旦大学图书馆藏本。

《望溪先生尺牍补录》,萧穆辑录,复旦大学图书馆藏本。

《抗希堂稿》,康熙四十五年刻本。

《抗希堂十六种》,康熙、嘉庆间刻本。

《钦定四书文》,乾隆武英殿刻本。

《钦定周官义疏》,《四库全书》本。

《孙夏峰先生奇逢年谱》,方苞订正,汤斌等编,乾隆元年刻本。

《汤文正公年谱定本》,方苞考订,杨椿重辑,乾隆八年刻本。

二、史志、工具书

《内丘县志》,汪匡鼎修,和羹纂,康熙七年刻本。

《永城县志》,周正纪修,侯良弼纂,康熙三十六年刻本。

《安庆府志》,张楷纂修,康熙六十年刻本。

《泰州志》,褚世暄修,陈九昌等纂,雍正六年刻本。

《江都县志》,陆朝玑修,程梦星、蒋继轼纂,雍正七年刻本。

《江西通志》,谢旻等修,陶成、恽鹤生纂,雍正十年刻本。

《山西通志》,觉罗石麟等修,储大文等纂,雍正十二年刻本。

《武功县后志》,沈华修,崔昭纂,雍正十二年刻本。

《江南通志》,尹继善、赵国麟修,黄之隽等纂,乾隆元年刻本。

《浙江通志》,李卫等修,沈翼机等纂,乾隆元年刻本。

《云南通志》,鄂尔泰等修,靖道谟纂,乾隆元年刻本。

《山东通志》,岳濬、法敏修,杜诏纂,乾隆元年刻本。

《福建通志》,郝玉麟修,谢道承等纂,乾隆二年刻本。

《天津府志》,李梅宾、程凤文修,吴廷华、汪沆纂,乾隆四年
    刻本。

《蔚县志》,王育榑修,李舜臣等纂,乾隆四年刻本。

《江都县志》,五格、黄湘等纂修,乾隆八年刻本。

《德化县志》,鲁鼎梅修,王必昌等纂,乾隆十一年刻本。

《禹州志》,邵大业修,孙广生纂,乾隆十二年刻本。

《长沙府志》,吕肃高修,张雄图、王文清纂,乾隆十二年刻本。

《陈州府志》,崔应阶修,姚之琅纂,乾隆十二年刻本。

《直隶易州志》,张登高等纂修,乾隆十二年刻本。

《苏州府志》,雅尔哈善等修,习寯等纂,乾隆十三年刻本。

《黄州府志》,王勍修,靖道谟纂,乾隆十四年刻本。

《大邑县志》,宋载纂修,乾隆十四年刻本。

《上元县志》,蓝应袭修,程廷祚、何梦篆纂,乾隆十六年刻本。

《颍州府志》,王敛福纂修,乾隆十七年刻本。

《长洲县志》,李光祚修,顾诒禄等纂,乾隆十八年刻本。

《福州府志》,徐景熹修,施廷枢等纂,乾隆二十一年刻本。

《湘潭县志》,吕正音修,欧阳正焕纂,乾隆二十一年刻本。

《礼县志略》,方嘉发纂修,乾隆二十一年刻本。

《新乐县志》,麻廷璥续纂,乾隆二十二年刻本。

《辉县志》,文兆奭修,杨喜荣等纂,乾隆二十二刻本。

《安溪县志》,庄成修,沈钟、李畴纂,乾隆二十二年刻本。

《太平府志》,朱肇基修,陆纶纂,乾隆二十三年刻本。

《广州府志》,金烈、张嗣衍修,沈廷芳纂,乾隆二十四年刻本。

《任丘县志》,刘统修,刘炳等纂,乾隆二十七年刻本。

《诸城县志》,宫懋让修,李文藻等纂,乾隆二十九年刻本。

《晋江县志》,方鼎修,朱升元纂,乾隆三十年刻本。

《济阳县志》,胡德琳修,何明礼、章承茂纂,乾隆三十年刻本。

《续河南通志》,阿思哈等纂修,乾隆三十二年刻本。

《福建续志》,杨廷璋等修,沈廷芳等纂,乾隆三十四年刻本。

《兖州府志》,陈顾灏等纂修,乾隆三十五年刻本。

《歙县志》,张佩芳修,刘大櫆纂,乾隆三十六年刻本。

《泾阳县志》,葛晨纂修,乾隆四十三年刻本。

《池州府志》,张士范纂修,乾隆四十四年刻本。

《江南通志》,赵宏恩修,黄之隽等纂,乾隆四十七年刻本。

《四川通志》,黄廷桂等修,张晋生等纂,乾隆四十七年刻本。

《福建通志》,郝玉麟修,谢道承等纂,乾隆四十七年刻本。

《高邮州志》,杨宜仑修,夏之蓉等纂,乾隆四十八年刻本。

《韩城县志》,傅应奎修,钱坫等纂,乾隆四十九年刻本。

《保德州志》,王克昌修,王秉韬续纂修,乾隆五十年刻本。

《济宁直隶州志》,胡德琳等修,周永年等纂,乾隆五十年刻本。

《卫辉府志》,毕沅、刘种之修,德昌纂,乾隆五十三年刻本。

《青浦县志》,孙凤鸣修,王昶纂,乾隆五十三年刻本。

《德州志》,王道亨修,张庆源纂,乾隆五十三年刻本。

《黄冈县志》,王凤仪修,胡绍鼎等纂,王正常续修,乾隆五十四
　年刻本。

《新修怀庆府志》,唐侍陛、杜综修,洪亮吉纂,乾隆五十四年
　刻本。

《孟县志》,仇汝瑚修,冯敏昌纂,乾隆五十五年刻本。

《绍兴府志》,李亨特修,平恕、徐嵩纂,乾隆五十七年刻本。

《南汇县新志》,胡志熊主修,吴省钦等纂,乾隆五十八年刻本。

《南昌县志》,徐午修,万廷兰等纂,乾隆五十九年刻本。

《涉县志》,戚学标纂修,嘉庆四年刻本。

《直隶太仓州志》,王昶纂修,嘉庆七年刻本。

《庐州府志》,张祥云修,孙星衍纂,嘉庆八年刻本。

《庐江县志》,魏绍源等修,储嘉珩等纂,嘉庆八年刻本。

《山阴县志》,徐元梅修,朱文瀚纂,嘉庆八年刻本。

《无为州志》,顾浩等修,吴元庆纂,嘉庆八年刻本。

《南阳府志》,孔传金纂修,嘉庆十二年刻本。

《武宣县志》,高攀桂修,梁士彦纂,嘉庆十三年刻本。

《重修扬州府志》,阿克当阿等修,姚文田等纂,嘉庆十五年
　刻本。

《新修江宁府志》，吕燕昭修，姚鼐纂，嘉庆十六年刻本。

《江都县续志》，王逢源修，李宝泰纂，嘉庆十六年刻本。

《上海县志》，王大同修，李林松纂，嘉庆十九年刻本。

《四川通志》，常明等修，杨芳灿等纂，嘉庆二十一年刻本。

《天门县志》，王希琮修，张锡谷等纂，道光元年刻本。

《广东通志》，阮元等修，陈昌齐等纂，道光二年刻本。

《玉山县志》，武次韶等纂修，道光三年刻本。

《河内县志》，袁通修，方履籛、吴育纂，道光五年刻本。

《怀宁县志》，王毓芳修，江尔维纂，道光五年刻本。

《徽州府志》，马步蟾纂修，道光七年刻本。

《续修桐城县志》，廖大闻等修，金鼎寿纂，道光七年刻本。

《清涧县志》，钟章元修，陈第颂等纂，道光八年刻本。

《武陟县志》，王荣陛修，方履籛纂，道光九年刻本。

《来安县志》，符鸿等修，欧阳泉等纂，道光十年刻本。

《内丘县志》，施彦士纂修，道光十二年刻本。

《任丘县志续编》，鲍承焘修，瞿光缙等纂，道光十七年刻本。

《重修宝应县志》，孟毓兰修，乔载繇等纂，道光二十年刻本。

《济南府志》，王赠芳等修，成瓘纂，道光二十年刻本。

《胶州志》，张同声修，李图等纂，道光二十五年刻本。

《重修兴化县志》，梁园棣修，郑之侨、赵彦俞纂，咸丰二年
    刻本。

《大名府志》，朱煁德等纂修，武蔚文续修，郭程先续纂，高继珩
    增补，咸丰三年刻本。

《青州府志》，毛永柏修，李图、刘耀椿纂，咸丰九年刻本。

《信丰县志续编》，许夔修，谢肇涟等纂，周之镛补，同治六年
    刻本。

《南安府志》,黄鸣珂修,石景芬、徐福炘纂,同治七年刻本。

《泉州府志》,怀荫布修,黄任等纂,同治九年刻本。

《续天津县志》,吴惠元修,蒋玉虹、俞樾纂,同治九年刻本。

《宜黄县志》,张兴言、夏燮修,谢煌等纂,同治十年刻本。

《长沙县志》,刘采邦等修,张延珂等纂,同治十年刻本。

《南丰县志》,柏春修,鲁琪光等纂,同治十年刻本。

《安义县志》,杜林修,彭斗山、熊宝善纂,同治十年活字印本。

《攸县志》,赵勷等修,陈之麟纂,王元凯续修,严鸣琦续纂,同
　治十年刻本。

《南康府志》,盛元等纂修,同治十一年刻本。

《南昌府志》,许应鑅、王之藩修,曾作舟等纂,同治十二年
　刻本。

《瑞州府志》,黄廷金修,萧潗兰等纂,同治十二年刻本。

《上江两县志》,莫祥芝、甘绍盘修,汪士铎等纂,同治十三年
　刻本。

《永丰县志》,王建中修,刘绎纂,同治十三年刻本。

《岳池县志》,何其泰、范懋修,吴新德纂,光绪元年刻本。

《龙南县志》,孙瑞征、胡鸿泽修,钟益驭纂,光绪二年刻本。

《善化县志》,吴兆熙等修,张先抡等纂,光绪三年刻本。

《江阴县志》,卢思诚等修,季念诒、夏炜如纂,光绪四年刻本。

《嘉兴府志》,许瑶光修,吴仰贤纂,光绪五年刻本。

《武进阳湖县志》,王其淦、吴康寿修,汤成烈纂,光绪五年
　刻本。

《闻喜县志》,陈作哲修,杨深秀纂,光绪六年刻本。

《重修安徽通志》,吴坤修等修,何绍基、杨沂孙纂,光绪七年
　刻本。

《江西通志》,刘坤一等修,赵之谦等纂,光绪七年刻本。

《高淳县志》,杨福鼎修,陈嘉谋纂,光绪七年刻本。

《无锡金匮县志》,裴大中、倪咸生修,秦缃业等纂,光绪七年刻本。

《苏州府志》,李铭皖等修,冯桂芬纂,光绪七年刻本。

《代州志》,俞廉三修,杨笃纂,光绪八年刻本。

《乌石山志》,郭柏苍,刘永松纂,道光二十二年刻光绪九年重修本。

《重刊宜兴县旧志》,阮升基等修,宁楷纂,光绪八年刻本。

《畿辅通志》,李鸿章、张树声修,黄彭年纂,光绪十年刻本。

《顺天府志》,万青藜等修,张之洞、缪荃孙纂,光绪十年刻本。

《续纂江宁府志》,蒋启勋修,汪士铎纂,光绪十年刻本。

《淮安府志》,孙云锦等修,吴昆田、高延第纂,光绪十年刻本。

《六合县志》,谢延庚等修,贺廷寿等纂,光绪十年刻本。

《淳安县志》,李诗修,陈中元、竺士彦纂,光绪十年刻本。

《湖南通志》,李瀚章修,曾国荃纂,光绪十一年刻本。

《庐江县志》,钱鎏修,卢钰等纂,光绪十一年刻本。

《续修庐州府志》,黄云修,林之望纂,光绪十一年刻本。

《金坛县志》,丁兆基修,汪国凤等纂,光绪十一年刻本。

《昌平州志》,吴履福修,缪荃孙等纂,光绪十二年刻本。

《保定府志》,李培祜等修,张豫垲纂,光绪十二年刻本。

《溧水县志》,傅观光修,丁维诚纂,光绪十五年刻本。

《吉林通志》,长顺等修,李桂林等纂,光绪十七年刻本

《江浦埤乘》,侯宗海纂,夏锡宝纂,光绪十七年刻本。

《青阳县志》,华椿等修,周赟纂,光绪十七年活字本。

《定兴县志》,张主敬等修,杨晨纂,光绪十九年刻本。

《云南通志》,岑毓英修,陈灿纂,光绪二十年刻本。

《梁山县志》,朱言诗等纂修,光绪二十年刻本。

《重修广平府志》,吴中彦等修,光绪二十年刻本。

《亳州志》,钟泰等修,光绪二十一年活字本。

《崇义县志》,廖鼎璋纂修,光绪二十一年刻本。

《高密县志》,傅赉予修,李勷运等纂,光绪二十二年刻本。

《溧阳县志》,李景峄、陈鸿寿修,史炳等纂,光绪二十二年刻本。

《常昭合志》,王锦、杨继熊修,言如泗纂,光绪二十四年刻本。

《进贤县志》,江璧修,胡景辰纂,光绪二十四年刻本。

《重修天津府志》,沈家本修,徐宗亮纂,光绪二十五年刻本。

《河南通志》,田文镜等修,孙灏等纂,光绪二十八年刻本。

《永城县志》,岳廷楷修,胡赞采、吕永辉纂,光绪二十九年刻本。

《重纂泰州直隶州志》,余泽春修,王权等纂,光绪十五年刻本。

《山东通志》,杨士骧等修,孙葆田等纂,民国四年铅印本。

《阜阳县志》,刘虎文、周天爵修,李复庆等纂,民国七年铅印本。

《宁国府志》,鲁铨等修,民国八年影印本。

《湖北通志》,刘承恩、吕调元修,杨承禧纂,民国十年刻本。

《杭州府志》,吴庆坻等纂修,民国十一年铅印本。

《宝鸡县志》,曹骥观修,强振志纂,民国十一年铅印本。

《续纂泰州志》,郑辅东修,王贻牟纂,民国十三年稿本。

《重修泰安县志》,葛延瑛等修,民国十八年铅印本。

《威县志》,崔正春等修,民国十八年铅印本。

《续武陟县志》,史延寿等修,民国二十年刻本。

《宝应县志》,赵世荣等修,冯煦等纂,民国二十一年铅印本。

《铁岭县志》,贾弘文等修,民国二十二年铅印本。

《续陕西通志稿》,杨虎城、邵力子等修,民国二十三年铅印本。

《安徽通志稿》,安徽通志馆修,民国二十三年铅印本。

《大名府志》,张昭芹等修,民国二十三年铅印本。

《高密县志》,余有林等修,民国二十四年铅印本。

《江都县续志》,赵邦彦等纂,民国二十六年刻本。

《歙县志》,石国柱等修,许承尧纂,民国二十六年铅印本。

《巩县志》,杨保东等修、张仲友等纂,民国二十六年刻本。

《绍兴县志资料》,绍兴县修志委员会纂,民国二十六年铅印本。

《禹县志》,车云修,王棽林纂,民国二十八年刻本。

《祁门县志》,胡光钊修,民国三十三年铅印本。

《棠志拾遗》,张官倬纂,民国三十六年石印本。

《新纂云南通志》,龙云修,周钟岳纂,民国三十八年铅印本。

《大清一统志》,蒋廷锡等修,王安国等纂,乾隆九年刻本。

《浮山志》,吴道新纂辑,陈焯修订,疏获点校,胡中付、许道祥审订,黄山书社,2007年。

《钟山书院志》,汤椿年,雍正三年刻本。

《国朝画征录》,张庚,乾隆四年刻本。

《钦定南巡盛典》,高晋等纂,乾隆三十六年刻本。

《世宗宪皇帝上谕内阁》,允禄等纂,《四库全书》本。

《皇朝文献通考》,张廷玉等纂,《四库全书》本。

《钦定日下旧闻考》,英廉等编,乾隆五十三年刻本。

《词科掌录》,杭世骏,乾隆杭氏道古堂刻本。

《皇朝词林典故》,朱珪,嘉庆十年刻本。

《松陵见闻录》,王鲲辑,道光九年刻本。

《国朝诗人征略》,张维屏辑,道光二十二年刻本。

《文献征存录》,钱林,咸丰八年刻本。

《小腆纪年》,徐鼒撰,咸丰十一年刻本。

《国朝先正事略》,李元度辑,同治五年刻本。

《颜氏学记》,戴望述,同治十年刻本。

《疑年录》,钱大昕,同治十三年刻本。

《国朝耆献类征初编》,李桓,光绪十六年刻本。

《养吉斋丛录》,吴振棫,光绪二十二年刻本。

《读史方舆纪要》,顾祖禹,光绪二十五年刻本。

《钦定大清会典事例》,昆冈等修,光绪二十五年石印本。

《金陵通传》,陈作霖撰,光绪三十年刻本。

《大清畿辅先哲传》,徐世昌编,民国六年刻本。

《疑年录汇编》,张惟骧,民国十四年刻本。

《皇清书史》,李放,民国二十至二十三年辽海书社铅印本。

《清内阁库贮旧档辑刊》,方苏生,民国二十四年铅印本。

《清宫述闻》章唐容撰,民国三十年铅印本。

《江苏省通志稿》,缪荃孙,民国三十四年铅印本。

《词林辑略》,朱汝珍辑,民国中央刻经院铅印本。

《四库全书总目》,永瑢等,中华书局,1965 年。

《明史》,张廷玉等,中华书局,1974 年。

《清史稿》,赵尔巽等,中华书局,1977 年。

《台湾通纪》,陈衍,台北成文出版社,1983 年。

《清诗纪事初编》,邓之诚,上海古籍出版社,1984 年。

《清代传记丛刊索引》,周骏富,台北明文书局,1986 年。

《清稗类钞》,徐珂,中华书局,1986 年。

《清史列传》，王锺翰点校，中华书局，1987年。

《乾隆年间江北数省行禁晒曲烧酒史料》，《历史档案》，1987（04）。

《清史编年·康熙朝》，中国人民大学清史所编，中国人民大学出版社，1988年。

《清儒学案》，徐世昌等，中国书店，1990年。

《乾隆元年荐举博学鸿词史料》，《历史档案》，1990（04）。

《乾隆朝上谕档》，中国第一历史档案馆编，中国档案出版社，1991年。

《雍正起居注册》，中国第一历史档案馆编，中华书局，1993年。

《续修四库全书总目提要经部》，中国科学院图书馆编，中华书局，1993年。

《碑传集》，钱仪吉，中华书局，1993年。

《清人诗集叙录》，袁行云，文化艺术出版社，1994年。

《明清史料》（癸编），中研院历史语言研究所，1975年。

《桐城文学渊源撰述考》，刘声木，黄山书社，1989年。

《清代中俄关系档案史料汇编》（第一编），中国第一历史档案馆编，国际文化出版公司，1996年。

《康熙朝满文朱批奏折全译》，中国第一历史档案馆编，中国社会科学出版社，1996年。

《听雨丛谈》，福格，中华书局，1997年。

《清代名人轶事》，葛虚存，山西古籍出版社，1997年。

《清代官员履历档案全编》，秦国经，华东师范大学出版社，1997年。

《清通鉴》，章开沅，岳麓书社，2000年。

《钦定国子监志》，文庆等，北京古籍出版社，2000年。

《乾隆起居注册》,中国第一历史档案馆编,广西师范大学出版社,2002 年。

《钦定八旗通志》,李洵、赵德贵、周毓芳等校点,吉林文史出版社,2002 年。

《雍正朝内阁六科史书·吏科》,中国第一历史档案馆编,广西师范大学出版社,2002 年。

《滇南碑传集》,方树梅,云南民族出版社,2003 年。

《清代人物大事纪年》,朱彭寿,北京图书馆出版社,2005 年。

《清代人物生卒年表》,江庆柏,人民文学出版社,2005 年。

《中国古籍善本总目》,翁连溪,线装书局,2005 年。

《北京考古集成》,苏天钧,北京出版社,2005 年。

《明清史论著集刊》,孟森,中华书局,2006 年。

《清代进士题名录》,江庆柏,中华书局,2007 年。

《清代文字狱档》,上海书店出版社,2007 年。

《明清江苏文人年表》,张慧剑,人民文学出版社,2008 年。

《东华录》,王先谦,上海古籍出版社,2008 年。

《清实录》,中华书局,2008 年。

《清代起居注册·康熙朝》,台北故宫博物院、中国第一历史档案馆,中华书局、台北联经出版事业公司,2009 年。

《台湾通史》,连横,商务印书馆,2010 年。

《金陵胜迹志》,胡祥翰,南京出版社,2012 年。

《桐城耆旧传》,马其昶,黄山书社,2013 年。

《清代家集叙录》,徐雁平,安徽教育出版社,2017 年。

《北平庙宇碑刻目录》,张江裁、许道龄,知识产权出版社,2017 年。

《师友渊源录》,严长明、严观,中华书局,2021 年。

三、年谱、家谱、家传

《介山自定年谱》，王又朴，乾隆刻诗礼堂全集本。

《陶园年谱》，张家杺，咸丰湘潭张氏刻本。

《陆清献公年谱》，吴光酉，光绪八年刻本。

《傅青主先生年谱》，丁宝铨，宣统三年刻本。

《白云道者自述》，张怡，清抄本，南京图书馆藏。

《杨大瓢年谱》，周梦庄，《中国历代人物年谱考录》，中华书局，
  1922 年。

《梅文鼎年谱》，李俨，清华大学学报（自然科学版），1925（02）。

《全谢山先生年谱》，蒋天枢，上海商务印书馆，1932 年。

《龚芝麓年谱》，董迁，《中和月刊》，1942（03）。

《李恕谷先生塨年谱》，冯辰，台北商务印书馆，1978 年。

《黄昆圃先生叔琳年谱》，顾镇，台北商务印书馆，1978 年。

《洪昇年谱》，章培恒，上海古籍出版社，1979 年。

《梁质人先生年谱》，汤中，台北商务印书馆，1980 年。

《章实斋先生学诚年谱》，胡适，台北商务印书馆，1980 年。

《孙夏峰先生奇逢年谱》，汤斌，台北商务印书馆，1981 年。

《方以智年谱》，任道斌，安徽教育出版社，1983 年。

《八大山人年表》，黄苗子，《杂文志》（第一辑），1983 年。

《王夫之年谱》，王之春，中华书局，1989 年。

《万斯同年谱》，陈训慈、方祖猷，香港中文大学出版社，1991 年。

《查慎行年谱》，陈敬璋，中华书局，1992 年。

《查东山先生年谱》，沈起，中华书局，1992 年。

《鄂尔泰年谱》，鄂容安，中华书局，1993 年。

《黄宗羲年谱》，黄炳垕，中华书局，1993 年。

《竹汀居士年谱》,《钱大昕全集》(一),江苏古籍出版社,
　1997 年。

《陈句山年谱》,陈玉绳,北京图书馆出版社,1999 年。

《陈恪勤公年谱》,唐祖价,北京图书馆出版社,1999 年。

《戴东原先生年谱》,段玉裁,北京图书馆出版社,1999 年。

《二曲先生年谱》,吴怀清,北京图书馆出版社,1999 年。

《归玄恭先生年谱》,赵经达,北京图书馆出版社,1999 年。

《江慎修先生年谱》,江锦波,北京图书馆出版社,1999 年。

《可斋府君年谱》,陈绳祖等,北京图书馆出版社,1999 年。

《刘大山先生年谱》,吴楫,北京图书馆出版社,1999 年。

《漫堂年谱》,宋荦,北京图书馆出版社,1999 年。

《明大司马卢公年谱》,卢安节,北京图书馆出版社,1999 年。

《榕村谱录合考》,李清馥,北京图书馆出版社,1999 年。

《沈归愚自订年谱》,沈德潜,北京图书馆出版社,1999 年。

《孙嘉淦年谱》,张清林等,《孙嘉淦文集》(下),山西古籍出版
　社,1999 年。

《舜山是仲明先生年谱》,张敬立,北京图书馆出版社,1999 年。

《施愚山先生年谱》,施念曾,北京图书馆出版社,1999 年。

《汤文正公年谱定本》,方苞考订,杨椿辑,北京图书馆出版社,
　1999 年。

《文贞公年谱》,李清植,北京图书馆出版社,1999 年。

《颜习斋先生年谱》,李塨、王源,北京图书馆出版社,1999 年。

《尹健余先生年谱》,吕炽,北京图书馆出版社,1999 年。

《尹太夫人年谱》,尹会一,北京图书馆出版社,1999 年。

《渔洋山人自撰年谱》,王士禛,北京图书馆出版社,1999 年。

《张清恪公年谱》,张师载,北京图书馆出版社,1999 年。

《朱文端公年谱》,朱瀚,北京图书馆出版社,1999 年。

《先文恭公年谱》,陈钟珂,北京图书馆出版社,1999 年。

《朱笥河先生年谱》,罗继祖,北京图书馆出版社,1999 年。

《翁方纲年谱》,沈津,中国文哲研究所,2002 年。

《吕留良年谱长编》,卞僧慧,中华书局,2003 年。

《刘大櫆年谱》,李君明,《西南古籍研究》,2004 年。

《戴名世年谱》,戴廷杰,中华书局,2004 年。

《方孝标年表》,钟扬,《古籍研究》(卷下),2005 年。

《阎若璩年谱》,张穆,中华书局,2006 年。

《屈大均年谱》,邬庆时,广东人民出版社,2006 年。

《方望溪先生年谱》,方惇元,北京图书馆出版社,2006 年。

《方文年谱》,李圣华,人民文学出版社,2007 年。

《李绂年谱》,陈小辉,《东华理工学院学报》,2007(04)。

《王源年谱》,马明达,《暨南史学》(第五辑),2007 年。

《清大学士泰安赵国麟年谱长编附考》,祝贺,东北师范大学硕
  士论文,2007 年。

《容甫先生年谱》,汪喜孙,《扬州学派年谱合刊》,广陵书社,
  2008 年。

《曹寅年谱》,方晓伟,广陵书社,2010 年。

《林古度年表》,陈庆元,《南京师范大学文学院学报》,2010
  (04)。

《廉泉年谱初稿》,王宏,《近代中国》(第二十辑),2010 年。

《杜濬年谱》,廖宏春,广西师范大学硕士论文,2010 年。

《仇兆鳌年谱考略》,张佳,《杜甫研究学刊》,2011(01)。

《昆山徐乾学年谱稿》,王逸明,学苑出版社,2011 年。

《顾炎武年谱》,张穆,上海古籍出版社,2012 年。

《袁枚年谱新编》,郑幸,上海古籍出版社,2012 年。

《清初古文三家年谱》,李婵娟,世界图书出版公司,2012 年。

《郑板桥年谱编释》,闻世震,辽宁人民出版社,2014 年。

《姜西溟先生年谱》,冯梦颢,《姜宸英全集》(四),浙江古籍出版社,2015 年。

《段玉裁年谱长编》,王华宝,江苏人民出版社,2016 年。

《钱澄之先生年谱》,钱撝禄,安徽师范大学出版社,2018 年。

《张照年谱长编》,梁骥,吉林大学博士论文《张照书学研究》(下),2018 年。

《清儒王懋竑年谱新编》,陈峰,湖南大学博士论文《清儒王懋竑学术思想研究》(附录),2019 年。

《萧云从年谱》,沙鸥,黄山书社,2021 年。

《尤侗年谱》,徐坤,复旦大学出版社,2021 年。

《陈维崧年谱》,周绚隆,复旦大学出版社,2021 年。

《毛奇龄年谱》,胡春丽,复旦大学出版社,2021 年。

《王式丹年谱长编》,王强,宝应县政协文史资料,2021 年第二辑。

《孔尚任年谱》,袁世硕,《袁世硕文集》(三),人民文学出版社,2021 年。

《商丘宋氏家乘》,乾隆四年印本。

《新安岑山渡程氏支谱》,乾隆六年木活字印本。

《吴氏家传》,乾隆三十七年印本。

《道后冯氏世谱》,乾隆五十二年印本。

《定兴鹿氏家谱》,乾隆五十六年鹿氏世德堂印本。

《殷氏宗谱》,嘉庆十年世裕堂木活字印本。

《陈氏家乘》,嘉庆十五年印本。

《龙山查氏宗谱》,光绪六年印本。

《桐城桂林方氏家谱》,光绪六年印本。

《义门王氏族谱》,光绪二十九年印本。

《重修唯亭顾氏家谱》,光绪二十九年印本。

《魏氏家乘》,民国元年印本。

《麻溪吴氏族谱》,民国二年印本。

《冯翊郡雷氏家谱》,民国三年芳饮堂藏版。

《麻溪姚氏宗谱》,民国十年活字本。

《宜兴丰义储氏分支谱》,民国十年活字本。

《戴氏宗谱》,民国十一年敬胜堂重修本。

《南昌彭氏族谱》民国十三年印本。

《木山潘氏宗谱》,民国十七年活字本。

《吴江沈氏家谱》,民国二十年印本。

《朱氏家谱》,民国二十年白鹿堂印本。

《张氏宗谱》,民国二十二年印本。

《潜川宋氏宗谱》,民国三十一年印本。

《孙氏族谱》,民国三十三年印本。

《文林包氏宗谱》,民国三十七年印本。

《左氏宗谱》,宣统三年印本。

《李氏谱系》,李树德,铁岭市博物馆,1991 年。

四、诗文集及其他著述

《横云山人集》,王鸿绪,康熙十年刻本。

《南堂诗钞》,方贞观,康熙二十四年刻本。

《纬萧草堂诗》,宋至,康熙二十七年刻本。

《后圃编年稿》,李峄瑞,康熙二十八年刻本。

《鑫山集》，方文，康熙二十八年王概刻本。

《尧峰文钞》，汪琬，康熙三十二年刻本。

《南州草堂集》，徐釚，康熙三十四年刻本。

《云溪草堂诗》，徐永宣，康熙三十七年刻本。

《燕堂诗钞》，朱经，康熙三十九年刻本。

《说诗乐趣》，伍涵芬，康熙四十年刻本。

《有怀堂文稿》，韩菼，康熙四十二年刻本。

《午亭文编》，陈廷敬，康熙四十七年刻本。

《遂初堂集》，潘耒，康熙四十九年刻本。

《浮青水榭诗》，储雄文，康熙四十九年刻本。

《西陂类稿》，宋荦，康熙五十年刻本。

《曝书亭集》，朱彝尊，康熙五十三年刻本。

《后甲集》，章大来，康熙五十六年刻本。

《敬业堂诗集》，查慎行，康熙五十八年刻本。

《峣山集》，田从典，康熙六十一年刻本。

《查浦诗钞》，查嗣瑮，康熙六十一年刻本。

《茶坪诗钞》，徐永宣，康熙刻本。

《南雷文案》，黄宗羲，康熙刻本。

《谟觞诗集》，成文昭，康熙刻增修本。

《德星堂文集》，许汝霖，康熙间刻本，

《贺兰雪樵诗集》，张榕端，康熙间刻本。

《玉禾山人诗集》，田实发，康熙间刻本。

《间丘诗集》《春树草堂集》，顾嗣立，康熙刻本。

《式馨堂诗前集》，鲁之裕，雍正四年刻本。

《楼村诗集》，王式丹，雍正四年刻本。

《退谷文集》，黄越，雍正五年刻本。

《匠门书屋集》,张大受,雍正七年刻本。

《二希堂文集》,蔡世远,雍正十年刻本。

《青要集》,吕谦恒,雍正十三年刻本。

《恕谷后集》,李塨,雍正间刻本。

《静廉堂文钞》,顾琮,雍正间刻本。

《素岩文稿》,王喆生,雍正间刻本。

《青溪诗偶存》,蒋锡震,雍正间刻本。

《环隅集》,胡宗绪,乾隆二年刻本。

《七一轩稿》,刘青莲,乾隆四年刻本。

《睫巢集》,李锴,乾隆六年刻本。

《楚蒙山房集》,晏斯盛,乾隆七年刻本。

《拙存堂文集》,蒋衡,乾隆八年刻本。

《近道斋文集》,陈万策,乾隆八年刻本。

《朴学斋诗稿》,林佶,乾隆九年家刻本。

《存研楼文集》,储大文,乾隆九年宜兴储氏刻本。

《在亭丛稿》,李果,乾隆十年刻本。

《介石堂集古文》,郭起元,乾隆十一年刻本。

《怀清堂集》,汤右曾,乾隆十二年怀清堂刻本。

《平庵诗集》,黄世成,乾隆十二年刻本。

《圭美堂集》,徐用锡,乾隆十三年刻本。

《改亭集》,计东,乾隆十三年刻本。

《二峰诗稿》,程崟,乾隆十四年刻本。

《锡谷堂诗》,刘师恕,乾隆十四年刻本。

《四焉斋文集》,曹一士,乾隆十五年刻本。

《冶古堂文集》,吕履恒,乾隆十五年刻本。

《果堂集》,沈彤,乾隆十六年吴江沈氏刻本。

《青立轩诗稿》，宋华金，乾隆十六年刻本。

《健余文集》，尹会一，乾隆十六年敦崇堂刻本。

《感旧集》，王士禛，乾隆十七年刻本。

《白田草堂存稿》，王懋竑，乾隆十七年刻本。

《巳山先生文集》，王步青，乾隆十七年刻本。

《莲洋集》，吴雯，乾隆十七年刻本。

《南庄类稿》，黄永年，乾隆十八年刻本。

《孱守斋遗稿》，姚世钰，乾隆十八年刻本。

《王艮斋诗集》，王峻，乾隆十八年刻本。

《集虚斋学古文》，方楘如，乾隆十九年刻本。

《敬亭文稿》，沈起元，乾隆十九年刻本。

《述本堂诗集》，方观承，乾隆二十年刻本。

《漱芳居文钞》，赵青藜，乾隆二十三年刻本。

《固哉草亭集》，高斌，乾隆二十四年刻本。

《茧斋诗选》，张谦宜，乾隆二十四年刻本。

《雪庄西湖渔唱》，许承祖，乾隆二十四年刻本。

《如兰集》，董柴，乾隆二十五年刻本。

《定斋诗钞》，李光国，乾隆二十五年刻本。

《道荣堂文集》，陈鹏年，乾隆二十七年刻本。

《春及堂集》，方世举，乾隆三十七年刻本。

《小兰陔诗集》，谢道承，乾隆三十八年刻本

《随五草》，尹嘉铨，乾隆四十年刻本。

《秋涯诗稿》，王遵宬，乾隆四十年刻本。

《切问斋文钞》，陆耀，乾隆四十年刻本。

《道古堂文集》，杭世骏，乾隆四十一年刻本。

《松泉文集》，汪由敦，乾隆四十三年刻本。

《樊榭山房文集》,厉鹗,乾隆四十三年刻本。

《隐拙斋集》,沈廷芳,乾隆四十四年仁和沈氏刻本。

《二希堂文集》,蔡世远,乾隆四十八年刻本。

《缉斋文集》,蔡新,乾隆五十年漳浦蔡氏刻本。

《甘庄恪公全集》,甘汝来,乾隆五十六年刻本。

《小仓山房尺牍》,袁枚,乾隆五十四年刻本。

《清素堂文集》,石钧,乾隆六十年刻本。

《鸿雪斋诗钞》,臧琼,乾隆臧祚巩刻本。

《课忠堂诗钞》,魏廷珍,乾隆间刻本。

《归愚文钞》,沈德潜,乾隆刻本。

《东原文集》,戴震,乾隆间刻本。

《小仓山房文集》,袁枚,乾隆刻本。

《生香书屋文集》,陈浩,乾隆三多斋刻本。

《白云诗钞》,黄永年,乾隆间集思堂刻本。

《绩学堂文钞》,梅文鼎,乾隆梅毂成刻本。

《洗桐轩文集》《抱桐轩文集》,顾陈垿,乾隆间刻本。

《剑溪文略》《燕石碎编》,乔亿,乾隆间刻本。

《缄斋集》,孙用正,乾隆间稿本。

《三晋游草》,乔亿,乾隆间刻本。

《饴山集》,赵执信,乾隆赵氏刻本。

《卓山诗集》,帅家相,嘉庆二年刻本。

《悦亲楼诗集》,祝德麟,嘉庆二年刻本。

《澄潭山房存稿》,程襄龙,嘉庆二年刻本。

《知足斋文集》,朱珪,嘉庆十年刻本。

《援鹑堂笔记》,姚范,道光十五年刻本。

《学斋诗集》,乔崇烈,嘉庆十七年刻本。

《泊鸥山房集》,陶元藻,嘉庆十八年刻本。

《秋水堂遗集》,庄亨阳,嘉庆二十一年刻本。

《孟邻堂文钞》,杨椿,嘉庆二十四年刻本。

《有竹居集》,任兆麟,嘉庆二十四年刻本。

《勉行堂文集》,程晋芳,嘉庆二十五年刻本。

《藕颐类稿》,熊宝泰,嘉庆潜山性余堂刻本。

《紫竹山房诗文集》,陈兆仑,嘉庆刻本。

《云麓诗存》,史正义,嘉庆间刻本。

《经韵楼集》,段玉裁,道光元年金坛段氏刻本。

《墨香阁集》,彭维新,道光二年彭氏家刻本。

《孺庐全集》,万承苍,道光三年刻本。

《蕴素阁文集》,盛大士,道光六年刻本。

《穆堂初稿》,李绂,道光十一年刻本。

《居业堂文集》,王源,道光十一年刻本。

《东溟文集》,姚莹,道光十三年刻本。

《闻妙香室集》,李宗昉,道光十五年刻本。

《交河集》,王兰生,道光十六年刻本。

《青溪文集》,程廷祚,道光十八年东山草堂刻本。

《石溪文集初刻》,官献瑶,道光二十年刻本。

《陋轩诗》,吴嘉纪,道光二十年刻本。

《虹城子集》,朱元英,道光二十年金陵朱氏家集本。

《晚学集》,桂馥,道光二十一年刻本。

《太乙舟文集》,陈用光,道光二十三年刻本。

《颐道堂集》,陈文述,道光间刻本。

《鹤侣斋文稿》,孙勷,咸丰元年刻本。

《来紫堂合集》,李天秀等,咸丰二年刻本。

《耐庵文存》,贺长龄,咸丰十一年刻本。

《逊学斋诗钞》,孙衣言,同治三年刻本。

《培远堂偶存稿》,陈宏谋,同治八年刻本。

《朱文端公文集》,朱轼,同治十年至十二年刻本。

《培远堂手札节存》,陈宏谋,同治十三年刻本。

《仪顾堂集》,陆心源,同治十三年福州刻本。

《芝庭先生集》,彭启丰,光绪二年刻本。

《匪莪堂文集》,刘岩,光绪二年刻本。

《复初斋文集》,翁方纲,光绪三年刻本。

《经畲堂自订全稿》,储在文,光绪四年刻本。

《萚石斋文集》,钱载,光绪四年苏州府署刻本。

《二林居集》,彭绍升,光绪七年刻本。

《憺园全集》,徐乾学,光绪九年刻本。

《岱南阁集》,孙星衍,光绪十一年刻本。

《上湖分类文编》,汪师韩,光绪十二年刻本。

《邃怀堂全集》,袁翼,光绪十三年刻本。

《澄怀园文存》,张廷玉,光绪十七年刻本。

《变雅堂遗集》,杜濬,光绪二十年刻本

《松崖文钞》,惠栋,光绪二十五年刻本。

《梅庄遗集》,谢济世,光绪三十四年铅印本。

《田间尺牍》,钱澄之,光绪三十四年铅印本。

《锄经余草》,王文清,民国十三年刻本。

《锡老堂诗钞》,吴襄,民国安徽通志馆抄本。

《万卷楼文稿》,顾栋高,清抄本。

《鹿沙集》,刘家珍,清稿本。

《秋室学古录》,余集,清刻本。

《刘大櫆集》,刘大櫆,上海古籍出版社,1990 年。

《吴梅村全集》,吴伟业,上海古籍出版社,1990 年。

《惜抱轩诗文集》,姚鼐,上海古籍出版社,1992 年。

《经笥堂文钞》,雷鋐,上海古籍出版社,2010 年。

《善余堂文集》,江永,上海古籍出版社,2010 年。

《戴名世集》,戴名世,中华书局,2000 年。

《正谊堂文集》,张伯行,上海古籍出版社,2000 年。

《楝亭集笺注》,曹寅,北京图书馆出版社,2007 年。

《张之洞诗文集》,张之洞,上海古籍出版社,2008 年。

《紫溟文集》,单作哲,《山东文献集成》(第三辑),山东大学出
版社,2009 年。

《杨宾集》,杨宾,浙江古籍出版社,2011 年。

《郑板桥全集》,郑燮,凤凰出版社,2012 年。

《钝斋诗选》,方孝标,黄山书社,2014 年。

《嘉定钱大昕全集》,钱大昕,凤凰出版社,2016 年。

《邓汉仪集校笺》,邓汉仪,人民文学出版社,2019 年。

《全祖望集汇校集注》,全祖望,上海古籍出版社,2021 年。

《朱书全集》,朱书,黄山书社,2021 年。

《戴名世自定时文全集》,《稀见清代科举文集选刊》(一),陈
维昭主编,复旦大学出版社,2022 年。

《诗观二集》,邓汉仪,康熙刻本。

《名教罪人》,钱名世,雍正四年刻本。

《莲坡诗话》,查为仁,乾隆六年刻本。

《随园诗话》,袁枚,乾隆五十五年刻本。

《雨村诗话》,李调元,乾隆六十年刻本。

《国朝二十四家文钞》,徐斐然,乾隆六十年刻本。

《兰丛诗话》,方世举,乾隆间刻本。

《全浙诗话》,陶元藻,嘉庆元年刻本。

《淮海英灵集》,阮元,嘉庆三年刻本。

《江苏诗征》,王豫,道光元年刻本。

《海陵文征》,夏荃,道光二十三年刻本。

《国朝中州诗钞》,杨淮,道光二十三年刻本。

《沅湘耆旧集》,邓显鹤,道光二十四年刻本。

《寒厅诗话》,顾嗣立,道光二十八年刻本。

《射鹰楼诗话》,林昌彝,咸丰元年刻本。

《江上诗钞》,顾季慈,同治十年刻本。

《国朝金陵诗征》,朱绪曾,光绪十三年刻本。

《晚晴簃诗汇》,徐世昌,民国十八年天津徐氏刻本。

《明遗民诗》,卓尔堪,中华书局,1961 年。

《静志居诗话》,朱彝尊,人民文学出版社,1990 年。

《明诗纪事》,陈田,上海古籍出版社,1993 年。

《十朝诗乘》,郭则沄,福建人民出版社,2000 年。

《雪桥诗话全编》,杨钟羲,人民文学出版社,2011 年。

《龙眠风雅全编》,潘江,黄山书社,2013 年。

《桐旧集》,徐璈,安徽大学出版社,2016 年。

《虞初新志》,张潮,康熙二十二年刻本。

《留溪外传》,陈鼎,康熙三十七年刻本。

《池北偶谈》,王士禛,康熙四十年刻本。

《分甘余话》,王士禛,康熙四十九年刻本。

《南台旧闻》,黄叔璥,康熙六十一年北平黄氏刻本。

《驳吕留良四书讲义》,朱轼,雍正九年刻本。

《四书疑问》,李灏,乾隆元年刻本。

《易图解》,德沛,乾隆元年刻本。

《易通》,程廷祚,乾隆十二年刻本。

《国朝诗别裁集》,沈德潜,乾隆二十六年刻本。

《虚舟题跋》,王澍,乾隆三十六年刻本。

《清秘述闻》,法式善,嘉庆四年刻本。

《槐厅载笔》,法式善,嘉庆四年刻本。

《两浙輶轩录》,阮元,嘉庆六年刻本。

《枢垣记略》,梁章钜,道光十五年刻本。

《恩福堂笔记》,英和,道光十七年刻本。

《读周官》,官献瑶,道光二十五年刻本。

《铁函斋书跋》,杨宾,道光二十七年刻本。

《制义丛话》,梁章钜,咸丰九年刻本。

《述学》,汪中,同治八年扬州书局刻本。

《郑堂读书记》,周中孚,同治八年刻本。

《甲申传信录》,钱士馨,光绪三年铅印本。

《国朝学案小识》,唐鉴,光绪十年刻本。

《皇朝经世文编》,贺长龄,光绪十二年石印本。

《桐城方氏七代遗书》,方昌翰辑,光绪十四年刻本。

《经籍举要》,龙启瑞,光绪十九年刻本。

《宋学渊源记》,江藩,光绪二十二年刻本。

《天咫偶闻》,震钧,光绪三十三年刻本。

《圣驾五幸江南恭录》,宣统二年铅印本。

《闲渔闲闲录》,蔡显,民国四年刻本。

《雪屐寻碑录》,盛昱,民国二十至二十三年辽海书社铅印本。

《啸亭杂录》,昭梿,中华书局,1980年。

《京师坊巷志稿》,朱一新,北京古籍出版社,1982年。

《李铁君文钞》,李锴,辽沈书社,1985 年。

《敬孚类稿》,萧穆,黄山书社,1992 年。

《翁同龢日记》,翁同龢,中华书局,1992 年。

《郎潜纪闻初笔》,陈康祺,中华书局,1997 年。

《初月楼古文绪论》,吴德旋,人民文学出版社,1998 年。

《苌楚斋随笔》,刘声木,中华书局,1998 年。

《歇事闲谈》,许承尧,黄山书社,2001 年。

《郋园读书志》,叶德辉,上海古籍出版社,2010 年。

《鸣原堂论文》,曾国藩,岳麓书社,2019 年。

《阅微草堂笔记》,纪昀,中华书局,2022 年。

五、现代著作

《至乐楼所藏明遗民书画》,劳天庇,何氏至乐楼出版,1962 年。

《鸦片战争前中西关系纪事》,萧致治、杨卫东,湖北人民出版社,1986 年。

《静晤室日记》,金毓黻,辽沈书社,1993 年。

《河东出土墓志录》,李百勤,陕西人民出版社,1994 年。

《小莽苍苍斋藏清代学者法书选集》,陈烈,文物出版社,1995 年。

《清代中俄关系档案史料汇编》(第一编),中国第一历史档案馆,国际文化出版公司,1996 年。

《马一浮集》,马一浮,浙江古籍出版社,1996 年。

《辞海》,夏征农,上海辞书出版社,1999 年。

《万斯同与〈明史〉修纂纪年》,朱端强,中华书局,2004 年。

《印尼华侨史(古代至 1949 年)》,李学民、黄昆章,广东高等教育出版社,2005 年。

《骨董琐记全编》,邓之诚,中华书局,2008 年。

《方苞诗文研究》,廖素卿,花木兰出版社,2009 年。

《清诗史》,严迪昌,人民文学出版社,2011 年。

《中国印学年表》,韩天衡,上海书画出版社,2012 年。

《方以智晚节考》(增订本),余英时,生活·读书·新知三联书店,2012 年。

《我法—宣城画派研究》,范瓦夏,安徽美术出版社,2013 年。

《中国古代书画鉴定笔记》,杨仁恺,辽宁人民出版社,2014 年。

《清代科举考试述录》,商衍鎏,故宫出版社,2014 年。

《乾隆三礼馆史论》,张涛,上海人民出版社,2015 年。

《庞虚斋藏清朝名贤手札》,庞元济辑、梁颖整理,凤凰出版社,2016 年。

《中外书目著录〈史记〉文献通览》,李月辰,陕西师范大学出版社,2019 年。

《中国近三百年学术史》,梁启超,中华书局,2020 年。

《台山集》,(朝鲜)金迈淳,《韩国文集丛刊》第 294 册,景仁文化社,1990 年。

《舫山先生文集》,(朝鲜)许熏,《韩国文集丛刊》第 327—328 册,景仁文化社,1990 年。

《艮斋先生文集》,(朝鲜)田愚,《韩国文集丛刊》第 332—336 册,景仁文化社,1990 年。

《肃斋集》,(朝鲜)赵秉德,《韩国文集丛刊》第 311 册,景仁文化社,1990 年。

《渊泉全集》,(朝鲜)洪奭周,《韩国文集丛刊》第 293 册,景仁文化社,1990 年。

《岩栖集》,(朝鲜)曹兢燮,《韩国文集丛刊》第 350 册,景仁文化社,1990 年。

《耶稣会士白晋的生平与著作》,(德)柯兰霓著,李岩译,大象
　　出版社,2009 年。

《耶稣会士张诚》,(法)博德·博西耶尔夫人著,辛岩译,大象
　　出版社,2009 年。

《传教士·科学家·工程师·外交家南怀仁(1623—1688):鲁
　　汶国际学术研讨会论文集》,(美)魏若望,社会科学文献出
　　版社,2001 年。

《中国近事——为了照亮我们这个时代的历史》,(德)莱布尼
　　茨著,杨保筠译,大象出版社,2005 年。

《明清间耶稣会士译著提要》,徐宗泽,上海书店出版社,
　　2006 年。

《耶稣会士傅圣泽神甫传:索隐派思想在中国及欧洲》,(美)魏
　　若望著,吴莉苇译,大象出版社,2006 年。

《中国天主教史人物传》,方豪,宗教文化出版社,2007 年。

《与犹堂集》,(朝鲜)丁若镛,广陵书社,2018 年。

《康熙皇帝·耶稣会士·科学传播》,韩琦,中国大百科全书出
　　版社,2019 年。